KB273144

이재명의 반란

이재명의 반란

윤석열의 내란은 없다
범죄자의 반란이 있었다
그리고 지옥문이 열렸다

촛대바우

**시작하는 글 ● 고영주

단군 이래 최악의 거대 범죄자 이재명이 자신의 범죄에 대한 처벌을 면하기 위한 범죄혁명, 그리고 국회에 혁명의 교두보를 구축한 종북 주사파들의 좌익혁명, 이 두 개의 반국가적 혁명에 대해 비상계엄 선포로 대응한 것이 윤석열 대통령이 계엄을 선포한 이유였습니다. 헌법학자 허영 교수의 말을 빌리자면 현직 대통령의 계엄권 행사는 헌법에 명시된 것으로 정당하고 합법적인 권한행사이며 결코 내란이 될 수 없습니다. 그래서 이 계엄을 위헌 위법이라며 내란으로 규정하고 대통령을 탄핵시키고 감옥에 가두고 정권을 빼앗은 일은 이재명과 그가 이끄는 더불어민주당의 반란입니다.

이재명의 반란은 '묘청의 난' '홍경래의 난' '이몽학의 난' '이괄의 난' 처럼 중앙 권력에 저항하는 민란과는 본질적으로 다릅니다. 고려와 조선의 여러 민란은 중앙 권력의 부당함에 저항하는 지방권력의 반란이거나 지방권력의 폭정에 저항하는 민초들의 저항이었습니다. 그러나 이재명과 민주당의 반란은 '범죄자 감옥 안가기'와 '반국가세력의 남한 점령'이 목적입니다. 그래서 과거의 민란과는 전혀 다른 성격의 반란입니다. 이재명이 대통령에 취임하고 단 하루만에 국회 본회의를 통과한 내란특검법 김건희특검법 채해병특검법은 윤석열 부부를 오래 감옥에 가두어 두겠다는 목적과 함께 그들의 반란을 국민이 알아차리지 못하도록 하기 위한 선전과 선동의 필요에 의해서입니다. 이 3개의 특검은 그들이 윤석열 부부를 먼저 처단한 후 우익진영 전체를 대청소하겠다는 이재명의 의지를 보인 것입니다. 반대진영을 괴멸시키겠다는 그의 의도는 연산군 히틀러 스탈린 김일성 등의 독재자들과 조금도 다르지 않습니다. 우리는 이를 인식하고 자유민주주의 국가 대한민국의 국민으로서 목소리를 내야 합니다.

대한민국은 이미 좌익의 나라가 되었습니다. 정치적 수사도 아니고 과장도 아닙니다. 정치 경제 사회 외교 등 국가의 모든 영역에서 그렇습니다. 법원 검찰 등의 형사사법, 민노총의 입김이 강력해진 경제 현장, 언론과 문화예술계 등의 분야는 이미 좌익에 점령되었습니다. 윤석열 대통령이 거부했던 수십 개의 사회주의 법안은 이재명의 집권 단 3개 월만에 대부분 입법화되었으며 더구나 대한민국의 국체를 완전한 사회주의로 만드는 개헌까지 준비하고 있습니다. 사회주의 공산주의 그리고 유사 좌익인 김일성주의까지 이미 지난 세기에 실패가 증명되었습니다. 그럼에도 좌익이 대한민국의 정치와 언론을 장악하면서 대한민국은 이제 좌익의 나라가 된 것입니다.

대한민국이 이렇게 좌익의 나라가 된 것은 국민의 잘못된 동의가 있었기 때문입니다. 좌익의 거짓 선전과 선동에 속아서 그들을 지지한 결과입니다. 또한 좌익은 정치교육과 이념교육에 집요하게 힘을 쏟았습니다. 주사파 지도부가 학교로 내려보낸 교사들의 모임인 전교조는 약 40년 동안 우리 학생들에게 좌익이념의 정치교육을 전개하고 주사파 지도부가 노동현장으로 내려보낸 투사들이 민노총을 결성하고 이들이 언론노조를 통해 대부분의 방송과 여러 신문사를 장악하고 일반 국민에게 열심히 좌익의 정치교육을 펼친 결과 대한민국은 이제 좌익의 나라가 되었습니다. 좌익은 열심히 정치교육과 이념교육을 했으나 자유민주 진영은 그것을 소홀히 했습니다. 그래서 좌익은 더 수월하게 대한민국을 점령할 수 있었습니다. 우익 진영이 지금이라도 반성해야 하는 일입니다.

이런 상황에서 제가 대표로 있는 자유민주당은 2021년 창당한 이래 신문광고, 현수막 달기, 세미나 개최, 자유민주 이념을 알리는 책의 출간, 학생들을 상대로 하는 이승만 박정희 알리기 등을 통한 국민 정치교육에 힘을 쏟고 있습니다. 저희 당 평당원인 장영관 씨와 제가 함께 국민 정치교육을 위한 저술활동을 하는 일도 이런 활동 가운데 하나입니다. 8년 전에 있었던 정치적 대 변고인 박근혜 정부에 대한 문재인의 반란의 진실을 널리 알리기 위해 '문재인의 정체'와 '대통령이 된 간첩'을 출간한데 이어 이번에는 윤석열 정부와 대한민국에 대한 이재명의 대역죄를 알리는 '이재명의 반란'을 내놓게 되었습니다. 이재명이 통치하는 세상은 반란의 연장입니다. 이재명은 지금도 반란을 하고 있습니다. 대한민국의 자유민주주의를 파괴하는 일은 그 죄의 크기를 다 헤아릴 수 없는 범죄입니다. 대한민국의 자유민주주의를 회복하는 일에 이 책이 요긴하게 쓰이길 바랍니다. 다시 말하고 싶습니다. 이재명은 지금 자유민주주의 대한민국을 파괴하고 있습니다. 그래서 국민인 우리가 분연히 나서서 막아야 합니다. 애국 국민의 동참을 호소합니다.

2026년 1월
자유민주당 대표
변호사 고영주

이것은 이재명의 반란이다

2025년 6월 4일 아침에 깨어나니 그는 대한민국 대통령이 되어 있었다. 그는 자신의 당선을 "국민의 위대한 결정"이라고 말했다. 유권자가 그를 선택한 이유는 위대한 것일까. 그가 옳고 유능하고 청렴하고 나라를 잘 이끌 것 같아서? 아니다. 18세까지 아동수당을 주고 군 복무 기간을 10개 월로 줄여줄 듯 말하여 1020의 표를 더 모으고, 기본소득 기본주택 기본금융에다 주 4.5일제를 약속하여 3040의 표를 더 모으고, 정년 65세 연장을 약속하여 5060의 표를 더 모으고, 세금 없는 세상을 말하여 자영업자와 기업인과 부자들의 표를 더 모으고, 세종시로 천도할 것처럼 기대감을 주어 충청도 표심을 훔치고, 외국어로 선거유세를 하며 외국에서 귀화한 유권자의 표까지 긁어 모으고, 자신에 대한 백화점식 범죄혐의는 검찰이 조작한 것이라는 거짓말로 자신을 떠나려는 표심을 지키고, 기자가 아들의 거액의 불법도박과 젓가락을 묻자 국정이 엄중하다는 동문서답으로 피해가며 표가 떨어지는 것을 막고, 유권자 10명 중 4명을 '2찍'이라는 속어로 비하하며 마음 약한 국민이 2찍으로 돌아서지 못하게 방어벽을 치고, 물면 놓지 않는 자신의 아구턱의 힘으로 단일화 하지 않는다는 이준석에게 단일화 할 것 아니냐며 단단히 물고 늘어진 결과다. 국민인 우리는 이재명에게 속았다.

　　그는 그런 갖가지 방법을 구사하며 대통령이 되었다. 2027년부터 전국민에게 100만 원씩의 기본소득을 주고, 세금 없고 군대 안 가는 기본사회 이외에 그의 국정철학이나 비전이라는 것이 있었던가. 그나마 그가 한 모든 약속을 지키기나 할까. 그가 약속한 일들이 지켜진다면 대한민국은 망할 것이다. 그가 약속을 지키지 않는다면 대통령 자리에 올라 자신의 백화점식 범죄에 대한 처벌을 면하려는 그의 공작에 국민인 우리가 속은 것이다. 약속을 지켜 대한민국을 망하게 하는 대통령, 약속을 지키지 않아 국민을 기만하는 대통령, 그는 어느 쪽일까. 어느 쪽이든 그가 대통령이 된 세상은 두렵다.

　　허영 교수는 현직 대통령의 계엄령 선포는 헌법이 명문으로 보장하는 권한으로서 사법심사의 대상이 될 수 없으며 권력을 소유하고 있는 대통령의 내란은 법리적으로 성립할 수 없는 것으로 세계 어디에도 그런 전례가 없다고 했다. 그러나 이재명과 그가 지배하는 민주당과 문형배 등의 좌익 판사들과 그것을 무비판적으로 전달하는 언론은 대통령의 계엄령 선포를 내란이라고 말하고 또 말했다. 평생 헌법을 공부한 학자들과 정치판을 쥐어잡고 있는 사람들의 말이 완전히 다르다. 국민인 우리는 어느 쪽 말을 믿어야 하나. 윤석열이 탄핵되고 이재명이 그 자리를 차지하는 변고가 결국 현실이 되었으니 국민 중에는 허영 교수의 말보다 범죄자의 인생을 살아온 이재명과 우원식 정청래 등 대한민국보다는 조선인민공화국을 더 생각하는 종북 운동권 사람들의 말을 믿는 사람이 더 많다는 뜻일 것이다. 허영 교수는 자유민주주의 나라의 헌법정신을 말하고 있다. 그러나 좌익의 리더 이재명의 말에 지지를 보낸 국민이 더 많았다. 열에 다섯과 열에 넷, 이 갈림에 의해 대한민국은 새로운 세상을 맞이했다. 대한민국은 자유민주주의의 나라가 아닌 인민민주주의의 나라라고 생각을 고쳐먹고 살아야 할까. 살만큼 산 이 일개 국민은 그래도 심란하다. 내 자식들의 삶이 걱정되어서다.

자유애국 진영의 국민은 종북단체들이 북한정권의 지령에 따라 수시로 집회와 시위를 벌이고 무엇보다 간첩을 잡지 않는 현실을 근거로 대한민국이 이미 좌익의 나라가 되었다고 생각한다. 그러나 좌익 세력은 이런 주장을 철지난 이념타령으로 치부하고 대한민국이 북한의 지령에 따라 움직인다는 증거가 있느냐고 응수한다. 좌익의 위장과 은폐와 오리발 전술이다. 좌익 단체들이 북한의 지령을 수령하고 그것을 실행하는 것은 대한민국 80년 역사에서 엄연한 사실이다. 이를 입증하는 직접적 기록과 자료는 많다. 국정원 등의 국가 기관의 자료는 물론 10년, 20년 전 과거의 신문기사만 찾아봐도 쉽게 알 수 있다. 비교적 최근의 조선중앙통신 등 북한 언론의 보도, 북한 최고 권력자의 담화문과 간간이 나오는 대남 협박성 메시지, 그리고 뒤이은 남쪽 종북단체들의 주장와 그들의 집회 시위에서의 구호와 행동을 관찰하면 과거의 자료를 들추지 않고도 바로 알 수 있다. 과거에는 수시로 발표되었으나 '철지난 이념몰이'라는 거짓 프레임이 진실로 행세하는 지금은 어쩌다 드물게, 간간이 보도되는 간첩과 간첩단의 수사결과에도 북한의 지령을 직접 수령하고 이를 실행에 옮긴 내용이 빠지지 않는다. 종북좌익 세력이 박근혜를 탄핵한 사실과 이어 8년이 지나 다시 윤석열을 탄핵한 것은 자유민주 정부를 무너뜨린 후 대한민국의 체제를 좌익의 나라로 변경하는 좌익 혁명이다. 두 번의 탄핵 모두 북한의 지령으로부터 시작된 것이다. 확실하다.

윤석열이 탄핵되고 이재명이 정권을 잡는 이 거대한 변고를 지켜보며 의심했다. 인간 세상에 대체 진실이라는 것이 있기나 한 지, 정의라는 것은 있기나 한 지 그것을 의심했다. 대한민국에 집단지성이란 것이 있는 지를 의심했고 대한민국 국민이라는 존재 자체를 고민했다. 그리고 또 의심했다. 신은 존재하는 지, 대한민국을 보우하는 하느님은 있는 지를 의심했다. 모든 것을 의심했다. 그러나 아무것도 알 수 없었다. 그래서 관찰했다. 그리고 관찰한 것을 정리했다. 그렇게 만들어진 것이 이 책이다. 결론은 의심의 여지 없이 분명하다. 이 변고는 윤석열의 내란이 아니다. 이재명의 반란이다.

　현직 대통령 윤석열에게 탄핵 인용을 선고하고 퇴임한 문형배는 여러 언론에 얼굴을 내밀고 재판 관련 내용을 공개하고 있다. 그가 보통의 판사들은 결코 하지 않는 이런 짓을 하는 이유는 자신이 주도한 재판의 불공정성이 비판을 받고, 탄핵 무효의 목소리가 높고, 또한 반대하는 다른 재판관들을 그가 설득 협박 회유한 일에 뒤가 캥겨 변명을 하고 있는 것이다. 그는 한 인터뷰에서 "곽종근의 말을 믿고 탄핵시켰다"고 말했다.(MBC, '손석희의 질문들' 2025.8.27) 손석희: "재판하면서 누가 제일 기억에 남나" 문형배: "곽종근 특전사령관이다. 가장 진실하게 증언한 사람이다" 문형배는 곽종근이 대통령의 지시를 따르지 않았기 때문에 계엄이 해제되었으며 그래서 곽의 진술을 진실로 인정하고 탄핵 인용을 결정했다는 취지로 말했다. 언론이 적극적으로 알리지 않아 대부분의 국민이 아직 분명히 인식하지 못하고 있지만 홍장원의 메모는 가짜이고 곽종근의 증언은 모두 거짓이라는 사실은 진행 중인 내란 재판을 들여다 보면 바로 알 수 있다. 홍장원의 메모와 곽종근의 증언은 진실성이 무너졌다. 그렇다면 이를 근거로 내린 탄핵 결정은 무효다. 거짓으로 판명난 증거를 근거로 내린 판결은 원천 무효다. 무효인 이 재판은 재심해야 한다. 이재명과 민주당, 그리고 자유민주주의를 지키려 하는 국민인 우리가 충돌하는 지점이다. 이 한판 승부는 피할 수 없다.

2025년 12월
내고향 울릉도 저동 서재에서
대한민국 국민　장영관

CONTENTS

시작하는 글 • **고영주**　4

들어가는 글 • **장영관**　7

제 **1** 장

자유민주 대통령에 대한 탄핵의 뿌리

1절 • 북한의 지령을 수령하고 실행하는 정당이 있다　　25

　1. 김일성의 생각대로 되어가는 남조선　　26

　2. 민주당의 혁명 이력서　　28
　　통진당의 큰집 • 30　큰집이 아닌 한 집 • 32
　　통진당의 역할을 이어받은 민주당 • 35

　3. 조선로동당 서울지부 수령님의 말씀　　39
　　문재인은 김정은의 수하가 맞는가 • 41

2절 • 북한의 지령과 백낙청의 설계　　43

　1. 북한의 지령을 수행한 우익 대통령 탄핵　　44
　　김씨 일가의 지령을 수령하는 남쪽 정권 • 44
　　탄핵 지령, 그 아주 오래된 역사 • 47

　2. 윤석열 탄핵은 북한의 지령에서 시작되었다　　49
　　대한민국이 뻘겋다 • 49　민노총과 북한 그리고 윤석열 • 51

　3. 남쪽 최고 령도 백낙청의 설계대로 되어가는 대한민국　　53
　　조선로동당 남쪽의 서열 • 53　최고 서열 백낙청의 설계 • 57
　　그의 손바닥에서 움직이는 남쪽 정치 • 58

3절 • 우익 정부 대통령의 피할 수 없는 운명, 탄핵　　60

　1. 우익의 대통령은 모두 탄핵되었다　　61

2. 박근혜 탄핵이 북한의 지령이라는 증거   63

박근혜가 갈 곳은 감옥 뿐이었다 • 64 탄핵의 시작과 끝, 북한 지령 • 65

3. 윤석열도 피할 수 없었던 탄핵의 운명   67

5년을 기다리다 실행된 지령 • 67 탄핵되어야 할 운명이라는 것이
있다 • 69 제사정치의 지령 • 71 법원이 확인해준 북한의 지령 • 72

4. 비상계엄 전에 이미 높았던 탄핵의 외침   74

윤미향이 쏘아올린 변고의 풍선 • 74 탄핵이라는 대사변 • 76
주사파 테러리스트의 영웅적 활약 • 78 90대 10이 거꾸로 행세하는
대한민국 • 79

4절 • 8년을 묵은 거울   82

1. 거짓과 사기로 엮은 탄핵   83

모두 거짓인 탄핵 사유 • 84 법조계 원로의 진단 • 85 엉터리
탄핵소추안 • 86 단 하나도 확정되지 못한 탄핵사유 • 89

2. 박근혜가 탄핵된 진짜 이유1, 좌익의 무혈혁명을 막아선 반혁명   91

전교조를 불법화 한 죄 • 93 대한민국의 정체성을 바로 세우는 반역 • 95
역사교과서 전쟁 • 97 역사 전쟁, 좌익은 승리했고 우익은 패배했다 • 99

3. 박근혜가 탄핵된 진짜 이유2, 주사파의 유혈혁명에 대응한 혁명 방해   102

제주도에 모인 데모꾼들 • 103 참외를 전자파에 익힌 죄 • 107

제 2 장

혁명과 반혁명
그리고 반란

1절 • 범죄자와 종북 정당이 연합한 이 혁명   115

1. 대한민국 선거관리위원회 이 경이로운 조직   117

과학상을 받아야 할 복마전 • 117 비상계엄의 시발 • 119
100점과 31점 • 121 국가 예산을 마음껏 쓰는 가족 회사 • 122
악어와 악어새 • 124

2. 악당과 간첩단이 연합한 만행, 윤석열 정부 멈추기   126

정부를 마비시키는 야만적인 방법 • 127 서른 번의 탄핵, 이재명 하나를
위해 • 129 정부의 역할 수행을 방해하는 예산 행패 • 132

3. 간첩의 나라를 만드는 혁명　　　　　　　　136

간첩들의 세상 • 137 간첩을 처벌할 수 없는 간첩법 • 138 간첩이
원하는 기밀을 전국민 앞에 공개한 대한민국 국회의원 • 141 기업의
기밀을 다 내놓으라는 간첩들 • 143 간첩질을 막기 위한 대통령의 계엄권
행사 • 145

4. 자유 대한민국을 붕괴시키는 혁명　　　　　　　147

우익의 체제를 멈추고 좌익의 체제로 전환하는 입법 • 148 마약 천국을
만드는 그들의 쿠데타 • 150 대한민국의 미래를 절단내는, 혁명이거나
반란이거나 • 154

2절 • 대한민국 대통령 윤석열의 반혁명　　　　　　　158

1. 반란하는 그들도 모르는 윤석열 탄핵의 사유　　　159

예정된 일 • 159 넣었다 뺏다 그들도 헷갈린 탄핵소추 사유 • 160
윤석열 탄핵의 진짜 이유는 • 162

2. 민노총에 손을 댄 간 큰 일이거나 반혁명이거나　　166

혁명의 주력 대오 • 167 대통령 윤석열 칼을 대다 • 169 민노총, 반란을
마음먹다 • 171 직접 관저를 열겠다 • 173

3. 간첩을 잡는 일, 반동이거나 반혁명이거나　　　175

간첩을 잡지 않는 간첩단 정권 • 175 간첩을 보고도 잡지 못하는
국정원 • 178 간첩을 잡는 내란죄를 범한 윤석열 • 180 봇물처럼 터지는
간첩단 • 182 지금이 어떤 세상인데 간첩을 잡느냐는 사람들 • 184

4. 북한과 김정은에 덤빈 불경죄이거나 반혁명이거나　　187

대북 확성기를 다시 튼 죄 • 188 북한이 내려보낸 것은 무죄, 우리가
올려보낸 것은 유죄 • 189 국군의 해외 파견이 외환유치라고? • 192
이사람의 존재는 대한민국의 소멸을 재촉할 것이다 • 194

5. 사회주의 법안을 모두 거부하는 반동이거나 반혁명이거나　　197

이런 법안을 입법하는 반란 • 197 체제 변경을 거부한 윤석열의
반혁명 • 199

3절 • 그리고 반란   202

  1. 6시간의 계엄 123일의 난리   203
    거짓의 12월 • 203 의심의 시간 1월 • 206 발악하는 2월 • 207
    막가는 3월 • 209 아, 4월 4일 • 212

  2. 빛의 반란   215
    이재명의 빛의 혁명과 박구용 • 216 박구용은 철학자인가 • 218
    그는 선전원이거나 선동가일 것이다 • 221

  3. 좌익의 혁명 기술이 모두 등장하는 이 반란   223
    123일의 반란과 선전 선동전의 승리 • 223 좌익의 화려한 공작과 우익의
    우아한 게으름으로 • 225 속도전 • 227 연장전 • 228

  4. 반란의 종착   231
    지옥문 • 231 자유민주주의자가 반동이 되는 새로운 세상 • 232

제 3 장

이 반란의 주범과 공범은
그들의 범죄는

1절 • 주범, 종북 정당 민주당 그들의 아주 오래된 혁명   240

  1. 혁명가들   241
    파르티잔 • 241 이 많은 종북이들 • 243

  2. 혁명   245
    주사파의 노래 • 245 대한민국을 무너뜨리는 권력과 이를 막는 권력의
    대결 • 247 8년이 지나 다시 온 사기탄핵 • 249 국민인 우리를 속이는
    혁명의 언어 • 252 새로운 혁명 언어, 내란 • 256

  3. 학자들의 강의와 거꾸로 가는 사람들   258
    헌법학 교수님의 말씀이 틀렸는가 • 258 국보법 전과자가 국회의원을
    하는 것이 말이 됩니까 • 260 박선원이라는 골수 혁명가 • 262 3년
    징역을 산 정치범이 국회의장이 되면 • 265 제왕적 대통령은 없었다
    제왕적 야당 대표가 있었을 뿐 • 266

4. 북한정권의 남쪽 조직이 주도하는 이 반란 268

이 탄핵이 북한의 지령이라는 증거 • 268 극좌파의 내란 • 270
내란선동 세력과의 선거 연합 • 272

2절 • 공범, 김일성의 아이들이 장악한 대한민국 사법부 274

1. 법조 주사파 그들의 전설 275

장학생 1800명 혁명전사 300명 • 275 좌익 판사들의 초강력 카르텔
우리법연구회 • 276 너그들만 판사냐, 그래 우리들만 판사다 • 279

2. 4년을 기다린 공수처의 쓰임 281

숨어 있다 등장한 혁명투사 오동운 • 281 공수처를 해체해야 대한민국이
지켜진다 • 283

3. 주사파 판사들의 소굴 서울서부지법 286

법복 입은 사람들의 혁명 • 287 법을 어긴 체포와 수사와 재판은 모두
무효다 • 288

3절 • 공범, 좌익의 혁명위원회 대한민국 헌법재판소 290

1. 우리법연구회에 포위된 대통령 291

이 뻔한 일을 왜 • 291 우리법 출신들로 채워진 헌재 재판정 • 293
형배 미선 계선 • 294 한덕수 대행의 재판은 왜 미루었는가 • 297

2. 이런 국가기관이 왜 필요한가 300

간첩보다 못한 우익 대통령의 인권 • 298 대한민국 법을 지키지 않는
대한민국 최고의 법률기관 • 300 헌법재판소는 없어져야 합니다 • 302
국민이 헌법재판소에 묻는다 • 304

4절 • 공범, 혁명의 선전선동대 남조선의 언론 308

1. 영원한 붉은 깃발 선전과 선동 309

공산혁명과 탄핵, 그 공통의 기술 • 310 이명박도 박근혜도 당한 일 • 311
아이유 알러브유 • 313 112억 짜리 광고 • 315 우익 기생충들에게
고함 • 317

2. 탄핵 시즌이 되면 왼쪽 눈만 뜨는 괴물, 대한민국 언론 319

유튜브가 극우? 언론이 극좌! • 320 현장과 보도의 미스매치 • 322
대한민국 언론이 괴물이 된 까닭 • 324 박장범을 변호함 • 326

마을회 서 씨 이장님 • 327

5절 • 주범, 이 반란의 수괴 이재명   329

  1. 이재명 이 사람   330

    천재이거나 사이코패스거나 악마이거나 • 330 민주당의 아버지?
예수? • 332 예정된 죄수의 코미디적 발악 • 334 아무말 대잔치 • 336
이 반란의 방조범 88개의 아가리들 • 338

  2. 범죄자 그의 세상   342

    교도소 담장에 매달린 사람이 대통령이 되었습니다 • 342 이재명의 세상,
생각이나 해보셨나요 • 343

제 **4** 장

윤석열 탄핵이
이재명의 반란인 이유

1절 • 반란의 증거, 기만과 폭력   349

  1. 헌법적 권한 행사를 내란이라고 말하는 기만   350

    짜장면 탄핵과 단무지 재판 • 350 윤석열은 헌법에 명시된 권한을
행사했다 • 352 국가비상사태를 범죄자와 주사파가 판단하는가 • 355
계엄이 내란으로 둔갑한 이유 • 356

  2. 폭력이 난무하는 현장   358

    현직 대통령에게 폭력을 가하는 반란 • 359 이 숫자는 반란을
증언한다 • 361 반란세력에 붙은 경찰 우종수 • 363

  3. 민주당은 조폭집단이 아닌가요   367

    조폭도 울고 갈 민주당의 폭력 • 367 헌법재판소는 민주당의 폭력에
굴복했는가 • 369 폭력을 치하하고 부추기고 보상하는 집단 • 371

2절 • 반란의 증거, 이미지 조작과 새빨간 거짓말   373

  1. 좌익의 현란한 기술, 거짓 이미지 줄폭탄   374

    고주망태와 요괴 • 374 대한민국 5선 국회의원이 하는 이
추악한 짓 • 377 수령주의와 이미지 똥칠 전술 • 379

2. 판을 뒤집는 좌익의 기술, 새빨간 거짓말　381

저절로 밝혀진 내란의 거짓 • 381　거짓말 대통령이 통치하는 거짓의
나라 • 384　이런 거짓말 기술도 • 386　그들의 거짓말 솜씨 그 무궁
무진함 • 388　세계인을 속인 월담 쇼 • 389　거짓말, 새빨간 거짓말,
또 거짓말 • 391

3절 반란의 증거, 모략　394

1. 첫 번째 모략, 홍장원의 체포명단　395

잡범보다 못 한 정보기관 2인자의 거짓말 솜씨 • 396　엎어지고 자빠지는
홍장원의 증언 • 398　국정원에 민주당 꼬나풀을 그냥 둔 대통령의
운명 • 401　하늘을 찌르는 홍장원의 죄악 • 403

2. 두 번째 모략, 곽종근의 증언　406

기억력 나쁜 멍청이이거나 거짓말쟁이 어린아이이거나 • 407　말을 바꾸고
또 바꾸는 대한민국 3성장군 • 409　민주당 편에 섰다 패가망신한
군인 • 410　윤석열 정부를 무너뜨리는 모략의 현장 • 412　곽종근을
동정함 그러나 통탄함 • 415

3. 세 번째 모략, 노상원의 수첩　418

즐거운 점쟁이와 우울한 대한민국 장군들 • 417　거짓과 조작 그리고
성공한 모략 • 419

4절 • 반란의 증거, 재판의 편파성과 위법성　421

1. 문형배 헌재의 이 지독한 편파성　422

문형배의 속도전 • 423　완벽하게 일치하는 다섯 개의 시간표 • 424
진실을 뭉개는 판사 • 426　한덕수 탄핵과 마은혁 임명, 뭣이 중헌디 • 428
민주당과 헌재가 합작하는 농단 • 429　이것이 탄핵소추권 남용이
아니라고? • 431　미리 정해진 결론 탄핵 • 433　문형배, 역적이거나
간첩이거나 • 436

2. 위법과 불법으로 엮어진 이 탄핵　439

1) 공수처의 이 반란범 • 439

오동운의 범죄 • 440　오동운은 반란범이다 • 442

2) 이 반란에 가담한 서울서부지법 판사들 • 444

사법사에 길이 남을 이름 이순형과 신한미 • 445　그리고 차은경 • 446

3) 철없는 검찰 엘리트 박세현의 가세 • 447

4) 헌법을 짓밟고 법률을 위반하는 문형배 • 449

　헌법재판소의 위법과 불법 • 451

　탄핵 인용이 문형배의 반란인 이유 • 454

5) 국회를 장악한 민주당의 위법과 불법 • 457

　부결이 아닌 투표 불성립의 위법 • 458

　내란죄를 제외한 탄핵소추안을 재의결 하지 않은 불법 • 459

　대통령권한대행의 탄핵 의결 정족수 위반 • 461

5절 • 반란의 증거, 자유민주적 기본질서에 위배되는 입법　463

1. 단 한 사람을 위한 입법, 이것은 반란이다　464

2. 나쁜놈을 처벌하는 법을 폐지하겠다는 반란　466

　거짓말쟁이들의 세상을 만들겠다는 뜻 • 466　배임죄가 사라진
지옥도 • 468

3. 합법적 독재를 위한 장치 대법관증원법　472

　대법관 증원 이것은 공포다 • 472　베네수엘라로 가는 길 • 475

4. 21세기에 이런 악법이, 재판중지법　478

　대한민국 법관은 모두 죽었는가 • 479　대한민국의 법이 사망하고
있다 단 한 사람을 위해 • 480

제 **5** 장

이재명의
세상이 되었습니다

1절 • 범죄자의 반란　487

1. 감옥 가지 않는 빼어난 기술을 가진 범죄자　488

　나는 죄가 없다는 범죄자들의 합창 • 488　무죄 가능성이 제로인
범죄자 • 491　그가 감옥 가지 않는 특별한 기술 재판지연 • 493
검찰의 조작이라는 오리발 • 495　검찰을 테러하다 • 497

2. 아, 관군대장 조희대   501

대법원 판결이 아무것도 아니라는 반란의 수괴 • 502

재판 기적이 끝없이 이어지는 이재명은 신이거나 악마거나 • 504

이젠 조희대의 내란이라고? • 506 관군의 첫 승리 • 507

저주 받으라 대한민국 법관들이여 • 509

3. 이 더러운 반란   514

그의 반란은 끝까지 더러웠다 • 514 비겁한 언론 • 516 추악한 선거관리

위원회 • 518

2절 • 반란 정권이 탄생한 의미   521

1. 좌익혁명 80년 그 여정의 승리   522

대한민국은 자유민주주의 나라가 맞는가 • 523 윤석열의 탄핵과 이재명

집권의 의미 • 526

2. 체제 변경의 시작   529

역사 반란 • 530 애국청년을 키우는 죄 • 534 판사 이재권이 준비하는

역사 내란 • 536

3. 대통령이 된 범죄자 하나를 위한 국가 파괴   534

기억나는 이재명의 공약이 있나요 • 539 물음 • 543

이재명은 국가와 국민을 위해 아무것도 하지 않을 것이다 • 545

3절 • 절대 권력자의 시간   548

1. 박정희를 독재자라고 말하는가 이재명을 보라   549

진짜 독재자가 왔다 • 550 독재의 장면들 • 550

예약된 스케줄 일당독재 • 554 이겨놓고 하는 베네수엘라 선거 • 550

이재명 시대의 선거 예상도 • 558

2. 절대권력자 이재명   560

그는 대한민국을 말아먹을 것이다 • 560 국민의 이름으로 • 562

이것이 독재다 • 564 이재명은 김일성의 반열에 오를까 • 567

제 **6** 장

새로운 세상의 설계도
신헌법

1절 ● 이재명의 세상을 만드는 헌법 개정　　573

　1. 오래 벼뤄온 이 개헌　　575
　　3년 전쟁 • 575　개헌, 은밀하고도 치밀하게 • 577

　2. 개헌의 원칙, 권력을 집중함　　580
　　이상한 사람 박진영의 절대권력 옹호 • 581　똥개와 사냥개만 키우는
　　시간 • 584

　3. 개헌의 원칙, 법치주의를 파괴함　　588
　　이재명이 감옥 가지 않는 세 개의 계단 • 588　깨끗한 손과
　　악마의 손 • 591　대한민국 법은 난자를 당할 것이다 • 593
　　범죄자가 법을 해석하는 시대 • 595　그의 세상에는 법이 없다 • 596

　4. 개헌의 원칙, 사회주의　　598
　　자유는 죽을 것이다 • 599　6.25는 없고 5.18은 들어가는 전문 • 601
　　기본사회라는 국가주의의 천명 • 603　사회주의 공산주의 북한주의로
　　가는 개헌 • 605

2절 ● 대한민국의 정체성은 이렇게 변경될 것이다　　608

　1. 삼권, 분립에서 통합으로　　609
　　범죄자와 혁명가들의 같은 꿈 삼권 통합 • 609　사법부 없애거나 껍데기
　　만 남기거나 • 611

　2. 법치주의를 인치주의로　　614
　　수사와 감사의 결정은 권력자가 또는 범죄자가 • 614　쓴맛도 단맛도
　　정권의 입에 맞추는 법원 판결 • 615　100%의 사법 기적이 예사로 • 616

　3. 민주국가에서 당주국가로　　618

　4. 혹시 7년 어쩌면 13년, 대통령의 임기　　621

　5. 종신 대통령 이재명이라는 초현실을 생각함　　624

이 초현실이 현실인 이유 • 625

탐욕의 화신이 실현하는 두 번째 초현실 • 627

초현실을 현실로 만드는 이재명의 기술 • 628

누가 이 초현실을 막을 수 있는가 • 628

조원철의 천기누설 • 631

3절 • 이재명은 망국적 신헌법을 이렇게 밀어붙일 것이다　　633

1. 개헌을 위한 다섯 가지 전술　　634

첫 번째 전술 진지전 • 634　두 번째 전술 공성전 • 636

세 번째 전술 선전선동전 • 637　네 번째 전술 현금질 • 638

다섯 번째 전술 속임수 • 640

2. 국민의 이름으로　　642

이재명이 국민의 이름을 팔아먹는 법 • 643

히틀러 마두로 그리고 이재명 • 645

제1장

자유민주 대통령에 대한
탄핵의 뿌리

자유민주 대통령에 대한
탄핵의 뿌리

거대 범죄자가 대한민국 대통령이 되었습니다

하느님 너무 하십니다

1절

북한의 지령을 수령하고 실행하는 정당이 있다

"요즘 세상에 간첩이 어디에 있나" 2009년 한 연예프로에 출연하고 인기를 얻어 깜짝스타가 된 안철수의 입에서 시작된 이 말은 곧 유행어가 된다. 통진당이 해산될 때 '지금도 간첩이?' 라고 생각한 많은 국민은 뚱한 표정이었고 그래서 통진당과 민주당의 저항은 국민에게 상당부분 이유있는 것으로 받아들여졌다. 이로부터 십수 년이 지나 대한민국 제20대 대통령 윤석열은 "나라에 이렇게 간첩이 많나"며 놀라워 했다. 청주간첩단, 민노총간첩단, 창원간첩단, 전북간첩단, 제주간첩단 등 문재인 정권이 잡기는 커녕 국정원의 간첩잡는 역할까지 삭제하며 보호하고 키워준 간첩들이 봇물처럼 터져나왔으니 윤석열이 놀란 것은 당연할 것이다. 한 언론은 이를 두고 "대한민국이 뻘겋다"(문화일보, 2023.6.8)는 제목의 기사를 냈다. 대한민국은 이제 간첩들의 세상이다. 그들은 2025년 이 나라를 완전한 좌익의 나라로 만들기 위해 거센 회오리 바람을 일으킨다. 자유민주주의 정부를 뒤엎고 좌익의 나라를 만드는 것, 이것이 두 번 모두 성공한 우익 대통령 박근혜와 윤석열에 대한 탄핵의 본질이다.

1. 김일성의 생각대로 되어가는 남조선

1950년 9월 UN군의 인천상륙작전이 임박하자 김일성은 남한을 점령하고 있던 인민군에게 퇴각명령을 내린다. 남한 내의 지방 조선로동당에 하달된 6개항으로 된 지시 중에는 '당을 비합법적인 지하당으로 개편할 것'이라는 내용이 포함되어 있었다. 그러나 북상하는 UN군에 의해 북한군이 중국 국경까지 밀리는 급박한 전황 속에서 지하당의 유지는 불가능했다. 휴전이 된 후에도 폐허가 된 북한을 재건해야 하는 상황이라 대남공작을 추진할 여력은 없었다. 그러나 휴전 7년이 지난 1960년 남한에서 일어난 4.19를 본 김일성은 절호의 기회를 놓쳤다고 생각한다. 6.25 남침 당시 남한 전역을 신속히 장악하지 못한 것은 남한 내 공산당 조직의 힘이 미약했기 때문이며 4.19 혼란을 남한 공산혁명의 결정적 기회로 만들지 못한 것도 남한 내에 과거 남로당과 같은 혁명을 지도할 조직이 없었기 때문이라고 결론을 내린 김일성은 1961년 9월 제4차 노동자대회에서 당에 지시를 내린다. "남한 내에 혁명적 지하당 조직을 강화하라."

이때부터 북한은 남한에 간첩을 침투시켜 지하 조직을 구축하고 혁명 투쟁을 전개한다. 남한 사회를 교란하고 남한 정부의 전복을 꾀하는 그들의 긴 투쟁은 그렇게 시작되었다. 인혁당, 문재인 자신이 존경하는 사상가라고 세계 만방에 밝힌 신영복과 한명숙의 남편 박성준이 활동한 통혁당, 22대 국회에서 국회부의장의 지위에까지 오른 이학영이 활동한 남민전 등이 이런 조직이다. 이들은 박정희가 사라진 후 지상으로 올라

오더니 김대중 정권 때부터는 여전히 지하에서 은밀하게, 동시에 합법적이고 공개적으로 대한민국을 전복시키려는 공작과 북한을 위한 이적활동을 활발하게 전개한다. 조국과 은수미의 사노맹, 문익환 윤이상 황석영 등이 활동한 범민련, 국무총리 김부겸이 남파간첩을 접촉한 혐의로 유죄를 받은 중부지역당, 강철서신의 김영환이 주도하고 학생 김일성주의자 이석기를 키운 민혁당, 그 외 일심회간첩단, 왕재산간첩단 등이 있다. 그리고 문재인이 오랫동안 지원하고 보호해준 이석기의 통진당이 있다. 2014년 헌재의 판결로 통진당이 해산된 후 북한의 지령을 받는 혁명조직은 사라졌을까. 아니다. 통진당 해산 후 더불어민주당이 그 역할을 계승하여 통진당보다 월등히 효율적이고 강력하게 임무를 수행하고 있다.

간첩과 종북주의자들은 노무현 사후 학생 운동권 그룹과 연합하여 더불어민주당의 핵심 파벌이 되었고 그들은 문재인을 지도자로 내세우고 우익정부를 흔들어 대는 9년간의 긴 투쟁 끝에 다시 정권을 잡는데 성공한다. 이미 김대중 노무현 정권 때부터 정치판의 주류가 되었던 그들은 문재인의 집권으로 대한민국의 모든 영역을 장악한다. 김일성이 6.25 전쟁 당시 남한에서 퇴각하며 내린 지시와 4.19 직후 내린 지령이 창대한 결과를 낳은 것이다. 2017년의 박근혜 탄핵에 이어 8년이 지난 후 윤석열 탄핵에 이르기까지 우리가 생생히 목도하고 있는 민주당의 주사파 정치인들, 민노총 전교조 전농의 종북주의자들, 사법부의 주류가 된 좌익 검사와 판사 그들이 70년 묵은 김일성의 지령을 충실히 받들어 성취한 결과다. 김일성의 생각대로 된 남조선의 지금이다.

2. 민주당의 혁명 이력서

마르크스 레닌주의를 신봉하는 이땅의 좌익의 역사는 일제 치하에서 시작된다. 나라를 잃은 시대상황으로 인해 소비에트와 중국공산당에 긴밀하게 연결되어 있었던 그들이 좌익의 기원이다. 반면 해방정국에서 설립된 남로당남조선로동당은 북한과 직접 연결된 조직이다. 이때부터 한국의 좌익은 마르크스 레닌주의의 정통 좌익세력과 김일성주의를 따르는 인혁당인민혁명당 통혁당통일혁명당 등의 변형 좌익의 지하정당으로 나뉜다. 1970년대까지 그렇게 이어오던 좌익의 두 세력은 박정희 정부가 종료되면서 1980년대부터 두 권의 족보책으로 선명하게 구분되는 계기를 맞는다. 강력한 반공주의 정책을 전개하던 박정희의 퇴장으로 좌익 학생 혁명가들이 급격히 증가하고 좌익세력은 새로운 이름인 PD민중민주계열과 NL민족해방계열로 갈라진다. PD계는 마르크스 레닌 사상을 따르는 정통 사회주의 계열로 심상정 노회찬 등 지금의 정의당 계열이 대충 이에 가깝다. 북한 체제를 사회주의로 인정하지 않는 그들은 친북이 아니라 오히려 반북의 입장을 취한다. 반면 NL계는 김일성사상을 따르는 종북주의 공산주의 세력이다. 전대협 한총련 사노맹남한사회주의노동자동맹 중부지역당남한조선노동당중부지역당 민혁당민족민주혁명당 통진당통합진보당 등으로 이어진다. 이 두 좌익 계열은 1980년대 말까지 때로는 협력하고 때로는 대립했다. 그러나 1991년 북한정권이 거물 간첩 이선실을 남파하여 천문학적 규모의 자금을 뿌리며 NL계를 거대조직으로 만든 후 제도권 정당인 민주당을 중심으로 전교조 민노총 등 거대 조직화에 성공했고 이때부터 대한민국 정치판에서 압도적인 주류가 된다. 이것이 지금은 대한민국을 거의 완전하게 장악한 종북주의 세력의 간략한 족보다.

NL계는 1960년대부터 지하 혁명조직에 뿌리를 둔 기성세력과 1980년대에 급팽창한 전대협 한총련 등의 학생 주사파 세력으로 나뉜다. 이 두 세력은 과거에는 지하에서 지도를 하고 지도를 받으며 은밀하게 협력하는 관계였으나 김대중이 집권하면서 권력을 공유하며 이 나라를 종북의 땅으로 만드는 혁명동지가 된다. 그들은 김대중 노무현 두 좌익정권 10년 동안 단일대오를 형성하며 대한민국을 좌익의 국가로 만드는 혁명을 흔들림 없이 진행한다. 그러나 좌익이념에 토대를 둔 그들의 통치는 나라를 혼돈과 경제적 쇠락으로 빠뜨렸고 10년을 끝으로 국민의 선택을 받지 못한다. 실권한 그들은 노무현의 퇴장과 함께 스스로를 폐족이라 규정하고 사라지는 듯 보였으나 자칭 노무현의 친구라는 문재인을 앞세우고 다시 세력을 규합한다. 그리고 이명박 박근혜 정부를 향해 거센 공격을 이어갔다. 자유민주 정부를 공격한 좌익세력은 크게 둘로 나뉜다. 하나는 호남 정치세력과 연합한 민주당 계열이었고 또 하나는 민주당의 지속적인 지원을 받는 한편 북한과 직접적으로 연결된 이석기의 통진당이었다. 그러나 박근혜 정부에서 이석기가 구속되고 통진당이 해산되자 모든 주사파 종북세력은 문재인의 민주당으로 통합된다. 그들은 거짓 조작 은폐 모략 선전 선동 등의 전통적 공산주의 혁명의 기술에다 남미식 포퓰리즘 수단까지 구사하며 우익의 박근혜 정부를 전복시키는데 성공한다. 그렇게 정권을 장악한 문재인은 대한민국의 모든 영역을 파괴하고 북한의 이익에 봉사하는 통치를 전개한다. 문재인의 대한민국 파괴적 통치를 국민이 외면한 결과 정권연장에 실패한 그들은 자신의 온갖 범죄혐의에 대한 처벌에서 벗어나기 위해 무슨 짓도 다 하는 이재명이라는 부지런하고 사악한 범죄자를 결사옹위하며 대한민국을 완전한 종북의 나라로 만들기 위해 가열차게 싸웠고 3년의 투쟁 끝에 우익의 윤석열 정부를 다시 뒤엎는데 성공한다. 이것이 한국 정치사에서 종북주의 정당의 적통을 계승하는 2025년 현재의 더불어민주당의 간략한 혁명 이력서다. 더불어민주당을 민주주의 정당으로 잘 못 알고 있는 MZ세대에게 꼭 알려주고 싶어 지면을 할애했다.

통진당의 큰집

2014년 12월 19일 헌법재판소 소장 박한철은 이석기의 통합진보당에 대해 "북한식 사회주의를 실현한다는 숨은 목적을 가지고 내란을 논의하는 회합을 개최하는 등 활동을 한 것은 헌법상 민주적 기본질서에 위배되고, 이러한 피청구인의 실질적 해악을 끼치는 구체적 위험성을 제거하기 위해서는 정당해산 외에 다른 대안이 없다"고 말하며 해산을 선고했다. 통진당은 자유민주주의 대한민국을 전복시킨 후 '혁명의 그날'을 성취하기 위해 남한의 통신망을 파괴하고, 철도를 끊고, 가스시설을 폭파하고, 유류 탱크 폭파를 계획했으며 어린 자식들을 교육시켜 무대 위에서 대한민국 정부를 비난하는 해괴망측한 내용의 노래를 부르게 만든 사람들이 모여 마르크스주의식 폭력혁명 노선을 지향하고 북한과 긴밀히 연계하며 이 땅을 북한식 공산주의 국가로 만들겠다는 목표를 세우고 만든 정당이다. 헌재의 선고문에는 이런 통진당을 '북한식 사회주의를 한국에 구현하려는 반역집단'으로 분명히 규정하고 있었다.

국정원 등의 공안기관이 간첩단을 적발하고 수사를 통해 밝혀낸 바에 의하면 북한이 남한에 조직한 지하혁명 단체들은 북한으로부터 공작금과 무기를 수령하고 수시로 지령을 받고 보고를 올리며 활동한 점에서 공통적이다. 헌재가 통진당을 위헌정당으로 판결하고 강제해산을 명령할 때의 수사기록에는 북한의 지령문과 통진당의 대북보고서도 포함되어 있다. 이 기록에 의하면 북한은 통진당을 통해 '김정일의 령도를 실현'하려 했고 이에 의해 북한 로동당의 지령과 똑 같은 내용으로 통진당의 당직 인선이 이루어졌으며 당의 강령을 바꾸라는 구체적인 지령을 내린 기록도 있다. 통진당은 북한이 직접적으로 움직였으며 이석기의 활동은 북한의 직접 지령에 의한 것임을 알 수 있다. 2000년대의 대표적 간첩단 사건인 왕재산 간첩단과 일심회 간첩단도 그 총책이 북한에 들어가거나 중국에서 로동당 간부와 접촉하고 지령을 받는 등 북한과 내통하며 움직인 조직이다. 북한은 일심회를 통해 통진당의 전신인 민노당의 중앙당과 서울시당 장악을 시도하기도 했는데 지령문에는 "민노당 정책방향을 우리 당의 요구에 부합하도록 할 것, 중앙당 간부 대오를 친북 NL계열로 영입 강화할 것, 민노당이 통일전선적 정당이 되도록 대외사업을 영도할 것" 등의 지시가 있다. 또한 "장군님의 령도를 실현하라"는 지령을 내렸고 통진당과 연계된 일심회는 '장군님의 포탄이 되어 과업을 완수할 것'을 다짐했다.(신동아, 2015년 1월호, '북한의 통진당 장악 시도')

이적 정당이자 반국가 정당인 통진당이 국회 제3당이 된 것은 통진당의 활동을 옹호한 민주당의 지원이 없었다면 불가능한 일이었다. '김일성은 절세의 애국자'라며 김일성을 숭배하고 북한의 남침에 호응하여 남한에서도 무장봉기를 일으키기 위해 총기를 준비하고 경찰서를 습격하는 등의 계획을 세우다 대법원의 실형 선고를 받은 이석기를 두 번의 특별사면과 이로 인한 피선거권 회복으로 수 년 후에는 당당히 국회에 입성할 수 있었던 것은 노무현 정권이 북한당국과 모종의 커넥션이나 거래로 가능했을 것이다. 여기에는 노 정권에서 두 번이나 민정수석을 지낸 문재인의 역할이 결정적이었다. 또한 대통령이 된 문재인은 대한민국에서 자신만 가진 유일한 권한으로 2021년 12월 24일 감옥에 있던 이석기를 다시 한번 가석방으로 풀어주었다. 대한민국 체제를 전복하는 계획의 실행을 모의하는 등 내란선동혐의로 구속된 그를 다시 풀어준 것이다. 국가전복을 모의했다면 대역죄다. 문재인은 이런 이석기를 한명숙과 함께 풀어주는 것을 자신의 살아있는 권력으로 해야할 마지막 임무로 여기는 듯 보였다. 그렇게 풀려난 이석기는 2025년의 윤석열 탄핵정국에서 조선로동당과 남한 종북세력 조직에서 문재인보다 더 높은 서열의 자리에서 민노총을 막후에서 조종하며 폭력적 투쟁을 총지휘한 것으로 추정된다.

큰집이 아닌 한 집

전쟁이 발발하면 북한군에 동조하여 남한의 국가 기간시설을 타격할 수 있도록 준비하고 조직원들에게 '전쟁 대비 3대 지침'을 하달하는 등 내란을 음모하고 국가전복을 기도한 혐의로 감옥생활을 하던 이석기는 문재인의 작용으로 사면된다. 이후 그는 통진당에 흡수된 노회찬 심상정의 민주노동당에 기생하며 세력을 키운 뒤 통진당을 완전히 장악하고 2010년 전후에 이르러서는 대한민국 공산혁명의 전위부대로 성장한다. 이것은 6.25전쟁 후 60여 년 동안 지하조직으로 존재하던 공산주의 혁명

정당이 마침내 지상으로 올라와 합법적으로 활동하게 된 획기적인 일이다. 이 역사적 사건의 중심 인물은 물론 이석기다. 그러나 이석기의 족쇄를 풀어준 노무현 문재인과 함께 이석기의 국회입성을 가능케 해준 한명숙 임종석 등 민주당 세력의 역할이 절대적이었다. 배후에는 종북좌익의 원로들과 북한 정권이 있었지만 이석기를 제도권에 진입시킨 데는 제도권 정당인 민주당의 방조가 없었다면 불가능한 일이었다.

2012년 3월 13일 국회 구내식당에서는 4월 11일의 19대 국회의원 총선을 앞두고 '야권연대 공동선언' 행사가 열렸다. 참석자는 민주당의 대표 한명숙, 통진당 공동대표 이정희 유시민 심상정, 재야 원탁회의 멤버 백낙청과 노수희 등이 참석했다. 노수희는 범민련 남측본부 부의장으로 이 야권연대 행사 열흘 후 밀입북하여 104일간 평양에 체류하며 김일성 김정일 김정은 만세를 외치는 등 북한 찬양행위를 하고 돌아와 국보법 위반과 이적행위 혐의로 4년 형이 확정된 사람이다. 이 날 야권연대 행사에서 합의한 주요내용은 통진당이 후보를 내는 지역구에는 민주당의 후보를 내지 않는 것이었다. 이런 야합으로 치루어진 선거에 의해 통진당은 지역구에서 무려 7명의 당선자를 낼수 있었다. 또한 민주당 지지자들로 하여금 지역구는 민주당 후보에 투표하고 정당은 통진당에 투표하는 방법을 유도함으로써 통진당은 비례대표 의원도 6명이나 당선시켰다. 이로써 대한민국 전복을 준비하던 통진당은 13명의 국회의원을 배출하며 원내 제3당이 된다. 이것은 재야원로들을 포함한 이 땅의 종북좌파 세력 전체가 나선 것이었지만 합법적이고 정통성을 가진 좌익정당 민주통합당의 주사파 대모 한명숙 대표와 한명숙의 심복이었던 임종석 사무총장이 주도한 것이다. 그리고 그해 말 대선주자로 나선 문재인의 역할이 결정적이었다. 이석기 문재인 한명숙 임종석은 모두 한 패거리였다.

　민주통합당과 문재인 등의 지원으로 국회의원이 된 사람은 이석기를 필두로 김재연 이상규 김미희 오병윤 등이며 통진당 세력과 긴밀한 관계였던 임수경은 민주당 비례대표로 국회의원이 되었다. 이석기는 결국 노무현 정권의 이해할 수 없는 두 번의 특별사면으로 피선거권을 회복하여 국회의원에 출마할 수 있었고 한명숙과 임종석의 이해할 수 없는 파격적 양보로 결국 국회의원에 당선된 것이다. 이로써 조직원들에게 '김일성은 절세의 애국자'라는 사상학습을 했던 이석기는 국회의원이 되어 국회에서 대한민국의 고급 국가정보를 취득할 수 있었고 국회를 혁명투쟁의 교두보로 확보할 수 있었다. 반국가행위자 이석기가 대한민국 반역을 준비할수 있도록 법적 장애물을 제거해준 정치세력이 민주당이다. 반역집단의 수괴 이석기가 북한을 위한 활동을 합법적으로 수행할 수 있게 해준 정당도 민주당이다. 이석기가 국회에 들어가 대한민국의 특급 국가기밀에 접근할 수 있게 방조한 정당도 민주당이며 이석기가 법의 심판을 받게 되자 이를 방해한 정당도 민주당이다. 이석기는 북한과 내통하며 내란을 음모했고 민주당은 그런 이석기를 보호하는 울타리였다. 민주당이 통진당과 이석기의 배후였다는 것은 부정할 수 없는 팩트다.

통진당의 역할을 이어받은 민주당

2016년 미래한국뉴스가 입수한 '경애하는 최고사령관 김정은 동지께서 2015년 1월 5일 로동당 간부회의에서 하신 말씀'이라는 제목의 문건을 보면 이 땅의 좌익 혁명정당들이 북한의 직접적인 지령과 지시에 의해 움직이고 있다는 것은 분명하게 확인된다. 이 문건은 2014년 12월 19일 헌법재판소의 판결에 의해 강제 해산된 통진당 사태에 대한 다급한 입장과 대책을 담고 있다.

"이번 사건(통진당 해산)을 계기로 대남부서에서는 남조선 혁명가들과 조직을 재정비할 필요성이 있다. 우리 당의 노선과 일치하는 노선을 투쟁과업으로 내세운 당이 건설되도록 모든 힘과 지원을 아끼지 말아야 한다.. 이번 통진당 해체사건을 교훈 삼아 대남부서에서는 남조선의 헌법재판소를 정치적으로 각성되고 반미의식이 강하며 권위있는 세력이 장악하도록 뒷받침하라.. 현재 남조선에서 공화국의 통일노선을 신념으로 간직하고 투쟁하는 진보세력들은 친북좌파로 인식되어 활동을 원활하게 할 수가 없다. 선거에서 지지율을 얻어 야당이나 여당의 핵심 위치까지 진입할 수 있도록 여기 있는 일꾼들이 모색하고 만들어야 한다.. 다가오는 대선에서 전폭적인 지지율을 얻으려면 민족의 화해와 협력, 통일의 상징인 개성공업지구 활성화와 금강산 관광 재개, 이산자 가족 상봉 등을 전제조건으로 내걸고 남조선 당국과 맞서야 한다. 우리의 노선을 그대로 옮기지 않아도 겨레에게 통일에 대한 희망과 신심을 안겨주는 목소리를 내는 사람은 언제든지 동반자가 될 수 있다.. 우리 쪽 사람들이 남조선 정당들에서 주도권을 틀어쥐게 된다면 그때 가서 국가보안법 철폐나 미군철수를 자연스럽게 이끌어 낼 수 있다. 남조선에 있는 진보세력은 적진에 있는 우리들의 동지이다. (그들은) 통일에 대한 절절한 희망 속에 미군 철수, 고려연방제 통일, 국가보안법 철폐 등을 외치던 애국세력들이다.. 국가안전보위부나 보위사령부는 독립적 행동보다 대남부서와 협력하라. 귀순자 위장도 일반인과 준비된 요원들을 엄격히 구분해서 침투시키라"(미래한국뉴스, 2016.3.3, 정재욱 기자)

김정은이 내린 이상의 '말씀'에 의하면 불과 보름전에 헌재의 결정으로 해산된 통진당이 북한정권의 대남부서가 직접 조종하는 조직이었음을 알 수 있다. 김정은은 통진당 해산으로 대남 혁명역량이 약화될 것을 우려하여 대남공작부서를 향해 새로운 과업을 지시하고 있는 것이다. 그리고 '정치적으로 각성된 헌법재판소' 혹은 '선거에서 지지율을 얻어 핵심 위치까지 진입' '우리쪽 사람들이 남조선의 주도권을 틀아쥐게 된다면' 등은 마치 문재인 정권하의 민주당을 보는 듯 강한 기시감이 든다. 문재인 정권은 김정은의 이 말씀에 따라 5년간 대한민국을 통치했으며 민주당은 통진당의 역할을 계승한 정당이 분명하다. 아직도 그 잔당이 진보당의 이름으로 활동하고 있는 통진당 세력과 북한의 관계는 우리가 상상하는 그 이상이다. 문재인 집권기에 이석기의 석방을 주장하는 차량이 한꺼번에 2500여 대가 동원되고 해상 선박시위를 포함하여 전국 방방곡곡에서 동시다발적인 집회가 진행된 사실은 좌편향성이 크게 강화된 대부분의 언론의 외면으로 그 심각성이 우리 국민에게 제대로 전달되지 않았지만 이석기와 그의 세력이 얼마나 거대하고 강력한 것인지를 말해주는 것이다. 또한 문재인이 그의 임기를 불과 몇개월 남기고 박근혜

사면으로 국민의 시선을 피해가며 이석기를 풀어줄 정도로 민주당과 이석기 세력의 관계는 우리가 아는 것 이상이다. 민주당과 북한의 관계도 우리의 상상 그 이상일 것이라는 사실은 틀림없다.

좌익세력이 북한과 내통한 일 중에서 드러난 증거는 많지 않다. 그들의 뛰어난 은닉의 기술 때문이다. 그렇다고 적지도 않다. 오랫동안 광범위하게 내통했기 때문이다. 김대중 정권에서 박지원이 주도했던 거액의 대북송금 처럼 어느 정도 밝혀진 것도 있다. 공산주의 활동이 불법화된 대한민국에서는 종북세력이나 지하혁명조직, 그리고 좌익정권이 북한 정권과 은밀하게 내통하는 것은 불법이자 위헌이며 반국가 행위다. 공산주의 이념에 기초하여 북한 중심의 통일을 지향하는 그들의 활동 역시 당연히 불법이다. 이 불법성을 회피하기 위해 종북세력은 북한정권과 은밀한 방법으로 내통했다. 대한민국을 공산주의 국가로 만들고 북한에 흡수시키는 혁명과업을 달성하기 위해서다. 반면 제도권 정당인 민주당과 그 주변이 북한과 내통했던 증거나 흔적은 많다.

주사파의 원조 김영환은 2013년의 통진당 사태에서 민주당과의 연대를 통해 통진당 당원들이 국회에 대거 입성한 것은 북한의 지시에 의한 전략일 것이라고 말했다. 그의 말이 맞다면 통진당의 이석기 김재연 등은 물론 야권연대를 통해 통진당 당원 13명을 국회의원으로 만든 민주당의 문재인 한명숙 임종석과 배후에서 이를 조종한 원탁회의의 백낙청까지 모두 북한의 지령을 수행했다는 뜻이다. 김영환 자신도 1990년대의 지하조직인 민혁당을 만들어 활동하던 중 북한으로부터 '정당을 만들

어 남조선의 제도 정치권으로 진출하라'는 지시를 받았다고 밝혔다.(중앙
일보, 2013.8.30) 실제 김영환은 1991년 서해에서 북한이 보내준 잠수정을
타고 밀입북하여 김일성을 만나고 40만 불을 받고 돌아와서 1995년 지
방선거에 출마한 이상규 김미희 등에게 선거운동자금 500만 원씩을 지
원했고 1996년의 총선 출마자 6명에게도 1인당 500만 원씩 지원했다고
고백했다. 이상규와 김미희는 결국 2012년 19대 총선에서 통진당 소속
으로 국회의원이 되는데 성공한다. 김영환이 북한과 내통하며 받은 지
시를 십 수 년의 시간이 지나 결국 이석기가 실행에 옮긴 것이다. 그들
의 혁명은 보통의 국민인 우리가 상상하는 것 이상으로 철저하고 집요
하고 맹렬하다. 대한민국을 완전한 좌익의 나라로 만드는 일은 그들이
결코 포기하지 않는 혁명이다.

3. 조선로동당 서울지부

"대한민국 집권당 더불어민주당 대표 추미애입니다. 저는 중국공산당의 최고 지도자이자 신시대의 설계자이신 시진핑 총서기께서 주창하신 '두 개의 100년'과 '중국의 꿈'이 세계 평화와 번영에 공헌할 것으로 기대하고 확신합니다. 한국의 더불어민주당도 올해로 창당 62주년을 맞이했고 2055년이 되면 창당 100년이 됩니다. 저는 정당 간의 연대와 협력으로 시대의 도전에 맞서.." 2017년 북경에서 열린 '중국공산당 세계정당 고위급 회의'에 참석한 추미애가 12월 3일에 한 기조연설 내용의 일부다. 중국 정부가 아닌 중국 공산당이 창당 100주년을 기념하여 개최한 이 대회에는 세계 여러 나라의 공산당과 사회주의 계열의 정당이 초청되었고 한국에서는 민주당이 참석했다. 보도자료에는 여러 나라의 공산당 당기黨旗 가운데 민주당의 당기가 포함된 사진도 있었다. 민주당이 공산당, 적어도 사회주의 정당임을 확인할 수 있는 장면이다.

수령님의 말씀

통진당의 잔여 세력은 2017년 다시 결집하여 민중당이라는 이름으로 재건되었다. 그러나 21대 총선에서는 의석 확보에 실패하고 원외정당이 된다. 통진당이 이렇게 되었다고 해서 조선로동당의 직접적인 지시를 받는 종북정당이 없어진 것은 아니다. 북한의 대남 공작 60여 년의 결실로 양성된 수많은 김일성주의자들이 모인 민주당이 2016년부터 사실상 대한민국에 대한 지배력을 장악하고 통진당의 역할을 대신하거나 그 이상의 역할을 수행하고 있다. 민주당은 북한의 공작자금으로 조직되어 북한의 지령에 의해 움직인 지하혁명단체에 소속되어 간첩활동을 전개했던 사람들과 김일성을 향해 충성을 맹세하고 북한이 내려보낸 자금으로 활동하고 생활한 주사파들이 주축이 된 정당이다. 그들은 문재인을 옹립하여 정권을 장악한 후 북한의 입장에 서서 북한의 이익을 대변하고 김정은의 적대적 행위를 옹호하고 김여정의 하명을 수행했다. 민주당을 중심으로 하는 문재인 세력은 북한의 직접적인 조종을 받고 활동하던 통진당과 다름 없었다. 그들은 6.25가 남침이냐는 물음에 끝까지 답변을 거부하던 통진당의 이정희와 같은 부류의 사람들이다.

정권을 잡고 권력자가 된 그들은 소수 야당이던 통진당에 비해 월등하게 실효적이고 실질적인 방법으로 친북한 친김정은 투쟁을 실행했다. 김정은이 말했던 "우리쪽 사람들이 남조선 정당에서 주도권을 틀어쥐게 된다면"이라는 전제가 실현된 것이 바로 민주당이고 문재인 정권이다. 문재인 정권에서 헌재 재판관 9명 중 7명을 좌익 성향의 법조인으로 교체한 것은 김정은이 "헌법재판소를 정치적으로 각성된 세력이 장악하도록 뒷받침하라"고 한 지령을 실행한 것이다. 2015년 1월 김정은의 대남지시가 내려지고 2년4개 월이 지난 2017년 5월 문재인은 대통령이 되었고 민주당은 여당이 되었다. 이 역시 김정은의 지령대로 된 것이다. 문재인 정권은 북한과 내통하고 김정은의 지시를 받으며 남한을 장악하고 있었다. 따라서 문재인 정권은 문재인 스스로의 표현대로 조선인민공화국의 '남쪽'이며 민주당은 로동당의 서울지부가 맞을 것이다. 문재인 시대의 대한민국은 김정은의 손바닥 위에 있었다. 이재명의 시간은 그 연장이다.

문재인은 김정은의 수하가 맞는가

'문재인 대통령이 유엔에서 김정은의 수석대변인top spokesman이 됐다'
는 제목으로 2018년 9월 26일자 기사를 낸 미국 블룸버그 통신은 "김
정은이 유엔총회에 참석하지 않았지만 그를 칭송하는 사실상의 대변인
을 됐다. 바로 문 대통령이다"라고 했다. 이로부터 한 달 후에 나온 10월
29일자 뉴욕타임즈의 기사는 이렇다. "문재인 대통령은 가능한 모든 기
회를 동원해 김정은을 '젊고 솔직한 경제개혁가이자 정략가'로 묘사하며
미북대화를 중개하고 심지어 교황의 방북을 로비하고 있다. 김정은은 문
재인 대통령보다 더 훌륭한 대리인agent을 발견하기 어려울 것이다." 문재
인 정권은 해외 언론으로부터 이러한 평가를 받을 정도로 김정은의 뜻
을 받들며 대한민국을 통치했다. 특히 남쪽 대통령 문재인은 북미회담의
주선에 전력을 다했고 재임기간 중 무려 여덟 번(역대 최다 방문이다)이나
미국으로 날아가 '김정은이 비핵화를 약속했으니 북미정상회담을 개최
하고 북한에 대한 경제 제재를 풀어달라'고 간청했다. 유럽 등 다른 나라
정상을 만나서도 제재 해제의 부탁을 빠뜨리지 않았다. 해외 언론이 문
재인을 김정은의 수석 대변인 혹은 대리인이라고 말한 이유다.

문재인은 퇴임 후 '변방에서 중심으로'라는 제목으로 대담형식의 회
고록을 냈다. 북한 중심의 그의 사고체계를 압축적으로 보여주는 책 제
목이다. 그의 시대 대한민국은 국제 왕따라고 불릴 정도로 서방 자유진
영 국가는 물론 중국으로부터도 철저히 소외되었다. 반면 그의 집요한
중재에 힘입어 자발적 소외 국가였던 북한은 김정은이 세계 최강국 미
국 대통령을 세 번이나 거듭 만날 정도로 국제 무대의 중심에 섰다. 그래

서 '변방에서 중심으로' 선 것은 대한민국이 아닌 북한과 김정은이다. 반면 2015년 9월 박근혜 대통령이 시진핑에 초청되어 시진핑 푸틴과 나란히 천안문 성루에 설 정도로 국제적 중심국이었던 대한민국은 그의 시대에 국제 사회에서 철저히 소외된 나라였다. 그래서 그가 말하는 '변방에서 중심으로' 자리한 나라는 북한이었다. 대한민국은 그 반대다. 그를 간첩으로, 그의 정권을 대한민국 77년 역사상 최대 규모의 간첩단으로 규정하는 여러가지 이유 중의 중요한 하나다.

간첩으로 보이는 사람은 문재인 뿐만이 아니다. 그의 정권의 핵심 권력자들도 모두 마찬가지였다. 개성연락사무소를 폭파하여 우리 국민이 낸 세금 700억 이상이 한 순간에 가루가 되고 서해 바다에서 비무장의 우리 공무원이 사살되어 태워졌을 때 청와대와 민주당의 수하들은 북한의 책임을 묻는 대신 거꾸로 북한과 김정은과 김여정을 옹호하는데 총력을 다했다. 따라서 문재인과 그의 정권 수하들과 민주당의 동지들 모두를 북한의 대변인 혹은 김정은의 대리인으로 불러야 한다. 그리고 문재인과 함께 주사파 출신들이 주류인 민주당을 조선로동당 서울지부라고 규정해야 한다. 민주당이 북한의 지령을 수령하고 이를 수행했다는 사실은 박근혜 윤석열 두 자유민주 진영 대통령에 대한 극렬한 공격과 뒤이은 탄핵 과정에서 더욱 분명하게 확인된다.

2절

북한의 지령과
백낙청의 설계

2021년 10월 조선일보는 충북동지회 간첩단이 북한과 주고받은 암호화된 파일이 담긴 공소장을 입수했다. 여기에는 이 간첩단이 2020년 7월 18일 북한 문화교류국에 보낸 통신문에서 북한당국을 향해 "이재명에 대중이 결집하도록 조치해 달라"는 요청 내용이 들어 있었다.(뉴데일리, 2021.10.16) 주사파 이론책으로 활동하다 자유민주주의자로 전향한 이동호 교수는 "이후 북한은 이재명을 중심으로 뭉치라는 지령을 내렸고 이때부터 남한의 종북좌익 세력 전체는 이재명을 중심으로 움직였다"고 말했다. 북한정권과 민노총의 선택은 탁월했다. 수많은 범죄혐의로 늘 감옥 갈 두려움에 사로잡혀 있던 이재명은 대한민국의 좌익국가화 혹은 북한화라는 종북세력의 목표보다 우선 자신이 살기 위해 극단적인 행동을 주저하지 않았다. 이때부터 대한민국의 체제변경 투쟁은 덩달아 더욱 맹렬하게 전개된다. 윤석열에 대한 탄핵의 본질은 남한 내 종북세력이 이재명을 앞세우고 북한의 지령을 수행한 일이다. 이 책의 핵심 요지다.

1. 북한의 지령을 수행한 우익 대통령 탄핵

북한이 2024년 5월부터 남쪽으로 내려보낸 오물풍선에는 삐라도 있었다. 이 삐라에는 '윤석열 탄핵'을 부추기는 내용이 있었다. "윤석열 탄핵만이 민중이 살길이다" "촛불의 목소리, 탄핵광장에서 만나자" "촛불항쟁이냐 전쟁 선포냐, 여기서 민중의 생사가 결정된다" "탄핵의 거꾸로 셈세기 5, 4, 3, 2, 1(카운트다운을 의미)" 등의 문구가 촛불집회 현장의 사진과 함께 다양한 표현으로 되어 있었다. 윤석열에 대한 탄핵의 풍선이 터지고 그것이 현실이 된 것은 2024년 12월 14일이다. 더불어민주당은 12월 3일 밤에 대통령 윤석열의 단 6시간의 비상계엄을 내란으로 거꾸로 뒤집어 씌우는데 성공하여 국회에서 탄핵소추안을 가결시키고 그의 대통령으로서의 직무는 즉시 정지된다. 그러나 북한에서 윤석열에 대한 탄핵 지령이 처음 내려온 것은 5년 전이다. 북한의 지령이 내려지고 5년 만에 이 지령이 실천되었다는 말이다.

김씨 일가의 지령을 수령하는 남쪽 정권

남한에서 활동하는 종북세력 혹은 좌익정권이 북한의 지령을 수령하고 이를 실행한 역사는 길다. 간첩 간첩단 종북단체만 북한의 지령을 따르는 것은 아니다. 북한의 지령을 따르는 정당과 정권과 대통령도 있다. 과거의 사례 중 하나를 들자면 월간조선 등의 언론에서 의혹의 차원에서 이미 여러 차례 다룬 바 있는 김대중이 평양을 방문했을 때의 일이다. 2000년 6월 15일 평양 순안비행장에서 김대중과 김정일은 약 45분

동안 차내 밀담을 나눈 일이 있다. CIA가 도청 감청하여 전 주월남 한국 대사관 경제담당 이대용 공사를 통해 우리 정부 관계자에게 전달한 것을 한 매체가 대화 전문을 입수하여 공개했는데 그 중에는 이런 대화 내용이 있다. 김정일: "차기 대선은 누구를 염두에 두고 있소?' / 김대중: "호남 출신 한화갑이나 정동영이면 어떨까 합니다" / 김정일: "그건 안됩니다. 노무현으로 하시지요" / 김대중: "그는 경상도 출신으로 청문회 스타라고는 하지만 여론이나 인지도 면에서 훨씬 밀립니다" / 김정일: "그 아비의 원래 고향은 호남이고 처가 등 출신성분이 좋소. 여론이나 인지도는 선전 선동을 통해 충분히 월장越牆할 수 있소. 선거 문제는 우리와 연구를 많이 합시다." 김대중이 대통령 경호수칙을 위반하고 경호원 없이 김정일 전용차에 올라 나눈 이상의 대화에 대한 진위를 확인하는 일은 한계가 있다. 그러나 한화갑도 정동영도 아닌 노무현이 대통령이 된 것은 분명한 사실이다. 김정일은 노무현의 처가 출신성분도 정확히 알고 있다.

2002년 민주당 경선에서 리틀DJ라 불리던 한화갑은 제주도 경선에서 1위를 차지할 정도로 인기가 높았다. 그러나 광주 경선에서부터 노무현이 전폭적인 지지를 받게 되고 한화갑은 돌연 중도에 사퇴한다. 그리고 눈치 빠른 정동영은 낌새를 알아 차리고 김대중을 찾아 의중을 물었고 김대중은 "혼자 뛰는 마라톤을 보았느냐"고 말한다. 정동영은 완주한다. 결국 민주당 대선 후보가 된 노무현은 대통령이 되었고 정동영은 다음 대선에서 민주당 대선 후보가 된다.(스카이데일리, 2024.12.29) 이 보도가 사실이라면 김대중이 김정일의 지령을 받들어 노무현을 차기 대통령으로 만든 것으로 보인다. 김대중은 박지원을 앞세우고 4억5000만 불, 우리

돈 5000억 원 이상을 북한으로 송금했고 김정일은 이 돈으로 핵을 개발하여 김씨 왕조를 지키는 절대반지인 핵무장에 성공한다. 김대중은 이외에도 개성공단 건설을 결정하여 경제적 지원을 하는 등 북한의 왕조 체제 유지에 절대적으로 기여한 사람이다. 이런 사실을 상기하면 김대중과 김정일의 차내 밀담 주장의 신빙성은 더욱 높아진다. 김대중만 그런 것은 아니다. 노무현 문재인 두 좌익정권에서도 이런 일은 많았다.

청와대의 주사파 참모들에 둘러싸인 노무현은 불법적으로 대북지원을 한 김대중과는 달리 갖가지 이름의 현금과 막대한 현물을 공개적으로 북한으로 보낸다. 그래서 대북 지원 총량은 김대중 정권을 압도한다. 또한 북한이 다시 남침을 감행할 경우 최단시간 내에 서울을 점령할 수 있는 결정적 루트인 서해 NLL을 포기하겠다는 취지의 발언을 했으며 이의 진위를 두고 여야가 오랫동안 논쟁을 벌였다. 당시 서상기 새누리당 의원은 2007년 방북한 노무현이 김정일과 나눈 대화록을 열람한 후 "남측은 앞으로 NLL을 주장하지 않을 것"이라고 한 노무현의 발언을 확인해 주었다. 노무현은 또한 내용이 공개되지 않은 보고서를 김정은에게 주며 "심심하실 때 읽어 보시라"고 말하는 등 대화록에는 "수시로 보고 드린다"거나 "제가 방금 보고 드린 것과 같이"라는 말이 반복되어 있었다.(중앙일보, 2013.6.24) 이 대화록에 의하면 노무현은 보고하는 자, 김정일은 보고 받는 자의 관계가 분명하다. 더욱 분명한 것은 김대중과 노무현의 개발비 지원과 비호를 받으며 김정일이 핵을 개발했다는 사실이다. 김대중은 "북한은 핵을 개발한 적도 없고 개발할 능력도 없다. 북한이 핵을 개발하면 내가 책임진다"는 말로, 노무현은 "북한의 핵 개발이 방어적 목적이라는 주장에 일리가 있다"는 말로 국내외에서 열심히 쉴드를 쳐주는 가운데 북한은 노무현이 대통령이던 2006년 첫 핵실험을 감행했다. 김대중과 노무현의 경제적 지원과 국내외 여론에 대한 쉴드가 없었다면 지금의 북한은 핵보유국이 아니다. 그래서 김대중과 노무현은 영구 분단의 책임자인 동시에 민족에 대한 반역자다. 정권 자체가 하나의 거대한 간첩단처럼 보였던 문재인 정권이 북한의 지령을 받고 이를 수행한 일은 무수하다. 고영주 변호사가 공동 집필한 책 '대통령이 된 간첩'(2024. 북저암)에는 문재인을 간첩으로 단정하는 이유를 무려 100가지나 제시하고 있다. 이 책에 의하면 문재인을 적국의 대통령이 된 간첩이라고 하는 주장에 동의하고도 남을 것이다.

탄핵 지령, 그 아주 오래된 역사

북한이 남쪽을 향해 직접적으로 탄핵의 지령을 내린 것은 오래된 일이다. 2004년 3월 노무현의 탄핵소추안이 가결되었을 때 북한은 대남 선전매체를 이용하여 "탄핵은 무효다"(통일선진) "탄핵의 배후는 미국이다"(민주조선)라는 메시지를 내고 종북단체들에게 "탄핵을 규탄하라"(조선로동신문)는 지령을 내렸다. 광우병 사태 때는 "미친소병 수입하는 정부 반대. 리명박을 탄핵하라"(조선로동신문, 2008.5.6) "한나라당은 살고싶으면 리명박을 탄핵하라"(민주조선, 2008.6.20) "리명박 탄핵서명운동에 나설 것을 선언한다"(민주조선, 2009.7.17)는 등의 지령을 내렸다. 박근혜 윤석열에 대한 탄핵 지령은 횟수로 다 헤아릴 수 없다. 더 거슬러 올라가면 노태우 대통령 탄핵"(민주조선, 1992.6.18) '김영삼 대통령 탄핵'(민주조선, 1995.6.22) 지령도 있었다. 북한은 자유민주 진영 대통령에 대해서는 모조리 탄핵의 지령을 내렸다. 그 중에서 끝을 본 것은 임기 3년9개 월을 채운 현직 대통령 박근혜에 대한 탄핵과 임기 2년 7개월을 채운 현직 대통령 윤석열에 대한 탄핵이다. 비상계엄, 쿠데타, 내란, 외환 등의 윤석열에 대한 죄목은 모두 가져다 붙인 구실일 뿐이다. 윤석열에 대한 탄핵은 북한의 지령에서 시작된 좌익혁명의 실행이다. 국정농단이라는 허깨비 죄목을 붙인 박근혜 탄핵도 마찬가지다.

2. 윤석열 탄핵은 북한의 지령에서 시작되었다

"국민의 명령이다. 윤석열을 탄핵하라" 2023년 5월 22일 북한 조선중앙통신은 남한에 있는 종북단체들을 향해 이런 지령을 공개적으로 하달한다. 윤석열이 대통령에 취임하기도 전인 당선자 시절부터 시작되었던 탄핵 지령은 취임 후에도 끊임없이 반복되었다. 그러나 윤석열 정부 2년차인 이 해에는 계속되는 탄핵 선동보다 대형 간첩단 사건이 먼저 국민의 시선을 사로잡는다. 문재인이 감추고 보호하고 키워온 간첩단에 윤석열 정부는 손을 댔고 그래서 곳곳에서 간첩들이 봇물처럼 쏟아져 나온다.

대한민국이 뻘겋다

'충북동지회'라고도 불리는 청주간첩단 사건이 발표된 것은 문재인의 퇴임을 9개 월 앞 둔 2021년 8월이다. 이 간첩단의 활동은 이미 김대중 정권에서부터 국정원에 포착되었으나 좌익정권의 보호와 뭉개기, 국정원 내부의 알력으로 오랫동안 묵혀있다 문재인과 국정원장 박지원이 손발을 맞춘 전략적 터뜨리기로 이때에야 공개된 것이다. 그들의 전략은 성공하여 관련 간첩들 중 일부는 아직도 제대로 된 조사와 수사와 처벌을 피하고 있다. 박근혜 정부에서 포착하고 수사를 진행한 내용에는 이들이 북한의 지령을 받고 활동한 사실이 고스란히 들어있다. 2019년 8월 북한정권이 청주간첩단에게 하달한 '2020년 4.15총선에 대한 전술지침'에는 "보수세력을 제압하고 진보세력이 압도적으로 승리하도록 하라"는 지령을 내렸고 그해 11월에는 "2022년 대선 관련 통일체를 조직하라"는 지령을 내리는 등 선거에 개입하기 위한 공작을 적극적으로 수행한 사실이 확인된다. 당국에 압수된 USB에는 2017년부터 21년까지 4년 동안 84건의 지령문과 보고문 등의 교신이 확인되었다.(주간조선, 2021.8.21) 청주간첩단은 김정은이 가장 두려워한다는 우리 공군의 스텔스기 관련 정보를 북한에 넘긴 것은 물론 스텔스기의 추가 도입을 막기위해 민노총 민주당 문재인 정권과 긴밀히 협력했던 사실도 생생하게 확인된다.

　　문재인이 국정원, 기무사, 대검공안부 등 간첩잡는 기관을 모조리 궤멸의 수준으로 무너뜨리며 보호한 간첩과 간첩단은 윤석열 정부에 의해 대거 적발된다. 2023년 새해 벽두에 불거진 간첩단은 창원간첩단, 제주간첩단, 전북지하조직망, 민노총간첩단 등이다. 윤석열 대통령은 이를 보고 "나라에 간첩이 이렇게나 많나"며 놀라워 했고 한 신문은 "대한민국이 뻘겋다"는 제목의 기사(문화일보, 2023.6.8)를 실었다. 이 기사에서 자유민주연구원 유동열 원장은 창원간첩단이 2021~22년 북한에 보고한 보고문과 지령을 수령한 지령문을 분석한 결과 이 간첩단이 구축한 지역조직과 단체가 민노총 민노당 등 대규모 조직에 침투한 것을 제외하고도 총 68개에 이르며 이 가운데 절반은 이미 구축이 완료되었다고 했다. 그는 전국 각 지역에 구축된 간첩조직의 분포를 나타나도록 직접 작성한 간첩 포치布置지도를 제시하며 "창원간첩단 조직 만으로도 대한민국은 뻘겋게 표시된다"고 말했다. 창원간첩단은 경남 창원과 진주를 거점으로 활동했는데 방위산업체가 집중한 창원에서 정보를 수집하고 방산업체의 임원 포섭을 시도한 혐의와 함께 북한의 지령을 받고 윤석열 정부 타도 집회를 주도한 혐의로 총책 황모 등 4명은 구속기소 되었다.

민노총과 북한 그리고 윤석열

2023년 1월 공안당국은 민노총간첩단이 하부 지하조직을 만드는 등 방대한 조직망을 구성했다는 소식을 발표하며 "그 규모를 가늠하기 어려운 정도"라고 말했다. 민노총 집행부 전체를 간첩단으로 규정하는 공안 전문가도 있을 정도이니 그 조직의 규모를 다 캐는 것은 거의 불가능하다. 많은 우익 인사가 대한민국을 이미 간첩이 점령한 나라로 규정하는 핵심적 이유 가운데 하나다. 민노총간첩단의 총책 석권호는 20년 이상 조직국장 등 민노총에서 요직을 거친 사람이다. 그러므로 민노총 집행부 모두가 간첩이라는 주장은 결코 근거가 없는 말이 아니다. 양경수 위원장을 비롯한 핵심 지도부는 대부분 이석기의 경기동부연합 동지들이라는 점에서 더욱 그렇다. 총책 석 씨는 청와대를 비롯한 국가 핵심 시설에 근무하는 민노총 노조원 출신들을 통해 청와대 송전망, 평택 해군2함대 사령부, 오산 공군기지, 평택 화력발전소와 LNG저장탱크 배치도 등의 기밀을 수집하여 유사시에 국가 기간망의 마비를 준비했다는 것이 공안당국의 설명이다. 내란을 기도하고 선동하고 이를 실제로 준비한 이석기의 구체적 내란 범죄 모의를 그대로 계승한 것이다.

석권호는 징역 15년 형을 선고받고 "내가 석기 형보다 거물이야?"라고 반문했다고 해서 화제가 되었다. 함께 기소된 또 다른 민노총 간부 김 모 씨는 징역 7년, 양모 씨는 5년 형을 받았다. 이들은 재판에서 모든 진술을 거부했다. 그러나 공안당국이 밝혀낸 이들의 간첩행위는 엄청난 것이다. 2018년 10월부터 2022년 12월까지 모두 100차례 이상 북한의 지령문을 받거나 보고문을 보냈는데 여기에는 북한정권이 석 씨의 지하조직을 뜻하는 '지사'에 내린 구체적인 지령이 들어있다. 그들이 수령한 지령에는 금속노조, 기아차 화성공장, 기아차 광주공장 장악에 대한 지령과 함께 "윤석열 역적 패당의 탄압 책동 규탄을 위한 실천투쟁을 조직하라"(2022.12)는 지령도 있었다. 그들이 북한에 보낸 보고문에는 "이남 사회에 김일성주의화 위업을 빛나게 실현하겠다"(2020년 9월)는 내용도 있으며 북한정권과 주고받은 통신문에는 김정은을 '총회장님'으로, 조선로동당 문화교류국을 '본사'로, 남한의 지하조직을 '지사'로, 민노총을 '영업1부'로 부르는 등 기업조직인 것처럼 위장했다.(채널A, 2023.5.11) 이로써 민노총은 북한의 문화교류국과 통일된 용어를 사용하며 지령을 내리고 보고를 올리는 관계라는 사실은 바로 확인된다.

민노총간첩단에 대한 1심 재판부는 "(석 씨가 북한과 주고받은) 지령문과 보고문의 내용들은 모두 단 하나의 목표인 '대한민국의 자유민주주의 체제의 전복'으로 귀결됐다"(조선일보, 2024.11.7)고 밝혔다. 이 간첩단 조직원들이 캄보디아 등지의 동남아 국가에서 북한 문화교류국 공작원들과 접촉하고 수령한 지령에는 "윤석열 퇴진" "윤석열 탄핵"이 빠지지 않았다. 대한민국의 자유민주주의 체제를 전복시키기 위해서는 '자유민주주의 수호를 위한 반국가 세력 척결'을 앞세우는 윤석열의 제거가 우선적 과제였기 때문일 것이다. 민노총간첩단은 북한으로부터 "윤석열 퇴진, 윤석열 탄핵" 등의 지령을 수령했고 민노총 집햅부가 주도하는 시위에서는 이런 구호가 어김없이 등장했다. 윤석열 탄핵이 북한의 지령에서 시작되었다는 사실을 입증하는 명백한 증거다.

3. 남쪽 최고 령도 백낙청의 설계대로 되어가는 대한민국

윤석열의 비상계엄을 내란으로 뒤집어 씌우고 그를 탄핵하는 정국에서 민주당 소속의 국회의원 박선원이 조선로동당 서열에서 문재인보다 위에 있다는 주장이 화제가 되었다. 문재인이 국정원을 간첩을 잡기는 커녕 오히려 북한에 봉사하는 정보기관으로 만들기 위해 원장 박지원과 함께 2인자의 자리인 기획조정실장에 앉혔다고 해서 논란이 되었던 사람이 바로 박선원이다. 그는 22대 총선에서 민주당의 공천을 받고 국회의원이 된다. 대한민국의 공산국가화를 위해 적군파식 테러를 준비했던 이학영이 국회의원이 되고 이어 22대 국회에서는 국회 부의장의 자리에 오른 사실과 함께 문재인보다 서열이 높다는 박선원이 국회의원이 된 사실은 많은 북한 전문가들이 종북주사파가 대한민국 국회에 완벽한 혁명의 진지를 구축하는데 성공했다고 주장하는 중요한 근거다. 그렇다면 남한에서 활동하는 종북세력 중에서 최고 서열은 누구일까.

조선로동당 남쪽의 서열

문재인은 대통령이 되어 그의 모든 통치행위가 간첩행위로 보였고 그래서 그는 간첩이 적국의 대통령이 된 세계 최초의 사례이며 그의 정권은 건국 이래 최대 규모의 간첩단이라 여겨졌다. 그럼에도 박선원의 서열이 문재인에 앞선다고 하니 남한 내 종북이들의 조선로동당 서열이 궁금하다. 최고 서열은 더 궁금하다. 문재인이 골수 주사파인 박선원을 국정원의 제2인자 자리에 앉혀 국정원의 핵심 기능인 간첩 잡는 역할을 완전하게 삭제하도록 한 일과 윤석열 탄핵 과정에서 거짓과 조작과 선전 선동의 간첩행위를 주도적으로 수행한 일은 박선원의 서열이 문재인보다 더 높다고 판단하는 근거였다. 문재인은 그가 청와대에 있을 때부터 이미 바지 대통령이라는 말이 수시로 들렸다. 그렇다면 문재인을 바지로 앞세우고 이 바지의 권한으로 주사파 종북이 박선원을 국정원 요직에 앉히고 국회의원으로 만든 더 높은 서열에는 대체 누가 있을까.

종북주사파 세력은 조직 내부의 철저한 보안수칙 준수와 은밀성으로 그들의 서열을 정확히 파악하는 것은 불가능에 가깝다. 그러나 김일성의 주체사상에 매혹되어 종북단체 막후의 지휘부에서 이론가 혹은 거리의 투쟁가로서 오래 활동하다 전향한 김문수 김영환 이동호 민경우 구해우 그리고 자칭 원단 공산주의자 박성현 등의 견해를 종합하면 대략적인 윤곽은 잡힌다. 1997년 대법원으로부터 이적단체 판결을 받았으며 2024년 들어 김정은의 '통일 폐기' 한마디에 바로 해산한 범민련남측본부에서 사무처장을 지낸 민경우 씨는 주사파의 서열 1위 김영환, 2위 이석기, 3위 임종석을 들었다. 김영환은 김일성을 두 차례 만나고 돌아와 "주체사상은 사기다"라고 선언하고 전향했으니 지금은 이석기 1위, 임종석 2위라고 봐야 할 것이다. 그러나 이것은 1980년대 득세한 학생 주사파의 서열이며 그 중에서도 이론 주사파를 제외한 행동 주사파의 서열이다. 학생 주사파 중에는 전대협 한총련 이후의 주사파 단체 가운데 하나인 21세기진보학생연합 출신의 민주당 박주민과 반미 학생운동 조직인 삼민투 출신의 박선원 역시 행동 주사파로 분류된다. 전면에서 활동하는 이들 행동대원들을 조종하는 종북세력의 지휘부는 따로 있다.

'원탁회의'라 불리는 기성세대 종북 그룹이 있다. 종북주의자 원로들의 묶음을 말한다. 백낙청 교수, 함세웅 신부, 김상근 목사, 노수희, 박석운, 오종렬 등이 맴버다. 문재인 이해찬 한명숙 유시민 등도 그들의 회합에 참석하곤 했다. 흔히 원탁회의로 이름 붙여진 이 원로그룹은 김대중 노무현 정권에서부터 공개적인 행보를 보였으며 이명박 박근혜 정부에서 반정부 투쟁을 지휘 독려하고 대선 총선 교육감 선거 등 각종 선거 때가 되면 후보에 대한 교통정리를 주도한 사실도 상당 부분 공개되었다. 문재인을 바지 대통령으로 규정하는 사람들은 가장인 문재인을 비롯하여 가족 전체가 잔돈에 관심이 많고, 잘 웃어 국민에게 착하다는 이미지를 줄 수 있고, 간이 작아 시키는 말을 잘 듣는 그를 원탁회의가 대통령으로 내세웠다고 말한다. 원탁회의를 대한민국을 통치하는 실세로 꼽는 사람들이 흔히 하는 말이다. 북한 전문가들은 이 원탁회의의 좌장으로 백낙청을 지목한다. 백낙청 외에 다른 사람을 지목하는 전문가도 있다. 박성준이다. 좌익의 대모 한명숙의 남편인 박성준은 문재인의 멘토로 알려져 있기도 하다. 박성준을 남한 종북세력의 령도로 지목하는 첫 번째 근거는 그가 통혁당의 적자이기 때문이다.

김일성의 지시를 직접 받들어 1964년에 남한 혁명 지하조직으로 설립된 통혁당은 1968년 적발되어 김종태 등 최고위의 3인은 사형을, 신영복 등 5인은 무기징역을, 박성준은 15년 형을 선고받았다. 그래서 박성준은 생존하는 통혁당 잔당 중에는 서열 1위다. 김일성은 초기 통혁당의 서열 1위 김종태가 사형당하자 대규모의 군중을 동원하여 시신없는 장례를 치러주고 공화국 영웅 칭호를 수여했다. 이후 남한에서 활약하는 모든 종북단체들은 통혁당을 그들의 정신적 뿌리로 여기게 된다. 통혁당 출신으로 현존하는 최고위인 박성준을 백낙청에 버금가는 서열로 추정하는 근거다. 그는 성공회대 교수, 박원순이 설립한 아름다운가게 공동대표 등 외에는 눈에 띄는 사회적 활동이나 직함이 없다. 그러나 그가 문재인의 멘토라는 점, 그의 부인 한명숙이 국무총리까지 지내는 등 좌익정권에서 왕성한 활동을 하고 종북좌익 세력의 대모로 추앙받는 점, 정치자금법 위반 혐의로 2년간 옥살이를 한 한명숙의 유죄를 뒤집기 위해 헌정 사상 단 1번 있었던 법무장관의 검찰에 대한 수사지휘권을 문재인 정권이 두 번이나 거듭 발동한 점, 문재인이 퇴임을 5개 월 앞둔 2021년 12월 한명숙을 복권시키고 이어 바로 다음달 박성준에 대해서도 통혁당 사건에서 받은 유죄를 53년만에 무죄로 뒤집어 그의 오래된 반국가범죄 전과를 깨끗하게 해준 점 등은 박성준이 남한 내의 종북좌익 세력 내부에서 점하는 위상을 짐작하기에 충분하다.

그렇다면 백낙청과 박성준 중 누가 남한 내의 조선로동당 서열 1위일까. 윤석열 탄핵사태에서 백낙청의 활약은 조금이라도 드러난 것이 있는 반면 박성준의 활약은 포착된 것이 거의 없다. 공산당 조직의 생리를 들며 철저히 감추어지고 은폐된 박성준의 서열이 더 높을 것으로 추정하는 사람도 있다. 정치학자로서 노태우 정부의 국무총리를 지낸 고 노재봉 교수도 생전에 이에 대한 화두를 던지고는 대답을 내놓지 않을 정도로 민감한 문제이니 각자의 짐작이나 숙제의 영역에 두기로 하자. 여기서는 서열 1위로 추정되는 두 사람 중의 한 명인 백낙청이 윤석열 정부의 붕괴에 어떤 활약을 했는지를 살펴보기로 한다.

최고 서열 백낙청의 설계

백낙청은 2012년 출간한 "2013년 체제 만들기"라는 제목의 저서에서 "지금까지와는 다른 세상을 만들자"는 주장을 펼쳤다. 대한민국의 자유민주주의와 시장자본주의 체제를 사회주의 공산주의 체제로 변경하는 것은 좌익의 궁극적 지향이다. 그가 '지금까지와 다른 세상'을 말하는 것은 대한민국을 좌익체제의 나라로 만들겠다는 뜻이다. 오래 축적된 그의 말과 글과 행동이 그것을 증명한다. 백낙청은 2012년 12월 실시된 대통령 선거에서 문재인이 박근혜를 물리치고 당선되어 2013년부터 대한민국을 새로운 세상으로 만드는 구상을 하고 있었다. 문재인의 패배로 백낙청은 이 구상을 접었을까. 아니다. 그렇다면 이후 2025년까지 12년 동안 대한민국은 그의 구상대로 되었을까.

백낙청의 희망과는 달리 그해 대선은 박근혜가 당선되었다. 그러나 그가 지휘하는 종북좌익 세력은 이때부터 박근혜 정부를 끊임없이 흔들었고 박근혜는 결국 3년9개 월 만에 탄핵된다. 박근혜가 비운 청와대를 차지한 문재인은 백낙청의 주장대로 대한민국을 '지금까지와는 완전히 다른' 나라로 만들어 나갔다. '한번도 경험하지 못 한 나라'는 문재인식 버전이다. 문재인이 간첩으로 보일 정도로 그의 반자유민주적 방식과 북한 추종의 이적행위와 대한민국 파괴적 결과에 놀란 국민이 20대 대통령으로 자유민주주의자 윤석열을 대통령으로 선택했다. 그러나 이번에는 박근혜보다 더 짧은 2년7개 월 만에 탄핵소추안을 가결하여 직무를 정지시키고 좌익의 충견을 자처하는 공수처와 좌익 판사들을 앞세워 윤석열을 구속시켰다. 이 정도면 일단 백낙청의 말대로 된 것은 분명하다.

백낙청은 윤석열 정부 출범 5개 월이 지난 2022년 10월 한 인터넷 TV에 출연하여 "(윤석열) 대통령을 퇴진시키는 방법도 있지만 퇴진을 권고하는 게 낫다고 봅니다. 탄핵보다는 퇴진이 더 낫다고 봐요"(오마이TV, 2022.10.11, '오연호가 묻다') 백낙청이 좌익에서 차지하는 위상을 생각하면 이것은 남한 내 종북단체 전체에게 내린 지령일 것이다. 22대 총선이 있었던 2024년이 되자 그는 새해 벽두부터 "최우선 당면 과제는 2기 촛불정부를 만드는 일이다. 총선에서 승리하면 2기 촛불정부 수립에 집중해야 한다. 그것이 성공하면 세계사적으로 아무도 안 가본 길을 우리가 열게 될 것이다"(백낙청TV)라고 말했다. 그리고 총선에서 좌익이 압승하자 "이재명은 차기, 조국은 차차기"라며 대통령 순번까지 구체적으로 정해주었다. 그는 "박근혜를 몰아내고 문재인 정권을 세운 것은 1기 촛불혁명이었고, 이제 윤석열을 몰아내고 2기 촛불혁명 정부를 만들자"는 말도 했는데 언론인 김용삼은 이를 "윤석열을 몰아내라는 지령을 내린 것"이라고 해석했다. 윤석열을 몰아내라는 그의 지령은 7개 월 후 실현된다.

그의 손바닥에서 움직이는 남쪽 정치

백낙청은 2022년 대선에서 이재명의 패배와 윤석열의 당선으로 남한의 체제를 좌익으로 바꾸는 일이 어려워지게 되자 윤석열을 퇴진시키는 2기 촛불혁명으로 '세계사적으로 아무도 가보지 않은 길'을 말했다. 그는 윤석열 정부에서 우익 성향의 법조인으로 채워지게 될 헌법재판소에 의한 기각을 염두에 두고 윤석열 타도의 방법으로 헌재의 결정에 따른 탄핵 대신 중도 퇴진을 통한 임기단축을 주장했다. 그는 "김대중 대통령 이후로 이재명 후보만한 정치인을 우리가 만난 적이 없다. 이재명은 2기 촛불정부를 내다보는 국가 지도자"라고 치켜세우고 이재명이 '촛불을 앞세워 민중을 거리로 나오게' 한 후 '보수세력 일부의 협동'과 '기득권 언론의 은근한 응원'을 통해 윤석열 정권을 몰아내도록 독려했다. 결과는 모두 그의 말대로 되었다. 대한민국은 종북세력의 서열 1위 백낙청의 손바닥 위에서 움직인다. 무서운 일이다.

이재명과 손발을 맞춘 민노총이 촛불 민중을 거리로 모으고, 한동훈 조경태 안철수 김상욱 같은 보수진영을 배신한 여당 의원들의 협동, 조선 동아 중앙 등 기득권 언론의 응원, 모두 백낙청의 말대로 되었다. 이 정도의 일치률이라면 우연이 아니다. 그의 계획과 설계 딱 그대로다. 대통령 윤석열과 우익 국민의 계획과 설계와 바램과는 정반대다. 백낙청의 생각과 지령대로 움직이는 대한민국, 위험하고 무서운 일이다. 그는 2024년 자신의 신년칼럼에서 "현행 헌법에 따르면 정부 교체는 2027년이다. 그러나 2027년까지 기다릴 필요 없다."고 말했다. 이것까지 그의 말대로 되었다. 이제 윤석열의 국가 통치권은 이재명의 손으로 넘어가고 대한민국의 자유민주주의는 종말의 위기에 처했다. 자유와 풍요를 누리는 국민인 우리는 이재명에 의해 억압과 빈곤에 시달리는 좌익 국가의 인민이 될 것이다. 백낙청의 설계와 지령은 그래서 무서운 것이다.

3절

우익 정부 대통령의
피할 수 없는 운명, 탄핵

대한민국 현대사에서 좌익 대통령은 김대중 노무현 문재인 셋이다. 김대중은 5000억 원 이상을 북한에 보내고 국정원과 외교부 직원 200명 이상을 스웨덴에 파견하여 로비를 한 결과 노벨상을 받는 개인적 영광까지 누린 후 천수를 다하고 자연사했다. 문재인은 국가 경제를 망쳐 놓고도 자신이 받는 연금 등의 돈은 모두 그리고 대폭 올리고 그것으로도 모자라 국가의 조세원칙을 어기면서 이를 면세로 하는 조치를 자신의 대통령 권한으로 해놓고 퇴임했다. 그의 철면피는 여기서 그치지 않는다. 무려 2개 소대에 해당하는 경호인력을 퇴임한 자신을 지키도록 법을 바꾸고 양산에 요새 같은 건물을 지어 스스로 안녕하다. 퇴임 후 뇌물죄 등으로 수사받던 노무현은 스스로의 극단적 선택으로 그의 죄는 저절로 없어졌고 죽음으로 진영을 살린 그는 신화적 존재가 되었다. 두 좌익 대통령은 살아서 영화를 누리고 또 한 명은 죽어서 신화가 되었다. 반면 우익 대통령은 모조리 탄핵되었다. 탄핵의 이름으로 탄핵된 박근혜 윤석열만 있는 것은 아니다. 모두 그렇다.

1. 우익의 대통령은 모두 탄핵되었다

건국 대통령이자 첫 우익 대통령인 이승만은 뛰어난 외교적 수완으로 신생국 대한민국을 공산주의가 아닌 자유민주주의 체제의 국가로 출범시켰다. 첫 국가적 위기이자 도전이었던 김일성의 남침에는 미국과 유엔군의 지원을 끌어들여 기어이 나라를 지켜냈다. 이런 그에게 붙은 이름은 독재자, 친일분자, 호색한이다. 그를 독재자라 부르는 사람들은 세계를 통틀어 20세기의 대표적 독재자인 김일성과 대를 이어 21세기의 최악의 독재자인 그의 아들과 손자에 대해서는 침묵한다. 이승만보다 월등히 더 독재적이었던 문재인은 비판하지 않으며 대통령이 되기 전부터 이미 김정은 수준의 독재를 하고 있었던 이재명에게는 최소 40% 이상의 국민이 무조건적으로 지지를 보낸다. 일제에 항거한 독립운동사의 시작과 끝인 이승만에게 '친일분자' 딱지를 붙이는 것은 반공주의자라면 무조건적으로 친일분자의 명찰을 붙이는 종북세력의 오래된 프레임이며, 호색한은 우익 대통령이라면 이미지부터 망가뜨리는 좌익의 이미지 먹칠 전술의 프레임 언어다. 우익의 건국 대통령 이승만은 그렇게 탄핵되었다.

어이없기는 박정희도 마찬가지다. 등소평 이광요 푸틴 등이 멘토로 삼고 '대통령들의 대통령'이라 불리며 세계인으로부터 존경 받는 박정희가 존경받지 못하는 유일한 곳이 한반도다. 그가 김일성의 숙적이었고 둘의 대결에서 그가 확실히 승리했으니 북한에서는 그렇다 하더라도 남한에서는 왜 이런 대접을 받는가. 김대중을 기념하는 장소는 대한민국 땅에 널려 있는데 그의 동상 하나 세우는 것조차 사회적으로 큰 논란이 된다. 당시 필리핀보다 못하던 우리의 경제수준은 박정희의 빅플랜을 따르며 산업화에 성공하여 이제는 세계적인 경제대국이 되었다는 명백한 업적이 있음에도 그는 여전히 독재자에다 여자를 옆에 두고 술을 먹다 죽은 호색한일 뿐이다. 박정희도 이승만처럼 그렇게 탄핵되었다.

광주의 혼란을 수습하고 대한민국 역사상 가장 급속한 경제성장을 이끌었던 전두환은 죽어서 묻힐 자리도 찾지 못하고 있으니 그도 탄핵된 것은 마찬가지이며, 기업인 출신으로 경제구조의 선진화를 비롯한 대한민국의 총체적 세계화를 이룩한 이명박은 여느 국가의 대통령이라면 나라의 명예와 위신을 생각해서라도 가볍게 넘길 정도의 개인적 재산 문제로(그는 자신의 재산 331억 원을 스스로 국가에 헌납했다) 17년 형을 받고 약 2년7개 월 동안 감옥에 있었다. 이게 탄핵이 아니고 무언가. 탄핵이라는 이름만 붙이지 않았을 뿐 탄핵과 무엇이 다른가. 우익 대통령을 겨냥한 탄핵에 상당하는 이상의 일들은 모두 퇴임 후의 일이다. 그러나 박근혜부터는 다르다. 재임 중에 있는 현직 대통령을 끌어내린 탄핵이다. 그것도 연속으로 두 번이다. 다음에 등장하는 대통령도 그가 자유민주주의자라면 또 그럴 것이다. 좌익의 세상인 지금의 대한민국에서 우익 대통령의 탄핵은 피할수 없는 숙명이다. 북한의 지령에서 시작되는 이 숙명의 역사는 박근혜 탄핵에서 이미 확인된다.

2. 박근혜 탄핵이 북한의 지령이라는 증거

　북한은 남한에서 박근혜에 대한 탄핵이 거론되기 시작한 2016년에서 2년 전인 2014년부터 이미 탄핵을 부추기기 시작했다. 당시 조선로동당 선전선동부가 발행한 책자에는 "박근혜 대통령은 선거 과정에서 헌법과 법질서를 통째로 위반했기 때문에 가짜 대통령이다. 그러므로 자발적으로 사퇴하지 않으면 국민의 불복종 운동으로 결국 거센 탄핵에 직면하게 될 것이다."고 되어 있다. 북한군 정찰총국 간부출신으로 귀순한 김 모 씨는 언론과의 인터뷰에서 박근혜 탄핵에 북한이 개입했다는 사실을 증언했다. 그는 "북한은 한국의 대선에 개입해 왔으며 특히 박근혜 탄핵 사태는 북한에 너무 좋은 기회였다"고 밝혔다.(월간조선, 2022년 12월호) 국회의원을 지낸 조원진 우리공화당 대표는 이 증언을 뒷받침하는 증거를 제시했다. 그는 "박근혜 대통령 탄핵 당시 북한정권이 16년 이상 중단했던 난수방송을 다시 시작하고 2016년 19회, 2017년 43회 송출하여 남한내 간첩들에게 박근혜 탄핵 관련 행동 지령을 내렸다"(보령뉴스, 2022.11.24)고 말했다. 북한의 탄핵 지령은 2016년 당시 이화여대 대학원에서 북한학을 전공하던 손유민 씨가 연구 목적으로만 접근이 가능한 조선중앙통신의 기사를 찾아가며 북한이 박근혜 탄핵에 대해 내린 지령성 보도를 추적한 논문에서 생생하게 확인된다. 조선중앙통신은 북한 최대의 국영 보도 기관이다. 그의 논문을 인용한다.

박근혜가 갈 곳은 감옥 뿐이었다

"지금 남조선과 해외를 비롯하여 우리 겨레가 사는 곳 그 어디에서나 〈박근혜는 퇴진하라!〉〈박근혜를 처형하라!〉〈탄핵대상 박근혜정권 갈아 엎자!〉라는 웨침과 함께 민족의 분노가 활화산처럼 폭발하고 있다. 민심의 버림을 받은 산송장인 박근혜가 갈 곳은 지옥 뿐이다."(로동신문, 주체 105(2016).3.16) "무자비한 보복전의 첫 불세례를 박근혜역도가 도사리고 있는 청와대에 쏟아부을 것이다. 박근혜 역적패당이 어떻게 아우성치며 불타 없어지는가를 똑똑히 보게될 것이다."(로동신문, 주체105(2016).3.26) "박근혜는 〈하야하라〉〈물러나라〉〈탄핵하자〉는 민심의 웨침을 무덤으로 한시바삐 가라는 민족의 목소리, 겨레의 요구로 알아들어야 한다. 민족을 등진 만고의 매국악녀 박근혜는 이 땅, 이 하늘아래 더이상 살아숨쉴 곳이 없으며 온 겨레의 준엄한 심판을 받고 가장 비참하고 처절한 종말을 맞이하게 될 것이다. 박근혜 역적패당에게 치명적인 정치, 군사, 경제적 타격을 가하여 비참한 종말을 앞당기기 위한 계획된 특별조치들이 련속 취해지게 될 것이다."(로동신문, 주체105(2016).4.8) (손유민, 2017.4.12, '1년 전 로동신문 보도대로 따라가는 대한민국' : 뛰어쓰기와 철자법은 로동신문 기사 그대로 인용함)

이상의 신문기사가 나온 2016년 3~4월은 사드배치를 극렬히 반대하던 민주당 국회의원 대부분과 종북좌익 세력이 날뛴 사드정국이 시작되기 4개월 전이며 JTBC의 태블릿 보도로 탄핵정국이 본격화하기 7개 월 전이다. 이때는 아직 우리 정치권과 언론에서 '탄핵'을 입에 올리기도 전이었다. 북한 로동신문이 탄핵을 말한지 약 반 년 후 대한민국에서는 청계천 광장과 광화문 광장에서부터 '박근혜 탄핵'의 소리가 울려퍼졌다. 이 시간적 흐름의 앞뒤와 탄핵 외침의 선후는 결코 우연이 아니다. 민주당과 종북세력이 로동당의 지령을 받들어 기획하고 실행한 것이 바로 박근혜 탄핵정국이라는 뜻이다. 이후 1년간 진행된 촛불집회와 탄핵 그리고 박근혜의 하야와 구속은 '(박근혜의) 비참한 종말을 앞당기기 위한 계획된 특별조치들이 련속 취해지게 될 것'이라고 한 로동신문의 기사 그대로 된 것이다. 그래서 결코 우연일 수 없다는 것이다.

탄핵의 시작과 끝, 북한 지령

민주당은 북한의 지령을 받고 지하에서 대한민국을 전복시키기 위해 투쟁하는 사람들과 김일성에게 충성을 맹세하고 김일성의 주체사상을 신봉하는 주사파들이 모두 모인 혁명정당이다. 문재인은 그러한 사람들과 오랫동안 뜻을 같이한 동지였다. 이점은 그들이 북한의 지령을 받고 탄핵정국을 만들었다는 근거가 된다. 2016년 3~4월 로동신문에 실린 북한의 박근혜 탄핵 지령에 의해 7월부터 사드 반대로 좌익이 총궐기하고, 그 여세를 몰아 10월부터 본격적으로 탄핵정국을 조성하고, 결국 2017년 3월 헌재가 탄핵을 인용함으로써 북한의 지령은 완성되었다. "(박근혜가 탄핵되기) 1년 전 로동신문에는 박근혜를 탄핵시켜야 한다는 기사로 도배가 되어 있었다. 1년 후 북한이 원한 그대로 박근혜가 탄핵되었다. 대한민국의 정치가 북한이 원하는대로 움직이고 있어 화가 난다. 이미 우리의 역사교과서가 북한의 역사교과서와 비슷해진 지금 로동신문과 대한민국의 언론이 비슷하고 대한민국의 정치가 로동신문의 주장대로 되어가고 있다"(손유민 페이스북, 2017.4.1) 이 말에 틀린 부분이 있는가.

박근혜에 대한 헌재의 탄핵 결정이 임박하게 되자 북한정권은 남한에서 활동하는 간첩과 종북세력 전체를 향해 거듭 지령을 내린다. "박근혜를 신속히 탄핵하라"(조선로동신문, 2017.3.3), "박근혜가 탄핵되어야 봄이 온다"(민주조선, 2017.3.7) 등의 제목으로 된 지령이 숨가쁘게 전달된다. 이어 3월 10일 헌재에서 탄핵이 인용된 후에는 "민족반역자 박근혜를 탄핵한 힘으로 자주 민주 통일의 새사회를 열자"(조선로동신문, 2017.3.15)라는 제목으로 후속 지령의 기사를 낸다. 자유민주주의 신봉자 대통령 박근혜에 대한 탄핵은 시작도 끝도 모두 북한당국의 지령이었다. 이것이 다가 아니다. 다음은 윤석열이다. 윤석열 역시 우익진영의 대권 후보로 부상하는 때부터 북한의 탄핵 공세에 직면한다. 우익 진영 대통령에 대한 탄핵, 이것은 좌익이 장악한 대한민국 땅에서 피할 수 없는 운명이다.

3. 윤석열도 피할 수 없었던 탄핵의 운명

북한에서 윤석열을 탄핵하라는 지령이 내려온 것은 그가 대통령이 되기 훨씬 전이다. 로동당의 대남공작 기관인 '문화교류총국'이 윤석열을 탄핵하라는 지령을 최초로 내린 것은 2020년 5월이다. 법무장관 추미애는 차기 대권후보로 꼽히던 조국은 물론 문재인과 그의 종북 동지들의 부패행위와 이적행위까지 수사하는 검찰총장 윤석열과 검찰 수뇌부를 궤멸의 상태로 몰아가고 있었고 이에 윤석열이 버티고 있는 대치정국이었다. 북한은 대외 선전매체인 '메아리'를 통해 "윤석열을 공수처 1호 수사 대상으로 삼아라"는 메시지를 냈고 이는 '공수처를 통한 윤석열 검찰총장 제거' 지령으로 해석되었다. 이 무렵 종북단체들이 서초동 검찰청사 인근에서 연일 '조국 수호'와 '검찰총장 윤석열 퇴진'을 외쳤으니 이들이 북한의 '메아리'가 낸 지령을 실행에 옮겼다고 이해하는 것은 무리가 없다. 공수처가 메아리의 지령과 서초동의 외침을 실천에 옮긴 것은 이로부터 4년 반이 지나서다. 무려 국가원수가 된 윤석열을 체포함으로써 "윤석열을 공수처 1호 수사 대상으로 삼아라"는 북한의 지령이 실행에 옮겨진 것이다. 이것이 윤석열에 대한 탄핵의 본질이다. 무서운 일이다.

5년을 기다리다 실행된 지령

당시에는 조직도 채 만들어지지 않았던 공수처를 윤석열을 제거하기 위한 수사기관으로 콕 집어 내리는 북한의 지령이 그때는 이해되지 않았다. 그 내막은 5년 후 우리법연구회 출신의 오동운 공수처장에 의해 분명해진다. 공수처는 매년 200억 이상의 국가 예산을 쓰며 법원으로부터 단 한 건의 유죄판결도 받아내지 못하는 쓸모 없는 조직으로 4년을 허송세월 하다 윤석열 체포 정국에서야 두각을 드러내고 존재감을 뿜어냈다. "윤석열을 공수처 수사 대상 1호로 하라"는 북한의 지령을 수행하기 위해 무려 4년을 기다린 것이다. 북한정권과 남한 내에서 활동하는 종북세력의 관계는 일반 국민인 우리가 상상하는 그 이상이다.

공수처 설립에 관한 법률이 국회를 통과한 것은 2019년 12월 10일이고 대통령 문재인이 이를 국무회의 의결을 통해 공포한 것은 2020년 1월 7일이다. 그리고 예산을 확보하고 인원을 채용하여 정식으로 출범한 것은 2021년 1월 21일이다. 공수처가 아직 조직을 갖추고 출범하기도 전인 2020년 5월에 이미 북한 선전매체에서 이 조직을 통해 윤석열을 제거하라는 메시지를 내었으니 문재인 정권을 포함한 남한의 종북세력과 북한의 협업은 '단일 조직에 의한 일관된 행동'으로 이해해야 한다. 마치 간첩이 남조선을 통치하는 듯 보였던 문재인이 국민의 반대를 무릅쓰고 공수처를 만든 일이 북한의 지령을 실행한 것은 아닌지를 의심하고 수사해야 한다. 공수처는 출범 후 4년 동안 총 3300여 건의 사건을 접수하여 이 중 단 5건을 기소했다. 유죄를 받아낸 것은 0건이다. 매년 200억 원의 예산을 쓰는 이 조직을 없애야 한다는 주장이 드높은 이유다. 이 조직의 쓰임은 5년차인 2025년에야 그 진짜를 드러낸다.

공수처는 좌익 진영이 저지른 범죄혐의에 대해서는 거의 손을 대지 않았다. 사건을 접수하고도 수사에 착수하지 않고 기소하지 않은 사건의 대부분은 문재인 정권의 사건과 그 관련자들의 범죄혐의다. 공수처법이 거론될 당시 이 기관은 좌익세력의 범죄혐의를 모조리 쓰레기장에 처넣어 폐기시키고 소각시키기 위한 조직이 될 것이라고 했던 예상과 비판이 그대로 입증된 것이다. 이 조직이 자신의 진짜 쓸모를 드러낸 것은 설립 5년차가 되어 자유민주 진영의 대통령 윤석열을 제거하고 대한민국의 자유민주주의 체제를 붕괴시키려는 의도를 드러낸 탄핵정국에서다. 대통령 윤석열을 체포하기 위해 좌익 법관 모임 출신의 공수처장 오동운이 서울서부지법의 좌익 판사들과 손발을 맞추며 영장을 발부받아 윤석열을 기어이 체포하려는 장면은 그들의 질기고 치열한 좌익혁명 투쟁의 모습 그대로였다. 종북좌익 세력이 북한 정권의 지령을 받고 대한민국을 좌익의 나라로 만들려고 하는 이 긴 호흡의 큰 그림은 북한의 윤석열 제거 지령을 수행하는 공수처의 치열한 공작과 반역적인 활약을 서술하는 제4장에서 더욱 분명하게 보일 것이다.

탄핵되어야 할 운명이라는 것이 있다

종북단체 연합인 '촛불행동연대'는 2022년 3월 26일 청계광장에서 대통령 당선인 윤석열 탄핵을 주장하는 집회를 열었다. 이 조직의 운영위원장인 김민웅(국무총리 김민석의 친형)은 연단에 올라 "오늘, 촛불항쟁의 날을 시작한다. 우리는 다시 싸운다. 1단계로 2016년 박근혜를 탄핵했다. 2단계로 2019년 서초 촛불로 검찰개혁의 힘을 만들어냈다. 3단계로 이제 오늘 촛불항쟁의 날을 시작한다. 우리의 전투는 오늘 이 자리에서 다시 시작된다. 우리는 불퇴전이다. 우리는 이긴다."고 외쳤다. 이날 집회에는 "윤석열은 제2의 전두환이다" "전쟁광 윤석열을 규탄한다" "윤석열은 대한민국 최악의 헌법파괴자다" 등의 구호가 난무했다. 아직 대통령 직무 수행을 시작하지도 않은 윤석열을 탄핵하겠다는 것이 쑥스러웠던지 "선제 탄핵"이라고 이름 붙이며 구호를 외쳤다. 이어 취임 10일 전인 4월 29일에는 문재인의 청와대 국민청원 게시판에 '윤석열 당선인 사퇴촉구 및 탄핵을 청원합니다'라는 제목의 청원을 시작하고 숫자를 불리고 있었다.

윤석열의 대통령 당선이 확정된 날은 2022년 3월 10일이다. 그의 탄핵을 주장하는 집회가 시작된 3월 26일도, 국민청원이 시작된 4월 29일도 윤석열은 당선인 신분에 있었다. 그래서 대통령으로서 한 일이라고는 아무것도 없다. 그러니 '내란 외환의 죄'는 고사하고 '직무상 중대한 위헌 위법의 일'이나 '헌법이나 법률을 위배'하는 일은 애시당초 존재할 수 없었다. 그를 탄핵할 사유는 어떤 것도 없었다. 그럼에도 그를 탄핵하자고 나선 것이다. 인민민주주의자가 아닌 자유민주주의자인 그의 대통령 당선 그 자체가 탄핵사유인 듯 보였다. 이로부터 2년6개 월이 지난 2024년 12월 그가 비상계엄을 선포했다는 이유로 그것을 내란으로 몰아 탄핵하겠다고 나선 것은 핑계이자 구실일 뿐이다. 윤석열은 처음부터 탄핵당해야 하는 운명이었다. 사회주의 공산주의 김일성주의가 아닌 자유민주주의를 신봉하는 대통령이라는 사실 그 자체가 탄핵사유였던 것이다. 대한민국이 이미 좌익의 나라가 되었다고 인식하는 국민이 체념하고 그렇게 말하는 이유다.

제사정치의 지령

2022년 10월 29일 이태원참사가 있었다. 죽음을 이용하여 국민의 감정을 사로잡고 이를 우익정부를 공격하는 무기로 이용하며 혁명의 불쏘시개로 써먹는 좌익의 제사정치 전술은 이번에도 온 나라를 집어 삼킨다. 노무현 박원순 등의 좌익 인사의 자살을 순교로 승화시키고 우익정부에서 발생한 재난은 정권을 무력화시키는 도구로 삼는 그들의 제사정치가 또 시작된 것이다. 어김이 없었다. 참사 일주일 후인 11월 5일 '촛불행동'은 서울 도심에서 희생자 추모집회를 열었다. 김민웅이 추모를 구실로 주도한 이 집회는 윤석열 퇴진이 목적이라는 사실은 그들의 구호에서 바로 드러난다. "윤석열을 끌어내리자. 이제부터 진짜 싸움이 시작된다" 그들은 새로운 싸움을 시작한 것이 아니다. 좌익이 오랜 시간을 끌어오고도 아직 완성하지 못한 혁명과업의 완성을 위한 투쟁에 이 참사를 도화선으로 써먹자는 선동의 수작이었다.

11월 19일 서울시청 인근에서 촛불집회가 열렸다. 이 집회에는 민주당의 민형배 안민석 김용민 양이원영 황운하 등 7명의 국회의원이 참석하여 "윤석열 정권은 퇴진하라"는 주장을 공개적으로 외친다. 연단에 오른 이들은 "이태원참사의 주범인 윤석열은 책임지고 내려오라"고 고함을 질렀다. 이태원참사 사망자를 추모한다는 명분으로 모였으나 그들의 구호는 윤석열 탄핵에 초점이 맞추어져 있었다. 종북단체들은 촛불행동을 중심으로 참사 1주일이 지난 11월 5일부터 서울도심에서 '윤석열 퇴진'을 외치며 이 사회적 재난을 윤석열 정부의 책임으로 몰아가는 제사정치에 불을 당겼고 2주 후 민주당이 노골적으로 여기에 올라탄 것이다. 북한의 김여정도 어김없이 등장했다. 그녀는 11월 24일 조선중앙통신 담화를 통해 "국민들은 윤석열 저 천치바보가 들어앉아 자꾸 위태로운 상황을 만들어가는 정권을 왜 그대로 보고만 있는지 모를 일"이라며 촛불집회를 열어 윤석열을 끌어내려는 분명하고도 단호한 메지시를 보낸다. 북한은 참사 직후부터 이미 남한의 종북단체들에게 반복적으로 지령을 하달했고 김여정의 담화가 나온 후 참사를 이용한 윤석열 탄핵 주장에는 본격적으로 불이 붙는다. 이 불길은 무서웠다.

윤석열 정부에서 화물연대가 총파업에 돌입한 것은 2022년 6월부터다. 막 출범한 자유민주 정부를 길들이기 위해 민노총이 기획하고 지휘하는 파업이었다. 이 파업의 진행에 내린 북한의 지령은 이런 것이다. "헌법재판소가 화물연대 파업에 대해 위헌 여부 판정을 내릴 때까지 윤석열 괴뢰패당에 대한 투쟁기세를 계속 유지 확대하라."(2022.12.6) 이 지령문에는 "파업투쟁 참가자들과 그 가족이 노동자들의 정당한 생존권 요구를 친북행위로 몰아 정치적으로 탄압한 이들을 상대로 고소 고발 활동을 적극적으로 벌이라"는 지시 내용도 담겨 있었다. 화물연대의 총파업이 북한의 지령에 의한 것임은 이 지령문에 의해 저절로 밝혀졌다.

법원이 확인해준 북한의 지령

국정원과 경찰청은 2023년 1~2월 간 국보법 위반혐의로 민노총 사무실과 관계자들에 대한 압수수색을 실시하여 "윤석열을 퇴진시켜라"는 등 탄핵을 지시하는 내용의 북한 지령문과 함께 국내 종북단체들의 '대북충성맹세문'을 포함한 114건의 문건을 확보했다고 밝혔다.(2023.3.13) 지령문 중에는 "각종 시민단체들과 연대해 윤 정권 퇴진과 탄핵 분위기를 조성하라"는 등 반정부 투쟁을 선동하는 내용과 화물연대 파업에 대해 "모든 통일애국 세력이 연대해 대중적 분노를 유발시키라"는 내용의 지령도 있었다. 특히 '촛불행동'이 이태원 참사 관련 집회에서 외친 "윤석열 퇴진이 추모다" "국민이 죽어간다" "이게 나라냐" 등의 구호가 그대로 적힌 지령문도 나왔다. 이런 구체적 구호는 참사 후 300여 종북단체가 벌인 수십 차례의 집회에서 고스란히 그리고 반복적으로 등장한다.

2024년 11월 7일에 있었던 민노총간첩단 석권호 등 4명에 대한 수원지법의 1심 재판에서 재판부는 "북한은 2022년 10월 핼러윈참사 상황에서도 유족들의 고통을 오로지 대정부 투쟁의 수단으로 삼는 내용의 지령을 내렸다"고 적시했다. 법원은 북한으로부터 지령문을 수신한 후 국가기밀을 탐지하고 수집한 행위 등을 유죄로 인정하고 "이태원참사를 계기로 각계각층의 분노를 분출시키라"는 지령을 받았다는 구체적 혐의를 들어 총책 석권호에게 징역 15년형을 선고했다. 이로써 국내에 존재하는 간첩과 종북세력이 북한정권의 지령을 받고 이태원참사를 이용하여 윤석열 퇴진 운동을 전개한 사실은 법정에서 분명하게 확인되었다. 이념에 오염된 극소수의 좌익 판사가 법원 요직의 절반을 차지하고 '좌익무죄 우익유죄' 판결을 붕어빵처럼 찍어내는 지금의 대한민국 사법부에서 보기 드문 애국적 판결이었다.

4. 비상계엄 전에 이미 높았던 탄핵의 외침

김정은은 2024년 신년사를 따로 내지 않았다. 국내 언론은 23년 12월 30일 조선로동당 전원회의 5차회의에서 내놓은 그의 발언을 신년사로 여겼다. 그 내용이 엄청나다. "남조선 전 영토를 평정하기 위해 대사변을 준비하라" 그의 이 발언을 민노총과 민주당을 비롯한 남한의 종북세력은 어떻게 받아들이고 무엇을 하려고 했을까. 윤석열 탄핵이 바로 그것이다. 5년 전 윤석열이 검찰총장으로 있을 때 이미 내린 윤석열에 대한 탄핵, 5년 동안 줄기차게 추진했으나 아직도 실현하지 못하고 있는 윤석열에 대한 탄핵이 바로 현실적으로 실현 가능한 '대사변'이었다. 러시아 파병에 힘이 쏠리고 정신이 팔린 북한 정권이 남조선 전 영토를 평정하기 위한 대사변을 일으킬 수 있는 직접적인 수단과 여력은 없었다. 북한은 대신 그들의 지시를 받고 움직이는 남한 내의 종북세력을 움직였다. 윤석열을 탄핵시키는 일이 바로 그것이다.

윤미향이 쏘아올린 변고의 풍선

간첩 분류법에 의하면 간첩은 크게 북한이 내려보낸 직파간첩과 남한 내에서 자발적으로 생긴 자생간첩으로 나뉜다. 자생간첩은 합법적인 대한민국 국적을 가지고 남한에 고정적으로 정착하며 간첩활동을 수행한다는 의미에서 고정간첩으로도 부른다. 고정간첩 즉 자생간첩은 다시 직파간첩에게 포섭된 포섭간첩과 혈족간첩 등으로 세분한다. 혈족간첩은 말 그대로 가족 친지로 엮어진 간첩이다. 21대 국회의 민주당 소속 윤미향은 대표적인 혈족간첩이다. 그의 남편 김삼석과 시누이 김은주는 안기부에 의해 1993년 남매간첩단으로 적발되어 유죄가 선고되었다. 윤미향의 시누이 남편 최기영은 일심회간첩단 사건으로 기소되어 징역 3년 6개월을 선고받았다. 윤미향 역시 국회의원 신분으로 친북적이며 종북적이고 반국가적인 활동을 반복하며 자신이 혈족간첩이라 불리는 인식을 교정하기 위해 노력한 적이 없다. 2024년 새해 벽두부터 대한민국이 이미 종북세력의 손아귀에 있다는 사실을 일깨워 준 것은 윤미향이다.

1월 24일 국회 윤미향의원실에서 토론회가 열린다. 이 토론회의 발제를 맡은 '평화통일센터' 김광수 이사장은 전쟁을 하고 난 다음의 평화를 말했다. 그는 "전쟁을 하면 북한 입장에서 남한을 정복한다고 생각한다. 정복한 다음에 결과로서 평화가 온다. 전쟁을 통한 평화 이야기를 지금 북한이 하고 있다."고 말했다. 그는 김정은이 말한 '대사변' 즉 전쟁을 말하고 그 이후 남북대결 상황이 종식된 상황에서의 평화를 말하고 있다. 그는 "전쟁이 일어나고 그 전쟁의 결과 평화가 만들어질 수 있다면 그 전쟁관도 수용해야 한다"고 말했다. 그의 말은 북한이 전쟁을 통해 남한을 점령한 이후 김정은 치하에서 살아가는 상황을 평화로 받아들이고 그때를 준비하자는 뜻이다. 20여 좌익 시민단체가 공동으로 주최한 이 토론회에서는 "한반도 전쟁 위기의 근원은 북한이 아니라 한미동맹이다.""통일전쟁으로 평화가 만들어진다면 수용해야 한다.""북한의 전쟁관은 정의의 전쟁관이다.""북한이 전쟁으로라도 통일을 결심한 이상 우리도 그 방향에 맞춰야 한다."는 등 지난 연말 나온 김정은의 대사변 지침을 옹호하고 합리화하고 기정사실화하는 내용으로 가득했다. 여기에 참석한 사람들을 모두 반국가 세력 혹은 간첩으로 규정하는 것에 무리가 있는가.
그들은 김정은이 일으키는 전쟁을 수용하고 그 후의 상황에 적응하자는
말을 하고 있다. 그들은 자유민주주의 대한민국을 포기하자는 말을 하
고 있다. 그렇다면 간첩이 아닌가. 긴 말이 더 필요한가.

탄핵이라는 대사변

김정은이 말한 대사변은 이날의 토론회 주제인 전쟁이 아닌 다른 양
상으로 전개된다. 미국과 UN이 주도하는 국제적인 경제제재로 당장 돈
이 궁했던 김정은은 러시아에 인민군 병력 1만 명 이상을 용병으로 보내
야 했고 추가 파병을 위해 대기하는 병력도 10만이 넘었다. 여기다 변함
없는 주한미군의 존재는 북한이 전쟁을 통한 대사변을 당장 실행에 옮길
수 없는 이유였다. 그래서 북한의 남침 움직임은 없었다. 이런 상황에서
남한 내의 종북세력이 힘을 모은 투쟁의 타깃은 북한이 내린 윤석열 탄
핵의 지령이다. 2월 6일 조선로동신문은 "총선용 전쟁위기 조장하는 윤
석열을 탄핵하자" "민중을 우롱하는 패륜정권 윤석열을 탄핵하자"는 제
목의 기사를 실었고 이어 두 달 후인 4월 9일에는 "일본앞잡이, 전쟁돌격
대 윤석열을 탄핵하자"는 기사를 냈다. 늘 그렇듯 남한에서 활동하는 종
북단체들은 로동신문의 이런 기사가 나기 전에 그들만의 루트로 이미 지
령문을 수령하고 시위와 집회를 통해 실행에 옮긴다. 한 해 전인 2023년
5월 17일자 로동신문에는 "윤석열을 탄핵하고 징역 100년 형으로 감옥
에 보내자"는 기사도 냈는데(조선로동신문, 출처; 유튜브 heyMARY) 당시에는
웃고 넘겼으나 2025년 1월 민주당과 공수처와 법원에 포진한 좌익의 법
률가 카르텔이 똘똘 뭉쳐 윤석열을 체포하는 장면을 보며 북한의 지령은

언젠가는 꼭 실행된다는 사실을 깨닫고 공포감이 느껴졌다.

2024년 7월 3일은 종북세력이 더불어민주당의 지원을 받으며 진행한 대통령 윤석열에 대한 탄핵청원 인원이 100만 명을 넘긴 날이다. 이 탄핵청원을 주도한 사람은 촛불행동 공동대표 권오혁이다. 그는 2024년 2월에도 국보법 위반으로 유죄선고를 받는 등 전과 5범으로서 줄곧 북한 체제를 찬양 고무하는 종북주사파 인사다. 권오혁에게 유죄를 선고한 재판부의 판결문에는 그가 "대한민국의 자유민주적 기본질서를 부정하고 북한 사회주의 체제를 찬양 고무하는 내용의 글을 게시하고 이적 표현물을 반포 소지한 혐의가 인정된다"고 적시하고 있다. 그는 일본 후쿠시마 처리수 방류를 이유로 내세우며 윤석열을 탄핵해야 한다고 주장하는 촛불집회도 주도했으며 민주당은 그의 주장을 5개 탄핵 사유 중의 하나로 포함시키고 탄핵청원 관련 청문회를 개최했다. 그는 좌익 판사가 득세하는 법원이 솜방망이 처벌을 내려준 덕분에 반국가 행위를 범하고도 여전히 자유롭게 활동하며 윤석열 탄핵 청원운동을 주도했다. 그의 활약으로 100만을 넘긴 탄핵청원의 공은 민주당과 김여정에게 넘겨진다.

탄핵청원이 100만 명을 넘긴 이날 김준혁 강득구 등의 야당 의원들은 국회 소통관에서 '윤석열 탄핵 촉구 기자회견'을 열고 윤석열 탄핵을 주장했다. 이어 7월 8일에는 북한의 2인자 김여정이 직접 나서서 윤석열을 탄핵하라는 지령을 공개적으로 내린다. 김여정은 남조선에서 윤석열 탄핵소추안 발의를 요구하는 국민청원이 100만 명을 넘었다는 사실을 먼저 언급하며 "윤석열 괴뢰패당은 분노한 남조선 인민들과 더불어민주당의 탄핵 과녁에서 절대 벗어날 수 없다"고 단호하게 말했다. 그의 이 말이 얼마나 무서운 것인지 그때는 몰랐다. 우리 국회에 김여정의 지령을 충실하게 수행하는 국회의원이 그렇게나 많은지도 그때는 몰랐다. 그것을 실감하고 확인하는 데는 5개 월이 더 필요했다.

주사파 테러리스트의 영웅적 활약

김여정의 발언 다음날인 7월 9일 정청래의 국회 법사위는 윤석열 탄핵소추안 발의 관련 국회 청문회 실시 계획을 여당의 반대를 묵살하고 강행 처리한다. 그리고 19일과 26일 2차에 걸쳐 청문회를 열었다. 이를 두고 국민의힘 주진우 의원은 "법률적 법리적으로 말이 안되는 청원서 하나만으로 탄핵소추를 위한 조사를 하겠다는 것은 헌법 위반이다. 문재인 정권 때는 대통령 탄핵 청와대 국민 동의가 140만 명이 넘었어도 이런 청문회를 하지 않았다."고 항변했다. 그러나 '주사파 테러리스트가 국회 법사위원장이 되었다'고 해서 국민을 깜짝 놀라게 했던 정청래는 주진우 의원의 말에 눈하나 깜짝하지 않았다. '윤석열'과 '탄핵' 두 가지 단어가 난무했던 이 청문회는 방송에 생중계 되었다. 그것을 단 한 부분만 잠시 봐도 윤석열의 탄핵은 결코 피할 수 없는 기정사실로 보였다.

북한의 지령에서 시작된 윤석열 탄핵은 이미 모든 것이 결정되어 있어 돌이킬 수 없는 것이었고 윤석열을 체포하고 구속하는 일만 남아 있는 듯 보였다. 온갖 비판을 받고 욕을 먹으면서도 법사위원장 자리를 끄떡없이 지키며 청문회를 강행한 정청래의 영웅적 활약이 그것을 더욱 확실하게 보이도록 했다. 윤석열의 탄핵은 그때 이미 불가피한 일인 듯 했고 이로써 김정은이 말한 대사변은 전쟁이 아니라 전쟁에 버금가는 윤석열 탄핵이 분명했다. 김정은은 자신의 병력을 러시아로 보내 병사들의 목숨값으로 외화를 챙겼고 전쟁은 남쪽에 있는 그의 추종세력이 대신해 주는 형국이 된 것이다. 김정은은 그것을 알고 북한의 병력을 푸틴에게 보낸 것일까. 이 모든 것이 김정은의 설계대로 된 것일까. 대한민국은 김정은의 손바닥 위에 있는 것일까. 이 물음에 대한 대답은 예스다. 적어도 결과는 모두 그렇게 되었다. 반복되는 우연은 필연이라고 했다. 그래서 예스가 맞다. 그렇다면 12월 3일 밤에 윤석열이 비상계엄을 선포한 것이 내란이고 그래서 그를 탄핵한다는 말은 구실이고 핑계일 뿐이라는 사실은 분명해진다. 윤석열은 이미 탄핵되어야 할 운명이었다. 김정은이 일찌감치 정해둔 운명이다. 자유민주주의자 대통령이 또 다시 나온다면 그의 운명도 뻔할 것이다. 이것은 대한민국의 운명이기도 하다.

90대 10이 거꾸로 행세하는 대한민국

원탁회의 멤버를 중심으로 하는 종북세력의 원로회의에 대항하는 성격인 '대한민국 국가원로회'를 이끌고 있는 장충근 회장은 광화문, 한남동, 안국사거리의 헌재 앞 등의 시위현장에는 자유우파 국민이 90% 이상이라고 말했다. 여론조사는 백중세를 보이지만 투표의 공정성이 보장된다면 자유민주 진영의 후보가 압승할 것이며 선거 부정 없이는 종북좌파 후보들이 당선되기 어려울 것이라고 그는 주장한다. 입법부 사법부 행정부 곳곳에 진지를 구축하는데 성공한 종북주사파의 대한민국 파괴적 활동과 좌편향성이 심각한 언론으로 인해 현장의 민심과 선거 결과의 불일치가 심각하다는 말도 그는 덧붙인다. 장충근 회장의 말을 빌리자면 지금 대한민국의 우익과 좌익의 대립은 90 : 10의 전쟁이다. 그러나 언론 보도는 다르다. 더불어민주당의 '윤석열 내란'의 거짓 프레임 언어를 그대로 사용하는 언론을 본다면 이것은 우익 10 : 좌익 90의 전쟁이다.

8년 전 박근혜 탄핵 그때도 그랬다. 2016년 10월에 시작된 초기 집회는 좌익의 촛불이 월등했다. 그러나 12월 들어 우익의 태극기 집회 규모가 더 커지자 경찰은 집회 참가자 수 집계 발표를 중단했고 언론은 촛불집회는 높은 곳에서 찍어 참가자가 거의 다 보이는 사진을 싣는 반면 태극기집회는 현장 일부분을 같은 눈높이에서 찍은 사진을 실었다. 그것도 어르신 모습만 보였다. 그래서 현장에 참석하지 않은 국민에게 촛불집회는 모든 연령대의 전국민이 참석하는 의로운 집회로 보였고 태극기집회는 한가한 7080이 참석하는 시대착오적 집회로 인식되었다. 좌익 그들의 사악한 혁명기술인 이미지 조작전술의 결과다.

2024년 12월부터 시작된 비상계엄과 탄핵 정국에서 민주당과 민노총이 힘을 합해 모은 집회의 규모는 초라했다. 촛불도 드문드문 보였다. 이미 그들의 세상이 되었다고 여기는 듯 그들은 더 이상 촛불을 들지 않았다. 그러나 한남동 대통령 관저 인근과 광화문에 모인 집회 참석자는 규모도 압도적이었고 특히 20, 30대 젊은이들이 많았다. 기성세대보다 훨씬 오랜 시간을 살아가야 할 그들은 이 대한민국을 걱정하고 있었다. 극단적 이기주의자인 이재명이 '기본'이라는 이름으로 당겨쓰는 자신들의 미래 빚을 걱정하고 자유민주주의가 아닌 인민민주주의의 나라를 걱정했으며 김일성의 후손을 수령으로 받들며 살게 될지도 모르는 미래를 걱정하고 있었다. 그러나 이번에도 마찬가지였다. '윤석열 탄핵 반대'와 '이재명 구속'을 외치는 집회현장은 작고 간단히 보도되었다. 언론은 '윤석열 탄핵'을 외치는 집회만 크게 그리고 자주 보도했다. 그래서 이재명과 주사파의 혁명의 거짓은 선명하게 보였으나 윤석열이 막아서는 반혁명의 진실은 보이지 않았다. 아, 이래서 윤석열이 비상계엄을 선포했구나.

우익 대통령에 대한 탄핵은 윤석열로 끝일까. 아니다. 다음에 또 자유민주주의자가 대통령이 되고 우익 정부가 들어서면 어김없이 반복될 것이다. 이땅에 주사파가 존재하는 한, 이땅에 종북좌익 세력이 소멸되지 않는 한, 주사파 국회의원과 좌익 이념에 물든 판사와 의식화된 공수처 검사와 기회주의적 경찰이 존재하는 한 우익 대통령에 대한 탄핵은 어김없이 다시 시작될 것이다. 이것은 좌익의 나라로 체제변혁 중인 대한민국에서 피할 수 없는 우익 대통령의 운명이다. 그러나 대한민국이 완전한 좌익의 나라가 되고 다시는 자유민주주의자 대통령이 집권할 수 없게 된다면 그때는 주기적으로 세계적 구경거리가 된 대한민국 대통령 탄핵은 사라지게 될 것이다. 그때는 탄핵 대신 우익 정치인과 우익 국민에 대한 무자비한 숙청이 일상화될 것이다. 그렇게 해서 대한민국은 살벌하지만 조용한 나라가 될 것이다. 공포가 만드는 침묵의 나라가 될 것이다.

4절

8년을 묵은
거울

윤석열은 왜 탄핵되었을까. 내란? 어림없는 소리다. 권력을 잡은 사람이 내란을 했다고? 목소리 큰 사람이 이기는 저잣거리의 헛논리다. 생각을 하고 공부를 하는 사람들의 논리는 아니다. 대한민국을 뒤집기 위해 오랫동안 벼뤄온 사람들의 억지 논리다. 권력 밖에 있는 어떤 세력이 권력을 향해 일으키는 것이 내란이라고 책에 적혀 있다. 권력을 가진 쪽에서 일으키는 내란은 동서고금을 막론하고 어떤 역사책에도 없다. 대통령이 내란을 했다는 말이 참이 되기 위해서는 그 반대쪽이 권력을 잡고 있고 힘이 더 세다는 뜻이 된다. 대통령이 아닌 어떤 세력이 이미 권력을 잡고 힘을 휘두른다면 그것이 바로 내란이고 반란이다. 비상계엄은 국가의 비상시에 쓰는 대통령의 권한이라고 헌법에 명시되어 있다. 헌법에 명시된 권한을 행사하는 것이 어떻게 내란인가. 정부가 아닌 어떤 세력이 대통령의 합법적인 권한 행사를 내란으로 규정하고 구속시키는 일이야말로 쿠데타고 혁명이고 반란이다. 윤석열에 대한 탄핵이 이재명의 반란이라는 사실은 8년 전의 박근혜 탄핵에 비추면 더 분명해진다.

1. 거짓과 사기로 엮은 탄핵

대통령 윤석열이 헌법에 규정된 탄핵 요건인 직무상 중대한 위헌 위법의 행위를 범한 것은 아무것도 없다. 국회를 장악한 이재명의 민주당이 윤석열의 손발을 꽁꽁 묶어놓아 제대로 일을 하지 못했으니 위헌 위법을 따질 일도 없다. 이재명 세력의 발목잡기로 내치의 영역에 쌓여있는 개혁과제에는 손도 대지 못한 윤석열은 밖으로 나가 원전을 수주하고 K-방산을 세일즈 하며 많은 성과를 냈다. 그래서 윤석열에게는 과가 아닌 공만 있다. 대통령 후보 당시 공약으로 내세웠던 여가부 폐지 하나조차 국회를 장악한 민주당의 억지 반대로 실행하지 못한 것이 윤석열의 정부다. 그가 탄핵된 이유는 반대 쪽에 있다.

12가지 혐의로 수사 받고 재판 받으며 감옥행이 예정된 이재명이 감옥 안 가는 방법으로 선택한 윤석열 정부 붕괴시키기, 자유민주주의 수호를 말하고 반국가세력 척결의지를 보이는 윤석열 제거하기, 북한과 중국과 러시아를 멀리하고 문명화되고 선진화된 서방국가와 가까워지는 일 방해하기 등 윤석열을 탄핵시키야 하는 이유는 이재명의 민주당에 있었다. 윤석열이 탄핵된 이유는 집권 기간 내내 손발이 꽁꽁 묶여 있다 2년7개 월만에 직무가 정지된 윤석열 자신보다 3년9개 월을 대통령 자리에 있으며 종북좌익 세력과 제법 대결했던 대통령 박근혜에게서 찾는 것이 자료가 많고 찾기도 쉽다. 박근혜가 탄핵된 이유는 윤석열이 탄핵된 이유와 겹친다. 그래서 박근혜 탄핵은 윤석열 탄핵의 거울이다.

모두 거짓인 탄핵 사유

대한민국 제18대 대통령 박근혜는 1737일, 무려 4년9개 월을 감옥에 있었다. 거의 4년을 끈 그에 대한 재판은 문재인의 임기 1년여를 남긴 2021년 1월에 종결된다. 국정원 뇌물혐의 징역 15년에 벌금 180억 추징금 2억, 문화계 블랙리스트 등 기타 혐의 징역 5년 추징금 33억, 새누리당 공천개입 혐의 징역 2년, 도합 징역 22년에 벌금 180억 추징금 35억이 확정되었다. 모두 박근혜를 대통령의 자리에서 끌어 내리고 감옥에 잡아두기 위해 만들어낸 엉터리 범죄혐의다.

국정원 특활비는 김대중의 측근은 물론 그의 아들도 쌈짓돈처럼 빼먹었고 문재인은 부인이 이를 널널하게 빼먹었다는 의혹에 대한 수사를 피하기 위해 지금도 요리조리 피하는 미꾸라지 작전을 쓰고 있다. 역대 모든 좌익정권이 빼먹은 것에 비하면 우익정부의 것은 조족지혈이며 특히 박근혜가 개인적으로 사용한 것은 단 한 푼도 없었다. 그럼에도 문재인의 사법부는 이를 범죄로 엮어 15년형을 내렸다. 문화계 블랙리스트 역시 억지로 꿰어맞춘 죄목이다. 정부 모든 부처에 '적폐청산TF'를 만들어 수천 명을 솎아내고 200여 명을 구속시킨 문재인 정권에 비하면 박근혜 정부의 것은 아무것도 아니다. 대통령이 여당의 공천에 영향력을 행사한 것이 범죄라면 역대 모든 대통령은 범죄자며 그중에서도 호남과 좌익의 하늘이었던 김대중이 압도적이다. 22년형을 내린 이런 모든 죄목이 엉터리라는 뜻이다. 더 엄중한 일이 있다. 박근혜에게 실형을 선고한 모든 죄목이 현직 대통령 박근혜를 탄핵하고 끌어내릴 때 제기되었던 사유와는 아무런 관련이 없다는 사실이다. 박근혜는 탄핵의 사유없이 탄핵되었다. 윤석열도 그렇다. 이 얼마나 어이없고 엄중한 일인가. 윤석열 탄핵의 거울인 박근혜 탄핵부터 먼저 보려 하는 이유다.

문재인 정권의 대법원에서 확정한 박근혜에 대한 모든 범죄는 법치와 정의의 수호가 아닌 진영의 이익을 위해 법을 악용하는 천하의 거짓말쟁이 대법원장 김명수가 좌익이념의 실현과 좌익진영의 이익과 대한민국의 좌익국가화를 위해 법과 국민을 농락한 결과다. 박근혜는 탄핵의 사유없이 탄핵되었다. 김명수의 대법원이 확정한 박근혜의 범죄 가운데 헌법재판소가 박근혜 탄핵 인용에 제시했던 사유는 단 한 개도 없다. 국회가 탄핵소추를 가결한 사유 13가지 중에도 유죄로 확정된 것은 아무것도 없다. 박근혜에 대한 탄핵은 그래서 엉터리 탄핵이고 사기탄핵이며 그래서 무효다. 그것은 문재인의 민주당이 박근혜의 정권을 탈취한 쿠데타다. 대한민국을 북한에 봉사하는 나라로 만들기 위한 반란이었다.

법조계 원로의 진단

2016년 늦가을부터 겨울에 걸쳐 광화문 광장을 점령한 촛불이 온 나라의 집단이성을 마비시키고 대한민국을 지배하는 상황을 지켜보며 원로 법조인 몇 분은 탄핵의 스케줄로 치닫는 상황을 지켜보며 국민을 향해 각성의 메시지를 보냈다. 대법관, 헌법재판관, 대한변협회장 등을 역임한 정기승 김두현 이종순 이시윤 이세중 김종표 김문회 함정호 김평호 님이 정리해준 다음 6가지는 당시 상황의 본질을 정확히 짚어준다.

1. 국회가 아무런 증거조사 절차나 선례수집의 과정없이 신문기사와

심증만으로 탄핵을 의결하여 대통령의 권한을 정지시켰다. / 2. 특검조사가 시작되기도 전에 탄핵소추를 의결한 것은 이번 탄핵이 비정상적이고 졸속으로 처리되었다는 것을 단적으로 드러낸다. / 3. 법적 성격이 전혀 상이한 13개 탄핵사유에 대해 개별적으로 심의 표결하지 않고 일괄적으로 표결한 것은 중대한 적법절차 위반이다. / 4. 박 대통령이 헌법의 원리나 원칙을 부정하거나 반대한 사실이 없음에도 몇 개의 단편적인 법률위반이나 부적절한 업무집행 의혹만을 근거로 헌법 위반이라고 주장하는 것은 논리의 비약이다. / 5. 대통령이 공익법인 설립 및 그 기본재산의 출연을 기업들로부터 기부받은 것은 이미 선례도 많고 그 목적이 공공의 이익을 위하는 것이므로 이를 범죄행위로 규정하여 단죄하는 것은 법리에 맞지 않는다. / 6. 헌재는 9명 재판관 전원의 심리 참여가 헌법상의 원칙이므로 (결원이 생긴 현재) 재판을 일시 중지하였다가 전원재판부를 구성한 연후에 재판을 재개하여 심리를 진행해야 한다.(조선일보, 2017.2.9) 법조계 원로들의 이러한 지적과 염려에도 불구하고 3월 10일 헌재는 박근혜에 대한 탄핵을 인용했다. 이것이 얼마나 잘못된 일인지는 국회의 소추사유, 헌재의 인용사유, 대법원이 확정한 유죄의 죄목을 한 곳에 모아보면 바로 알 수 있다.

엉터리 탄핵소추안

2016년 12월 9일 국회가 박근혜에 대한 탄핵 사유로 나열하며 소추안을 가결시키고 헌재에 제출한 것은 헌법위배 5가지에 법률위배 4가지가 더해져 모두 9가지였다. 법률위배는 세부적으로 8가지로 나뉘어져 모두 13가지로 부르는 경우도 있다. 후에 입증된 것이 단 하나도 없는 모조리 엉터리인 사유들은 이렇다.

헌법 위반 5가지: 1. 최순실에게 국정 영향력을 행사하도록 함 / 2. 최순실의 의사에 따른 정부 인사를 임명함 / 3. 사기업에 공익재단 금품 출연을 강요하고 임원 인사에 간섭함 / 4. 언론 보도를 탄압하고 신문사 사장 인사에 개입함 / 5. 세월호 7시간 동안 아무런 역할을 수행하지 않음으로써 국민 생명권 보장 조항을 위배함

법률위반 8가지: 1. 재단법인 미르, K스포츠 모금을 위해 대기업 총수들과 단독면담을 가지고 각종 민원을 받음 / 2. 롯데그룹 추가 출연금 약속 받음 / 3. 최순실의 지인 회사 KD코퍼레이션 지원을 지시함 / 4. 최순실의 회사 플레이그라운드 지원을 지시함 / 5. 대통령이 최순실 안종범과 공모해 KT 황창규 회장에게 의무 없는 일을 하도록 함 / 6. 안종범에게 포스코가 펜싱팀을 창단하도록 지시함 / 7. 안종범에게 그랜드코리아레져 회사와 관련한 부당한 지시를 내림 / 8. 최순실에게 공무상 비밀을 담고 있는 문서를 유출함.(SBS,2016.12.12) 이상의 헌법 위반 5가지에 법률 위반 8가지를 합해 총 13가지 탄핵사유 가운데에 조사와 수사와 재판을 거치며 유죄로 확정된 것은 단 하나도 없다. 모두 엉터리란 뜻이다. 소추안에 부연된 설명은 더 엉터리다.

국회에서 탄핵소추안을 통과시킬 때 여기에 끌어다 붙인 이유를 보면 가관이다. "광화문에서 100만 국민이 모여 촛불집회를 열고 박근혜의 하야를 요구하니 주권자인 국민의 요구를 따라야 한다."고 했다. 100만이

라는 시위 참여자의 숫자는 말이 되지 않는 것이며 이 숫자를 인정한다
고 해도 100만 명은 5000만 명의 단 2%로서 대표성이 성립되지 않는다.
98% 국민의 의사는 어쩔텐가. 좌익성향의 방송을 동원하여 유도된 여론
을 만들고 좌익성향의 여론조사 회사에서 편향된 질문 문항으로 유도한
여론조사 결과를 들이대며 "대통령에 대한 지지율이 몇 주간 연속으로
4~5%로 추락했으니 국민은 이미 박근혜를 탄핵한 것이나 마찬가지다"
라고 했다. 이게 대체 법을 만드는 입법기관인 국회에서 내 놓을 수 있는
탄핵사유인가. 대체 대한민국 어느 법체계에 시위대의 숫자와 여론조사
수치에 의해 탄핵을 소추할 수 있다고 규정되어 있는가. 이게 대체 법치
국가에서 있을 수 있는 일인가. 당시 국회가 제시하는 탄핵사유와 그것
을 설명하는 용어와 논리와 법리는 정상적 국가의 것이 아니었다.

　　박근혜 최서원의 국정농단은 지금까지도 보통의 국민이 기억하고 있
는 박근혜 탄핵의 핵심 사유다. 국정농단은 '정유라의 입시비리'와 '최순
실의 태블릿PC'와 '박근혜 최순실의 경제공동체'를 버무려 만들어낸 프
레임이었다. 그러나 국회가 박근혜에 대한 탄핵소추안을 가결시킬 당시
탄핵의 사유로 제시된 사안에는 최서원에 대한 의혹들과 그것이 박근혜
와 어떤 연관성이 있는지에 대한 사실 확인은 아예 고려 대상이 아니었
다. 2016년 11월 30일 박영수 특검팀 발족이 결정되어 최서원과 관련된
모든 의혹을 조사하고 진상을 규명하기로 되어 있었지만 국회는 이 결과
를 기다리지 않았다. 야합한 여야 정치인들에 의해 사실과 진실과 진상
은 처음부터 깡그리 무시되었다. 또한 현직 대통령을 탄핵하는 것은 헌
법과 법률이 정한 사유와 조건과 절차에 따라야 하는 최고의 법률행위

임에도 그 내용과 절차가 적법한 것인지에 대한 고려도 완전히 무시되었다. 결국 국회는 신문과 방송에 나온 의혹 관련 기사 14건과 최서원 안종범 등 8인에 대한 검찰공소장 등만을 근거로 탄핵소추를 강행했다. 그렇게 의결된 탄핵소추안에는 수사기관에 의해 검증된 사실은 아무것도 없었다. 발의자들이 작성한 문건에는 검찰의 공소장에 나온 몇 건과 여러 언론의 기사를 인용하고 그것에 일방적인 해석과 주장을 늘어놓은 내용으로 채워졌다. 그리고 법조인들이 지적한대로 법적 성격이 전혀 다른 13가지의 탄핵사유를 개별적으로 심의 표결하지 않고 일괄적으로 '박근혜 정부의 최순실 등 민간인에 대한 국정농단 의혹사건'으로 이름을 붙여 국회 문턱을 넘고 헌법재판소로 넘겼다. 이것은 협잡꾼들이 모인 국회의 협잡질이었고 좌익과 배신자들이 작당한 대한민국 뒤집기였다.

단 하나도 확정되지 못한 탄핵사유

국회를 통과한 탄핵소추 사유 13가지는 헌재로 넘겨져 주심 강일원 재판관의 손에 들어간다. 강일원은 법정에서 국회 측을 향해 "난삽하니 받아 적어라"며 이를 다음 5가지로 변조해 준다. 권한이 없는 무단변조다. 불법과 위법의 행위라는 뜻이다. 1. 공무원 임면권 남용(문광부 직원 강제 해임) / 2. 언론자유 침해(세계일보 사주 퇴진 압력) / 3. 세월호참사 관련 생명권 보호 의무 / 4. 삼성관련 뇌물수수 (공익재단 출연금 204억 원) / 5. 최서원의 국정개입. 이 5가지 중에도 후에 사법부에서 유죄로 확정한 것은 아무것도 없다. 김명수의 대법원이 박근혜에게 내린 22년 형의 죄목에는 앞에서 언급한 바와 같이 이상의 5가지 혐의는 아무것도 없다. 단 1가지도 없다. 윤석열 탄핵이 이재명과 민주당의 반란이듯 박근혜 탄핵이 문재인과 민주당의 반란인 이유다.

　박근혜에게 중형을 내린 범죄혐의인 이재용의 86억 뇌물공여, 국정원 특활비, 새누리당 공천개입 3가지는 모두 탄핵 사유와는 관련 없는 별건 수사다. 박근혜는 물론 최서원에게 내려진 죄목과 형량 조차 탄핵소추안에 제시된 13가지 혹은 5가지 사유와는 아무런 관련이 없다. 삼성 뇌물도 탄핵 당시 제기된 공익재단 출연금은 무죄였고 그 후에 찾아낸 다른 건으로 최서원과 박근혜에게 유죄판결을 내렸다. 최서원의 국정개입은 핵심 증거인 최순실의 태블릿PC가 최서원의 것이 아니라는 사실이 밝혀지며 허구로 드러났다. 결국 박근혜를 탄핵하는 사유로 끌어다 댄 내용은 모두 범죄혐의가 구성되지 않았다.

　헌재소장 대행 이정미 재판관이 읽은 탄핵결정문이나 국회의 탄핵소추안에는 코빼기도 비춘 적이 없는 3가지의 별건으로 문재인 정권의 김명수 대법원은 박근혜에게 22년 형을 선고했다. 그렇다면 박근혜에 대한 탄핵은 당연 무효다. 그럼에도 박근혜는 탄핵되어 대통령 직을 박탈당하고 감옥으로 보내지고 문재인이 그 자리를 차지했다. 박근혜에게는 죄가 없었다. 그러나 문재인과 민주당의 죄는 하늘을 찌른다. 그리고 국민인 우리는 모두 속았다. 이로부터 8년 후 문재인을 이어 민주당을 장악한 이재명은 기존의 종북주사파 의원에다 자신처럼 갖가지 범죄혐의를 가진 사람들이 더해진 이 당을 진지로 삼아 다시 한번 같은 일을 되풀이 한다. 대한민국 제20대 대통령 윤석열에 대한 탄핵은 그런 것이다.

2. 박근혜가 탄핵된 진짜 이유1,
   좌익의 무혈혁명을 막아선 반혁명

국회의 탄핵소추 사유와 헌재의 탄핵 결정 사유 중에서 법원에 의해 유죄로 확정된 것은 아무것도 없다. 그렇다면 박근혜가 탄핵된 진짜 이유는 무엇일까. 1차적 이유는 좌익세력의 박근혜의 권력 탈취가 목적이다. 여기서 좌익세력이라 함은 종북주사파, 사회주의자, 기회주의자, 특정지역 주민을 포함한다. 이기적 기회주의자나 특정지역민이 집단으로 이익을 도모하는 것은 어느 시대 어느 곳에서나 있는 일이므로 종북주의자와 사회주의자들이 박근혜의 권력을 탈취한 사실에 주목하기로 한다. 기회주의자와 특정지역민은 이익의 도모를 위해 일시적으로 연합했을 뿐이지만 좌익 그들에게는 오래되고 분명한 목적이 있었다.

결론부터 말하자면 박근혜를 탄핵한 것은 좌익세력이 대한민국을 좌익의 체제로 만들고 북한에 복속되도록 하는 그들의 혁명에 장애물이 되는 박근혜를 제거하기 위해서였다. 박근혜는 종북좌익 세력의 혁명에 '비정상의 정상화'라는 슬로건을 내건 반혁명으로 대응하다 탄핵되었다. 이것은 윤석열이 탄핵당한 이유와도 같다. 좌익세력에 의해 대한민국의 자유민주주의 국가 정체성이 사회주의 공산주의 북한주의로 변경되고 있다는 사실을 박근혜는 알고 있었다. 강력한 반공주의 정책을 펼쳤던 그의 아버지의 시대가 끝난 후 대한민국이 좌익의 나라가 되어가고 있다는 사실도 그는 알고 있었다. 그는 이를 바로 잡으려고 했다. 대통령 취임과 동시에 그가 내세운 국정의 모토 '비정상의 정상화'는 이러한 그의 의지를 담은 것이다. '비정상'은 종북좌익 세력에 의한 대한민국의 좌익 국가화였고 '정상화'는 이를 바로 잡으려는 박근혜 자신의 반혁명이었다. 좌익세력은 이런 박근혜를 그냥 두지 않았다.

문재인과 민주당은 먼저 온라인에서 유통되는 잘못된 내용을 바로잡기 위한 경찰의 해명성 댓글에 '조작'의 굴레를 씌운다. 이어 문재인의 심복 김경수가 주도한 드루킹 사건에 비교하면 사건이라 부를 수도 없는 국정원의 교정성 댓글을 부풀리고 과장하여 박근혜의 범죄행위로 몰아가며 비정상을 정상화 하려는 박근혜의 손발을 묶어놓았다. 유병언과 오래 묵은 인연이 있는 문재인의 직 간접적 책임이 무수히 발견되는 세월호 참사를 그들은 "국가가 애들을 죽였다"에서 "박근혜가 애들을 죽였다"로 둔갑시키며 박근혜 정부를 식물 정부로 만들어 나간다.

박근혜는 이 와중에도 미래세대에 주체사상을 주입시키는 전교조를 법외노조화하는 등 대한민국의 정체성을 바로 세우기 위해 노력했고 핵실험을 하고 미사일을 마구 쏘아대는 북한정권에 대응하여 개성공단의 가동을 중단시키고 여러 군사적 조치를 취했다. 모두 북한과 종북좌익 세력의 혁명에 대항하는 대통령 박근혜의 반혁명이었다. 박근혜의 직무를 정지시킨 국회의 탄핵소추의 사유와 헌재의 탄핵인용의 사유와 22년형을 내린 대법원의 유죄의 죄목이 단 하나도 일치하지 않는 이유는 바로 여기에 있다. 문재인 세력의 혁명에 대항한 박근혜의 반혁명이 탄핵의 사유였다. 8년 후에 다시 오는 윤석열 탄핵의 예고였다.

전교조를 불법화 한 죄

박근혜는 국회의원 신분이었던 2005년 전교조를 '해충'에 비유하는 발언으로 명예훼손 혐의로 고발당한 일이 있다. 그는 전교조의 종북 정체성을 일찍부터 알고 있었다. 전교조는 본래의 설립 목적인 교원의 권익을 위해 활동하는 노동조합이 아니었다. 설립 당시부터 그러했고 지금도 그렇다. 좌익의 단체들이 모두 그러하듯 이름과는 다르다. 김일성이 남한에서 활동하는 지하 혁명조직에 "머리 좋은 애들 노동현장으로만 보내지 말고 사회 구석구석으로 보내라"는 교시를 내린 후 1988년 전대협이 산하에 '비밀투신위원회'를 만들고 교대와 사대 출신의 조직원에게 주체사상을 공부시킨 후 학교 교육현장으로 투신시켜 결성한 단체가 바로 전교조다. 투신投身은 말 그대로 몸을 던진다는 뜻이다. 박근혜는 미래세대에게 주체사상을 주입시키면서 긴 호흡의 무혈혁명을 수행하고 있는 그들의 실체를 알고 있었다. 그래서 해충에 비유했던 것이다.

전대협에서 주체사상 교육을 총괄했던 왕년의 주사파 이동호 교수는 교육현장에서 벌어지고 있는 이념교육의 실상을 다음과 같이 생생히 전한다. "전교조 통일위원회 자료는 북한 교과서를 그대로 베낀 것이다. 지금 모든 역사교과서에 '투쟁'이라는 말이 끊임없이 반복되는 것은 바로 공산주의의 계급투쟁 사상 때문이며 '인류 역사는 민중의 투쟁을 통해서 발전한다'는 계급투쟁 사상에 기반을 두고 있다. 물론 여기서 말하는 투쟁은 자유민주주의가 아니라 인민민주주의를 위한 투쟁이다. 지금 우리 청소년들이 배우는 역사교과서가 그렇게 되어 있다. 전대협은 많은 조직원들을 교육시키고 사상적으로 무장시켜 학교현장 외에도 사회 곳곳으로 내려 보냈다. 공부 잘하는 대학생을 선발해 고시공부를 시켜 판검사로 만들었고 서울대 출신을 중심으로 공직과 언론계에도 많이 진출시켰다. 우리들이 훈련시켜 보낸거다. 지금 50대가 된 그들이 주류가 되어 일제히 대한민국을 왼쪽으로 몰아가고 있다."(이동호, 트루스포럼, 2017.9.12)

민주화라는 이름으로 좌익세력이 속속 대한민국 사회의 주류의 자리를 차지하는 추세는 노태우 정부에서부터 현저했다. 이런 흐름에 편승하여 1989년에 결성된 단체가 바로 전교조다. 노조 본연의 목적을 벗어난 정치적 활동과 이념 편향성으로 인해 불법단체의 신분을 면치 못하던 전교조는 10년이 지나 1999년 김대중 정권에서 합법화 된다. 그러나 2013년 박근혜 정부가 출범된 후 비정상의 정상화라는 국정지침에 따라 전교조에 대해 법외노조 통보를 한다. 전교조는 반국가적이고 반자유민주 정체성으로 인해 이명박 정부에서도 불법화 추진 시도가 있긴 했다. 그러나 국가의 정치적 정체성보다는 경제에 역점을 두는 이명박의 국정 운영 방향성으로 인해 유야무야 되었다. 결국 박근혜에 의해 합법화 16년 만에 다시 법외노조가 된 것이다. 전교조는 대한민국의 좌익 국가화혁명을 도모했고 박근혜는 그들의 혁명에 반혁명으로 대응한 이 일이 박근혜 탄핵의 사유 중 하나라는 사실은 문재인 정권에서 바로 확인된다.

정권을 잡은 문재인은 김명수의 대법원을 앞세워 2020년 9월 전교조를 다시 합법적 노조의 지위로 회복시킨다. 전교조는 불법적으로 설립되어 활동한지 10년이 지나서야 좌익의 김대중 정권이 들어서면서 합법화되었고, 그들의 명백한 북한 편향성과 과도한 정치성과 불법적 활동으로 박근혜 정권에 의해 16년만에 다시 법외노조로 규정되었으며 다시 7년 후 문재인 정권에 의해 합법화된 것이다. 이것은 전교조가 정권의 이념적 성향에 따라 합법화되거나 불법화가 반복될 정도로 이념성이 강한 정치적 단체라는 뜻이다. 물론 전교조가 지향하는 이념은 자유민주주의가 아니다. 사회주의다. 북한식 공산주의라고 말하는 것이 더 정확하다. 전교조는 남한의 종북주의 혁명조직 내에서 역사투쟁과 사상투쟁을 담당하는 하부 조직이다. 지금도 중고등학교의 역사교육과 이념교육은 그들이 장악하고 있다. 우리의 아이들에게 '인민 주권'을 가르치고 있는 교사들이 바로 그들이다. 그들은 공산주의의 땅이 되어 북한의 김씨 왕조가 통치하는 미래의 남조선을 준비하고 있다. 박근혜는 여기에 칼을 대는 반혁명을 도모했고 이것은 그가 탄핵 당해야 하는 중요한 이유였다. 반혁명으로 인한 탄핵은 윤석열에게도 똑같이 적용된다. 윤석열에게는 전교조가 아니라 민노총이다. 후술한다.

대한민국의 정체성을 바로 세우는 반역

이땅의 종북세력은 대한민국 국민의 정신을 좌익의 사상으로 개조하기 위한 노력을 멈춘 적이 없다. 그들은 이것을 사상투쟁이라 부른다. 주사파 혁명투사들이 학교 현장으로 내려가 전교조를 설립한 것도 국민의 사상을 개조하기 위한 사상투쟁의 일환이다. 그들의 사상투쟁의 출발점은 역사투쟁이다. 1948년 자유민주주의자들이 건국한 대한민국의 정통성을 무너뜨리고 김일성이 세운 북한으로 정통성을 변경하는 것은 그들의 사상투쟁의 출발점이다. 좌익의 투쟁은 무력투쟁과 사상투쟁 투트랙이다. 무력투쟁은 시위와 폭동과 전쟁으로 전개하는 반면 사상투쟁은 교육과 문화 예술을 매개로 한다. 그들이 전개하는 모든 사상투쟁의 궁극적 지향점은 한반도의 정통성을 북한으로 변경하는 것이다.

헌정 사상 첫 좌익정권인 김대중이 집권하면서 역사 논쟁은 시작된다. 사상투쟁이 시작된 것이다. 이때부터 자유민주주의 이념에 기초한 기존의 역사교육과 사회주의와 김일성주의에 기초한 좌익의 역사교육은 충돌하고 갈등한다. 교육부 장관이 김대중 정권 5년간 일곱 번, 노무현 정권 5년간 다섯 번 교체되었다는 사실은 이념과 역사 문제로 두 진영 간의 마찰과 충돌이 얼마나 뜨거웠는지를 단적으로 보여준다. 개인의 학습 능력의 차이를 인정하고 사회 각 분야의 다양성을 반영하는 자유민주주의 체제의 수월성秀越性 교육과 좌익 이념이 추구하는 사회주의 전체주의 체제의 평등성 교육이 교육현장에서 직접적으로 충돌하기 시작한 것이다. 주사파들의 국가 장악력이 더욱 확대되고 강화된 노무현 정권에서는 노무현이 직접 서울대 폐지론을 거론할 정도로 평등주의 교육이 포퓰리즘화 되어갔으며 역사학계의 주류가 되어 득세하게 된 좌익 역사학자들은 역사 교과서 근현대사 부문에 북한 정권과 주사파들의 역사관을 그대로 반영하며 거센 논란을 야기한다.

노무현 정권 첫 해인 2003년 전체 고등학교의 54%는 한국사 교과서로 금성출판사의 책을 채택하고 있었다. 이 책의 한국 근현대사 부분에는 좌익의 민중사관과 반제민족해방 이론을 바탕으로 한 수정주의 역사관 위에서 대한민국의 정통성을 사실상 부정하고 있다. 또한 북한정권이 1990년대에 대량의 아사자를 낸 사실은 외면하고 김일성 김정은 체제가 북한의 자립경제의 토대를 마련했다고 미화하는 서술을 담고 있으며 북한의 '현대조선사' 내용을 그대로 옮겨 "사회주의 기초 건설의 총체적 과업은 자립경제의 토대를 튼튼히 닦은 것이었다"고 기술하고 있다.(동아일보, 2008.10.7) 절반 이상의 고등학교가 채택한 이 교과서는 세계 최악의 빈곤국가인 북한의 경제를 자립경제로 미화하고 있다. 심지어 전교조 소속 교사들은 자유민주주의 대한민국의 세계 10위의 경제대국이라는 찬란한 성취를 두고 미제국주의의 식민지 경제라고 가르쳤다. 지금 생각하면 대한민국의 급격한 좌익국가화는 이때부터 이미 시작된 듯하다.

역사교과서 전쟁

박근혜 정부 1년 차인 2013년 12월 초 교육부는 고등학교 한국사 교과서 8종을 승인한다. 그리고 각 학교는 이 8종 중에 1종을 선택하여 주문하고 신학기 시작 전인 다음해 2월에 교과서가 공급될 예정이었다. 교육부는 8종 가운데 7종에 대해 총 41건의 수정명령을 내린다. 그러나 7종 중 교학사만 수정명령을 받아들였고 나머지 6종은 수정을 거부했다. 영남대 박진용 교수는 2014년 발간된 고교 한국사 검인증 교과서 10종을 2010년에 발간 되었던 국정교과서와 비교 분석하며 새 교과서의 북한 편향성을 다음과 같이 조목조목 짚었다.

1. '북한정권 출범'을 '북한정부 수립'으로 수정 기술함 / 2. 6.25 전범인 김일성과 박헌영을 이승만 김구와 동일시 함 / 3. '6.25전쟁 직전 38도선에 잦은 충돌이 일어났다'고 기술하여 남한에도 전쟁 책임이 있는 것으로 암시함 / 4. 6.25전쟁에서 김일성 박헌영의 역사적 책임 기술을 삭

제하고 이승만의 민족화해 조치인 반공포로 석방 기술을 삭제함 / 5. '북한의 6.25 남침' 등 구체적 기술을 삭제함 / 6. '환호하는 군중에 둘러싸인 여운형'으로 사회주의자에게는 우호적으로 표현한 반면 '초당적 지도자임을 자처하는 이승만'이라며 건국 대통령 이승만은 냉소적이고 부정적으로 표현함 / 7. 북한의 독재는 옹호하고 한국의 독재는 강한 어조로 비난함 / 8. KAL기 폭파와 아웅산테러 등 북한의 테러 도발을 삭제함 / 9. 김정일 사진은 3회 게재하고 노태우 김영삼 사진은 단 1회도 게재하지 않음 / 10. 한국의 산업화와 경제발전을 '성장위주 정책'으로 폄훼함. (뉴데일리, 2015.11.23)

2015년 10월 14일 여당 대표 김무성은 국회에서 국정 교과서 발행의 필요성을 설명한다. 그는 "교과서도 문제지만 수업에 사용되는 자습서와 교사용 지도서의 내용은 더욱 심각하다"고 말하며 금성출판사의 자습서에 나오는 '만경대에 온 이유는 위대한 수령님의 생가이기 때문이다. 이곳은 우리에게 성지다'라고 서술된 구체적 사례를 들기도 했다. 이러한 배경에서 박근혜 정부는 마침내 2015년 10월 국정 교과서 제작을 결정한다. 총 44억원이 들어간 이 교과서는 2017년 1월에 배포되었다. 종북 단체들은 가만히 있지 않았다. 좌파 교육감들이 장악한 서울 광주 강원도 교육청은 '국정 교과서 연구학교'를 신청하라는 공문을 일선 학교에 아예 보내지도 않았고 전교조 민노총과 이들의 영향 아래에 있는 시민세력과 이들의 선동에 넘어간 학부모들은 시위를 벌이며 정부, 각 기관, 일선 학교의 검토회의나 공청회를 원천적으로 열지 못하도록 방해했다. 그리고 이미 국정 교과서를 선정한 학교로 몰려가 취소하도록 압박을 가한다. 그들이 국정 역사교과서를 반대하는 논리는 이런 것이었다.

　1. 국정 교과서는 학생들에게 일방적인 사관을 주입시키려는 역사 쿠데타다 / 2. 국정화를 추진하는 논리는 전부 허위사실이다 / 3. 국정화는 자유의 억압이다(개그맨 김제동) / 4. 국정화는 반드시 타도해야 할 혁명의 대상이다 등이다. 그들은 좌익의 정체성에 걸맞게 거짓과 조작을 동원한 선동도 빠뜨리지 않았다. 정부가 다수의 검인정 교과서와 1종의 국정 교과서까지 모두 10여종의 교과서 중 하나를 각 학교가 스스로 선택하도록 하였음에도 그들은 "정권이 쓴 역사만 배우라는 것이다"라는 거짓 선전을 앞세우고 여론을 호도하며 국정 교과서는 물론 유일하게 수정 명령에 따랐던 교학사 교과서조차 채택을 방해했다. 좌익의 왜곡된 시각을 담은 교과서 이외의 교과서 즉 자유민주주의와 대한민국의 정통성에 기초하여 역사를 서술하는 교과서는 원천적으로 발을 못 붙이도록 하겠다는 뜻이었다. 대한민국의 역사교과서는 그렇게 바뀌어갔고 우리 아이들은 김일성을 미화하고 북한체제를 옹호하는 교과서로 공부하게 되었다. 그들의 역사투쟁과 사상혁명이 결국 승리한 것이다.

역사 전쟁, 좌익은 승리했고 우익은 패배했다

박근혜 정부에서 정권을 잡고 있지 못하던 좌익세력이 정권을 잡고 있던 우익정부를 이기고 이 전쟁에서 승리했다는 사실은 의미가 크다. 대통령이 우익 출신이냐 혹은 우익 정부냐 하는 사실과는 상관없이 좌익이 사실상 대한민국을 지배하고 있다는 뜻이다. 박근혜는 권력을 잡고 있으면서도 좌익의 진영이 총동원되어 자유민주적 교과서를 일선 학교에서 사용하지 못하도록 방해하는 행위를 막아내지 못했다. 그리고 김대중 정권에서 시작되어 이미 15년 이상 진행되어온 대한민국 역사의 좌경화와 북한으로 기우는 한반도의 정통성을 바로잡기 위해 국정 교과서를 만들어 이에 정면으로 대응하려다 더 큰 저항을 받았고 이는 결국 그가 탄핵되어 대통령 자리에서 쫓겨나는 엄청난 결과의 도화선으로 작용했다. 그들이 국정농단이라는 허깨비를 내세우고 박근혜 정부를 붕괴시킨 일보다 더 무서운 일은 여기에 있다. 1945년 이후의 대한민국 역사를 북한의 역사에 편입시켜 대한민국을 북한에 자연스럽게 넘어가도록 하는 역사투쟁이다. 집에 아이들이 있다면 한국사 교과서를 펼쳐 근현대사 부분을 한 번 읽어 보시라. 놀랄 것이다.

문재인은 대통령 취임 단 이틀 후인 2017년 5월 12일 청와대에서 국정 역사교과서 폐지와 제37주년 5.18 기념식 제창곡으로 '임을 위한 행진곡'을 지정해 부르도록 지시했다. 그의 취임후 첫 공식 지시였다. 좌익세력에게 사상혁명이 얼마나 중요한지 알 수 있는 대목이다. 문재인이 지시를 내리고 19일이 지난 5월 31일 교육부는 역사 교과서 국정 검정 혼용체제에서 국정을 뺀 검정체제로 전환하는 고시를 발표했다. 이것은 좌익의 오랜 사상투쟁과 역사 뒤집기가 승리했음을 법적으로 확정한 것이다. 이로써 박근혜 정부가 44억원을 투입하여 만든 국정 역사 교과서는 폐기되었고 3년이 지난 2020년 1월 새로운 검정 역사 교과서가 나왔다. 새로운 교과서에는 천안함 폭침을 언급조차 하지 않거나 "원인을 알 수 없다"고 되어있고 북한의 책임에 대해서는 어떤 서술도 없다. 최대 관심사였던 민주주의 표현은 집필진이 '민주주의'와 '자유민주주의' 중에 알아서 직접 고르도록 했다. '인민민주주의'의 문을 열어 놓은 것이다. 좌익의 오랜 역사투쟁에서 가장 빛나는 성취였다. 그들은 이러한 사상혁명과 역사투쟁의 승리를 위해 박근혜를 탄핵하고 권력을 강탈했을 것이다. 박근혜가 그들의 혁명에 대항하는 반혁명을 했으며 그래서 탄핵되었다는 뜻이다. 20대 대통령 윤석열도 대한민국을 좌익국가로 만드는 혁명에 대항했고 그래서 탄핵되었다는 점에서 같다. 민노총에 준법을 요구하고, 간첩을 무더기로 잡아내고, 반국가세력에 칼을 대는 반동적 행위를 하는 윤석열을 끌어내린 것이다. 이것이 윤석열 탄핵의 본질이다.

3. 박근혜가 탄핵된 진짜 이유2,
주사파의 유혈혁명에 대응한 혁명 방해

이석기 임종석 정청래 등 주사파 투쟁가들이 젊은 시절 거리에서 화염병을 던지며 외쳤던 대남혁명과업의 구호는 주한미군 철수, 국가보안법 철폐, 연방제 실시가 핵심이다. 여기다 독재타도와 재벌해체를 더하면 아직 머리가 덜 야문 그들의 투쟁력은 두 배가 되었다. 김일성이 확정한 유혈과 무혈의 투트랙에 의한 남한 접수 전략은 모든 종북세력이 절대적으로 따르는 혁명의 바이블이다. 국보법 철폐와 연방제 실시는 종북세력이 합법적으로 대한민국을 접수한 후 연방제 형태로 남한을 북한에 흡수시키는 무혈혁명 전략이다. 많은 정치학자와 북한 전문가들은 이 전략이 이미 80% 이상 성공했다고 본다.

주한미군의 철수는 무력으로 남한을 점령하는 유혈혁명을 위해 필수적인 전제조건이다. 세계 최강의 군사력을 보유한 미군이 주둔하는 한 전쟁을 통한 남한 점령은 불가능하기 때문이다. 이것은 문재인이 그의 통치 5년 중 전반은 트럼프와 김정은의 협상 중재에 매달렸으나 실패하자 후반에는 종전선언과 평화협정에 집착한 이유다. 미국과 평화협정을 맺은 후 미군이 철수하고 북쪽이 바로 쳐내려와 미군이 없는 남쪽을 점령했던 베트남의 통일 모델을 재현하려는 것이 문재인의 그림이었다. 그러나 박근혜는 간첩으로 의심되는 문재인과는 완전히 다른 대통령이었다. 북한의 남침에 대비하는 것은 그의 부친 박정희가 철저함을 도모했던 일이니 그도 그렇게 했다. 대한민국을 지키기 위해 북한의 남침에 대비하는 일이 이유가 되어 그가 탄핵될 것이라고는 박근혜 자신도 상상하지 못 했을 것이다. 국민인 우리 역시 상상하지 못한 일이다.

제주도에 모인 데모꾼들

1948년 남쪽의 우익정부와 북쪽의 좌익정권이 각각 출범한 이후 남한에 근거를 두고 활동한 좌익 혁명조직의 유혈 무혈의 두 가지 투쟁 중에서 시작은 유혈투쟁이었다. 문재인이 민주화 운동 혹은 통일운동으로 둔갑시키려 했던 제주 4.3폭동과 여수 순천 14연대 반란사건에서 시작하여 6.25 전쟁, 그 이후의 수천 건에 이르는 크고 작은 도발까지 모두 무력에 의한 혁명투쟁의 단편들이다. 한미군사동맹에 기반한 주한미군의 존재와 더불어 우리의 국방력이 제대로 갖추어진 이후 무력투쟁 대신 사상혁명이 더욱 강화되었지만 긴 시간이 필요한 사상전에 비해 단시간 내에 결과를 낼 수 있는 무력에 의한 혁명은 절대 포기할 수 없는 전략이다. 북한정권이 인민을 굶겨가며 핵무기와 미사일 체계를 완성하고 세계 3위의 세균전 전력을 보유한 것도 결국 무력으로 단시간 내에 남한 정복 혁명을 달성하기 위한 것이다. 여기다 문재인이 그렇게도 매달렸던 미국과 북한의 합의에 의한 종전협정과 평화선언의 실현과 주한미군의 철수, 뒤이은 남한 점령이라는 시나리오는 주한미군의 축소를 시도하는 트럼프의 재집권으로 여전히 뜨거운 가능성으로 남아있다.

문재인이 정권을 잡은 후 사병에서부터 장교에 이르기까지 훈련을 대폭 줄인 일, 한미군사훈련을 실전 대신 컴퓨터게임으로 대체한 일, 전방의 15개 사단을 없애거나 후방으로 이동한 일, 국방예산을 무기를 구입하는 등 전력강화를 위한 지출은 축소하고 대신 사병의 급여를 대폭 인상하는 등 소모성 지출에 집중한 일 등은 모두 북한의 무력에 의한 남한 흡수 혁명을 준비하는 문재인과 민주당의 혁명공작이었다. 좌익에게 남한의 방어능력 강화는 절대적으로 막아야 하는 일이며 모든 좌익단체와 좌익정당이 박근혜 정부의 군사력 강화, 북한의 남침에 대비하는 방어능력 강화 조치에 무조건적으로 저항했던 이유다. 그럼에도 박근혜와 윤석열은 군사적 방어능력 강화를 강행했다. 그들은 이것만으로도 탄핵되어야 마땅한 대통령이었다. 대한민국의 방어능력을 강화한 박근혜의 반혁명은 그가 탄핵당한 진짜 이유 가운데 하나다.

경남 밀양의 송전선과 송전탑 건설사업이 승인된 것은 2007년 노무현 정권에서다. 처음에는 전자파를 걱정하는 밀양 지역주민과 한국전력 사이의 분쟁 정도였으나 이명박 정부에서 공사가 시작되며 공사의 중단과 재개를 반복할 정도로 분쟁이 격화된다. 이어 박근혜 정부에서 국정교과서 갈등에다 민노총 전교조 등 좌익 단체의 활동을 제약하고 불법화하면서 밀양 송전탑에도 종북세력이 적극 개입하게 된다. 2013~4년 간에 분쟁이 특히 격렬했는데 이것은 종북 단체들의 전문 데모꾼들이 지역주민을 선동했기 때문이다. 그러나 밀양은 아무것도 아니다. 당시 종북단체 소속 데모꾼들의 제1 전선은 다른 곳에 있었다. 제주도 강정마을이다.

제주 서귀포시 강정마을에 위치한 해군 군사기지 건설은 김대중 정권에서 처음 논의되기 시작하여 노무현 정권에서도 논의가 계속되다 이명박 정부에서 의해 확정되었다. 우리의 안보상 필요에 의해 충분한 검토를 거친 후 결정되었다는 의미다. 건설공사는 이명박 정부 때인 2010년에 착공되어 박근혜 정부 때인 2016년에 완공된다. 우리의 전력을 강화하는 이 해군기지의 건설을 좌익은 극렬하게 반대하고 나섰다. 2011년 들어 민주당과 민노당의 종북 정치인들을 중심으로 기지 건설 반대의견의 목소리가 높았다. 특히 손석희 앵커가 MBC '시선집중' 프로에 나와 반대 의견을 내면서 극렬 종북단체들이 본격적으로 가세하며 해당 지역의 주민과 정부 측의 갈등은 증폭되고 이때부터 주민을 선동하여 세를 불린 데모꾼들과 경찰 군 등의 정부측의 물리적 충돌은 끝없이 반복된다. 이 충돌은 2016년 기지가 완공될 때까지 계속되었다.

정부는 확장정책을 본격화하는 중국과 무력증강을 계속하는 북한 등 동아시아의 안보정세 변화에 대응하기 위해 제주 해군기지 건설을 결정했다. 특히 이 기지가 완공되면 해군 3함대의 전력을 크게 강화할 수 있었다. 반면 민주당이 주도한 반대 측은 "제주도는 평화의 상징이다, 위기가 오면 제주도가 위험해진다, 요즘 세상에 무슨 군사기지냐, 이것은 미군기지다" 등의 주장을 했고 여기에 환경단체들이 가세하며 환경문제가 반대 이유에 더해졌다. 현장에서 물리적 반대투쟁을 이끌던 사람들의 면면을 보면 2005년 평택 미군기지 건설 당시에도 똑같은 주장을 하고 폭력을 행사했던 사람들을 포함한 종북단체 소속이 대부분이었다. 이들 중에는 밀양 송전탑 반대시위 현장과 제주 강정마을을 오가며 시위를 지휘하는 사람도 있었다. 전문 시위꾼 혹은 데모꾼이라는 말이 생긴 것은 이때부터다. 이들은 고의로 군사작전 구역에 침입하는 일도 잦았는데 경찰이나 군인들이 밖으로 내보내면 "제주 해군이 민간인을 폭행했다"고 기자들에게 알렸고 좌익 성향의 언론은 이것을 사실인양 그대로 받아적어 보도했다. 좌익 데모꾼과 좌익 기자들의 협업이었다.

해군기지의 건설을 반대하는 종북좌익 단체 사람들의 핵심논리는 "군사력에 의한 평화의 시대는 지나갔다"는 것이었다. 그들의 구호는 여기에 촛점이 맞추어져 있었다. 그러나 미국 중국을 포함한 모든 국가들이 매년 국방비 예산을 늘리는 일에는 함구했고 핵실험을 계속하고 미사일 시험발사를 계속하는 북한에 대해서도 아무 말도 하지 않았다. 굶주린 인민을 외면한 채 군비증강에만 몰두하는 북한을 비난하는 사람도 없었다. 그들은 일관되게 우리의 군사력 증강을 반대했다. 무기 없는 평화, 군사기지 없는 평화, 힘 없는 평화가 가능한가 하는 우익 국민의 물음에는 대답하지 않았고 북한은 공격용 무기를 계속 늘려가는데 우리는 방어용 무기조차 가져서는 안되느냐는 항의에도 그들은 대답하지 않았다. 북한이 핵 탄두를 장착한 미사일을 쏘겠다고 위협하면 항복하자는 것인지, 핵을 쏘면 그냥 죽자는 말인지 하는 물음에도 대답하지 않았다. 그들은 우리의 방어력 강화에 대해 무조건적으로 반대했다. 그들의 이러한 이적적이고 자해적인 시위는 2016년에 들어서면서 사드 배치 반대로 옮겨간다. 밀양과 제주를 오가던 사람들이 이제 성주까지 활동영역을 넓힌 것이다. 바쁜 사람들이었다. 그들의 바쁨은 모두 박근혜를 괴롭히겠다는 목적에서 동일했고 그들의 최종 목표는 박근혜 정부를 무너뜨리는 것이었다. 결국 그렇게 되었다. 통탄한다.

참외를 전자파에 익힌 죄

"성주에 사드가 배치되면 반경 5~6km 안팎으로 전자파가 세상을 지배하겠지. 전자파로 인해 꿀벌이 완전히 사라지겠지. 꿀벌이 사라지면 성주 참외가 열리지 않겠지. 참외가 열리지 않으면 우리는 성주 참외 맛을 볼수 없지" 문재인과 가깝다는 시인 안도현의 글이다. 비겁해서인지 기가 막혀서인지 정치학 교수들이 모두 입을 다물어버린 틈을 비집고 개그맨 가수 음식비평가 등이 마구 정치평론을 배설하고 있던 문재인의 시대에 이제는 정치학 원론이나 한번 읽어 봤을까 싶은 시인까지 나서서 이렇게 한마디를 보태며 선동질에 나섰다. 대중의 이성에 호소하는 것보다 감정을 건드리는 전술을 구사하는 좌익에게 시인은 훌륭한 앞잡이였다. 안도현의 시는 효과가 있었다.

2016년 7월 13일 박근혜 정부는 경북 성주군에 고고도미사일 방어체계인 사드를 배치한다고 발표한다. 성주 주민은 사드 배치의 필요성은 공감하면서도 왜 하필 성주냐며 반대의견을 냈다. 곧 좌익언론과 더불어민주당 주사파 의원들은 과장되고 비합리적인 이유를 나열하며 반대했고 이를 시작으로 이 땅의 모든 종북좌파 세력들이 거의 동시에 들고 일어났다. 그들이 우익 정부의 대북정책에 저항할 때면 늘 그러했듯 이번에도 괴담을 만들며 공산당식 선전술을 전개했다. 처음의 '사드 참외'는 곧 '전자레인지 참외'가 되고 '전자파에 익은 참외'가 되더니 '사드 전자파에 인체가 튀겨진다'는 구호까지 등장했다. 이어 "전자파가 수분을 빨아들여 사드기지 인근 주민들이 화상을 입는다"는 문장으로 진화하자 국민을 현혹하기에 충분했다. 이런 선동이 먹혀들어 결국 성주군수는 혈서를 쓰며 반대했고 5000여 명의 주민이 모여 궐기대회를 가졌으며 학생들은 등교를 거부했다. 설득차 성주에 간 국무총리 황교안이 폭행당하고 감금되는 등 성주는 무법천지가 되어갔다. 이때는 이미 종북좌파 단체들이 시위를 주도하고 있었다. 원정 온 좌익 데모꾼들은 성주 주민을 선동하여 세를 불리며 촛불시위를 지휘하고 군사장비를 반입하는 차량을 막으며 폭력을 휘둘렀다. 박근혜 탄핵의 분위기는 그렇게 시작되었다.

일본 교토에 사드가 배치될 당시 자문역을 했던 사토 도루佐藤亨 교토대학 교수는 "사드 레이더의 전자파는 인체에 휴대전화 만큼의 영향도 주지 못한다."고 했지만(동아일보, 2016.7.16) 난무하는 괴담 앞에 과학적 진실은 통하지 않았다. 군사기지와 민간 마을과의 거리나 레이더 각도를 들며 전자파의 영향이 전혀 없음을 설명하는 것은 전자파에 익은 참외와 그것을 먹은 인체가 파괴되는 단순하고 강렬한 거짓 이미지 앞에 아무런 소용이 없었다. "(박근혜) 대통령 방미가 강력 전자파가 발생하는 사드를 받아오는 방미라면.." 당시 민주당 대표 추미애가 박근혜의 외교 활동을 폄훼하고 사드배치를 반대하기 위해 내놓은 선동질의 말씀이다. "사드 전자파는 인체에 치명적 영향을 주는 것으로 알려져 있다." 당시는 성남시장이었고 2022년 대선에서 문재인을 이은 민주당의 대통령 후보가 되고 2025년 결국 대통령이 된 이재명의 엉터리 말씀이고 거짓 말씀이다. "사드 전자파 밑에서 내 몸이 튀겨질 것 같아 싫어~" 영부인 김정숙의 친구 손혜원 민주당 의원이 유행가 가사를 고쳐 부른 노래다. 곧 대통령이 될 문재인은 우리 정부의 사드배치 결정에 대해 "본말전도, 일방결정, 졸속처리의 문제가 있다. 국익의 관점에서 볼 때 득보다 실이 더 많은 결정"(2016.7.13)이라며 반대의사를 표했다. 유력한 차기 대선후보였던 문재인의 이 말을 신호로 좌파진영은 일제히 들고 일어난다. 사드는 공격용이 아닌 방어용 무기 시스템이다. 우리는 방어용 무기조차 가져서는 안 된다면 미사일을 수시로 시험발사하는 북한의 공격에 무방비로 있다가 그냥 항복하자는 말이거나 지금이라도 핵을 가진 김정은의 치하로 순순히 들어가자는 그런 말이었다. 그들은 대한민국을 지킬 생각이 없었다.

국방부와 환경부는 합동으로 전문가를 파견하여 전자파를 측정하는 등 사드 배치로 인한 종합적인 영향평가를 실시했다. 그 결과는 문재인 정권이 출범하고 3개 월 후인 2017년 8월 13일 국방부가 직접 나서서 발표한다. 결론은 경북 성주 사드기지 내의 전자파는 기준치 이하이며 소음이 미치는 영향도 없다는 것이었다. 성주참외는 우리나라 참외 생산량의 약 60%를 차지하고 성주 주민 약 20%가 재배에 종사한다. 2015년 4020억이던 생산매출액은 2016년에는 사드 소동으로 3710억 원으로 떨어졌다. 그러나 2019년에는 5050억 원으로 크게 올랐고 2021년에는 5500억 원을 넘겼다. 사드에서 전자파는 나오지 않았고 그래서 성주참외도 성주 주민도 아무런 피해를 입지 않았다. 문재인이 대통령에서 물러나고 한 달이 지나 문재인 정부에서 사드 전자파를 조사했으며 유해 기준치의 2만분의 1에 지나지 않는다는 결과가 나오자 이 사실을 4년간이나 쉬쉬하며 감추었다는 보도가 나왔다.(TV조선, 2022.6.10) 사드를 무조건적으로 반대하는 북한정권과 좌익 정치인들의 방침을 관철하기 위해 사실관계를 은폐했다는 것은 그들의 종북 정체성을 생각하면 놀라운 일은 아니다. 그러나 그 목적이 북한의 공격능력을 극대화하고 남한의 방어능력을 약화시키기 위한 진실의 은폐라는 점에서 이것은 매우 엄중한 일이다.

　좌익이 제주해군기지를 결사 반대하고 북한의 미사일 공격을 방어하기 위한 사드 배치를 반대하는 이유는 간단하다. 무력에 의한 통일이라는 북한의 대남혁명에 장애가 되기 때문이다. 그럼에도 박근혜는 사드를 배치했다. 정부의 사드 배치에 땅을 내어준 기업 롯데는 북한의 우방인 중국 정부로부터 중국 내 사업에 막대한 불이익을 당해야 했고 문재인 정권은 총수 신동빈을 감옥에 가두었다. 보복이었다. 국가 안보를 위해 땅을 내어주고 칭찬이나 보상은 커녕 오히려 치명적 파편을 맞은 롯데는 수 년이 지나 기업 전체가 휘정거리는 지경에까지 이른다. 최순실 딸의 입시비리 부풀리기 공세에 앞서 있었던 사드배치 반대 난동은 결국 박근혜 정부를 붕괴시키는 거대한 에너지로 작용하게 된다. 그렇게 해서 김정은의 남침 계획에 적극적으로 준비하고 대응하는 박근혜는 탄핵되어야 마땅한 대통령이 되었다. 8년 후 똑 같은 탄핵의 이유가 다시 등장한다. 박근혜처럼 국가의 방위능력을 튼튼히 하고 대한민국을 지키려 했던 윤석열도 탄핵된 것이다. 아무리 생각해도 어이가 없다.

제2장

혁명과 반혁명
그리고 반란

혁명과 반혁명
그리고 반란

"반드시 살아서 새로운 나라를 만들겠다"

이재명은 대선 유세에서 이렇게 말했다. 단군 이래 최악의 범죄자인

자신이 절대 감옥가지 않겠다는 말이다. 그를 처벌할 수 없도록 법치

시스템이 완전히 파괴된 나라, 이것이 그의 새로운 나라일 것이다.

1절

범죄자와 종북 정당이 연합한
이 혁명

"저는 철이 들고 난 이후 자유민주주의라는 신념 하나를 확고히 가지고 살아온 사람입니다" 2025년 1월 21일 헌법재판소 변론에 출석한 윤석열은 이렇게 말했다. 2022년 5월 10일 대통령 취임사에서 '자유'를 무려 35번이나 말했던 윤석열은 인민민주주의자들과 기회주의자들의 연합인 민주당은 물론 80%는 세금 빨아먹는 기생충 같은 국민의힘 정치인들과 달랐다. 그는 자유민주주의와 인민민주주의에 대한 개념이 분명한 사람이었다. 대한민국 제20대 대통령 윤석열이 비상계엄을 선포한 첫 번째 이유는 '자유민주주의 수호'에 있었다. 허술한 솜씨에다 준비까지 치밀하지 못했던 측근들이 그의 뜨거운 열정을 무모하고 바보같은 일로 보이게 만들어 놓았지만 그는 자신이 계엄이라는 비상대권을 쓸 수 밖에 없었던 이유를 그렇게 말했다. 대통령 윤석열이 비상계엄을 선포한 이유를 한마디로 하면 이렇다. 이재명의 민주당이 자유민주주의 국가 대한민국을 뒤집는 혁명을 하고 있었기 때문이다. 이재명의 민주당이 무슨 혁명을 했는지부터 알아야 이 엄청난 변고를 이해할 수 있다.

　　민주당과 선관위가 결탁한 선거 부정 의혹, 국회의 다수 의석을 점령한 좌익정당의 의회독재, 윤석열의 말 그대로 대통령인 자신보다 더 힘이 센 국회와 언론으로 인해 아무것도 할 수 없는 정부, 마구잡이식 특검안 및 탄핵소추안 발의와 예산 폭력으로 정부의 기능을 마비시키는 야당, 간첩법 개정을 반대하고 양곡관리법 노란봉투법 등의 사회주의적 법안의 입법 폭주를 통한 체제변혁을 시도하는 민주당 등은 대통령 윤석열이 말하는 비상계엄을 선포한 이유였다. 극악의 종합 거대 범죄자인 이재명이 자신의 범죄에 대한 심판을 방해하며 감옥 가지 않기 위해 국가의 형사사법 체계를 붕괴시키고 있는 일도 대통령인 그가 앞장 서서 막아야 하는 일이었고 그래서 계엄을 선포해야 했다. 그가 말하지는 않았지만 그의 계엄선포와 탄핵심판으로 뒤늦게 온 국민이 분명하게 알게 된 사실도 있다. 국민은 대한민국을 자유민주주의의 나라로 알고 있고 그것을 지키려고 하지만 정부 국회 법원 등의 국가기관에 있는 공직자 중에는 이 나라를 좌익의 나라로 만들기 위해 애쓰는 사람이 많으며, 특히 헌재 법원 공수처 검찰 경찰 등의 형사사법 기관에는 좌익 법조인의 카르텔이 방대하고 견고하게 자리를 잡고 대한민국을 좌익의 체제로 변경하기 위해 뭉치고 있다는 사실을 알게된 점이다. 이를 알고 있었던 윤석열은 그래서 비상계엄을 마음 먹었을 것이다. 그리고 마침내 결단을 내린 것이다. 이것이 비상계엄의 본질이다.

1. 대한민국 선거관리위원회 이 경이로운 조직

2025년 1월 15일 윤석열은 체포되었다. 내란 수사권이 없는 공수처의 불법 수사와 관할이 아닌 서울 서부지법의 좌익 판사가 발부한 불법 영장과 수천 명의 경찰을 동원한 기회주의자 경찰청장 대행의 불법적인 영장집행 등 총체적 불법 합동작전 앞에서 이쪽과 저쪽으로 갈라선 우리 청년들 사이의 무력충돌에 의한 불상사를 막기 위해 '체포 당해 주기로' 마음 먹은 윤석열은 관저를 찾은 여당 의원들 앞에서 이렇게 말했다. "이런 상황에서 2년 반 임기를 더해서 뭐 하겠나. 좌파의 실체를 알게 돼 다행이다. 내가 어려움을 겪더라도 국민들, 우리 청년들이 우리나라의 실상을 제대로 알게 되고 자유민주주의의 소중함을 알게 되면 그것으로 의미가 있지 않느냐"고 말했다. 그리고 차량을 탑승하고 공수처로 향했다. 그렇다면 그가 말한 '좌파의 실체'는 무엇일까. 좌파의 실체를 알 수 있는 압축판인 대한민국 선거관리위원회를 먼저 말하려 한다.

과학상을 받아야 할 복마전

2021년 11월 19일 대법원에서는 선거무효 소송 변론이 열렸다. 2020년 4.15 총선에서 인천 연수구을에 출마했던 전 국회의원 민경욱이 제기한 소송이었다. 원고 측은 재검표에서 부정선거로 의심되는 투표지가 수천 장 나왔으며 이 중에서도 마치 신권화폐처럼 접힌 흔적이 없이 빳빳한 투표지 묶음이 나온 것에 대해 집중적인 문제를 제기하고 투표결과를 조작하기 위해 가짜 투표지를 따로 만들어 투표함에 넣은 것으로 의심했다. 이에 대해 중앙선관위 측은 "종이가 원 상태로 회복하는 기능이 적용된 특수재질을 사용했다"고 해명한다. '형상기억투표용지'라는 이상한 용어가 등장한 것은 이때부터다. 원고 측이 감정인으로 신청하여 이 재판에 참석한 충북대 목재종이과학과 신수정 교수는 양측의 이런 공방을 보며 "신권처럼 복원되는 그런 종이는 세상에 없다"고 잘라 말한다. 제지업계 관계자도 그런 종이는 전 세계적으로 개발된 적이 없다고 말했고 급기야 국민들 사이에서는 "선관위가 세계 최초로 개발한 신기술이다. 과학상을 받아야 한다"는 조롱이 나온다. 대한민국 선관위가 전세계 과학자들도 못 한 형상기억종이를 개발한 것이 사실이라면 이는 경이로운 일이다. 과학상 감이 되기에 충분할 것이다. 그러나 부정선거 의혹을 모면하기 위해 선관위가 궁여지책으로 지어낸 말이라면 원고측이 제기한 부정선거 의혹이 사실이 될 가능성은 더 높아진다.

민경욱 전 의원의 이 선거무효소송에서 원고측 변론을 맡았던 석동현 변호사는 윤석열 대통령의 변호인단에 참가하여 2025년 1월 21일 열린 헌재의 탄핵심판 3차 변론에서 "이 세상에 형상기억종이는 없다"며 부정선거 의혹을 자신있게 제기한다. 대통령 측 변호인단은 이미 2차 변론에서 대통령이 비상계엄을 선포한 제1의 이유가 부정선거라고 분명히 밝히며 근거로 다음 10가지를 제시한다. 1. 해킹에 의한 투표 및 개표 조작 가능성의 존재 / 2. 사전 투표수 부풀리기 의혹 / 3. 통합 선거인명부 관리의 총체적 부실 / 4. 가짜 사전투표 용지의 존재 / 5. 사전투표 통신 장비에 미인가 PC 연결이 가능함 / 6. 개표시스템의 치명적 허점 / 7. 외부에서 선관위 내부망에 침투해 투개표 조작이 가능함 / 8. 선관위 전산

시스템의 비밀번호가 '12345'로 되어있어 조작 의도를 가진 세력의 접근이 매우 용이함 / 9. 대북송금 사건의 800만 불 전달책인 기업 쌍방울이 선관위 전산시스템을 제조함 / 10. 여러 선거구에서 부정투표지가 다량 발견된 사실 등이다. 채널A의 동정민 정치부장이 2025년 1월 25일자 방송에서 세부내용까지 상세하게 설명해준 이상의 부정선거 내용만으로도 선관위가 주도한 부정선거를 의심하기에 충분하다. 어떤 과학자나 어떤 제지회사도 개발하지 못한 형상기억종이를 대한민국 선관위가 개발했다면 세계적인 권위의 과학상을 받아야 마땅할 것이다. 그러나 형상기억종이의 존재가 거짓이라면 지금의 선관위는 반드시 해체하고 새로운 인원으로 구성되는 새로운 조직이 되어야 한다.

비상계엄의 시발

한국사 강사인 전한길 씨는 비상계엄 당시 국회에는 280명의 계엄군이 투입된 반면 선관위에는 297명이 투입된 사실을 근거로 선관위에 의한 선거 부정이 계엄의 제1의 사유라고 말했다. 총선과 대선 등에서 광범위하게 있었던 것으로 의심되는 선거 부정은 80% 이상이 겁 많은 백면서생에다 게으르고 멍청하기까지 한 국민의힘 국회의원들의 외면으로 아직 국가적 의제가 되지 못하고 있지만 야당에서 조차 인정하는 사람이 있을 정도로 확실한 것이다. 국회의장의 정치적 중립의무를 노골적으로 무시하며 민주당을 일방적으로 편드는 운동권 출신의 우원식은 "선관위의 부정선거 의혹 해소 노력이 부족하다"고 했고 좌익진영의 잠룡으로 이름이 오르내리는 김두관은 "전자 개표기 문제가 많다"며 부정선거의 가능성을 인정했다. 헌법재판관을 지낸 조대현 변호사도 "좌익세력이

부정선거로 국회 권력을 탈취했다"고 말했으며 대통령 측 배진한 변호사
는 "대통령은 부정선거에 대한 제보를 워낙 많이 받았다. 국가 비상사태
로 판단한 첫 번째 사유는 최대의 국정문란 사태 상황인 부정선거다"라
고 말했다.(오마이뉴스, 2025.1.16)

　　문재인 정권에서 대법관을 지낸 우리법연구회 출신의 좌익 판사 노정
희가 중앙선관위원장을 겸할 당시의 선관위는 정상적인 국가기관이 아니
었다. 말 그대로 마귀가 들끓는 복마전이었다. 노정희의 선관위는 소쿠리
투표와 배춧잎 투표지 소동, 채용 비리 1200건 등 수많은 물의가 드러났
음에도 감사원의 감사를 거부했다. 2023년 5월 다수의 정부기관에 대한
북한의 해킹공격이 발견되자 정부는 전산시스템에 대한 안전성 점검에
나섰고 모든 기관은 시스템 점검을 진행했다. 그러나 선관위만 이를 거부
했다. 국정원은 선관위의 투개표 시스템에 해킹이 가능하며 특히 개표결
과 조작이 가능하다는 사실을 지적하며 A에게 준 투표가 순식간에 B에
게 갈 수 있다는 예를 들며 보안 컨설팅을 제안했다. 그러나 선관위는 이
역시 거부했다. 헌법기관이라는 사실을 이유로 댔다. 헌법기관은 북한의
해킹에 뚫여도 괜찮다는 뜻인가. 대한민국 선관위는 이적행위를 작정한
기관인가. 윤석열 탄핵 난리의 와중인 2025년 2월 문형배의 헌재는 '감
사원의 선관위 직무감찰은 위헌'이라는 판결을 내렸다. 이 판결로 이제
선관위의 부정채용과 선거관리의 부실과 부정선거의 의혹 어느 것에도
손을 댈 수 없게 되었다. 이 정도면 복마전이 아니라 무소불위의 기관이
다. 대한민국의 자유민주주의는 선거관리위원회에 의해 무너질 것이라고
걱정하는 국민이 많다. 틀림없이 그렇게 될 것이다.

100점과 31점

세계 선거기관협의체 'A-WEB'은 김대중 노무현 정권 당시 불순한 의도에서 조직적으로 기획되고 체계적으로 설립되었다. 한국이 주도하고 세계 108개국이 참여한 이 국제기구는 인천 연수구에 세계본부가 있다. 이 기구의 선거관리 시스템 지원을 받은 국가 중에서 루마니아, 볼리비아, 에콰도르, 엘살바도르, 콩고, 키르키스탄 등 최근 8년 사이에 부정선거가 일어난 6개국은 모두 한국으로부터 투표지자동분류기 등의 선거개표 설비를 지원받은 국가다. 이 기구의 본부격인 대한민국 선거관리위원회의 개표에 강력한 부정이 의심되는 대목이다. 투표장에 도착한 유권자가 "내가 이미 투표 했다고?"라며 어이없다는 표정을 했던 사례, 박주현 변호사가 경기도 파주에서 197세의 여성과 153세, 148세 노인이 선거인 명부에 등록되어 있었다고 고발한 사례, 투표권이 없는 미성년자까지 포함한 인구 157명의 한 마을에서 181명이 투표한 사례, 가짜 투표지를 대량으로 찍어낸 인쇄소가 확인되고 인쇄 관계자의 양심선언이 나온 사례 등 부정 선거 의혹은 지금도 무수하게 제기되고 있다.

이러한 부정선거 의혹이 제기될 때면 선관위는 이를 음모론으로 치부하고 점검과 확인을 거부한다. 감사원의 감사도 거부했다. 윤석열이 계엄을 선포하면서 국방장관에게 선관위의 전산시스템을 점검하도록 지시하고 국회에 보낸 숫자보다 더 많은 계엄군을 선관위에 투입한 이유다. 그러나 헌재는 선관위의 감사 거부에 합헌 판결을 내렸고 민주당은 부정선거 의혹을 확인하려는 대통령의 조치를 '망상'으로 몰아붙였다. 대통령이 복마전 선관위에 무관심했다면 그것은 직무유기다. 이러한 상황을 방치한 보수정당을 비판하고 민주주의의 꽃인 선거를 이렇게 만들어 놓은 민주당 의원들은 감옥으로 보내야 할 일이다.

2023년 10월 국정원은 선관위에 대한 보안점검을 실시한 결과 보안 점수가 31.5점이라고 발표했다. 선관위는 국정원의 점검을 거부하고 자체 보안점검을 실시한 결과 '100점 만점이었다'고 국정원에 통보했으나 국정원이 선관위와 같은 기준으로 평가했더니 31.5점으로 나왔다는 것이다.(세계일보, 2023.10.10) 이것은 물론 F에 해당하는 낙제 점수다. 선관위의 수상한 보안시스템이 도마 위에 오르면 시스템 점검에 마지 못해 응하는 경우도 있었다. 악화된 여론을 잠재우기 위해서다. 그러나 5~10% 정도만 점검에 응하고 90~95%는 점검에 불응했다. 대다수가 외부인사인 선관위원을 제외하고도 상근 직원만 3000여 명에 1년 예산 4000억 원 이상을 쓰는 국가 기관의 보안이 이렇게 허술한 것은 특정한 목적과 역할, 구체적으로 좌익정당의 부정선거에 이용하기 위해서 일 것이다. 이러한 의심은 선관위의 조직과 인사에서도 확인된다.

국가 예산을 마음껏 쓰는 가족 회사

선관위의 조직적이고 대규모적인 채용비리는 말기암 수준의 고질병이다. 선관위 직원의 70% 이상이 호남인이며 이는 고위직일수록 더 심해 80%까지 이른다는 내부 직원의 폭로도 있었다. 스스로 '가족 회사'라며 사무총장의 아들을 '세자'라고 부르고 조직적 대규모적 장기적 채용비리가 있었다는 사실은 헌재가 위헌 판결을 내리기 전의 감사원 감사에 의해 분명히 확인된 사실이다. 선거가 없는 해에도 거대한 조직이 그대로 유지되는 선관위는 시찰 연수 등의 명목으로 많은 직원을 무더기로 해외 나들이를 보냈다. 그러나 선거가 있는 바쁜 시기가 되면 간부의 자녀나 친인척을 중심으로 휴가를 내고 집에서 장기간 휴가를 보내며 쉬다 선거가 끝나고 나서 복귀하는 사례도 여럿 적발되었다. 이런 복마전의 사례를 다 열거하자면 끝이 없다. 선관위는 보안의 문제와 인사비리의 지적을 받을 때면 항상 개선하겠다고 말한다. 그러나 다음 선거 때가 되면 여전히 같은 모습이다. 선관위는 그들의 수상한 보안문제와 인사비리의 병폐를 결코 개선하지 않는다. 선거 때 잠시 욕을 먹고 넘기면 된다고 생각하는 것이다. 몇개 월의 선거철이 끝나면 곧 국민의 시선을 피할 수 있다는 사실을 악용하는 짓이기도 하다. 선관위는 민주당의 부정선거에 적극적으로 협조하는 대가로 이런 특혜를 보장받고 처벌로부터 보호받을 것이다. 그들의 악어와 악어새의 관계에 의해 대한민국의 민주주의는 사망할 것이다. 지금의 대한민국 선관위는 절대악이다.

미국의 전직 공무원 외교관 군인으로 구성된 '국제선거감시단'이 2025년 6월 3일 치러진 21대 대통령 선거를 감시하기 위해 입국하여 열흘 동안 활동했다. 미국으로 돌아간 그들은 현지 언론과의 인터뷰에서 대한민국 선관위를 하나의 범죄집단으로 의심하는 결과를 내놓는다. 투표소 현장의 선거 사무원의 도장이 아닌 미리 찍혀진 도장 등 많은 디테일을 제시하며 '완전한 사기극'이라고 말했다. 그리고 문재인 정권과 중국의 합의에 의해 중국 공안이 개입한 결과 한국은 제2의 홍콩이 될 것이라 우려했다.(시사매거진, 2025.6.8) 이외에도 투표인 명부의 숫자보다 더 많은 투표용지의 숫자, 투표용지의 투표장 외부 반출 등 이번에도 부정선거의 증거는 곳곳에서 발견되었다. 자신들에게 유리한 부정투표 구조를 완성해놓고 이에 문제를 제기하면 음모라고 몰아붙이는 민주당, 이 일에 부역하고 온갖 특혜를 누리는 선관위(선거 직전 선관위 직원의 무더기 휴가는 이번에도 어김없이 반복되었다 : 매일경제, 2025.3.6), 이를 남의 일 보듯 방관하며 문제를 제기하다 비난 받는 일만 걱정하는 보수 정당의 한심한 정치인들, 이런 이유들로 윤석열이 제기한 부정선거의 의혹은 해결될 것 같지가 않다. 하버드대 스티븐 레비츠키Steven Levitssky 교수는 "오늘날 민주주의는 투표함에서 붕괴된다"고 말하며 포퓰리즘과 부정선거를 민주주의 붕괴의 주범으로 지목했다. 대한민국이 딱 이꼴이다. 포퓰리즘도 부정선거도 이재명의 세상에서는 극성을 부릴 것이다.

악어와 악어새

좌익 정권의 부정선거에 협력하고 그 대가로 선관위 직원들은 꿀 빠는 시간을 보내는 악어와 악어새의 공생관계를 넘어 국가의 예산을 축내며 편파적으로 선거를 관리하는, 어쩌면 부정선거를 획책하고 이를 방조하는 공범의 관계를 오래 유지해 온 선관위를 혁파하지 못한다면 앞으로도 총선에서는 늘 좌익정당이 다수당이 되고 좌익이 내세운 대선 후보가 쉽게 대통령이 될 것이다. 윤석열과 이재명이 경쟁한 20대 대선에서 8~10% 격차가 날 것이라는 모든 전문가들의 예측과 달리 겨우 0.73% 차로 당락이 갈린 것도 결국 선관위의 부정선거 결과일 가능성이 크다. 헌재의 변론 과정에서 정청래가 이끄는 국회 측은 "부정선거는 음모론으로서 계엄을 정당화 하기 위해 사후에 만든 논리"라고 몰아붙였다. 그러나 윤석열은 부정선거에 대한 많은 정보를 보고받았고 대통령으로서 이런 복마전 기관을 그냥 두었다면 중대한 직무유기 혐의로 국민의 심판을 받아야 했을 일이다. 계엄에 실패했다는 이유로 선관위를 이대로 방치한다면 대한민국의 자유민주주의는 곧 절단날 것이며 결국 우리는 좌익체제의 인민이 될 것이다. 꿀빠는 공무원들의 천국은 모든 공산국가의 공통점이다. 윤석열이 비상계엄을 선포하고 국회에 보다 더 많은 숫자의 계엄군을 선관위에 보낸 이유다.

흔히 종북주사파 혹은 운동권이라 불리는 민주당의 반국가 세력은 대한민국을 완전한 그들의 세상으로 만들기 위해 오랫동안 투쟁해 왔다. 선거에서의 승리를 통해 대한민국을 합법적으로 장악하려는 그들의 음모에 앞장 선 것은 선거 부정을 통해 합법의 외투를 입혀줄 수 있는 선관위였다. 대통령 윤석열이 선관위에 계엄군을 보낸 것은 근본적으로 간첩과 종북세력이 꾸민 부정선거를 척결하기 위한 것이었다. 윤석열은 그렇게 생각했고 그래서 선관위에 먼저 손을 댄 것이다. 간첩을 적발해서 구속하고, 주사파의 소굴인 민노총을 길들이고, 종북세력의 앞잡이인 선관위를 잡는 일은 민주당의 종북세력 그들의 입장에서는 '내란'으로 보였을 것이다. 내란은 권력을 가지지 못한 세력이 하는 것이다. 좌익세력은 대한민국의 권력이 이미 그들의 손에 있고 이름은 대통령이지만 권력이 없는 윤석열이 그들에게 도전하는 것으로 보았을 것이다. 이것이 그들의 권력에 도전하는 윤석열의 비상계엄을 내란으로 규정한 이유일 것이다. 대통령 윤석열은 좌익이 대한민국을 장악하고 대통령과 정부를 허수아비로 만들고 있는 상황을 바로 잡으려 했다. 윤석열이 내란죄를 거꾸로 뒤집어 쓴 것은 그래서였다.

2. 악당과 간첩단이 연합한 만행, 윤석열 정부 멈추기

170석 이상을 가진 22대 국회의 제1당인 민주당의 지배자는 이재명이다. 많은 국민은 그를 악당, 종합 잡범, 단군 이래 공적 자금을 가장 많이 훔친 거대 절도혐의자 등으로 부른다. '악의 형상화'로 부르는 사람도 있다. 그는 이미 확정된 4개의 전과에 더해 혐의가 입증되어 재판을 받고 있던 그의 모든 범죄가 확정된다면 최소 전과 10범으로 여생을 감옥에서 마쳐야 하는 사람이다. 그가 악마적 행동을 불사하는 이유는 여기에 있다. 그가 감옥 밖에서 남은 생을 보내는 유일한 방법은 윤석열을 끌어내리고 자신이 대통령이 되는 길이었다. 결사적으로 덤비는 확정적 종합적 거대 범죄혐의자 이재명 만큼이나 결사적으로 덤비는 민주당 사람들은 또 있다. 종북주사파라 불리는 좌익 혁명가들이다.

대한민국을 좌익의 체제로 변경하고 북한에 복속시키는 형태의 통일을 필생의 목표로 삼는 그들은 모두 김일성의 초상화 앞에서 충성을 맹세하고 혈서로 자신의 충성의 깊이를 증명한 사람들이다. 김정은이 '적대적 2개 국가론'을 교시로 내린 후 그들은 통일을 포기한 것일까. 결코 아니다. 상황이 바뀌고 김정은의 바뀐 교시가 내려오기를 기다릴 뿐이다. 적화통일은 그들에게 하나의 종교다. 그들을 이해하지 못하겠다면 우리가 부처님을, 예수님을, 성모마리아를, 알라신을 숭배하는 그 마음을 생각하면 바로 이해된다. 자신의 생이 다하기 전에 북한으로 합쳐지는 통일을 기어이 성취하겠다는 혁명과업을 종교적 신념으로 승화시킨 반국가 세력과 감옥에 들어가는 순간 자신의 인생이 끝난다고 생각하는 이재명이 한 지붕 아래 모인 집단이 바로 민주당이다. 무서운 뭉침이다. 좋은 대학을 나와 자신의 암기력 하나만 자랑하면서 국회의원 더 오래 해먹는 일에만 관심인 기회주의자들이 다시 모인 국민의힘의 무관심 무기력 무저항 속에 악당과 반국가 세력이 연합한 반란의 돌진은 무서웠다. 무서운 그들은 윤석열 정부를 멈추기 위해 무슨 짓도 다 하고 있다.

정부를 마비시키는 야만적인 방법

2024년 12월 14일 대통령 윤석열에 대한 탄핵소추안이 가결되었다. 일주일 전인 7일 부결된 것을 일사부재의 원칙을 무시하고 다시 표결하여 가결시킨 것이다. 이것이 몇 번째 탄핵인줄 아시는가. 윤석열 정부에서 발의된 것 중에는 28번째이며 민주당이 국회 본회의를 통과시키고 직무를 정지시킨 것 중에는 12번째다. 2주 후 한덕수 대통령 대행이 탄핵됨으로서 발의 29건에다 직무정지 실현 13번째를 기록했다. 이 분야 세계 신기록이다. 윤석열은 77년 헌정사에서 총 16차례 있었던 탄핵을 통한 공무원의 직무정지가 자신의 정부 2년 반 동안 자신의 탄핵에 앞서 이미 27번 발의되고 11건이 국회를 통과하여 14명의 직무가 정지된 상황을 비상상태로 판단했을 것이다. 2024년 한 해 동안에만 9건이 있었으며 민주당이 감사원장과 서울중앙지검장을 포함한 4명에 대해 곧 직무정지를 예고하고 있었으니 12월이 되자 대통령 윤석열은 다급했을 것이다. 내막을 들여다보면 그의 다급함은 이해가 되고도 남는다.

행안부 장관 이상민은 동일 장관 2번 탄핵 시도의 기록을 당한 사례다. 이태원사건의 책임을 뒤집어 쓰고 야당의 제사정치 프레임에 악용된 1차 탄핵은 국회를 통과하여 167일간 직무가 정지된다. 그러나 '중대한 직무상 위헌 위법'의 탄핵 요건이 성립되지 않아 헌재 재판관 9인 전원 일치로 기각된다. 이어 이재명의 민주당은 그가 비상계엄을 의결하는 국무회의에 참석했다는 구실로 그에게 내란방조 혐의를 씌우고 다시 탄핵을 시도한다. 그러나 이상민이 스스로 사퇴함으로써 2차 탄핵은 무산된다. 무안공항 참사에서 재난 컨트롤타워인 행안부 장관 자리는 공석이었고 그래서 사후수습 과정에 유족들이 분통터지는 일은 월등히 많았다. 민주당의 탄핵이 국정을 마비시킨 하나의 사례다.

MBC를 조선중앙방송 서울지국으로 계속 써먹기 위한 방통위원장 연속 4인 탄핵 시도는 이재명의 민주당이 탄핵을 어떤 용도로 악용하는지를 분명하게 보여준다. 이동관 위원장의 경우 구체적 법 위반 내용을 찾지 못하자 검사 탄핵안을 복사해서 붙인 소추안을 제출했으며 그는 후임인 김홍일 위원장의 경우처럼 자진 사퇴함으로써 민주당이 계획한 방통위의 완전한 기능 정지를 막아냈다. 김홍일 사퇴 후 그 자리를 대행한 이상인 위원장직무대리까지 탄핵을 시도했으나 그도 자진사퇴함으로써 탄핵은 다시 무산된다. 대통령이 임명한 이진숙 위원장은 취임 단 이틀 만에 탄핵되어 174일간 직무가 정지된다. 그 결과 KBS와 MBC는 2025년 1월 1일부터 법적으로 무허가 불법방송의 지위에 놓이게 되었다. 무차별적 탄핵이 국정을 비정상적으로 만들고 마비시킨 또 하나의 사례다.

이재명의 민주당은 무려 9명의 검사에 대한 탄핵소추안을 발의했고 윤석열이 계엄을 선포한 후 다시 4명이 추가되어 모두 13명이 되었다. 이 중 헌재가 재판관 전원일치로 기각한 이정섭 검사의 경우 '형식적 적법성을 갖추지 못했다'는 것이 기각의 사유였다. 마구잡이식 묻지마 탄핵이라는 뜻이다. 13명의 검사 중에는 민주당 관계자의 범죄혐의를 수사하던 검사도 있었고 윤석열에 대한 정치공세를 위해 끊임없이 부풀리던 김건희 여사 사건을 불기소 처분한 것이 이유가 된 검사도 포함되어 있었다. 그러나 이를 제외하면 종합 범죄혐의자인 동시에 거대 권력형 절도 혐의자인 이재명을 수사하던 검사가 대부분이다. 강백신 이창수 등 검찰의 최고 엘리트 검사조차 사실상 이재명을 수사한다는 이유로 직무가 정지되었다. 이들 13명의 검사에 대한 탄핵소추안을 보면 확인되지 않은 소문, 특정인의 일반적인 주장, 이미 무혐의 결론이 난 사건의 재탕 등으로 채워져 있다. 기재된 날짜와 이름 등 기본적 사실관계조차 엉터리로 작성하는 등 기본요건도 갖추지 못한 탄핵안이 헌재에 제출되었다. 그래서 29번의 탄핵안 중에 법적 요건에 맞는 것은 단 하나도 없었다는 것이 법조계의 평가였다.(조선일보, 2024.12.28) 이재명의 민주당에서 밀어붙인 모든 탄핵은 법적 요건을 결여한 것이었다. 따라서 이런 위법성과 불법성은 윤석열 정부의 시간에 치열했던 모든 정치적 분쟁을 이재명과 민주당의 반란으로 규정하는 근거가 된다.

서른 번의 탄핵, 이재명 하나를 위해

"헌법재판관을 임명하지 않으면 따박따박 탄핵하겠다" 민주당 최고위원 김민석이 대통령권한대행 최상목을 겨냥해서 한 말이다. 심약한 백면서생이거나 혹은 대한민국에서 가장 높은 자리를 탐하는 종족 쯤으로 보이는 서울법대 출신의 최상목은 며칠 후 국회의장 우원식을 친히 찾아 알현하고 2명의 헌법재판관을 임명했다. "현재 15명인 국무위원 중 5명을 추가로 탄핵하면 국무회의에서 의결 못한다" 민주당 원내대변인 노종면은 12월 23일 이렇게 말했다. 더 많은 장관을 탄핵하여 국무회의 의사정족수 11명에 미달하게 함으로써 민주당이 일방적으로 통과시킨 법률안에 거부권을 행사할 수 없게 만들고 그대로 시행되게 함으로써 그들의 독재적 세상을 마음껏 펼치겠다는 뜻이다. YTN에서 써준 것만 읽던 아나운서 출신인 노종면의 무식하지만(그는 장관이 궐석이면 차관이 그 자리와 역할을 대행한다는 사실을 모르고 있다. 그래서 무식하다.) 무서운 계획이다. 김민석 노종면 우원식 이재명 그들의 공통된 목표는 윤석열 정부의 작동을 정지시키는 것이었고 그 첫 번째 수단은 탄핵이었다.

탄핵의 본래적 목적은 직무상 중대한 위헌 위법의 행위를 한 공무원에 대한 징벌이다. 그러나 이재명의 민주당이 노리는 것은 윤석열 정부의 기능을 마비시키고 작동을 멈추는 것이었다. 직무정지에까지 이른 13건의 탄핵 중 대통령에 대한 탄핵을 결정하기 전 헌재가 이미 결정을 내린 4건은 모두 기각되었다. 인용된 것은 단 한 건도 없었다. 그럼에도 다수 의석을 가진 그들은 탄핵의 칼을 마구 휘두른다. 기각될 것을 뻔히 알면서도 그렇게 하기를 멈추지 않았다. 행정 각부의 장관과 장관급 기관장을 탄핵하고, 서울중앙지검장을 탄핵하고, 감사원장을 탄핵한 것은 모두 정부의 기능을 마비시키는 것이 목적이었다. 개개의 탄핵안에 대한 사유를 물으면 민주당 의원들도 제대로 답변하지 못하는 경우가 많았다. 그러나 모든 탄핵의 공통적 사유는 간단하다. 이재명의 감옥행을 면하기 위한 윤석열 정부의 기능 마비와 작동 정지다. 탄핵이 추진된 13명의 검사 중에는 문재인 정권의 범죄혐의와 민주당 전당대회 돈봉투 사건을 수사하는 검사도 있었지만 대부분은 이재명의 백화점식 범죄혐의를 수사하는 검사들이라는 사실이 그 증거다. 검찰을 지휘하는 법무부 장관과 경찰을 지휘하는 행안부 장관의 탄핵 역시 이재명 자신에 대한 수사를 방해하기 위한 목적이었다. 문재인 정권의 위법과 불법에 손을 댄 감사원장을 탄핵한 곁들임도 있지만 줄탄핵의 주요 목적은 이재명 하나를 구하기 위해 윤석열 정부의 기능 마비를 기도한 것이다. 국법질서를 문란케 하는 반국가 행위다. 이것이 바로 내란이다. 아니다. 반란이다.

감사원장 탄핵이 곁들임이 될 수는 결코 없다. 국가의 모든 공직의 본래의 기능수행과 정상적 작동과 공무원들의 기강을 들여다 보는 감사원의 수장이 탄핵되어 직무가 정지된다는 것은 국가 경영에 치명적인 일이다. 대통령 윤석열이 구치소에 수감된 자신을 면회 온 나경원 의원을 향해 "마지막에 감사원장까지 탄핵 발의하는 것을 보고 도저히 그대로 있을 수는 없었다. 감사원장 탄핵 발의 안 됐으면 계엄을 늦췄을 것이다"라고 토로했을 정도로 윤석열은 감사원장의 탄핵을 엄중하게 인식했다. 감사원에서는 집값 통계조작, 서해공무원 피살사건에 대한 청와대의 책임, 사드기밀의 중국 유출 등 문재인 정권의 여러 국기문란 범죄를 들여다 보고 있었고 이 모두가 감사원 감사를 통해 서서히 진상이 드러나고 있었다. 대통령 윤석열은 이를 방해하기 위한 목적의 감사원장 탄핵을 그냥 둘 수 없었을 것이다. 그러나 감옥 담장의 바깥 벽에 매달린 이재명에게 문재인 세력을 위한 감사원장 탄핵 정도는 곁들임이었을 것이다. 윤석열 정부가 마비되고 붕괴로 이어지면 이재명 자신이 정권을 잡고 그의 모든 범죄를 셀프 사면하거나 수사를 틀어막으면 그는 감옥 대신 대한민국 최고 통치자의 자리에 있을 것이라는 기대, 이것이 29번 탄핵 발의의 본래의 목적이었다. 이재명 자신 하나 살기 위해 스물아홉 번이나 탄핵의 칼을 휘두르며 대한민국을 멈추려했다는 뜻이다. 윤석열은 이재명이 대통령이 된 나라가 어떤 나라인지 알고 있었을 것이다. 그래서 비상계엄을 선포했을 것이다. 그 자신보다는 국민인 우리와 우리의 후손과 대한민국의 미래를 위해 그렇게 했을 것이다. 이재명이 대통령인 나라가 어떤 나라인지 상상해 보셨는가. 김정은의 북한을 상상하는 것이 빠르고 정확할 것이다. 그가 집권하고 수개 월이 지난 지금 이미 그 길로 가고 있다. 무서운 세상이 왔다.

정부의 역할 수행을 방해하는 예산 행패

2024년 11월 국회 운영위와 행안위는 헌정사상 처음 보는 악행을 저지른다. 예산 폭거다. 사회와 정부와 나라를 제대로 작동 유지하는 데 쓰라고 국민이 피땀 흘려 낸 세금을 악당 단 1명을 구하기 위한 목적으로 마구 칼질을 한 것이다. 몇 개의 군소정당이 들러리를 섰지만 108석을 가진 여당의 의사를 깡그리 무시했으니 이것은 사실상 민주당 단독으로 처리한 것이다. 먼저 경찰은 특활비 31억6000만 원에다 방송조명차와 안전펜스 관련 예산 26억4000만 원까지 전액 삭감했다. 그 무렵 힘을 쏟고 있던 이재명 구명을 위한 서울 도심의 촛불집회에 시민을 모으고 폭력적이고 불법적인 시위를 해도 그냥 두라는 뜻의 경찰 길들이기 속셈이었다. 마약 성범죄 등 기밀을 요하는 중대범죄 수사에 주로 쓰이며 형사들의 잠복근무와 야근 야식비로 쓰이는 경찰 특활비 '0'원은 결국 나라를 마약 천국, 성범죄 지옥으로 만들 것이라는 우려가 컸다. 그러나 이재명 살리기 딱 하나만 생각하는 민주당은 '그 따위' 정도는 생각하지 않았다.

이재명의 12가지에 이르는 범죄혐의를 수사하고 5가지는 이미 기소한 검찰에 대한 예산 폭력은 더욱 심각하다. 특정업무경비 506억9100만 원, 특수활동비 80억900만 원 합계 587억 원을 전액 삭감했다. 이 중에서도 특수활동비 삭감은 횡포 수준이다. 2017년 박근혜 정부를 무너뜨리고 우익진영을 궤멸시키는 일에 검찰을 적폐청산 몰이의 충견으로 부려먹기 위해 문재인 정권은 검찰 특활비를 160억 원 이상으로 늘여주었다. 그러나 윤석열 정부는 2025년 예산안 계획에서 이를 절반인 80억 원 수준으로 낮춘다. 예산절약을 통한 국가채무 축소를 위해서다. 이재명의 민주당은 이를 '0'원으로 만들었다. 검찰의 특정비용과 특수비용의 삭감은 종합 잡범에다 거대 절도 혐의자인 자신을 수사하고 기소한 검찰을 향해 자신에 대한 수사와 기소를 멈추라는 협박이었다. 여기다 감사원의 특정업무경비 45억 원과 특수활동비 15억 원도 삭감했는데 이는 문재인 정권에서 저지른 정부기관의 수많은 비행 비리 불법에 손을 대는 감사원에 대한 보복이었다. 경찰 검찰 감사원의 특활비에 대한 이런 횡포는 범죄자 이재명 단 하나를 살리기 위한 것이었다. 검찰과 경찰과 감사원이 제대로 기능하지 못하는 대한민국은 결국 범죄지옥이 될 것이라는 우려가 컸다. 이재명이 꿈꾸는 대한민국은 그런 것이다.

윤석열을 대통령직에서 중도 하차시키고 자신이 대통령이 되어 자신의 종합 범죄를 모조리 삭제하는 것이 제1 순위의 살 궁리인 이재명이 윤석열을 무너뜨리기 위해 한 일은 더 있다. 대통령실과 국가안보실에 대한 특수활동비 82억5100만 원과 특정업무경비 1억5000만 원도 전액 삭감한 것이다. 문재인의 청와대에서 123억 원을 쓴 특수활동비를 윤석열의 대통령실에서는 스스로 3분의 1을 절감한 것인데 이를 아예 제로로 만든 것이다. 문재인이 123억을 쓴 특활비를 윤석열은 33%를 줄여 신청했음에도 이를 '0'으로 만든 것은 이재명이 자신의 사법리스크를 줄이기 위해 정부 기능을 마비시키겠다는 의도였다. 이재명은 윤석열을 중도에 하차시키려면 윤석열이 어떤 일도 해서는 안되고 어떤 업적도 세워서는 안된다고 생각하는 듯 보였다. 이재명이 악당 소리를 듣는 이유다.

2024년 6월 윤석열이 해외 전문가들이 말하는 140억 배럴의 매장 가능성을 근거로 제시하며 야심차게 추진한 동해 심해의 가스 석유 시추를 위한 대왕고래 프로젝트에 대한 예산도 거의 모두 삭감했다. 시추의 초기 작업에 소요되는 정부 원안 예산은 505억 원이었으나 이재명의 민주당은 이 금액의 98.5%인 497억 원을 삭감하고 단 8억 원만 배정했다. 이재명 자신이 감옥 가지 않기 위해 윤석열을 무너뜨려야 하며 그래서 윤 정부는 아무런 업적을 쌓아서는 안된다는 뜻이었다. 이것은 동시에 대한민국의 경제적 부강 가능성의 싹을 잘라놓는 만행이었다. 이재명은 자신 한 몸 살기 위해 어떤 짓도 다 하는 악마일 것이다. 회계사 김경률이 "악을 형상화 한다면 이재명의 모습일 것"이라고 한 말이 실감난다.

이재명이 검찰 경찰 감사원 대통령실의 특활비를 제로로 만든 것이 그들이 말했던 '국가 예산을 아껴쓰고 절감하기' 위한 것이 아니라는 명백한 증거가 있다. 공수처와 대법원에 대해서는 대폭 인상해 준 점이다. 공수처 특활비는 정부 원안보다 4억5900만 원을 올려주었고 공수처는 이에 대해 보답이라도 하듯 수사권도 없는 대통령에 대한 내란죄를 수사한다며 체포에 열을 올리고 이재명과 민주당에 대한 충성심을 만방에 보여주었다. 윤석열에 대한 체포 장면이 온 세계에 전해졌으니 만방萬邦에 보여주었다고 말하는 것은 과장이 아니다. 이재명 자신의 명줄을 쥔 법원에 대한 선심은 다른 형사사법 기관과 비교하면 그냥 퍼주었다고 말하는 것이 정확하다. 정부의 원안보다 무려 242억 원을 증액한 것이다. 이것이 국민인 우리가 낸 세금으로 자신의 판결을 잘 봐달라며 법관들에게 뇌물을 바치는 것과 무엇이 다른가. 이재명은 그런 사람이다.

이게 모두 국민이 낸 세금으로 초밥 사먹고, 기업에 특혜를 제공하는 대가로 자신의 변호사비를 대납하게 하고, 아파트 분양가를 올리고 빼돌린 돈으로 정치인들 매수하여 오래된 전통의 정당 하나를 자신의 로펌으로 만든 이재명이라는 악당 단 하나를 살리기 위한 것이었다. 이재명이 재판을 받고 구속된다 하더라도 이렇게 무너진 대한민국을 바로 세우는 일에 또 얼마나 더 긴 시간이 필요할지 걱정하는 국민이 많았다. 그런데 대통령이 그냥 있으라고? 윤석열이 아무것도 하지 않고 그냥 있었다면 그것이야말로 직무유기로서 탄핵감이 아닌가. 그런데 윤석열은 지금 감옥에 있고 이재명은 청와대에 있다. 이를 어쩌나.

3. 간첩의 나라를 만드는 혁명

국가보안법의 철폐는 대한민국을 사회주의 국가로 만들고 북한에 복속시키기 위해 투쟁하는 모든 주사파 운동권과 종북세력의 염원이다. 민주화 운동이라는 이름으로 위장된 반국가 행위로 감옥살이를 했던 민주당의 모든 공안 범죄자들을 처벌했던 법적 근거는 국가보안법이다. 이재명의 세상에서 국무총리가 된 김민석을 비롯하여 정청래 등 정권의 고위직 중에 국보법 위반의 전과범이 아닌 자는 드물다. 대한민국 최대의 반국가 단체이자 종북단체인 민노총은 2022년 12월 국가보안법 제정 73주년을 맞아 이의 폐지를 요구하는 기자회견을 열고 "국가보안법이 폐지되는 그날까지 투쟁할 것"이라는 결의를 보였다. 통진당 잔당이 모여 만든 진보당의 대표 김재연도 2021년 5월 "국가보안법을 폐지하고 새로운 시대로 가자"고 했다. 국보법을 폐지하여 감옥 갈 걱정 없이 마음껏 반국가 행위를 하는 것이 김재연 그의 새로운 시대일 것이다.

21대 국회의 민주당에서는 민형배 이종걸 홍익표 등이 수시로 '국보법 폐지'를 입에 올리며 좌익진영을 향해 잊어서는 안되는 숙제라는 사실을 일깨우고 있었다. 그러나 22대 국회의 민주당에서는 이 구호가 별로 들리지 않는다. 문재인이 국정원을 궤멸시켜 더 이상 간첩을 잡지 못하도록 법으로 못박았기 때문이다. 간첩 잡는 핵심 기구가 사라졌으니 국가보안법은 사실상 쓸모없는 법이 되었다. 사문화 된 것이다. 간첩과 대한민국 반역자들이 더 이상 국보법 철폐를 외치지 않는 이유다.

간첩들의 세상

그의 정권 자체가 마치 하나의 간첩단인 양 대한민국을 통치했던 문재인은 간첩을 잡지 않았다. 정권 말기에 계획적으로 드러낸 소수의 간첩 사건은 간첩을 처벌하려는 목적보다 오래 쌓인 증거로 중형이 예상되자 그것을 털어버리려는 의도가 더 강하게 읽혀졌다. 문재인이 잡지 않아 마음껏 활동하던 간첩들은 윤석열이 집권하고 바로 대규모로 적발되고 체포된다. 대통령이 되기 전 국정원 해체까지 주장했던 문재인은 자신의 정권 종료를 1년 반을 남기고 국정원의 핵심 기능인 간첩수사권을 삭제했다. 2020년 12월 국회 본회의를 통과한 국정원법 개정을 통해서다. 앙꼬 없는 찐빵이 된 국정원은 해체된거나 마찬가지가 되었으며 그래서 문재인이 자신의 국정원 해체 주장을 결국 실천했다고 말하는 사람도 있다. 문재인이 지킨 약속은 모두 남한에 대해서는 자해적이고 북한에 대해서는 충성의 공통점이 있다는 사실이 입증된 또 하나의 사례다.

윤석열이 탄핵되고 이제 또 간첩을 잡지 않는 세상이 되었다. 대한민국에는 더 이상 간첩이 없는 듯 보인다. 아닐 것이다. 그들은 체포의 걱정 없이 자유롭고 안전하게 활동하고 있을 것이다. 김민석이 행정부 2인자가 되고, 정청래가 민주당과 국회의 실세가 되고, 북한의 입장에서 북한을 봐야 한다는 내재적접근법의 옹호자 이종석이 국정원장이 되었으니 이재명의 세상에서 간첩들은 더욱 안전하고 자유롭게 활동할 것이다. 혹자는 남한의 자생적 고정간첩들이 모두 민주당 진보당 민주노동당에 들어가 국회의원 뱃지를 달았으며 그들이 합법적으로 간첩활동을 해주고 있으니 북한은 이제 간첩을 남파할 필요가 없다고 말한다. 대한민국이 간첩천국이라는 사실은 분명하다. 스파이를 잡지 않는 나라가 존속할 수 있을까. 간첩이 부통령 후보에까지 올랐던 50년 전의 자유베트남을 보면 대답은 간단하다. 대한민국은 간첩과 별로 다르지 않아 보이는 사람 둘이 연이어 대통령이 되고 국무총리가 되고 줄줄이 장관이 되었다. 대한민국은 얼마나 지속될 수 있을까. 이 물음은 오래 붙잡고 꼭 답을 찾아야 한다. 간첩들의 천국이 되어 보통의 국민들까지 국가의 존립 자체를 걱정하게 만드는 이 화두는 대통령 윤석열에게 천근의 무게였을 것이다. 대한민국의 안전과 존재를 위협하는 간첩 문제에 대항하는 민주당의 다음과 같은 행태는 윤석열의 근심을 더욱 깊게 했을 것이다.

간첩을 처벌할 수 없는 간첩법

2024년 6월 중국인 3명이 부산에서 드론을 띄워 미국 항공모함을 촬영하다 적발되었다. 수사 결과 이들은 최소 2년 전부터 수백 차례에 걸쳐 부산의 여러 군사시설을 촬영한 것으로 드러났다. 서울 서초구에서 드론으로 국정원 건물을 촬영한 중국인이 적발된 경우도 있었고(24년 11월) 수원 공군비행단 부근에서 우리 전투기를 무단으로 촬영한 사례(25년 3월)도 있었다. 25년 4월에는 중국인이 평택 오산공군기지를 촬영하다 적발되었는데 경찰은 대공 혐의점이 없다는 이유로 풀어주었다. 이들은 석방 이틀만에 또 다시 군사시설을 찍다 적발되었다. 5월에는 대만인이 국정원 청사를 촬영했는데 국정원은 중국이 대만인을 활용하여 우회 촬영한 것으로 추정했다. 중국인들이 우리의 군사시설을 촬영하는 목적은 무엇일까. 미국이 의심하는대로 대한민국을 제2의 홍콩으로 만들고 중국의 지배하에 두기 위해서인가. 아니면 북한정권이 중국 민간인을 돈으로 매수하여 우리의 군사 정보를 수집하는 것일까. 어느 쪽이든 우리의 안보를 구멍내고 대한민국의 존속을 위협하는 일이다. 중국인들은 외국 땅에서 풀려나고 이틀만에 어떻게 같은 짓을 반복할 수 있었을까. 대한민국의 법으로 자신들을 처벌할 수 없다는 사실을 알고 있는 것이다.

형법 제98조 '간첩법'의 적용 대상은 '적국을 위한 간첩행위'로 규정되어 있다. 우리 헌법상 북한은 반국가단체일 뿐 국가가 아니다. 따라서 북한은 외국도 아니고 적국도 아니어서 위 형법 제98조의 적용 대상이 아니라는 논란이 있다. 또한 6.25 당시 적국이었던 중국도 현재는 적국이라 할 수 없다. 그래서 북한 이외의 외국을 위한 간첩행위에 대해서는 처벌할 수 없는 이 법에 대해 윤석열 정부는 집권 초기부터 우려의 시각을 가지고 있었다. 북한 이외의 특정 외국을 위한 내국인과 외국인의 간첩행위에 이 법을 적용할 경우 해당 국가를 적국으로 규정하는 의외의 결과를 초래하기도 한다. 이 논리는 그런 유형의 사건을 법정에서 변호하는 변호사들의 입에서 어김없이 나왔고 판사들은 이를 수용할 수 밖에 없었다. 잘못된 법이 나라를 위험에 빠트리고 국가 이익을 위협하는 사례다. 또한 국가보안법이 폐지되면 우리 형법으로는 북한을 위한 간첩죄 여적죄 등 어느 행위도 처벌할 수 없게 된다.

이런 상황에서 2024년 7월 말 국군정보사의 군무원이 우리 블랙요원의 신상정보를 북한에 넘긴 사건이 드러났다. 간첩을 잡기는 커녕 국정원과 정보사의 간첩 잡는 임무를 폐지하거나 약화시킨 문재인에 의해 간첩들이 자유롭게 활동할 수 있는 나라가 되었고 더구나 정부 각 기관과 군대에까지 간첩이 침투한 결과 간첩을 막는 임무를 가진 군 부대인 국군 정보사의 우리 군무원이 정보전의 최전선에서 활동하는 우리 비밀요원들의 정보를 북한에 넘긴 일은 대한민국의 안보에 치명적인 일로 받아들여졌다. 또한 간첩행위는 군사기밀만 타겟이 되는 것이 아니다. 경제전쟁의 시대에 산업기밀의 유출도 상시적으로 신문 지면에 등장한다. 민주당의 여러 의원들이 각자의 숨겨진 필요와 목적으로 특정 기업을 향해 특정 기밀을 내놓으라며 엄포를 놓는 일도 많다. '적국'을 위한 행위로 제한된 간첩법은 이렇게 우리의 안보와 경제 모두에 엄중한 위협이라는 사실을 인식한 윤석열 정부는 2024년 8월 법 개정에 나선다.

윤석열 정부의 법무부는 해외 주요국의 경우처럼 적국은 물론 '외국을 위한 간첩행위'도 처벌할 수 있는 내용을 골자로 하는 간첩법 개정에 착수했다. 이 법안은 11월 13일 국회 법사위 법안심사 소위를 통과한다. 이때까지만 해도 국회의 다수 의석을 장악한 민주당은 이 개정안에 협조적이었다. 이런 기류가 바뀐 것은 계엄 선포 이틀 전인 12월 1일부터다. 서영교 의원이 날선 반응으로 포문을 열었다 "언제적 간첩인데 지금 간첩을 얘기 하나, 군사기밀은 다 국가기밀이냐"(세계일보, 2024.12.1) 이재명의 감옥행 틀어막기가 화급한 현안이었던 친명계가 아닌 운동권 출신의 서영교가 총대를 맨 것이다. 서영교는 국보법 집시법 위반의 전과에다 갖가지 비리와 추문으로 '여자 이재명'으로 불리는 사람이다. '요즘 세상에 간첩이 어디 있나'라는 종북좌파라면 공통적으로 가진 입버릇에다 억지까지 더해진 그의 이 발언에 이어 '당 상층부의 뜻'이라는 말이 민주당 내부에서 흘러나왔다. 노무현 정권 이래 20여 년 동안 민주당의 최대 파벌이었고 이재명의 민주당에서도 여전히 30여 명에 달하는 주사파 운동권 전체의 의견을 반영하여 얼굴 두꺼운 서영교가 나선 것이다.

기회가 있을 때마다 하는 말이지만 종북 주사파는 김일성 일가에 충성을 맹세하고 남한의 북한 복속을 필생의 사명으로 설정한 사람들이다. 윤석열 정부의 간첩법 개정으로 북한에 대한 그들의 충성에 방해 받을 것을 우려한 운동권 세력의 요구를 이재명 박찬대의 비운동권 지도부가 수용했을 것이다. 민주당은 12월 1일 "간첩법 관련 공식 입장은 없다"는 공식 입장을 내놓는다. 이 법안의 개정에 반대한다는 뜻을 분명히 한 것이다. 갑자기 돌변한 민주당의 입장에 국민의힘은 '간첩법 개정을 막는 것이 간첩행위'라는 논리로 민주당에 압박을 가한다. 이에 민주당은 이 문제가 국민적 논란이 되기 전은 물론 후에도 박수현 의원 등의 '막무가내 스피커' 여럿을 방송에 내보내 "국민의힘의 반대로 간첩법을 개정하지 못하고 있다. 국민의힘은 민주당의 간첩법 개정에 협조하라"며 그들의 특별한 기술인 '거꾸로 뒤집어 씌우기'로 국민의 눈과 귀를 속이고 여론조사의 지지율 하락을 방어해 나갔다. 간첩법에 대한 민주당의 반대 및 방해 입장은 탄핵정국에서도 분명히 확인된다.

간첩이 원하는 기밀을 전국민 앞에 공개한 대한민국 국회의원

"정보사 ㅇㅇㅇ알아요 몰라요" 민주당 박선원 의원은 계엄 1주 후인 12월 10일 국회 국방위에 불려나온 군 장성들을 향해 계엄군 관련 내용을 질의하며 우리 정보요원 최소 5명의 실명을 방송을 보고 있는 국민을 향해 공개했다. 이 자리에서는 이외에도 많은 군사기밀이 대거 노출되었다. 내란 프레임에 엮여드는 것을 우려한 장성들이 박선원의 유도성 질문에 순순히 대답하고 군 수뇌부까지 제 입으로 군사 기밀사항을 앞다퉈 공개하는 처참한 광경을 모든 국민은 목격해야 했다. "저런 겁쟁이 군인에게 국방을 맡기다니" "전쟁이 나면 먼저 도망칠 것이 뻔해 보이는 저런 군인에게 세금으로 월급을 줘야하나"라는 탄식이 곳곳에서 나왔다.

우리는 이 군인들을 비난하기 전에 먼저 문재인과 민주당을 욕해야 한다. 문재인 정권은 북한이 가장 두려워하는 김관진 장군을 감옥에 가두려는 시도를 집요하게 반복했으며 온갖 모욕을 받은 기무사령관 이재수 장군이 마지막 명예를 지키기 위해 스스로 건물 밖으로 몸을 던지는 등 참군인은 모두 제거하고 김병주와 곽종근 같은 생계형 군인들만 남겨놓은 결과다. '남쪽'의 국방을 허무는 일은 문재인이 5년 동안 일관되게 한 일이다. 그래서 불쌍한 군인보다는 문재인과 박선원과 민주당을 먼저 욕해야 한다. 문재인은 사드배치와 관련된 특급 군사기밀까지 중국에 넘긴 것으로 의심받는 사람이 아닌가. 군 통수권자가 이러한데 군인만 욕할 수는 없다. 이제 문재인의 엄중한 군사기밀 유출을 감사하던 감사원장을 탄핵시킨 정당의 대표가 대한민국 대통령이 되었다. 저임금의 생계형 월급쟁이 군인을 욕하는 대신 이적과 자해행위를 하는 대통령들을 먼저 욕하고 다음으로 그런 대통령을 뽑은 유권자를 욕하고 그 다음으로 그런 군인들을 욕하는 것이 순서일 것이다.

국군정보사는 대북한 및 해외 비밀공작에 특화된 기관이다. 그래서 요원과 관련된 정보는 극비사항이다. 신분이 노출되는 순간 요원으로서의 생명은 끝이 나고 다른 요원들까지 위험에 처해진다. 또한 새로운 요원을 양성하여 대체하기 위해서는 오랜 시간과 막대한 국가예산이 들어간다. 그럼에도 정보요원의 실명 공개를 유도하고 국가기밀을 다 말하라고 다그친 박선원은 국회의원이 아닌 간첩으로 봐야 할 것이다. 그를 두고 문재인보다 로동당 서열이 높다고 하는 말이 근거 없는 것이 아니다. 이진우 수방사령관이 "정보요원은 중요한 국가 자신이다. 이름을 대면 큰일난다. 국가가 쌓아온 굉장한 자산들이 한번에 날아간다"고 말하고 정신나간 육군참모총장 박안수가 합참의 전투통제실의 구조를 자진해서 설명하자 김선호 국방차관이 나서서 "총장이 중요한 전투시설에 대한 개념을 이야기하고 있다. 답변을 끊어야 한다"며 다급한 목소리를 내기도 했다.(중앙일보, 2024.12.11) 박선원이 국회의원의 자리에 있고 최소한의 기밀보안 개념조차 없는 군인이 군 수뇌부에 있는 이런 나라는 얼마나 더 존속할 수 있을까. 윤석열은 계엄 선포 전에 군 수뇌부의 이런 실태를 알고 있었을까. 국민인 우리는 이런 국회의원이 정치를 주무르고 이런 장성들이 국방을 담당하는 나라에 계속 눌러앉아 살아도 안전한가.

기업의 기밀을 다 내놓으라는 간첩들

2017년 3월 민주당 국회의원 강병원은 삼성전자를 향해 반도체 공장의 자료 공개를 요구했다. 명분은 산업재해였으나 문재인 정권이 작정하고 있던 삼성 때리기의 일환이었다. 생산 공정, 설비의 배치 정보, 생산능력, 공정자동화 내용 등이 담긴 자료였다. 기업은 이 자료가 유출되면 해외 경쟁사에 넘어가 막대한 피해가 예상된다는 취지로 소송을 제기했고 법원은 이를 기업비밀에 해당한다고 인정하여 원고 승소 판결을 내렸다.

2021년 10월 국회 산업통상위는 SK그룹 회장을 국감 증인으로 채택했다. 문재인 정권의 수소경제 정책에 해당 기업이 어떤 계획을 세웠는지 묻기 위해서였다. 기업 총수의 출석은 막판에 보류되었지만 당시 한 대기업 임원은 "기업의 미래사업 전략을 대놓고 공개하라는 발상에 기가 찼다"며 한숨을 내쉬었다.(한국경제, 2024.12.12) 기업의 권익 침해를 무릅쓰고 마음대로 기업을 주무르려고 하는 민주당의 반기업 경제 플랜은 급기야 이재명의 민주당에 의해 제도화가 시도된다.

2024년 11월 28일 민주당은 '국회증언감정법개정안'을 통과시킨다. 국회의원이 요구하면 기업의 기밀까지 제출이 의무화되고 관련 기업인의 출석이 강제되는 내용이 핵심이다. '개인정보 보호와 영업비밀 보호를 이유로 (서류제출과 증인 출석을) 거부할 수 없다'는 내용과 '증인 불출석시의 동행명령'까지 적시한 공산국가에서나 볼 수 있는 이 법안에 국민의힘은 반대했다. 이에 민주당의 위장탈당의 명수 민형배는 "국힘 의원님들 찬성하셔야죠"라며 능글맞은 얼굴로 조롱한다. 이 법안에 대해 기업은 "경쟁국의 경쟁회사에 기밀이 넘어가 우리의 앞선 기술에 대한 추격 속도가 빨라지고 기존의 시장을 빼앗길 것이다" "분 단위로 일정을 짜는 CEO가 해외출장 중에도 출석하란 말이냐" "기업의 생명줄에 해당하는 극비까지 공개하라는 것이 황당하다"는 목소리를 낸다. 이 황당한 법안에 국회 운영위도 "위헌의 소지가 있다"는 의견을 내놓았을 정도다. 거부권을 행사할 수 있는 대통령의 직무가 정지되어 2025년 3월부터 시행이 예정되어 있던 이 법안에 한덕수 권한대행은 거부권을 행사했다. 이것은 헌재에 제출된 한덕수의 탄핵사유에는 포함되지 않았지만 사실상 그렇게 작용했을 것이다. 이 법안이 발효되면 외국이 민주당 의원을 통해 우리 기업의 정보를 합법적으로 취득할 수 있다는 사실을 윤석열은 분명히 인식하고 있었다. 이 법안은 그가 계엄을 선포하기 5일 전에 국회를 통과했다. 윤석열이 계엄을 선포한 이유 중 하나일 것이다. 이를 막는 계엄이 내란인가. 이런 법을 만든 이재명과 민주당의 반란이 아닌가.

간첩질을 막기 위한 대통령의 계엄권 행사

자유주의적 사고를 하는 우익의 국민은 박근혜 탄핵에 부역한 후 문재인 정권의 일원이 된 윤석열을 좌익으로 분류했다. 그가 우익으로 인정받기 시작한 것은 정치범 행세를 하는 잡범 조국의 법무부 장관 임명을 반대하다 추미애와 배후 문재인에게 사실상 쫓겨난 이후다. 30여 년 동안 범죄자를 수사하고 기소하는 검사로 일했던 윤석열은 대한민국을 점령하고 있는 종북 좌익의 실체와 본질을 이해하는 정도의 정치적 식견을 갖추지는 못했던 것으로 보인다. 그는 문재인 정권의 검찰총장에 임명되어 문재인 조국 추미애 등을 가까이서 접하며 그들의 정체성과 좌익에게 점령된 대한민국의 실상을 알았을 것이다. 그의 대통령 취임사에서 '자유'와 '자유민주주의'가 반복적으로 언급된 사실에서 이를 짐작할 수 있다. 윤석열은 문재인 패거리로부터 집단 린치를 당하고 쫓겨나면서 그제서야 자유민주주의와 인민민주주의를 분명하게 구분할 수 있게 되었을 것이다. 그가 우익진영의 지도자가 되는 출발점이었다.

윤석열이 종북좌파의 실체를 더욱 분명하게 인식하게 된 것은 대통령이 된 이후인 듯하다. 취임 8개월이 지나 "나라에 간첩이 이렇게 많나"

라고 놀란 것은 문재인이 잡지 않았던 간첩과 간첩단이 봇물처럼 터져나왔기 때문이다. 그가 '반국가 세력'을 언급하는 횟수가 많아진 것도 이때부터다. 안보 문제에 있어서 가장 핵심적인 정보를 가장 많이 알게 된 그는 '자유민주주의'와 '반국가'를 더 자주 말했다. 그럴때마다 민주당과 좌익이 지배하는 언론은 그를 비난하고 비판했다. 취임 2년차인 2023년 여름의 정보사 블랙요원 정보유출 사건은 국민도 대통령도 모두 깜짝 놀랄 일이었다. 여기다 빈번하게 터지는 산업부문의 기술과 영업기밀의 유출, 2년의 기간 동안 500건 이상의 군사시설을 촬영한 중국인 사건 등이 드러나면서 국정을 책임진 대통령 윤석열은 마음이 급했을 것이다.

이런 상황에서 국회증언감정법의 개정에 의해 우리 기업의 기술과 영업기밀이 마구잡이로 해외로 넘어갈 것이 뻔히 예상되고 특히 중국이 민주당 의원을 통해 우리 기업의 기밀을 합법적으로 취득할 수 있게 되는 문이 활짝 열리게 된다는 사실을 윤석열은 알았을 것이다. 그럼에도 간첩법 개정을 막겠다는 12월 1일의 민주당의 공식 입장을 보는 그의 심정과 생각과 입장은 또 어떠했을까. 윤석열이 아무런 조치도 취하지 않았다면 그를 대통령으로 인정할 수 있는가. 이틀 후 그가 선포한 비상계엄을 아직도 내란이라고 생각하시는가. 이재명과 민주당이 일으킨 난동에 대한 윤석열의 대응이 바로 비상계엄 선포였다. 그래서 대한민국을 지키려 했던 그를 내란수괴로 말하는 것이야 말로 내란이다. 정확한 용어로 말하자면 반란이다. 이재명과 민주당의 반란이다.

4. 자유 대한민국을 붕괴시키는 혁명

종북주사파란 김일성 일가를 향해 충성을 맹세하고 북한이 남한을 접수하는 방식의 통일을 필생의 사명으로 정한 사람들이다. 정치에는 백치인 사이비 정치인 안철수가 '요즘 세상에 간첩이 어디 있느냐'는 바이러스를 퍼뜨린 결과 주사파를 민주화 운동가로 오인하게 된 국민을 위해 반복해서 하는 말이다. 노무현 정권 이래 남한 정치판의 최대 파벌을 유지하고 있는 주사파들은 그들의 목표를 성취하기 위해 여러가지 형태의 투쟁을 전개했다. 국회를 장악한 후 입법권 행사를 통한 제도적 체제 변경, 사법부에 침투한 후 법원 판결을 통한 주류세력의 교체, 문화 예술 교육계에 침투한 후 국민과 미래세대에게 좌익이념을 주입하여 대한민국의 지배 사상으로 변경하는 일 등이 그들이 전개하는 혁명투쟁의 구체적 내용물이다. 이와 함께 대한민국의 경제적 발전을 방해하고 사회를 분열시키고 혼란하게 만드는 투쟁도 빠지지 않았다. 부유한 경제와 단단하게 통합되고 질서가 엄정한 사회는 대한민국을 북한으로 병합시키는 그들의 혁명에 장애물이기 때문이다. 대통령이 된 윤석열은 대한민국을 붕괴시키는 이재명과 민주당의 이런 파괴적 혁명을 간파했다. 그리고 이를 막기 위해 대항했다. 이재명과 민주당의 혁명에 대항하는 윤석열은 그들에게 반동이었다. '반동'은 윤석열을 탄핵시키는 과정에서 이재명이 직접 그리고 자주 쓴 용어다.

우익의 체제를 멈추고 좌익의 체제로 전환하는 입법

한 좌편향 인터넷신문은 2024년 8월 윤석열 정부가 거부권을 행사한 법안 목록 21개를 일일이 열거했다. 목록을 보면 문재인의 부인 김정숙에 비하면 아무것도 아닌 윤석열 부인의 결혼도 하기 전의 문제를 한없이 부풀리고 궤변적 해석을 덧붙여 특검을 하자는 법안 등 정부의 발목을 잡고 보수정당의 이미지에 먹칠을 하기 위한 법안을 제외하면 대한민국을 사회주의 체제로 변경하기 위한 법안이 대부분이다. 대통령이 재의요구권을 행사할 수 밖에 없었던 이러한 법안은 이후에도 계속 국회를 통과한다. 그 횟수를 보면 대통령 윤석열이 직무가 정지되기까지 24건, 한덕수 대통령 권한대행이 1건, 최상목 권한대대행이 2건 해서 총 27차례다. 이 좌익 인터넷 신문은 윤석열 대통령이 거부권을 행사한 법안만 2024년 8월의 21건에서 2개월 후 3건이 늘어난 24건을 들며 "이런 대통령은 없었다"는 논평을 냈다. (오마이뉴스, 2024.10.2)

이 논평은 지독히 좌편향적인데다 악의가 가득하다. 이 신문은 거부권을 행사한 윤석열 정부를 일방적으로 비판하면서도 그러한 법안을 반복해서 내놓는 민주당의 의회독재적 행태에 대해서는 비판하지 않는다. 일언반구도 없다. 각 법안의 내용을 들여다보면 "이런 대통령은 없었다"는 말은 좌익이 흔히 하는 선동질의 수준이다. "이런 야당은 없었다"고 말하는 것이 맞다. "이런 야당 때문에 정부가 이렇게 했다"고 말했다면 이 신문을 언론이라 부를 것이다. 인간 세상에 원인 없는 결과는 없다. 이 신문은 윤 대통령 집권 2년5개 월 만에 24건의 거부권을 행사한 것은 민주화 이후 행사한 모든 거부권의 수를 뛰어 넘는다고 했다. 그러나 정부와 여당에 대한 정치적 공세와 발목잡기가 목적이 아니면 대한민국 체제를 좌익으로 변경하는 법안을 거듭 내놓는 야당에 대해서는 한 마디도 비판하지 않는 이 신문은 찌라시 생산공장이라 불려야 한다. 이러한 선동 목적의 편향성은 이 매체 뿐만 아니다. 민주당과 대부분의 좌익 언론의 공통적이고 일관된 방향성이다. 탄핵 정국에서는 보수언론조차 상당 부분 좌편향적이었다. 대세를 따라가는 비겁하고 무책임한 행태다.

우선 정부와 여당을 공격하기 위한 정치 공세적 법안을 보면 김건희 여사 특검법 2회, 채상병특검법 3회, 이태원참사특별법 등이 있다. 정부가 재의요구권을 행사해도 거듭 상정하는 행위 자체만으로 정치에 무관심한 국민의 눈에는 뭔가 대단한 의혹이 있는 것으로 보이기에 충분했다. 김여사 특검법은 한덕수 대통령 권한대행이 12월 들어 다시 한번 거부하며 모두 3회가 되었다. 한 대행은 내란특검법까지 야당이 이름붙인 쌍특검법 모두를 거부했다. 이런 상황이면 대통령과 정부가 정상적으로 직무를 수행하는 것이 거의 불가능에 가깝다.

이것은 윤석열 대통령이 해외로 나가 원전 수주와 K-방산 수출에 주력하고 국내에서는 동해 심해의 유전과 가스전 개발을 위한 대왕고래 프로젝트, 수출 활성화 등 경제 살리기에만 힘을 쏟은 이유이기도 하다. 민주당은 이마저 온갖 궤변을 동원하여 평가절하하는 일에 집중했고 그들의 의도대로 대통령과 정부는 많은 업적이 있었음에도 불구하고 국민의 지지율은 오르기는 커녕 점점 더 떨어졌다. 고질적인 한국병인 의료 연금 교육 노동 분야에 대한 개혁, 문재인이 법인세 상속세 등 모든 종목의 세율을 폭등 수준으로 올리며 사회주의 국가 이상으로 만들어놓은 조세제도의 정상화, 문재인 정권이 반신불수로 만들어 놓은 검찰을 비롯한 국가의 범죄대응 능력을 회복하기 위한 형사사법기구의 기능 정상화, 간첩잡는 역할을 폐지하여 나라를 간첩천국으로 만들어 놓은 국정원법 개정 등 여러가지 시급한 국정과제는 제대로 시작조차 할 수 없었다. 매일 불면의 밤을 보내던 대통령 윤석열이 비상계엄이라는 자신의 비상대권을 꺼낼 수 밖에 없었던 이유가 아직도 부족한가. 국회의 입법독재로 인한 국정마비, 그의 계엄선포의 사유는 이것만으로도 이미 충분하다.

마약 천국을 만드는 그들의 쿠데타

"마약과의 전쟁을 선포할 만큼 심각하나, 불과 5년 사이에 5배 늘어난 수준이다" 2022년 11월 민주당 의원 황운하는 문재인 정권의 의도적 방치로 마약 중독자가 급격히 증가하는 상황에 대응하는 윤석열 정부를 이렇게 비판했다. 경찰대를 나온 그는 마약 도박 등 중독성이 강한 사회범죄는 기하급수적 전파력을 시현한다는 사실을 배우지 못한 듯 하다. 국가예산이 투입되는 경찰대의 커리큘럼이 잘못된 것인가. 아니면 북한의 마약을 남한에 유통시켜 북한의 외화소득을 올려주는 동시에 마약범죄의 범람으로 남한의 혼란을 야기하고 사회질서를 무너뜨리는 좌익의 혁명을 수행하는 일거양득의 전술인가. 마약의 범람이 북한의 외화수입 증대에 기여했다는 사실은 확인할 수 없다. 그러나 대한민국을 마약이 넘치는 나라로 만드는 일은 성공한 것이 분명하다.

YTN은 2019년 4월 2일 '대한민국은 더 이상 마약청정국이 아니다'

라는 제목의 기사를 방송했다. 문재인 정권이 출범한 지 만 2년을 앞 둔 시점이었다. 이것은 문재인 정권의 계획된 결과가 분명하다. 2018년 대검 강력부의 마약 수사조직을 축소했고 2020년 법무장관이 된 추미애는 대검 마약과를 조직범죄과에 흡수 통합한다. 이로써 마약범죄를 전담하는 조직은 폐지된다. 이어 2021년에는 마약밀수 사건 가운데 500만 원 이상의 사건만 검찰이 수사할 수 있도록 다시 범위를 축소시킨다. 그리고 마침내 2022년의 검수완박법 통과에 의해 검찰의 마약수사권은 완전하게 박탈된다. 마약수사를 막으려는 문재인과 민주당의 제도적 완결판이다. 대한민국을 마약청정국에서 마약오염국으로 만드는 것이 문재인 정권의 계획이었다는 주장의 근거가 아직 부족한가.

경제가 발전하고 물질적 풍요가 진전된 사회일수록 향정신성 물품의 수요는 늘어나고 특히 마약에 대한 유혹은 높아진다. 그럼에도 문재인은 이에 대한 국가적 대응을 강화하기 보다 오히려 약화시켰다. 마약천국을 만들어 사회의 안전성과 건전성을 약화시키려 한 그의 대한민국 파괴적 통치다. 문재인의 그런 의도를 부인한다고 해도 결과는 그렇게 된 것이 분명하다. 불법적인 방법으로 송철호 울산시장 당선이라는 문재인의 소원을 들어줄 정도로 문재인과 가까웠던 황운하는 문재인의 이런 계획을 알았을 것이다. 문재인이 그의 재임 5년 동안 마약범죄를 100배 정도는 늘이기로 한 계획을 황운하는 알았고 그래서 '5년 사이에 불과 5배'라고 말한 것인가. 어쨌든 문재인의 계획대로 대한민국은 지금 마약이 넘치는 나라가 되었다. "마음만 먹으면 쉽게 구해요, 주부도 학생도 빠진 마약" 2020년 10월 6일자 연합뉴스 기사의 제목이다.

2023년 4월 초 서울 강남의 학원가에서 고등학생을 유혹하여 마약이 든 음료를 먹이고 부모를 협박하여 돈을 뜯어내려 한 일당이 적발된다. 이 소식을 접한 대통령 윤석열은 "마약이 고등학생들에게까지 스며든 것은 충격적인 일이다. 검찰과 경찰은 마약범죄를 끝까지 추적하라"고 지시한다. 언론은 이를 '마약과의 전쟁을 선포한 것'이라고 했다. 대통령의 이런 지시가 나오자 민주당의 모략 전문 국회의원 박범계는 국회에서 "검찰이 마약을 수사하면 민주당에 신고해달라"고 말한다.(2023.4.4) 박범계는 문재인 정권의 법무장관을 지낸 사람이다. 마약 수사를 방해하는 전직 법무장관의 의도가 경악스럽다.

민주당은 윤석열 정부 첫해인 2022년 9월 다음해 마약수사 예산의 전액 삭감을 요구했다. 이어 2024년도 예산에 대해서도 그렇게 요구한다. 2023년 11월이 되어 법무부는 다음해의 예산안을 국회에 제출하자 다수당인 민주당은 법무부 예산 중 마약수사 특활비를 전액 삭감하겠다는 입장을 내놓는다. 법무부가 이를 항의하자 민주당 원내대표 홍익표는 "10억쯤 주면 마약을 근절할 수 있나"며 비아냥댔다. 이에 윤석열 정부의 법무장관은 "국민은 대한민국의 마약을 잡기 위한 1년 특활비가 2억 7500만 원 밖에 안 되는 점에 놀라고, 민주당이 이를 전액 깎겠다고 하는 것에 더 놀라실 것"이라고 말했다. 민주당이 이렇게 가열차게 투쟁한 결과 대한민국의 마약범죄도 가열차게 증가한다. "중학생도 집에서 필로폰 투약, 10대 마약 급증" 2023년 6월 7일자 채널A 기사 제목이다. 이제 마약이 고등학생에서 중학생까지 퍼졌다는 뜻이다. 대한민국을 마약천국으로 만들겠다고 하는 민주당의 노력은 2024년이 되자 더욱 가열차다.

2024년 8월 마약을 유통하거나 투약한 대학생 14명이 검찰에 적발되어 이 중 6명이 기소되었다. 이들은 전국 2위 규모의 동아리 회원들로서 검찰이 수사를 통해 사실상 마약클럽이나 다름 없었다는 사실이 밝혀졌다.(JTBC, 2024.8.5) MBC는 "마약하기 진짜 좋은 시대, 대학가 무섭게 확산"이라는 제목의 기사를 냈다. 제목만 봐서는 마약을 장려하는 기사인가 싶었다. MBC는 늘 이렇게 조선중앙방송 서울지국 같이 보도한다. 11월 민주당이 통과시킨 2025년도 예산안에서 마약수사 특활비는 제로가 되었다. 경찰 특활비 36억 이상이 전액 삭감되면서 이에 포함된 마약수사 특활비도 함께 제로가 된 것이다. 마약 특활비는 경찰이 마약의 유입 공급 유통 투약 전과정에 대해 은밀히 접근하며 증거를 수집하고 범죄혐의를 확보하기 위해서는 필수적인 비용이다. 이를 전액 삭감했다는 말은 마약범죄를 잡지 말라는 뜻이다. 대한민국을 마약천국으로 만들어 사회적 혼란을 야기하고 결국 국가 붕괴에 이르도록 하는 것은 민주당이 지향하는 국정의 방향성인가. 그들의 혁명 목록에는 대한민국을 마약천국으로 만드는 일도 들어있는가. 아마 그럴 것이다.

경기도 파주에서 신종 마약류를 대량으로 생산할 수 있는 시스템까지 갖춘 조직이 적발된다. 이 조직은 서울에 합성대마를 제조하고 유통하는 시스템도 갖추고 있었다. 이 사실이 알려진 것은 2024년 11월 28일이다. 대통령 윤석열이 계엄을 선포하기 5일 전이다. 평생 범죄수사에 종사했던 윤석열은 조급했을 것이다. 대한민국이 마약 유통국에서 이제는 제조국이 된 사실을 그는 국민인 우리보다 더욱 심각하고 엄중하게 받아들였을 것이다. 대한민국을 마약 범죄자들의 천국으로 만들려고 하는 이재명 민주당의 파괴적 행위에 그는 칼을 겨누기로 했을 것이다. 그렇게 하지 않았다면 그는 대한민국 대통령 자격이 없다. 그가 꺼내든 칼이 바로 비상계엄이었다. 대한민국을 파괴하는 민주당의 혁명에 대한민국을 지키려 하는 반혁명, 그것이 바로 그의 비상계엄 선포였을 것이다.

윤석열의 대통령 직무가 정지되어 있던 2025년 1월 미국과 캐나다의 범죄조직이 강원도 횡성에 마약을 밀반입하고 생산하는 공장을 운영하다 적발되었다. 횡성은 서울에서 차량으로 2시간 이내의 거리다. 서울 코밑에서 마약이 만들어지고 있었다. 2025년 4월에는 영국에 '한국은 마약 제조국'으로 기술된 교과서가 있다는 기사가 보도되었다. 대한민국을 마약천국으로 만들려고 하는 민주당의 혁명은 이렇게 성공했다. 반면 이를 막으려 했던 윤석열의 반혁명은 실패했다. 대한민국은 이제 어떻게 되는가. 수 년내 혹은 수십 년내에 붕괴되는 것인가. 주사파와 모든 종북세력이 오래 목표한대로 그렇게 되는 것인가.

대한민국의 미래를 절단내는, 혁명이거나 반란이거나

88올림픽은 우익 정부가 유치하고 우익 정부가 개최했다. 2002년 월드컵과 2018년 평창동계올림픽은 우익 정부가 유치하고 좌익 정권이 개최했다. 대한민국의 발전된 모습을 세계 만방에 알리고 국가와 사회의 총체적 수준을 한 단계 올리는 대형 국제행사 중에 좌익 정권이 유치한 것은 없다. 좌익 정권은 우익 정부가 유치한 행사를 그들의 업적인 양 광을 내고 생색의 기회로 써먹을 뿐이다. 우익진영의 위대한 성취인 대한민국 경제발전의 과일을 따먹는 일에만 열심인 좌익의 속성 그대로다.

좌익정권이 유치하고 우익 정부가 개최한 거의 유일한 대형 국제행사인 2023년 세계잼버리 대회의 개최 과정에 전북 도지사 김관영은 민주당 의원인 김윤덕 조직위원장과 짝짜꿍이 되어 윤석열 정부를 배제하고 거의 독자적으로 대회를 준비하고 운영했다. 그리고 대회운영의 총체적 부실이 드러나고 수상한 점 투성이인 예산집행 문제가 불거지자 김관영은 기자회견을 열고 윤석열 정부와 여가부를 비난하며 부실과 비리의 책임을 몽땅 뒤집어 씌웠다. 부실 운영이 문제되자 국무총리 한덕수가 잼버리 행사 현장의 공동화장실을 청소하던 장면이 생생하다. 김관영과 김윤덕과 민주당은 심지어 2029년 개항 예정인 새만금공항 건설이 필요한 이유에 2023년에 개최되는 잼버리대회를 끌어다 댈 정도로 엉터리였다. 좌익정권에게 국가적 대형 행사는 국가 예산을 빼먹는 수단이자 기회일 뿐이다. 좌익은 대한민국의 성장과 미래에는 관심이 없다. 한미FTA 반대, 탈원전 정책, 4대강 보 개방 등에는 각각의 이유와 목적과 함께 공통의 키워드가 숨어 있다. 우익 정부의 업적 지우기와 대한민국 경제의 파괴다. 북한이 남한을 흡수하는 방식의 통일을 목표로 하는 그들에게 발전된 남한의 경제는 치명적 장애물이기 때문이다.

2024년 6월 대통령 윤석열은 동해 석유가스전 개발, 일명 대왕고래 프로젝트를 발표한다. 일본이 독도에 병적으로 집착하는 이유가 동해 심해에 매장된 천문학적 규모의 에너지 자원 때문이라는 사실을 알고 있는 국민은 이제 우리도 자원 생산국이 되고 경제에 날개를 달게 될 것이라며 흥분했다. 세계적인 전문회사의 필수적 기초 조사를 거친 후 발표된 이 계획을 이재명의 민주당은 '정권 홍보용 사업'으로 낙인 찍고 허위의 사실까지 들먹이며 온갖 비판을 쏟아낸다. 대한민국은 그러한 엄청난 행운을 가져서는 안 되고 휘황찬란한 경제적 강국이 되어서는 더욱 안 되는 나라로 생각하는 사람들로 보였다.

11월 들어 민주당은 정부가 제출한 이 프로젝트의 초기 사업비 505억의 98%인 497억을 삭감한다. 8억 원을 남긴 것이다. 사업을 하지 말라는 뜻이다. 이미 이재명의 세상이던 2025년 2월 경제성이 부진하다는 1차 시추 결과가 나왔다. 민주당과 한계레신문 등의 좌익 언론은 이를 완전한 실패로 규정하고 대대적으로 홍보했다. 방송에 나온 모든 좌파 패널들은 앵무새처럼 실패를 말했고 좌파 네티즌은 "고래야 안녕"이라며 즐거워 했다. 모두 대한민국이 망하면 박수를 칠 사람들로 보였다. 지하자원 개발은 단돈 8억으로 두어달 해서 성패를 알 수 있는 일이 아니다. 하물며 이것은 해저 지하자원이다. 국제적으로 통상 성공률이 12.5%를 넘으면 탐사 시추에 들어가는데 이 사업의 경우는 20%에 달하여 미국 관련업계에서도 큰 관심을 보였다. 1공당 1000억, 2년 동안 5공을 뚫어 경제성을 확정하고 10년 동안의 사전 작업 후 2035년부터 생산에 들어간다는 계획(서울경제, 2024.6.3)의 이 10년 대계를 좌익세력은 고작 8억을 들인 단 2개 월의 맛보기 조사만으로 실패로 단정했다. 우익정부의 성취와 대한민국의 발전, 그들에게는 용납되지 않는 일이다.

민주당이 악의적으로 칼질한 2025년도의 미래 대비성 예산은 대왕고래에 그치지 않는다. 기초과학 양자 반도체 바이오 등 미래성장동력을 위한 연구개발 예산, 원전 생태계 복원과 차세대 원전개발 관련 예산, 체코 원전수출 지원 예산, 산업 생태계 조성을 위한 혁신성장펀드와 강소기업 육성 예산, 팬데믹 대비 백신 개발 관련 R&D예산 등 대한민국 경제의 미래를 위한 예산은 전액 혹은 대부분 삭감했다. 여기다 청년일자리 지원 사업, 대학생 근로장학금 지원, 취약계층 아동 자산형성 지원, 아이들 돌봄수당 등 미래세대를 위한 예산조차 모조리 삭감했다. 다 합쳐봐야 전국민 25만 원 지원금 13조의 채 10%도 되지 않는 이러한 항목의 예산을 대부분 깎거나 전액 삭감한 것은 대한민국의 미래를 파괴하겠다는 의도이거나 계획이 아니라면 도무지 이해되지 않는다.

늘 청년세대를 말하며 걱정하는 대통령 윤석열은 이를 심각하고 엄중하게 인식했을 것이다. 정부의 정책수행을 중단시킬 뿐 아니라 대한민국의 미래와 미래세대를 암울하게 만드는 일이기 때문이다. 이재명의 민주당은 이렇게 칼질된 예산안을 11월 29일 국회 예결위에서 단독으로 처리한다. 계엄 선포 4일 전이다. 이 예산안이 확정적인 것으로 전해진 12월 2일 한국가스공사의 주가는 10% 폭락한다. 계엄 전날이다. 대통령 윤석열의 계엄이 이래도 내란인가. 대한민국의 미래를 준비하는 예산을 모조리 삭감하여 우리의 미래를 절단낸 이재명과 민주당의 반란이 아닌가.

대한민국 대통령 윤석열의
반혁명

"국회에서 이재명 대표를 쳐다봤다는 것이 탄핵 사유에 들어있었다" 2024년 12월 12일 탄핵소추안이 가결되어 직무가 정지된 법무장관 박성재는 이렇게 말했다. 그는 12일 7일 국회에서 "다른 의원을 쳐다본 사실은 있지만 야당 대표를 쳐다봤다고 하더라도 그게 탄핵 사유냐"고 항변했다. 웃고 넘어갈 일이 아니다. 종북 주사파가 최대 파벌인 민주당 의원들은 수령존엄주의가 몸에 밴 사람들이다. 그래서 이재명 대표 쪽을 쳐다본 것은 "감히 우리 수령님을 째려봐?"로 받아들여지는 심각한 일이었을 것이다. 이런 사람들이 대한민국 국회를 장악하고 그들과 같은 이념을 가진 사법부의 좌익 판사들과 손발을 맞추며 대통령과 정부의 정상적 기능 작동을 마비시키고 있었다. 그들은 대한민국의 체제를 수령님이 통치하는 좌익의 체제로 변경하고 있었다. 윤석열을 탄핵한 일은 그래서 엄중하다. 이 탄핵의 이유를 살피면 대한민국의 운명을 알게 된다.

1. 반란하는 그들도 모르는 윤석열 탄핵의 사유

대통령 윤석열이 선포한 비상계엄이 위헌 위법이고 내란이기 때문에 탄핵소추안이 가결되었다는 것은 어불성설이다. 대통령의 계엄선포권은 헌법에 명시된 대통령의 비상대권이다. 더구나 집권하고 있는 대통령이 내란을 일으켰다는 것은 역사에서도 유례가 없는 일이다. 대통령 윤석열에 대한 탄핵은 박근혜 탄핵이 그러했던 것처럼 이미 운명으로 정해진 일이었다. 좌익이 점령한 땅에서의 자유민주 대통령의 운명이다. 탄핵소추안이 가결 되기 4개 월 전 조국혁신당의 조국이 했던 일에서 확인되는 윤석열의 운명이다. 곧 감옥에 가야할 조국은 2024년 8월 1일 조국혁신당 당내의 '국정농단 제보센터' 가동을 발표한다. 조국은 "(윤석열의 남은 임기인) 3년은 너무 길다. 당의 '탄핵추진특위'에서 국정농단 제보를 받는다. (제보 전화가) 탄핵을 해야하는 100개 사유, 1만개 사유가 되어 검찰독재를 종식할 것"이라는 말을 덧붙였다. 잡범 조국의 감옥행이 정해져 있었던 것처럼 대통령 윤석열의 탄핵도 이미 정해진 것이었다.

예정된 일

조국이 제보센터 가동을 발표하고 100여 일이 지난 11월 20일 그의 당은 기자회견을 열고 윤석열 탄핵안 초안을 공개한다. 윤석열 정부 2년 반 동안 쌓인 위헌 위법행위라며 15가지를 내놓았다. 김건희 여사 관련 3건을 비롯하여 이태원 참사, 일본 오염처리수 문제 등 민주당과 좌익 세력 전체가 윤석열 정부를 흔들어대기 위해 줄기차게 공세를 펼쳤던 내용을 모아놓은 것이었다. 이런 것이 탄핵의 사유라면 대통령과 행정부는 아무런 일도 하지 않아야만 탄핵을 피할 수 있을 것이다. 과장에다 견강부회 사실왜곡 그리고 조작된 내용들이었다. 영부인의 파우치 사건처럼 좌익의 자작극도 있었고 양평고속도로 종점 변경처럼 좌익진영 지자체장이 한 일도 있었으며 마약수사 지시처럼 하지 않았다면 오히려 처벌받아야 하는 일도 있었다. 대통령 윤석열을 중도에 하차시켜야 감옥행을 피하는 일말의 가능성이라도 기대할 수 있는 범죄 확정자 조국의 처절하면서도 억지스러운 몸부림이었다. 그의 구속수감 20일 전이었다.

조국혁신당은 115쪽에 이르는 긴 설명이 붙은 초안을 공개하며 "이에 윤석열을 파면하기 위해 탄핵을 소추하기에 이르렀다"고 말했다. 조국당은 소속 의원이 12명이다. 대통령에 대한 탄핵소추안 발의에 150석, 통과에 200석이 필요한 것을 감안하면 다수 의석을 가진 민주당과 교감이 있었다는 사실은 쉽게 알 수 있다. 당대표의 감옥행이 정해져 있고 그래서 욕 먹는 일에 대한 부담이 적은 조국의 당이 탄핵정국의 신호탄을 먼저 쏘아올린 것이다. 비상계엄 13일 전이었다. 비상계엄은 윤석열을 탄핵시킨 사유가 아니다. 대통령 윤석열의 탄핵은 이미 5년 전부터 북한정권이 반복 하달한 지령과, 남한의 체제변경을 위해 투쟁하는 좌익혁명과, 조국 이재명 문재인 등 중대 범죄혐의자 그들이 처벌받지 않는 '범죄자들의 혁명'을 위해 이미 예정된 것이었다. 윤석열의 탄핵은 운명이었다.

넣었다 뺏다 그들도 헷갈린 탄핵소추 사유

2024년 12월 7일에 1차 표결에 붙여진 탄핵소추안에 적시된 탄핵 사유는 비상계엄이 위헌이며 비상계엄 발령으로 정당제 침해와 계엄법 등을 위반했으며 형법상의 내란에 해당된다는 등 세부적으로 7가지였다. 부결된 안건은 같은 회기중에 다시 발의 또는 제출하지 못한다는 국회법 제92조 일사부재의 규정을 위반하고 일주일 후인 14일에 다시 표결에 부쳐진 소추사유는 첫째, 12.3 비상계엄 선포가 헌법과 법률을 위배했으며 둘째, 계엄군의 국회 진입 등 비상계엄권을 실행한 것은 형법상 내란죄로서 직권남용 금지규정을 위배했다는 두 가지로 크게 나뉜다. 일사부재의 규정을 위반한 불법적인 2차 표결은 의석수를 무기로 위법 불법을 주저없이 저지르는 폭력적인 민주당과 세금만 축내는 국민의힘의 기생충 같은 의원들의 불구경과 안철수 조경태 등의 철새들과 한동훈의 입김으로 국회의원이 된 김상욱 등 철없는 의원 몇몇의 배신으로 민주당 측에 숫자를 보태어 속절없이 통과된다. 대한민국은 이미 무법천지였다. 윤석열 탄핵의 지옥문은 그렇게 열렸다. 8년 전인 2017년 12월 9일 박근혜 탄핵소추 가결 그날의 판박이었다. 자유민주주의를 신봉하는 국민의 지옥문과 자유민주 국가 대한민국의 지옥문이 함께 열린 것이다.

2025년 1월 3일 헌법재판소에서 변론준비기일이 열렸다. 이 자리에서 국회 측과 헌재는 탄핵소추 사유를 5가지 쟁점으로 정리한다. 12.3 계엄선포 / 계엄사의 포고령 1호 발포 / 군경을 동원한 국회 봉쇄 및 활동 방해 / 영장 없이 군대를 동원한 중앙선관위 압수수색 / 무장병력에 의한 법조인 체포지시 등 5가지다. 정치적 지식이 있는 국민과 다수의 법학자들은 계엄선포는 헌법이 정하는 대통령의 합법적 권한이며, 포고령을 발포하고 군대를 동원하는 것은 비상계엄을 실행하기 위한 당연한 절차

와 수단이며, 영장 없는 압수수색과 계엄군이 정치인 법조인 등을 체포
하는 일은 비상계엄 하에서는 통상적인 것이라며 위법성과 불법성이 구
성되지 않는다는 의견을 내놓는다. 그러나 위압과 협박과 거짓말과 조작
을 불사하는 민주당의 폭주와 언론의 일방적인 엄호로 이런 의견은 가
볍게 묵살된다. 좌익 정당의 물 만난 선동가들, 한쪽만 두들겨 패는 언론,
비겁하게 입을 다문 지식인들, 바람의 방향만 살피는 기회주의자 정치인
들의 모습은 8년 전의 박근혜 탄핵을 다시 보고 있는 듯 했다. 어떻게 이
렇게 단 8년 만에 똑 같은 난동이 되풀이 될 수 있는지, 대한민국에 과
연 사회적 이성과 집단지성이라는 것이 있기나 한지, 한숨만 나온다.

윤석열 탄핵의 진짜 이유는

1월 3일 헌재의 변론준비기일에서 국회 측은 윤석열의 '형법 위반'
주장을 철회한다. 이에 헌재 측은 "계엄과 관련한 일련의 행위가 내란
죄, 특수공무집행 방해 등 형법을 위반한다는 주장을 철회하는 것이냐"
고 질문했고 국회 측은 "사실상 철회한다"고 대답했다. 기가 막히는 일이
다. 소추사유에서 '내란'이 빠진 것이다. 12월 3일부터 한 달 동안 '윤석열
의 내란'은 온 대한민국을 휘감고 온 세계에 알려졌는데 내란을 뺀다고?
그렇다면 민주당과 언론과 공수처 경찰 법원은 한 달 동안 국민을 속인
것이 아닌가. 탄핵소추안에는 분명히 '내란'이라는 사유가 핵심의 자리
에 들어 있었는데 이건 또 어쩔건가. 박근혜 그때처럼 이번에도 사기탄핵
이 아닌가. 그때는 문재인과 민주당의 반란이었다면 지금은 이재명과 민
주당의 반란이 아닌가. 반란이 아니라면 탄핵소추의 핵심 논리가 왜 철
회되는가 하는 목소리가 높았다. 이미 가결된 탄핵소추안은 무효이며 그

래서 다시 표결에 부쳐야 마땅했다. 이런 주장은 '탄핵을 반대하는 집회에 참석한 극우 시민의 목소리'로 치부되는 분위기였지만 한편 이 사태가 민주당이 말하는 윤석열의 친위쿠데타 혹은 내란이 아니라 이재명과 민주당이 일으킨 반란이라는 사실이 부각되기 시작한 것은 이때부터다.

대통령이 국헌을 문란시키기 위해 계엄령을 발동했다는 주장은 대한민국 전체를 휘감은 지배논리였다. 그럼에도 이날 국회 측이 탄핵 사유에서 내란을 제외했다는 사실에 의해 민주당의 국헌문란 또는 혁명을 막아내기 위해 대통령 윤석열이 비상계엄령을 발동했다는 사실은 바로 입증된다. 윤석열 측 변호인단의 "계엄을 한 것이지 내란을 한 것이 아니다"는 주장은 참이고 민주당 측의 "계엄은 친위 쿠데타이고 내란이다"라는 프레임은 거짓이라는 것은 이로써 분명해졌다. 윤석열의 내란이 아니라 민주당의 반란이라는 사실도 분명해졌다. 대통령의 비상계엄령 선포는 내란이고 윤석열은 내란의 우두머리라는 이 엄청난 거짓은 국회의 탄핵소추안은 물론 공수처의 수사와 영장 청구, 경찰과 검찰의 조사와 수사, 법원의 영장 발부, 현재의 1차변론기일에 이르기까지 모두 참으로 행세했다. 그러나 헌재의 2차변론기일에서 '내란'이 빠진 이후에도 공수처 검찰 경찰 법원의 모든 절차에는 빠지지 않고 여전히 핵심적인 범죄혐의로 다루어지고 있었다. 특히 언론의 보도는 '윤석열의 내란'이라는 견고한 틀에서 한 치도 벗어나지 않았다. 국민은 헷갈렸다. 국민이 헷갈렸다는 것은 이재명과 민주당이 국민을 눈속임 한 사기라는 뜻이다. 국민을 속여서 헷갈리게 한 일은 내란 프레임 외에도 더 있다.

"소위 가치외교라는 미명 하에 북한과 중국 러시아를 적대시하고 일본 중심의 기이한 외교정책을 고집한다" 2024년 12월 7일 표결에 부쳐진 1차 탄핵소추안에는 소추의 사유로 이렇게 '북 중 러 적대시'와 '일본 중심의 외교'가 포함되어 있었다. 외교 분야에 있어서의 전형적인 종북주사파의 견해다. 이를 두고 법학자인 이인호 교수는 "정책에 대한 판단은 탄핵소추 사유가 될 수 없다"고 했고 서정욱 변호사는 "문재인 대통령이 친중 외교를 했다고 해서 탄핵할 수 없는 것과 똑 같은 이치"라고 말했다. 이를 근거로 이재명은 미국에 입국이 거부될 것이며 특히 800만 불 대북송금의 주역으로서 미국의 직접적인 제재 대상이 될 것이라는 견해가 자유민주 진영의 국민과 일부 언론 사이에서 대두되었고 이는 실현 가능성이 크다고 받아들여졌다. 2025년 1월 13일 이재명의 측근인 민주당의 강선우 의원은 국회 본회의에 보고된 탄핵소추안에 '북중러 적대시' 내용은 삭제되었으며 이재명이 이 내용의 삭제를 지시했다고 밝혔다. 국민 사이에서는 다시 탄성이 나왔다. "또 빠졌어? 대체 탄핵의 진짜 사유는 뭐냐. 민주당 의원 니들은 탄핵 사유를 제대로 알기나 하는가" 그렇다면 민주당 의원들도 헷갈려 제대로 대답을 못하는 윤석열 탄핵의 진짜 이유는 대체 무엇인가 탄핵의 사유가 있기는 하는 건가.

대통령 박근혜가 헌법에 명시된 탄핵 사유인 '직무상 중대한 위헌 위법'의 범죄를 범한 것은 아무것도 없었다. 국회의 조사를 통해서도, 검찰과 특검의 수사를 통해서도, 헌재의 재판에서도, 법원이 내린 22년 형의 범죄혐의에도 탄핵되어야 할 직무상의 중대한 위헌 위법은 없었다. 그래서 박근혜 탄핵은 법적으로는 무효다. 법적 사유를 갖추지 못한 탄핵은 정치적 반란이거나 쿠데타이거나 혁명이다. 기존의 법질서를 준수한 것이라면 개혁 혹은 정권 교체로 불러야 한다. 그러나 법질서를 위반한 불법적인 것이라면 쿠데타 혹은 반란이다. 박근혜를 탄핵시키고 대통령이 된 문재인은 자신의 정권 탈취를 '촛불혁명'이라 불렀다. 헌법 규정에 명시된 사유를 입증하지 못했기 때문에 문재인과 민주당이 스스로 '혁명'이라는 이름을 붙인 것이다. 그래서 박근혜 탄핵은 사기탄핵이다. 또한 반란이다. 그렇다면 박근혜가 탄핵된 진짜 이유는 따로 있다. 앞에서 고찰한 바와같이 전교조를 법외노조화하고, 대한민국의 국가 정체성을 바로 세우려 하고, 김정은의 남침을 막기 위한 군사적 대비를 했다는 것이 그가 탄핵당한 진짜 이유였다. 그렇다면 윤석열이 탄핵당한 이유는 무엇일까. 놀랍게도 박근혜가 탄핵당한 이유와 같다. 좌익의 혁명에 대항한 반혁명이다.

2. 민노총에 손을 댄 간 큰 일이거나 반혁명이거나

"1월 3일까지 윤 대통령이 체포 안 되면 직접 관저 문을 열겠다" 수사권도 없는 공수처가 관할을 어기고 좌익의 판사들이 점령한 서울서부지법에 신청하여 발부받은 불법적인 영장으로 윤석열 체포를 벼르고 있었고 또한 이 불법적인 영장집행의 폭력을 막겠다고 나선 국민은 눈보라 속에서 대통령 관저 앞을 지키고 있었다. 이런 상황에서 직접 관저 문을 열겠다고 하는 존재가 있었다. 경찰이 아니다. 계엄군도 아니다. 테러리스트다. 노동자의 권익 향상을 목적으로 설립된 단체의 수장이 이런 일을 하겠다고 말하는 것은 이 단체의 설립 목적과는 전혀 무관한 것이다. 더구나 합법적인 물리력의 행사는 정부의 지휘를 받은 경찰과 군대 이외에는 할 수 없으므로 경찰도 군대도 아닌 어떤 조직의 장이 이렇게 말한다는 것은 테러리스트가 분명하다. 민노총 이야기다.

민주당을 비롯한 모든 좌익세력의 보호와 지원을 받으며 반복하는 민노총의 불법적인 물리력 행사와 폭력적 행태에 모든 국민이 이미 익숙해져서 마치 하나의 오래된 관행처럼 여기며 지나치고, 여기다 대통령을 지키겠다고 관저 앞에 모인 국민을 '극우 국민'이라고 부르는 외눈박이 언론에 의해 가볍게 묻혀졌지만 이석기의 손바닥 위에서 움직이는 주사파 출신의 민노총 위원장 양경수가 시한을 정하며 '관저 문을 열겠다'고 말을 한 것은 폭력을 마구 휘두르는 테러리스트의 협박이었다. 아! 대통령 윤석열은 이래서 비상계엄을 선포해야 했구나.

혁명의 주력 대오

역대 모든 국가의 공산당은 노동자 계급의 나라를 천명하고 노동조합의 거대 조직화에 주력한다. 조선로동당이 노동조합을 '혁명의 주력 대오'라고 부르는 이유다. 그러나 이것은 혁명의 단계에서 인민을 동원하기 위한 목적으로 말하는 하나의 조직된 집단으로서의 노동자일 뿐이다. 혁명이 성공한 후가 되면 공산당은 모든 권력을 독점한다. 그리고 노동조합은 껍데기만 남는다. 공산당이 국가를 통치하는 유일한 권력인 중국에서의 노동조합보다 아직 공산화 혁명이 완성되지 못한 한국의 민노총의 힘이 더 강력한 이유다. 남한이 완전한 공산화에 성공한다면 민노총 간부들은 모두 공산당 지배계급으로 편입되고 노동조합은 허울만 남을 것이다. 혁명에 성공한 모든 공산국가의 전형적인 패턴이다. 일하지 않고도 1억 이상의 고연봉을 받고, 폭력적이고 불법적인 시위를 벌이고도 처벌받지 않는 등 수많은 특권을 누리며 방송사 사장과 국회의원 시장 도지사가 되는 민노총 간부들을 보면 대한민국도 이미 공산국가가 된 듯도 싶다. 그러나 민노총의 힘이 커질수록 기업들은 해외에다 공장을 지었고 이로 인해 보통의 노동자들의 양질의 일자리는 계속 줄어들었다. 노무현과 문재인 정권에서 일상적으로 보았던 그대로다.

민노총은 노동자의 권익을 위해 활동하는 노동조합이 아니다. 민주당 전교조와 함께 대한민국을 움직이는 3대 거대 좌익 정치집단이다. 세 집단 모두 주사파가 지도부를 장악하고 있다는 점에서 공통적이다. 2021년부터 민노총 위원장으로 있는 양경수와 핵심 지도부는 모두 그 유명한 주사파 조직인 경기동부연합 출신들이다. 강철서신의 김영환이 전향한 후 대한민국 행동주사파 1인자의 자리에 오른 이석기가 배후로 지목된다. 금속노조 건설노조 등 폭력적인 대규모 집회를 반복하는 산업 분야별 노조는 모두 민노총의 지휘와 조종을 받는다. 언론노조 전교조 등 사상개조를 담당한 노조 역시 민노총의 지휘를 받는다. 민노총은 정부 밖의 최대 권력집단이다. 어쩌면 정부보다 더 큰 권력집단이다. 자유민주적 우익 정부가 집권할 때면 더욱 그렇다. 이석기가 의도한대로 대한민국이 북한정권의 지배하에 들어가게 되면 민노총의 핵심 간부들은 모두 조선로동당에서 높은 서열을 부여받을 것이다.

1995년 설립되어 2년간 불법단체의 지위에 있던 민노총이 합법이라는 외투를 입은 것은 1997년 11월 23일이다. 홍콩의 중국 반환을 앞두고 미국과 중국이 경제적 패권을 다투는 고래싸움 속에서 동남아로부터 시작된 국제적 경제위기 상황에 직면한 정부는 김대중 세력의 공개적 반대와 음험한 모략으로 어떤 조치도 취할 수 없었다. 그래서 열흘 후인 12월 3일 IMF 구제금융을 신청해야 하는 상황에 놓인 김영삼 정부가 정신을 못 차리는 틈을 타 민노총은 벼락처럼 합법적인 단체가 된다. 민노총은 이후 민주당 계열의 좌익정당의 장외투쟁을 대행하는 역할로 힘을 키우더니 주사파가 민노총의 지도부를 장악한 이후부터는 노동자의 권익은 뒷전으로 하고 주한미군 철수, 국보법 폐지, 연방제 통일 등 김일성이 내린 혁명과업을 위해 투쟁하는 종북주의 정치집단이 된다. 이런 민노총의 실체와 정체성과 힘이 제대로 드러난 것은 2016~7년 간의 박근혜 탄핵 정국에서다. 좌익이 말하는 촛불혁명을 주도한 것이다.

막강한 자금력과 거대 조직력을 갖춘 민노총은 촛불시위에 일반 시민을 대거 광장으로 모으고 6개 월에 걸친 집회를 이끄며 종북주의자들과 기회주의자들이 모인 국회에 힘을 보탠다. 그리고 여론의 눈치를 살피는 특검에 압력을 가하고 헌재의 법률가들을 겁박했다. 박근혜를 청와대에서 끌어내고 종북주의자들의 정권을 출범시킨 1등 공신인 민노총은 새로운 정권의 최대 주주였다. 그래서 대통령 문재인은 비정규직의 정규직 전환, 주52시간제 확대, 최저임금의 가파른 인상, 노동조합의 경영 참여권 확대, 기업주의 노동자 해고요건 강화 등 민노총이 쏟아내는 모든 요구를 다 들어주었다. 문재인의 시대에 주사파로 채워진 청와대가 정부의 심장이었다면 정부 밖에서는 민노총이 청와대와 긴밀히 연계하며 하나의 권력집단으로서 불법과 폭력을 마구 휘두르며 군림한다. 문재인 정권은 청와대와 민주당과 민노총의 종북주사파가 권력을 공유하는 하나의 거대 간첩단 정권이었다. 민노총 산하 언론노조가 완전하게 장악한 MBC KBS YTN JTBC 등의 언론이 제대로 보도하지 않아 국민인 우리가 인식하지 못하고 있는 대한민국의 현주소다. 이런 막강한 조직을 감히 손보겠다고 나선 사람이 있었다. 대한민국 제20대 대통령 윤석열이다. 탄핵이라는 그의 고난은 여기에서 출발한다.

대통령 윤석열 칼을 대다

대통령에 취임하고 6개 월이 지난 2022년 12월 19일의 국무회의에서 윤석열은 총리와 관련 부처 장관들에게 "노조의 회계 투명화 제고방안을 마련하라"고 지시한다. 이를 두고 언론에서는 대통령이 이미 특권층이 된 민노총의 불법행위와의 전쟁에 나선 것이라고 평했다. 민노총과 민주당을 위시한 좌익세력의 눈치를 보는 언론의 소극적 평가다. 윤석열이 '반국가 세력 척결'을 공식화하며 불을 붙인 것은 이로부터 반 년이 지난 2023년 6월이지만 그가 이를 인식하고 척결을 마음 먹은 것은 대통령이 되기 전에는 알지 못했던 더 심각하고 방대한 정보를 접하게 된 취임 초 기부터였다. 노조의 회계 투명화는 반국가 세력의 척결을 위한 출발이었다. 반국가 세력의 선봉에 서서 폭력적인 집회와 불법적인 시위로 혼란을 조장하는 집단이 바로 민노총이었으며 민노총을 정상화하기 위한 첫 조치가 회계의 투명화 숙제였기 때문이다.

대선 후보 윤석열의 3대 개혁 공약은 노동개혁, 교육개혁, 연금개혁이었다. 이중 노동개혁의 4대 원칙으로 제시한 것은 노동제도의 유연성, 노사 간의 공정한 협상력, 직장 내 안전, 노사법치주의다. 기업의 고용계약과 고용해지를 유연하게 하여 기업의 경영활동에 탄력성을 높임으로써 기업과 경제를 살리고 일자리를 더 많이 만들겠다는 대통령 윤석열의 정책은 기업의 경영사정에 영향받지 않는 철밥통을 더 늘리고 기업은 망하더라도 내 밥통은 지키겠다는 민노총의 방침과는 정면으로 배치되는 것이었다. 윤석열 정부가 지향하는 노사의 공정한 협상과 노사법치주의의 원칙은 현장에서 오랜 기간 폭력적이고 불법적인 방법으로 기업주 길들이기에 성공한 민노총의 성취를 무너뜨리는 일이었다. 윤석열과 민노총의 싸움은 애초부터 피할 수 없는 한판이었다.

"회계 공개를 거부하면 정부의 혜택은 없다" 포문을 연 것은 국토부 장관 원희룡이다. 그는 2023년 1월 건설 현장을 온갖 비리와 폭력으로 거의 치외법권의 지경으로 만든 민노총 산하 건설노조를 겨냥하여 이렇게 경고한다. 이후 그는 "건설노조는 경제에 기생하는 독이다"라며 전면 대응을 선언하고 건설 현장에서의 불법과 폭력에 대해 특별단속에 나섰고 이를 지지하는 국민은 원희룡을 차기 대권주자의 반열에 올려 놓았다. 2월에는 민노총과 한노총이 5년간 혈세 1520억 원을 지원받고도 회계공개를 거부하고 있다는 비판이 제기된다. 2월 1일 정부가 양대 노조에 조합원 명부와 회계 관련 자료를 공개하라는 공문을 보냈으나 두 노조는 이를 거부하고 있었고 그래서 광역자치단체에서 1343억 원, 노동부에서 177억 원을 지원받은 양대 노조가 장부를 공개하지 않는 일을 언론이 나서서 비판하기 시작했다. 특히 문재인 정권의 절대적 지원을 받으며 많은 조합원을 확보함으로써 역대 처음으로 한국노총을 뛰어넘어 1위 노조가 된 민노총은 조합원이 납부한 회비와 지원받은 세금으로 매년 1700억 원의 막대한 예산을 사용하면서도 사용내역을 공개하지 않고 철저히 감추는 일을 두고 비판이 거세게 일었다. 세금을 지원받는 모든 기관과 단체는 사용내역을 공개할 의무가 있다. 그럼에도 이를 공개하지 않는 것은 위법인 동시에 세금약탈이라는 비판이 대세였다.

민노총, 반란을 마음먹다

정부의 공문을 받고 2023년 3월 13일에 이르기까지 대상 노조 319곳 가운데 자료제출을 이행하지 않은 것은 86곳이었다. 특히 민노총 산하 노조는 37.1%가 자료 제출을 거부했다. 대신 '노조 탄압' 프레임의 대외적 선전에 집중했다. 전공노 즉 전국공무원노조는 한 언론과의 인터뷰에서 "(속지는 내지 않고) 표지만 제출했다. 민노총에서 공개하지 말라는 식으로 방침이 내려왔다. 앞으로도 요구할 경우 소송으로 대응할 계획이다.”고 말했다.(세계일보, 2023.3.14) 4월에는 고용부 직원이 민노총 사무실로 현장조사를 나갔으나 민노총은 이를 막으며 조사를 방해했다. 이때부터 정부는 자료제출을 거부하는 노조에는 규정에 따라 과태료를 부과하겠다고 경고했고 어떤 정부 관계자는 정부 예산 지원금의 삭감이나 폐지를 시사했다. 약 반 년을 버티던 양대 노조는 결국 10월 23일 한노총이, 24일에는 민노총까지 회계의 외부 공시를 결정한다. 회계공시를 한 노조에게만 연말 세제공제 혜택을 주기로 한 방침이 먹혀든 것이다.

양대 노총이 회계장부 공개를 결정한 것은 정부의 방침에 협조하기 위한 것이 아니다. 납부한 회비의 15%를 돌려받아야 한다는 조합원의 압력 때문이었다. 이로써 한노총은 설립 62년만에, 민노총은 설립 36년만에 처음으로 회계장부를 공개하게 된다. 그렇게 큰 금액의 세금을 지원하고도 사용 내역을 관리하지 않았던 역대 정부에 놀라웠고 그렇게 오래 묵은 적폐에 손을 대고 결국 그것을 성취한 윤석열의 뚝심이 놀라웠다. 그러나 이것이 화근이 되어 1년 후 윤석열 자신이 내란죄를 뒤집어 쓸 것이라고는 그 자신도 예상하지 못했을 것이다. 생각해보면 그다지 놀라운 일도 아니다. 8년 전 박근혜는 민노총과 같은 주사파 단체인 전교조를 법외노조화하고 한반도의 정통성이 대한민국에 있다고 서술하는 역사교과서를 펴낸 일이 도화선이 되어 결국 그가 탄핵되었던 일이 재현되었을 뿐이다. 간첩, 반국가 세력, 국보법 위반 전과자, 사회주의자 등 온통 좌익세력이 장악한 대한민국 땅에서 자유민주주의를 지키고 회복시키겠다고 나서는 우익의 대통령에게는 이미 정해진 운명이었다.

2024년 8월 민노총 서울본부는 무려 21년 동안 공짜로 쓰던 서울시 복지관으로부터 퇴거한다. 오세훈이 시장이 된 서울시는 2023년 7월부터 여러 차례 공문을 보내 퇴거를 요청했으나 민노총은 불응했고 이에 서울시가 소송을 걸어 법원의 강제조정으로 결국 퇴거한 것이다. 대부분의 국민은 매년 1700억 원의 돈을 쓰는 민노총이 21년 간 공짜로 서울시의 사무실을 사용했다는 사실을 이때에야 알게 되었다. 오세훈의 서울시와 윤석열 정부는 모두 우익 지자체에다 우익 정부다. 회계장부 공개와 함께 21년간 공짜로 쓰던 사무실의 퇴거는 민노총이 쿠데타 혹은 반란을 마음먹는 동기가 되기에 충분했을 것이다.

직접 관저를 열겠다

민노총 소속 노조의 회계공시는 2023년 94.2%였다. 연말 세액공제의 혜택 철회 등을 비롯한 정부의 강력한 조치 때문이다. 그러나 2024년 10월에 마감된 다음해의 공시율은 83.9%로 10% 이상 떨어진다. 현대차노조 기아차노조 등 강성 노조를 거느리는 가장 불법적이고 폭력적인 노조로 꼽히는 금속노조는 소속 43개 지부와 지회가 2024년도 회계공개를 거부했다.(이투데이, 2024.11.1) 문제되는 수입 지출과 불법적인 자금집행이 많아 공개할 수 없었다는 뜻이다. 36년 동안 이어진 민노총의 깜깜이 회계는 법률이 규정하는 노조의 활동 범위를 벗어나는 국내 정치 개입, 북한과의 내통과 협력, 북한에 대한 은밀한 경제적 지원 등 불법과 반역 활동이 모두 공개되는 것을 방지하기 위한 것으로 추측되었다. 반국가 세력의 척결에 의지를 굳힌 윤석열의 통치와는 정면으로 배치되는 것이다.

　윤석열은 민노총을 반국가 행위를 자행하는 집단 혹은 세력으로 보았을 것이다. 반면 민노총은 종북좌익 세력이 이미 주도권을 장악한 기존의 대한민국 판도를 바꾸려고 하는 윤석열에 대해 적개심을 키웠을 것이다. 민노총 위원장 양경수가 "윤석열이 (2025년) 1월 3일까지 체포되지 않으면 직접 관저를 열겠다"고 말한 배경이다. 윤석열이 탄핵된 이유는 문재인 정권의 출범에서 이미 경험한 바와 같이 민주당과 함께 좌익정권을 출범시키고 대한민국을 공동으로 운영하는 민노총에 손을 댄 것이 첫 번째 이유였다. 이재명과 민주당과 민노총은 대한민국을 좌익의 나라로 만드는 혁명을 했으며 이에 대항한 윤석열은 대한민국의 자유민주주의를 수호하기 위한 반혁명을 한 것이다. 그러나 그 자신의 안녕을 위해서는 치명적 실수였다. 자유민주 진영의 국민이 아직도 그를 찾는 이유다.

3. 간첩을 잡는 일, 반동이거나 반혁명이거나

좌익이 정권을 잡으면 간첩을 잡지 않았다. 예외는 없다. 김대중이 정권을 잡기 한 해 전인 1997년 국보법 위반으로 검거된 공안사범은 877명이었다. 그러나 노무현 정권 마지막 해인 2007년에는 단 39명이다. 10년 만에 95%가 줄어든 것이다. 이명박 정부가 들어서고 바로 공개된 여간첩 원정화 사건에서 군에 침투한 간첩 용의자 50여 명을 포함하여 총 170여 명이 연루된 사실이 드러나며 좌익정권 10년 간 간첩과 간첩단은 국내 각 분야에 침투하여 광범위하게 활동했다는 사실이 입증되었다. 문재인 정권은 더 노골적이었다. 대검 통계에 의하면 박근혜 정부 마지막 해인 2016년 국보법 위반 사건은 167건이 접수되어 35건이 기소되었다. 기소율 21%다. 그러나 문 정권 3년 차인 2019년에는 305건 접수에 15건이 기소되어 기소율 5%였다. 박근혜 정부에서보다 국보법 위반은 80%가 늘었으나 기소율은 오히려 4분의 1 이하로 떨어진 것이다. 김대중 노무현 문재인 세 좌익정권에서 간첩이 없었던 것이 아니다. 간첩을 적발하지 않고 처벌하지 않았다는 사실은 이러한 통계로 바로 입증된다.

간첩을 잡지 않는 간첩단 정권

이명박 박근혜 정부 하의 2011~17년까지 7년 간 적발된 간첩사건은 26건이었다. 그러나 문재인의 5년 간 적발된 것은 단 3건이다. 이 3건도 우익정부에서 이미 혐의가 입증되고 많은 자료와 증거가 축적되어 더 이상 뭉갤 수 없어 공개한 것이었고 그들이 집권하는 동안 털어버리려는 의도가 강했다. 새로이 수사에 착수한 간첩사건은 없었다. 국민의힘 성일종 의원은 "국정원장 서훈이 직접 실무진의 간첩수사를 막았다."고 주장했고 문재인 정권에서 감옥살이를 했던 기무사의 방첩국장은 "문재인 정부가 간첩에 대한 국가적 대응을 무력화시켰다"고 증언했다. 황윤덕 전 국정원 대공수사단장은 "문재인 정권 동안 국정원에선 수사요원들이 간첩 수사 착수 보고서를 올리면 간부가 휴가를 가는 방법으로 결재를 해주지 않았다. 또 혐의가 명백한 간첩수사 보고서를 올리면 가장 중요한 부분인 '북한 공작원과 만나 회합한 부분은 다 빼라'고 했다"고 밝혔다.(중앙일보, 2023.4.12) 문재인 정권이 간첩을 잡지 않았다는 사실은 통계와 함께 이러한 증언으로도 확인된다. 문재인은 간첩을 잡지 않는 부작위에 그치지 않았다. 간첩을 보호하는 작위도 많다.

대한민국에서 활동하는 간첩을 잡는 국가기관은 국정원, 기무사령부, 검찰 공안부, 경찰청 안보수사대다. 세 번에 걸친 좌익정권은 이런 대공 기관의 예산과 부서와 인력을 일관되게 축소하거나 폐지했으며 특히 문재인 정권에서는 거의 궤멸의 수준으로 만들어 놓았다. "세상에 간첩을 잡지 않는 나라가 어디 있느냐" "간첩을 잡기는 커녕 보호하는 나라가 세계를 통틀어 한국 말고 또 있느냐" "이러고도 대한민국이 존속할 수 있을까" 등의 개탄이 우리 국민은 물론 우방국에서까지 터져나온 이유다. 문재인이 가장 먼저 궤멸시킨 간첩잡는 조직은 검찰 공안부다. 검찰 공안부는 학원가 노동계 문화계 등 사회 일반에서 발생하는 안보 위해 사건과 대테러 사건 등을 다룬다. 문재인 정권은 출범 초기 적폐청산이라는 이름으로 자유민주 진영의 핵심 인사들을 숙청하는 일에 공안검사들을 앞세웠다. 검찰의 간첩잡는 역할을 방해하는 동시에 자유민주 진영의 인사를 모두 숙청하는 두 마리의 토끼를 잡는 공작질이었다. 결국 간첩 잡는 일을 해야 할 공안부 검사들은 간첩 대신 2명의 대통령, 4명의 전직 국정원장 등 수백 명의 인사를 수사하고 기소했다. 문재인이 대한민국을 수호하고 발전을 도모하는 자유민주 진영의 인사를 잡아넣는데 방첩기관을 동원했다는 것은 간첩의 신분이 뒤바뀌었다는 뜻이기도 하다. 대한민국을 전복하고 파괴하려는 간첩과 간첩단이 대한민국의 주인이 되고 대한민국을 지키려는 세력이 간첩이 된 것이다. 고영주 변호사가 공동 집필한 책 '대통령이 된 간첩'(북저암, 2024)의 핵심 요지다.

기무사령부는 군대 내부에 침투한 간첩을 잡는 기관이다. 연방제 실시를 통한 무혈의 대한민국 점령과 함께 전쟁을 통한 무력점령은 북한정권이 70년 이상 고수해온 대남혁명의 투트랙 전략이다. 북한은 무력에 의한 유혈의 통일을 위해 우리 군부 내에 상시적으로 간첩을 침투시켰다. 정권을 잡은 문재인은 곧 이 기무사를 해체한다. 그리고 4200여 명이던 인력을 2900여 명으로 대폭 축소한 후 명칭을 군사안보지원사령부로 변경한다. 기무사 개편의 핵심은 군 내부의 대공수사 업무를 담당하는 방첩처의 축소와 기능 약화였다. 이를 위해 기무사의 방첩요원들은 대부분 일반부서로 보내졌다. 기무사의 방첩부문은 그렇게 초토화 된다. 이 과정에서 김관진과 함께 참군인으로 꼽히던 이재수 사령관은 스스로 극단적 선택을 함으로써 자신과 군대의 명예를 지켰다. 김정은이 쳐내려오는 상황에 대비하여 군 내부의 정보를 총괄하며 가장 먼저 나설 준비를 하고 있던 이재수 중장은 이렇게 미리 제거된다. 문재인이 한 일이다. 결국 문재인의 5년 동안 개편 전의 기무사를 포함해서 안보사가 적발해낸 간첩 사건은 '0'이다. 김영삼 정부 90명, 김대중 정권 22명, 노무현 9명, 이명박 33명, 박근혜 14명이었던 것이 문재인 정권에서는 단 한 명도 없었다.(중앙일보, 2021.3.15) 문재인의 시대에 군부 내에 침투한 남파간첩은 모두 북한으로 돌아가고 자생의 고정간첩은 모두 전향한 것일까. 그럴리가. 문재인이 간첩을 잡지 않고 잡지 못하게 하고 보호했기 때문이다. 문재인의 5년은 간첩들의 천국이었다.

간첩을 보고도 잡지 못하는 국정원

문재인 정권은 주사파 정권과 동의어였다. 주사파에서 전향한 김문수 전 장관이 "주사파가 어디 있냐고요? 청와대에 꽉 찼습니다"라고 했을 정도이니 문재인 정권을 간첩단 정권이라고 해도 과장이나 비약은 아니다. 문재인 정권의 핵심 권력자였던 청와대의 조국 임종석 백원우 윤건영, 국회의 이해찬 우원식 송갑석 이학영 등 이름을 다 나열하기 어려울 정도로 많은 주사파 종북세력은 모두 중앙정보부와 안기부에서 이름이 바뀐 국정원의 수사관들로부터 국보법 위반 혐의가 적발되어 처벌을 받고 수 년씩 감옥살이를 했던 사람들이다. 권력을 잡은 그들은 국정원을 궤멸시킨다. 그들의 동지인 간첩을 잡지 못하게 하기 위해서다. 그들의 칼질은 무자비했다. 자신들을 감옥에 보내고 전과자로 만든 기관에 대해 보복을 하기로 마음 먹은 듯 보였다. 이명박 박근혜 두 자유민주 정부에서 국정원장을 지낸 원세훈 남재준 이병기 이병호 4명의 원장과 100여 명에 이르는 국정원 고위 간부들을 기소하거나 구속시켰다. 대한민국을 붕괴시키기 위해 활동하는 간첩을 잡아내는 직무에 충실했던 공직자들에 대한 대숙청이었다. 또한 그들은 국정원 조직을 대대적으로 물갈이 했다. 두 우익 정부에서 핵심적인 역할을 했던 인사는 모두 옷을 벗기거나 한직으로 보내는 대신 그 자리는 과거 좌익활동을 했던 사람들로 채웠다. 이런 사람들의 출신 지역은 호남이 압도적이었다. 모태 종북주의자로 불리는 박지원을 국정원장에 임명하고 로동당에서는 문재인보다 서열이 더 높다는 박선원을 국정원 2인자의 자리인 기획조정실장에 앉힌 후부터는 물갈이 수준에서 그치지 않는다. 국정원의 제1의 핵심 기능인 간첩 수사권을 완전하게 박탈한다. 궤멸의 수준이었다.

문재인 정권의 민주당은 보수 야당의 반대를 묵살하고 국정원법 개정을 밀어붙였고 이로써 대한민국에서 활동하는 간첩을 조사 수사 체포하는 국정원의 핵심 역할은 원천 삭제된다. 국정원법개정안이 국회 본회에서 통과된 2020년 12월의 일이다. 국정원의 대공수사권을 3년 유예한 후 경찰에 이관한다는 조건을 달았으나 문재인 정권에서 새로이 착수한 간첩 사건은 전무했으니 이 조건은 눈가리고 아웅이다. 더구나 제대로 된 간첩 수사를 위해 10년 이상의 경력이 필수적임에도 경찰에는 그런 베테랑 수사관은 거의 없었고 안보경찰의 70%가 대공수사 무경험자였으며 그래서 경찰 내부에서는 "국보법 법령만 3개 월째 들여다보고 있는 중"이라는 말이 나왔다. 그나마 국정원의 방첩기능을 이관한다면서도 경찰의 안보수사부 조직을 확대하기는 커녕 오히려 축소했다.(월간조선, 2024년 7월호) 개정된 국정원법은 개정 전 수사대상이었던 내란 외환죄를 정보관련 업무로 한정한 후 수사권은 삭제하고 국정원의 직무범위에서 '국내 보안정보, 대공 대정부 전복'을 삭제한 것이 주요 내용이다. 국정원의 고유업

무였던 간첩 잡는 역할을 남파간첩, 고정간첩을 불문하고 모두 금지한 것이다. 이로써 대한민국은 간첩들의 공격으로부터 스스로를 지켜내는 방어벽이 사라지게 되었고 모든 간첩과 간첩단은 대한민국을 공격하고 전복을 시도하고 북한과 외국의 이익을 위한 이적행위와 반국가 행위를 범하고도 안전할 수 있는 나라가 되었다. 간첩과 종북주사파 그들의 천국은 이렇게 만들어졌다. 문재인이 한 일이다.

간첩을 잡는 내란죄를 범한 윤석열

"나라에 간첩이 이렇게나 많나" 문재인으로부터 정권을 넘겨받은 대통령 윤석열이 놀라며 했다는 말이다. 문재인이 간첩을 방치하거나 눈감아주고, 간첩을 잡는 자리에 간첩을 앉히고, 간첩 잡는 정부조직을 축소하거나 폐지하고, 간첩질을 하고도 잡히지 않고 간첩을 잡고도 처벌할 수 없도록 법을 바꾼 결과 대한민국은 이제 간첩들의 천국이 되었으니 정권을 인수한 윤석열이 놀라는 것은 당연한 일이다. 간첩과 간첩단 사건이 봇물처럼 터져나온 것은 2023년 1월부터다. 윤석열은 정권 초기부터 간첩을 척결하겠다고 나섰고 그의 정권 출범 8개 월이 지나 성과를 공개한 것이다. 그러나 좌익진영은 간첩을 잡는 윤석열을 향해 거센 탄핵 공세를 펼쳤다. 윤석열은 국정을 제대로 수행할 수 없을 정도로 거센 공격에 시달려야 했고 결국 비상계엄을 선포해야 하는 지경에까지 이른다. 간첩단 사건을 공개하고 2년이 지난 2024년 12월이 되어 결국 그는 내란죄를 뒤집어쓰고 탄핵된다. 간첩을 잡은 일이 그가 탄핵 당하는 원인의 하나가 될 것이라는 사실은 그 자신도 몰랐을 것이다.

문재인 정권은 만기를 약 9개 월 앞둔 2021년 8월 '자주통일충북동지회' 사건, 통칭 청주간첩단 사건을 공개한다. 간첩단을 적발하고 처벌하기 위해서가 아니다. 뿌리 깊고 거대한 규모의 이 간첩단 사건이 다음 정부에서 제대로 밝혀지고 엄하게 처벌되는 것을 막기 위한 선제적 조치라는 사실은 이후의 재판과정에서 여실히 드러났다. 김명수가 이끄는 사법부가 이들에 대한 영장을 통째로 기각하고, 법원의 묵인으로 재판이 지연에 지연을 거듭하고, 지연된 시간에 수사보안이 대부분 누설되어 피의자들이 여유있게 증거를 인멸하고, 구속을 면한 총책 손 모가 언론에 영장 내용을 직접 공개하는 방법으로 북한 당국과 동지 간첩들에게 영장에 나온 간첩혐의가 입증되는 데 사용될 수 있는 증거를 인멸하라는 메시지를 보내고, 심지어 자신과 접촉한 북한 공작원의 실명까지 공개하며 도피하라는 신호를 보내는 대담함을 보였다. 모두 정권과의 결탁이 있어야 가능한 일이었다. 문재인 정권과 간첩들은 한 패거리였다.

청주간첩단은 김정은이 가장 두려워한다는 스텔스기인 F-35A기를 운용하는 공군 비행단이 있는 청주에 기반을 두고 민노총은 물론 송영길 등의 민주당 관계자들과 수시로 접촉하며 간첩활동을 전개했다. 문재인 정권이 2021년의 국방예산에서 스텔스기 도입을 위한 예산 920억 원을 삭감한 것도 청주간첩단이 북한의 지령을 수행한 것으로 판단되는 등 청주간첩단은 여러 종북단체들과 긴밀하게 연계되어 있었다. 북한의 지령을 수령하고 이를 실행한 이 간첩단의 주요 인물 4인이 대통령 후보 문재인의 캠프에 소속되어 직접적으로 활동했다는 사실은 문재인과 그의 정권의 종북 정체성을 확인할 수 있는 대목이다. 2021년 8월 25일 청주간첩단은 보도자료를 낸다. 적발되면 더 깊숙히 숨어 조직의 실체를 감추는 여느 간첩단과는 달리 정권의 뒷배를 믿는 그들은 "국정원은 20년간의 불법사찰 내역을 공개하라"고 요구했다. 그들은 간첩단이 아니라 마치 나라를 구하는 구국 단체인양 당당했다. 그러나 국민의 반응은 덤덤했다. 간첩들과 유사한 말을 하고 간첩들과 비슷한 행동을 하는 문재인 정권에 이미 익숙해졌기 때문일 것이다.

봇물처럼 터지는 간첩단

창원간첩단, 제주간첩단, 전북지하조직망, 민노총간첩단. 2023년 새해 벽두부터 봇물처럼 터져나온 대형 간첩단 사건이다. 문재인이 꽁꽁 감추고 보호해준 간첩단에 윤석열이 칼을 댄 결과다. 창원간첩단은 방위산업체가 밀집한 경남 창원과 진주를 거점으로 방위산업체의 임원 포섭을 시도하고 방산업체가 생산한 무기체계의 정보를 수집했다. 제주간첩단의 공식 명칭은 'ㅎㄱㅎ(한길회 추정)'으로 총책은 여성인 강 모다. 적발된 직후 민노총 제주본부에서 이를 왜곡 보도라며 법적 대응을 예고한 점을 미루어 민노총 산하 간첩단의 하나로 추정된다. 제주간첩단은 2017년 캄보디아를 비롯한 동남아에서 북한 공작원과 접촉하여 자금을 받고 지령을 수행하며 활동한 것으로 밝혀졌다. 전북지하조직망은 전북 전주를 거점으로 민노총, 전농, 국내 여러 대학, CJ 롯데 우체국 등의 대기업 택배노조에 침투하여 지하조직망을 구축했다.

2023년 1월 아직 간첩 잡는 권한 박탈의 유예기간 3년이 경과되지 않아 간첩을 조사 수사할 수 있었던 국정원을 비롯한 공안당국은 "민노총간첩단이 하부 지하조직망을 만드는 등 방대한 조직망을 구성했으며 그 규모를 가늠하기 어려운 정도"라고 발표했다. 민노총 집행부 전체를 간첩단으로 규정하는 북한 전문가도 많은 상황에서 윤석열 정부의 발표는 이런 시각을 뒷받침하고 있었다. 특히 총책인 석권호는 20년 이상 민노총의 여러 요직을 거치며 조직국장까지 지냈다는 점에서 '민노총집행부는 곧 간첩단'이라는 주장에 설득력을 더했다. 양경수 위원장을 필두로 민노총 핵심 지도부 대부분이 이석기의 경기동부연합 출신이라는 점에서 더욱 그렇다. 석권호는 청와대를 포함한 국가 핵심시설에 근무하는 민노총 노조원 출신들을 통해 국가 주요시설의 송전망, 해군2함대사령부, 오산공군기지, 평택화력발전소와 LNG 저장탱크 배치도 등의 기밀을 수집하며 유사시에 국가 기간망의 마비를 도모했다는 것이 당국의 설명이다. 내란을 기도하고 선동하고 실제로 준비했던 이석기의 구체적 범죄행위를 고스란히 계승한 것이다.

이 무렵 창원간첩단과 함께 민주당 윤미향 의원 보좌관의 간첩혐의도 발각된다. 윤미향의 남편과 시누이는 1994년 적발된 남매간첩단사건의 바로 그 남매다. 이해찬이 국회에 심었다고 알려진 윤미향은 가족에 이어 보좌관까지 간첩행위로 처벌을 받았거나 수사를 받고 있다는 사실과 함께 대한민국을 '남조선 역적 괴뢰'로 지칭하는 조총련 행사에 참석한 점에서 윤미향 자체를 이석기처럼 종북세력이 국회에 심은 간첩으로 의심하는 국민도 적지 않았다. 같은 해 7월에는 민주당 설훈 의원 보좌관의 간첩혐의가 드러났다. 국회 국방위 소속인 설훈의 보좌관인 그는 국방위의 자료를 북한에 넘긴 혐의를 받았는데 그가 수집한 700여 건의 군사기밀 중 일부가 유출된 것으로 밝혀졌다. 그 중에는 대북한 억지력의 핵심인 3축체계 관련내용, 우리 군의 각종 무기체계의 보유 수량, 김정은 참수작전 관련 내용 등 전쟁이 발발할 경우 국군에게 치명적으로 작용할 수 있는 정보가 들어 있었다. 이 정도 상황임에도 대통령 윤석열이 간첩과 간첩단에 손을 대지 않고 방치했다면 그도 문재인처럼 간첩으로 의심받아야 할 것이다. 최소한 대한민국의 영토와 국민과 자유민주주의 체제를 수호해야 하는 대통령으로서의 책무를 유기한 혐의는 피할 수 없었을 것이다. 그러나 윤석열은 문재인과 완전히 다른 대통령이었다.

지금이 어떤 세상인데 간첩을 잡느냐는 사람들

2023년 6월 자유민주연구원 유동열 원장은 한 세미나를 통해 창원 간첩단이 2021~22년 사이에 북한에 보낸 보고문과 지령을 접수한 지령문을 분석한 결과 이 간첩단이 구축한 지역조직과 단체가 민노총 민노당 등의 대규모 단체에 침투한 것을 제외하고도 총 68개이며 이 중 절반은 조직이 이미 구축되었다고 발표했다. 그는 "자통자유통일민중전위 즉 창원간첩단은 전국 22개 대학에 하부망을 이미 구축했거나 앞으로 구축하겠다고 북한에 보고했다. 자통은 '전국민중행동'과 '6.15청년학생운동본부' 등을 하부망으로 가지고 있다. 심지어 '대우조선돌봄노조'에도 진출해 돌봄교사들을 포섭하고 어린아이들을 관리하는 지경이다"라고 덧붙였다. 또한 윤봉한 전 국정원 수사처장은 같은 세미나에서 "북한과 연계된 조직들이 전국적으로 활동하고 있다. 이들 조직은 지역의 진보 정당과 진보 단체들을 활용하며 하층과 중층의 통일전선을 구축하려는 시도를 했다. 이번에 적발된 간첩조직은 빙산의 일각에 불과하다. 민노총 진보당 전농 등의 진보단체를 통해 정치 사회 종교 학원 등 다양한 계층에 조직적으로 침투하여 활동하고 있다"고 말했다.(문화일보, 2023.6.8) 전문가들은 대한민국이 이렇게 간첩 조직의 손바닥 위에 있다는 사실을 알리고 있다. 대한민국에서 가장 많은 정보를 접하는 대통령 윤석열이 이 사실을 몰랐을 리는 만무하다.

2024년 1월 29일 제주지방법원에서 제주간첩단 사건의 1심 첫 공판이 열렸다. 좌익세력이 대한민국의 주류가 된 이후 늘 그러하듯 이 간첩단 사건도 검찰의 기소에서 1심 첫 공판이 열리기까지 무려 9개 월이 걸렸다. 피고인 측에서 국민참여재판을 신청하여 시간을 끌었기 때문이다. 그나마 간첩혐의 피고인 3명과 변호인단은 공판절차에 이의를 제기하며 재판 시작 25분이 조금 지나 단체로 임의 퇴정하며 파행을 빚는다. 재판 지연에다 재판 방해다. 그들은 재판장이 마스크를 쓰고 있는 피고인에게 신원 확인을 위해 필요하니 마스크를 벗어달라고 하자 "마스크를 벗어야 한다는 근거가 있느냐"며 거부하고 "판사님이 확인하러 내려오세요"라고 말했다. 이에 재판장은 자리에서 일어서 달라고 하며 "피고인 신분 확인을 위한 절차다. 얼굴 실물과 신체 체격 등을 다 봐야 한다"고 말하자 변호인은 "일어서지 않아서 확인이 안 되는 건가. 제가 판사님 신분 확인을 해도 되느냐. 세 분 판사 이름이 무엇인가"라고 되받아쳤다. 간첩이 대한민국 판사의 신분을 확인하겠다며 당당하게 큰소리 치는 세상이 되었다. 문재인과 민주당이 만들어놓은 세상이다.

검찰에 따르면 제주간첩단은 해외에서 북한의 대남 공작부서인 문화

교류국 소속의 공작원 3명과 접선하고 제주 지역에서 이적단체인 'ㅎㄱ
ㅎ'을 조직한 혐의를 받는다. 이들은 북한의 지령을 받고 전국민중대회,
윤석열 정권 심판, 한미국방장관회담 규탄회견 등을 통해 반정부 활동을
선동하고 북한의 대남공작전략에 이익이 되고 부합하는 각종 대북 보고
서를 작성해 보내는 등 친북활동을 한 것으로 드러났다.(KBS, 2024.1.29)
간첩행위로 기소되어 재판을 받고 있는 간첩 그들은 대한민국의 사법부
를 우습게 보고 있었다.

그들은 이미 조직으로부터 교육과 경험 전수를 통해 재판을 지연시
키고 파행시키는 기술을 충분히 축적하고 있었으며 유죄를 받는다고
해도 문재인 정권과 같이 간첩단에 버금가는 세력이 다시 권력을 잡으
면 모두 사면 복권되고 민주화 유공자로 지정되어 보상금에 연금까지
받을 수 있으며 그들의 투쟁 업적에 따라 정청래처럼 국회의원이 되고
임종석처럼 대통령 측근에서 막강한 권력자가 되고 우원식과 이학영처
럼 국회의장과 부의장의 자리에까지 오를 수 있다는 사실을 그들은 알
고 있었던 것이다. 그들은 대한민국이 완전한 공산국가가 된다면 공화
국 영웅 칭호를 받고 1번동지라 불리는 북한의 특권계급에 편입되어 대
를 이어 부귀영화를 누리게 될 것이다. 그들은 그것을 알고 있었고 그래
서 겁내지 않고 오히려 재판장을 겁박한 것이다. 이 사실을 알고도 그
냥 두라고? 윤석열은 결국 그들을 그냥 두지 않기로 결심하고 칼을 댔
을 것이다. 그들 세력이 총연합하여 자신의 정부를 마비시키자 그는 계
엄을 선포했고 그것이 실패하여 내란죄를 거꾸로 뒤집어 쓰고 탄핵되었
다. 이것이 이재명의 반란과 윤석열의 계엄과 탄핵의 진실이다.

4. 북한과 김정은에 덤빈 불경죄이거나 반혁명이거나

2025년 1월 9일 민주당이 재발의한 내란특검법에는 외환유치죄가 들어 있었다. 윤석열 정부의 대북 확성기 가동, 평양 무인기 침투, 오물풍선 원점타격 논의, 해외 분쟁지역 파병 계획, 대북전단 살포 확대, NLL에서 북한의 공격 유도 메모 등이 전쟁 또는 북한과의 무력 충돌을 유도한 외환죄라는 것이다. 구속된 전 정보사령관 노상원의 수첩에 'NLL에서 북의 공격을 유도한다'는 메모가 있었다는 것을 근거로 북한과의 무력충돌을 유도했다는 것은 검찰조차 이 메모가 개인의 생각일 뿐 군과 정부에 실제 공유되지 않았다고 판단했다. 더구나 노상원의 이 메모는 국과수 감정 후 노상원의 것인지 판정불가, 판독불가로 결론났고 그래서 오히려 민주당이 개입한 조작으로 의심되었다. 오물풍선 원점타격설도 맥락은 같다. 그러나 민주당은 실현되지도 않은 개인 차원의 구상이거나 조작이 의심되는 이런 이유를 나열하며 외환유치죄로 엮어 나갔다.

대북 전단 살포는 탈북민 단체 등 민간에서 한 것이며 정부가 법으로 이것을 금지하는 것은 표현의 자유를 침해하는 위헌이라는 헌재의 판단이 이미 내려진 것이다. NLL에서의 공격 유도, 오물풍선 원점타격설, 대북전단 살포처럼 윤석열 탄핵의 구실을 찾기 위해 억지로 가져다 붙인 것을 제외하면 나머지 사유들은 모두 '윤석열이 감히 절대존엄 김정은과 북한에 덤벼들다니' 라는 종북집단의 정서를 그대로 반영하는 것이었다. 윤석열이 김정은에게 불경죄를 범했다는 것이다.

대북 확성기를 다시 튼 죄

2024년 6월 9일 합참은 대북 확성기 방송 '자유의 소리'를 재개한다. 2018년 문재인 정권에서 중단된 이후 6년만에 다시 튼 것이다. 합참은 5월 28일부터 북한이 내려보내기 시작한 오물과 쓰레기를 담은 풍선에 대한 우리 군의 대칭적 조치라고 설명했다. 이후 우리 측은 방송을 중단하며 맞대응을 자제하는 동시에 오물풍선의 중단을 촉구했고 6월 27일에는 오물풍선을 계속 보내면 방송을 재개하겠다고 다시 경고한다. 그러나 북한은 풍선 보내기를 중단하지 않았다. 이에 합참은 중단 39일 만인 7월 19일부터 방송을 다시 시작하는 동시에 전방 전지역으로 방송을 확대하겠다고 경고한다. 이것이 윤석열 정부가 대북 확성기를 가동한 경위다. 민주당은 이것을 범죄라고 했다. 무려 외환유치죄다.

우리 군의 대북 확성기 방송은 북한 정권이 가장 두려워하는 심리전 전력이다. 인민의 귀와 눈을 가려놓고 '북한은 인민의 천국'이라고 선전하는 김씨 정권에게 북한의 비참한 실상을 전달하고 자유민주주의 체제의 우월성을 알리는 확성기 방송은 북한 정권이 코로나 바이러스보다 더 두려워하는 우리의 비대칭 전력이다. 종북적 대북정책을 펼친 노무현 정권과 문재인 정권에서 방송을 중지하고 자유민주 정부인 이명박과 박근혜 집권 때는 방송을 재개했다. 방송을 중단 시킨 명분은 북한측은 단 한 번도 준수할 의사가 없었던 '남북 합의'였고 방송을 재개한 이유는 천안함 폭침과 핵실험 등 북한의 선제적 도발 등의 '남북 합의 위반'이었다. 박근혜 정부에서는 2015년 8·25합의에 따라 방송을 중단했으나 다음해 1월 북한의 4차 핵실험으로 불과 4개 월만에 재개하기도 했다. 2018년 문재인의 평양 방문을 계기로 방송은 다시 중단된다. 그러나 남북 양측의 적대적 군사행위 전면 중지 내용을 포함한 9.19선언에도 불구하고 북한은 이후 이 합의를 수시로 위반한다. 간첩단 정권이라 불리던 문재인 정권은 그럼에도 방송을 재개하지 않았다.

윤석열 정부는 달랐다. 오물풍선까지 내려보내는 북한에 대한 대응 조치로 합참이 대북방송을 재개한 것이다. 북한이 오물풍선을 여러 차례에 걸쳐 대량으로 내려보내자 합참은 "명백한 정전협정 위반"이라며 중단을 강력히 촉구했고 이에 대한 우리의 대응책으로 대북 확성기 방송의 재개를 수 차례 경고한다. 그럼에도 북한은 오물풍선 보내기를 멈추지 않았다. 그래서 결국 확성기를 다시 튼 것이다. 확성기 재가동에 반대하고 있던 민주당은 계엄 선포를 내란으로 몰아가는 반란에 성공한 후 여기다 외환유치죄라는 이름을 붙이며 윤석열을 탄핵시키는 사유의 하나로 삼았다. 대북 확성기를 다시 튼 윤석열이 외환을 유치한 것인가, 아니면 대북 확성기 가동을 재개한 윤석열을 처벌하겠다고 나선 민주당의 반란인가. 한 쪽은 애국이고 한 쪽은 반란이다. 어느 쪽이 애국이고 어느 쪽이 반란인가. 대한민국의 운명을 가를 엄중한 질문이다.

북한이 내려보낸 것은 무죄, 우리가 올려보낸 것은 유죄

북한이 우리에게 무인기를 날려보낸 것은 2014년이 처음이다. 우리 영토에 추락한 것이 발견되어 처음 알게 되었으니 발견되지 않고 북으로 돌아간 것이 있다면 북한 무인기의 남한 침투는 그 이전부터일 것이다. 이후에도 수시로 발견되었으며 심지어 평화의 노래가 넘실거리던 문재인

정권에서도 북한 무인기가 성주 사드기지를 촬영하고 돌아간 일이 후에
밝혀졌다. 윤석열 정부가 들어서고 반 년이 지난 2022년 12월부터 북한
은 무인기를 다시 수 차례 내려보낸다. 우리 측에서도 북한으로 무인기
를 보냈다는 주장은 2024년 10월 12일 김여정이 "(남한이 보낸) 무인기 (평
양)침투는 국가 주권에 대한 노골적 침해이자 국제법에 대한 난폭한 위
반"이라는 담화에서 시작되었다. 이에 덧붙여 '가정된 상황'을 전제하며
"서울에 정체불명의 무인기가 출현한 것은.. 우리가 날린 사실은 없으며
확인해줄 수 없고 대꾸할 가치도 없다"고 말했다. 북한이 우리 측으로 무
인기를 침투시킨 사실은 김여정의 확인이나 대꾸가 필요하지 않다. 신문
을 찾아보면 바로 확인된다. 그것도 자주 확인된다.

북한이 내려보낸 무인기는 2022년 12월 26일부터 28일까지 3일간 경
기도 서북부, 서울, 인천 강화도 영공을 휘젓고 다녔으며 국방부는 북한
의 무인기가 대통령실이 있는 용산 방공망까지 뚫었다고 발표했다. 우리
측의 평양 무인기 침투는 확인된 것이 없다. 김여정의 주장만 있을 뿐이
다. 이것이 사실이라고 해도 북한이 상시적으로 우리 영토에 침투시키고
서울 시내와 대통령실 근처까지 휘젓고 돌아간 무인기에 대응하는 대칭
적 군사활동이다. 그래서 외환유치죄가 될 수는 없다. 문제를 삼겠다면
북한이 우리를 향해 빈발하게 보내오는 무인기를 비판하는 것이 먼저다.
북한이 먼저 보내고 우리가 보낸 것은 대칭적 군사활동이다. 북한이 먼
저 멈추고 우리가 멈추는 것 역시 대칭적 순서다. 우리 군이 평양에 무인
기를 보냈다는 김여정의 주장을 사실로 확정하고 이것이 전쟁을 유발한
것이라는 논리는 북한정권과 간첩들의 논리다. 이를 외환유치죄로 주장

하는 이재명과 민주당이 간첩 집단과 무엇이 다른가.

　민주당의 김병주 의원은 2024년 12월 10일 국회 국방위에 불려온 김용대 드론작전사령관을 향해 "평양 무인기 누가 지시했나"고 물었다. 김 사령관은 "확인해 줄 수 없다"고 대답했다. 이것을 공개적으로 말한다면 군사정보 누출이다. 국민 사이에서 '대한민국 국방을 구멍내기 위해 국회의원이 된 예비역 4성장군' 혹은 '똥별 4개를 단 군인'이라고 불리는 김병주의 이적행위다. 민주당 소속 의원 모두가 '평양무인기 침투 사건'이라고 일관되게 부르는 목적은 우리 내부에서 확인되지도 않았고 우리의 안보를 위해서는 확인되어서도 안되는 것을 하나의 사실로 확정짓기 위해서다. 근거는 2024년 10월 12일 김여정이 우리가 평양에 무인기를 침투시켰다는 주장과 협박 뿐이다.

　평양 무인기 침투는 민주당 측에 붙은 어느 생계형 군인이 이름을 감추고 '두세 번 보냈을 것'이라는 말을 했을 뿐 우리 당국을 통해 확인된 적은 없다. 국방위가 열린 이날 군 고위관계자는 "(12월) 10일 현재까지 우리 군 어디에서도 무인기를 보낸 사실은 확인하지 못했다"고 말했다.(동아일보, 2024.12.10) 그럼에도 민주당은 이를 사실인양 확정하고 윤석열의 외환죄로 엮어갔다. 윤석열 탄핵의 사유를 긁어모으려는 목적이었다. 윤석열이 평양에 무인기를 침투시켰으니 응징하라는 김여정의 하명을 받든 것이기도 하다. 적어도 결과는 그렇게 되었다. 대통령 윤석열이 반국가 세력이라고 부르는 그들은 북한이 우리에게 내려보낸 명백한 증거가 있는 사실에는 입도 뻥긋하지 않는 반면 김여정이 말한 것이라면 증거도 확인도 필요없이 사실로 확정하고 윤석열을 공격하고 탄핵하는 구실로 써먹고 있었다. 결국 국민인 우리가 판단해야 하는 일이다. 윤석열의 내란인가 민주당 반국가 세력의 반란인가. 어느 쪽인가.

국군의 해외 파견이 외환유치라고?

러시아·우크라이나 전쟁에 국군 참관단이 파견된 것으로 알고 있는 국민은 많은 반면 이 계획이 백지화되어 파견이 무산된 것을 아는 국민은 많지 않다. 그러나 우리 군의 이 계획이 대통령 윤석열의 외환유치죄의 근거로 적시되어 있다는 사실은 대부분의 국민이 알고 있다. 윤석열은 국방부가 검토한 계획만으로 외환유치의 죄목을 뒤집어 썼다. 그에게 붙인 내란의 죄목은 물론 외환의 죄목까지도 모두 엉터리라는 증거다. 국정원이 러시아·우크라이나 전쟁에 참전하는 북한군의 병력이동을 확인해준 것은 2024년 10월 중순이다. 이때부터 국방장관 김용현은 참관단 파견의 필요성을 역설한다. 10월 30일 워싱턴에서 열린 한미안보협의회 참석 후 그는 기자단을 향해 이렇게 말한다. "우크라전의 경우 북한군이 참전하기 때문에 북한군의 전투동향 등을 잘 분석해서 향후 우리 군에 유용한 정보로 활용할 수 있다. 참관단이나 전황분석단을 보내는 것은 군의 당연한 임무이며 파견하지 않는다면 직무유기가 될 것이다" 이를 반대하기 위해 참관단 파견을 파병으로 규정하고 국회의 동의를 받아야 한다고 주장하는 민주당을 의식한 그는 "참관단 파견은 파병에는 해당하지 않는다. 국군 파병은 전혀 고려하지 않고 있다"고 덧붙인다. 그럼에도 민주당은 심지어 모니터링 인력의 파견조차 파병이라고 말하는 선전전에 주력하며 반대 방침을 고수한다. 이게 간첩이 아니고 무언가.

우리 군의 참관단은 과거 이라크전을 비롯 대부분의 전쟁에 보내졌다. 신무기의 존재와 성능 확인, 각종 군사 정보의 수집 등 유형의 측면과 함께 우리 군의 지휘관들이 전쟁 현장을 직접 목도하며 느끼고 배우도록 하는 등 무형의 측면에서도 전력 강화에 크게 유익하다. 그래서 해당국이 허락하는 범위 내에서 항상 참관단을 파견해 왔다. 특히 우크라전의 경우 북한군이 직접 참전하기 때문에 북한군의 전투동향을 수집 분석해서 향후 우리 군에 유용한 정보로 활용해야 한다는 필요성이 컸다. 전체 군대는 물론 군인 개개인의 실전경험이 전력에서 차지하는 중요성은 매우 크다. 실전을 경험한 병사와 경험하지 못한 병사는 심리적 공포의 극복에서부터 다르고 적을 발견했을 때 총기의 격발속도에서도 다르다. 북한군이 우크라전에서 실전 경험을 쌓는다는 것은 월남전 이후 실전 경험이 전혀 없는 우리 국군에게 불리하게 작용하는 것은 자명하다. 우리 군은 참관단 파견만 계획하고 있을 뿐 일정한 지휘체계를 갖춘 전투병력은 물론 공병부대 간호부대 등 비전투 병력의 파병도 검토하지 않는다고 거듭 밝히면서 참관단 파견은 국방장관의 권한 범위 내에 있는 정책결정 사항이라는 점을 수 차례 강조했다. 그럼에도 민주당 국회의원들은 이것을 '파병'이라 부르며 결사적으로 반대한다. 그들은 간첩이 맞다.

국회의 동의없이 국방장관의 결정으로 우리 군의 참관단을 외국의 전쟁에 파견한 일은 전례도 많다. 대한민국 법률체계에 따라 행정 및 국방 관련 법령이 정하고 있는 범위 내의 일이다. 그럼에도 참관단 파견을 파병이라고 우기며 반대하는 것은 국군의 전력 강화에 불리하게 작용하는 이적행위다. 특히 국회 국방위 소속의 김병주 박선원 의원은 이를 결사적으로 방해하는 이적행위를 멈추지 않았다. 결국 우크라전 참관단 파견 계획은 그들의 이적과 자해의 의도에 의해 무산된다. 우리 군의 고의적이고 계획적인 전력 약화는 이미 문재인 정권에서 대규모적이고 전면적으로 실현된 일이며 모든 주사파 반국가세력 종북단체들이 한치의 흐트러짐도 없이 추진하는 일이다. 이번에도 그들의 뜻대로 된 것이다.

여기서 그치지 않는다. 그들은 윤석열 정부를 완전히 무너뜨리는 일에 이것을 써먹는다. 참관단 파견을 계획한 것이 외환유치죄라는 것이다. 세계 모든 국가의 역사책에는 외국의 전쟁에 자국 군대를 파병한 일을 기록하고 있다. 참관단을 파견하는 정도의 군사행위는 역사책에서 빠지는 경우가 대부분이다. 이런 가벼운 군사적 조치를 외환유치로 규정하고 그것을 결정한 국가 지도자에게 외환유치죄를 적용한다면 모든 전쟁사는 다시 써야 한다. 6.25전쟁에 1,789,000명의 미군 파병을 결정한 루즈벨트와 트루만에게 외환유치죄를 적용했다면 지금의 우리는 주사파 등 반국가세력의 바램대로 김정은의 인민으로 살고 있을 것이다. 우크라전 참관단 파견 계획에, 더구나 그들의 반대로 실현되지도 못한 이 계획에 외환유치라는 어이없는 죄목을 씌운 그들은 간첩이 맞다. 그들의 정당은 합법의 외피를 입은 간첩단으로 규정해야 마땅하다.

이사람의 존재는 대한민국의 소멸을 재촉할 것이다

테러리스트 출신의 정청래와 뇌구조가 이상한 최민희가 법사위와 과방위 위원장 자리에 앉아 국회를 선전투쟁의 장으로 철저히 이용하는 좌익 그들은 윤석열 탄핵 정국에서 그들 각자의 솜씨와 재능을 마음껏 발휘했다. 2024년 12월 13일 종북세력의 선전선동 대통령, 가짜방송의 수괴, 거짓 뉴스 제조공장의 공장장이라는 여러 별칭을 가진 김어준이 최민희가 판을 깐 국회 과방위에 수염털을 날리며 등장했다. 그리고 오물과도 같은 많은 말을 배설한다. "제보자의 신원은 밝힐 수 없다"는 밑자락을 깐 그는 계엄이 선포된 후 동원된 계엄군은 '체포조가 아닌 암살조'가 가동되어 "한동훈을 사살한다 / 조국 양정철 김어준이 체포되어 호송되는 부대를 습격하여 구출하는 시늉을 하다 도주한다 / 특정 장소에 북한 군복을 매립하고 일정 시점 후에 군복을 발견하고 북한의 소행으로 발표한다 / 미군 몇 명을 사살하여 미국으로 하여금 북한 폭격을 유도한다 / 출처를 일부 밝히자면 국내에 대사관이 있는 우방국이다 / 김건희 씨는 계엄 후 개헌을 통해 통일 대통령이 될 것으로 믿고 있다"

김어준의 이러한 발언은 곧 새빨간 거짓말로 드러난다. 허위제보의 정도가 아니다. 혁명기에 공산당이 생산해서 유포하는 전형적인 마타도어다. 그런데 김어준에게 이런 내용을 알려주고 국회에서 발언하도록 밀어준 사람이 있다. 박선원이다. 문재인이 국정원 제2인자의 자리에 심은 사람이다. 12월 19일 박선원은 김어준의 유튜브에 나와 그에게 사과한다. 김어준에게 알려준 내용의 상당수가 허구라며 "미안하다"고 했다. 그러면서도 그 내용에 대해 '가능성을 배제할 수 없음'이라는 딱지를 붙인다. 대한민국 최고의 가짜뉴스 제작자와 대한민국 최고 정보기관 2인자 출신의 협업이었다. 윤석열은 그들의 올가미에서 벗어날 수 없었다.

민주당 국회의원 박선원은 윤석열 정부의 모든 대북한 정책과 통치행위를 '북한에 덤빈 대역죄'로 여기고 이를 윤석열 탄핵과 자유민주주의 정부를 붕괴시키는 이유로 엮는 공작의 최선봉에 선 사람일 것이다. 그는 주사파 운동권 출신 중에서 국가보안법 전과자로 국회의장이 된 우원식이나 적군파식 무력행동에 필요한 혁명 자금을 마련하기 위해 대기업 총수의 자택에 침입한 절도범 출신의 국회부의장 이학영은 명함도 내밀지 못할 정도의 인물이다. 박선원은 자신이 좌익 혁명가인지 출세만 쫓는 기회주의자인지 스스로도 모를 것 같은 4성 장군 출신의 김병주와 함께 외환유치죄라는 새로운 이름의 그들만의 북풍몰이를 주도했다. 일반 국민에게는 낯선 박선원 이 사람의 실체를 알게 된다면 그의 존재 자체만으로 깜짝 놀랄 일이다. 이런 사람이 감옥이 아닌 국회에 있다는 사실은 더욱 놀랄 일이다. 누가 이 사람을 국정원 2인자의 자리에 심었으며 누가 이 사람을 국회에 입성시켰는지 그 사실만 알게되어도 대한민국이 어느 방향으로 가고 있는지, 대한민국의 가까운 미래는 어떻게 될 지는 바로 알 수 있다. 박선원에 대해서는 제4장에서 더 다루기로 하고 결론부터 말하자면 이렇다. 박선원은 그의 존재 자체만으로 대한민국의 소멸을 재촉할 것이다. 국민인 우리는 그에 대한 감시의 눈을 떼서는 안 된다.

5. 사회주의 법안을 모두 거부하는 반동이거나 반혁명이거나

대통령이 된 윤석열은 '자유민주주의'와 '반국가 세력'을 자주 말했다. 20세기 후반에 이미 종언을 고한 공산주의가 중국의 경제적 성공을 배경으로 부활하고 좌익이론이 남미 독재자들의 통치 이론으로 쓰이면서 좌우 간의 이념 대립이 21세기인 지금도 여전히 세계질서를 결정하는 기준이 되고 있다는 사실을 대통령 윤석열은 인식하고 있었을 것이다. 게다가 북한정권과 연결된 남한의 종북세력이 대한민국의 주류로 행세하고 있는 현실은 그가 대통령이 되어 더욱 분명하게 알게 되었을 것이다. 그가 "국회와 언론이 대통령보다 초강력하다"고 말했던 이유는 여기에 있다. 국회와 언론과 사법부가 좌익에 의해 거의 완전하게 장악되었다는 사실은 그의 비상계엄에 뒤이은 탄핵과 체포와 구속의 과정에서 더욱 분명하게 확인되었다. 윤석열은 대한민국의 좌익 국가화는 물론 나아가 대한민국의 북한화를 걱정하고 있었다. 그의 짧은 재임기간 동안 이재명의 민주당은 대한민국을 좌익국가로 만들기 위한 여러 법안을 발의했고 자유민주주의 신봉자인 윤석열은 그것을 모두 거부했다. 좌익의 눈에는 반동으로 보였고 우익의 눈에는 국가 정체성을 지키는 반혁명이었다. 그리고 그 자신에게는 탄핵을 당해야 하는 이유가 되었다.

이런 법안을 입법하는 반란

대통령 윤석열이 24차례 거부권을 행사한 법안 중에는 자신의 정부를 흔들어 정권을 찬탈하기 위한 목적으로 설계된 정치공세적 법안과 함께 사회주의적 법안이 많았다. 각각 2차례씩 거부한 방송법개정안, 방송문화진흥법개정안, 한국교육방송공사법개정안, 노란봉투법에다 1차례 거부한 양곡관리법개정안, 전세사기특별법, 민주유공자예우법, 간호법제정안, 농어업회의소법안, 한우산업지원법, 방송통신위원회법개정안, 지역화폐법, 전국민25만원지원법 등은 모두 자유민주주의와 시장경제주의에 배치되는 것으로 대한민국을 사회주의 체제로 변경하는 법안이었다. 대통령 윤석열이 거듭 재의요구권을 행사했던 근본적 이유다. 이러한 법안에 대해 그가 거부권을 행사해야 했던 이유는 탄핵으로 그의 대통령 직무가 정지된 후 더 분명해진다.

2024년 12월 19일 한덕수 대통령 권한대행은 6개 법안에 대한 거부권을 행사한다. 국무회의의 거부권 행사 시한이 15일이므로 12월 4일 이후에 국회가 정부로 이송했다는 뜻이다. 비상계엄과 탄핵소추의 급박한 상황에서 이러한 좌익 법안의 확정을 시도했다는 것은 그들의 집요하고도 무서운 혁명 의지다. 이것을 인식하지 못하는 우익 정치인들의 무지와 무관심도 무서운 것이기는 마찬가지다. 한덕수가 거부한 것은 농업4법과 국회 관련 2개 법안이다. 양곡관리법을 포함한 농업4법은 과도한 정부의 개입으로 시장의 수요 공급의 원리를 왜곡시킴으로써 자원의 효율적 배분을 해치는 전형적인 사회주의적 법안이었다. 또한 국회 관련 2법은 다수당의 의회독재를 제도화하기 위한 비민주적 내용을 담고 있었다. 거듭 거부권을 행사하는 대통령 윤석열의 직무가 정지된 상태에서 권한대행 한덕수를 만만하게 본 민주당은 이의 통과를 기대했으나 사심없는 노 행정가 한덕수는 국가를 위해 이를 거부하는 용기있는 결정을 한 것이다.

그들의 말을 듣지 않는 한덕수를 권한대행직 수행 단 2주만에 탄핵으로 직무를 정지시켜버린 이유다.

뒤를 이어 권한대대행이 된 최상목 부총리는 2025년 1월 14일 고교 무상교육 관련 법안을 거부한다. 이어 21일에는 방통법개정안, 초중등교육법개정안, 반인권적 국가범죄 시효에 관한 법안 등 3개 법안에 대해서도 거부한다. 문재인 정권에서 본 것처럼 KBS를 좌익정권의 선전매체로 조종하기 위해 수신료를 다시 한전의 전기비 징수에 포함시키는 내용, 디지털 기반 교육혁신의 세계적 추세에 반한다는 비판을 받으면서도 이념교육에 부적합하고 북한과의 격차를 더 벌이게 될 AI디지털 교과서 도입을 방지하는 법안, 공권력을 집행한 공무원과 그 가족에게까지 무기한으로 민형사 소송에 노출되도록 함으로써 체제 변혁 후 우익 국민과 공무원에 대한 대숙청의 법적 근거를 마련하기 위한 내용 등 모두가 사회주의적 내용이었다. 내용을 세밀하게 들여다 보면 모두가 무서운 법안이다.

체제 변경을 거부한 윤석열의 반혁명

2025년 2월 7일 이재명은 자신의 팬카페에서 "반민주, 극단세력의 반동은 마지막 순간까지 지속될 것"이라며 개딸들이 다음날 열릴 광화문 집회에 참석할 것을 독려했다. 그는 1월 28일에도 자신의 페이스북을 통해 "독재, 반민주, 극단주의 세력의 반동"을 말했다. 대한민국 정치 지도자들은 '반동'이라는 말을 쓰지 않는다. 정치적 부담이 적은 방송 패널들의 논쟁에서나 사용될 뿐 정치 지도자들에게는 금기어다. 6.25전쟁 당시 인민군이 대한민국 전역을 점령하고 있던 약 2~3개 월 동안 남한지역 곳곳에서는 혁명재판이라고 불리는 인민재판이 열렸고 완장을 찬 혁명군 재판관이 내리는 가장 엄중한 죄목은 반동이었다. 반동분자로 낙인 찍히는 순간부터 숙청이 따랐고 비린내 나는 피를 흩뿌렸다. 인민재판을 통해 지주 지식인 공무원 경찰 등 많은 국민이 희생된 이 일을 감추기 위해 전쟁이 끝난 후 지금까지 종북좌익 진영에서조차 반동이라는 단어는 결코 입에 올리지 않는다. 그런데 대통령 윤석열을 무너뜨리는 반란의 수장인 이재명의 입에서 이 용어가 다시 등장한 것이다.

'반동'은 좌익세력과 좌익이념을 자신의 이기심과 탐욕에 이용할 뿐 정치적 철학이나 이념을 갖추지 못한 이재명이 스스로 선택한 단어는 아닐 것이다. 감옥행이 예정된 다급한 이재명의 입을 빌려 '반동'을 정치의 중심에 다시 등장시킨 것은 여전히 민주당의 최대파벌인 주사파일 것이다. 김민석 정청래 박선원 등 당 내의 측근에다 정진상 등 당 밖의 측근까지 그의 주변에 널린 것이 주사파가 아닌가. 그들이 지목하는 반동의 수괴 반동의 우두머리는 대통령 윤석열이 분명하다. 대한민국의 체제를 좌익으로 변경하는 그들의 혁명에 제동을 거는 대통령은 그들에게 반동으로 보였을 것이다. 그들의 혁명에 반혁명으로 덤빈 윤석열은 그들에게 반동분자였다. 그들이 윤석열을 탄핵시켜야 했던 이유다.

윤석열은 자신의 직무가 정지된 후 혼란스러운 정국에서 국민의 관심이 덜한 틈을 타 단 40일만에 이상의 여러 사회주의 법안이 국회를 통과하고 다시 국무회의에 올려지는 것을 보며 대한민국은 이미 좌익의 손아귀에 있으며 그들은 완전한 체제 변경을 위해 일관되고 치밀하고 집요하게 움직이고 있다는 사실을 알았을 것이다. 그리고 자신의 비상계엄이 좀 더 일찍 선포되어야 했다는 사실도 깨달았을 것이다. 지금의 이 대한민국 땅에 좌익국가화를 막는 일보다 더 엄중하고 긴급한 일이 또 있을까. 그의 비상계엄은 늦었지만 꼭 필요한 것이었고 그래서 정당한 것이었다. 윤석열의 반혁명은 실패했다. 윤석열이 실패한 이 엄중한 일은, 좌익의 혁명을 저지하는 이 반혁명은 이제 국민인 우리의 일이 되었다.

그리고 반란

2024년 12월 3일 밤 10시 20분 대통령 윤석열은 긴급담화로 비상계엄령을 선포한다. 이어 밤 11시에 첫 번째 포고령을 발표하면서 계엄령은 발효된다. 두 시간 후인 4일 새벽 1시 국회 재석의원 190명 전원의 찬성으로 비상계엄 해제 요구안이 통과되고 4시 30분 국무회의에서 계엄해제를 의결한다. 계엄은 그렇게 종료된다. 민주당 의원들은 마치 기다렸다는 듯 이 6시간의 계엄을 '내란'으로 불렀고 언론 매체들은 이를 무비판적으로 그대로 전달한다. 그렇게해서 계엄은 내란으로, 현직 대통령은 내란수괴로 불려진다. 12일 대통령은 비상계엄을 선포하게 된 이유를 설명하는 대국민 담화를 발표한다. 여당 대표인 한동훈이란 책똑똑이 세상바보는 이를 두고 "사살상 내란을 자백하는 취지"라는 논평을 낸다. 이때부터 언론도 국민도 모두 대통령의 비상권한 행사를 주저없이 내란으로 부르기 시작한다. 대한민국이 집단 착란에 빠진 것이다.

1. 6시간의 계엄 123일의 난리

3.1절이 막 지난 2025년 3월 3일 대통령 탄핵을 반대한다는 청소년 80명이 광화문 이순신 동상 앞에 모였다. 그들은 "학생들은 이런 일에 나서지 말고 공부나 하라고 하시는데, 오늘 우리가 침묵하면 내일 우리가 살아갈 대한민국은 법과 질서가 무너진 혼란 상태일 것"이라고 말했다. 그들은 "불법탄핵 각하하라" "나는 공산당이 싫어요" "부정선거 가짜 국회"가 적인 손팻말을 들고 있었다. 성남에서 왔다는 한 고등학생은 "내일이면 개학이지만 나라가 살아야 나도 공부할 수 있다는 생각으로 광화문에 왔다"고 말했다.(조선일보, 2025.3.3) 이 청소년들은 자신들이 살아가야 할 이 나라 이 땅을 걱정하고 있었다. 그들은 윤석열이 쫓겨난 대한민국이 문재인의 세상에서 그랬던 것처럼 거짓과 조작과 불법과 불공정이 만연하고, 가계와 기업과 국가 등 모든 경제 주체의 부채가 기하급수적으로 늘어나고, 미국을 비롯한 자유진영의 선진국과는 등을 지고 북한에는 마음껏 퍼주는 그런 이재명의 세상을 걱정하고 있었다. 한 달 후 윤석열은 탄핵되었다. 내일의 대한민국을 걱정하는 그들의 바램과는 다른 결과였다. 그렇게 윤석열은 죽고 이재명의 세상이 왔다.

거짓의 12월

12월 3일 밤 대통령 윤석열은 비상계엄을 선포하기 위해 소집한 국무회의에서 "오래 가지 않을 것"이라고 말했다. 그가 선포한 계엄은 국회의 요구로 6시간만에 종료되었다. 이 6시간 동안 어떠한 유혈의 충돌도 없었다. 자신이 연평도 꽃게밥이 되었을 것이라 말하고 국민 5천 명, 1만 명 학살 계획 운운한 이재명의 말과 "내란이 성공했으면 내가 죽었을 것"이라고 한 정청래의 말은 국민을 오래 속여먹기 위한 수작이다. 그들의 반란이 이유가 없고 정당한 것이 못되고 그래서 국민이 진실을 알게 될까 두려워 꾸며낸 말이다. 윤석열은 헌법이 명문으로 보장하는 대통령의 비상 권한을 행사하면서도 충격을 최소화했다. 민주당은 후에 대통령의 계엄 선포로 경제에 충격이 컸다고 선전했다. 아니다. 경제 충격은 대통령의 정당한 권한 행사를 내란으로 몰아가는 선전 선동과 좌익 법률가들이 담합하여 현직 대통령을 체포 구금하며 국정을 혼란과 비정상 상태로 만들었기 때문이다. 그래서 충격을 확대하고 마침내 나라를 망국의 지경으로까지 몰아간 것은 이재명과 민주당이다. 이 모든 어이없는 결과는 윤석열의 비상계엄 때문이 아니다. 대통령의 합법적 권한 행사를 위헌으로 규정하고 내란으로 몰아간 이재명과 민주당의 반란 때문이다.

탄핵소추안 1차 표결이 있었던 12월 7일 국회의사당 앞에는 주최측 추산 100만, 경찰 추산 16만 명이 모여 윤석열 탄핵을 외쳤다. 광화문과 부산 대구 등에서도 시위가 있었다. 광화문에는 탄핵 반대측 시위도 있었으나 언론은 압도적으로 찬성 시위만 보도했다. 13일의 시위에는 박근혜 탄핵 때 그랬던 것처럼 가수 이승환이 또 나왔다. 그는 무료 공연을 하고 시위 주최측에 1000만 원을 기부했다. 그는 "윤석열이 나보다 5살 밖에 많지 않으니 존대를 쓸 필요 없다"고 했고 시민들은 이 말에 박장대소하며 즐거워 했다. 탄핵소추안 2차 표결이 있었던 14일에도 국회 앞에는 주최측 추산 200만, 경찰 추산 24만 명이 모여 '내란수괴 윤석열 즉각 탄핵'을 외쳤다. 곧 구속될 조국은 "작은 이별 선물"이라며 음료 333 잔을 선결제했다. 영화감독 박찬욱은 빵을 제공했는데 이 빵에는 '윤석열과 헤어질 결심'이라는 스티커가 붙어 있었다. 이 외에도 탄핵 찬성을 외치는 집회는 여러 곳에서 열렸고 자주 열렸다.

　시위대에 모인 사람들이 대통령 윤석열에 대해 탄핵을 주장하는 이유는 한마디로 윤석열이 내란의 수괴이기 때문이었다. 국회에서는 법률 용어인 '내란 우두머리'로 표현했으나 시위대와 방송 패널로 나온 민주당의 싸구려 스피커들은 한결같이 내란 수괴라고 불렀다. 그들이 말하는 '민주화 운동' '진보'가 거짓의 선전 선동의 언어이듯 내란 수괴도 그러했다. 정치에 대한 식견이 부족하고 생계의 일에 바빠 생각할 시간이 부족한 국민에게 반복적으로 말하는 '내란 수괴'는 더 이상 설명할 것도 더 이상 의심할 것도 없는 강력한 선동의 언어였다. 88명은 입을 닫고 20명 정도만 겨우 말을 하는 한심한 국민의힘의 전투력으로는 결코 막을 수 없는 강력함이 있었다. 윤석열을 내란 수괴로 만든 것은 위헌 위법과 거짓과 조작과 선전 선동이다. 헌법에 명시된 대통령의 권한 행사를 내란으로 규정하는 것은 위헌이다. 홍장원과 곽종근의 조작된 증거와 짜맞춘 증언은 박선원 박범계 김병주 모략극이다. 거짓과 조작으로 버무린 모략으로 대통령 윤석열은 내란 수괴가 되었다. 이를 참으로 믿은 국민이 광장에 모여 윤석열 탄핵을 외친 것은 이재명과 민주당의 거짓 선전과 선동에 속은 것이다. 2024년 12월, 대한민국은 거대한 거짓의 시간이었다. 지옥문은 그렇게 열렸다.

의심의 시간 1월

현존하는 최고 권위의 헌법학자인 경희대의 허영 교수와 중앙대의 이인호 교수는 민주당의 내란몰이 초반부터 권력을 가진 현직 대통령의 내란은 성립되지 않는다는 메시지를 반복해서 내놓았다. 그러나 행정권력까지 완벽하게 뒤집을 수 있다고 자신한 민주당이 앵무새처럼 지저귀는 내란과 내란수괴를 언론조차 이를 무비판적으로 전하며 당대 최고 학자들의 학문적 견해는 일반 국민들의 귀에 제대로 닿지 않았다. 20세기 러시아 중국 동독 쿠바 등에서 이미 경험한 바와 같이 공산당의 혁명기에는 최고 학자들의 고견은 얼치기 선동가들이 민중을 선동하기 위해 맹렬하게 짖어대는 엉터리 언설과 궤변을 이기지 못한다. 윤석열을 끌어내리기 위해 미쳐 날뛰던 12월과 1월이 꼭 그러했다. 그러나 이런 분위기는 1월 중순이 지나며 달라지기 시작한다. 많은 국민이 대통령 윤석열의 내란을 의심하기 시작했기 때문이다.

12월을 집어삼킨 대통령 내란몰이의 핵심 증인인 홍장원의 국정원 공작금 착복과 결혼생활의 추문 등 사실이라면 추잡한 사생활 문제, 그리고 민주당 정치인들과 인사청탁을 할 정도로 한 패거리였다는 점 등 일부 언론이 제기한 의혹이 국민 사이에 널리 회자되면서 대통령을 내란범으로 몰아가는 근거가 된 홍장원의 증거와 증언은 신뢰성이 급격히 떨어진다. 이미 12월부터 얼굴을 드러내고 마이크 앞에 설 때마다 달라지던 곽종근의 발언 역시 1월이 되자 바뀌고 뒤집히기를 반복한다. 이와 함께 홍장원과 곽종근의 증언이 민주당의 공작 전문 의원들에 의해 꾸며진 모략극이라는 사실도 윤곽이 잡힌다. 국민들은 이 내란몰이를 의심하기 시작했다. 여기다 오동운의 공수처가 7000명 이상의 경찰을 동원하여 폭력적으로 대통령을 체포하는 모습, 서부지법이 불법을 불사하며 발부한 영장, 민노총의 폭력에는 손을 놓고 있던 경찰과 집행유예 판결만 내리던 법원이 우익 청년들의 서부지법 점령에는 시퍼렇게 대응하는 장면은 이게 과연 어느 쪽의 내란인가를 의심하는 결정적 계기가 된다. 또한 우익진영의 법률가와 지식인들에 의해 문형배 이미선 정계선 마은혁 등 헌재 재판관들의 좌익 본색이 국민에게 널리 알려지고 이를 증명이라도 하듯 문형배가 이끄는 헌재는 불공정하고 편파적으로 재판을 진행했으며 그 노골성은 국민을 분노케 하고 있었다. 민주당의 모략이 발각되고 여러가지 진실이 하나씩 모습을 드러내며 국민은 의심하기 시작했다. 이 난리가 윤석열의 내란이 맞는가. 이재명의 반란이 아닌가.

발악하는 2월

1월부터 바뀌기 시작한 민심은 2월부터는 숫자로 나타난다. 2월 초순부터 윤 대통령에 대한 지지의 비율과 헌재의 문형배에 대한 불신의 비율 둘 모두 50%가 넘는 여론조사가 이어졌다. 그리고 현직 대통령의 합법적 권한 행사를 내란으로 몰아가는 이 어이없는 상황을 늘 안타깝게 바라보던 90 노구의 허영 교수는 거듭 나서서 "탄핵을 밀어붙이면 폭동이 일어난다"고 경고하며 헌법에 명시된 국민저항권을 설파한다. 이렇게 단 두 달만에 뒤바뀐 민심에 이재명과 민주당은 놀란다. 그리고 발악한다. 그들의 거짓과 조작과 모략이 틀킨데 대한 낭패감과 두려움에 기인한 그들의 발악은 국민인 우리가 상상할 수 있는 그 이상이었다.

이 탄핵정국에 혜성처럼 나타나 대통령 탄핵의 부당성을 강의하며 국민을 계몽하고 있던 한국사 강사가 있었다. 전한길 씨다. 같은 직업을 가진 호남 출신의 한국사 강사 황현필은 3살이나 위인 전한길에게 사람 xx인가 싶다"라고 했다. xx는 황현필의 성향을 보나 문맥으로 보나 '새끼' 혹은 '자식' 쯤 될 것이다. 수준 낮은 좌익 역사강사의 발악이다. 민주당은 구치소에 갇힌 대통령을 면회한 여당 의원들을 향해 "내란동조 세력"이라 비난했고 탄핵반대 집회에 참석하여 애국가를 부른 경북지사 이철우를 정치중립 위반 혐의로 고발하겠다고 엄포를 놓았다. 이 무렵 민주당 주변에서 시작하여 좌익 성향의 언론에까지 널리 퍼지기 시작한 '윤 대통령 하야설'과 '탄핵 8대0 파면 확실설' 역시 탄핵의 기각 혹은 각하에 대한 그들의 두려움에서 나온 발악이다. 이 탄핵이 실패하면 감옥행이 뻔한 이재명의 발악은 더 볼만하다.

1월 31일 이재명은 등소평의 흑묘백묘론을 들먹이며 자신의 대표적 포퓰리즘 정책인 민생지원금 포기를 시사했다. 웬일인가 했던 궁금증은 곧 풀렸다. 2주 후 그는 35조 원 규모의 초대형 추경안을 들고 나온다. 뒤집히고 있는 민심을 돌려놓기 위한 발악적인 돈질 추파였다. 2월 중순에는 "독살, 폭사, 확인사살 하려던 윤석열 파시즘"이라며 이미 명백한 거짓으로 드러난 김어준 암살설의 새로운 버전을 내놓더니 3.1절 집회에서는 "내란이 계속되었다면 연평도 바닷속 꽃게밥이 되었을 것"이라며 국민을 공포의 문으로 몰아갔다. 이런 이재명을 두고 한 네티즌은 "꽃게도 너는 먹지 않을 것"이라고 했다. 이 말은 애국 국민에게 큰 위안이 되었다.

2월 19일 민주당은 헌재의 문형배 이미선 두 재판관의 퇴임을 앞두고 임기연장법을 발의한다. 헌재 재판관의 임기를 규정한 헌법 제112조 위반이다. 다급한 그들은 위헌을 개의치 않았다. 같은 날 이재명은 "민주당은 진보가 아니다. 보수도 우리몫이다. 중도 보수로 오른쪽을 맡아야 한다"고 했고 이에 대해 기자들의 질문이 빗발치자 민주당의 좌익 정책을 총괄하는 진성준은 당일 "민주당은 중도 보수가 맞다"고 맞장구 쳤다. 이를 두고 좌익 진영의 비판이 쏟아지자 이재명은 "민주당은 본시 중도정당"이라며 한 발 빼더니 곧 "사실은 중도를 잡기 위한 것이었다. 우리는 진보 아닙니까"라고 말을 뒤집었다. 그는 발악의 단계를 넘어 미쳐가고 있는 듯 보였다. 논객으로 활동하는 언론인 최병묵은 여기에 이심삼일李心三日이라는 이름을 붙였다. 이러한 자신의 '우클릭 다시 좌클릭'에 대해 이재명은 "난 원래 제자리"라고 말했다. 그는 국어사전과 국민을 동시에 희롱하고 있었다. 드러나는 거짓과 진실, 뒤집히는 민심에 이재명은 발악하고 있었다. 이런 사람이 대통령이 되다니. 하느님이 있기나 한지.

막가는 3월

2월 1일 빗속의 부산역 광장에는 13000여 명의 시민이 모여 탄핵 반대를 외쳤다. 서울 광화문의 반탄 집회가 지방으로 확산된 것이다. 2월 8일에는 동대구역 광장에 5만여 명이, 15일에는 광주 금남로에 찬탄 1만과 반탄 3만 명이 집회를 열고 서로의 주장을 외쳤다. 22일에는 대전에서도 집회가 있었다. 북상하던 탄핵 반대의 목소리는 3월 1일 서울에서 반탄 14만, 찬탄 2만의 규모였다. 반탄 시민의 규모가 찬탄의 7배로 커진 것이다. 전날인 28일 최상목 권한대행에게 마은혁을 임명하지 않으면 권한대행으로 인정하지 않는다고 협박하던 박찬대 등의 민주당은 3.1절의 이 시위규모에 놀란 듯 했고 반란의 수괴 이재명은 겁을 먹은 듯 보였다.

이때부터 그들이 본격화 한 전술은 전방위적인 압박과 위협과 협박이었다. 민심을 따르는 것이 아니라 민심을 거스르는 전술이었다. 이재명은 "국민의힘은 불난 호떡집처럼 윤 대통령을 단절할 것이다. 곧 배신이 대세가 될 것이다"(3월 3일)라며 배신자 한동훈과 그의 졸개 20여 명, 그리고 이곳저곳을 눈치보는 일 외에는 아무것도 하지 않는 비대위원장 권영세가 이끄는 무기력한 여당에 대한 이간질과 함께 "최상목은 위헌과 불법을 밥먹듯이 한다. 명백한 범죄행위다"라는 등 겁주기도 잊지 않았다. 그는 "이재명은 합니다"라는 자신의 선거 구호에 썩 어울리게 행동하고 있었다. 이재명은 이간질도 겁주기도 모략질도 모두 잘 하는 독보적 정치인이었다. 초조한 그는 자신의 사악함을 감추지 않았다.

3월이 되자 미국과 유럽 언론은 대한민국의 탄핵사태를 두고 탄핵이 인용되면 미군철수 문제가 위험한 이슈로 떠오를 것이라며 우려를 표시했다. 국내의 우익성향 유튜버들과 같은 논조였다. 그러나 이를 전하는 국내 언론은 극소수였고 좌익 언론은 '극우세력의 음모론을 해외언론이 보도했다'는 정도로 간단하게 전했다. 3월 6일 여당의 성일종 의원은 민주당이 곽종근을 죽이겠다고 겁박하며 함께 꾸민 내란몰이 공작의 전모를 폭로했다. 내란몰이 초기 그들의 모략극에 곽종근의 협조를 얻기 위해 민주당이 약속했던 변호사 조력을 중단하자 배신감을 느낀 곽종근이 진실을 말하기 시작한 것이다. 이용가치가 끝난 곽종근을 버린 것이다. 좌익의 본색이다. 곽종근의 지인은 "내란죄로 엮겠다며 양심선언 하란다"라는 내용이 든 전화녹음도 공개했다. 이때부터 이재명과 민주당의 발악버튼은 본격적으로 풀리기 시작한다.

　민주당은 법원이 대통령의 구속을 취소하자 검찰을 향해 "즉시 항고하지 않으면 내란 공범임을 자백하는 것"이라는 내용의 당 성명서를 내더니(3월8일) 늙은 모략꾼 박지원은 "14일까지 윤석열 탄핵심판을 선고하지 않으면 대한민국은 뒤집어진다"(3월 11일)고 말했다. "헌재의 잘못된 결정과 선고지연은 폭동으로 이어질 수도 있다"(3월 29일)는 겁박도 빠뜨리지 않았다. 이재명은 마은혁을 임명하지 않고 버티는 최상목을 향해 "누구나 최상목을 체포할 수 있다. 현행범이다. 몸조심하라"(3월 19일)고 말했다. 조폭 두목의 언어였다. 개딸들을 향해 최상목에게 테러를 가하라는 지령으로 들렸다. 같은 패거리인 민노총도 가세하여 "헌재가 26일까지 탄핵선고일을 정하지 않으면 27일부터 총파업에 들어가겠다"(3월 21일)며 헌재를 겁박했고 이재명은 "윤석열 탄핵이 기각되면 나라가 망할 것"(3월 22일)이라는 극언까지 배설했다. 좌익의 또 하나의 패거리인 전교조는 "윤석열 즉시 파면"을 주장하며 시국선언에 동참할 교사를 모집한다고 했다.(3월 26일) 교사단체의 명백한 정치중립 의무 위반이다.

　이어 민주당의 초선의원들은 "30일까지 마은혁을 임명하지 않으면 국무위원 모두를 탄핵하겠다"(28일)고 겁박했다. 국민의 대표라는 본분을 버리고 이재명의 졸개가 된 한 무리 초선 국회의원들의 충격적인 반란 선언이다. 며칠 후 김어준은 그의 개인방송에 나온 초선의원 6명에게

"줄탄핵, 재판관 탄핵, 상상력을 발휘하라"고 말했고 백승아 의원은 "새겨 듣겠습니다"라고 대답하는 영상이 공개된다. 국무위원을 모두 탄핵하겠다는 협박은 거짓의 마왕 김어준이 이들 초선의원들에게 내리는 지령으로 보였다. 28일에는 "국정 무력화 시나리오"가 담긴 찌라시가 등장한다. 우익진영의 탄핵 방어전선을 허물기 위한 교란술이고 심리전이었다. 이런 민주당의 공세를 두고 나경원 의원은 "민주당의 내각 총탄핵 겁박은 내란 선언이다"라고 했고 장동혁 의원은 "북한 전체주의에서나 가능한 일이다"라며 비판했다.(3월 29일) 민주당의 이러한 행태는 국가 전복을 준비하다 헌법재판소에 의해 강제로 해산된 10여 년 전의 통진당을 연상케 했다. 아니다. 통진당 그 이상이었다.

아, 4월 4일

헌재가 4월 4일을 탄핵재판 결정선고일로 발표한 것은 4월 1일이다. 이 발표를 전후로 민주당과 이재명의 발악은 극에 달한다. 3월 31일 민주당은 '마은혁 자동 임명법'을 발의하며 마은혁을 임명하지 않고 버티는 대통령권한대행 한덕수를 징역2년 이하에 처할 수 있는 내용의 형사처벌 입법까지 시도한다. 그리고 대통령 권한대행이 곧 퇴임할 문형배 이미선 두 재판관의 후임 재판관을 임명하지 못하도록 차단하는 법안까지 발의한다. 이날 당대표 이재명은 "윤석열 복귀는 제2의 계엄이다"라는 선동적 메시지를 낸다. '탄핵 반대 판결은 제2의 내란이다'라는 말과 같다. 탄핵 부결 판결을 내리는 헌재 재판관들도 내란세력으로 규정하여 탄핵하겠다는 겁박이었다. 월요일인 31일 아침 광화문 천막당사에서 민주당 최고위원회의가 열렸다. 이재명도 참석한 이 자리에서는 제주4.3사건과

5.18을 들먹이며 "윤석열이 복귀하면 유혈사태가 일어날 것"이라고 했다. 그들은 미쳐가고 있었다.

　다음날에는 전대협의 끝물인 박홍근 의원이 나선다. 그는 "윤석열 탄핵을 기각하면 불복하겠다. 헌재가 불의한 선고를 하면 불복과 저항운동을 선언하자"고 했다. 당시 국민 사이에서는 어떠한 유혈사태의 징후도 없었다. "당대표에 대한 테러 제보가 있었다"면서도 경찰에는 수사를 의뢰하지 않은 채 방탄조끼를 입고 나오는 이재명의 자작극이 오히려 폭력으로 보였을 뿐 그외에는 어떠한 폭력의 조짐도 없이 국민은 조용히 결과를 기다리고 있었다. 31일 민주당 의원들은 한덕수 총리 면담을 시도했다. 마은혁 임명을 압박하기 위해서다. 그러나 총리는 직무가 정지된 기간동안 밀려있는 업무로 바쁘다는 이유로 이에 응하지 않는다. 다음날 민주당 의원 다수는 종로에 있는 총리공관을 항의 방문한다. 뜻대로 되지 않게 되자 모경종 의원은 이런 쓰레기 언어를 배설한다. "아이고 정말, 저걸 국무총리라고" 호남 출신의 35세 초선인 모경종은 아버지뻘인 국무총리를 향해 이렇게 말했다. 그는 패륜적 말과 행위로 승승장구하고 있는 장경태와 김용민의 계보를 잇기로 한 듯 보였다. "아이고 정말, 저걸 국회의원이라고"하는 국민의 개탄이 그의 귀에 들어가길 바랄 뿐이다. 이런 형편없는 인성을 가진 청년은 자신의 동네를 벗어나면 안된다. 공적 자리에 앉아서는 더욱 안된다. 박지원과 정청래와 최민희를 잇는 이런 젊은 저질 정치인들을 정치권으로 유입시키는 민주당은 대한민국을 붕괴시키기로 작정한 집단이 분명하다.

　28일 오전에는 "정형식 재판관 인용으로 돌아설 기미"라는 내용의 찌라시가 돌았다. 일주일 후 이것은 딱 맞아떨어진 찌라시로 판명난다. 이 찌라시가 말하는 것은 민주당과 헌재 재판소장대행 문형배가 정형식에 대해 공작을 했다는 것이다. 헌재의 선고일이 4월 1일로 발표되기 전인 3월 30일 일요일 밤 정청래가 선고일이 4월 4일로 잡혔다는 사실을 이재명에게 보고하자 이재명이 격노했다는 '정청래 보고설'이 유포되었다. 이 설이 사실이라면 물밑에서 공작전을 펴고 있었다는 뜻이다. 문형배는 기각 혹은 각하가 예상되던 3월말까지 선고일을 잡지 않고 시간을 끌었다. 그 사이에 사적으로 약점이 많은 정형식을 겁박하고 김형두와 김복형과 조한창을 회유했을 것이다. 그리고 민주당과 그의 공작이 성공했다는 확신이 든 4월 1일에 선고일을 발표했을 것이다.

　선고를 이틀 앞둔 4월 2일 이재명은 헌재의 결정을 승복하겠느냐고 묻는 기자의 질문에 "승복은 윤석열이 하는 겁니다"라고 응수한다. 그의 이 말에 국민은 '역시 오만의 끝판왕 이재명'이라며 혀를 찼다. 그러면서도 그의 답변 태도와 말의 내용에는 공작의 냄새가 묻어났다. 혹시 믿는 구석이라도? 이 불안한 예감은 여지없이 맞아떨어진다. 4일 헌재의 문형배는 윤석열 파면을 선고했다. 그가 읽은 파면의 사유는 이재명의 민주당이 4개 월 동안 선전했던 논리를 복사하여 붙인 듯했다. 반면 허영 교수를 비롯한 법률학자들의 견해는 거의 반영되지 않았다. 오래 공부한 학자들의 견해와는 거꾸로 가는 대한민국, 오래 존속할 수 있는 나라인가. 이재명의 세상이 된 이땅에서 나의 후손들은 오래 살아갈 수 있는가. 나와 내 자식의 미래를 다시 생각해야 한다.

2. 빛의 반란

.. 아직은 얼어붙은 한겨울/ 아직은 어둠의 세력이 준동하지만.. 절정에 달한 악은 빛을 향해 물러난다/ 우리가 우금치 동학군이다/ 우리가 3.1만세 유관순이다/ 우리가 광주의 시민군이다/ 우리는 그 모든 역사이자 미래이다/ 나라가 위기에 처한 지금.. / 우린 지금 빛의 혁명을 써나가고 있다/ 우리는 선의 전위다/ 우리는 빛의 연대다 ..

'빛의 혁명'이라는 제목의 박노해 시의 일부다. 박노해는 좌익 운동권으로 알려진 시인이다. 언제 처음 발표되었는지는 알 수 없으나 '윤석열 내란'의 소리가 드높던 2024년 12월 하순부터 이 시가 등장하기 시작한다. 악과 선, 어둠과 빛을 대비하는 구도로 대한민국의 정치상황을 관조하는 박노해의 의식구조를 읽을 수 있다. 그에게 정치란 인류가 오랜 시간 발전시켜온 여러 상이한 체제 중에서 어느 것을 선호하는 선택의 문제가 아니다. 십자군이 이슬람 교도를 바라보는 듯한 종교적 문제다. 그가 선택한 좌익의 정치체제를 절대 선으로 본다는 뜻이다. 이러한 절대성은 중세 유럽의 기독교인들이 이교도를 절대 악으로 보는 분노의 근원이며 이교도를 학살해야하는 이유였다. 그에게 정치는 선택의 문제가 아니다. 선과 악의 문제다. 그의 정치적 식견은 1000년 전 십자군의 수준에 머물러 있다. 박노해 그는 좌익의 이념을 전파하기 위해 시를 도구로 삼는 공산당 선전대 쯤 될 것이다. 노래를 하고 나팔을 불고 상황극을 하는 예인藝人들로 구성된 그런 20세기 공산당의 선전대원 말이다. 박노해의 시를 널리 알리며 나선 또 다른 선전대원이 있었다. 이 반란의 수괴 이재명이 몸담은 더불어민주당의 교육연수원장을 지낸 박구용이다.

이재명의 빛의 혁명과 박구용

"빛의 혁명을 수행 중이다. 윤석열을 파면하고 옹위세력을 뿌리 뽑아 내란을 완전 진압하겠다"(2024.12.27, 한덕수 탄핵을 앞두고) / "민주당이 주권자의 충직한 도구로 거듭나서 꺼지지 않는 '빛의 혁명'을 완수해 나가겠습니다"(2025.2.10, 국회 교섭단체 연설 중) / "함께하는 세상, 오월 정신으로 빛의 혁명으로 완수하겠습니다"(2025.3.18. 광주 5.18 묘지 참배 방명록). 이렇게 '빛의 혁명'을 말하고 또 말한 이재명은 5월 12일 서울 광화문 청계광장에서 대통령 후보로서 첫 유세를 시작하며 "빛의 혁명 광화문"이라는 타이틀을 내걸었고 "광화문은 '빛의 혁명'의 상징적인 공간이다"라는 부연설명을 붙였다. 좌익 혁명본부의 최고 령도인 이재명만 '빛의 혁명'을 말한 것은 아니다. 좌익 진영 전체가 이를 입에 올렸다. 윤석열 파면을 선고한 4월 4일 서울 시내 곳곳에서는 좌익의 집회가 열렸다. 여기 나온 한 시민은 "국민들의 빛의 혁명으로 윤석열 독재정권을 몰락시켰다"고 했다.(오마이뉴스, 2025.4.5) 12월에 등장한 '빛의 혁명'은 이 혁명의 우두머리 이재명부터 좌익의 시민에 이르기까지 널리 쓰이는 구호였다. 빛의 혁명, 이재명과 그의 세력이 빛의 속도로 반란을 일으키며 내건 구호였다. 빛의 혁명은 곧 빛의 반란이었다.

이재명과 그의 추종자들과 좌익의 시민들이 말하는 이 '빛의 혁명'이 얼마나 무서운 구호인지는 이재명의 세상에서 알게 될 것이다. 조웅천 전의원이 예고했다. "이재명 선거캠프에서는 촛불혁명 대신 '빛의 혁명'이라고 하더라. 불길하다. 6월 4일부터 내란동조세력 척결에 들어갈 것이다. 우두머리는 이미 잡혔으니 중요 임무 종사자와 부회뇌동한 자를 색출한다고 난리칠 것이다"(신동아, 2025.5.20) 누가 성경의 한 구절을 읽어주며 이 말의 의미를 설명해 주었다. "사탄도 자신을 빛(광명)의 천사로 가장하나니, 그러므로 사탄의 일꾼들도 자기를 의義의 일꾼으로 가장하는 것이 또한 대단한 일이 아니니라"(고후, 11:14~15) 그렇다면 이재명은 사탄일까. 그를 따르며 함께 '빛의 혁명'을 말하는 시민은 사탄의 유혹에 빠진 것일까. 박노해의 시 '빛의 혁명'을 제목으로 한 권의 책을 낸 사람이 있다. 민주당 교육연구원장을 지낸 박구용이다.

박구용은 2025년 1월 '빛의 혁명과 반혁명 사이'라는 제목의 책에서 이를 길게 설명하고 있다. 먼저 해두어야 할 말이 있다. 그는 탄핵정국에서 2030세대 남성들의 대통령 윤석열에 대한 지지가 높게 나타나자 이들을 향해, 특히 서부지법 사태에 가담한 젊은이를 향해 "사유는 없고 계산만 있다. 그들을 어떻게 소수로 만들 것인가를 고민해야 한다. 그들 스스로 말라 비틀어지게 만들고 고립시켜야 한다"고 말했다. 또한 "(좌파) 집회에 젊은 여자들 많이 나온다더라"며 2030 남성들이 좌익의 시위로 나오라는 뜻으로 말하다 "시위 참가 여성들이 미끼상품이냐"는 비판을 받고는 "얼마나 철학적이냐"며 비아냥거렸다. 이에 대해 그는 김어준의 뉴스공장에 나와 "제가 사고를 좀 쳤다"며 웃으며 말했다. 사과가 아니었다. 성공적으로 국민의 정신을 어지럽혀 놓은데 대한 자랑으로 들렸다. 이 논란으로 그는 2월에 민주당 교육연구원장 자리를 사퇴한다. 이재명의 빛의 혁명은 문재인의 촛불혁명보다 10배 쯤 더 무서운 구호가 될 것이다. 이미 예고된 인민재판과 뒤이은 숙청에는 이 구호가 쓰일 것이다. 그래서 박구용이 설파한 '빛의 혁명'을 알아야 한다. 박구용은 민주당의 당직을 맡은 사람이다. 막대한 국민 세금을 사용하는 민주당의 당대표를 위시한 모든 국회의원과 당직자는 세금을 내는 국민의 평가와 비판의 대상이다. 자연인이 아닌 민주당 당원의 교육을 담당했던 교육연구원장 박구용은 그래서 국민의 평가 대상이다. 그에 대해 말한다.

박구용은 철학자인가

박구용은 50대 후반 나이의 전남대 철학과 교수다. 전북 순창 출신이다. 독일 유학에서 마르크스론을 연구했다. 마르크스 이론을 선택한 모든 공산국가에 극악의 억압과 비참한 빈곤을 낳은 후 20세기 중반에 이미 종언을 고한 마르크스 이론을 그는 비판적 시각으로 공부한 것 같지는 않다. 21세기인 지금 정치이념과 정치철학의 분야에서 마르크스 이론은 비판적으로 다루어진다. 전세계적으로 압도적인 경향이다. 독재정치와 인민의 생활물자 부족을 초래하는 허구적이고 비현실적인 이론으로 결론났기 때문이다. 그러나 박구용은 실패한 마르크스 이론을 비판적으로 수용하는 대신 이 이론이 제시하는 허구적 유토피아에 빠져들어 그것을 추종하는 듯 보인다. 그는 공산주의가 지배한 20세기의 화석일 것이다. 아직도 기어 다니는 공산주의 공룡이거나.

박구용의 책 '빛의 혁명과 반혁명 사이'는 대통령의 계엄 선포를 반혁명과 혁명이 충돌한 것으로 규정한다. 국민의 투표로 선택된 현직 대통령이 헌법에 명시된 권한을 행사한 통치행위를 그는 반혁명으로 규정한다. 그리고 이를 내란으로 규정하고 직무를 정지시킨 그들의 반란을 혁명으로 본다. 역사에 수시로 등장하는 전형적인 반란세력의 논리다. 그의 책은 '윤석열이 이끄는 반란군이 반혁명을 일으켰고, 시민들이 반혁명 반란군의 폭력에 맞서 맨몸으로 대한민국의 변화를 이끌어갈 혁명을 시작했다'는 종북좌익 진영 전체의 시각을 고스란히 담고 있다.

책 1부에서 그는 '악의 평범성'을 통해 사고하지 않으면 누구나 악마가 될 수 있음을 지적한다. 국민의 '생각없음'이 악마를 부른다는 의미다. 생각없는 국민이 악마인 윤석열을 불렀다는 뜻이다. 종합 거대 범죄자인 이재명이 아닌 현직 대통령을 악마로 보는 그의 시각이 놀랍다. 이 사람은 철학자인가 아니면 실패한 마르크스주의를 실현하려는 공산당 선동가인가. '생각 없는 국민'은 좌익 혁명가들이 국민을 선전선동의 대상으로 보는 기저 인식이다. 그는 국민을 향해 윤석열과 그 주변인을 악마로 인식하게 만드는 선동가다. 정치를 국민의 '이성적 선택 행위'가 아닌 '선과 악을 나누는 신념'으로 인식하는 좌익의 의식 구조다. 더구나 온갖 범죄를 저지르고도 자신 한 몸 감옥가지 않기 위해 국가의 형사사법 제도를 통째로 붕괴시키고 있는, 진짜 악마처럼 보이는 이재명에 대해서는 어떤 비판도 하지 않는다. 마르크스주의자 박구용은 그래서 악마편이다.

책 2부에서는 '윤석열 정권 내부에서 숨쉬던 반혁명의 기운'을 말하고 '법치주의와 자유의 의미'를 말한다. 윤석열 정부에서 문재인이 급격하게 진행시킨 사회주의화와 북한화를 바로 잡으려 한 것을 그는 반혁명

으로 규정한다. 그렇다면 그가 말하는 '빛의 혁명'은 좌익혁명이 분명하
다. 자유민주주의 체제를 선택한 우익의 국가인 대한민국을 좌익의 체
제로 전환시키는 혁명은 쿠데타요 반란이다. '법치주의의 의미'라면 지금
대한민국의 법치주의를 압도적으로 파괴하고 있는 세력은 민주당이다.
그 중에서도 이재명은 법치주의 파괴의 두목급이다. 그러나 이에 대해서
도 그는 함구한다. 자유의 의미? 카톡검열처럼 국민의 가장 기초적인 자
유마저 박탈하겠다고 겁을 주는 민주당 의원을 비판하지 않는 그가 자
유를 말할 수 있는가. 대통령 자리를 지킨 5년 동안 '자유'를 말한 적이
거의 없었던 문재인, 자유를 말하지 않음으로써 자신이 공산주의자임을
암묵적으로 인정한 문재인이 차라리 솔직하지 않는가.

　　3부 '반혁명을 이겨낼 혁명을 위하여'에서는 제7공화국을 제시하고
빛의 혁명을 완수하기 위한 과제들을 말하고 있다. 제7공화국? 현대 정
치학의 민주주의 담론에서 자유민주주의와 인민민주주의를 구분하고
이를 비교하는 일은 제1의 주제다. 이 두 체제에 대한 선택을 말하지 않
는 그의 제7공화국은 문재인이 말한 '조선인민공화국의 남쪽'일 것이다.
정치이념 즉 이데올로기는 정치학의 영역이다. 순수철학을 공부한 그는
마르크스의 이론을 정치학의 시각이 아닌 철학의 시각에서 고찰했을 것
이다. 그가 좌익의 선전 선동가가 된 것은 마르크스 이론이 적용된 현실
의 결과는 보지 않고 그 이론의 유토피아적 아름다움만 본 때문이 아닐
까. 좌익을 선택한 많은 지식인들이 범했던 20세기의 그 과오처럼. 박구
용은 100년의 시간을 착오하고 있다. 그는 21세기 대한민국의 길거리를
헤매는 공룡이다.

그는 선전원이거나 선동가일 것이다

박구용은 "빛의 혁명은 민주주의를 지키고자 하는 국민들의 평화로운 의지와 집단적 행동을 상징한다. 이 용어는 응원봉과 촛불을 들고 거리로 나온 시민들의 모습을 통해 정의되었다"로 말한다. 시민을 향해 '인민민주주의'를 지키려면 촛불을 들고 거리로 나와야 한다고 선동하는 의미로 들린다. 그는 빛의 혁명의 주요 가치로 1. 대화와 연대를 중심으로 한 비폭력의 평화로운 저항 / 2. 젊은 세대와 기성세대가 공통의 목표로 나아가는 세대간 통합 / 3. 온라인과 오프라인을 아우르는 시민 참여를 통한 디지털 시대의 민주주의를 제시했다. 1과 2는 우익의 젊은 남성들을 "스스로 말라비틀어지게 만들고 고립시켜야 한다"는 그의 발언에 의해 좌익 선동가의 완벽한 빈말 혹은 거짓말로 확인되었다. 3은 김대중 이후 온라인과 광장 양쪽 모두를 먼저 장악하고 대한민국을 좌익의 나라로 만들었으니 이에 대한 장악력을 더욱 강화하여 좌익혁명을 완성하자는 의미일 것이다. 박구용은 거짓말 잘 하는 선동가다.

"학자나 정치인이 시민을 계몽시키던 시대는 끝났습니다. 이제 학자와 정치인들은 시민들의 뜻을 따라야 합니다.. 거리에서, 광장에서 당원들 사이에서 형성되고 있는 의견과 의지를 소유하려는 정치는 곧바로 퇴출당하는 시대입니다.. 이것이 시대의 흐름이라는 것을 '빛의 혁명'이 가르치고 있습니다."(빛의 혁명과 반혁명 사이, 219쪽) 그는 시민들을 계몽시키던 시대는 끝났다고 하면서 왜 당원들을 교육시키고 계몽시키는 민주당 교육연구원장의 자리를 맡았을까. 조선중앙방송 서울지국 역할을 하며 그들의 '남쪽'인 대한민국의 일반 국민을 좌익이념으로 세뇌시키는 사상

전의 선봉이 된 MBC를 지키기 위해 그가 몸담은 민주당은 방통위원장 이진숙을 몰아내기 위해 필사적이었다. 박구용은 이 사실을 모르는가. 좌익의 사람들이 대부분 그러하듯 박구용 이사람도 앞의 말과 다른 뒤의 말, 앞뒤가 맞지 않는 말, 말과 다른 행동, 행동과 다른 말을 하고 있다. 박구용 그는 좌익의 거짓 선전원이다. 또한 열혈 선동원이다. 국민인 우리가 낸 세금으로 민주당으로부터 월급을 받은 한 때 공인이었던 박구용에 대한 비판이다.

수많은 좌익 선동가 중의 한 사람일 뿐인 박구용을 비난하려는 의도가 아니다. 박노해가 이름을 짓고 박구용이 책으로 설파한 '빛의 혁명'은 우익 대통령 윤석열을 쫓아내는 데 쓰인 구호였다. 이 구호를 바로 잡아야 한다. 빛의 혁명이 아니다. 빛의 반란이다. 반란이든 혁명이든 이재명에 의해 이 구호가 실행되는 세상은 어떤 것일까. 문재인이 수많은 사람을 구속시키며 우익 진영을 궤멸시킬 때 써먹은 구호인 촛불혁명보다 10배는 더 잔인하고 파괴적인 결과를 낳을 것이다. 빛의 혁명이라는 이름으로 많은 국민의 생명과 재산과 평화로운 일상이 희생될 것이다. 그러나 내 자식들이 살아가야 할 내 나라 대한민국이 망국에까지는 이르지 않기를 기도한다. '사탄도 자신을 빛의 천사로 가장하나니'라는 성경 구절이 틀릴 때도 있기를 기도한다.

3. 좌익의 혁명 기술이 모두 등장하는 이 반란

2025년 3월 24일 헌재는 한덕수 국무총리에 대한 탄핵안을 기각했다. 국민이 판단한 8인 재판관 각자의 성향을 조금은 벗어난 결과였다. 기각 5명, 각하 2명, 인용 1명이었다. 운동권 출신의 극좌 재판관 정계선이 인용표를 던진 것은 놀랍지 않았으나 문형배와 이미선이 기각 결정을 내린 것은 의외였다. 대통령의 비상권한 행사를 내란으로 몰아가는 이 상황을 이재명이 이끄는 민주당의 내란이라고 주장하고 있던 여당과 우익 국민은 얼굴이 밝아지고 목소리가 높아졌다. 이와 함께 대통령 윤석열에 대한 탄핵도 같은 결과가 나올 것이라는 희망이 넘실거렸다. 민주당 의원들이 주도하여 꾸민 거짓과 허위의 공작으로 드러난 증거와 증언, 이에 대한 심리 미진으로 확정된 범죄는 고사하고 확인된 어떠한 범죄혐의도 없이 내란몰이 주장만 난무하는데 무슨 근거로 대통령을 파면할 것이냐 하는 주장이 주된 기류였다. 그러나 희망은 길지 않았다.

123일의 반란과 선전 선동전의 승리

총리에 대한 기각 선고 열흘 후 헌재는 윤석열 파면을 선고했다. 절반의 국민은 환호했고 절반의 국민은 절망한다. 윤석열이 탄핵되었다는 사실보다 문형배가 탄핵의 사유로 읽어내려간 파면의 사유가 민주당 사람들이 4개 월 동안 앵무새처럼 반복해온 단어와 논리를 그대로 베꼈다는 사실이 더욱 절망스러웠다. 이재명의 민주당과 좌익 법률가들과 좌익의 국민이 똘똘 뭉쳐 전개한 4개 월 간의 빛의 혁명이 성공한 것이다. 아니다. 감옥 안 가기 단 하나를 위해 발악을 하는 범죄자 이재명의 3년의 대한민국 뒤집기와 발버둥이 성공한 것이다. 아니다. 80년을 이어온 남한 좌익세력의 종북혁명이 성공한 것이다. 그렇게 이재명의 세상은 왔다.

이재명의 민주당은 계엄이 선포된 순간부터 선전전과 선동전을 전개했다. 공산주의자들의 모든 행동은 민중의 지지를 획득하기 위한 선전선동전에서 시작한다. 민주당의 혁명투사들은 좌익혁명의 이 루틴에 따라 가열찬 여론전부터 전개했다. 이 여론전의 스토리는 그들의 특기인 거짓과 조작과 모략의 공작으로 채워졌다. 민노총에 장악된 대부분의 언론은 계엄령 선포를 내란이라고 주장하는 민주당의 말을 앵무새처럼 전달했고 여기에 윤석열의 부하였던 한동훈의 배신이 더해지며 민주당의 모략은 모두 참으로 여겨졌다. 그렇게 해서 현직 대통령을 체포하는 일은 수월했으며 '이재명의 반란'은 거꾸로 '대통령의 내란'으로 둔갑하게 된다.

내란 프레임이 굳어지자 좌익은 곧 속도전에 들어간다. 이재명 박찬대 정청래 박선원 등이 지휘하는 민주당과 오동운의 공수처와 우리법연구회가 장악한 서울서부지법과 문형배의 헌재가 손발을 맞춘 그들의 속도전은 가히 빛의 속도였다. 이재명은 선전선동전과 공작전과 속도전으로 자신의 세상을 만들고 있었다. 123일의 그들의 반란은 그렇게 성공한다. 이것으로 끝이 아니다. 거대한 거짓의 쓰레기더미 위에 세워진 그들의 정권을 유지하고, 확정적 범죄인인 이재명이 감옥 안 가고, 주사파들의 과업인 종북혁명을 완성하기 위해서는 윤석열과 그를 추종하는 세력을 완전하게 궤멸시키는 연장전이 남았다. 이 연장전도 결과는 뻔하다.

윤석열이 비상계엄을 선포하고 이를 해제한 6시간 이후 민주당이 가장 먼저 전개한 전술은 공산당식 선전과 선동술이다. 대통령이 계엄을 선포하고 군대를 동원하여 국회 경내에 진입한 행위가 내란이라는 것이다. 계엄군을 동원하지 않는 계엄은 없으며 주요 인물을 체포 감금하고 언론을 통제하는 것에서 계엄이 시작된다는 상식을 깨고 이를 내란으로 몰아가기 위해 필요했던 것은 선전과 선동의 여론전이었다. 합법적으로 대한민국을 좌익의 나라로 만들기 위한 전술로 김대중 정권이래 30년 이상 발전시켜온 선전과 선동의 노하우는 민주당의 최대 파벌인 주사파와 박지원 등 호남의 정치인들이 갖춘 뛰어난 기술이다. 여기다 대부분의 언론사 노조를 장악한 민노총의 힘으로 방송 신문 등 주요 언론은 선전 선동의 보조역이 아닌 주연의 역할을 한다. 또한 좌익 정권이 막대한 국가예산을 배정하여 선동대의 예술단으로 만들어 놓은 문화계도 이에 가담한다. 그렇게 해서 민주당, 언론, 문화계는 삼위일체가 되어 전방위적인 선전과 선동전을 전개했고 결국 현직 대통령의 합법적인 권한 행사는 내란이 되고 윤석열은 내란 우두머리가 된다. 좌익의 모든 선전 선동의 기술이 동원된 123일 반란은 그렇게 성공한다. 완벽한 승리였다.

좌익의 화려한 공작과 우익의 우아한 게으름으로

거짓과 조작과 모략이 빠지는 좌익혁명은 없다. 좌익은 늘 거짓을 널리 퍼뜨리고 그것으로 분노를 유발함으로써 기존의 질서를 엎는 일에 민중이 가담하도록 선동한다. 좌익이 그들의 세상을 만드는 방법이다. 레닌 이래 모든 공산주의자들이 구사하는 수법이다. 박선원 박범계 김병주 등의 민주당 모략가들은 홍장원과 유착하고 곽종근을 겁박하여 함께 모략을 꾸미고 거짓 증거와 증언을 유포하여 현직 대통령의 내란 프레임의 기초를 만들었다. 이러한 공작으로 만들어진 거짓 증거와 허위 증언을 사법부에 포진한 좌익 혁명가인 문형배 등은 심리를 회피하고 확인을 기피한다. 입법부와 사법부가 합작한 공작이다. 좌익세력이 손발을 착착 맞춘 협업으로 공작전을 전개하는 동안 우익 정당의 지도부는 아무것도 하지 않았다. 아무것도 하지 않는 우익의 정치인들은 우아했다.

권영세와 권성동이 이끄는 여당은 자당의 1호 당원인 대통령은 포기한 채 이후의 당내 권력구조에만 관심이 있었다. 반국가 세력 만큼이나 대한민국에 해로운 존재들이다. 그것은 대통령 측근도 마찬가지였다. 파면이 선고된 4월 4일 당일 오전까지도 대통령실은 기각이나 각하에 의한 복귀를 확신하고 윤석열의 현충원 참배를 준비하고 있었다. 8년 전 박근혜의 청와대도 기각을 예상하고 해외순방 계획을 세우고 있었다. 8년의 시차를 둔 데칼코마니다. 민주당 사람들의 본색을 몰라도 너무 모르는 순진하고 바보같은 우익이다. 그들은 사실과 진실과 정의와 법의 힘을 믿고 있었을 것이다. 그래서 막후에서 헌재 재판관들과 교감하는 일도 전혀 없었을 것이다. 사법부와 막후에서 교감하는 일은 불법이라며 그런 일에도 손을 놓고 있었을 것이다. 좌익은 상시적으로 하는 이 불법을 우아하면서도 겁많은 우익의 정치인들은 하지 않았을 것이다. 그리고 국민의 상식과 사법부의 양심을 믿었을 것이다. 김대중과 노무현과 문재인의 집권 이후 이 나라에는, 적어도 정치의 영역에서는 이성적 판단을 하는 국민은 희귀하다. 지원금 25만 원에 혹하는 유권자라는 표밭만 있다. 양심적인 법관은 모두 한직에 있고 중요하고 높은 자리에는 우리법 국제법의 좌익 혁명가들과 기회주의적인 백면서생 법관들이 차지하고 있다. 박근혜도 윤석열도 이 사실을 몰랐을까. 진실과 정의를 믿고, 국민의 이성과 법관의 양심을 믿고, 자신의 우아한 자태가 훼손되는 것을 걱정하며 아무런 공작을 하지 않는 우익, 공작 전문가들만 모인 좌익, 두 번의 탄핵이 모두 뒤집어진 결과가 나온 이유다. 은밀하면서도 솜씨 있는 공작은 좌익이 이땅을 점령한 비결이다. 그렇게 윤석열을 죽이는 이 전쟁은 이재명과 좌익의 완벽한 성공으로 끝이 났다. 좌익의 뛰어난 공작의 기술과 우익의 우아한 게으름으로.

속도전

이재명이 수시로 언급한 '빛의 혁명'은 집권 후에도 문재인의 촛불혁명처럼 우익진영을 궤멸시키는 프레임으로 이용될 것이다. 문재인 정권은 우익의 주요 인물 1000명 이상을 제거할 때 늘 '촛불혁명'을 들먹였다. 빛의 혁명은 촛불혁명보다 더 많은 사람의 목을 날릴 것이다. 윤석열 정부를 어둠과 악으로 규정하는 빛의 혁명은 그래서 더 잔혹할 것이다. 민주당과 좌익 세력은 빛의 혁명을 속도전의 의미로 사용했다. 인간의 눈에 인식되는 대상 중에 빛보다 더 빠른 것은 없다. 그들의 거짓과 모략과 선전 선동이 먹혀들어 내란 프레임이 대세가 된 때부터 그들은 속전속결의 속도전을 더욱 서둘렀다. 사실과 진실에 의해 윤석열의 내란이라는 그들의 거짓 프레임이 깨어지는 것을 막기 위해서였다.

오동운의 공수처가 조작과 위법과 불법을 무릅쓰고 대통령을 체포하는 일부터 속도전이었다. 문형배가 좌익에 불리한 증인 신청을 불허하고 선관위 서버 검증도 거부한 채 초시계를 재며 재판을 진행하는 것은 속도전의 극치였다. 전쟁사를 읽으면 속도전은 매우 중요한 전략이고 전술이다. 문형배는 전쟁을 하고 있었다. 자유민주주의 국가의 사법부가 재판에서 이렇게 속도전을 전개한 사례가 또 있을까. 물론 인민민주주의 즉 공산주의 국가의 재판에는 있다. 인민재판이다. 공산당 지도부의 지침에 따라 미리 정해진 결론을 선고하고 현장에서 집행까지 끝내는 재판이다. 문형배는 처음부터 졸속으로 심리를 끝내고 3월 초에 선고하려고 했다. 그러나 파면 정족수가 부족하자 한 달을 더 끌며 그들의 공작이 성공하여 파면이 가능하게 되자 그제서야 선고를 내렸다. 대통령 윤석열의 파면은 토끼사냥을 연상케했던 12월의 내란몰이 속도전, 1월 15일까지 공수처 오동운의 대통령 체포를 위한 속도전, 2월 25일까지 문형배 헌재의 재판 속도전 등 모든 과정이 속도전의 연속이었다. 이것은 결국 확정적 범죄인 이재명이 감옥가지 않도록 하기 위한 속도전이었다. 또한 박선원 정청래 우원식 등 종북주사파의 80년 묵은 좌익혁명을 위한 속도전이었다.

연장전

박세현이 이끄는 검찰 특별수사본부는 1월 26일 대통령 윤석열을 내란 우두머리 혐의로 기소한다. 법조인들은 물론 국민들조차 이 기소를 박세현의 보스 한동훈의 작품으로 생각했다. 정식 재판은 4월 14일부터 시작되었다. 5월 1일 박세현은 윤석열에게 내란 우두머리 혐의에다 직권남용 혐의를 추가했다. 헌법학자 허영 교수에 따르면 현직 대통령의 합법적 권한 행사를 내란혐의로 기소하는 것은 위헌이다. 국민의 일반 상식에 비추어도 권력을 가진 대통령의 내란은 비상식적인 것이며 그래서 범죄가 될 수 없다. 검찰의 윤석열 기소는 이재명의 민주당이 펼친 여론전으로 견고하게 만들어진 반윤석열 분위기를 등에 업은 한동훈과 박세현 패거리가 윤석열의 권력을 찬탈하려는 목적일 것이다. 한동훈 패거리는 대세는 이재명에게 넘어갔지만 범죄혐의가 많은 그는 결국 무너지고 자신들에게 기회가 올 것이라 믿는 듯 보였다. 이재명을 몰라도 너무 모르는 서울법대를 나온 책똑똑이들의 춘몽이었다.

4월 14일 첫 공판이 시작된 윤석열에 대한 재판은 오래 갈 것이다. 3년9개월을 끈 박근혜 재판보다 더 오랠 것이다. 여기다 윤석열의 형량을 늘이고 우익 정치인들을 모조리 숙청하기 위해 많은 잡다한 혐의가 추가될 것이다. 5월 21일 정청래는 "새 정부 출범 전에 내란, 김건희, 채상병 특검 다 중요하다"며 3개 특검법의 동시 통과계획을 밝혔다. 여기다 '명태균 관련 공천개입'과 김건희 여사의 도이치모터스, 공천개입, 가족 사업인 요양원, 목걸이와 명품백 등 이미 나온 이슈에다 앞으로 새로운 이슈가 더 생산되고 새로운 별건이 추가될 것이다. 내란선동 혐의로 해산된 통진당 이석기 세력과 연대하는 등 우익 정당보다 10배는 더 심각한 민주당의 공천문제, 사적 영역에 머무는 김건희의 이슈에 비교하면 거액의 국고를 절도하고 대통령 전용기를 사실상 사적으로 쓰는 등의 공적 범죄 혐의로 엄중함과 범죄성에서 10배는 더 심각한 김혜경 김정숙의 문제는 좌익의 선전과 선동과 여론전으로 모두 감추어지고 윤석열과 우익의 '별거 아닌' 문제만 방송과 신문을 장악할 것이다. 박근혜를 탄핵시키고 감옥에 계속 가둬놓기 위해 그랬던 것처럼 최순실과의 경제공동체, 손석희의 가짜 태블릿PC, 안민석의 은닉재산 300조, 의인이라 추켜세운 고영태의 아무말 증언 등 그런 유형의 일들이 난무할 것이다.

　　조희대의 대법원은 이재명에게 유죄를 내릴 수는 없을 것이다. 독하고 잔인한데다 최고 권력까지 거머쥔 이재명, 막무가내에다 조폭처럼 날뛰는 민주당 정치인들, 좌익이념에 물들었거나 줏대없는 법관들 때문이다. 그러나 조희대가 물러나거나 중도에 쫓겨난 후의 대법원은, 혹은 대법관을 26명으로 늘린 후의 대법원은 김명수가 박근혜에게 그랬던 것처럼 윤석열에게 무거운 형량을 내리고 오래 감옥에 가두어 둘 것이다. 우익 정부가 다시 들어서고 사면권을 행사한다면 윤석열은 집으로 갈 것이다. 그럴 가능성이 있을까. 우익정부가 들어선다는 것은 곧 이재명이 감옥을 간다는 뜻이니 이재명은 자유우파 진영의 궤멸과 형사사법 체계의 완전한 붕괴 혹은 자신의 종신집권 시스템을 만들 것이 뻔하기 때문에 그럴 가능성은 별로 없다. 이재명은 자신 한 몸을 위해서라면 대한민국이 붕괴는 일도, 대한민국을 팔아먹을 일도 마다하지 않을 것 같은 사람이다. 윤석열이 감옥에 있는 지금의 현실은 이재명의 민주당이 우익을 궤멸시키고 대한민국을 좌익국가로 만드는 혁명의 이유가 되고 상징이 되어 오랫동안 국민의 귀를 점령하고 시선을 빼앗을 것이다. “내란 우두머리가 단죄되어 감옥에 있으니 그를 추종하는 세력은 궤멸되어야 한다. 그리고 이재명과 민주당의 빛의 혁명과 민주화 운동가들의 체제 변경의 혁명은 완수되어야 한다”는 논리가 이땅을 지배할 것이다. 윤석열은 탄핵되고 이재명이 권력을 잡았다. 윤석열을 감옥에 잡아두고 이를 들먹이며 대한민국을 망가뜨리고 체제를 붕괴시키는 이 연장전은 오래 갈 것이다.

4. 반란의 종착

교도소의 담장에 매달린 이재명의 반란은 단 4개 월, 123일 만에 성공한 것일까. 아니다. 3년의 반란이다. 20대 대선에서 그가 낙선하고 윤석열이 당선된 그때부터 그의 반란은 시작되었다. 그래서 3년이다. 정확히는 35개 월이다. 이재명이 3년의 시간 동안 실행한 반란은 윤석열이 비상계엄을 선포한 원인이자 이유다. 이재명은 각각이 하나의 헌법기관이라는 170여 명의 민주당 국회의원들을 자신의 졸개 집단으로 만들어 조선로동당 식의 만장일치를 실현하기 위한 한 묶음의 거수기로 써먹으며 윤석열을 끊임없이 괴롭히고 정부의 정상적 기능 수행을 방해했다. 무려 3년의 시간 동안 계속된 이재명의 반란이다.

지옥문

2022년 3월 9일 실시된 대통령 선거에서 이재명은 윤석열에 패배했다. 그는 이때부터 재기를 도모했을 것이다. 아니다. 이때부터 반란을 꾀했을 것이다. 이런 추측은 그의 이후의 모든 말과 행동이 근거가 된다. 수많은 범죄로 감옥행이 확정적이던 그가 감옥행을 피할 수 있는 유일한 방법은 윤석열 정부를 뒤집는 것 외에는 없었다는 사실도 그가 일찍부터 반란을 꿈꾸고 있었을 것이라는 추측의 근거다. 윤석열 정부 출범 초기부터 정치에 좀 관심이 있는 국민들 사이에서는 '문재인과 이재명을 수사하고 구속하지 않는다면 윤석열도 박근혜 꼴이 날 것'이라는 말이 회자되었다. 좌익세력과 민주당의 본색을 알고 박근혜를 탄핵시킨 문재인

을 아는 국민은 모두 그렇게 예상하고 또 말했다. 대한민국의 미래와 윤
석열의 운명에 대한 우려를 담은 예고였다. 이미 문재인에 대한 두 권의
책을 집필한 이 책의 저자들도 그런 국민이다.

　불길한 예측은 현실이 되었다. 이재명은 윤석열을 중도에 끌어내리고
자신이 그 자리를 차지하는 반란을 실행했고 문재인은 곁에서 훈수를
두었다. 이재명의 반란은 2022년 3월 10일에 시작하여 2025년 4월 4일
에 끝났다. 6월 3일에 끝났다고 해도 같은 말이다. 이 기간 동안 이재명
은 줄탄핵과 입법 폭탄과 예산 행패로 정부의 정상적 역할 수행을 방해
하며 끝없이 윤석열을 괴롭혔다. 이재명에 비교하면 영악함과 치밀함에
서 부족한 윤석열은 비상계엄을 선포했다. 준비가 부족한 상태에서 단행
한 그의 계엄은 바로 뒤집혀졌고 합법적인 그의 권한 행사는 곧 내란으
로 몰렸다. 허술허고 조급한 공격을 시도하다 되치기를 당한 것이다. 이
재명의 반란은 그렇게 성공했다. 대한민국의 지옥문은 그렇게 열렸다.

자유민주주의자가 반동이 되는 새로운 세상

　"내란수괴 잔당들을 확실히 제압해야 한다. 끝장을 보자" 2024년 12
월 27일 한덕수 권한대행의 탄핵소추안 국회 표결을 앞두고 낸 성명에서
이재명은 본색을 드러낸다. "제압, 진압, 반란, 혁명"의 단어들이 난무했
다. 그는 '윤석열의 내란'으로 포장된 자신의 반란을 천명하고 있었다. 대
국민 선동이었다. 그는 국민을 향해 자신의 반란에 동참하라고 선동하고
있었다. 그는 '반동'이라는 말도 거침없이 배설했다. 반동은 6.25 당시 북
한 공산당과 인민군이 쓰던 용어다. 그때 이 용어의 대상이 된 사람은 피

냄새를 피하지 못했다. 이 용어는 그에 뒤따른 비이성과 잔인함으로 인해 전쟁 후 우리는 결코 쓰지 않는다. 그러나 이재명은 거침없이 반동을 말했다. 그의 진지한 표정으로 보아 우스개 소리는 결코 아니었다. 그의 어떤 젊은 지지자는 "반동은 우리도 쓴다. 총 발사 후 개머리판이 뒤로 밀리는 것을 반동이라 한다"고 했다. 우기는 말인지 위장의 표현인지 조롱의 뜻인지는 알 수 없었으나 이재명이 욕먹지 않도록 거들고 있는 것은 분명했다. 이 사람은 이 용어의 6.25 때의 쓰임을 모를 것이다. 전교조 교사들이 장악한 공교육과 자유민주주의에 대한 정치교육을 게을리 한 우익 정치인들 탓이다. 반공산주의 교육이 사라진 탓이다.

이재명은 이미 5년 전부터 반동을 입에 올렸다. "촛불혁명을 달성하지 못한다면 반민주주의 세력의 반동에 직면할 것이다"(2020.12.30)라고 그는 말했다. 윤석열을 죽이는 탄핵정국에서는 반동을 말하고 또 말했다. "독재, 반민주, 극단주의 세력의 반동은 계속될 것이다"(25.1.28) "수구조차 못되는 반동들"(25년 3.1절 집회) "국민의힘이 반동적으로 하는 것은"(25.5.9) 등 반동을 거침없이 말하는 이재명 이 사람은 단순한 범죄자가 아니다. 사상적으로 좌익이다. 좌익의 종합 거대 범죄자다. 이것이 이재명의 본질이다. 거대 범죄자에다 좌익 본색을 가진 이 사람이 대통령이 되었다. 아직도 실감나지 않는 초현실이다.

이재명과 민주당의 '빛의 혁명'은 승리했다. 1차 혁명은 3년 동안의 반란 끝에 성취한 윤석열 정부 붕괴다. 이재명의 민주당과 좌익 법률가들이 주도하고 종북좌익 세력 전체가 가담한 일이다. 뒤이은 6·3 대선을 통한 그의 권력 장악은 2차 혁명이다. 아니다. 1차 반란에 이은 2차 반란이다. 그래서 '빛의 혁명'은 '민주화'와 '진보'가 다 그러하듯 좌익의 용어 기만전술로 만들어진 사기다. 이 사기혁명은 반란이다. 빛의 혁명의 본질은 범죄자와 좌익이 연합한 반란이다. 이 반란은 성공했고 좌익의 거대 범죄자가 권력을 잡았다. 최고 권력자가 된 그는 반동을 척결할 것이다. 그의 세상에서는 피바람이 그치지 않을 것이다.

제3장

이 반란의 주범과 공범은
그들의 범죄는

이 반란의 주범과 공범은

자유민주주의 체제의 우익의 나라 대한민국에서 좌익혁명이 일어났다

이것은 반란이다

국민인 우리가 따라가야 할 꿈은 대체 어느 쪽인가

"증오의 정치를 넘어 야수의 정치를 하고 있습니다" 대통령 윤석열에 대한 탄핵의 폭풍 속에서 지금도 한국 정치사에 천착하고 있는 노 정치학자 신복룡 전 건국대 교수는 이렇게 말했다.(조선일보,2024.12.23)

"여와 야가 꿈꾸는 나라가 서로 다른 것이었다는 동상이몽이 지금의 불행한 사태를 낳은 것입니다."(조선일보, 2024.12.26) '한국의 자본주의는 붕괴할 것'이라고 예측한 좌파 경제학자에서 이승만 박정희를 재평가 하면서 생각을 바꾸고 뉴라이트 재단 초대 이사장을 지낼 정도로 우파 학자가 된 전 서울대 교수 안병직의 진단이다.

두 원로 학자는 내전의 양상으로 전개되는 윤석열 탄핵 정국을 이렇게 진단했다. 여당과 야당 두 정치 세력이 지향하는 꿈이 다르고 그래서 야수의 정치를 하고 있다고 원로 학자는 말하고 있다. 양쪽이 각자 다르게 꾸는 꿈은 어떤 것이고 어느 쪽의 꿈이 옳은 것인가. 국민인 우리는 어느 쪽의 꿈을 따라야 하는가. 이것을 알아내는 것은 그다지 어려운 일이 아니다. 이 난리가 윤석열의 내란인지 아니면 이재명의 반란인지 그것만 가려내면 된다. 길은 분명하다.

1절

주범, 종북 정당 민주당
그들의 아주 오래된 혁명

대한민국 헌법에 명시된 자유민주주의와 시장자본주의를 지키고 발전시키는 것은 보수의 존립 바탕이자 기본적 지향이다. 그러나 대한민국을 좌익의 나라로 변경하기 위한 투쟁을 대한민국 80년 역사의 단 한 순간도 멈춘 적이 없는 좌익은 지금 대한민국의 모든 영역을 점령하고 있다. 그들의 혁명은 성공했고 이제 완성을 눈앞에 두고 있다. 보수 정치인 대부분이 입을 닫고 눈치만 보는 가운데 좌익혁명의 터무니 없음을 깨닫고 이 혁명에 대항하기 위해 나선 사람이 있다. 대한민국 제20대 대통령 윤석열이다. 현직 대통령인 그가 탄핵되어 감옥에 갇힌 진짜 이유다. 18대 대통령 박근혜가 탄핵된 이유와도 같다. 다른 것이 있다면 윤석열에게는 사이코패스적인, 혹은 천재적인, 혹은 둘 다인 범죄자 이재명이라는 악인이 가세하여 상황이 더 고약하다는 점이다. 박근혜 탄핵이 사기라는 사실을 뒤늦게 알고 이번에는 두 눈을 부릅뜨고 있는 국민이 많아졌다는 점도 8년 전 그때와는 다르다. 좌익 혁명가들과 거대 범죄인이 힘을 합해 대한민국을 뒤집는 그들의 혁명을 말하려 한다.

1. 혁명가들

산업화의 성공에다 문화예술을 비롯한 여러 분야에서 괄목할만한 성취를 이룬 결과 이제는 제법 문명화된 나라로 대접 받고 선진국으로 꼽히는 대한민국의 국가원수가 체포되어 구치소로 가는 장면은 8년의 터울을 두고 연이어 세계적 구경거리가 되었다. 국민인 우리는 이 일의 본질을 알아야 한다. 그러지 않으면 몇 년 후 이런 국제적 망신을 또 다시 보게될 것이다. 이승만 박정희 이명박은 퇴임 후 혹은 사후에 망신을 당했다. 그러나 박근혜는 임기를 1년 이상 남기고 청와대에서 쫓겨나는 세계적 우세를 당했고 이어 윤석열은 임기를 2년 이상 남기고 또 국제적 창피를 당했다. 앞선 세 명의 건국 대통령, 산업화 대통령, 국제화 대통령에 대한 망신을 바로 잡지 않고 방치한 결과다. 이러한 망신은 제1장에서 논한 바와 같이 좌익이 주도권을 장악한 대한민국에서 우익 대통령이라면 피할 수 없는 운명이다. 반복되는 우익 대통령의 망신을 면하는 길은 좌익 그들의 실체와 지향점을 알고 대책을 세우는 일에서 시작해야 한다. 좌익이 모의하고 실행에 옮긴 가장 최근의 우익 대통령에 대한 대망신인 윤석열의 탄핵을 실행한 사람들의 정체부터 살핀다.

파르티잔

2025년 2월 25일 열린 헌재 탄핵심판 11차 변론기일에 대통령 측 대리인으로 참석한 김계리 변호사는 "국회의원 300명 가운데 7.6%가 국가보안법을 위반했다"며 총 23명의 이름을 일일이 호명했다. 더불어민주당의 박선원, 정청래, 김민석, 이인영, 진성준, 윤건영, 서영교, 김태년, 박홍근, 오기영, 이연희, 김성회, 이하경, 윤후덕, 이용선, 김남근, 박상혁, 정태호, 송재봉 19명, 조국혁신당의 조국, 정춘생 2명, 국민의힘 최형두, 무소속 김종민 해서 모두 23명이다. 41세의 젊은 법조인 김계리는 "이 중 징역형을 가장 오래 산 사람은 박선원과 진성준이다. 국보법 전과자는 국회의원을 못하게 해야 한다"고 말했다. 30년 전 김대중이 정치판에 끌어들인 후 지금은 대한민국 최대 최강의 정치 파벌이 된 종북 운동권 국회의원들, 기성 세대가 이제는 체념적으로 받아들이는 이 일을 14개 월 된 아기를 가졌다는 젊은 엄마는 걱정스럽게 말하고 있다. 법을 공부한 그의 눈에는 국보법 전과자가 크게 보였을 것이다. 그러나 이 세력은 23명보다 더 거대하다. 그들은 거대 범죄조직을 의미하는 빅 라킷big racket이며 공산당 잔당을 의미하는 파르티잔, 즉 빨치산partisan이다.

23명 중 유일한 보수정당 의원인 최형두는 1984년 당시 학원 운동권의 핵심 조직이던 민투련의 의장 출신으로 민주당의 윤호중 등과 함께 반국가 활동을 했다. 대학을 졸업하고 사회에 나와 줄곧 보수계열의 언론과 정당에서 활동한 그는 대통령 윤석열이 비상계엄을 선포한 몇 시간 후 국회에서 계엄 해제 표결을 할 때 이에 불참한 의원들, 특히 국회에 오지 않은 중진 의원을 내란공범으로 규정하고 이들을 내란공모죄로 고발하겠다고 발언했다. '젊어서 좌파가 아닌 사람은 가슴이 없고 늙어서 우파가 아닌 사람은 머리가 없다'는 정치 금언金言을 따라 전향한 좌파를 모두 포용하는 것이 자유민주 진영의 오랜 관행이지만 확실하게 전향의사를 표시한 적이 없는 최형두를 공천한 것은 우익 정당의 정체성을 스스로 무너뜨린 일이라는 사실을 알아야 한다. 문재인의 좌익 정치인 카르텔 속에서 온갖 불법 위법 편법으로 울산시장이 되었던 송철호의 새끼 변호사 출신으로 윤석열에 대한 국회의 탄핵소추 1차 표결부터 참가하고 헌재의 탄핵 결정을 앞두고는 "탄핵이 기각되면 죽을 때까지 단식할 것"이라고 말했던 김상욱 같은 모태 좌파까지 포용한 것도 스스로 적을 안으로 불러들이고 키운 것이다. 좌파를 구분해내지 못하는 것은 우파가 아니다. 최형두와 김상욱을 공천한 한동훈을 두고 하는 말이다.

이 많은 종북이들

김계리 변호사가 대통령 윤석열 탄핵에 대한 헌재의 마지막 변론에서 대한민국 국회에 국보법 위반 전과자가 23명이나 있다며 일일이 호명한 것은 이 탄핵이 반국가 세력에 의한 것이라는 사실을 말하는 것이다. 이것은 국보법 위반 사범 23명에다 집시법 위반, 폭력행위 등 공안범죄 전과자와 운동권 출신으로 범위를 확대하면 더욱 분명해진다. 국회의장 우원식, 국회부의장 이학영, 윤호중, 한병도 등이 있고 언론인 출신으로는 선거에 나와 허위사실을 유포한 일로 유죄를 받은 '거짓말하는 언론인' 최민희도 있다. 박주민, 복기왕, 김현 등의 운동권 출신까지 더한다면 100여 명은 족히 된다. 위 명단에 든 사람들이 대통령 윤석열에 대한 탄핵을 주도했다는 사실은 분명하다. 집시법 위반으로 징역 3년을 선고 받은 우원식은 국회 담을 넘는 사진 한 장으로 비상계엄을 내란으로 둔갑시키는 결정적 이미지 메이커가 되었고 적군파식 폭력투쟁을 계획하고 무기 구입에 필요한 자금을 마련하기 위해 절도범이 되었던 국회부의장 이학영도 있다. 탄핵정국에서 전면에 나서지 않던 이학영은 서열이 높은 인물일수록 더 깊은 곳에 숨어 더 은밀하게 움직이는 종북 조직원들의 특성에 미루어 막후에서 지휘자 역할을 했을 것이다.

반국가 행위로 유죄를 선고받고 감옥살이를 한 '옥살이 길이'는 종북세력 조직 내부에서 서열을 매기는 중요한 기준이다. 김계리 변호사가 가장 오래 옥살이를 했다고 짚어준 박선원과 진성준은 대통령 탄핵에서도 핵심적 역할을 수행했다. 민주당의 정책위 의장으로서 대한민국 좌익국가화의 두뇌 역할을 하는 진성준은 막후에서 탄핵정국을 기획하고 지휘하는 역할을 했으며, 간첩행위를 하고도 간첩 잡는 기관인 국정원의 2인자가 되어 간첩 잡는 조직을 괴멸시켰던 박선원은 탄핵정국에서 홍장원과 곽종근을 앞세우고 갖가지 모략과 공작을 기획하며 직접 실행에 옮겼다. 미 대사관저를 점거하는 등 거리 투쟁가 출신의 정청래는 국회측 탄핵소추단장이 되어 이번에도 현장 투쟁의 선두에서 활약했다. 여기다 외부 행동조직인 민노총의 위원장 양경수가 있다. 우원식, 정청래, 박선원, 양경수, 김민석 등 얼굴을 노출시키고 전면에서 움직인 사람들과 이학영, 진성준 등 얼굴을 감추고 이 탄핵정국을 지휘한 사람들, 이들이 윤석열을 대통령의 자리에서 끌어내리는 반란을 주도한 사람들이다. 젊은 여성 법조인 김계리는 그것을 말하고 있는 것이다. 대통령 윤석열에 대한 탄핵은 종북세력이 자유민주주의 대한민국을 뒤집는 그들의 혁명의 과정이며 또한 그들의 아주 오래되고 아주 거대한 반란의 한 부분이라는 사실을 이 젊은 법조인은 알고 있을 것이다.

2. 혁명

더불어민주당이 꾸는 꿈은 대한민국을 사회주의 공산주의 김일성주의의 좌익의 나라로 만드는 것이다. 공장을 더 세워 국민에게 고정적인 월급을 받을 수 있는 일자리를 마련해 주는 정책보다 어쩌다 선거 때가 되면 혹은 자신의 감옥행을 피하는 데 핑계로 삼을 수 있는 높은 지지율을 유지하기 위해 25만 원의 현금을 지급하여 표밭을 가꾸는 남미식 사회주의를 모방하는 이재명과 국보법 위반 등으로 징역 4년6개 월의 '민주화의 별'을 단 운동권 출신으로 상속세와 법인세 등에 대한 감세정책을 결사 반대하는 정책위의장 진성준이 주도하는 노란봉투법, 양곡관리법, 주 52시간제의 고수 등은 민주당이 대한민국의 체제를 좌익의 것으로 변경하는 대표적인 일이다. 전체주의와 계획경제와 일당독재를 기본으로 하는 좌익의 체제로 변경하는 일을 그들은 그들만의 언어로 혁명과업이라 부른다. 김일성의 작명 그대로 말하자면 대남혁명노선이다.

주사파의 노래

"윤석열 내란 일당은 영원히 폐족될 것이다" 2024년 12월 27일 민주당 최고위원 김민석은 미쳐 날뛰는 법조계의 주사파 오동운이 이끄는 공수처를 향해 대통령 윤석열의 체포를 재촉하며 이렇게 말했다. 5년6개월의 징역을 선고 받고 3년간 옥살이를 하는 등 반대한민국 활동으로 점철된 인생을 살다 이제는 힘센 잡범 이재명의 신하가 되어 대한민국의 좌익국가화 혁명을 완성시키려는 듯 보이는 김민석은 자신의 혁명과업

수행에 장애물이 되는 자유민주주의자 윤석열을 영원히 매장시키겠다는 듯 자신의 의지를 그렇게 무섭게 말하고 있었다. 대통령이 된 이재명은 60이 넘어서도 여전히 행동주사파인 그를 국무총리에 지명했다. 세계적으로 좌익이념이 몰락한 21세기인 지금 고대의 공룡이 기어다니듯 한반도에서 그것도 세계 10대 경제대국이 된 이 대한민국 땅에서 아직도 살아서 움직이는 행동주사파는 더 있다.

"서울구치소 살아봤어요? 안 살아 봤죠" 2025년 1월 20일 국회 법사위 위원장 정청래는 탄핵 당하고 직무가 정지된 법무장관을 대리해서 출석한 김석우 직무대행에게 이렇게 물었다. 1989년 미 대사관저 테러미수 사건 등으로 국보법 위반을 포함한 여러 죄목으로 총 6년 형 선고에 2년간의 감옥살이를 마치고 정치판에 뛰어든 후에는 반대한민국 투쟁 딱 한 가지만 했던 행동주사파 출신의 정청래는 서울서부지법에 진지를 구축하고 대통령 윤석열에 대한 체포영장과 구속영장을 발부하고 연장하기를 반복하고 있는 법조 주사파에 항의하기 위해 법원으로 뛰어든 애국 젊은이들에게, 민노총의 폭력적 시위와는 비교할 수 없는 정도의 그들의 폭력에 대해 민노총 노조원들에 대한 처벌과는 비교할 수 없는 정도의 가혹한 체포와 구속이라며 항의하는 여당 의원들이 들어라는 듯 "서울구치소 살아봤어요?"라고 말했다. 국보법 위반으로 구치소에 갖힌 자신의 경력을 자랑하는 듯도 했고 그런 경력도 없이 법무부 고위직에 오른 김석우 차관을 조롱하는 듯도 했다. 그의 말에는 분명한 메시지가 있었다. 세상이 뒤집어졌다는 것이다. 반국가 행위로 옥살이를 했던 자신의 인생이 옳았으며 결국 주사파 그들의 대한민국이 되었다는 뜻이다.

246

"윤석열이 구속 취소 결정으로 관저에 복귀한 것은 인생의 가장 마지막 소풍이 될 것이다. 파면되고 내란죄로 처벌된다. 무기징역을 선고받고 긴 기간 복역할 가능성이 크다" 온 국민이 헌재의 탄핵 결정에 촉각을 곤두세우고 있던 2025년 3월 12일 행동주사파의 맏형 우상호는 이렇게 말했다. 이재명의 백화점식 범죄가 크게 부각되자 이를 옹호하기 위해 "나도 전과 2범"이라며 대한민국 법률을 위반한 자신의 과거를 훈장인양 자랑했던 국회 밖의 그는 자신과 주사파 동지들의 혁명에 방해가 되는 윤석열의 몰락을 재촉하고 있었다. 우상호와 정청래와 김민석은 감옥에서 임종을 맞는 일을 면하기 위해 무슨 짓도 다 해야 하는 절박한 이재명을 앞장세우고 그들의 혁명의 말하고 있었다. 이 반란의 주범은 이재명 하나만 있는 것이 아니다. 김계리 변호사가 말한 민주당과 조국혁신당의 국보법 위반 전과자들과 국보법 이외의 공안사범까지 50명 이상, 우상호를 비롯 수백 명에 이르는 원외의 종북주사파, 수만에 이르는 종북좌파, 대통령 윤석열을 탄핵시키고 우익 정부를 붕괴시키고 대한민국을 종북좌익의 나라로 만드는 그들도 이 반란의 공동 주범들이다. 박근혜를 탄핵시키고 문재인의 종북정권이 들어섰던 8년 전의 그 반란이 다시 온 것이다. 촛불혁명이라 불린 8년 전의 그 반란처럼 이번의 반란도 성공했다. 대한민국은 이제 두 배는 더 빨리, 세 배는 더 철저하게 파괴될 것이다.

대한민국을 무너뜨리는 권력과 이를 막는 권력의 대결

국회 측 대표로 헌재 법정에 나온 정청래는 "줄탄핵은 국회의 권한"이라고 말했다. 이에 대통령은 "계엄 선포도 엄연히 대통령의 권한"이라고 응수한다. 대통령의 계엄 선포를 내란이라고 생각하는 국민은 정청래의 주장은 맞다고 여기면서 계엄 선포가 대통령의 권한이라는 윤석열의 말에는 귀기울이지 않았다. 반면 계엄이 대통령의 정당한 권한이라고 생각하는 국민은 줄탄핵이 국회의 권한이라는 정청래의 말은 법률적으로는 맞는 말이지만 줄탄핵이 국정을 마비시키고 대한민국을 혼란에 빠트리는 반국가적 행위이며 그래서 대통령이 계엄을 선포했다고 말했다. 계엄 선포로부터 30일이 지나고 60일이 지나고 그 이상이 지나면서 정청래의 말을 지지하는 국민은 줄어들고 윤석열의 말을 믿는 국민이 점점 더 많아지기 시작했다. 윤석열의 말은 선명하게 맞는 말이다. 정청래의 말은 맞기는 하지만 그래서는 절대 안 된다. 나라를 망치고 국민에게 고통을 주는 일이기 때문이다. 그럼에도 윤석열이 결국 탄핵된 것은 정청래가 그들 집단 내에서 테러 실행의 역할을 맡았던 종북좌익 세력의 오래된 투쟁의 힘이다. 그리고 종북세력이 헌법재판소와 공수처 등 좌익혁명에 쓰기 위한 국가 기관을 만들고 그 안에 문형배 오동운 등과 같은 좌익 사상에 경도된 법률가들을 심은 결과다. 자유민주주의를 신봉하는 대통령 윤석열을 탄핵시키기 위해 법정에 세운 이 일은 정청래를 비롯한 민주당의 종북 혁명가들이 아주 오래 준비한 일이다.

대통령에게는 두 가지의 비상적 권한이 있다. 비상계엄권과 긴급명령권이다. 대통령 중심제 국가에서 대통령의 매우 중요한 권한인 국회해산권은 1987년의 헌법에서 삭제되었다. 민주화라는 이름의 좌경화 분위기 속에서 국회에 혁명의 진지를 구축하려는 좌익세력의 의도에 국민과 생각 없는 자유민주 진영의 정치인들이 속고 말려든 결과다. 대통령의 국회 해산권 삭제는 지금의 상황처럼 국회가 다른 권력의 견제를 받지 않는 무소불위의 권력기관이 되고 삼권분립이 붕괴되는 제도적 기초이자 배경이 되었다. 또한 좌익의 부정선거를 유혹하는 결정적 요인으로 작용했다. 국회만 장악하면 대한민국을 장악할 수 있기 때문이다. 대통령 윤석열이 비상계엄령을 선포한 것은 국회해산권이 없는 제도적 한계 속에서 국회를 견제할 수 있는 대통령의 유일한 권한을 행사한 것이다. 이재명의 민주당이 마치 월례 행사인 듯 실행한 주요 국가 공직자에 대한 탄핵, 특검법의 무차별적 발의, 갖가지 수사를 받고 재판을 받는 이재명을 구하기 위한 목적의 예산 배정의 행패, 그를 수사하는 검사에 대한 무차별적 탄핵은 대통령이 자신의 비상적 대권을 발동하지 않을 수 없는 상황이었다. 그러나 이재명과 민주당은 여기에 내란이라는 이름을 붙이고 윤석열을 내란수괴로 불렀다. 헌법이 보장하는 대통령의 합법적인 권한 행사를 내란으로 몰아가는 일은 그 자체가 반국가적 행위이고 반란이다. 그들의 반란을 윤석열의 내란으로 거꾸로 몰아가는 이 반란에는 좌익혁명의 전통적 기술이 모두 동원되었다. 그들의 오래된 혁명전술이다.

8년이 지나 다시 온 사기탄핵

8년 전에 있었던 박근혜 탄핵은 흔히 사기탄핵이라고 불린다. 박근혜가 구속되고 시간이 지날수록 그렇게 부르는 국민이 많아졌다. 정권을 잡은 문재인의 통치를 보면서 박근혜 탄핵을 사기로 확신하는 국민은 더욱 늘어났다. 박근혜를 탄핵시킨 일은 사기가 명백하다. 국회의 소추사유, 헌재의 인용사유, 대법원에서 확정된 유죄의 혐의가 단 하나도 일치하지 않는 사실만으로도 사기탄핵은 증명된다. 북한의 지령에 따라 박근혜의 정권을 빼앗고 대남혁명 과업을 실행하여 좌익혁명을 완성하려는 그들의 확고한 목표를 위해 온갖 이유와 죄목을 가져다 붙였으나 후에 그것이 모두 거짓으로 밝혀졌으니 사기탄핵이라 불리는 것은 당연하다. 이 사기에 핵심 증거로 쓰인 '최순실의 태블릿PC'를 본인에게 돌려주라고 법원이 판결했음에도 이제 와서 그것이 최서원 씨의 것이 아닐 수도 있다는 이유로 돌려주지 않고 있다. 최순실이 국정농단을 위해 사용한 것이라며 JTBC 손석희의 입에서부터 시작하여 국회 특검 헌재 법원에서까지 박근혜를 탄핵시키고 최서원에게 21년 형을 내리고 구속시키는 핵심적 증거로 쓰인 것을 이제와서 아닐 수도 있다니 이게 사기가 아니고 무언가. 그것을 돌려주고 거짓이 공식적으로 확정되는 순간 박근혜 탄핵은 무효다. 문재인 정권 5년도 무효다. 거짓이 낳은 이 거대한 결과를 감당할 수 없기 때문에 돌려주지 않는 것이다. 이런 어이없는 사기를, 이런 거대한 사기를 본 적이 있는가. 있다. 8년이 지나 또 왔다.

박근혜를 탄핵시키기 위한 거짓과 조작의 사기를 다 나열하자면 길다. 촛불집회 당시 방송에 나온 장면과 시위 현장의 장면을 비교하면 간단하면서도 분명하게 알 수 있다. 현장에 가본 적 없이 방송으로만 시위 장면을 접한 절대 다수의 국민은 유모차를 끌고 나온 젊은 엄마, 고운 두 손으로 촛불을 들고 있는 어린 소녀 등의 평화스럽고 간절한 이미지만 기억하고 있다. 그러나 시위 현장은 180도 달랐다. 민노총을 필두로 이땅에 존재하는 200여 개 이상의 모든 종북단체들은 민주당의 지휘를 받으며 막대한 돈을 들여 전국 각지에서 대형버스로 인원을 동원하며 사람을 모았다. 모여든 그들은 목이 반쯤 잘려 피가 흐르는 박근혜의 대형 모형을 끌고 여러 대기업 회장들이 속에 들어간 대형 투명비닐로 된 공을 발로 차며 "사회주의가 답이다" "북한이 우리의 미래이며 희망이며 삶이다" "정권 교체가 아닌 체제 교체" "중고생이 앞장서서 혁명정권을 세우자 : 중고생혁명지도부" 이런 류의 구호를 외치고 팻말을 들었다. 국회와 검찰과 헌재와 법원 등 국가기관이 말한 탄핵의 사유와 시위 현장의 구호는 이렇게 달랐다. 완전하게 달랐다. 그렇다면 8년 후의 대통령 윤석열에 대한 탄핵 시도에서는 어떠했을까. 8년 전과 다르지 않다.

2024년의 마지막 날 서울서부지법은 공수처가 청구한 대통령 체포영장을 발부했다. 이때부터 시민들은 한남동 대통령 관저 앞에 모인다. 민노총 같은 거대 조직이 주도한 것도 아니고 연출한 유모차도 없었다. 어린 소녀에게 추운 겨울의 거리에서 촛불을 들게 하지도 않았다. 모든 세대와 성별의 시민들, 지방에서도 열차를 타고 왔다는 시민들이 대통령의 체포를 막겠다며 자발적으로 모인 것이다. 이전의 보수 집회와는 달리 2030 청년들이 많이 모인 이 집회에서 연단에 오른 어느 직장인은 "대한민국에서 태어난 것 자체가 금수저다. 자유민주주의를 꼭 지켜야 한다. 그래서 윤석열 대통령을 지켜야 한다"고 말했다.

그러나 이재명과 민주당이 장악한 국회, 좌익 법률가들이 장악한 공수처와 서부지법, 좌익에 부역하는 검찰과 경찰과 언론은 달랐다. 거대 범죄자 이재명이 대한민국의 형사사법 질서를 파괴하여 자신의 감옥행을 피하려 하고, 대한민국 체제를 좌익으로 변경하기 위해 오래 투쟁해 온 종북주사파 국회의원들이 연합한 이 반란에 대응하는 대통령의 비상계엄을 그들은 내란이라고 말하고 또 말했다. 특히 탄핵 정국이 되면 습관적으로 좌익의 편에 서는 모든 언론은 박근혜 탄핵 때 그랬던 것처럼 이번에도 민주당의 거짓 선전을 생으로 국민에게 전달했다. 방송 등의 언론이 전하는 것으로 이 사태를 보고 파악하는 것과 현장에서 직접 보는 것은 이번에도 완전하게 달랐다. 어김이 없었다. 좌익 세력과 언론이 8년 전의 그때처럼 또 다시 벌인 거짓의 한판 축제였다.

국민인 우리를 속이는 혁명의 언어

무가불립無假不立, 거짓말을 하지 않으면 존재할 수 없다는 말이다. 무사불립無詐不立, 속이지 않으면 살아갈 수 없다는 뜻이다. 무신불립無信不立의 거꾸로 버전이다. 거짓과 조작은 좌익이념의 비현실성과 그것을 현실에 적용한 후 나타나는 '거꾸로 결과'를 감추기 위한 수단이다. 그래서 거짓말은 좌익의 인간들이 집 밖을 나설 때 휴대하는 필수품이다. 민중에게 유토피아를 약속하여 지지를 받고 권력을 잡았으나 그들이 펼치는 세상은 곧 지옥이 된다. 좌익이념의 허구성 때문이다. 좌익 이론가들이 설계한 '같이 일하고 같이 나누자'는 아름다운 세상은 꾀를 피우며 적게 일하는 8과 제대로 일하는 2, 그리고 곧 2마저 제대로 일하지 않게 되면서 결국 나눌 것이 부족하거나 없는 상황이 된다. 모든 공산국가의 실패는 그렇게 시작되었다. 공산주의자들은 실패가 증명된 좌익이론을 수정하는 방법 대신 거짓과 조작, 위장과 은폐, 음모와 모략, 그리고 선전과 선동에 주력하는 방법을 선택한다. 이것을 설명하기 위해 소련이나 북한을 들먹일 것도 없다. 문재인 5년의 통치가 이의 축소판이다.

더불어민주당은 감옥의 담장에 매달린 리더 이재명이 이끄는 정당이다. 그는 마치 수령을 연상케하는 독재적 리더십을 발휘하며 '윤석열을 탄핵하라'는 북한의 지령을 충실히 받드는 수십 명의 종북 주사파 국회의원을 이끌고 있었다. 이재명과 주사파 정치인 그들은 준비가 허술했던 대통령 윤석열의 비상계엄 선포를 내란으로 되치기함으로써 곧 감옥 가야 할 이재명은 기사회생 할 수 있었고 김정은이 내린 지령과 함께 오래 전 김일성이 하달한 남조선 혁명과업을 완수하는 기회로 만들기 위해 발 빠르게 움직인다. 여기에는 온갖 거짓과 조작과 음모와 선전 선동의 기술이 동원되었다. 그런 솜씨와 기술을 오래 익혀온 그들에게는 아주 익숙해서 어려운 일도 아니었다. 또한 그들이 유일하게 잘하는 일이기도 하다. 자신의 말을 뒤집는 행동을 불편한 마음이나 죄의식 없이 가볍게 해내고 행동과 다른 말을 완벽하게 해내는 천재적이거나 혹은 사이코패스적인 이재명의 존재로 인해 그들의 거짓에는 한계가 없는 듯 보였다. 좌익 혁명가들과 거대 범죄자가 합친 그들의 힘은 무서웠다.

우리법연구회 민변 등의 좌익 법률인 모임 출신을 제외한 대부분의 법조인들은 '현직 대통령의 내란'은 말 자체부터 성립되지 않는다고 입을 모은다. 헌법학자 허영 교수가 현직 대통령의 내란은 전 세계적으로 그런 사례가 없다고 말하는 등 권력이 없는 세력이 범하는 내란죄를 권력을 쥐고 있는 대통령에게 적용하는 것은 그것이 바로 내란 혹은 쿠데타라고 하는 것이 다수의견이다. 그럼에도 이재명과 민주당은 비상계엄을 내란이라며 우기고 또 우겼다. 그들은 이 억지에 국민의 동의를 얻어내기 위해 많은 거짓말을 해야 했고 앞의 거짓말을 합리화하기 위해 더 많은 뒤의 거짓말이 필요했다. 비상계엄은 헌법이 보장하는 대통령의 권한이다.

계엄의 사유와 필요성과 선포 시점에 대한 판단은 대통령의 고유 권한의 영역이다. 그럼에도 이재명의 민주당은 대통령의 계엄선포를 위헌이고 위법이며 내란이라고 주장했다. 명백한 거짓이다. 국민에게 이 거짓을 참이라고 속이기 위해 더 많은 거짓과 조작과 선전 선동이 무차별적으로 동원된다. 박근혜의 그때처럼 거짓의 향연은 또 한번 그렇게 펼쳐졌다.

2021년 제주4.3사건 추념식에 참석한 대통령 문재인은 이 사건을 '통일운동'이라고 말했다. 북한의 지시를 받은 남조선로동당 간부들이 지휘하여 폭동을 일으키는 과정에서 민간인을 방패막이로 이용하여 제주도민 수만 명을 희생시킨 사건이 바로 제주4.3사건이다. 본인은 다시 월북했다 6.25남침 때 다시 내려온 총책 김달삼이 주도한 이 반란사건을 문재인은 "분단을 반대한 이유로 무자비한 탄압을 당한" 일로 규정했다. 남한을 무력으로 점령하기 위해 국토 최남단인 제주도에 진지를 구축하여 평양에서 남하하고 제주도에서 북상하는 양면전략의 구상 아래 북한이 파견한 남로당 세력이 주도한 이 제주폭동을 문재인은 통일운동이라 불렀다. 좌익체제로의 통일은 자유민주주의 국가 대한민국 국민인 우리가 동의하는 것이 아니다. 문재인은 제주4.3사건을 통일운동으로 확정하기 위해 대통령 재임 중 3번, 퇴임 후 1번을 직접 제주도에 가서 추념식에 참석하고 긴 연설을 했다. 그가 적화통일을 획책했다는 증거다.

좌익이 공산당의 폭동을 통일운동이라고 부르는 이런 식의 프레임 언어는 많다. 이념 전문가들은 이를 '용어혼란전술'로 부른다. "대중을 선동하기 위해서는 먼저 용어를 혼란시켜라"고 말한 스탈린의 교시다. 주사파들의 반국가 행위를 '민주화 운동'이라 부르고 자신들을 '민주화 세력'이라고 스스로 칭하는 것은 대표적인 용어혼란 전술이다. 용어를 혼란시키는 프레임 전술이다. 그들이 갖가지 보상금에다 각종 연금까지 받을 수 있었던 것은 이 전술이 완벽하게 성공했기 때문이다. 우원식을 비롯하여 국가보안법 위반으로 감옥을 살았던 그들은 '민주유공자법' 통과를 위해 아직도 국회 본회의장 문을 두드리고 있다. 자신들을 '진보'라고 부르는 것은 이 프레임 전략이 가장 성공한 사례다. 미국 보수정당에서 상대적으로 빠른 변화를 추구하는 세력을 지칭하기 위해 쓰기 시작한 용어인 '진보progressive'를 사회주의를 쫓는 자신들에게 붙인 이 프레임 언어는 완벽하게 성공하여 이제는 '좌익' 대신 '진보'라는 이름이 통용되고 있다. '진보'는 '요즘 세상에 간첩이 어디 있느냐'는 말과 함께 대한민국을 좌익의 나라로 만드는 일에 사용된 결정적인 거짓 프레임 언어다.

자유민주주의와 시장자본주의를 국시로 삼는 우익의 나라가 전체주의와 사회주의 나아가 김일성주의를 쫓는 좌익이 주도권을 쥐고 있는 대한민국의 이러한 어이없는 상황을 바로잡기 위해서는 용어를 원래의 의미 그대로 쓰는 일부터 시작해야 한다. 그들은 민주화 세력이 아니다. 종북좌익 세력이다. 그들은 진보세력이 아니다. 대한민국을 퇴보시키는 반진보 세력이다. 미래에는 관심도 없고 말하지도 않으며 오직 80여 년 전의 해방정국에서의 일만 들먹이는 그들은 말뜻 그대로라면 결코 진보세력이 될 수 없다. 해방정국에서 남한까지 지배하려고 했던 김일성의 오래된 목표를 실현하려는 그들은 그냥 종북세력일 뿐이다. 박근혜 탄핵 정국에서 '국정농단'이라는 프레임, 즉 용어를 혼란시키는 전술로 목적을 완벽하게 달성했던 그들은 윤석열을 탄핵시키기 위해 새로운 언어를 등장시킨다. 바로 '내란'이다. 국정농단이라는 말이 그러했듯 내란이라는 말 역시 우익 정부를 무너뜨리기 위해 만들어진 거짓 프레임 언어다.

새로운 혁명 언어, 내란

대통령 윤석열은 계엄을 선포하고 6시간 후 해제했다. 부족한 준비와 성급한 의도 정도로 보였던 이 일은 즉시 '내란'으로 둔갑한다. 말 만들기만 연구하는 듯 보이는 민주당의 잔머리형 정치인들의 입에서 내란이라는 용어가 나온 것은 계엄 바로 다음날인 12월 4일부터다. 늘 그렇듯 이번에도 언론은 민주당이 발명한 이 용어를 처음에는 쭈뼛쭈뼛 소극적으로 전하는 듯 했다. 그러다 갈수록 자연스럽고 빈번하게 쓴다. 12일 대통령 윤석열은 비상계엄을 선포한 이유와 목적을 담은 담화를 발표한다. 박근혜를 무너뜨리는 수사에 앞장 선 과거 이력에다 이제는 윤석열에 대한 공격에까지 나서며 마치 보수를 궤멸시키기 위해 태어난 사람처럼 보이는 한동훈이 "내란을 자백했다"며 거든다. 이때부터 이재명과 민주당은 '내란'을 노래처럼 부른다. 현직 대통령 윤석열의 내란이라는 이 어이없는 용어는 그렇게 시작되었다.

이 무렵부터 민주당의 170여 명의 국회위원 중에 선거법 위반 혐의로 뱃지를 곧 떼야 할 신세여서 입을 다문 몇몇을 제외하고는 모두 내란을 말하고 또 말했다. 방송에 나온 좌파 패널들이 자신의 생각이 아닌 당 지도부 마이크에서 나온 내용을 전하는 스피커 역할에 충실하자 방송사 앵커들와 신문사의 먹물들도 모두 그렇게 따라 불렀다. 윤석열의 비상계엄은 그렇게 내란으로 둔갑하고 있었다. 전원책 변호사처럼 "박근혜의 국정농단 허구를 또 만들려고 하는 짓이냐"며 죽비를 내리는 어른도 있었다. 그러나 역부족이었다. 테러를 저지른 죄로 감옥살이를 한 일을 자랑스럽게 말하는 법사위원장 정청래가 "윤석열은 사형 선고를 받을 것"이라며 공개적으로 말하고 턱도 없는 자질과 능력에도 문재인의 수하 역할을 충실히 한 공으로 서울중앙지검장 씩이나 했던 국회의원 이성윤이 공수처장을 향해 "총을 맞더라도 체포영장을 집행하라"고 말하는 등 '사형, 총' 같은 언어가 등장하자 내란의 분위기는 더욱 자연스러운 것이 되어갔다. 현직 대통령의 내란이라는 기괴한 프레임은 그렇게 만들어졌다.

내란이라는 새로운 프레임 언어의 효용은 바로 나타난다. 우선 최초의 여론조사에서 응답자의 73.6%가 탄핵에 찬성(리얼미터, 2024.12.5) 하는 것으로 나타나고 여의도 국회의사당 앞에 시위대가 몰리는 등 국민 여론이 일방적으로 흐른다. 이런 분위기는 대통령 자신과 측근은 물론 각 행정 기관장과 여당 의원들을 위축되게 만들었고 그래서 초기의 적절한 대응이 거의 불가능했다. 무엇보다 새로운 권력에 붙어 높은 자리를 노리는 기회주의적 공직자들이 대거 등장하여 박범계 박선원 김병주가 꾸미는 음모에 가담하고 처벌을 두려워 하는 군인이 카메라 앞에서 질질짜는 모습까지 연출한다. 거대한 거짓의 향연은 그렇게 시작된다. 거대한 비극이 시작된 것이다. 이것은 자유민주주의 국가 대한민국의 비극이다. 대한민국 국민인 우리 모두의 비극이었다.

3. 학자들의 강의와 거꾸로 가는 사람들

"지금 대한민국은 당장 무너져도 이상하지 않을 정도의 풍전등화의 운명에 처해 있습니다" 2024년 12월 3일 밤 대통령 윤석열은 비상계엄을 선포해야 하는 이유를 이렇게 말했다. 그는 12월 14일 탄핵소추가 가결되어 대통령 직무가 정지된다. 그의 대통령 직을 대행하던 국민총리 한덕수도 12월 27일 탄핵되어 직무가 정지된다. 윤석열은 해가 바뀌어 1월 15일에는 공수처에 의해 구치소에 수감되고 19일 새벽 3시에 발부된 영장이 집행되어 구속된다. 그의 반혁명은 실패했다. 좌익혁명 세력과 범죄자가 연합한 대한민국 뒤집기 혁명이 일단 성공했다는 뜻이다. 윤석열의 반혁명이 실패한 것은 학자들의 강의와 다르다. 학자들의 강의가 맞다면 윤석열의 반혁명은 마땅히 국민의 지지를 받아야 했다. 이재명과 민주당의 혁명이 성공한 것도 학자들의 강의와 다르다. 학자들의 강의가 맞다면 이재명과 민주당의 혁명은 국민으로부터 배척되는 것이 마땅하다. 그렇다면 학자들의 강의를 모두 폐강해야 하는가. 강의실을 모두 폐쇄해야 하는가. 대학을 없애야 하는가. 없앤 대학 캠퍼스를 당교黨校 즉 민주당의 교육 연수원으로 바꿔야 하는가. 대한민국은 무너지고 있다.

헌법학 교수님의 말씀이 틀렸는가

"비상계엄은 헌법이 규정한 대통령의 비상대권 중 하나다. 비상사태인지를 판단하는 권한은 오직 대통령에게 있다. 국민의 눈높이와 다르다 하더라도 독자적으로 판단할 수 있다."(경희대 허영 교수), "대통령의 권한 행사에 위헌성이 있다고 하더라도 권한 행사를 폭동이라고 할 수 없다. 위헌 무효라 해도 권한 행위자를 처벌하지 않는다"(중앙대 이인호 교수), "대통령의 계엄 선포 자체는 내란죄를 물을 수 없다."(강원대 김학성 교수) 김철수 권영성 이후 현존하는 최고 권위의 헌법학자인 허영 교수를 비롯하여 대부분의 학자가 이렇게 말한다. 곡학아세하는 학자 몇몇 이외의 모든 헌법학자들의 견해가 그렇다. 학자들의 견해에 따르면 헌법이 대통령에게 명문으로 보장하는 비상계엄 선포는 대통령 윤석열의 정당한 권한 행사다. 이것을 내란으로 규정하고 탄핵하는 일이야말로 불법적이다. 그것은 내란이고 반란이고 쿠데타다. 무고탄핵이라 불린 한덕수 총리에 대한 탄핵도 마찬가지다. 한덕수 탄핵은 학계와 법조계의 정설인 정족수 200석을 무시하고 국회의장 우원식이 자의적으로 가결을 선언했다. 한 총리의 탄핵소추안에 내란 이외의 사유는 없다. 그래서 내란을 뺀 탄핵의 불법성은 명백하다. 이재명의 민주당이 폭력적이고 불법적으로 밀어붙인 총리와 대통령에 대한 탄핵은 내란이고 반란이고 쿠데타다. 명명백백한 일이다. 이보다 더 분명한 일은 없다.

더불어민주당은 현직 대통령에 대한 불법적 탄핵을 헌법과 민주주의를 수호하기 위한 것이라는 논리로 국민을 속이고 지지를 획득하려 했다. 그들의 목적을 법적으로 확정하기 위해 170여 명에 달하는 오래된 혁명가들과 엉터리 국회의원들이 힘을 합해 한 일들을 살피면 그러한 행위 자체에 국기문란과 국정농단과 반란의 증거가 들어있다. 오래된 혁명가란 운동권 또는 종북주사파라 불리는 사람들이다. 엉터리 국회의원이란 이재명 양문석 등 수십 명에 이르는 감옥갈 순서에서 앞뒤를 다투는 범죄혐의자들과 김병주 박범계 등 자신의 부귀영화를 위해서라면 나라도 팔아먹을 듯 행동하는 기회주의자들이다. 역설적이게도 이 탄핵정국에서 그들이 범하는 갖가지 행위에서 현직 대통령 윤석열이 비상계엄을 선포해야 했던 이유는 더욱 분명하게 보인다. 그들 각자의 행동은 윤석열을 쫓아내야 하는 각각의 이유와 필요성을 담고 있었다. 그들이 왜 그렇게 다급했는지도 알 수 있다.

국보법 전과자가 국회의원을 하는 것이 말이 됩니까

우원식, 국회의장, 반정부활동으로 징역 3년, 생애주기별로 자신은 물론 자식에게까지 갖가지 특혜를 주는 내용의 민주유공자법 통과에 목을 맨 일로 '미스터 민주특혜'의 별명을 얻음. 생계형 복지형 민주화운동가의 대명사 / 이학영, 국회부의장, 일본 적군파식 공산주의 테러운동을 표방한 남민전 간첩단 조직원 출신으로 징역 5년의 전과가 있음 / 정청래, 국회 법사위원장, 1989년 미국 대사관저 테러사건으로 징역 6년 형을 선고받음, 원래 '테러리스트'라는 별명으로 불렸으나 22대 국회에서는 '법을 하나도 모르는 법사위원장' '법에는 깡통' 별명이 더해짐 / 김민석, 서울미문화원 점거농성 사건과 삼민투 사건의 배후로 5년6개 월 형을 선고 받음. 배신의 아이콘으로 오랜 야인생활을 하다 이재명의 오른팔로 실세가 됨. 친형 김민웅과 함께 형제 주사파로 유명함 / 진성준, 당 정책위 의장, 국보법 위반과 공익건조물 방화 등으로 징역 4년6개 월.

2025년 1월 윤석열을 체포하겠다는 공수처의 예고에 눈을 맞으며 한남동 대통령 관저 앞을 지키는 집회에서 연단에 올라온 한 젊은이는 "국보법 전과자가 국회의원 하는게 말이 됩니까"라고 외쳤다. 민주당 국회의원 중 국보법 전과자는 수십 명은 족히 된다. 여기다 민주당과 사실상 한 집으로 혁명의 행동전위대 역할을 하는 민노총의 핵심 지도부에다 간첩 혐의로 실형을 선고받고도 권력자가 된 간첩을 더하면 숫자를 세는 것은 힘들어진다. 민노총의 사실상의 배후로서 약 10년 간 징역을 산 이석기도 있다. 대한민국 국민 대부분에게는 이미 익숙해서 잘 보이지 않는 이 일이 이 젊은이에게는 보였던 모양이다. 국보법 위반자라면 대한민국을 공격하고 안전을 위험하게 했던 사람이다. 그런 자가 국회의 가장 높은 자리인 의장과 부의장에다, 제도적 체제 변경에 가장 중요한 길목인 법사위원장의 자리에다 당대표의 자리에 오르고, 당대표의 오른팔과 왼팔, 당의 정책과 대한민국의 방향성을 결정하는 당 정책위 의장 등 요직을 모조리 차지하고 있다. 그들이 하는 모든 일이 좌익혁명일 수 밖에 없는 이유다. 윤석열을 탄핵하고 자유민주 우익 정부를 붕괴시키는 반란을 주도한 사람들이 바로 이들이다.

북한 전문가들과 전향한 주사파 출신들이 정의하는 주사파란 '김일성의 주체사상을 지도이념으로 삼고 조선로동당의 대남적화노선을 투쟁목표로 설정하며, 남한에 대한 적화통일전선과 공산혁명투쟁에 앞장선 전위대'를 말한다. 그런데 윤석열 탄핵정국에서 일반 국민에게는 다소 생소한 주사파가 등장하여 온 국민의 시선을 끈다. 조선로동당에서 문재인보다 서열이 높다는 박선원이다. 22대 국회에 입성한 그는 국정원을 비롯한 국가안보 관련 기관에서는 이미 유명한 인물이었다. 국정원을 대한민국이 아닌 김정은에 봉사하는 북한 정보부대로 만들기로 작정한 듯 보였던 문재인이 국정원 1인자의 자리인 원장에 종북주의자+기회주의자쯤 되는 박지원을 앉힌데 이어 박선원을 기획실장 제1차장 등 국정원 2인자의 자리에 임명했다. 우익세력 궤멸의 공작과 대한민국 파괴의 업무에 전문가로 보이는 박선원 그의 정체를 알면 윤석열을 끌어내리려 하는 그들의 의도와 전술과 과정이 더 쉽게 이해된다.

박선원이라는 골수 혁명가

대북한 정보관계자들 사이에서 박선원은 '남한의 최고존엄'이라 불린다. 20년 전의 한 간첩단 사건에서부터 그렇다. 2006년 10월 일심회간첩단 사건을 조사하던 국정원장 김승규는 노무현의 청와대에서 안보담당 비서관으로 있던 박선원의 혐의를 포착하고 그를 조사하겠다고 청와대에 보고한다. 이에 박선원은 노무현 대통령과 문재인 비서실장에게 수사 중단을 요구했고 김승규 원장은 반발한다. 김승규는 바로 해임된다. 국정원 내부에서 잘 알려진 사실이다. 간첩혐의가 포착된 박선원이 아니라 간첩을 잡으려 하는 김승규가 날아간 이 내막은 박선원이 남한의 최고존엄 또는 문재인보다 서열이 높은 간첩으로 불리는 근거다. 박선원이 노무현과 문재인을 조종하고 있다는 첩보가 국정원 내부에서 회람된 적도 있으며 그가 빼돌려 북한으로 보낸 국가기밀이 A4용지 80만 장 분량이라는 주장도 있다.

호남 출신으로 주사파의 모태인 삼민투에서 활동하며 위원장까지 지낸 그는 1985년 4월 미문화원점거사건을 주도한 혐의로 징역 2년6개 월을 복역했다. 그는 통진당의 이석기, 민노총 위원장 양경수, 중부지역당 총책으로 사북사태를 주도했던 황인오 등 핵심 종북 투쟁가들과 강력한 끈으로 연결되어 대한민국의 안보 특히 대북한 관련 안보체계의 붕괴에 가장 깊숙히 개입되고 그런 일을 가장 오래 한 사람으로 알려져 있다. 그는 특히 주사파와 좌익 시민단체 등 종북세력에 대해 가장 많은 정보를 축적하고 있는 국정원을 무력화시키고 주사파 투쟁가들의 활동 공간을 넓혀주기 위해 국정원의 국내정보 수집 부서의 폐지를 주도한 사람으로 알려져 있다.(스카이데일리, 2025.1.9) 이런 박선원은 윤석열을 탄핵시키는 정국에서도 북한의 지령을 받고 반란을 실질적으로 조종하는 사람으로 보는 시각이 많았다.

2025년 1월 중순 내란특검법을 추진하던 민주당은 수사범위에 '외환유치죄'를 넣는다. 여당은 물론 학계와 언론에서도 외국에 적용되는 이 죄를 북한에 적용할 수 없다는 것이 중론이었다. 이에 민주당은 "일정 시기를 빼고는 북한을 외국으로 규정하고 있다"는 논리를 꺼냈고 박선원은 "북한은 이중적 존재다"라고 말했다. 북한은 그들의 필요에 따라 외국이 될 수도 있고 아닐 수도 있다는 뜻이다. 법 규정도 아니고 논리도 아니다. 억지다. 북한을 외국으로 규정하는 것은 2024년 초 김정은이 말한 '두 개의 국가론'과 이를 받든 임종석의 "통일하지 맙시다" 발언에 근거한 것이다. 우리 헌법에 따르면 북한은 한반도 북부지역을 불법으로 점령한 반국가집단일 뿐이다. 김정은의 두 국가론에 기반한 민주당과 박선원의 이런 주장은 당연히 위헌이다.

외환죄는 외국과 긴장상태, 무력충돌, 전쟁 유발 등을 도모해 국가의 안보를 위협하는 범죄다. 박선원과 민주당은 오물풍선에 대응하는 대북 확성기 가동과 오물풍선 원점타격 계획의 수립, 북한이 먼저 내려보낸 무인기에 대응하는 국군의 무인기 평양 침투 등을 모두 외환을 유치한 죄로 몰아갔다. "북한이 먼저 우리를 공격하는데 우리는 가만히 있어야 하느냐, 50만 국군은 왜 필요하냐, 1980년대 이후에만 북한의 도발의 3000번이 넘었다, 6.25전쟁을 시작으로 남북 사이의 모든 무력충돌은 북한이 먼저 도발하고 우리가 대응한 것이었는데 우리가 여기에 대응하는 것이 죄냐"라는 국민의 말과 물음에 그들은 귀를 막고 입을 닫았다. 그들은 북한의 도발에 대응하는 윤석열 정부의 조치는 모두 외환을 유치한 죄이니 탄핵해야 마땅하다는 주장만 되풀이 했다. 북한의 도발에 대들지 말고 당하고만 있으라는 말이다. 북한과 주사파와 간첩들의 논리다.

거짓말과 가짜뉴스의 마왕 김어준이 국회 과방위에 나와 비상계엄 당일 밤 한동훈 암살조가 출동했다는 새빨간 거짓말을 하도록 사주하고, 후에는 이를 사과하는 쇼를 하고, 예비역 군인들로부터 '4성 똥별'로 불린 김병주 의원과 작당하여 군사시설을 노출하고, 군사동원 체계 등의 군사적 극비사항과 블랙요원의 실명까지 공개를 유도했으며, 윤석열 내란 프레임에 핵심 증거로 쓰인 조작된 홍장원의 메모와 "국회에서 의원을 끄집어 내라"는 지시를 받았다는 특수전사령관 곽종근의 거짓말 모략에 박범계 의원과 함께 깊이 개입한 사실 등 박선원 그의 무수한 반란 행위를 다 말하자면 끝이 없다. 종북세력 내부에서 대한민국 안보 붕괴의 1등공신으로 대접받는 박선원은 현직 대통령 윤석열에게 북한에서 쓰는 용어인 '내란 수괴'의 딱지를 붙이고 탄핵에 앞장섰다. 정권을 잡고

서도 이런 치명적 반국가 사범을 그냥 둔 윤석열의 치명적 실수였다.

3년 징역을 산 정치범이 국회의장이 되면

대통령 윤석열이 공수처에 체포된 날 저녁 한남동 우원식 국회의장 공관에서는 민주당 인사들의 부부동반 만찬이 있었다. 이 자리에서는 "대권"의 외침이 있었다고 전해진다. 징역 3년을 산 훈장을 앞세우고 본인에 이어 자식들에게까지 부귀영화를 누리는 특권의 법제화 같은 일에나 목을 매었던 우원식이 대권을 노리고 있다니 세상이 뒤집어졌다는 사실을 실감할 수 있었다. 계엄 당일 국회 담장을 넘는 그의 사진은 전세계에 전해졌고 그 힘으로 윤석열을 탄핵시키는 일에 불법과 위법의 칼을 마구 휘두른 사람이 이제는 대권까지 넘보고 있다는 것은 초현실이다. 대한민국을 뒤집는 일에 큰 공을 세웠다면 반국가 사범이다. 반란세력 그들에게는 대통령감으로 여겨졌겠지만 대한민국의 자유민주주의를 지키겠다는 국민에게는 초현실이 분명하다.

윤석열에 대한 탄핵소추안을 가결시키는 일에 우원식이 세운 공은 혁혁하다. 그의 행동이 대한민국의 국가 시스템을 파괴하는 위법적이고 불법적인 것이었다는 뜻이다. 우선 대통령 탄핵에 대한 헌재의 심리 과정에서 내란죄를 제외한 것은 소추사유의 불성립이므로 재의결 사항이라는 것이 많은 학자와 법조인들의 다수의견이었다. 그럼에도 그는 재의결에 대해 꿈쩍도 하지 않았다. 위법이다. 또한 대통령 권한대행 한덕수에 대한 탄핵에서 의장이 탄핵소추안을 국회 법사위에 회부해 조사하도록 한 국회법을 위반하고 곧바로 본회의 표결에 붙인 점은 명백한 국회

법 위반이다. 대통령 권한대행의 탄핵 가결 정족수는 200석이라는 국회법 해설서에 있는 매뉴얼과 법조계의 다수의견을 무시하고 총리에 대한 정족수를 151석으로 해석하여 가결시킨 직권남용은 역사에 오래 남을 중대한 범죄다. 최상목 권한 대대행이 마은혁 헌법재판관 후보 임명을 보류한 일에 대한 권한심판청구를 국회의 의결없이 의장 자신의 독단으로 청구한 것도 위법의 소지가 크다는 비판을 받았다. 여기다 국회의장의 정치적 중립의무를 개밥으로 던져준 비열한 행태는 다 열거할 수가 없다. 국회의장으로서의 중립의무 위반 역시 국회법 위반이다. 늙어서도 전향하지 않는 반국가 범죄 전과자가 국회의장이 되어 범한 대한민국 파괴적인 행위다. 이런 사람이 대권 주자라고? 그에게 어떤 국가적 비전이라도 있을까. 국가 비전을 가지고 대권에 도전하는 민주당 주자는 없다. 표정 하나 바꾸지 않는 거짓말을 잘하고, 사실관계의 조작에 능하고, 자유민주 정당 공격만 열심히 하면 민주당 대권주자로서의 자격을 모두 갖춘 것이다. 정책이 필요하다면 이재명이 감옥 간 후 그의 기본시리즈를 베끼면 될 것이다. 퍼주기 전문가와 생계형 정치인은 동전의 앞과 뒤다. 그래서 우원식과 이재명의 정치철학은 완벽하게 일치한다.

제왕적 대통령은 없었다 제왕적 야당 대표가 있었을 뿐

법무장관 박성제를 탄핵시킨 사유에 "야당 대표를 노려봤다"는 내용이 들어있어 논란이 되었다. 일반 국민인 우리에게는 논란거리지만 반국가 세력 그들에게는 자연스러운 일이다. 종북 주사파들에게 수령주의와 결사옹위 정신은 그들의 몸 세포 하나하나에 새겨져 있다. 그런 사람들이 대한민국을 장악하고 '제왕적 대통령'이라는 말을 반복하며 이 반란의 핵심 지휘부가 되어 대통령 윤석열을 무너뜨렸다. 우익 대통령이라면 그 직위에서 물러난 후에 구속되는 일이 반복되더니 이제는 재임 중에 손발이 묶여 아무 일도 하지 못하다 급기야 중도에 탄핵되어 구속되는 일이 두 번이나 반복되고 있는데 이재명과 민주당은 윤석열을 자꾸 제왕적 대통령이라 불렀다. 제왕적 대통령, 탄핵의 거름으로 쓰인 말이다.

대한민국에 자유민주 진영 출신의 제왕적 대통령은 없다. 김대중 문재인처럼 좌익 진영의 제왕적 대통령과 죽어서 신화적 존재가 된 노무현이 있을 뿐이다. 그리고 제왕적 권력을 휘두르는 종북 주사파 정치인들이 있을 뿐이다. 그들이 꿈꾸는 나라는 노란봉투법이 통과되어 기업주를 밀어내고 노동자가 기업의 주인이 되는 나라, 양곡관리법이 통과되어 필요 수량 이상의 곡물을 생산하여 만성적 식량부족에 시달리는 북한에 퍼주고, 마약 등의 강력범죄에 대응하는 검찰과 경찰의 예산을 삭감하여 마약과 성범죄가 넘치게 함으로써 사회질서가 붕괴되어 북한에 쉽게 흡수 통일되는 그런 임시적 나라다. 그런 나라를 만드는 혁명적 정당에 제왕적 대표가 있었다. 바로 이재명이다. 윤석열의 시간에 제왕적 대통령은 없었다. 제왕적 야당 대표가 있었을 뿐이다. 이것은 고영주 변호사가 대표로 있는 자유민주당이 더불어민주당을 위헌정당으로 규정하고 법무부에 해산을 청구한 이유다. 대통령 윤석열이 비상계엄을 선포한 이유이기도 하다. 윤석열이 탄핵당한 이유는 간단하고 분명하다. 제왕적 대표가 이끄는 사회주의 종북주의 정당 그들의 대한민국 반역과 좌익혁명을 막으려 했기 때문이다.

4. 북한정권의 남쪽 조직이 주도하는 이 반란

민주당이 북한정권과 은밀한 관계를 유지하는 남한 내의 종북단체들과 긴밀하게 협력하고 때로는 민주당 스스로 북한정권과 같은 목소리를 내는 사실은 제1장에서 고찰한 바 있다. 특히 이석기의 통진당은 내란을 선동한 죄목으로 해산된 정당임에도 민주당은 이석기의 동지들과 19대 총선부터 22대 총선까지 지속적으로 연대했다. 내란을 모의하다 발각된 통진당의 후신으로 민중당, 진보당 등으로 이름을 바꾼 통진당 이석기의 동지들과 연대했다는 사실만으로도 민주당의 정체성은 바로 알 수 있는 일이다. 이재명의 민주당은 북한의 직접적 지령을 받는 이석기 잔당과 협력했다. 또한 북한의 지령을 받고 직접 이를 실천에 옮긴 것으로 추정되는 근거도 많다. 박근혜 탄핵 때 그러했던 것처럼 윤석열 탄핵에도 북한의 지령은 어김없이 내려왔고 민주당은 이 지령에 충실했다.

이 탄핵이 북한의 지령이라는 증거

"공수처 설치에 반대하는 보수 패당에 대한 대중의 분노를 폭발시켜라" 공수처 설립에 대한 찬반논란이 뜨겁던 2019년 북한이 내린 지령이다. "윤석열을 공수처 1호 수사대상으로 삼아라" 공수처 설립법안이 통과되고 정식 출범을 앞두고 있던 2020년에 내려온 북한의 지령이다. 북한의 지령대로 공수처는 설립되었다. 하는 일 없이 국가예산만 축내고 있던 공수처는 사실상 윤석열을 1호 대상으로 삼아 불법적으로 수사하고 불법적으로 체포했다. 북한의 지령대로 한 것이다. 윤석열 정부 출범 후 북한으로부터 내려온 지령에 대해서는 2025년 2월 헌재의 윤석열 탄핵 9차 변론에서 김계리 변호사가 정리해 주었다. "윤석열 공격에 화살을 집중시켜라. 국민의힘 것들을 궁지에 몰아넣어라. 윤석열 집권 초기부터 윤석열 패거리들에 대한 실천투쟁을 공세적으로 조직 전개하라. 윤석열과 일가 족속들의 정치 추문들을 집요하게 물고 늘어지며 법적 처벌을 요구하는 압박 공세를 집요하게 강화하라. 제2의 촛불항쟁 때와 같은 대중적인 항거운동을 조성하라" 이 가운데 실행되지 않은 것은 없다. 고스란히 실천되고 실행되었다. 2024년 11월 수원지법에서 열린 4명의 민노총 간첩에 대한 선고 공판의 공소장에는 북한이 "공수처를 통해 보수세력을 탄압하라"는 지령을 내린 사실을 적시하고 있다. 좌익 법조인 오동운의 공수처가 현직 대통령 윤석열을 불법적으로 수사하고 인간 사냥하듯 체포한 것은 북한의 지령을 따른 것이 분명하다. 오동운이 북한의 지령을 따랐다는 증거가 있느냐고 물으시는가. 북한이 지령을 내린 사실과 내용이 확인되고 오동운의 공수처가 불법을 무릅쓰고 감행한 행동이 북한이 내린 지령의 내용과 일치하는 것이라면 증거로 충분하지 않는가.

　윤석열에 대한 탄핵이 공수처와 민주당이 결탁한 좌익의 내란이라는 사실은 좌익 그들의 이념 지향성에서도 쉽게 확인된다. 윤석열 탄핵 정국에서 민주당의 당대표 이재명은 물론 조폭조직의 똘마니들처럼 행동하는 170여 명의 국회의원, 그리고 방송에 얼굴을 내민 많은 패널들이 비상계엄을 내란으로 규정하는 이유로 '민주주의 파괴'를 들었다. 그리고 파괴된 민주주의를 회복하기 위해 윤석열을 탄핵해야 한다는 것이 중심 논리였다. 민주당의 내란임이 바로 확인되는 지점이다. 반복해서 말하지만 민주당이 말하는 민주주의는 자유민주주의가 아니다. 인민민주주의다. 민주당 출신의 전임 대통령 문재인은 그의 여러 연설에서 '자유'를 말한 적이 거의 없다. 그의 정권은 한국사 교과서에서 자유를 삭제한 민주주의를 기술했다. 학교 현장으로 내려간 주사파 혁명가인 전교조 교사들이 학생들에게 자유가 빠진 민주주의를 가르쳤다는 사실에서 그들이 추구한 민주주의는 자유민주주의가 아닌 인민민주주의라는 사실은 쉽게 확인된다. 자유민주주의를 신봉하는 대통령을 내란 혐의를 씌워 탄핵한 사실은 이것이 대통령의 내란이 아닌 인민민주주의를 추구하는 민주당의 반란이라는 사실을 말하는 증거다.

극좌파의 내란

탄핵소추안 가결로 대통령의 직무를 정지시키고 있던 2024년 12월에서 2025년 3월 사이에도 민주당은 노란봉투법 양곡관리법 무상교육법 민주유공자법 등 여러 사회주의적 법안을 통과시키기 위해 대통령 권한대행과 대대행 역할을 수행하던 총리와 부총리를 압박했다. 국회의장 우원식, 부의장 이학영, 법사위원장 정청래 등 김계리 변호사가 호명한 23명의 국보법 전과자를 포함한 약 50여 명에 이르는 주사파 운동권 출신들이 주도한 일이다. 자유민주주의 수호자를 자처하며 대한민국의 인민민주주의화를 막으려고 했던 윤석열이 계속 재의요구권을 행사하며 거부하자 그를 탄핵했고 그의 대통령 직무가 정지된 틈을 타 다시 통과를 시도한 것이다. 민주당의 주사파 운동권 출신의 좌익 혁명가들이 대한민국의 좌익 국가화에 걸림돌이 되는 윤석열을 실각시킨 것이다. 그들이 윤석열을 탄핵시키려 했던 이 첫 번째 목적은 자신의 감옥행을 막기 위해 윤석열을 제거해야 했던 이재명이 수 차례 '반동'을 언급한 데서도 확인된다. 반동은 공산주의 혁명을 반대하는 사람과 세력을 지칭하는 말이다. 공산주의자들은 혁명이 완성되기 전에는 이 용어를 외부를 향해서는 사용하지 않는다. 정작 주사파 혁명가들은 공개적으로 쓰지 않는 이 용어가 다급한 이재명의 입에서 나온 것이다.

2025년 2월 10일 국가인권위 김용원 상임위원은 "이 나라는 지금 극좌파 세상이다"라고 일갈했다. 그는 "지난 1월 13일 인권위 14층 전원위원회 회의장에 민노총 노조원 50여 명과 이들이 불러들인 극좌파 인권 단체 활동가 50여 명이 회의장 복도에 난입하여 폭동을 시작했다. 고민정 신장식 등 10여 명의 야당 의원들이 나타나자 폭도들은 더 기세등등해졌다. 나는 1시간 남짓 회의장 입장을 시도했으나 실패했고 결국 회의는 취소되었다. 폭도들은 한참을 더 머물다 인권위를 떠났다"고 말했다. 그는 이어 말했다. "지난 1월 19일 새벽 우파 폭도 100여 명이 서부지법에 난입하여 기물을 파손하기도 했다. 경찰은 즉각 폭도 색출과 검거작전에 돌입했고 대법원장은 물론 여야 모두 강경한 어조로 폭도들을 비난했다. 100여 명 가운데 70명 정도가 구속되어 엄동설한의 감방에 갇혔다."며 "자기네들에게 방해가 되는 사람들에 대해서는 서슴없이 '극우파' 딱지를 붙이는 극좌파들의 이중잣대는 어디까지 갈 것인가"라고 마무리했다. (문화일보, 2025.2.10) 그의 말에는 핏기가 배어 있었다.

좌익세력의 폭력은 벌하지 않고 우익세력의 폭력에는 '극우 폭도'의 이름을 붙여 엄하게 처벌하는 좌익화된 입법부와 사법부의 이중잣대는 이 탄핵정국이 윤석열의 내란이 아니라 좌익의 내란이라는 사실을 분명하게 보여주는 증거 중의 하나다. 자유민주주의 우익 국가인 대한민국의 정체성을 방어하기 위한 폭력은 어느 정도에선 정당성이 인정된다. 그러나 대한민국의 정체성을 공격하는 폭력은 내란이다. 자명한 이치다. 그럼에도 방어를 위한 폭력은 처벌 받았고 파괴와 변경을 위한 공격적 폭력은 보호되었다. 이것이 좌익의 내란이라는 뜻이다.

내란선동 세력과의 선거 연합

진보당의 대선후보 김재연은 대선 후보등록 전날인 2025년 5월 9일 '압도적 정권 교체와 내란세력 완전 청산'을 명분으로 내세우며 대선후보 사퇴와 민주당 대선후보 이재명과의 단일화를 선언한다. 2월 19일에 있었던 '내란종식 민주헌정수호 새로운 대한민국 원탁회의 출범식'이라는 긴 이름의 좌익세력 단합행사에서 이재명과 김재연이 손을 잡은 모습에서 이미 예견된 일이었다. 김재연은 4월 22일 자신이 진보당의 대선후보로 선출된 날부터 거듭 단일화를 시사했다. 김재연의 단일화 선언이 나오자 보수정당은 김재연이 통진당에서 국회의원을 지낸 사실을 거론했다. 그리고 윤석열 탄핵을 반대하는 국민들은 '민주당이 내란을 선동했던 정당의 잔당과 선거 연대를 하는 것은 윤석열 탄핵이 민주당의 내란이라는 증거다'라고 목소리를 높였다. 그러나 이재명이 직접 "감사하게 생각한다"고 말하는 등 민주당은 환영의 입장을 내놓는다.

내란 선동의 죄목으로 통진당은 해산되었고 이석기는 9년 동안 감옥살이를 했다. 김재연은 이석기의 통진당에서 중요한 인물이었다. 통진당 세력과 민주당이 협력한 것은 오래된 일이다. 북한이 남침을 감행할 때 이에 맞춰 통신시설과 유류탱크를 파괴하는 등의 구체적 계획을 세운 이석기가 구속되자 노무현 정권의 2인자로 있었던 문재인은 그를 거듭 풀어주었고 이석기가 위기를 맞을 때마다 그를 옹호해 주었다. 19대 총선에서 선거연대로 통진당을 13석을 가진 국회 제3당으로 만드는 일에는 한명숙 임종석이 전면에 서고 이해찬과 문재인이 배후에서 힘을 쓴 결과다. 민주당은 통진당과 큰집 작은집의 관계였다.

흔히 민주당을 큰집으로 말하는 사람이 많다. 그러나 종북세력의 내밀한 면을 연구한 전문가들은 종북 원로들의 모임인 원탁회의와 이석기의 통진당 잔당을 큰집으로 보고 민주당을 작은집으로 보는 견해도 있다. 민주당을 원탁회의 등 종북세력 지휘부의 지침을 받들고 목표를 수행하는 행동 전위대로 보는 시각이다. 이재명이 이끄는 민주당이 내란선동을 이유로 해산된 통진당의 잔당인 진보당 김재연과 후보 단일화를 했다는 사실은 12.3계엄령 선포에서 시작된 이 변고가 윤석열의 내란인지 이재명의 반란인지를 가르는 중요한 근거가 된다.

<h1 style="text-align:center">2절</h1>

<h1 style="text-align:center">공범, 김일성의 아이들이 장악한
대한민국 사법부</h1>

"이재명은 안 하고 왜.." 공수처의 대통령 체포를 보고 분노한 국민 김태권 씨는 대전에서 상경하여 분신하기 전에 이렇게 말했다. 그가 분노한 직접적 대상은 사법부의 편파성이다. 대한민국의 법치는 국민이 목숨을 걸고 항거해야 할 정도로 편파적으로 집행되고 있다. "안타깝게도 이 나라 법이 모두 무너졌다" 대통령 윤석열은 공수처로 이동하기 전에 촬영한 대국민 담화에서 이렇게 말했다. 12개 혐의, 8개 사건, 5개 재판을 받고있는 범죄자 이재명에게는 3년째 지켜지고 있는 무죄추정의 원칙이 비상계엄을 선포한 그에게는 조사도 수사도 재판도 없이 단 하루만에 내란죄가 확정되었으니 대한민국의 법치 붕괴는 대통령 윤석열에게 직접적인 체험이었다. 대한민국의 법치는 어떻게 무너졌는가.

1. 법조 주사파 그들의 전설

김일성 장학생, 대북문제와 종북주사파에 관심이 있는 전문가와 국민 사이에서 전설처럼 전해지는 이야기다. 이 전설은 대통령 윤석열에 대한 탄핵 정국에서 선명한 현실이 된다. 대한민국 사법부를 거의 완전하게 장악한 김일성 장학생의 존재를 확인한 일만으로도 대통령 윤석열의 비상계엄 선포는 성공으로 평가받아야 한다고 말하는 국민도 있다. 이들의 기원은 멀다. 수십 년 전으로 거슬러 올라간다. 김용규, 서울 출생, 6.25때 납북된 후 공작원으로 양성되어 7차례 남파 공작원 임무를 수행, 1976년 체포된 후 전향, 김대중 집권 이후 좌파들에게 수난을 겪음. 이러한 이력의 전향한 간첩 김용규 씨는 1999년 출간한 그의 저서 '소리 없는 전쟁'을 통해 김일성 장학생의 실체를 증언한다. 그의 증언의 요지는 이렇다. "남조선에서는 고시 합격만 하면 행정부 사법부에도 얼마든지 비집고 들어갈 수 있다. 지금부터 머리가 좋고 영악한 아이는 데모에 내보내지 말고 고시 준비만 시켜라. 열 명을 준비시켜 한 명만 합격해도 목적은 달성된다." 김일성의 지시다. 창대한 결과의 출발점이다.

장학생 1800명 혁명전사 300명

김씨의 이런 증언을 부연 설명하는 법조계와 대북 전문가들의 말을 종합하면 김일성의 이 지시에 따라 1980년부터 서울에 고시원 10곳을 만들고 2010년까지 1년 평균 6명씩, 10곳에서 60명씩 합격하여 30년 동안 서울에서만 사법시험 합격자 1800명이 나왔으며 이 중 약 300명은 사법부에서 강력한 카르텔을 형성하고 대한민국을 좌익 국가로 만드는 혁명 투사로 활동하게 된다. 이들이 바로 '좌익무죄 우익유죄'의 판결을 붕어빵 찍어내듯 내놓는 판사들이다. 서울서부지법 차은경 판사처럼 대통령에 대해서는 단 15개의 글자가 적힌 구속영장을 발부하고, 유창훈 판사처럼 좌익정당의 당대표에게는 정당 대표라는 이유로 600자의 기각사유를 적어 방면하는 사법 환경이 만들어진 뿌리다. 우익의 대통령이 좌익 정당의 당대표보다 아래에 놓이게 된 그런 사법 환경이다. 이런 환경은 종북좌익 세력 전체가 만든 것이지만 직접적으로 작용한 것은 좌익 법조인들이다. 대표적인 좌익 법조인 그룹으로는 민변민주사회를위한변호사모임이 있다. 그리고 좌익 판사들의 모임인 우리법연구회와 이름을 바꾼 후신 국제인권법연구회(아래 '우리법'으로 통칭함)가 있다. 대통령 윤석열에 대한 탄핵정국에서 대한민국의 좌익 국가화를 위한 그들의 혁명을 완성하기 위해 대활약을 펼친 바로 그 우리법연구회다.

좌익 판사들의 초강력 카르텔 우리법연구회

우리법연구회는 1970년대 중반 광주일고 출신 법조인 중심으로 결성된 사조직이 출발이다. 어디를 가나 동향인 자기들끼리 똘똘 뭉치는 전라도인의 배타적 친목단체 정도였던 이 모임은 1988년 6월 강금실 유남석 이광범 등 8명의 멤버로 시작된다. 이들은 이듬해인 1989년 '사법부 민주화'를 기치로 내걸고 우리법연구회의 이름으로 공식적으로 출범한다. 이때부터 전국적인 운동권 출신의 법률가들로 확대되고 동시에 좌편향적 법조인의 이익집단이 된다. 창립멤버 중에서 강금실은 노무현 정부에서 법무장관을 지내며 법조계의 좌익화를 이끌었고, 유남석은 문재인 정권에서 5년 내내 헌법재판소 소장으로 재직하며 헌법재판소를 대다수의 재판관은 물론 수십 명에 이르는 연구관까지 모두 좌익 법률가들로 채웠다. 이광범은 윤석열에 대한 탄핵사건을 다루는 헌재 재판정에서 국회 측 변호인단 공동대표의 자격으로 3명의 우리법 출신의 헌재 재판관과 우리법 출신으로 탄핵TF팀에 소속된 후배 연구관들을 연결하며 사실상 탄핵재판을 총지휘한 사람으로 지목되었다. 윤석열 대통령에 대한 헌재의 탄핵 재판의 결과가 법리와 다르고 헌법학자들의 강론과 다르고 국민들의 상식과 달랐던 이유는 그래서다.

우리법연구회가 하나의 힘 있는 카르텔이 된 것은 좌익단체들이 모두 그러하듯 김대중 노무현 정권 10년부터다. 이 모임에 소속된 판사들은 사법부의 요직을 장악하고 대부분의 정치적 사건에 개입하며 법 조문과 법리를 무시하고 정권과 진영에 유리한 편파적 판결을 양산한다. 그 중에서도 노무현 정권의 법무장관 강금실은 유명하다. 이후 문재인 정권에서 확연히 드러났듯이 그들은 대한민국의 형사사법 기관과 정부의 최고 위직을 대거 접수한다. 김명수 대법원장과 노정희 대법관 겸 중앙선관위원장은 편파성에서 대표적인 법관으로 대한민국의 법치주의와 선거제도를 완벽하게 유린한 법관으로 손꼽힌다. 호남출신의 사조직으로 출발한 우리법연구회는 지금도 호남인이 많다. 대법관 노정희(광주광역시), 윤석열에게 형소법을 배제하는 위헌적인 체포영장을 발부한 서부지법의 이순형(전북무주), 이재명의 위증교사에 무죄를 선고한 김동현(전남장성), 이재명의 선거법 위반 사건을 무려 16개 월이나 지연시키다 "조선시대 사또도 아니고"라는 유명한 말을 남기고 사표를 낸 강규태(전남 해남) 판사도 호남인이다. 조국의 재판을 15개 월 동안 공판 한 번 열지 않고 질질 끌다 휴직 등의 방법으로 시간을 더 끌어 결국 2년 이상을 채운 일로 '재판 지연의 달인'으로 불린 김미리 판사는 제주 출신이다.

우리법연구회는 법원 내부에서 그들의 이익집단화에 대해 논란이 이어지자 2010년 이후 회원명단을 공개하지 않는다. 급기야 노골적 편파성에서 사회적으로 지탄을 받게되면서 2018년에는 스스로 해체한다. 그러나 해체는 그들의 주장일 뿐 구성원들이 국제인권법연구회로 옮겨 법조계의 강력한 이익집단으로서의 활동을 이어갔다. 김명수는 이름을 바꾼 국제인권법연구회의 초대 회장이었다. 2019년 한 외신이 "정부 관료들에게 뇌물을 주는 억만장자들보다 강남좌파들의 해악이 훨씬 크다"(블룸버그통신, 2019.9.14)는 칼럼을 냈을 때 사회주의를 추구하면서도 불법적 이익에 탐닉하는 조국 장하성 등의 인사와 함께 서초구에 주로 거주하는 좌익 법조인들이 집중적으로 조명을 받은 적이 있다. 좌익 법조인들이 대한민국 법조계에서 강력한 이익 카르텔과 이념 카르텔을 형성하는 집단이라는 사실을 말해준다. 대한민국의 좌익국가화에 압도적이고 핵심적인 힘을 발휘하는 세력이 된 그들은 윤석열을 탄핵시키는 정국에서 국회, 공수처, 법원 등 각 기관에 포진하고 있는 좌익 법조인 네트웍의 존재를 거침없이 드러내며 그들의 좌편향성을 감추지 않는다. 전체 법조인 중 소수를 점하는 이들이 강력한 카르텔을 형성하고 법치주의를 농락하며 대한민국의 체제 변경을 위해 법을 혁명의 도구로 악용하고 있다는 사실은 사법부 내에서 점하는 그들의 과잉 대표성에서 바로 확인된다.

너그들만 판사냐, 그래 우리들만 판사다

2010년 전국 모든 법원의 판사 2000여 명 중 우리법연구회 출신 판사는 129명으로 전체 법관 중 5%가 조금 넘는 비율이었다. 1989년을 출범 원년으로 볼 경우 2018년에 표면적으로 해체하기까지 30년 동안 이 모임을 거쳐간 판사는 150명 정도다. 같은 기간 판사 재직자 5000여 명의 3%다. 후신인 국제인권법연구회 판사를 다 합해도 500명 안팎으로 10% 선에 그친다.(한국경제, 2025.1.14) 이로부터 15년이 지난 2025년 대한민국 최고이자 최후의 사법기관인 헌법재판소에서 우리법 출신들이 차지하는 비율은 8명 중 3명으로 38%다. 모든 법원의 고위직과 요직을 통계낸다 해도 비슷한 비율일 것이다. 좌익의 오래고 질긴 대한민국 점령 노력의 결과다. 기존의 3명의 좌익 재판관과 민주당이 한덕수 대통령 권한 대행을 압박하여 역시 우리법 출신인 마은혁이 임명된 후에는 전체 헌재 재판관의 절반인 50%가 되었다. 사법부는 물론 대한민국이 우리법연구회의 손아귀에 들어간 것이다. 마은혁이 임명되면 헌재는 혁명재판부가 될 것이라 걱정하는 국민이 많았다. 윤석열 탄핵재판을 앞두고 국회측 대리인단과 헌재에 포진한 우리법 출신의 법률가들이 함께 추는 칼춤을 보며 비우리법 판사들이 "우리법 너희들만 판사냐"고 하는 조롱성 항의가 넘쳤다. 헌재의 판결은 단심이다. 그래서 사후 수정이나 교정이 불가능하다. 헌재가 우리법 회원들에게 장악되는 일은 그래서 무서운 일이다.

이 시대 최고의 지성 전원책 변호사는 "대한민국은 이념에 찌든 판사가 왕이 되어버린 나라가 되었으며 좌익판사 한 명이 정치의 흐름과 나라의 운명을 완전히 바꾸어 놓는 사법구조가 되었다"고 진단했다. 50억을 받고 이재명에게 무죄를 준 혐의로 재판에 넘겨진 대법관 권순일, 국회에서 국회의원 전원의 표결을 거쳐 통과시킨 이재명에 대한 체포동의안을 간단히 뒤집은 유창훈, 이재명의 재판이라면 갖가지 특혜를 주면서 시간을 끌고 또 끌다 위증교사죄의 사문화 비난 속에서 음주운전을 음주와 운전으로 분리하는 기막힌 방법으로 무죄를 선고한 김동현 등 좌익진영에 대한 불공정하고 불법적이며 특혜적인 재판의 사례는 이제 흔한 일이다. 이것이 좌익 그들만의 공정과 정의로 굳어진 지 오래다.

대통령에 대한 체포영장에 입법권 침해라는 엄청난 위헌성을 무릅쓰고 체포영장을 발부한 이순형, 대통령에 대한 구속영장을 마치 잡범에게 발부하는 것처럼 "피의자가 증거를 인멸할 우려가 있다"는 단 한 줄의 사유를 적어 발부한 차은경, 일반 국민의 눈에도 훤히 보이는 편파성을 굳이 감추려고 하지도 않는 뻔뻔함을 드러내며 탄핵 재판을 진행했던 문형배와 이미선, 선관위를 복마전으로 만들고 수많은 부정선거의 증거가 나왔음에도 선관위의 독립성만 주장하며 조사와 수사에는 결코 응하지 않았던 노정희와 노태악 대법관 등을 보면 이념에 찌든 판사가 나라의 운명을 바꾸어 놓는다는 전원책의 우려가 실감 난다. "대한민국 좌익 판사 그들은 법치 파괴를 넘어 법 위에 있는 존재다"라거나 "좌익진영의 뻔한 범죄에 대한 재판과 우익진영에 대한 모함성 재판은 항상 '설마가 역시'로 판결나는 것은 이제는 공식이 되었다"는 국민의 푸념이 가장 실감나는 곳은 대통령 윤석열에 대한 탄핵정국에서 공범으로 끼어든 공수처와 서울서부지방법원이다.

2. 4년을 기다린 공수처의 쓰임

"박범계 : 윤석열이 도망갔을 가능성이 있다고 봅니까? / 오동운 : 네 맞습니다" 2025년 1월 8일 국회 법사위에 불려온 공수처장은 박범계의 질의에 이렇게 답변했다. 대통령이 관저에 있었다는 사실은 곧 밝혀진다. 우리법 출신의 두 법률가는 국회에서 장단을 맞추며 이렇게 공개적으로 거짓을 말했다. 이들은 법률가가 아니다. 거짓말로 국민을 호도하고 선동하는 좌익 혁명가들이다. 1월 15일 대통령을 체포하여 구치소에 가둔 공수처는 대통령에게 서신의 수발신을 금지하고 부인의 면회도 금지한다. 악질적 잡범이나 중대한 간첩에게 할 수 있는 조치다. 윤석열은 대통령이 되기 전에 "공수처는 권력의 3류 하수인"이라고 말한 적이 있다. 그의 이 말이 자신에게 가장 먼저 적용될 것이라는 사실은 그도 몰랐을 것이다.

숨어 있다 등장한 혁명투사 오동운

2019년 문재인이 한국판 게쉬타포가 될 것이라는 비판을 무릅쓰고 국회에서 폭력적인 절차를 거치며 공수처를 만든 이유를 보통의 국민인 우리는 이때까지는 몰랐다. 4년 동안 3000여 건의 사건을 접수하고 유죄 판결을 받아내기는 커녕 영장을 발부받은 것조차 단 1건도 없는 공수처를 매년 200억 원의 예산을 들여 유지하는 이유를 국민인 우리는 이때까지 몰랐다. 접수된 3000여 건의 사건 중에서 문재인 정권의 중대한 범죄 사건은 거의 손대지 않은 사실에서 공수처를 만든 목적이 어느정도 짐작은 되었지만 진짜 목적은 단 15% 국민의 지지를 받고 있던 공수처가 대통령을 체포하기 위해 미친 듯 날뛰는 장면에서 분명하게 알 수 있었다. 문재인과 민주당의 주사파 정치인들이 좌익 시민단체와 좌익 언론의 지원을 받으며 공수처를 만든 심대한 뜻도 함께 알게된다.

공수처장 오동운은 국제인권법연구회에서 활동한 판사 출신이다. 윤석열 대통령이 한동훈의 추천으로 그 자리에 임명한 것으로 알려졌다. 종북주사파의 좌익혁명에 대한 이해가 부족한 정치 애송이 한동훈이 그의 정치적 미래를 위해 공수처에 심은 자신의 라인으로 보인다. 본연의 좌익 정체성에다 미래권력인 한동훈에 붙어 더 높은 자리에 오르려 하는 한국 엘리트 공통의 출세주의가 더해진 것이 오동운을 미쳐 날뛰게 하는 에너지로 보였다. 2025년 1월 7일 국회에 나온 오동운에게 정청래 이성윤 김용민 등의 민주당 의원들이 대통령 윤석열에 대한 체포를 재촉하자 "유념하겠습니다"라고 말하는 그의 답변에서 좌익정당 혁명가들의 지시를 공손하게 받드는 오동운의 좌익 본색은 바로 드러났다.

대통령이 공수처에 가서 아무런 진술도 하지 않을 것이며 그래서 대통령에 대한 조사는 불가능할 것이라는 사실은 법조인들은 물론 일반 국민도 알고 있었다. 공수처는 내란혐의에 수사권이 없으며 그래서 조사와 수사에 응할 수 없다는 입장을 대통령이 이미 여러차례 밝혔기 때문이다. 그럼에도 오동운은 대통령을 체포하려는 의지를 굽히지 않았다. '윤석열은 확신범'이라고 적시된 구속영장을 들이미는 공수처의 대통령 체포 목적은 수사에 있는 것이 아니었다. 이재명이 그렇게도 원했다는 '윤석열이 체포되는 사진 한 장'을 취득하는 것 그것이 오동운이 망나니

짓을 자처한 이유였다. 오동운은 미래권력 이재명에게 그것을 진상하고 싶었을 것이다. 그리고 자유민주주의자 윤석열을 좌익의 인민재판의 광장에 세우려 했을 것이다. 이것이 그에게 부여된 임무인 듯 했다. 체포에 성공한 오동운은 이재명의 민주당이 검찰과 경찰에 대해서는 단 한 푼도 주지 않는 대신 공수처와 법원에만 듬뿍 집어준 특활비로 공수처 간부들과 함께 비싼 회식을 즐겼다. 세금으로 반주를 곁들인 회식을 하는 그들은 즐거웠을 것이다. 그러나 대통령을 체포하는 과정에서 공수처가 범한 위법과 불법을 되짚는다면 국민인 우리는 결코 오동운과 공수처를 용서할 수 없다. 오동운은 헌법과 법률을 위반한 중대 범죄자다.

공수처를 해체해야 대한민국이 지켜진다

대통령 윤석열을 체포하는 과정에서 공수처가 범한 위헌 위법 불법 편법적 행위를 다 말하자면 길다. 가장 엄중한 위헌 위법은 내란에 대한 수사권이 없는 공수처가 대통령을 수사하겠다며 나선 일이다. 법 조문만 읽어보면 위법이라는 사실을 바로 알 수 있는 간단 명료한 이 일을 우리 법연구회 출신의 박범계 등의 민주당 의원, 공수처장 오동운 자신을 비롯해서 온통 좌익 법률가들로 채워진 공수처의 검사들, 법원과 헌재의 이념 판사들로 엮어진 이들 좌익 법조 카르텔은 현직 대통령의 체포와 구속을 별다른 해명이나 변명 없이 그냥 밀어붙였다. 변명을 해봐야 궤변에 지나지 않는다는 사실을 그들도 알기 때문에 말하지 않았을 것이다. 수사권도 없는 공수처가 대통령을 수사하겠다고 나선 이 일은 그들이 일으킨 이 쿠데타 혹은 반란이 진압되고 공수처 해체에 나설 때 해체 사유의 첫 번째 줄에 있어야 마땅하다.

국회에 출석한 오동운은 장동혁 의원의 질의를 받고 대통령에 대한 체포영장을 관할인 서울중앙지법에 청구한 적은 없다고 밝혔다. 대통령에 대한 체포영장을 관할 법원인 서울중앙지법을 피해 우리법 판사가 있는 서부지법에 신청한 일은 편법이자 위법이다. 또한 대통령조차 개입할 수도 없고 간섭할 수도 없을 정도로 모든 국가기관으로부터 철저한 독립성을 보장받는 동시에 스스로 이 독립성을 준수해야 하는 국가기관인 공수처가 최상목 대통령 대대행에게 용산 대통령관저를 지키는 경호처로 하여금 윤석열을 체포하려는 공수처와 경찰의 행동을 제지하지 못하도록 지휘를 요청한 것도 월권이자 위법이다. 연인원 7740명에 이르는 대규모 경찰병력을 동원한 일 역시 법 규정에는 없는 위법이자 불법이며 출입허가증을 위조한 명백한 불법행위에 대해서도 최고 지휘권자인 오동운에게 책임을 물어 반드시 처벌해야 한다. 그는 여당인 국민의힘이 "공수처법상 공수처 검사가 경찰을 지휘할 권한이 없다"는 법조계의 견해와 대통령 체포를 반대하는 국민의 여론을 전하자 즉각 나서서 "위법성의 문제가 제기되지 않도록 하겠다"고 응수하고는 2차 체포에서 더 많은 경찰 인원을 투입했다. 공수처 경찰 서부지법으로 연결된 좌익 카르텔은 이 반란을 멈출 생각이 없었다.

문재인이 중국의 국가감찰위원회와 인민검찰원을 모방해서 만든 공수처는 좌익정당의 1당독재를 위해 만들어진 사법기관이다. 이런 사법기관은 전체주의를 표방하는 사회주의 국가에서는 독재적 권력을 유지하기 위해 보편적으로 설치하는 기구다. 그러나 권력기관 각각의 독립성을 보장하면서 상호 견제하도록 제도적 장치를 마련하는 자유민주 국가에서는 결코 있을 수 없는 괴물 같은 존재다. 대한민국을 좌익의 나라로 만드는 일만 도모했던 문재인과 그의 주사파 수하들에 위해 설계된 공수처는 반드시 해체되어야 한다. 공수처가 계속 존재한다면 종북주사파 그들의 좌익혁명은 더 빨리 완성될 것이다. 동시에 대한민국의 자유민주주의는 더 빨리 무너질 것이다.

2025년 10월 24일 열린 국정감사에서 야당의 곽규택 의원은 공수처 휴게실에 비치된 안마의자 4대 가격이 3000만 원이라며 "공수처가 아니라 안마처"라고 했다. 윤석열 체포에 공을 세우고 포상금으로 듬뿍 받은 돈으로 하는 일 없이 호강하고 있는 공수처다. 그러나 오동운의 처지는 좀 다르다. 채상병특검팀은 오동운과 공수처 관계자를 직무유기 혐의로 입건하고 강제수사에 들어갔다. 8월 29일에 이어 10월 15일에도 공수처를 압수수색 했으며 오동운을 피의자로 조사하기 위해 소환을 통보했다는 소식이 들렸다. 눈치만 빠른 늙은 정치인 박지원은 국감장에서 오동운을 향해 "공수처장은 사퇴해서 새 시스템으로 가야한다"고 말했다. 이제는 쓸모 없어진 칼 오동운을 버리려는 것인가. 한동훈의 추천으로 공수처장이 된 절반의 우리편 오동운을 이제 완전한 우리편으로 바꾸려는 것인가. 토사구팽인가. 이재명과 민주당은 또 무슨 작당을 꾸미고 있는가. 더 사납고 더 지독한 사냥개가 필요한 것인가.

3. 주사파 판사들의 소굴 서울서부지법

"향후 공수처가 직접관할인 서울중앙지법에 사전구속영장을 청구하면 영장심사에 응하겠다. 서부지법에서 받은 무효인 영장에 의한 수사는 응할 수 없다. 이것은 원칙의 문제다" 2025년 1월 8일 대통령 측 변호인 윤갑근은 이렇게 말했다. 그럼에도 1차 영장에 이어 2차 영장도 서부지법에서 발부했다. 17일 청구하여 19일에 발부된 구속영장도 서부지법이다. 공수처가 법적 관례적 관할인 중앙지법을 피해 서부지법에 청구한 이유는 간단하다. 민주당과 공수처의 우리법 판사 출신들과 한 통속인 법관들이 똬리를 틀고 있는 곳이 바로 서울 서부지법이기 때문이다. 대통령의 비상계엄 선포로 국민인 우리가 뒤늦게 알게 된 사실이다.

우리법 출신으로 서부지법 법원장으로 있던 정계선과 부장판사 마은혁은 헌법재판관에 지명되어 이미 청문회를 마친 후 정계선은 임명되었고 마은혁은 임명을 기다리고 있는 중이었다. 형소법 적용을 배제함으로써 입법권을 침해하는 위헌적인 영장을 발부한 우리법 출신의 이순형 판사, 이미 좌익무죄 우익유죄의 판결을 많이 내린 것으로 유명한 전력에다 대통령을 구속하는데 단 15자의 구속사유를 적은 영장을 새벽 3시에 발부한 차은경 판사도 서부지법 판사다. 이것이 좌익 시위대와 비교하면 폭력을 거의 행사하지 않는 우익 시민이 분노하여 서부지법에 폭력을 행사한 배경이다. 이를 대하는 경찰과 서부지법의 사후 대응과 처리는 대한민국이 이미 좌익의 땅이 되었다는 사실을 확인하기에 충분했다.

법복 입은 사람들의 혁명

1월 19일 새벽 3시 서부지법 차은경 판사는 대통령 윤석열에 대한 구속영장을 발부한다. 법원 주변에서 시위를 벌이던 수백 명의 우익 시민은 국민저항권 행사를 명분으로 즉시 법원에 진입한다. 우익 시민이 집단으로 관공서를 진입한 것으로는 헌정사 최초일 것이다. 헌정사 최초의 현직 대통령에 대한 구속영장 발부에 최초의 우익 시민의 정부기관 난입이다. 이 사건으로 107명의 시민이 특정되고 70명이 구속된다. 구속된 시민의 면면을 보면 회사원과 자영업자가 36명이고 20대와 30대가 29명이었다. 민노총 조합원들이 수시로 경찰을 구타하고, 한 번의 시위에서 100명이상의 경찰에게 부상을 입히고, 경찰버스와 공공 기물을 손괴하는 테러를 자행하고도 한꺼번에 이렇게 많이 구속된 일을 본 적은 없다. 서부지법에 대한 이날의 난입사건을 두고 법원 고위직에서는 "법치주의에 대한 전면 부정"의 소리가 이어졌다. 묻는다. 대한민국에 더 무너질 법치주의가 아직 남아있는가. 법관 그대들이 다 무너뜨리지 않았는가.

2017년 9월 5일 국제법 출신의 오현석 판사는 법원 내부 게시판에 "재판은 정치다. 대법원 판결을 따를 필요 없다"라는 글을 올렸다. 문재인 정권 출범 초기에 나온 좌익 판사의 이 글은 대한민국의 자유민주적 법질서를 무너뜨리는 신호탄이었다. 이 글이 게시되고 20일 후 오현석 판사와 같은 국제법 회장 출신의 김명수가 대법원장에 취임한다. 이때부터 대한민국의 자유민주적 법질서는 거침없이 망가진다. 대법원장 김명수와 간첩단으로 의심 받는 정권의 수장 문재인 이 두 사람의 콜라보는 이땅의 자유민주적 법치주의를 붕괴시키는 혁명의 시작이었다.

법을 어긴 체포와 수사와 재판은 모두 무효다

"사법부가 불공정하다는 국민이 상당수다. 우리 사법부는 반성해야 한다." 법원행정처장 천대엽 대법관은 2025월 1월 23일 국회에 나와 이렇게 말했다. 사법부가 반성해야 한다는 그의 말이 너무 점잖고 완곡해서 피부에 잘 와닿지 않는다. 대한민국 사법부의 붕괴, 한 신문이 이렇게 실감나게 요약해 주었다.

"조국은 징역 2년을 확정받기까지 5년이 걸렸다. 1심만 3년2개 월이 걸렸고 2심 재판부는 실형을 선고하면서도 법정구속을 하지 않아 그가 국회의원이 될 수 있는 길을 열어줬다. 이것이 재판인가. 후원금 횡령혐의의 윤미향은 기소된 지 4년2개 월 만에 당선무효의 징역형이 확정됐다. 하지만 국회의원 임기 4년을 다 채운 뒤였다. 법원의 불의다. 문재인 청와대의 울산시장 선거개입 사건으로 기소된 황운하 의원은 1심 징역형 선고에만 3년10개 월이 걸렸다. 우리법 출신 판사가 무려 15개 월간 본안심리를 하지 않은 탓이다. 황 의원은 임기를 다 채우고 또 의원이 됐다. 판사들이 재판이 아니라 정치를 한 것이다. 현 정부 들어 한 판사는 노무현 부부 명예훼손 사건에 돌연 징역 6개 월을 선고했다. 법조계의 상식을 넘어서는 극단적 판결을 내린 이 판사는 자신의 정치적 편견을 여러 차례 온라인에 올린 사람이었다. 이재명 관련 재판은 지금도 지지부진이다. 그의 재판지연 작전을 법원이 거의 다 받아준 결과다. 그가 지난 대선에 출마한 것 자체가 'TV토론에서 한 거짓말은 허위사실 공표가 아니다'라는 황당한 대법원 판결 때문이었다."(조선일보, 2025.1.21)

　이 기사에 나온 사례 각각은 대한민국의 사법이 무너졌다는 것을 분명하게 말하고 있다. 이 사례들에 의해 시민들이 서부지법을 난입하여 기물을 파손한 일에 앞서서 법원이 좌익 정치인들과 이재명의 재판을 한 없이 지연시키며 대한민국의 법치주의를 파괴한 것이 순서에서 먼저라는 사실을 알 수 있다. 판사들이 법치와 정의를 무너뜨렸기 때문에 성난 시민들이 서부지법을 진입한 것이다. 이것이 원인과 결과의 관계다. 민노총이 수십 년 동안 폭력적 시위를 일삼으며 경찰에게 상해를 입히고 공공기물을 파손한 일이 얼마나 엄중한 일이었는지도 알 수 있다. 좌익 법률가들과 언론이 서부지법에 행사된 폭력을 두고 그것이 얼마나 엄중한 범죄인지를 말해주었기 때문이다. 그러나 폭력성이 월등한 민노총의 폭력과 공공기물 파손에는 왜 그렇게 입을 닫고 있었는지 묻고 싶다. 우익의 폭력은 몽둥이를 받을 일이고 좌익의 폭력은 솜방망이를 받을 일인가. 대한민국의 법치를 먼저 무너뜨린 것은 법관들 그대들이 아닌가. 정치적 사건의 판결은 좌익무죄 우익유죄, 이 원칙만 기억하고 법관의 성향만 파악하면 일반 국민도 결과를 예측할 수 있다. 그래도 법관이 필요한가. 법관 그대들 스스로 판 무덤이다. 국민이 공정한 판결을 받기 위해 법관 대신 AI가 판결을 내려야 한다는 주장이 높을 정도로 법치주의는 철저하게 무너졌다. 대한민국 정치판의 도덕과 정의가 무너진 책임의 80%는 사법부에 있다. 사정은 이제 더 절망적이다. 거대 범죄자가 대통령이 되었으니. 대한민국의 법치주의와 정의는 이렇게 절단나는가. 그래도 다급하게 말해야 하는 일이 있다. 공수처와 법원이 공정성과 절차와 법을 어긴 대통령 윤석열에 대한 내란죄 수사와 재판은 무효다. 헌법재판소가 절차와 법을 어기고 편파적으로 재판을 진행한 이 탄핵도 무효다.

3절

공범, 좌익의 혁명위원회
대한민국 헌법재판소

법에 정해진 헌재의 재판관 수는 9인이다. 2017년 이들이 쓰는 의자를 모두 교체했다. 한 개당 얼마짜리인 줄 아시는가. 100만 원이다. 물론 국민인 우리가 납부한 세금으로 산 것이다. 혈세로 왜 이런 비싼 의자를 구입했느냐고 따지려는 것이 아니다. 그들이 100만 원짜리 의자에 앉을 자격이 있느냐, 그들이 장관급 대우를 받을 자격이 있느냐 하는 것을 묻는다. 대한민국 최고의 형사사법기관에서 국가의 최대 중대사에 대해 고민하고 판단하는 일을 하는 사람들이라면 100만 원짜리 의자에 앉을 만하며 그것이 세계 10대 경제대국에 걸맞는 일이기도 할 것이다. 문제는 그들이 그런 돈값을 하느냐다. 각자의 생계에 바쁘고 그들보다 아는 것이 적은 국민의 무리에 들어 있는 우리는 그들을 대한민국의 법질서와 국가 정체성을 지키는 최고의 법관들로 생각한다. 이것이 국가 기관에 대한 신뢰도 조사에서 헌법재판소가 늘 1등으로 나오는 이유일 것이다. 제20대 대통령 윤석열의 비상계엄 선포와 뒤이은 그에 대한 탄핵이 있기 전까지는 그랬다. 이제는 아니다. 그들의 실체와 본색을 알았기 때문이다.

1. 우리법연구회에 포위된 대통령

대통령 윤석열에 대한 재판은 변론준비기일 2차에다 변론기일 11차까지 모두 13차례 열렸다. 헌재에서 열린 이 재판의 법률가 구성을 보면 "이 재판은 좌익의 법률가들이 우익의 대통령을 심판하는 혁명재판이다"라고 말하는 논객들의 주장을 바로 이해할 수 있다. 우선 이 재판정에서 가장 높은 자리인 헌재 소장대행인 문형배와 이미선 정계선 3명의 재판관은 우리법 국제법 출신이다. 국회측 대리인단의 공동대표인 김이수 송두환 이광범 3인도 모두 우리법 국제법 출신이거나 각자의 인맥으로 직간접적으로 연결되어 있다. 특히 우리법 창립 멤버인 이광범은 공수처, 민주당, 헌재에 포진한 좌익 법률가들을 연결하는 고리로 알려졌다. 탄핵사건팀에 소속된 10여 명의 헌재 연구관들 중에도 동 연구회 출신들이 다수이며 이광범이 이들과 연결된 것으로 추정되었다. 사법부의 이홍구 윤성식 등 외곽까지 말하자면 많고 길다. 대통령 탄핵재판의 이러한 인적 구성을 보면 대통령이 좌익 판사들에게 포위되어 혁명재판을 받고 있다는 주장은 팩트다. 인적 구성 뿐만이 아니다. 재판의 과정과 내용을 들여다 보면 이것이 혁명재판이라는 사실은 더 분명해진다.

이 뻔한 일을 왜

2025년 1월 8일 헌재는 이창수 서울중앙지검장 등 검사 3인과 최재해 감사원장에 대한 탄핵소추의 사유가 분명하지 않다고 했다. 그러나 민주당이 2024년 12월 5일에 가결시킨 이 4인의 탄핵소추 사유는 불을 보듯 뻔하다. 검사들은 이재명을 수사한다는 이유와 대통령 윤석열의 부인을 기소하지 않았다는 이유로, 감사원장은 문재인 정권에서 있었던 비위를 감사한다는 것이 이유였다. 첫 변론기일에 국회측 소추단장 정청래는 물론 대리인도 나오지 않는 행태에서 이 심판의 목적이 헌재에서 시비를 가려달라는 데 있는 것이 아니라 이재명과 문재인 정권 사람들에 대한 수사 방해와 검사 길들이기에 있다는 사실은 바로 알 수 있었다. 헌재가 이 뻔한 일에 대한 판결을 미루는 이유도 알고보면 뻔한 것이다. 대통령에 대한 탄핵을 빛의 속도로 밀어붙이는 이유 또한 뻔히 보였다.

헌법은 대통령이 국가비상사태에 있어서 병력으로써 군사상의 필요에 응하거나 공공의 안녕질서를 유지할 필요가 있을 때에는 계엄을 선포할 수 있다고 규정하고 있다. 이 규정에 의거하면 비상계엄의 요건 판단과 선포 결정은 당연히 대통령의 권한이다. 판단을 하고 결정하는 권한은 직원 몇 명이 있는 사기업에서도 사장의 권한이다. 대통령의 책상 위에 있어야 할 이 뻔한 일을 헌재의 재판정으로 끌어들인 것은 민주당과 공수처와 법원과 헌재의 좌익 법조인들의 카르텔, 그리고 감옥행이 예정된 이재명과 수십 명의 국회의원과 한동훈을 포함한 여야의 기회주의자 연합이다. 이 연합은 대통령의 비상계엄 다음날부터 '비상계엄은 곧 내란'이란 프레임을 만들고 대통령에게 무차별적인 공세를 퍼부었다. 이 공세가 국민과 언론에 먹혀든 것은 박범계 박선원 김병주 등 민주당의 모략 전문 국회의원들이 홍장원 곽종근 등의 기회주의자 공무원들과 공모하여 거짓 증거를 만들고 거짓말을 널리 퍼뜨렸기 때문이다. 계엄 선포로부터 두 달이 지나자 많은 증거와 증언에 의해 그들의 거짓말과 조작과 모략의 전모가 드러난다. 8년 전 박근혜에 대한 탄핵 그때처럼 사기탄핵이 다시 되풀이되고 있다는 사실이 분명해지자 헌재는 이 뻔한 일에 기각 판결을 내리지 않았다. 오히려 신속하게 인용 판결을 내리려는 의도를 숨기지 않았다. 이 뻔한 사건을 졸속으로 마무리 지으려는 헌재소장 대행 문형배의 노골적 행태에서 국민은 알 수 있었다. 좌익 재판관 그들은 자신들의 오래 묵은 혁명과업 수행을 서두르고 있다는 것을.

우리법 출신들로 채워진 헌재 재판정

국제인권법 출신의 오동운이 이끄는 공수처가 우리법 출신 이순형 판사가 발부한 위헌적 영장에 의해 체포되어 구치소에 구금되고, 이어 우리법 판사들의 아지트인 서부지법에서 발부한 영장으로 구속된 대통령은 결국 헌법재판소에 출석하여 심리에 참석한다. 헌법재판소 법정에는 우리법 출신으로 가득했다. "우리법만 판사냐"는 목소리가 판사들 사이에서 터져나오고 "우리법연구회가 탄핵재판을 주무른다"는 언론 논평이 나온 것은 이 무렵부터다. 헌법재판소 법정을 채운 우리법 국제인권법 출신들의 면면을 정리하면 이렇다.

우선 헌재 측의 소장 대행 문형배부터 재판관 정계선과 이미선이 있다. 이어 국회 탄핵소추인단의 최기상 박범계 민주당 의원이 우리법 출신이다. 우리법 판사 출신이 아닌 김승원 의원은 처음에는 소추단에 포함되어 있었으나 곧 빠졌고 국회 법사위 간사 자리에서도 물러났다. 우리법 출신들 끼리 손발을 맞춰 탄핵을 주무르자는 의도로 보였다. 소추단의 공동대표인 이광범 변호사도 우리법 출신이다. 이광범은 대표적 좌파

로펌으로 불리는 법무법인 LKB의 대표로서 LKB 소속의 변호사 무려 4명이 소추단에 소속되어 있었다. LKB 변호사 중에는 공수처 검사로 간 사람도 많았고 거꾸로 공수처에서 온 변호사도 많았는데 이들 모두는 이광범의 영향력 아래에 있는 법률가들이었다. 대통령 체포영장을 현장에서 집행한 공수처 최장우 검사도 LKB 출신이다. 이런 사람들로 채워진 헌법재판소는 처음부터 재판진행의 공정성을 기대할 수 없었고 재판 결과 역시 뻔해 보였다. 이들 중에서도 가장 중요한 헌법재판관 3인의 본색을 들여다보면 대한민국의 법치주의는 절망적이다.

형배 미선 계선

헌재 소장대행 문형배는 그 자신의 정체성은 물론 그를 임명한 문재인의 간첩 본색을 다시 확인할 수 있는 사람이다. 대통령이 되어 대한민국을 파괴하는 일만 했던 문재인이 대한민국의 법치를 절단내기 위해 그를 헌재 재판관으로 임명한 것이 틀림없다. 스스로 "우리법연구회 내부에서 내가 제일 왼쪽에 자리 잡고 있을 것"이라며 자신의 좌익 정체성을 자랑스럽게 말하는 그가 6.25 남침을 두고 '전쟁의 방법으로 통일을 이루려는 것'이라고 말 한 것은 김일성의 남침을 옹호하는 종북 주사파들의 견해와 일치한다. 판사 문형배는 2003년 1월 "대법원 인사가 정치적 고려에 따른 지역별 기술별 안배에서 성향별 안배가 필요한 시점이다. 진보 성향의 대법관이 보수 성향의 대법관과 최고 법원을 구성해 사회의 보편타당한 가치를 모색할 시점이 되었다."는 글을 법원 내부 통신망에 올렸다. 좌익이념을 대변할 수 있는 대법관 임명을 주장하는 말이다. 그의 좌익 정체성은 이렇게 분명하다. 여기다 이재명과 술친구라는 개인적 인연까지 더해진 그는 국가의 질서유지와 국익을 위해서가 아닌 감옥 가야 할 친구 이재명의 절박한 시간표에 맞추기 위해 극단적인 편파성을 드러내며 재판을 진행했다. 이것이 문형배의 본색이다.

6년 전 등장에서부터 "재판 시간에 주식놀이나 했나"라는 논란이 컸던 이미선은 당시 40억 규모이던 자신의 재산을 퇴임 무렵에는 76억 원으로 늘린 주식천재다. 별명이 '여자 김남국'이다. 재판 당사자의 주식을 대량 보유하는 등 도덕성에서 논란이 컸던 그에 대한 헌재재판관 임명 강행은 문재인이라는 사람을 다시금 생각하게 해준다. 문재인은 우리법의 문형배와 국제인권법 출신의 이미선을 헌재 재판관에 임명함으로써 대한민국 헌법재판소를 정권의 불법적 통치에 합법의 포장을 씌워주는 그러한 혁명 기구로 만들려고 했을 것이다. 좌익 운동을 하는 자신의 가족에 대한 논란에는 철저히 입을 다문 이미선은 2025년 1월 23일에 열린 김용현 전 국방장관에 대한 심리에서 "(부정선거) 그게 계엄의 이유가 되나요"라는 취지의 말을 해서 대한민국의 자유민주주의가 부정선거로 인해 위험에 처한 상황을 걱정하는 국민을 깜짝 놀라게 했다. 부정선거는 자유민주주의의 근간을 뿌리째 흔드는 국가적 중대범죄인 동시에 종북세력이 대한민국을 장악하는 그들의 혁명에 합법의 외피를 입히기 위해 구사하는 중요한 수단이다. 이미선은 법조문 암기 이외의 다른 지식은 쌓지 않는 무식한 판사의 전형이다. 자신의 재산을 불리기 위해 관직을 사냥하는 공직자의 샘플 쯤으로 보이는 그가 진행하는 재판은 법과 정의와 공정과 양심에 따르는 정상적인 판결일까. 그럴리 만무하다.

대통령에 대한 탄핵소추안이 가결된 이후 임명된 정계선 역시 좌익 정체성이 확실한 재판관이다. 대학 시절부터 유명한 데모꾼이었던 정계선은 모태 운동권으로 알려져 있다. 그의 남편은 국회측 소추단 단장인 김이수와 같은 로펌에서 일 할 뿐만 아니라 대통령 탄핵촉구 시국선언에 동참한 것으로 드러났다. 이것이 이해충돌의 소지가 크다는 사유로 대통령 측에서는 정계선에 대해 기피신청을 낸다. 그러나 단 하루만에 기각되었다. 헌재가 좌익에게 완전하게 기울어져 있다는 증거다.

문형배 이미선 정계선 3명의 우리법 국제법 출신이 포진한 헌재의 편파성은 대통령에 대한 탄핵재판에 앞서 열린 이진숙 방통위원장에 대한 재판에서 극명하게 드러난다. 방통위원장에 임명되어 단 하루 일한 이진숙을 탄핵한 것은 MBC를 조선중앙방송과 같은 자신들의 스피커로 계속 써먹기 위한 민주당과 종북세력의 횡포라는 사실을 알고 있는 국민은 헌재 재판관 8명 전원일치의 결과를 예상했다. 이 뻔한 재판을 거의 6개월을 끌다 2025년 1월 23일 결과가 4 : 4로 나오자 국민은 경악한다. 문형배 이미선 정계선의 좌익 본색은 이미 알고 있는 일이지만 그들의 좌편향성이 이렇게나 견고하다는 점에 놀란 것이다 그러나 이 3인의 이름이 이진숙의 탄핵을 찬성한 4명에 포함된 것을 보고 대통령의 탄핵 결정에 대한 찬반 예상이 쉬워진 점은 위안이 되었다. 물론 이마저도 틀린 예상이 되고 두어 달의 위안으로 끝났지만.

헌재는 이진숙에 대한 재판에서 윤석열 정부 출범 후 이재명의 민주당이 남발한 탄핵 발의를 "남발이 아니다"라고 했다. 28번의 발의, 16건의 국회 통과와 헌재 이첩, 이미 결정난 4건 모두가 기각, 이게 남발이 아니라고? 분통을 터뜨리는 국민의 원성이 높아지자 1월 31일 헌재 공보관 천재현이 얼굴을 내밀고 말했다. "탄핵 심판은 헌법과 법률을 객관적으로 적용해 이뤄지는 것이지 재판관 개인 성향에 의해 좌우되지 않는다." 그의 이 새빨간 거짓말에 국민은 분노했다. 법조문을 외우고 알량한 법률가가 된 그는 모든 국민을 천둥 무지렁이로 여기고 있었다.

한덕수 대행의 재판은 왜 미루었는가

2024년 12월 27일 국회의장 우원식은 한덕수 대통령권한대행에 대한 탄핵안 가결을 선포했다. 권한 대행 단 13일 만이다. 정계선과 마은혁에 대한 헌법재판관 임명을 거부한다는 것이 이유였다. 허영 교수를 비롯한 대부분의 학자와 법조계는 권한대행의 적극적인 임명권은 제한된다고 말한다. 그것이 다수 의견이다. 그럼에도 이재명의 민주당은 한덕수를 탄핵했다. 이에 국민의힘은 헌법재판소에 권한쟁의심판을 청구하고 효력정지 가처분을 신청한다. 그러나 헌재는 이 재판을 미적거렸다.

미국을 비롯한 외국은 대통령이 탄핵되어 궐위된 대한민국 정부의 카운트 파트로 국무총리 한덕수를 거론하며 그를 중심으로 질서가 회복되는 대한민국을 기대한다는 성명을 속속 내고 있었다. 그러나 나라를 걱정하는 이재명과 민주당이 아니다. 시국을 걱정하는 많은 국민과 학자 변호사 등의 지식인은 한덕수 총리에 대한 탄핵결정이 시급하다고 입을 모았다. 국민 179명이 희생된 무안공항 참사에서 재난관리 사령탑 라인인 행안부 장관 국무총리 대통령이 모두 공석이 되자 경제전문가인 최상목이 이를 지휘하며 많은 허점을 드러내고, 새로이 출범하는 트럼프 행정부가 많은 급진적 변화를 예고하고 있음에도 해당 장차관 자리가 비어 있는데다 많은 핵심 공직자가 국회로 경찰로 불려다니며 정부 조직의 결손으로 협상팀 구성은 엄두조차 내지 못하고 있는 상황을 극복하기 위해 총리라도 신속히 복귀시켜야 한다는 것이 중론이었다. 대통령 탄핵을 결정하기 전에 국무총리 탄핵이라도 빨리 결정해야 한다는 국민의 이러한 목소리를 헌재는 철저히 외면했다. 한덕수 총리가 이재명과 민주당의 꼭두각시 노릇을 거부했기 때문이다. 또한 문형배가 이재명의 꼭두각시 노릇을 자처했기 때문이다.

한덕수 탄핵소추안을 본 전문가들은 이를 무고탄핵이라고 불렀다. 탄핵 사유가 모두 어거지고 억지고 엉터리라는 뜻이다. 더구나 후에 대통령에 대한 탄핵소추 사유에서 내란을 제외함으로써 한덕수의 내란동조 혐의는 자동으로 사라졌다. 이어 탄핵 심판을 앞두고 국회측은 한덕수의 내란죄도 철회했다. 그렇다면 한덕수에 대한 탄핵소추 사유는 100% 사라졌다. 그래서 이 탄핵안은 기각을 선고하는 일만 남겨두고 있었다. 더구나 권한쟁의심판과 효력정지가처분은 절차와 적용법리가 간단하여 바로 결정할 수 있음에도 헌재는 결정을 미루었다. 노 행정가 한덕수 개인을 위해 이 결정의 다급했음을 말하는 것이 아니다. 대한민국의 혼란을 수습하고 국정을 안정시키는 일이 다급했기 때문이다. 그러나 문형배를 포함한 8인의 재판관은 결코 다급하지 않았다.

2025년 2월 19일, 한덕수 총리에 대한 헌재의 탄핵심판이 열렸다. 직무가 정지되고 54일만에 열린 재판은 단 70분만에 종료된다. 다툴 쟁점이 없었다는 뜻이다. 그러면서도 선고일을 정하지 않았다. 문형배는 이 혼란이 빨리 수습되기를 기다리고 있는 국민의 염원을 무시하고 선고일을 추후에 결정하겠다고 말했다. 헌재 재판관 이 사람들 결코 나라를 걱정하는 사람들이 아니었다. 그들은 좌익세력과 이재명의 손익만 계산하고 있었다. 좌익혁명을 하고 있는 그들에게는 자유민주주의를 고집하는 대통령 윤석열을 탄핵시키는 것이 급했기 때문일 것이다. 국민인 우리는 이 헌재 재판관들의 이름을 기억해야 한다. 문형배 정형식 조한창 이미선 김형두 정정미 김복형 정계선 8인이다. 판결 내용까지 말하자면 이렇다. 정현식 조한창 각하, 문형배 이미선 김형두 정정미 김복형 기각, 정계선 인용이다. 8인에게 이 뻔한 판결을 왜 그렇게 끌었는지 묻는다. 나라와 국민을 생각하기는 했는지 묻는다. 이재명의 세상을 보는 지금 그들의 마음이 편한지 묻는다. 국민이 묻는다.

2. 이런 국가기관이 왜 필요한가

야수들의 정글을 연상케하는 대한민국 정치판에서 능력있는 인재들은 임명직의 공직 제의가 들어오면 손사래부터 친다. 우익 정치인이라면 무차별적인 공격으로 만신창이를 만드는 좌익의 이런 풍토에서 민주당의 폭언과 깡패짓을 견뎌내며 혼란을 수습하기 위해 분투하는 한덕수에 대해 헌재는 재판을 서두르지 않았다. 한덕수가 돌아온다면 윤석열 탄핵에 방해를 받기 때문이다. 대한민국의 안정과 이익을 생각한다면 탄핵사유가 제로인 한덕수 총리에 대한 탄핵안부터 결정해야 마땅하다는 국민의 목소리에도 불구하고 헌재는 그것을 미룬채 대통령 윤석열에 대한 탄핵만 서둘렀다. 기각으로 결론날 것이 뻔한 국무총리 한덕수 탄핵을 결정하면 대통령에 대한 탄핵 인용 결정에 불리하게 작용할 것이 뻔하기 때문이다. 또한 대통령에 대한 탄핵인용 결정이 난 후에는 한덕수 총리의 탄핵건은 국민의 뇌리에서 사라질 것이기 때문이다. 이런 이유로 헌재는 총리에 대한 탄핵 결정은 미룬채 방어권 보장 등 기본적 인권의 탄압까지 불사하며 대통령 윤석열에 대한 탄핵재판을 졸속으로 진행한다.

간첩보다 못한 우익 대통령의 인권

"절차를 존중하지 않는 헌법재판소는 일제 재판관보다 못하다. 이토 히로부미를 암살한 안중근 의사에게도 1시간 반의 발언기회를 줬다. 그러나 헌재는 윤 대통령에게 3분 발언의 기회도 주지 않았다. 이 꼴을 보려고 내 할아버지가 의병을 일으키고 내 아버지가 전쟁에 나갔는가." 헌재의 재판을 지켜보던 한 현직 검사장의 발언이다. 이영림 춘천지검장이 이렇게 분노한 이 재판정은 2월 4일의 5차 변론이다. 이 지검장은 "문형배 재판관은 3분의 발언기회를 요청한 대통령 측의 요청을 묵살하고 '아닙니다. 돌아가십시오'라고 말했다. 같은 날 정청래의 요구에는 추가 의견 기회를 부여한 것과 극명히 대비됐다"며 그는 개탄했다. 불공정하고 편파적인 재판 진행에 대해 국민은 '문형배의 헌재에서 늘 하는 그런 짓' 쯤으로 여기고 체념하고 있을 때 재판정을 드나든 경험이 많은 이영림은 이것을 심각하게 보고 있었다. 편향적인 재판진행은 대통령에 대한 변론 내내 목격되었다. 수많은 사례 중에 하나만 말하자면 초읽기다.

초읽기, 바둑 이야기가 아니다. 2월 들어 열린 변론에서는 초시계가 등장한다. 문형배는 심판정에 설치된 빨간색 초시계를 가리키며 발언시간을 제한하겠다고 말한다. 홍장원에 대한 신문 시간이 부족하니 3분만 더 달라는 대통령 측의 요청을 거부한 것도 이 초시계가 멈추었다는 것이 이유였다. 시간 제한 때문에 사실관계를 확인하지 못한다는 항의는 대통령 측에서 나왔다. 문형배가 초읽기에 들어간 이유는 분명하다. 정청래가 이끄는 국회측은 홍장원과 곽종근의 거짓말과 조작된 증거가 거짓으로 뒤집어지거나 조작임이 밝혀지는 일을 막아야 하는 것이 관건이었던 반면 대통령 측에서는 그것이 거짓과 조작임을 밝히기 위해서는 3분이라도 더 필요했기 때문이다. 이 싸움은 문형배와 이미선의 편파적 진행에 의해 이미 승부가 결정난 듯 보였다. 이미선이 정한 주 2일 변론기일 일정에 따라 헌재는 하루 3~4명의 증인을 부르는 등 졸속으로 재판을 진행했다. 충분한 시간을 가지고 심리한 결과 홍장원과 곽종근의 거짓과 조작된 주장이 뒤집히는 것을 막기 위한 목적이었다. 국회측과 한 통속인 헌재는 거짓과 진실이 각각 제자리를 찾으면 탄핵을 인용할 수 없다고 생각했을 것이다. 이것이 대통령의 방어권을 심각하게 침해한 이유였다. 결국 "대통령의 인권이 일반 국민보다, 잡범 이재명보다, 민노총 간첩보다 못하냐"는 항의가 곳곳에서 나오게 된다. 헌재 재판의 진행은 이러한 편파성에 더해 위법적이고 불법적인 일도 많았다.

대한민국 법을 지키지 않는 대한민국 최고의 법률기관

헌법재판소법 제 124조 2항은 "재판장은 공판기일을 일괄 지정할 경우 검사 피고인 또는 변호인의 의견을 들어야 한다"고 명시하고 있다. 그럼에도 이미선은 대통령 측 변호인의 의견을 묻지도 듣지도 않은 채 공판 기일 5일을 일괄 지정하고 주 2회씩 열겠다며 일방적으로 결정했다. 재판 당사자의 방어권과 공정한 재판을 치명적으로 침해하는 위법이다. 이는 헌법 12조의 적법절차 규정을 위반한 위헌이기도 하다. 헌재 심판에서 준용되는 형사소송법의 162조 1항은 "피고인은 증인 신문에 참여할 수 있다"고 명시하고 있으며 이 규정에 따라 대통령은 당연히 증인에게 질문할 권리가 있다. 그러나 문형배는 대통령의 신문을 불허했다. 이재명이 증인 유동규에게 직접 신문했다는 사실을 방송을 통해 수시로 접하고 그것에 익숙한 국민은 "대통령의 권리가 잡범 이재명보다 못한가"라며 분노했다. 여기다 수사기록을 유출하는 불법행위도 빈번했다. 경찰과 검찰이 헌재에 제출한 수사기록을 헌재가 국회측에 유출하고 민주당에서 이를 언론에 공개하며 여론전을 펼친 사례는 많다. 헌재법 32조 위반이다. 심지어 헌재는 대통령의 답변서를 언론에 유출했고 이를 입수한

JTBC가 내용을 미리 보도하는 일도 있었다. 대통령의 인권이 민노총 간첩이나 시정잡배 혹은 조폭의 인권보다 낮다고 생각하시는가.

　대통령에 대한 헌재의 재판을 지켜보던 허영 헌법학 교수는 헌재의 편파성과 위법성을 다음 10가지로 정리해 주었다. 1. 답변서 제출 기일을 보장하지 않음 / 2. 변론 기일을 일방적으로 지정함 / 3. 수사 서류 송부 촉탁 수용 / 4. 탄핵소추 사유 변경 수용 / 5. 증인신문 참여권 박탈 / 6. 홍장원 메모의 진위 확인 미흡 / 7. 진술 번복 증인의 증언 채택 / 8. 우리법연구회 출신의 재판관 임명 논란 / 9. 대통령 권한대행 탄핵안 각하 필요성 / 10. 졸속 심판 진행. 이렇게 문제가 많은 재판은 혁명재판이라 불러야 마땅하다. 6.25 전쟁 당시 영남 일부지역을 제외한 남한의 모든 지역이 북한군의 수중으로 들어간 약 3개월 동안 경험했던 좌익의 혁명재판을 우리는 흔히 인민재판이라 부른다. 2월 18일에 열린 9차 변론을 마친 대통령측 변호인단은 "헌재의 재판 진행은 명문 규정을 위반한 것이다"라며 항의했다. 법이 정한 규정을 무시하며 진행하는 재판은 혁명재판이나 인민재판이 맞을 것이다. 법을 정면으로 위반하며 자의적이고 불법적으로 집행하는 인민재판은 당연 무효다.

　헌재가 대통령 탄핵이라는 이 중대한 재판을 편파적이고 위법적이며 불법적으로 진행하는 이유는 그들의 급박한 시간표에 있었다. 그 시간표는 국민인 우리의 시간표가 아니었다. 대통령의 시간표도 아니었고 대한민국의 시간표도 아니었다. 감옥 안 가려고 발버둥치는 이재명과 민주당의 수십 명에 이르는 범죄 피의자들의 시간표였다. 주사파 정치인들의 혁

명과업 완수의 시간표였고 기회주의자들의 출세와 부귀영화의 시간표였
다. 헌재 재판정에 걸린 초시계는 국민의 시간이 아닌 그들만의 시간을
담고 있었다. 대한민국의 질서회복이 먼저라고 생각하는 국민인 우리의
시간표는 범죄자들의 안녕과 남한의 좌익국가화가 먼저라고 생각하는
그들의 시간표와 같을 수 없다. 그들이 주도권을 잡고 일방적으로 진행하
는 대통령 윤석열에 대한 조사와 수사와 재판이 졸속이고 반인권적이고
편파적이고 위법적이었던 이유는 자유민주 국가의 국민인 우리와 범죄
자와 좌익 혁명가들인 그들의 꿈이 다르고 시간표가 달랐기 때문이다.

헌법재판소는 없어져야 합니다

헌재에 접수된 사건의 평균 처리기간은 2019년에는 480일 즉 1년4개
월이 걸렸다. 그러나 2023년에는 732일 즉 2년으로 무려 252일이 늘어
난다. 이 5년 동안의 미제 사건은 연평균 10건 중 5~6건이었다.(문화일보,
2023.10.16) 재판지연이 이렇게 갈수록 심화되고 사건처리가 지지부진한
이 사법기관을 대한민국 최고의 법원이라고 할 수 있는가. 이 기관이 존
속되어야 하는가. 이런 기관을 국민인 우리가 내는 세금으로 유지할 필
요가 있는가. 헌법재판소 소속의 헌법연구관들이 만든 '헌재법 해설서'는
헌법재판의 매뉴얼 역할을 한다. 여기에는 대통령 권한대행의 탄핵 가결
정족수를 200명으로 명시하고 있다. 박근혜 정부에서 정의화 의원이 국
회의장으로 있던 당시의 국회입법조사처에서도 대통령 권한대행 탄핵의
의결정족수를 200석이라고 결론 내렸다. 그렇다면 헌재는 한덕수에 대한
탄핵을 즉시 기각해야 했다. 그러나 이 간단하고 뻔한 사건을 헌재는 기
각하지 않았다. 그리고 거북이 걸음으로 재판을 진행했다. 내란동조 혐의

와 내란죄의 사유가 모두 삭제되어 탄핵의 사유가 100% 사라졌음에도 결정은 계속 지연되었고 법리도 절차도 매우 분명한 권한쟁의심판과 효력정지가처분에 대해서는 결정을 하지 않았다. 이런 헌법재판소가 있어야 할 필요가 있는가.

2025년 2월 13일에 열린 8차 재판기일에서 재판을 진행하던 소장대행 문형배는 종이를 흔들었다. 그의 편파적이고 위법적인 소송지휘에 대해 대통령 측이 이의를 제기하자 그는 이 종이를 들어보이며 말했다. "이게 내가 진행하는 대본인데 내가 쓴게 아니다. 탄핵심판TF에서 올라온 거다." 비겁한 문형배다. 10여 명의 탄핵심판TF 소속 연구관들은 소장대행인 자신이 대부분 뽑고 모두 자신이 임명하여 이 TF를 구성했다. 스스로 자신이 가장 왼쪽이라고 말한 그가 뽑은 연구관들도 하나같이 왼쪽이라고 헌재 밖의 법조인들은 입을 모았다. 그런 왼쪽 연구관들이 작성한 대본은 문형배의 뜻을 그대로 반영하고 있었다. 편파성과 위법성과 불법성은 이론가와 행동가를 막론하고 모든 왼쪽 사람들의 공통점이다. 기존의 도덕률과 기존의 질서를 존중하는 좌익은 없다. 기존의 법률을 준수하는 좌익도 없다. 자신이 모은 왼쪽 연구관들이 만든 대본을 자신과 무관한 것처럼 말하는 문형배, 거짓말과 위장도 왼쪽 사람들의 공통점이다.

대한민국의 정체성을 완전한 왼쪽의 것으로 만드는 통치로 일관했던 문재인 정권에서 5년간 헌재소장으로 있었던 유남석은 우리법연구회 출신이다. 유남석은 헌재 연구관들을 좌파 일색으로 구성했다. 60~70여 명의 연구관 중에 우파적 인물은 손에 꼽을 정도였고 이들은 좌파 연구관들 속에서 개밥의 도토리였다. 당시 우파적 연구관들은 좌파 일색인 헌재의 환경이 매우 힘들었다고 말했다. 대통령 측 변호인단에서 활동한 배보윤 변호사가 그런 경우다. 대한민국은 자유민주주의 국가 즉 우익국가다. 그러나 대한민국 최고의 사법기관인 헌재의 연구관들은 대부분 좌익이다. 이것은 심각한 일이다. 자유민주주의 국가 헌재의 연구관들은 자유민주주의 헌법을 연구하여 단점을 보완하고 장점을 살려야 한다. 좌익국가의 헌법은 비교 차원에서 부수적으로 연구해야 한다. 좌익 본색의 연구가들이 모여 사회주의 공산주의 헌법의 장점만 연구하고 자유민주주의 헌법의 단점과 허점을 찾아내어 공격의 무기로 삼는다는 것은 대한민국의 체제를 좌익으로 바꾸기 위한 준비일 것이다. 헌법재판소가 속히 그리고 완전하게 없어져야 하는 이유다.

국민이 헌법재판소에 묻는다

한덕수 대행을 탄해시키는데 가결 정족수가 200이냐 151이냐를 두고 일었던 논란의 와중에서 이재명은 "챗GPT 한테 한덕수 탄핵 정족수를 물어봤다. 가결 정족수는 151명이다"라고 말했다.(MBN, 2024.12.27) 헌재의 존재 자체를 조롱하고 농락하는 이재명의 이 말에 모멸감을 느낀 헌법재판관은 있으셨는가. 이재명의 이 말을 듣고 그대들 모두는 쓸모가 없으며 차라리 챗GPT에 그대들의 역할을 맡기는 것이 낫겠다고 생각하는 국민이 많았다는 사실을 그대들은 아시는가. 일찍이 챗GPT에 맡겼더라면 대한민국이 지금 이꼴이 되지 않았을 것이라고 말하는 국민의 목소리는 들으셨는가. 헌법재판소를 없애자는 말은 들리시던가. 헌법과 법률의 조문, 공정과 정의, 사실과 진실, 대한민국의 자유민주주의 정체성, 국가의 존속과 미래 등이 기준이 아닌 여론의 풍향에 따라 판결을 내리는 그런 기관이라면 차라리 여론조사 회사들의 조사결과를 집계하여 평균을 낸 수치로 판결하면 더 빠르고 더 경제적이고 더 공정하여 더 많은 국민이 수긍하지 않을까. 헌법재판소는 없어도 된다. 헌법재판소가 없어져야 대한민국 다운 대한민국이 될 수 있다.

헌법재판소 재판관 정원은 9명이다. 모두 장관급이다. 매년 수백억의 예산을, 어쩌면 1000억이 넘는 세금을 사용할 것이다. 그들이 사건을 처리하는 기간이 갈수록 늘어나고 미제사건이 60%에 육박한다면 이런 기관은 존재해서는 안 된다. 해체한 후 대안적 기관을 검토해야 한다. 지금의 헌재 재판관들은 업무의 효율성과 경제성에서 100만 원짜리 의자에 앉을 자격이 없는 사람들이다. 더구나 이 기관은 대부분이 좌익의 법에 관심이 더 많고, 좌익진영의 이익을 먼저 생각하고, 대한민국을 좌익 국가로 만들기 위해 행동하는 연구관들로 채워져 있다. 문형배와 이미선은 이미 헌재를 나갔다. 그러나 헌법 재판정을 인민재판정으로 만들 것이 충분히 예상되는 정계선과 마은혁이 그 자리를 이었다. 문재인 때는 대부분이 좌익의 재판관이었다. 이재명의 세상에서는 더욱 그럴 것이다. 좌익이념을 장착한 법률가들의 혁명진지가 된 대한민국 헌법재판소는 반드시 없애야 한다. 대한민국이 계속 자유민주주의 국가로 남기 위해 무엇을 해야하는지를 찾는다면 이 일이 우선이다. 그런데 당장 급한 일이 있다. 자유민주주의를 주창하던 대통령 윤석열이 지금 감옥에 있다.

4절

공범, 혁명의 선전선동대
남조선의 언론

기존의 질서를 바꾸겠다는 사람들은 늘 소수에서 시작한다. 그들이 다수가 되기 위해서는 주위 사람을 설득시켜야 한다. 공산주의는 자본주의에 대항하기 위해 고안된 소수의 이론에서 시작했다. 세를 불려 다수가 되기 위해 공산주의자들이 선택한 방법은 우선 허구의 유토피아를 선전하는 일이다. 마르크스 이론이라는 것도 결국은 이 비현실적인 허구의 새로운 세상을 주장하는 것에 지나지 않는다. 실현될 수 없는 유토피아, 오히려 모든 것을 더 나쁘게 만드는 유토피아 이론을 변호하기 위해 필요한 것은 거짓과 조작과 은폐와 선전과 선동이다. 공산당은 여기에 전력을 다했고 그래서 그들의 거짓은 대성공을 거둔다. 20세기 한때 세계 인구의 3분의 2가 공산체제에서 살게 되었을 정도이니 대성공이 맞다. 21세기인 지금도 북한이 선전원과 선동원을 두고 남한 좌익이 문화예술인을 앞세우고 열심히 민중을 현혹하는 이유다. 윤석열을 탄핵시키는 일에도 공산당의 기술은 여지없이 동원되었다. 여기에 앞장선 것은 언론이다. 대한민국 언론이 아니다. 조선인민공화국 남쪽의 언론이다.

1. 영원한 붉은 깃발 선전과 선동

개인 또는 집단을 부추겨 특정 단체가 원하는 어떤 일이나 행동에 나서도록 함. 선동의 사전적 의미다. 왕정, 자유민주주의, 자본주의 등 19세기 당시의 기존 질서에 대항하여 새로운 질서를 만들기 위해 고안된 사회주의 공산주의 이론은 민중의 지지를 얻어내기 위해 유토피아적 신세계의 비전을 제시한다. 그리고 새로운 세상을 만드는 그들의 혁명에 민중의 힘을 이용하기 위해 선전과 선동에 주력한다. 선전 선동은 좌익 혁명의 핵심 전략이다. 선전 활동으로 거짓을 진실로 만들 수 있다는 사실을 그들은 알고 있다. 선동으로 부추겨진 민중의 머릿수의 힘도 그들은 잘 안다. 철벽 같은 왕조적 공산주의 체제를 이룩한 북한에 아직도 선전원과 선동원이 존재하고 대통령 탄핵과 구속의 와중에 민노총이 실력있는 선동가를 양성하기 위해 선동학교를 개설하고 학생을 모집한다는 공고를 낸 것도 그들이 선동의 힘을 알고 있기 때문이다. 진실과 사실과 지혜를 알리고 가르치는 것을 교육이라고 한다. 선동은 그 반대다. 특정 생각을 유도하고 특정 목적을 달성하기 위해 거짓을 주입하는 것이 선동이다. 그래서 선전과 선동은 좌익혁명의 부러지지 않는 깃발이고 꺼지지 않는 횃불이다. 좌익이 승리하는 비결은 선전과 선동의 기술이 뛰어나기 때문이다. 우익이 패하는 이유는 사실과 진실의 힘에만 의지하며 계몽과 홍보와 광고를 게을리 하기 때문이다. 윤석열을 무너뜨리는 탄핵 정국에 선전과 선동의 전술이 빠질 리가 없다. 윤석열 탄핵은 77년 묵은 이땅의 장대한 좌익혁명의 궤도 위에 있는 하나의 사건이기 때문이다.

공산혁명과 탄핵, 그 공통의 기술

좌익이 선전과 선동에 많은 힘을 쏟는 첫 번째 이유는 좌익 이론의 허구성과 결과의 실패 때문이다. 마르크스와 엥겔스가 쓴 책의 내용과 레닌이 웅변으로 역설한 내용을 현실에 적용한 결과 그 이론들이 모두 허구적인 것이어서 아무런 쓸모가 없다는 사실을 깨닫게 된다. 더구나 평등한 부의 분배가 아닌 평등한 빈곤이라는 예외없는 결과가 나오는 것을 보며 인민을 향해 더 많은 거짓말을 해야 했다. 그것으로는 부족했다. 결과가 갈수록 더 나빠졌기 때문이다. '평등하게 일하고 평등하게 나눈다'는 이 아름다운 구호는 '이기심'이라는 가장 강력한 인간의 본성을 완벽하게 거스르는 것이었고 공산주의 이론은 이에 대한 고려가 전혀 없었기 때문이다. 선전이나 선동으로도 실패한 결과를 다 변명할 수 없게 되자 마침내 표현의 자유를 박탈하여 민중의 입을 틀어막고 사상교육을 통한 인민의 세뇌에 나선다. 20세기의 공산혁명의 전술을 말하는 것이 아니다. 자유민주주의자 대통령 윤석열을 탄핵시키기 위해 이재명과 민주당이 구사한 수법이 공산당의 혁명 기술과 같다는 뜻이다.

윤석열 대통령 탄핵 추진의 폭풍 속에서 민주당의 젊은 정치인 전용기 의원이 카톡을 검열하겠다고 나서고, 부정선거 의혹을 제기하면 처벌하겠다는 내용의 입법을 선관위가 직접 나서서 추진하고, 정치판의 가짜뉴스라면 90% 이상의 압도적인 비율로 유포하는 민주당이 그들의 주장에 동의하지 않는 반대의견을 가짜뉴스로 규정하고 처벌하겠다는 법안을 준비하고, 일반 국민에게까지 내란선동죄로 엮어 고발하겠다고 으름장을 놓고, 좌익의 거짓말을 반박하는 우익 유튜버나 우익의 논객을 고발한 것, 이런 것은 모두 전통적인 공산당의 혁명기술이다. 좌익 언론인 모임인 민언련 출신인 민주당 최민희가 여당 국회의원의 입을 틀어막기 위해 "마이크 꺼세요"를 남발하고, 뇌 구조 운운하며 상대를 모욕하고, 그의 트레이드 마크가 된 낄낄웃음으로 언쟁의 상대를 조롱하는 모습은 공산당 선전 선동원의 전형이며 6·25 당시 완장을 찬 인민재판관 모습의 판박이다. 윤석열을 탄핵시키는 일에도 많은 기술이 등장한다. 거짓과 조작으로 엮어진 선전과 선동이다.

이명박도 박근혜도 당한 일

단 한 명의 환자도 나오지 않은 광우병이 6개 월 동안 대한민국을 마비시켜 놓았던 15년 전의 사태는 좌익세력의 선전 선동의 본질을 고스란히 담고 있다. 동시에 우리 사회의 허약한 집단지성의 축소판이다. 이 사태가 좌익 혁명가들이 의도한대로 비이성적 난장판이 된 데는 좌익혁명이 있는 곳이라면 빠지지 않는 문화예술인 요즘 언어로 연예인들의 역할이 컸다. 배우 김규리(후에 김민선으로 개명)가 "차라리 청산가리를 입에 넣겠다"고 말하고 방송인 김구라가 "100일 된 애(출범 100일 무렵이던 이명박 정부를 의미)가 당뇨병에 걸린 꼴이다. 국교를 힌두교로 바꾸자"고 했다. 후에 엄선한 미국산 소고기를 사용한다는 광고를 내며 식당을 차린 코미디언 김미화는 당시 여러 방송국에 나와 미국산 소고기가 위험하다고 말했다. 연예인들의 이러한 비이성적 언행의 영향은 컸다. 촛불집회의 연단에 올라온 한 여고생은 "나는 동반신기 팬이다. 동방신기가 아픈 거, 기력 잃는 거 보고싶지 않다"며 울먹였고 시민들은 박수를 치며 환호했다. 시민의 이런 분위기에 연예인들의 영향은 절대적이었다.

박근혜 탄핵정국에서는 연예인은 물론 연예인과 방송인 그 중간쯤 되는 사람들까지 더해지고 더 다양하고 힘있는 인물들이 등장한다. 김어준이 세월호 고의 침몰 의혹을 담은 영화 '그날, 바다'를 내놓자 이를 본 유가족들은 재수사를 요구했고 무려 720억 원이 들어간 특검과 조사가 다시 시작된다. 김어준의 거짓말에 그것이 거짓말임을 다시 한번 확인하는데 이 거액의 국가예산이 들어간 것이다.(문재인이게 속았습니다. 2024. 북저암. 187~189쪽) 김어준의 말은 결국 거짓임이 확인되었다. 720억 원의 국가예산을 들여서 확인한 것이다. 처음부터 예상된 결과였던 이 일은 진상을 알아내는 것이 목적이 아니라 박근혜 정부를 무너뜨리는 불쏘시게로 써먹는 것이 목적이었다. 김어준의 거짓말을 확인하기 위해 720억을 낭비하고도 민주당과 김어준의 책임을 묻지 않았던 후과는 엄청나다. 9년이 지난 2023년 그들은 윤석열 정부를 공격하기 위해 후쿠시마 오염수 공세를 펼쳤고 이번에는 이것을 검증하기 위해 2조3000억 원이 들었다. 국민인 우리는 과거의 일을 너무 쉽게 망각한다. 그리고 김어준과 민주당에 너무 관대하다. 막대한 국가예산을 낭비하는 좌익의 거짓 선동에 너무 무심하고 너무 무감각하다.

문화예술인의 거짓 선동을 말하면서 기자 주진우와 김제동을 빼놓을 수 없다. 박근혜 탄핵의 광란에서 펼친 이들의 활약은 걸출하다. 물건너 일본까지 간 그들은 와세다대학 강단에 서서 "비아그라 나오고, 마약성분 나오고, 섹스 테이프가 나오고, 개발사업 비리가 나오고, 대규모 국방비리가 나올겁니다"(대안언론 뉴스프로, 2016.11.27) 라고 말했다. 이 발언은 인터넷을 통해 급속히 퍼졌고 수많은 언론이 기사화 했다. 이 발언 후에 나온 것은 아무것도 없다. 탄핵으로 박근혜를 태우는 불덩이에 기름을 더 붓자는 것이 목적이었으니 진실이냐 거짓이냐는 그들의 관심사가 아니었다. 그들의 발언은 독신 여성에 대한 관음병적 관심을 끌었고 세월호 7시간 동안의 정윤회 밀회설과 연결되고 최순실과의 경제공동체 주장을 그럴싸하게 보이게 하는데 쓰였다. 거짓과 조작된 무엇을 내놓으며 민중을 선동하는 그들의 공산당식 전술은 결국 성공한다. 다음해 3월 10일 헌재가 박근혜 탄핵을 인용했으니 대성공이었다. 아, 빠뜨릴 수 없는 것이 있다. 2016년 11월 20일 영화배우 정우성은 한 영화행사에 참석해서 외쳤다. "박근혜, 앞으로 나와" 그의 외침대로 박근혜는 청와대를 나왔고 감옥으로 들어갔다. 연예인들의 힘은 이렇게 세다. 힘없는 민중을 총알받이로 앞세우고 연예인을 선동의 스피커로 악용하는 일은 좌익의 혁명에서 빠질 수 없는 전술이다. 윤석열 정부를 붕괴시키는 광란에 이 전술이 빠질 리가 없다. 이명박도 박근혜도 당했던 이 전술에 윤석열도 당한다. 좌익이 점령한 나라에서 우익 대통령의 숙명이다.

아이유 알러브유

대통령 탄핵을 지지하는 집회가 뜨겁던 2024년 12월 중순 가수 아이유 소속사는 집회 장소인 여의도 일대 5곳 매장에 빵 떡 음료 국밥 등을 선결제했으니 이용하라는 공지를 올렸다. 소녀시대 멤버인 유리, 뉴진스는 김밥과 만둣국을 제공한다고 했다. 영화배우 이동욱, 가수 박효신, 배우 이원종과 허성태, 영화감독 박찬욱 등도 이름을 올렸다. 좌익세력이 정권을 잡으면 문화예술계는 블랙리스트 정도가 아닌 물갈이 수준으로 판을 바꾸고 막대한 예산을 퍼부어준다. 세 번의 좌익 정권이 실행한 문화예술 물갈이 공작은 대성공을 거두었고 이 분야는 이제 9대 1의 비율로 좌익이 완전하게 장악하고 있다. 이 책의 저자들이 책을 출간하며 직접 체험하고 있는 출판 인쇄업계도 마찬가지다. 20세기의 공산당사를 읽으면 그들은 새로운 이념을 민중에게 주입하기 위해 문화예술인과 얄팍한 먹물들을 스피커로 이용한다. 물론 마이크는 공산당이 잡는다.

좌익성향의 문화예술인 가운데 정치 공부를 제대로 하고 좌익의 편에 선 사람은 거의 볼 수 없다. 그들은 사실의 과장과 미화로 엮어진 '변호인'이나 왜곡 투성이인 '서울의 봄' 같은 영화로 역사를 배우고 정치를 이해한다. 자신의 부친부터 좌익이었던 영화감독 이장호가 철 들고나서 우익이 되었다고 고백한 것은 극히 예외적인 일이다. 가수 아이유부터 영화감독 박찬욱까지 모두 이 탄핵의 정치판에 나서서 좌익의 스피커 혹은 삐에로를 자처했다. 그들을 좌익으로 규정하는 이유는 그들 자신에게서 간단히 확인된다. 아이유는 거대 범죄자 이재명이 자신의 재판을 질질 끌고 있어도 이에 대해 말한 적이 없다. 2023년 연초에 많은 간첩단이 한꺼번에 우르르 쏟아졌을 때 박찬욱이 나라 걱정의 말을 한 적이 없다. 그때 입을 닫고 있었으니 이번에도 입을 닫아야 했다. 그러나 이번에는 자신의 정치적 의사를 적극적으로 표시했다. 그래서 그들은 좌익이다. 그들은 탄핵 찬성의 광란을 지지했다. 생계에 쫓기느라 뉴스를 꼼꼼히 보고 잠시라도 생각을 할 시간이 부족한 대부분의 국민은 아이유가 빵과 국밥을 기부했다는 사실만으로 윤석열 탄핵을 옳은 일로 여겼다. "알러 브유 아이유" 좌익집회에서 울려퍼진 함성이다. 좌익이 정권을 잡으면 문화예술계에 국가 예산을 뭉터기로 퍼주는 이유다. 아이유의 김밥 기부와 알러브유 아이유 함성은 한동안 계속된다. 단, 반미를 표방하는 이재명의 민주당이 밀어붙이고 있는 윤석열 탄핵을 지지하는 사람은 미국 입국이 거부된다는 소문이 퍼지기까지만. 그들은 더 이상 얼굴을 내밀지 않았다. 큰 돈이 움직이는 미국 무대에 설 수 없다는 것은 그들에게 치명적이다. 나라보다 돈을 더 중요하게 여기는 존재, 좌익의 본색이다. 참, 아이유 소속사가 중국 자본을 투자받은 업체라는 사실이 빠졌다.

112억 짜리 광고

대통령 운석열을 감옥에 가두는데 성공한 민주당은 '내란특검법'을 발의한다. 1차 발의안을 대통령 권한 대대행이 거부하자 다시 발의했고 최상목은 일부 수정된 2차 발의안도 거부한다. 이 특검안의 내용을 들여다 보면 사건의 실체와 진실과 위헌 위법을 가리기 위한 것이 이재명과 민주당의 목적이 아니라는 사실을 바로 알 수 있다. 먼저 수사대상을 적시하는 조항인 1호에서 11호까지 다양한 사건을 열거하고 있는데 그 수사대상이 매우 광범위하다. 북한의 오물풍선에 대해 여러번의 사전 경고에도 북한이 이를 계속 날려보낸데 대한 조치인 대북 확성기의 재가동을 외환으로 규정하고 이를 조사하겠다며 이재명의 즉흥적인 지시로 외환유치죄를 포함시켰다. 특히 수사과정에서 인지된 모든 관련 사항을 대상으로 한다는 11호 조항에 의해 수사범위가 무한정 확장될 수 있도록 설계되어 있었다. 더구나 군사 및 공무상 국가기밀에 대한 압수수색을 허용하고, 대통령의 특별검사 임명권을 무력화 시킬 수 있는 특검 임명 절차 등 많은 독소조항을 포함하고 있었다. 무엇보다 속보이는 조항은 통상 90일인 특검법의 시행기간을 무려 40일이 더 긴 130일로 하여 관련 예산이 112억이나 소요될 뿐만 아니라 대선이 새로 치러질 경우 선거일까지 무분별하고 무차별적인 정치공세가 가능하도록 했다는 점이다. 이재명과 민주당은 국회를 거대한 선전 선동의 장으로, 처벌받지 않고 합법적으로 많은 거짓말을 쏟아내는 그들의 춤판으로 만들 작정을 하고 이 법안을 발의하고 국회 본회의 표결을 강행한 것이다.

헌재가 대통령에 대한 탄핵 재판을 열어 심리가 진행 중이었고 검찰이 법원에 기소까지 했음에도 민주당이 최상목에게 탄핵을 위협하며 특검법안을 추진하는 이유는 분명했다. 국회의원의 면책 특권을 이용한 그들의 거짓말 대잔치를 생방송으로 국민에게 그대로 전달하기 위해서다. 윤석열을 탄핵시키기 위해서라면 수단과 방법을 가리지 않는 그들에게 중요한 것은 진실이 아니었다. 국민에게 거짓을 선전하고 분노를 선동하여 헌재와 법원을 압박하고 겁 많고 자신의 체면 구겨지는 것만 걱정하는 우익 정치인들의 입을 꼭꼭 닫게 만드는 일이 특검의 목적이었다. 법조인과 학자들은 이 특검법이 통과되면 특검의 대상을 문어발식으로 확장할 수 있어 4000명 이상이 조사대상이 되고 추정 소요 예산이 112억 원이라고 했다. 이 특검법을 민주당의 112억 원 짜리 광고, 112억 원 짜리 거짓 선전선동의 마당을 펼치는 법이라고 말한 이유다. 많은 국민은 그들이 정권을 잡은 후 대대적인 피의 숙청을 단행하기 위한 죄목을 미리 찾아두는 현대판 사화가 될 것이며 그것은 곧 보수의 완전한 궤멸과 좌익의 완전한 대한민국 점령으로 가는 길이라고 입을 모았다.

2025년 2월 5일 김병주 박선원 부승찬 추미애 등 야당의원 11명은 서울구치소와 동부구치소 두 곳을 방문했다. 대통령과 김용현 전 국방장관에 대한 감방 청문회를 열기 위해서다. 그러나 두 분의 불응으로 청문회는 무산된다. 그들은 증인이 동의하지 않으면 조사를 할 수 없다는 사실도 알았으며 두 분이 조사에 응할 것이라고 생각하지도 않았다. 그들의 목적은 이벤트와 쇼였다. 대통령과 전 국방장관이 감옥에 갇혀 있다는 사실을 온 국민에게 다시 확인시키고 윤석열 정부가 뒤집어졌다는 사실을 더 많은 국민에게 알리는 것이 목적이었다. 조사에 불응하는 증인이 얼마나 나쁜 사람들인지를 알려주기 위해 "사회로부터 영원한 격리" "영원히 감옥에 있어야 한다"는 등의 악담을 퍼붓고 "증인을 조사하기 위해 모든 수단과 방법을 동원할 것"이라는 결연한 다짐도 말했다. 언론은 그들의 이런 말을 모두 그리고 성실하게 전해주었다. 그들은 대한민국의 현재적 발전과 미래의 번영에는 아무런 관심도 없다. 그런 일을 할 능력도 없다. 자유민주 진영을 공격하고 대한민국을 좌익의 나라로 만드는 일만 한다. 그 첩경은 거짓과 조작과 선전과 선동으로 국민을 속이고 자유민주 진영을 궤멸시키는 일이다. 민주당과 언론이 함께 하는 일이다. 윤석열이 이 그물에 걸려든 것이다. 이것은 윤석열 탄핵의 본질이다.

우익 기생충들에게 고함

이성윤이 총을 말하고 정청래가 사형을 말하며 대통령을 기어이 탄핵시키겠다고 혈안인 이 시국에 있었던 보수정당의 정치인들에게 묻고 싶은 말이 있다. 공수처의 윤석열 체포에 항거하기 위해 공수처 청사 앞에서 분신한 국민의 이름을 아는가. 50대의 대한민국 국민 김태권 씨다. 조문한 사람은 김민전 의원 외에 또 누가 있는가. 2016년 9월 불법시위를 진압하는 경찰의 물대포에 맞서다 사고를 당한 농민 백남기 씨의 죽음을 좌익진영 전체가 나서서 박근혜 정부 타도에 악용했던 기억을 잊었는가. 좌익 그들처럼 제사정치에 나서지 않았다는 질책이 아니다. 김태권 씨가 분신한 이유라도 국민에게 충분히 전달했다면, 많은 국회의원이 조문하고 그 장면이 방송에 나와 그의 죽음을 국민에게 충분히 알리기라도 했다면 국민 각자의 뇌리에 자리잡은 '윤석열의 내란'을 '이게 내란이 맞기는 하는가'라고 의심하는 국민이 더 늘어났을 것이다. 김태권 씨의 죽음을 헛되게 만든 것은 김민전 이외의 보수 정치인 당신들이다.

비상계엄 선포로 단 하나의 희생조차 없었음에도 좌익은 사형과 총이라는 극단의 언어를 쓰며 '윤석열의 내란' 이미지를 더 단단하게 하고 있는데 열사라고 불러야 마땅한 김태권 씨의 '현실이 된 죽음'은 여당 정치인들의 외면으로 쉽게 묻혀버렸다. 그래서 그의 죽음의 이유를 국민에게 널리 알리고 이것이 내란이 아니라고 설득하는 일도 없었다. 많은 국민이 보수정당 정치인들을 '세금 처먹는 기생충'이라고 부르는 이유다. 혁명의 테러리스트들과 기생충들의 싸움이라면 결과는 뻔하지 않는가. 좌익은 거짓을 한 번 더 말해 국민 한 명이라도 더 내편으로 만들어가고 있는데 우익은 무수히 널린 진실과 생생한 진상을 왜 국민에게 알리지 않는가. 이미 다 알고 있는 것이 아니냐고 말하는가. 매일의 생계에 바쁜 국민들은 당신이 알고 있는 것을 모른다. 우익 정치인 당신들이 국민을 향해 열심히 말하고 부지런히 알려주지 않는 한 우익은 결코 좌익을 이길 수 없다. 민노총이 왜 지금도 선동학교를 만드는지를 생각하라.

2. 탄핵 시즌이 되면 왼쪽 눈만 뜨는 괴물, 대한민국 언론

12월 연말이 가까워지자 모든 언론은 2024년 한 해의 경제를 총평하는 보도를 낸다. 모든 보도는 경제가 크게 침체되었다는데 의견이 일치했다. 그런데 그 원인으로 가장 자주 들먹여진 것은 대통령의 비상계엄 선포다. 비상계엄 때문에, 윤석열의 잘못된 국정운영 때문에 경제가 침체되었다는 것이다. 그해 11월까지 이재명과 민주당이 윤석열 정부의 국정을 방해하고 마비시킨 일은 그들이 열거하는 경제 침체의 원인에 없었다. 불과 20일 된 계엄이 원인이라고 했다. 외눈박이 괴물 언론이다.

윤석열이 1호 영업사원을 자처하며 체코에 가서 24조 이상의 원전 수출을 따내고, K-방산 수출에 박차를 가하고, 문재인이 고의적으로 붕괴의 지경까지 몰아간 대한민국 경제를 장기 부채의 감소와 고용율과 성장율의 증가로 회복의 기초를 다져놓은 일을 말하는 언론은 거의 없었다. 모든 보도는 12월에 현저히 침체된 수치를 말하며 그것이 비상계엄 때문이라는데 초점이 맞춰저 있었다. 언론은 비상계엄을 초래한 형사사법 기능의 방해, 월례 행사처럼 내고 또 내놓는 특검법안과 탄핵, 대한민국 경제를 망치기로 작정한 노란봉투법과 양곡관리법 등의 포퓰리즘적 사회주의 법안의 강행 등 이재명과 그의 민주당이 윤석열의 손발을 꽁꽁 묶어놓고 정부를 마비시킨 일을 깡그리 잊어버린 듯 했다. 지식인 축에 드는 언론인 그들은 '원인 없는 결과는 없다'는 인간 세상의 이치를 모르지는 않을 것이다. 그들은 이 이치를 무시하고 있었다. 고의로 보였다.

유튜브가 극우? 언론이 극좌!

"윤석열 대통령은 어쩌다 극우 유튜브에 포획되었나" 한 일간지의 기사 제목이다.(아시아 경제, 2025.1.4) 반국가 세력에 대한 위험성을 자주 거론하며 척결의 의지를 드러내는 대통령을 이 신문은 극우 유튜브에 포획되었기 때문으로 말하고 있다. 대통령 체포를 막기 위한 우익 유튜버들의 활약을 폄훼하는 이런 취지의 보도는 조중동 등 그동안 우익 언론으로 불리던 신문사도 마찬가지였다. 이재명과 민주당은 물론 언론까지도 대통령의 비상계엄 선포의 필요성에 공감하고 탄핵을 막으려 행동하는 국민을 '극우'라고 불렀다. 물리적 폭력을 행사하는 이념가들을 극우와 극좌라고 부르는 정치학 본래의 정의에 따르면 대한민국에는 민노총 등의 극좌는 있어도 극우는 존재하지 않는다. 물리적 폭력을 언어 폭력까지로 확장한다면 유튜브 방송에서 테러에 가까운 털보의 외모를 하고 들어주기 힘든 대소大笑를 쏟아내며 육두문자를 거침없이 날리는 김어준 같은 극좌 유튜버는 있어도 극우 유튜버는 없다. 더구나 우익의 나라에서 우익의 정체성을 지키기 위해 싸우는 것은 '애국'일 뿐 극우가 될 수는 없다. 구심점이 되어야 할 보수정당의 정치인들이 모두 가자미 눈을 뜨고 가자미처럼 입을 닫은 채 구경이나 하고 있는 상황에서 대체 언론의 역할을 하는 자유민주 진영의 유튜브를 향해 기성 언론은 주저없이 '극우 유튜브'라는 딱지를 붙였다. 극좌 언론의 폭력이다.

2019년 언론매체 신뢰도 조사에서 유튜브는 2위였다. 3위인 KBS를 앞선 순위였다.(시사IN, 2019.9.6) 같은 조사에서 2024년과 2025년은 연속으로 MBC와 KBS에 이은 3위였다.(시사IN, 2025.10.9) 2020년 KBS가 실시한 미디어 신뢰도 조사에서는 5위로 4위 TV조선 다음이자 6위 YTN에 앞선 순위였다.(SBS, 2020.10.26) 유튜브가 미디어 신뢰도에서 2~5위를 점한다는 것은 거대 조직의 기성 언론을 불신한다는 의미다. 거짓과 조작과 음모가 난무하는 윤석열 탄핵 정국에서 유튜브의 활약은 걸출했다. 진실과 사실은 유튜브를 통해서만 알 수 있었다. 그러자 이재명과 민주당과 기성 언론은 진실을 전하는 이 새로운 미디어를 한 목소리로 '극우 유튜브'라며 폄훼했다. 이재명과 민주당은 원래 거짓말과 조작이 없다면 존재할 수 없는 존재들이니 그렇다 치자. 문제는 기성 언론이다. 언론은 스스로를 교정하는 길 대신 이재명과 민주당과 한 편이 되는 길을 선택했다. 이 길은 언론과 대한민국이 함께 몰락하는 길이 될 것이다.

세월호 참사 초기에 '전원 구조'라는 대한민국 언론 역사에서 최악의, 어쩌면 세계 언론사에서도 손가락 안에 들만한 엄청난 오보를 내고도 책임지는 언론인은 단 한 사람도 없었다. 사과 한 번 하지 않은채 모든 책임의 화살을 대통령 박근혜에게만 집중시키며 이 엄청난 오보에 대한 책임을 피해갔던 대한민국 언론이다. '최순실의 딸 정유라는 박근혜의 딸이다'에서 시작하여 박근혜 탄핵에 핵심 증거로 쓰인 태블릿PC가 가짜라는 많은 정황증거와 주장이 이미 나왔음에도 의심도 비판도 없이 그대로 전했으며 후에 가짜임이 밝혀져도 수정 보도에 소극적인 태도를 취해 결국 이에 대한 국민의 잘못된 인식을 바로잡지 않았던 대한민국 언론이다. 그런 언론이 이제는 이재명과 민주당이 생산하는 '내란과 탄핵'이라는 엄청난 거짓 앞에서 그것을 바로 잡으려는 대체 언론 유튜브를 싸잡아 극우로 몰아붙였다. 이 극우 딱지를 가장 많이 붙이는 언론은 역시 조선중앙방송 서울지국의 역할을 수행하는 듯 보이는 MBC였다. 나라가 망하려면 펜이 먼저 휘는 법이다. 좌익의 혁명에 대항하는 윤석열의 반혁명 정국에서 대한민국 언론은 모두 왼쪽 눈만 가진 괴물이었다. 박근혜의 국정농단은 없었다. 사기탄핵만 있었을 뿐이다. 윤석열의 내란도 없었다. 좌익의 혁명을 막기 위한 비상계엄이 있었을 뿐이다. 사기탄핵이 성공하고 계엄이 내란으로 둔갑하는 이 비극은 왼쪽 눈만 가진 괴물 언론의 절대적 방조가 없었다면 불가능한 것이었다.

현장과 보도의 미스매치

왼쪽만 편드는 편향된 언론을 실감하자면 집회와 시위의 현장과 언론의 보도를 비교하면 쉽게 알 수 있다. 민주당이 민노총의 조직력과 자금력의 폭풍 지원을 받으며 함께 유도한 탄핵 찬성 집회는 2024년 12월 하순까지 계속 이어진다. 그러나 연말 연초부터 분위기는 역전된다. 대통령을 체포하려는 공수처장 오동운의 미친 행보를 본 국민은 이 정국의 본질이 좌익혁명 세력과 곧 감방가는 길을 피하기 위한 이재명의 반란이라는 진실을 깨닫기 시작한다. 그리고 한남동과 광화문에 집결했다. 대부분의 언론은 박근혜 탄핵에서 했던 그 행태를 다시 시작한다. 좌익의 집회는 크게, 우익의 집회는 작게 보도하거나 아예 보도하지 않음으로써 국민의 눈을 속이는 수작질이 또 시작된 것이다. 이런 수작은 국민의 여론지수를 있는 그대로 전하는 것이 아니라 특정한 여론을 유도하는 여론조사 업체도 마찬가지였다. 유력 여론조사 업체는 윤석열 대통령에 대한 지지율 수치가 올라 가고 탄핵 반대의 여론이 높아지자 특정 항목을 빼는 등의 방법을 썼다. 한 여론업체는 대통령에 대한 지지율이 40%를 넘자 조사결과를 발표하지도 않았다. 그들에게는 윤석열에 대한 지지율이 높게 나와서는 안되는 이유가 있는 듯 보였다.

언론의 편파성은 시위현장에서 발생한 폭력에 대한 보도에서도 분명했다. 1월 19일 좌익 판사들이 진지를 구축한 서울서부지법에 시위대가 진입한 사건에서 경찰 57명이 다쳤다. 실시간으로 중계하는 방송과 신문사가 많을 정도로 언론은 이 사건을 대대적인 보도를 했다. 이 시위를 극렬한 폭동으로 보이게 하기에 충분했다. 반면 이보다 두 배인 105명의 경찰이 다친 2024년 11월 9일 민노총의 윤석열 퇴진 집회에서 있었던 테러에 대해서는 매우 작고 아주 간단하게 보도했다. 민노총의 집회를 현장에서 직접 경험해 보면 그것은 시위가 아니라 폭력 단체의 무력 행사 혹은 조폭들의 난동 수준이다. 언론이 민노총의 폭력적 시위를 보도한 것을 서부지법 사건의 보도와 비교하면 명백한 축소 보도다. 서부지법 사건 보도를 민노총의 폭력적 시위 보도와 비교하면 명백한 과장 보도라는 뜻이다. 이런 편파적인 보도에 힘입어 105명의 경찰을 다치게 하고 인대파열 등의 중상자도 3명이나 낸 민노총 시위는 불과 몇 명만 가벼운 처벌을 받은 반면 서부지법 사건은 무려 66명이 구속된다.

2025년 1월 4일 한남동 관저 인근에서 대통령 체포를 촉구하는 민노총 집회에서는 조합원이 경찰의 무전기를 빼앗아 경찰의 머리를 내려치는 폭력을 가해 봉합수술을 받는 사건이 있었다. 외국이면 난리가 날 이 일을 국내 언론은 무비판적인 스트레이트 보도로 간단히 처리했고 경찰은 폭력행위범을 체포하지도 않았다. 1월 15일 공수처의 대통령 체포에 항거하여 국민 김태권 씨가 분신했을 때도 과거 농민 백남기 씨의 죽음에 대해서는 모든 언론이 나서서 정부와 경찰을 향해 매질을 했던 언론이 이 애국 국민의 뜨거운 죽음에는 몇몇 매체에서 건조한 보도를 간단히 냈을 뿐이다. 대한민국 언론을 왼쪽 눈만으로 대한민국을 보는 괴물이라고 말하는 이유다.

대한민국 언론이 괴물이 된 까닭

우리 언론은 왜 탄핵정국만 되면 일방적으로 좌익의 편만 들고 우익진영을 집중적으로 공격하는 것일까. 사실과 진실을 공정하게 보도해야 할 언론이 왜 이렇게 편파적인 집단이 되었을까. 이유는 좌익진영이 언론을 그들의 스피커로 만들기 위한 장악의 노력을 지난 수십 년 동안 끊임없이 해온 결과다. MBC가 그 압축판이다. 문재인 정권은 박근혜 탄핵 정국에서 우익 집회에 참가한 인원이 좌익 집회의 규모를 넘어서자 좌익의 집회에 모인 인원을 두고 "딱 보니 100만"이라고 말했던 박성제를 MBC 사장의 자리에 앉히고 이 방송국을 민주당의 마이크에서만 나오는 소리를 전하는 스피커로 철저히 이용해 먹었다. 반면 조선일보와 TV조선에 대해서는 대규모 세무조사에다 사주 일가의 비리를 캔다며 오랜 시간 동안 스토킹에 가까운 조사를 하고 방통위원장 한상혁은 TV조선을 길들이기 위해 재승인 심사 점수 조작까지 불사하며 이 방송을 괴롭혔다. 이러한 언론 길들이기 사례는 무수하다. 좌익정권의 행패에 시달린 과거의 경험을 기억하는 언론은 좌익이 대세를 잡는 상황이 되면 일방적으로 그들 편에 선다. 대한민국 언론이 괴물이 된 첫 번째 이유다.

김어준은 언론 대통령이라 불린다. 주기적으로 많은 거짓말을 배설하고 수많은 조작된 뉴스를 생산하는 이 상습 거짓말쟁이에게 언론 대통령이라는 별명이 붙은 사실 자체가 거짓과 조작이 대한민국 언론을 지배하고 있는 현상을 대변한다. 대통령 박근혜는 마약설, 굿판설, 정윤회 밀회설, 정유라 친자설 등 자신을 둘러싼 가짜뉴스를 언급하며 "정말 끔찍한 거짓말도 웬만해야지"라며 이것을 "거짓말로 쌓아올린 커다란 산"이라고 말했다. 박근혜에 대한 수많은 거짓뉴스는 후에 모두 거짓임이 밝혀졌다. 그러나 이런 무수한 거짓말이 뿜어내는 에너지에 의해 그는 결국 탄핵이 확정되고 4년9개 월 동안 감옥에 있어야 했다. 이에 대해 어떠한 반성도 한 적이 없던 언론은 이번에는 윤석열 탄핵의 광풍 속에서 똑같은 행태를 반복한다. '딱 보니 100만'을 말한 업적으로 거대 언론사의 사장 자리를 꿰찬 박성제를 보며, 최.순.실 이름 석자를 처음 언론에 올린 공으로 청와대에 들어가고 특혜 대출로 흑석동의 부동산 부자가 되고 국회의원이 된 김의겸을 보며, 세무서와 검찰과 경찰과 방통위에 시달리는 조선일보와 TV조선을 보며 언론은 이번에 또 다시 불기 시작한 탄핵이라는 바람의 방향을 가늠하고 자발적으로 그 방향을 탔을 것이다. 기자 아나운서 촬영기사 등 언론인 개개인의 실직의 두려움은 또 얼마나 컸을까. 언론인이 외눈박이가 된 두 번째 이유다.

미르크스 앵겔스 등의 지식인들이 새로운 유토피아의 허상을 가리키며 시작한 것이 좌익 이념이다. 그 이념 속에는 인권 정의 진실 공정 평등 등 좋은 단어가 모두 나열되어 있으니 그 가운데 하나만 말해도 좌익의 편에 서는 명분을 확보하는 것은 간단한 일이다. 그래서 탄압 받는 길이 아닌 특혜의 길이 열린 쪽으로 먼저 드러누운 언론을 탓할 수 있을까 싶기도 하다. 대한민국을 좌익의 나라로 만들기 위해 언론을 모두 자신들의 고성능 스피커로 만들고 있는 이 상황을 말하는 것에 심한 공허감을 느낀다. 윤석열 내란의 허구성과 이재명 반란의 진실을 밝히는 이 책의 수고로움이 외눈박이 괴물 언론이 만들어 놓은 단단한 벽에 부딪혀 어떤 작은 소용에라도 닿을 수 있을까 싶어서다. 언론에 고한다. 이제부터는 정론과 사실과 진실을 들먹이지 말라. 거짓이 사실과 진실을 이기고 있다. 지금의 대한민국에서는 그렇다. 언론인 당신들 책임이 크다. 펜이 칼보다 강하다는 말도 하지 말라. 좌익의 땅에서는 칼이 펜보다 강하다. 대한민국 언론인 당신들의 휘어진 펜으로는 더욱 칼을 이길 수는 없다.

박장범을 변호함

대한민국 언론이 자신의 오른쪽 눈을 스스로 자해한 이유는 언론사 각각의 내부에도 있다. 지금의 주요 언론은 대부분 주사파가 장악하고 있다. 민노총 산하 언노련 소속 조직원들이 세력을 형성하고 주요 언론사를 지배하고 있는 것이 보편적 언론 환경이다. 노조에 소속된 직원은 좋은 보직을 받고 높은 자리에 오를 수 있는 반면 비노조원은 반대다. 양경수 위원장 등 민노총 핵심 지도부의 자리는 경기동부연합 출신의 주사파가 모두 장악하고 있다. 경기동부연합은 조폭 출신들과 함께 이재명 세력을 구성하는 중심축이다. 민노총 산하의 노조 가운데 현장에서 전개되는 유혈투쟁은 금속노조와 건설노조가 주도하는 반면 펜과 마이크로 하는 사상투쟁의 전위대는 언노련 산하 각 언론사의 언론노조다. 민노총이 언노련을 통해 대한민국 언론을 모두 장악하고 있다.

민주당과 민노총과 한통속인 언론사가 내놓는 보도는 뻔하다. 내용을 교묘하게 비틀고, 한 쪽의 목소리만 크고 길게 전하고, 왼쪽을 편들고 오른쪽을 때리는 것이라면 확인도 없이 내놓는다. 그런 방법을 쓰며 오른쪽만 패고 왼쪽을 편들었다. 말리는 시누이는 저리가라다. 시누이보다 100배는 더 편향된 대한민국 언론이다. 비상계엄 약 2주 전에 청문회를 하고 대통령 탄핵소추안 가결 직전에 KBS 사장에 임명된 박장범은 문재인의 시대에 MBC에 버금가는 편향성을 보이던 KBS를 바로잡아 줄 것이라는 우익 진영의 기대를 한 몸에 받고 취임했다. 그러나 윤석열 탄핵 정국에서의 KBS는 다른 언론들처럼 '윤석열 내란'의 허구적 프레임에서 벗어나지 못했다. 우익 진영에서는 박장범을 비난했다. 그러나 사장이 된 그도 사장보다 더 큰 힘을 휘두르는 KBS 노조를 어쩌지 못하고 있었다. 대통령 윤석열이 국회를 장악한 이재명을 어쩌지 못한 것과 같은 양태다. 조중동 등의 전통적 신문사와 KBS 등의 방송매체는 유튜브 등의 대체 언론과 넷플리스 등의 대체 영상매체에게 자리를 내주고 경영에 어려움을 겪는 지금의 상황은 가속화되고 더욱 심화될 것이다. 편향된 뉴스를 전하는 언론을 도태시키는 것은 개선이고 발전이다. 그들이 자초한 자업자득의 일이다. 국민인 우리의 결심이 필요하다.

마을회 서 씨 이장님

저자의 세컨하우스가 있는 시골에 8순이 넘은 동네 할머니가 한 분 계신다. 한 번은 이런 대화를 나눈 적이 있다. "할머니: 북한은 집도 주고 학교도 그냥 보내주고 먹을 것도 나라에서 다 주고 그렇게 살기가 좋다고 하네 / 저자 : 누구에게 들었어요 / 할 : 미국 대통령이 / 저 : 직접 들마을회 선생님이란 주민자치회 일을 하는 마을 이장을 말한다. 국정원에 27년간 근무한 이희천 교수가 그의 저서 '공산화의 길목'에서 말한 주민자치기본법의 무서움을 확인하고 머리털이 쭈뼛거림을 느낀 순간이었다. 서 씨 성을 가진 이 이장은 선거때만 되면 이 할머니를 포함한 마을 노인 대부분을 직접 투표장으로 인솔한다. 그가 미국 대통령의 말이라며 전한 북한 체제의 아름다움을 말한 것은 선전이다. 선거때가 되면 민주당 후보가 정직하고 일도 잘한다고 넌지시 말하며 투표를 유도하는 것은 선동이다. 정직하고 능력 있는 민주당 정치인은 단 한 명도 본 적이 없다. 정직한 사람은 절대 좌익의 인간형이 아니다. 그들의 능력이라면 거짓말 잘하고 우익을 공격하는 능력 뿐이다. 좌익은 선전으로 할머니를 좌익의 편으로 만들었고 선동으로 할머니의 한 표를 훔쳤다.

헌법에 자유민주주의 국시가 명시되어 있는 대한민국이 좌익의 나라가 된 것은 좌익진영이 이러한 거짓 선전과 선동을 오랫동안 전개해 온 결과다. KBS 사장의 자리에 우익의 인사를 앉혔다고 기대를 한 것이 잘못이다. 박장범은 주사파의 조종을 받는 언론노조를 이기지 못할 것이다. 노조와 타협하며 자신의 자리를 보전하거나 그쪽 편이 되어 노조와 KBS 예산을 나누어 먹고 법카를 마음대로 쓰며 범죄자 동지가 되어야 할 것이다. 노조에 손을 댄다면? 우익 대통령 박근혜 윤석열 꼴이 나겠지. 대한민국, 내 조국인 이 나라를 어쩌나.

5절

주범, 이 반란의 수괴
이재명

2018년 경기도지사 경선에 나선 김영환 후보는 이재명의 면전에서 그의 여러 범죄혐의와 비도덕적인 일을 나열했다. 결론은 이렇다. "내가 살다 살다 이런 인간 처음 본다" 2022년 대선에 나선 이재명의 대표 구호는 이렇다. "이재명은 합니다" 그는 자신의 이기심과 탐욕을 위해서라면 무슨 짓도 다 하는 그런 사람이다. 이 책의 저자들이 관찰한 이재명은 대한민국 80년의 역사에서 가장 악마 같은 정치인이다. 히틀러나 스탈린 같은 독재자도 이재명 정도로 정신병적이고 악마적이었나 의심스러울 때가 많다. 선출된 지도자가 아닌 계승된 군주 연산군 정도가 이재명에 필적할 것이다. 그러나 현대 대한민국에서 선출된 정치인 중에서는 이런 인간형은 찾을 수가 없다. 이런 사람이 자신의 감옥행을 지연시키고 무산시키기 위한 기폭제로 써먹기 위해 실행한 짓이 현직 대통령 윤석열에 대한 탄핵이다. 이 사람이 계속 감옥 밖에 있어도 대한민국이 무사할까. 괴수가 거리를 활보하며 시민을 해치고 거리를 엉망으로 만드는 그런 괴수 영화의 난장판이 되지 않을까. 이런 걱정이 떠나지 않는데 이 사람은 결국 대통령이 되었다. 영화가 아니다.

1. 이재명 이 사람

이재명은 천재다. 말과 다른 행동을 완벽하고 하고 행동과 다른 말을 완벽하게 해내는 점에서 그렇다. 표정 하나 바꾸지 않고 그렇게 해내는 그의 모습에서 천재성과 함께 정신병이 의심되기도 한다. 이런 그가 국민의 선택을 받고 대통령이 되었으니 아마 천재가 맞을 것이다. 대권주자의 반열에 자신의 이름을 올리기 위해 800만 불을 북한정권에 뇌물로 주고도 조연 이화영과 김성태는 구속되거나 실형을 선고받았는데 주범인 그는 오히려 대통령이 되었다. 그가 대통령이 된 후에는 대장동 관련자 5명이 줄줄이 유죄를 선고받고 법정구속 되었다. 그럼에도 주범인 그는 지금 대통령다. 그래서 그는 천재가 맞다. 그의 범죄와 관련된 주변인 6명이 자살하거나 의문을 죽음을 했음에도 그는 멀쩡하다. 그는 천재가 확실할 것이다. 그러나 다르게 보는 시각도 있다.

천재이거나 사이코패스거나 악마이거나

회계사 김경률은 이재명을 두고 "악을 형상화하면 이재명의 모습일 것"이라고 말했다. 이재명은 대통령 탄핵을 반대하기 위해 광주 금남로에 모인 국민 3만 명을 '악마'라고 했다. 이재명게이트가 분명한 대장동 사건을 윤석열게이트라고 뻔뻔하게 말하는 그의 문법에 따르면 이재명은 악마가 맞다. 그의 문법은 자신의 이름을 남에게 붙이는 것이다. 논객 진중권은 이런 이재명을 사이코패스라고 말했다. 우리말로 하면 정신병이다. 김경률과 진중권의 말을 합하면 이재명은 정신병적 악마다. 공직자의 거짓말은 서구 선진국에서는 매우 엄하게 처벌하는 범죄다. 워터게이트 사건은 도청이라는 불법적 행위보다 거짓말을 한 사실이 현직 대통령 닉슨을 물러나게 한 사유였다. 2025년 1월 23일 이재명은 "공직선거법상 허위사실유포죄는 전세계에서 대한민국이 유일하다"고 말했다. 중학생 정도의 지식이면 다 아는, 그래서 모든 언론에 의해 바로 반박된 이런 뻔한 거짓말을 기자회견을 통해 공개적으로 말하는 이재명은 정신이 온전한 사람일까. 그를 대통령으로 선택한 49%의 국민은 지금이라도 이재명의 정신상태를 생각해봐야 하지 않을까. 정신이 온전하지 못한 사람은 정신병원에 있어야 한다. 악마적 정신병자라면 더욱 그렇다.

이재명이 진실을 말하는 것을 들은 적이 있는가. 민주당과 상속세 개편을 논의했던 송언석 의원은 이재명의 새빨간 거짓말을 듣고 "거짓말은 이재명의 모국어"라고 말했다. 이재명과 다른 모국어를 쓰는 국민인 우리는 대통령이 되어 많은 말을 마구 쏟아내고 있는 그의 말을 제대로 알아듣고 있는가. '미국은 점령군'이라던 그가 대통령이 되어서는 '미국은 동맹국'이라고 말했다. 앞의 말을 들어야 할까 뒤의 말을 믿어야 할까. 모든 기업이 긴급하다고 말하는 '주 52시간제의 예외' 요청을 퇴짜놓으며 "삼성전자 같은 기업 6개를 키우겠다"고 말하는 이재명을 믿을 수 있는가. 앞의 말이 진실인가 뒤가 진실인가. 앞이 거짓인가 뒤가 거짓인가. 자신의 탐욕을 채우기 위해서라면 무슨 짓도 다 하고 어떤 거짓말도 다 하는 이재명이 대통령이 되었다. 그가 병원에 있다면 걱정할 일이 아니다. 그는 대한민국 대통령실을 거쳐 지금은 청와대에 있다. 정신병적이고 악마적인 천재가 통치하는 대한민국이 무사할까.

민주당의 아버지? 예수?

차은우보다 이재명이라고 말한 안귀령은 국회의원 공천을 거뜬히 받아냈다. 이재명을 정조에 빗댄 김준혁은 공천을 받고 뱃지까지 달았다. 정청래는 이재명을 손흥민에 빗대며 법에는 깡통인 자신을 법사위원장 자리에 앉혀준 일에 보은했고 당에서 별 존재감이 없는 강병원 의원은 이재명을 예수에 빗대는 말로 자신의 존재를 이재명의 뇌리에 확실하게 각인시켰다. 민주당 정치인들의 비겁한 생존술을 말하려는 것이 아니다. 이재명이 민주당 국회의원 170여 명을 자신의 똘마니 혹은 인민당원으로 만드는 기술을 말하는 것이다. 민주당 의원들의 언행을 보자면 조폭의 그것을 닮아있다. 이재명에 대한 절대적 충성은 보스 혹은 형님을 모시는 조폭집단과 다를 바 없다. 그래서 똘마니라고 불러도 될 것이다. 당대표 이재명과 대통령 이재명의 결정을 일사불란하게 따르는 그들을 조직폭력단의 똘마니 혹은 인민당원이라 부르는 것도 매우 적절해 보인다. 똘마니를 거느리는 사람은 두목으로 부르고 인민당원을 거느리는 사람은 수령으로 불러야 맞는 언어 표현법일 것이다. 그래서 대통령 이재명과 함께 두목 이재명, 수령 이재명은 그의 또 다른 이름이다. 사이코패스적이고 천재적인 악마 이재명은 전통 있는 정당인 더불어민주당을 그런 방법으로 완벽하게 장악했다. 김대중의 민주당도 문재인의 민주당도 아니었던 민주당이 이재명의 민주당이 되었다.

국무총리와 더불어민주당의 당대표를 지낸 이낙연은 2024년 1월 "민주당 의원 44%가 전과자다. 이랬던 적이 없다"고 말했다. 이재명이 사실상 공천권을 행사한 22대 국회의 민주당 의원은 전과자 비율이 더 높을 것이다. 이재명은 국민의힘을 '범죄정당'이라고 불렀다.(2025.2.14) 그의 문법으로 수정하면 민주당은 범죄정당이다. 높은 전과자 비율만으로 범죄정당이라고 말하는 것은 아니다. 정권을 잡은 그들은 권력자가 되어 지금도 무수한 범죄를 저지르고 있다. 자신의 욕망 덩어리를 채우기 위한 수단으로 정치가가 되고 거대 범죄자가 된 이재명은 범죄정당 민주당을 완벽하게 장악하고 의원의 절반을 차지하는 범죄 전과자들을 자신의 방패로 혹은 졸개로 써먹고 있다. 공천권과 당의 보직에 목줄이 잡힌 기회주의자 의원들은 거대 범죄자 이재명이 감옥가지 않아야 이재명보다는 상대적으로 죄가 가벼운 자신도 감옥가지 않을 것이라는 기대감에 그들은 똘똘 뭉친다. 범죄자들의 소굴이 된 민주당 사람들이 오랫동안 범죄자 잡는 검사로 일하다 대통령이 된 윤석열을 겁내는 이유다. 윤석열을 임기 내내 대통령직에서 끌어내리겠다고 벼르고 또 벼른 이유다.

　　2023년 12월 뇌물혐의로 유죄가 확정되어 감방으로 가야했던 송영길은 구속 직전 한 외신과의 인터뷰에서 "윤석열 정부는 끝났다. 윤석열을 퇴진시키겠다"는 의지를 밝혔다.(미국 외교전문지 The Diplomat, 2023.12.23) 반정부 학생운동으로 구속된 공안범죄 전력이 있는 송영길이 이제는 20여 명의 민주당 정치인들이 함께 연루된 소위 돈봉투 뇌물 범죄로 구속을 앞두고 윤석열 퇴진을 다짐했다. 그의 경력에는 과거의 공안범죄에다 이제는 뇌물범죄까지 더해졌다. 두 가지 경력을 모두 갖춘 송영길은 민주당 여러 정치인의 완벽한 합체 모델이다. 송영길이 우원식 김민석 정청래 박선원 등 종북 혁명가의 정체성과 이재명 양문석을 비롯한 수십명에 이르는 범죄 혐의자의 성격 두 가지를 모두 갖추었다는 뜻이다. 이재명이 이끄는 범죄혁명과 우원식이 이끄는 좌익혁명이 연합한 그들의 혁명, 이것이 현직 대통령을 탄핵시키는 그들의 쿠데타 혹은 반란의 출발이다. 연합한 그들은 크고 단단하고 강력했다. 윤석열이 역부족이었던 이유다.

예정된 죄수의 코미디적 발악

백화점식 범죄혐의를 가진 이재명은 다급한 듯 보였다. 그가 대통령이 되기 위해서는 아직 임기가 남은 현직 대통령을 끌어내리려 했고 그의 유죄가 확정되기 전에 윤석열을 탄핵시켜야 하는 일은 범죄자 이재명의 급박한 스케줄이었다. 그는 자신의 다급함을 숨기지 않았다. 대통령을 체포하고 구속하는 일에 성공한 후부터는 더욱 노골적이었다. "눈 밖에 난 모든 이들을 독살, 폭사, 확인사살로 집단 학살하려 했던 윤석열 파시즘"(2025.2.15) "국민의힘은 거의 범죄집단이다"(2025.2.20) "수구조차 못 되는 반동이다"(2025.3.3)라며 국민 절반의 지지로 출범한 윤석열 정부와 여당을 매도했다. "국민의힘은 불난 호떡집처럼 윤 대통령을 배신하고 지도부를 교체할 것이다. 85일 안에 배신이 대세가 되어 윤과 절연할 것이다"(2025.3.3)며 그는 여당을 향해 자신의 희망을 담은 악담을 퍼부었다.

비상계엄 직후 박선원이 만들고 김어준이 퍼뜨린 암살설이 이미 음모로 밝혀졌음에도 이재명은 더욱 독한 말로 공포 분위기를 만들어나갔다. 3~4명 뿐인 헌재의 자기편을 늘리기 위해 대통령 권한 대대행인 최상목을 향해 "불법과 위헌을 밥 먹듯이 한다. 명백한 범죄행위다"(2025.3.5)라며 마르크스 레닌주의자 마은혁을 재판관으로 임명하지 않으면 탄핵하겠다는 협박성 경고를 노골적으로 내놓았다. 감옥행이 예정된 자신의 급박한 시간표 때문에 조급했던 그는 자신의 특기인 거짓말 기술도 어김없이 구사했다. 2025년 2월 19일 이재명은 조선중앙방송 서울지국의 역할을 하는 방송에 나와 항소심이 진행 중인 자신의 선거법 재판에 대해 "(대통령에 당선되면) 어쨌던 (재판이) 정지된다는 게 다수설이죠"라는 거짓말을 늘어놓았다.(MBC 100분토론) 그러나 이것은 2017년 입법조사처가 이미 '대통령 당선 이후 금고 이상의 유죄가 확정되면 대통령직을 상실한다'고 유권해석을 내린 일이며 또한 학계와 법조계에서도 다수설로 통용되고 있는 견해다. 조급하면 아무 말이나 던지고 어떤 거짓말도 불사하는 그의 오래된 악마적 습관은 여전했다.

"민주당은 진보가 아니다. 중도 보수로 오른쪽을 맡아야 한다. 국민의힘이 버린 보수 민주당이 책임져야 한다. 민주당은 본시 중도정당이다."(2025.2.18~23)) 이재명은 이성을 잃고 있었다. 제대로 싸우지 않는 웰빙주의자들의 여당에 화난 보수 및 중도 국민을 자기편으로 끌어들이기 위해 그는 정치적 이념과 정치적 정체성을 편한대로 써먹고 있었다. 이것은 경제정책에서도 마찬가지다. 전국민을 상대로 25만원을 주는 것은 미래세대의 빚만 늘릴 뿐이며 경제적 효과는 미미하다는 비판이 높아지자 큰 인심이나 쓰듯 포기를 선언하더니 2주 후에는 초대형 추경안을 들고 나오는 기만적 행동을 불사했다. 국가적 먹거리인 반도체 산업이 주52시간제에 묶여 경쟁력을 잃어가고 있다는 경제계의 호소에 이를 유예하겠다고 하더니 민노총이 반대하자 이 역시 단 2주만에 없던 일로 되돌려 놓았다. 이심삼일李心三日이라는 새로운 성어가 생긴 이유다. 정치와 경제의 영역을 불문하는 그의 우클릭 좌클릭, 우보右步 좌보左步 행보에 비난

여론이 거세어지자 "나는 원래 제자리"라는 말장난으로 자신의 정체성 논란을 잠재우려 했다. 등소평이 공산국가인 중국에 실용주의와 자본주의 원리를 도입하기 위해 내세운 흑묘백묘론을 정치적 철학은 고사하고 일관된 비전이나 장기적 정책조차 없는 사람 이재명이 들먹이는 것은 한 편의 코미디였다. 재미도 없고 어이도 없는 이런 코미디는 더 있다.

아무말 대잔치

2025년 3월 1일의 대한민국 광장은 완벽하게 둘로 갈라졌다. 탄핵을 반대하는 국민과 찬성하는 국민은 광화문에서 여의도에서 부산역에서 광주 금남로에서 각각의 주장을 외쳤다. 이날의 집회에 탄핵 반대를 주장하는 국민은 찬성하는 쪽에 비해 압도적이었다. 적게는 3배(광주 금남로)에서 많게는 7배(서울 광화문)까지 차이가 났다. 이를 본 이재명은 더욱 조급했을 것이다. 겁을 먹었다고 말하는 것이 맞을 것이다. 다음날 이재명이 한 말은 그가 겁을 먹고 있었다는 증거다. "우크라 전쟁도 드론 전쟁인데 수십만 젊은 청년들 왜 군대 막사에서 세월을 보내나. 이게 과연 전투력일까"라며 그는 국방분야에서의 인공지능 로봇의 활용을 말했다. 혹세무민 하는 짓이다. AI와 드론을 움직이는 것은 군인이다. AI와 드론의 타깃은 적군의 AI와 드론보다 그것을 조종하는 인간 적군이 우선적이고 최종적인 목표물이다. 적군의 AI와 드론을 전멸시켰다고 전쟁이 끝나는 것이 아니라 적군 인간을 전멸시키거나 항복을 받아내야 전쟁이 끝난다. 세계에서 가장 많은 숫자의 핵무기를 가진 러시아가 김정은에게 달러를 주고 북한군 병사를 수입해서 용병으로 쓰는 이유다. 시위 현장에서 자신을 지지하는 국민보다 윤석열을 지지하는 국민이 더 많은 사실에 겁을 먹은 이재명은 자신을 지지하는 국민을 한 명이라도 더 늘리기 위해 기본소득이라 부르는 현금질 포퓰리즘에 이어 이제는 군대 포퓰리즘을 꺼내든 것이다. 이게 다가 아니다. 세금 포퓰리즘도 있다.

"엔비디아 같은 회사가 하나 생겼다면 굳이 세금에 의존하지 않아도 되는 사회가 오지 않을까" 이 말이 진정성 없는 뜬구름 같은 말이라는 사실은 간단히 증명된다. 이미 50년 전에 시작하여 지속적으로 성장시켜 온 대한민국의 반도체 산업은 문재인 정권이 삼성 총수 이재용을 감옥에 가두고, 검찰과 법원에 불려다니게 하고, 해외 출장조차 막는 등으로 괴롭히는 사이 박근혜 정부까지는 반도체 생산부문에서 대만의 TSMC를 앞서는 1위를 달리다 이제는 크게 뒤쳐진 것이 지금의 삼성 반도체의 위상이다. 그래서 주52시간제라도 완화시켜달라는 삼성 반도체, SK하이닉스 등의 업계와 경제계 전체의 호소를 무시하고 결국 이를 거부한 일에서 그의 엔비디아 발언의 진정성은 쉽게 확인된다. 주52시간제에 꽁꽁 묶여 새로운 제품의 개발과 생산에는 중국에조차 뒤처지는 대한민국에서 엔비디아와 같은 회사가 생긴다는 것은 어불성설이다.

전문지식이라고는 아무것도 없는 무식이에다 경제에는 깡통인 이재명이 엔비디아는 과학과 기술을 중시하는 미국의 100년 결실이라는 사실을 알 것으로 기대하는 국민은 없다. 그러나 보수진영에서 나오는 "사회주의적 발상"(오세훈), "황당한 공상소설"(유승민) "레닌시대로의 귀환"(윤희숙) 등의 말은 알아먹지 못한다고 해도 안철수가 말한 "엔비디아가 붕어빵처럼 나오나" 정도는 알아들어야 마땅했다. 이런 비난에 이재명은

"여당은 한국말도 알아듣지 못하는 문맹 수준의 식견"이라는 말로 일축했다. 논리가 달리는 무식쟁이의 어법이다. 판별력은 없고 아집만 있는 좌익형 인간의 언어다. 그의 관심은 엔비디아가 아니라 그의 말에 속아넘어가는 국민의 숫자에 있었다. 엔비디아가 있는 미국도, 텐센트가 있는 중국도 모든 국민이 세금을 내고 있다는 사실을 그는 모르는 것일까.

감옥 안 가려고 대통령 하겠다는 사람, 감옥 들어가면 죽어서야 나올수 있는 사람, 이미 전과 4범에다 곧 10범 이상이 될 사람, 대북송금 사건으로 심복 셋은 이미 징역 18년 형을 받았는데 무기징역이 예정된 몸통인 그는 대통령 자리를 노리다 결국 그것을 성취한 이 초현실, 윤석열은 어쩌다 이재명이라는 독거미가 친 거미줄에 걸린 것일까. 자신의 감옥행을 피하는 방법으로 자신이 대통령이 되는 길을 선택한 이재명은 1차적으로 오래된 좌익 정당인 민주당을 장악하여 마치 개인 경호부대 혹은 개인 로펌처럼 부리고 있었고 이재명의 이런 개인적 동기는 대한민국의 공산화를 위해 수십 년 동안 투쟁해온 종북좌익 혁명가들의 원대하고 오래 묵은 동기와 일치했다. 그래서 그들은 의기투합했고 윤석열은 더 이상 물러날 곳이 없는 막다른 골목으로 몰리게 되었다. 빨간 거미와 독거미가 겹으로 친 거미줄에 단단히 걸린 것이 분명하다.

이 반란의 방조범 88개의 아가리들

먹이를 먹을 때만 쓰는 동물의 입이나 무생물의 입구를 가리키는 우리말은 아가리다. 음식을 먹고 말을 하고 사랑을 나누는 여러가지 기능을 하는 인간의 입과 다르다. 국회의원이 되어 국민의 입을 대신하여 마땅히 해야할 말을 하지 않는다면 그것은 입이 아니라 아가리다. 자신이 몸담은 정당에서 배출한 대통령이, 그것도 불과 몇 달 전에는 국회의원이 되기 위해 줄을 서고 기다려 사진을 찍었던 대통령이 탄핵되는 이 난리에서 여당인 국민의힘 의원 108명 중 국민을 대신하여 야당을 향해 말을 하며 싸우는 입은 스물 정도였다. 나머지 88개는 아가리였다.

좋은 대학 나와서 자신을 최고로 아는 한동훈 류의 자아도취적 인간일수록 자신이 이 '스물의 입'에 속할 것이라고 여길 것이다. 거꾸로다. 범죄자에게 체포된 대통령이 도륙을 당하는 것을 보며 그들을 국회의원으로 뽑아준 국민이 울분을 토하고 있는데도 88개의 아가리는 밥만 먹고 있었다. 당권이나 자신의 다음 공천만 생각하는 기생충들이다. 윤석열에 대한 지지율이 높을 때는 윤석열의 이름을 팔며 위세를 부렸던 이 88개의 덩어리는 모두 배신자다. 기생충이거나 배신자인 이들은 아가리를 닫고 아무 일도 하지 않음으로써 이 모략극을 성공시키고 이 반란에 공을 세운 특급 조연들이다. 이재명을 아버지로 예수로 모시는 민주당의 의원들과는 달리 여당 의원들은 대통령의 수난을 불구경하고 있었다. 전자는 입을 열심히 열어 이재명의 반란을 성공시켰고 후자는 아가리를 닫고 있어 이 반란을 성공시켰다. 그래서 전자와 후자가 맺은 결과는 같다.

대통령을 배신한 책똑똑이 한동훈이 비운 당대표 자리는 권영세가 비대위원장의 이름으로 채웠다. 권영세가 그 자리에 앉은 내막을 보면 기가 찬다. 이 난국을 타개할 수 있는 의지와 능력을 갖추었다는 것이 그가 지명된 이유가 아니다. 여러 계파의 이익을 취합하여 계파색이 적다는 것이 이유였다. 자신의 소신과 주장이 적고 권력욕이 없다는 것이다. 뼈 없고 능력 없는 사람이라는 뜻이다. 권영세를 욕하려는 의도가 아니다. 세금만 축내고 국회의원 오래 해먹을 궁리만 하는 그런 기생충 같은 국회의원은 국민의힘에 88개나 된다. 그것을 말하는 것이다. 보수 여당의 국회의원들은 민주당이 만든 내란이라는 이 어이없는 거짓 프레임을 바로잡고 국가적 혼란을 수습하는 일에는 무관심했다. 그들은 다음 권력의 향방에만 관심이 있었다. 뼈 없는 비대위원장보다 더 큰 문제는 대통령과 당과 나라의 운명을 좌우할 이 비상시국에 뼈없는 사람을 그 자리에 앉힌 108명의 국회의원 집단이다. 수정한다. 나경원 윤상현 김민전 주진우 장동혁 곽규택 강선영 박수영 신동욱 조배숙 박충권 박준태 서지영 최수진을 포함하는 약 20명을 제외한 88명이다. 원외의 김민수와 박민영과 장예찬도 있다. 이들을 제외한 88의 아가리들이 한 일은 딱 한 가지였다. 눈치만 보는 것이다.

2025년 2월 이재명은 국민의힘을 향해 '극우정당도 아닌 범죄정당'이라고 말했다. 아무것도 하지 않고 이런 이름이라도 얻는 것을 과분하게 생각한 국민의힘 의원은 몇이나 있었을까. 여당이 극우정당이고 범죄정당이라면 그 정당이 배출한 대통령이 감옥에 갇히고 정신병적인 잡범 하나가 대통령 자리를 넘보는 상황은 가능하지도 않았을 것이다. 이재명과 민주당이 아무말이나 마구 배설해 놓아도 여당은 별 말이 없으니 대통령 탄핵정국은 이재명의 말대로 되어가고 있었다. 1개의 마이크와 170개의 스피커를 가지고 쉼없이 그것을 가동하는 더불어민주당, 단 20개의 마이크 일체형의 스피커를 가진 국민의힘, 그 결과가 바로 대통령의 체포와 구속과 재판과 탄핵 결정이다. 분노를 유발하는 이재명의 민주당과 아가리를 닫고 있는 답답한 여당, 지켜보는 자유민주주의 진영의 국민은 분개하고 있었다. 또한 좌절하고 있었다. 절망이었다.

2. 범죄자 그의 세상

'이재명은 곧 감옥에 갈 것이다' 5년째 듣고 있는 추측 혹은 예언 혹은 장담이다. 경기도지사 경선과정에서 경기도민 전체를 상대로 허위사실을 유포하는 명백한 범죄를 범하고도 권순일 대법관과의 검은 거래 의혹 속에 무죄를 선고받은 것이 2020년 7월이다. 그가 곧 감옥 갈 것이라는 말은 그때부터 흔히 들렸다. 그것이 5년이다. 수시로 말을 바꾸고 급하면 무슨 말이든 마구 던지는 그는 한 인간으로서의 철학은 물론 뚜렷한 정치관도 없는 사람으로 보였다. 자신의 이기심과 탐욕을 채우기 위해 국민의 세금으로 설립되고 유지되는 모든 공공부문을 도구로 삼고 악용하는 그는 이 과정에서 수많은 범죄행위를 범했다. 그 결과가 8개 사건, 12개 혐의, 5개 재판, 이미 전과 4범에 곧 전과 10범이 예견되고 있었다. 그를 교도소 바깥 담장에 매달린 사람이라고 말하는 이유다.

교도소 담장에 매달린 사람이 대통령이 되었습니다

교도소 담벼락에 혹은 천길 낭떠러지 절벽에 매달린 사람 이재명이 자신이 사는 방법으로 선택한 것은 윤석열 정부를 무너뜨리는 것이었다. 북한의 지령을 받고 윤석열이 대통령에 취임도 하기 전부터 탄핵을 외치는 종북좌익 세력은 그에게 천군만마였다. 좌익세력과 연합체를 이룬 이재명은 부정선거의 흔적과 증거가 곳곳에서 드러난 22대 총선에서 압승을 거두고 윤석열 탄핵에 본격적으로 나선다. 그가 선택한 방법은 지연술과 속도전이다. 윤석열의 대통령 임기 절반의 시간 동안 그는 자신의 범죄에 대한 모든 수사와 재판을 지연시키는 일에 집중했다. 자신을 수사하는 모든 검사를 탄핵하고, 검찰과 경찰의 특활비 항목을 제로로 만들고, 정쟁을 일으켜 정부를 공격하려는 목적으로 특검안을 남발했다. 이렇게 그에 대한 재판은 뭉개어졌고 윤석열 정부는 손이 묶이고 발이 마비되어 아무것도 할 수 없는 지경에 이른다. 이에 대응하여 대통령 윤석열이 취한 조치가 바로 2024년 12월 3일 밤에 선포된 비상계엄이다.

이재명의 민주당은 준비가 부족하고 실행이 허술했던 이 계엄을 내란으로 몰아갔다. 이재명이 총지휘자가 되고 박범계 박선원 김병주가 대본을 쓰고 홍장원 곽종근이 연기를 맡은 이 모략은 먹혀들었다. 모든 언론이 대통령의 조치를 비상계엄이 아닌 내란이라 불렀고 국민도 그렇게 여겼다. 이때부터 이재명은 사기탄핵의 수괴로 나선다. 이재명이 '빛의 혁명'이라고 이름 지은 그의 속도전은 여기서 시작된다. 자신의 감옥행을 피하는 방법으로 윤석열을 감옥으로 보내기로 한 이재명의 속도전은 김정은의 마식령속도전이나 만리마운동을 보는 듯했다. 그의 이 속도전에 동조한 사람들에게 묻는다. 이재명의 이 전쟁이 승리한다면 그 다음에는 어떤 세상이 열리게 될지 생각이나 해보고 여기에 동조하셨는가.

이재명의 세상, 생각이나 해보셨나요

이재명은 계엄과 탄핵의 와중에서 '허위사실공표죄는 한국에만 있다'는 허위사실을 퍼뜨렸다. 그가 퍼뜨린 수많은 거짓말에 하나가 더 보태진 것이다. 늘 듣는 그의 거짓말에 이미 익숙해진 국민은 이재명의 이 새로운 거짓말에 분노하지 않았다. 이런 상황을 거짓말쟁이 이재명에 가스

라이팅 되었기 때문이라고 분석하는 정치 평론가도 있다. 민주당은 계엄 2주 전에 이미 허위사실공표죄를 삭제하고 당선무효형의 기준을 높이는 선거법 개정안을 발의해 두고 있었다. 김동현 판사가 음주와 운전을 분리하는 기상천외한 방법으로 무죄를 선고한 위증교사죄 역시 사실상 사문화될 것으로 예상하는 국민이 많았다. 이재명 한 사람 감옥 가지 않기 위해 허위사실공표죄가 없어지고 위증교사제가 폐지되거나 사문화되는 단 두 가지만으로도 대한민국은 거짓말 천국이 되고 범죄 천국이 될 것이다. 마약 성범죄 등의 범죄가 넘쳐나 대한민국의 질서가 무너지는 것은 좌익세력이 대한민국을 좌익의 나라로 변경하는 그들의 혁명에서 매우 중요한 전략이다. 대한민국의 형사사법 질서를 무너뜨리는 것은 감옥 가지 않으려는 범죄자 이재명과 우원식 정청래 김민석 박선원 진성준 박주민 등의 좌익혁명가들이 완벽하게 의기투합하는 지점이다. 범죄천국이 되는 대한민국은 여기가 끝이 아니다.

"악마, 사람입니까, 킬링필드" 2025년 2월 15일 탄핵을 반대하기 위해 광주 금남로에 모인 국민을 향해 이재명이 입에서 나온 단어들이다. "독살, 폭사, 확인사살" 같은 날 '비상계엄이 성공했다면 윤석열은 이랬을 겁니다' 라는 식으로 이재명의 입에서 배설된 말이다. 이재명의 문법에 따르면 이것은 모두 그 자신의 머리 속에 담고 있는 그 자신의 계획이다. "정치보복은 매일 해도 된다" "권력행사는 잔인하게 해야 한다. 용서하면 안된다"고 말했던 그가 대권을 잡았으니 그는 자신의 머리 속에 든 계획을 모두 실천에 옮길 것이다. 적폐청산의 이름으로 200명 이상을 구속시킨 문재인 보다 10배는 더 피를 흘려야 할 것이라는 예상은 최소한이다. 김정은에 버금가는 숙청의 피바람을 예상을 하는 사람이 많다.

　예상대로였다. 이재명이 집권하고 가장 먼저 한 일은 3개의 특검을 동시에 출범시키고 대통령 부부와 우익진영 정치인 및 공직자를 숙청하는 일이었다. '정치는 히틀러처럼, 경제는 차베스처럼' 감옥 가야할 이재명이 대통령이 되면 펼쳐지게 될 새로운 세상을 압축한 말이다. 히틀러의 정치에 의해 독일은 물론 유럽 전체가 지옥이 되었다. 차베스의 경제에 의해 베네수엘라의 교수와 의사는 이웃 나라로 가서 건축노동자가 되고 유흥가에서 몸을 파는 여성이 되었다. 이게 지옥이 아니고 무언가. 최선의 정치 지도자를 찾는 일은 어려운 일이다. 이에 비해 최악의 지도자를 피하는 일은 국민이 조금만 깨어 있어도 가능하다. 윤석열은 박정희와 같은 정도의 최선의 지도자는 아닐지라도 적어도 최악의 지도자는 아니었다. 이재명은 최악의 지도자가 분명하다. 그는 극악의 지도자다. 지금도 계속되고 있는 그의 반란은 저지되어야 한다. 실패한 윤석열의 반혁명을 포기하지 않고 반드시 성공시켜야 한다. 국민인 우리의 힘으로.

제4장

윤석열 탄핵이
이재명의 반란인 이유

2025년 4월 4일 헌법재판관 문형배는 대통령 윤석열에 대한 탄핵을 인용했다. 문형배가 낭독한 탄핵의 사유는 이재명과 민주당이 줄기차게 주장해온 잡설과 거짓 내용에서 단 한 치도 벗어나지 않았다. 그의 눈에는 이재명이 윤석열을 탄핵의 심판대에 올려놓은 이유와 목적, 거짓말, 폭력, 허위와 기만, 위법과 불법, 편파성과 불공정성, 이재명의 모든 범죄혐의, 그리고 이재명이 대통령인 나라의 미래와 국민이 처하게 될 운명은 보이지 않는 듯 했다. 문형배 이 사람은 눈 뜬 장님이었다. 아니다. 보이지 않는 것이 아니었다. 그는 보지 않으려 했다. 이재명과 민주당과 문형배가 공모한 이 반란의 진실을 기록하려 한다. 이것은 정사正史가 될 것이다.

1절

반란의 증거,
기만과 폭력

뺏으려 하는 쪽과 뺏기지 않으려는 쪽 간의 싸움, 혹은 지키려는 세력과 뒤집으려는 세력 사이에 벌어지는 난리를 어느 편에도 치우치지 않고 중립적 관점에서 말할 때 이를 '내란'이라 부른다. 그러나 합법성과 정통성을 가지지 못한 세력이 그것을 가진 세력에 대항하여 일으키는 난리를 부르는 이름은 쿠데타, 반란, 혁명이다. 그렇다면 이재명이 윤석열을 내란수괴로 규정하고 탄핵시킨 일은 무엇인가. 윤석열은 이재명보다 24만7000여 표를 더 받고 당선된 정통성 갖춘 대통령이다. 그가 선포한 비상계엄은 헌법이 명문으로 규정하고 있는 대통령의 권한이다. 그래서 윤석열의 계엄은 합법성을 갖춘 행위다. 게다가 이 계엄은 이재명이 지배하는 민주당이 28차례의 탄핵과 30차례에 육박하는 사회주의적 법률안으로 국정을 마비시키는 폭력적인 행위에 대응하는 조치였다. 사유와 목적에서 정당성을 충족하는 계엄이었다. 그럼에도 이재명은 대통령 윤석열의 계엄 선포를 거짓과 조작과 모략으로 엮은 선전과 선동의 공산주의 혁명 기술을 구사하여 이를 내란이라는 여론을 만든 후 문형배 오동운 등의 좌익 법률가들과 담합하여 윤석열을 끌어내렸다. 그래서 이것은 이재명의 반란이다. 반란의 증거를 말한다. 그 첫 번째는 기만과 폭력이다.

1. 헌법적 권한 행사를 내란이라고 말하는 기만

"제가 한 말씀 드리겠습니다. 제가 취임하기 전부터도 민주당과 야권에서는 선제 탄핵을 주장하면서 제가 이 계엄을 선포하기 전까지 무려 178회를 퇴진과 탄핵을 요구했고요, 제가 대통령으로서 야당이 아무리 저를 공격하더라도 왜 대화와 타협을 안 하겠습니까. 100석 조금 넘는 의석을 가지고 어떻게든 야당을 설득해서 뭐를 해보려고 한 건데 문명국가에서 볼 수 없는 이런 줄탄핵이라고 하는 것은 대단히 악의적인 것이고, 대화와 타협을 하겠다는 것이 아니라 그냥 이 정권을 파괴시키는 것이 목표라고 하는 것을 명확히 보여주는 것입니다" 헌법재판소 재판정에 나온 대통령 윤석열은 재판관들을 향해 이렇게 말했다. 그의 말에 틀린 것이 있는가. 단언컨데 단 하나도 없다.

짜장면 탄핵과 단무지 재판

"살인죄로 기소하고 절도죄로 재판하는 격이다" 서정욱 변호사는 내란의 죄목으로 탄핵소추안을 가결시켜 놓고는 정작 헌재 재판에서는 내란죄를 빼는 이재명 민주당의 어이없는 행태를 보며 이렇게 말했다. 그는 더 쉬운 비유로 "짜장면으로 탄핵시키고 단무지로 재판하고 있다"고 말했다. 평이한 단어와 쉬운 표현으로 보통의 국민인 우리에게 말을 건네는 그가 인상적이다. 플라톤이 말한 철인哲人이 아니라도 이런 사람이 정치인이 되어야 하는데. 살인죄로 기소하고 절도죄로 재판하는 식의 우익 대통령 탄핵은 8년 전에도 그랬다. 모략질을 작정하고 만든 최순실TF가 생산하고 전파한 가십성 신문기사를 민주당이 장악한 국회는 '국정농단'이라는 이름을 붙여 탄핵안을 통과시켰고 헌재는 이를 "헌법 수호의 의지가 없다"는 추상적 이유에다 시위 인원수까지 들먹이며 탄핵을 인용했다. 국회 소추안의 법률위반 8가지와 헌법위반 5가지, 총 13가지는 헌재에서 5가지로 줄이더니 김명수의 대법원에서는 이 5가지 마저 모두 사라졌다. 대법원이 대통령 박근혜에게 내린 22년 형의 죄목은 삼성 뇌물, 국정원 특활비, 공천개입 등 억지로 끌어다붙인 허위였으며 이마저 탄핵의 사유와는 다른 죄목이었다. 민주당이 우익 대통령을 끌어내리기 위해 도모한 이런 짜장면 탄핵과 단무지 재판은 좌익의 언어로는 혁명재판이고 우익의 언어로는 반란이다. 8년 전에 있었던 이 좌익의 반란이 2024~5년 해바뀜의 시간에 반복된다. 통탄한다.

2025년 1월 20일 미국 대통령에 취임한 트럼프는 취임 첫날 국경지역에 비상사태를 선포하고 군 부대를 투입했다. 멕시코 등 남미에서 유입되는 불법 이민자와 이들을 통한 마약 유입을 막기위한 조치였다. 하루이틀의 일도 아닌 오래 묵은 이 일을 트럼프는 국가적 비상사태로 규정했다. 이와 함께 무려 78개의 행정명정을 함께 내린다. 여기에는 바이든 행정부의 정책을 무효화하는 여러 내용과 자신을 지지했던 의사당 폭동 가담자 1500명에 대한 사면 비준도 들어 있었다. 트럼프를 반대하는 미국 국민 다수가 동의하지 않고 논란의 여지가 매우 큰 조치들을 가득 담고 있었으나 이것을 직권남용 위헌 혹은 불법이라고 말하는 목소리는 없었다. 내란이라는 말은 더욱 없었다. 우리의 경우 긴급명령이나 계엄선포 등의 대통령의 비상대권은 헌법으로 규정하고 있다. 반면 미국 대통령의 비상조치권은 헌법이 아닌 계엄법 등의 하위법으로 대통령이나 주지사가 실행할 수 있다. 2024년 12월 3일 밤 대한민국 대통령 윤석열은 헌법에 명시된 대통령의 비상대권인 비상계엄을 선포했다. 이재명의 민주당과 언론과 좌익진영 전체는 일제히 이를 내란으로 몰아갔다. 헌법에 규정된 대통령의 권한 행사가 대통령의 내란인가. 이것을 내란이라고 규정하고 대통령을 체포하고 구속시키고 법정에 세운 사람들의 반란이 아닌가.

윤석열은 헌법에 명시된 권한을 행사했다

대한민국 대통령에게는 국회해산권이 없다. 1987년의 신헌법에서 삭제되었다. 국회에 혁명의 진지를 구축하려고 하는 종북 세력의 의도를 간파하지 못한 우익 진영이 이에 양보하고 동의한 결과다. 지금의 좌익의 세상을 만든 뼈아픈 시작이다. 대통령이 국회를 해산할 수 없게 되자 좌익세력은 국회를 장악한데 이어 법원까지 좌익의 판사들로 요직을 채운 후 국가의 정체성을 훼손하고 나라의 존망을 위협했다. 그래도 대통령은 이를 견제하거나 방어할 수 없었다. 주사파 운동권이 국회를 장악하고 우리법연구회 출신의 좌익 판사들이 법원의 요직을 차지하게 되자 자유민주 진영에서 내세운 후보가 정권을 잡아도 반쪽자리 대통령이 되었고 그래서 할 수 있는 일이 별로 없었다. 급기야 중도에 탄핵되기까지 했다. 이것이 박근혜 윤석열 두 우익 대통령이 탄핵당한 근본적 배경이다. 대통령의 국회해산권 삭제가 부른 치명적 결과다.

국회해산권이 없는 대통령의 비상적 대권으로는 계엄선포권과 긴급명령권이 있다. 긴급명령권은 재정 등 행정의 영역에서 발동되는 권한이다. 그래서 국회를 견제할 수 있는 대통령의 비상대권으로는 사실상 계엄선포권이 유일하다. 헌법 제77조는 대통령의 계엄선포권을 다음과 같이 규정하고 있다. "대통령은 전시 사변 또는 이에 준하는 국가비상사태에 있어서 병력으로써 군사상의 필요에 응하거나 공공의 안녕질서를 유지할 필요가 있을 때에는 법률이 정하는 바에 의하여 계엄을 선포할 수 있다." 이 규정에 근거하여 국가적 비상사태의 발생으로 사회질서가 교란되어 행정 및 사법기능의 수행이 곤란한 때에는 대통령은 계엄을 선포하고 대통령이 지명한 계엄사령관은 계엄 선포와 동시에 계엄지역 내의 모든 행정사무와 사법사무를 장악하고 지휘하게 된다. 대한민국의 법 체계는 계엄에 관해 이렇게 규정하고 있다. 대통령 윤석열이 선포한 계엄이 이재명의 민주당과 좌익진영이 주장하는 대로 내란이 되기 위해서는 이러한 법률 체계를 위반하거나 벗어나야 한다. 그럴까.

첫째, 비상계엄 선포 그 자체는 대한민국의 최고 상위법인 헌법에 규정된 대통령의 권한이므로 위법도 탈법도 불법도 아닌 합법적인 통치행위다. 둘째, 577명의 군인을 동원한 일 역시 계엄 실행의 수단으로 헌법에 명시되어 있으며 이 규정에 따라 합참에는 계엄 선포 후 군인 동원의 실무를 담당하는 계엄과가 설치되어 있다. 셋째, 포고령 1호로 발표된 일체의 정치활동 금지는 대법원이 두 차례 합헌 판결을 내림으로써 이미 판례로 굳어진 계엄 선포 후의 확고한 대통령의 권한이며 넷째, 국무회의 심의는 11명의 국무위원 참석 요건을 갖추었으며 야당과 언론이 제기한 졸속성을 이유로 이 요건이 결여되었다고 할 수는 없다. 심지어 1993년 김영삼 대통령이 금융실명제를 기습 발표할 때는 기밀유지를 위해 사전 국무회의를 열지 않았고 사후에 회의록을 만든 전례도 있다. 마지막 다섯 번째는 민주당이 대통령 윤석열의 계엄선포를 내란으로 몰아간 핵심적인 근거였던 비상계엄 선포의 요건이다. 계엄선포의 요건에 대해서는 좀 더 설명이 필요하다.

헌법에는 '전시 사변 또는 이에 준하는 국가비상사태'를 비상계엄 선포의 요건으로 규정하고 있다. 헌재의 심리 과정에서 대통령 측 변호인단은 다음을 근거로 들며 대통령이 당시의 상황을 국가비상사태로 판단했음을 분명히 밝혔다. 첫째, 이재명의 범죄혐의를 수사하는 여러 명의 검사에 대한 탄핵과 사드 기밀의 중국 유출 등 문재인 정권의 매국적 범죄행위를 감사하는 감사원장 탄핵 등을 포함한 27차례의 탄핵안 발의. 둘째, 검찰 경찰 대통령실 감사원 등 국가 기관의 특활비를 제로로 만들어 정부의 정상적 기능 수행을 방해하는 야당의 폭력적인 예산편성. 셋째, 양곡관리법 노란봉투법 등의 수많은 사회주의적 법안과 정치공세를 목적으로 한 특검법 발의 등의 입법 폭거. 넷째, 수백 건의 채용비리가 드러나고 여러 차례의 선거에서 다양한 형태의 부정선거 증거가 드러나는 등 복마전이 되어버린 선관위의 조사 수사 감사 거부와 비협조 등이다. 이러한 사유로 정부의 정상적 기능수행이 마비되어 가는 상황을 대통령은 국가비상사태로 인식했고 그래서 비상계엄을 선포했다. 계엄 선포의 사유와 필요성은 이렇게 충분하다. 사유 모두가 정부의 기능 수행과 관련된 엄중한 사안이다. 이런 상황에서 비상계엄을 선포하여 정부의 정상 운영과 사회질서의 유지와 국가 시스템의 보전을 도모하지 않았다면 그것이야말로 대통령 윤석열의 중대한 직무유기일 것이다.

국가비상사태를 범죄자와 주사파가 판단하는가

김철수 권영성 이후 현존하는 최고의 헌법학자로 불리는 허영 교수는 "국가비상사태를 판단할 권한은 대통령에게 있다" 이렇게 간단히 정리하고 "대통령에 대한 탄핵의 사유는 없다"는 명쾌한 결론을 내렸다. 그는 다른 헌법학자 6인과 함께 2025년 3월 상순 헌재에 제출한 의견서에서 특히 내란죄를 철회한 것은 탄핵소추의 동일성을 상실했다는 사실을 강조하고 윤석열에 대한 탄핵을 '사기탄핵'으로 규정했다. 같은 이유로 헌법학자 이인호 교수 역시 "윤석열 대통령에 대한 탄핵과 사법처리는 그 자체가 잘못"이라고 결론지었다. 대통령의 계엄선포를 불법이고 위헌이라고 주장하는 민주당과 좌익 언론의 주요 논리는 계엄선포 당시의 정국이 국가비상사태가 아니라는 것이다. 계엄을 선포한 대통령의 판단과 다르다. 계엄을 찬성한 절반의 국민의 생각과도 다르다.

그렇다면 '국가비상사태'를 누가 판단하는가. 종합 잡범이자 거대 국가예산 절도 혐의자인 이재명이 국가비상사태라고 판단을 내리면 계엄을 선포할 수 있고 아니라면 선포할 수 없는가. 정치무당 김어준이 판단하는가. 탄핵 결정을 앞두고 윤석열의 승복은 말하면서 이재명과 민주당의 승복은 말하지 않았던 동아일보 김순덕 기자가? 주사파 테러리스트 정청래가? 자식에게까지 특권을 대물림하는 내용의 민주유공자법 입법에 목을 매는 생계형 정치인 우원식이? 많은 재산을 주체하지 못하여 취미로 정치를 하는 정치룸펜 안철수가? 법조문만 달달 외운 책똑똑이 한동훈이? 모두 아니다. 국민인 우리는 윤석열을 대통령으로 선택했다. 그리고 헌법은 대통령이 된 그에게 계엄선포권을 부여했다. 비상계엄 선포

요건인 국가비상사태에 대한 판단의 권한은 계엄선포권을 부여하면서 자동으로 함께 부여되었다. 허영 교수가 "국가비상사태를 판단할 권한은 대통령에게 있다"고 한 말은 이렇게 자명하다. 여기에 시비를 거는 사람이 있다면 그는 간첩이거나 반란범이다. 아니면 이재명이 감추어둔 저수지의 물을 마신 사람이거나 아니면 개딸이거나.

계엄이 내란으로 둔갑한 이유

2024년 12월 3일 선포한 대통령 윤석열의 계엄은 대한민국 정치사에서 역대 17번째다. 제주4 ·3사건, 여수순천 지역 국군 14연대 반란사건, 빨치산의 발호, 북한의 남침 등 공산주의자들과 김일성의 공격에 시달리던 이승만 정부에서 10차례, 다소 강압적으로 국력을 모으며 압축적인 산업화와 경제발전을 도모했던 박정희 정부에서 5차례, 박정희 사후 발생한 5.18 사태 등의 혼란을 수습하기 위한 최규하 정부 1차례, 윤석열의 계엄이 그 다음이다. 앞서 있었던 16차례 계엄을 내란 또는 쿠데타라고 말한 적은 단 한 번도 없다. 1940년 이후 연방과 지방 단위로 총 68차례에 걸쳐 선포되었던 미국의 비상계엄(글로벌이코노미, 2025.3.3) 역시 내란 혹은 쿠데타 시비는 없었다. 그럼에도 윤석열의 계엄선포는 왜 위헌이고 불법이고 내란인가. 이유를 말하자면 간단하고 명료하다.

자신의 감옥행을 피하기 위해 온갖 수작을 다 동원하고 있던 민주당 대표 이재명이 윤석열의 계엄으로 재판 지연 등 그동안 해오던 수작을 더 이상 할 수 없게 되었기 때문이다. 또한 대한민국을 좌익국가로 만들고 북한으로 흡수되는 형식의 통일을 위해 투쟁하는 민주당의 수십 명의 종북주사파 정치인들이 윤석열의 계엄으로 그들의 혁명이 중단되거나 좌절될 위기에 놓였기 때문이다. 박지원 양문석 이성윤을 비롯한 수십 명의 범죄 피의자들이 계엄으로 수사와 재판 뭉개기가 불가능하게될 지경에 처했기 때문이며, 이재명의 범죄를 변호한 공으로 국회의원이 된 박균택 등 5인이 이재명과 함께 몰락의 지경에 처했기 때문이며, 국회의원의 영화를 누리며 여생을 보내려 하는 박지원 추미애 등의 정치 퇴물들과 국회의원이라는 직업으로 생계를 이어가는 수십 명에 이르는 기회주의자들이 집으로 돌아가야 하기 때문이며, 이춘석과 김남국이 국회에서 얻는 정보로 주식과 비트코인에 투자하여 돈 버는 일을 더 이상 할 수 없게 될 것이기 때문이다. 대한민국의 과거 77년의 역사에서 16번 있었고 미국에서도 흔히 있는 계엄이 윤석열에게만 내란이 된 이유다. 더 짧게 말하자면 이재명과 민주당 정치인 그들이 살기 위해서다. 윤석열이 죽어야 그들이 살 수 있었다. 이재명과 민주당 그들이 반란을 일으킨 이유는 이렇게 간단하고 명료하다.

2. 폭력이 난무하는 현장

2025년 2월 25일 헌재에서는 대통령 윤석열에 대한 탄핵 재판의 마지막 심리인 11차 변론이 있었다. 국회측 탄핵소추단장으로 참석한 정청래는 과거 안기부에 체포되었던 자신의 경험담을 이야기 하며 울먹이고 눈물을 훔쳤다. 그는 애국가 가사까지 읊으며 재판부의 감정에 호소하고 대통령을 겨냥해 "사람이라면 염치가 있어야 한다"는 훈계성 발언까지 했다. 정청래의 과거를 기억하는 국민은 그의 입에서 나온 '염치'에 실소했다. 눈물을 훔치는 그의 모습에서 이재명과 정청래가 몸담은 민주당이 3개 월 동안 전 국민을 속이고 온 나라를 혼란에 빠트린 사실이 들통난 데 대한 정청래의 난처함이 읽혀졌다. 헌법학자들은 계엄선포가 내란이 될 수 없으며 지금 진행되고 있는 탄핵 재판이 사기적 행위라는 일관된 메시지를 내놓았고 지난 2개 월 동안 진행된 헌재의 심리 과정에서 내란의 핵심 근거인 홍장원의 메모와 곽종근의 증언이 조작된 것이라는 사실이 밝혀지며 이 탄핵 정국이 대통령의 내란이 아니라 이재명과 민주당의 반란이라는 사실이 윤곽을 드러내고 있던 때였다. 정청래의 눈물은 거짓이 들통나 할 말이 없게 된 주사파 혁명가의 감성팔이 전술이 분명해 보였다. 이 사람에게도 눈물이라는 것이 있나 싶었던 정청래의 눈물은 그들의 반란을 대통령의 내란으로 거꾸로 뒤집어 씌워놓고 이제는 감당하기 어렵게 되었다는 고백이었다. 윤석열에 대한 탄핵이 이재명과 민주당의 반란이라는 사실은 목적성, 폭력성, 허위성, 불법성, 편파성 모두에서 확인된다. 그 중에서도 폭력성은 어마어마하다.

현직 대통령에게 폭력을 가하는 반란

비상계엄이 선포되고 계엄군이 국회를 진입한 그날 밤 국회의장 우원식은 국회 담을 넘었고 이 사진은 전세계로 전해졌다. 연예 프로에서 차은우가 아닌 이재명을 선택한 일로 국회의원 공천을 거뜬히 받아냈던 안귀령은 계엄군의 총구를 잡았고 이 사진도 외신을 탔다. 안귀령은 "일단 막아야 한다. 이걸 막지 못하면 다음은 없다라는 생각 밖에 없었다"고 말했다. 정문으로 들어갈 수 있었음에도 월담을 하고 연출된 사진까지 찍은 우원식, 실탄도 없는 총을 잡고 목숨을 건 것처럼 말하는 안귀령, 좌익은 이들을 영웅으로 만들었다. 무차별적인 탄핵, 반복적 특검법 발의, 체제변경을 위한 사회주의적 법안의 발의, 이재명의 수사를 막기 위한 검찰 압박, 공수처를 부려먹기 위한 특활비 증액, 사법부에 대한 뇌물성 돈 퍼주기 등 정부의 정상적 기능 작동을 2년 이상 방해하고 마비시킨 이재명 세력의 집요한 횡포와 국회의 입법 폭력은 우원식과 안귀령이 연출한 두 장면의 쇼와 연일 이를 띄우는 방송에 의해 한 순간에 국민의 뇌리에서 사라졌다. 그렇게 해서 비상계엄은 윤석열과 우익의 폭력으로 둔갑하고 내란몰이를 하는 좌익의 폭력은 평화를 수호하는 신성한 일이 되었다. 이런 분위기에 힘입어 민주당과 결탁한 경찰 수뇌부와 사법기관은 현직 대통령 윤석열을 수사하고 체포하고 구속하는 거대한 폭력을 휘두를 수 있었다. 현직 대통령에게 행사한 폭력, 이것만으로도 이 난리는 윤석열의 내란이 아니라 이재명의 반란이라는 사실은 증명된다.

2025년 1월 7일 민주당 국회의원 이성윤은 국회 법사위에 나온 공수처장 오동운에게 "총을 맞더라도 윤석열을 수갑채워 끌고 나오라. 관을 들고 나오겠다는 결기를 보여라"고 요구했다. 이에 오동운은 "마지막이라는 생각으로 하겠다"고 대답했다. 이성윤이 "가슴에 총을 맞더라도 하고 와야 한다"고 재차 다그치자 오동운은 "꼭 유념하겠다"고 말했다. 이것은 폭력을 교사하고 유혈충돌을 사주하는 현장이다. 전원책 변호사는 이를 '살인교사'로 규정했다. 대한민국 국회에서 공개적으로 있어난 범죄행위다. 이 범죄는 실행되었다. 수천 명의 경찰력을 동원한 거대 폭력은 온 국민이 지켜보는 가운데 실행되었다. 실행된 이 폭력은 민주당과 공수처와 서부지법의 좌익판사들이 연합한 반란이라는 증거다.

모든 국민이 금연 금주 등 각자의 새해 다짐을 하고 있던 1월 3일 공수처는 전격적으로 대통령 관저에 진입한다. 그러나 대통령경호처의 저지를 뚫지 못하고 5시간의 대치 끝에 철수한다. 공수처는 15일의 2차 체포에서도 경호처의 관저출입승인을 받지 못한다. 대통령관저는 1급 군사시설이다. 관저 내는 대통령경호실이, 외곽은 수도방위사령부 55경비단이 경호를 맡는다. 2차 체포 시도 하루 전인 14일 오후 경찰 국가수사본부는 '조사할 것이 있다'며 55경비단장의 출석을 통지한다. 국수본은 출석한 이 부대장에게 조사는 하지 않고 "관저 출입을 승인해달라"고 요구한다. 부대장은 "내 권한 사항이 아니다"라고 거부한다. 그러나 국수본 수사관들은 "관인을 가져오라"고 강요했고 강요를 이기지 못한 부대장은 어쩔 수 없이 부대원에게 연락하여 관인을 가져오게 한다. 그러나 55 부대장은 관인 날인을 거부한다. 그러자 국수본 수사관은 자신들이 작성한 공문을 출력한 뒤 부대장이 보는 앞에서 직접 관인을 찍는다. 55부대장은 부대에 복귀하자 바로 "내게는 승인 권한이 없다"는 점을 분명히 기재한 공문을 국수본으로 발송한다. 그는 국수본의 공문은 관인을 탈취해 만든 가짜라는 사실을 분명히 말했다. 그럼에도 공수처와 국수본은 이 가짜 출입승인서를 들고 대통령 관저에 진입하고 대통령 체포를 집행한다. 관저출입 승인권자는 대통령경호처장이다. 55경비단은 관저 외각의 경호를 담당하므로 이 부대장의 직인이 찍힌 출입승인서로는 관저 내에 진입할 수 없다. 더구나 55경비단장에게 강압적으로 관인을 가져오게 하고 경찰 수사관이 관인을 직접 찍은 공문은 당연히 효력이 없다. 이것은 명백한 폭력적 범죄행위다. 공수처와 경찰이 유효한 관저출입 승인서 없이 관저 내에 진입한 사실과 관인을 탈취해 가짜 승인서를 만든 행위 모두 폭력적 범죄행위다. 공수처의 폭력과 범죄는 이제 시작이다. 이재명의 반란은 공수처를 앞세웠고 공수처는 폭력을 앞세웠다.

이 숫자는 반란을 증언한다

군대와 경찰은 불법적 폭력을 관리하기 위해 존재하는 합법적 폭력조직이다. 이를 동원할 수 있는 권한은 국방부와 행정부에 있으며 최고 지휘권자는 대통령이다. 대통령, 국방부장관, 행안부장관 이외의 사람이나 기관이 이를 동원한다면 그것은 반란이다. 대통령이 계엄을 선포하고 계엄군을 동원하는 것은 헌법이 보장하는 합법적 행위다. 대한민국의 법치 시스템 내의 일이라는 의미다. 그러나 민주당은 대통령의 비상계엄을 내란으로 규정했고 공수처는 민주당이 '내란 우두머리'로 규정한 대통령을 체포하기 위해 경찰력을 동원했다. 독립기관인 공수처가 경찰력을 동원하는 것은 대한민국 법체계 밖의 일이다. 그래서 위법이고 불법이다. 민주당과 공수처가 현직 대통령을 내란범으로 규정하고 그를 체포하기 위해 동원한 합법적 폭력 대행자의 인원수를 알고 그들의 계획과 실행을 살피면 이것이 어느 쪽의 내란인지 어느 쪽의 반란인지는 분명하다.

국회사무처는 계엄 당일 국회에 진입한 계엄군을 280명으로, 선관위는 선관위에 진입한 계엄군을 297명으로 발표했다. 그렇다면 동원된 계엄군은 총 577명이다. 반면 1월 3일 공수처의 1차 체포 시도에서 관저에 진입한 인원은 공수처 직원 30여 명에 경찰 80여 명이며 관저 주변에 배치된 2700여 명까지 도합 2810여 명이다. 이어 1월 15일의 2차 시도에는 관저 진입 인원 공수처 직원과 경찰 230여 명에 주변에 배치된 경찰 4700여 명이었다. 1, 2차 도합 연인원 7740명이다. 계엄군 577명의 13배 규모의 경찰력이 현직 대통령을 체포하기 위해 동원된 것이다. 계엄군 577명은 합법적으로 동원되었고 이의 13배에 이르는 경찰은 불법적으로 동원된 사실은 이 난동이 민주당과 공수처의 반란이라는 증거다. 더구나 경찰 서열 3~5위에 드는 사람들이 1,2위를 모두 불법 감금하는 하극상을 벌이고 경찰 7740명을 동원한 일은 이것이 반란이라는 명백한 증거다. 1월 6일 경찰 출신의 민주당 이지은 마포갑 지역위원장은 경찰특공대를 투입하고 드론을 띄우자고 말하며 헬기 동원의 가능성까지 언급했다. 1급 군사시설로 엄격한 보호를 받는 대통령 관저에 특공대 헬기 드론을 동원하자는 주장은 그 자체로 불법이자 위법이며 반란 모의다.

1월 15일 윤 대통령은 스스로 관저를 나와 경호처 차량을 타고 공수처로 이동했다. 공수처 및 경찰 연합과 대통령 경호처 병력의 7시간에 걸친 대치가 우리 젊은이들 사이의 물리적 충돌로 발전하는 불상사를 막기 위한 윤석열의 선택이었다. 좌익 진영 특히 MBC 등의 좌익 방송은 내란수괴를 체포하는데 성공했다며 입에 거품을 물었다. 그러나 이재명과 좌익이 이 난리를 자꾸 윤석열의 내란이라고 우기는 일을 의심해오던 국민은 7740명의 경찰을 동원하여 대통령을 체포하는 이 장면을 지켜보며 이것이 대체 어느 쪽의 내란인지에 대해 생각하기 시작한다.

반란세력에 붙은 경찰 우종수

비상계엄 선포 8일 후인 2024년 12월 11일 경찰청장 조지호와 서울경찰청장 김봉식은 경찰청 국수본국가수사본부 특수단비상계엄특별수사단에 긴급체포 된다. 그리고 서울 남대문경찰서 유치장의 독방에 가둬졌다. 14만 경찰조직의 서열 1,2위가 부하인 국수본 우종수 본부장에 의해 체포된 것이다. 계엄 선포 3시간 전 대통령으로부터 지시를 받고 계엄상황을 통제한 일에 '내란 가담'이라는 죄목을 씌웠다. 법에 명시된 대통령의 권한행사를 이미 내란으로 몰아가고 이어 대통령의 합법적 지시를 수행한 것을 내란 가담 행위로 규정한 것이다. 경찰 수뇌부의 체포를 주도한 것은 공수처의 오동운과 손발을 맞춘 경찰청 국수본부장 우종수다. 계엄 당시 국군 방첩사의 경찰 안보수사관 투입을 제지한 사실이 알려지며 우종수는 민주당으로부터 확실한 '우리 편'으로 인정되어 바로 '차기 경찰청장'이라는 말이 돌았고 이에 힘을 얻은 우종수의 활약은 오동운에 뒤지지 않았다. 경찰 특수단을 동원해 최고위직의 상관 두명을 단숨에 해치운 민주당 편 우종수는 공수처와 연합한 공조본공조수사본부을 만든다. 법적 근거가 없는 불법기구다. 공수처는 문재인 정권에 의해 타 정부기관으로부터 간섭받지 않도록 설계된 독립적 기구다. 따라서 경찰과 협업하는 것은 이 기관의 독립성에 위배된다는 것이 법조계의 지배적 의견이다. 공수처가 경찰과 협업할 수 있는 법적 근거가 없으므로 공수처와 경찰이 연합하여 만든 공조본은 불법적 기구다. 그렇다면 우종수는 왜 불법적으로 공수처와 협력하며 경찰 상관들을 긴급체포 했을까. 경찰 내 서열 3~5위인 우종수가 독자적으로 일으킨 하극상일까.

조지호와 김봉식이 체포되기 전에 검찰의 소환 요구를 받은 적은 없다. 그들에게 범죄혐의가 있다면 검찰에 소환되어 조사를 받는 것에서 시작해야 한다. 이것이 법치국가 대한민국의 합법적 절차다. 그러나 이들은 집무실에 있다 친정인 경찰청의 부하 경찰에 의해 긴급 체포된다. 조지호와 김봉식에 대한 불법적 체포를 주도한 것은 그들의 부하인 우종수 국수본부장과 이호영 경찰청 차장이다. 대통령 윤석열의 관저에 진입하여 체포를 시도한 일 역시 이 두 사람이 주도했다. 군대 만큼이나 위계질서가 엄격한 경찰에서 일어난 이 하극상은 우종수와 이호영 둘이 모의한 것일까. 그럴 리가. 이들의 배후는 민주당이다. 구체적으로는 더불어민주당 국회의원 이상식과 이재명이다.

1월 7일 이상식의 SNS가 공개되었다. "국수본과 경찰 후배들을 격려하고 응원하고 조언해서 내란수괴 윤석열을 반드시 체포할 것이다. 저희 당과 국수본 간의 메신저 역할을 하느라 전화기에 불이 나고 회의가 이어졌다"는 내용이었다. 경찰 출신으로 국회 행안위 소속인 이상식은 선거법 위반으로 국회의원 직이 날아갈 위기에 처한 점에서 유사한 처지의 이재명과 공동운명체였다. 그래서 이상식은 이재명 만큼이나 이 반란을 성공시키기 위해 필사적이었을 것이다. 그는 민주당의 반란 과정에서 자신이 수행한 걸출한 공로를 자랑하다 민주당이 꾸미고 있는 모략의 사실을 누설한 것이다. 이 내용이 드러나면서 이재명의 반란이 성공하여 정권을 잡고 경찰청장과 서울경찰청장의 자리를 약속 받은 우종수와 이호영이 대통령 윤석열과 경찰 서열 1,2위를 체포했다는 소문은 사실인 듯 보였다. 반란세력에 가세한 우종수와 이호영이 배후의 이재명과 이상식의 지휘를 받으며 상관인 경찰 최고 지휘부를 체포한 것이다. 이재명과 민주당의 반란을 증명하는 또 하나의 증거다.

좌익 이념의 법률가들로 채워진 공수처와 손을 잡고 조직 서열 1,2위를 구금하는데 성공한 우종수와 이호영의 경찰에는 내란죄 수사권은 있으나 영장청구권은 없다. 검찰은 2024년 12월 19일 우종수의 휴대폰을 압수할 정도로 우종수와 적대적이었다. 그래서 우종수가 장악한 경찰이 수사를 하고 영장청구권이 있는 검찰에 영장청구를 요청하면 반려될 것이라는 사실은 쉽게 예견되었다. 우종수가 영장청구권이 있는 기관인 공수처와 공조본을 만들고 수사권을 이양한 이유다. 수사는 오동운의 공수처가 하고 우종수는 경찰 1000명 이상을 동원하여 공수처를 지원하는 불법적인 법집행이 이루어진 배경이다. 모두 법적 근거가 없는 불법이다. 1월 15일의 대통령에 대한 2차 체포 시도에서 관저출입 승인 요건을 갖추기 위해 직인을 탈취하여 공문을 위조하는 불법행위를 할 때 이 상황을 지휘한 것은 우종수와 공수처다. 그러나 직인을 탈취하는 직접적으로 물리적 폭력을 행사한 것은 우종수의 경찰이었다. 좌익 법률가들의 모임인 국제인권법 출신의 오동운은 이땅의 모든 좌익이 다 그러하듯 대한민국의 좌익 국가화를 위해 자유민주주의를 신봉하는 대통령을 체포했을 것이다. 그렇다면 우종수는 왜 민주당과 손을 잡았을까.

　우종수는 육군 병장으로 군역을 마쳤다. 운동권 경력도 찾을 수 없다. 이념적 성향이 선명하지 않는 그가 좌익세력과 결탁한 것은 공무원 가운데 흔한 개인적인 이유 때문으로 보인다. 경찰 조직에서 경찰대 출신과 비경찰대 출신의 알력은 오래된 일이다. 2003년 경찰청장 2년 임기제가 도입된 이후 도합 14명 중 5명만 임기를 채웠을 정도로 갈등이 심했다. 조지호 경찰청장과 김봉식 서울경찰청장은 모두 경찰대 출신이다. 이 둘을 체포하고 사실상의 경찰 1인자가 된 우종수는 비경찰대 출신이다. 우종수가 수뇌부를 체포한 후 비워진 자리의 직무대리는 비경찰대 출신들이 차지했다. 우종수의 이러한 개인적 동기가 민주당과 오동운의 반란에 부역한 주요 이유일 것이라는 추측의 주요 근거다. 더구나 우종수의 정년퇴임은 2025년 3월 하순으로 예정되어 있었다. 4성장군 출신의 김병주가 민주당에 줄을 섬으로써 전역 후 국회의원의 권력을 즐기고 부귀영화를 누리는 것을 보고 우종수도 그것을 기대했을까. 이념성향이 분명하지 않는 우종수의 '퇴임 후의 자리 마련'이라는 개인적 동기가 대한민국 대통령을 몰아내는 반란에 부역한 이유의 하나는 아닐까. 그는 역사책에서 흔히 볼 수 있는 권력투쟁의 현장을 따라다니는 기회주의자의 부류일까. 이재명의 세상에서 그의 얼굴을 또 보게 될 지 끝까지 지켜볼 참이다. 그의 부역이 초래한 이 재앙이 너무도 엄중하기 때문이다.

3. 민주당은 조폭집단이 아닌가요

2025년 2월 10일 국가인권위는 헌재와 사법부를 향해 대통령 윤석열의 방어권 보장을 위해 불구속 재판을 권고하는 결정문을 의결한다. 계엄의 선포가 야당의 무분별한 탄핵소추 등 국헌문란에 맞선 대통령의 정당한 권한행사라는 취지의 의견을 덧붙였다. 한 달 전인 1월 13일 국가인권위는 대통령에 대한 불공정하고 편파적인 헌재의 재판 과정에 대해 논의하려 했다. 그러나 극좌 인권단체 소속의 100여 명과 민주당의 고민정 의원 등이 인권위 회의에 대한 정보를 입수하고 이를 방해하기 위해 회의장 복도에 난입하여 폭동을 일으킴으로써 결국 안건 상정이 무산된 것을 인권위 전원위원회에 재상정하여 이날 의결한 것이다. 이에 대한 민주당의 반응과 대응은 조폭은 저리가라다.

조폭도 울고 갈 민주당의 폭력

인권위의 결정문이 나오자 민주당은 "인권위의 사망" "인권위의 자살" 등의 극언을 쏟아내며 맹폭을 가한다. 방송에 나온 좌익의 앵무새 패널들은 "극우세력의 결집에 쓰일 수 있다"며 거센 비판을 퍼부었고 전공노전국공무원노조 인권위 지부는 "위원장 안창호, 상임위원 김용원 등을 끝까지 심판할 것"이라는 성명을 발표했다. 이런 분위기에 편성한 언론은 인권위의 결정문에 반대하는 소수의견을 다수의견보다 더 상세하고 더 크게 보도하며 인권위의 결정 뭉개기에 나선다. 결국 인권위의 이 결정문은 헌재에 대한 영향력 행사나 헌재의 불공정한 재판에 대한 비판적 여론 형성 등에 어떠한 작용도 하지 못하게 된다. 민주당과 좌익 진영의 폭력적 언어와 불공정한 언론 보도에 의해 국가인권위의 의견은 그렇게 묵살되었다. 인권위의 김용원 상임위원은 1월 17일 국회에 불려나왔고 그는 대통령 권한행사의 정당성과 재판과정에서의 방어권 침해를 설명했다. 이를 듣던 민주당의 서미화 의원은 아저씨 뻘 나이의 김 위원을 향해 "입 좀 닥치시라"는 폭력적인 말을 퍼부었고 민주당은 그를 내란 선전죄로 경찰 국수본에 고발했다. 파상적인 공격에 시달리던 김용원 위원은 말했다. "이 나라에서 좌파 폭동은 용기있는 행동이고 우파 폭동은 감방으로 직행한다." 그의 말은 대한민국은 이제 자유민주주의의 나라가 아니라는 뜻이다. 세상이 뒤집어졌다는 뜻이기도 하다.

4월 4일 헌재는 윤석열을 대통령 직에서 파면한다. 소장대행 문형배는 선고문을 읽고 자리에서 일어나며 옆에 있던 김형두 재판관의 어깨를 어루만졌다. 김형두는 탄핵 찬성파 4.5명, 탄핵 반대파 3.5명으로 예측할 당시 바로 이 0.5에 해당하는 중도로 분류되던 사람이었다. 스스로 극좌임을 고백했던 문형배가 중도 김형두의 등을 두드려준 데는 무슨 사연이 있을까. 다음날 한 신문은 친명좌장 정성호 의원이 자신의 페이스북에 "정형식 조한창 김복형에 고맙다 죄송하다"는 글을 올렸다는 보도를 냈다.(문화일보, 2025.4.5) 고맙다는 말은 대충 이해가 되는데 죄송하다는 말은 무슨 뜻일까. 문재인이 세월호 방명록에 "애들아, 미안하다 고맙다"라고 했던 그 '미안하다' 처럼 여기에도 어떤 엄청난 모략의 사연이 있는 것은 아닐까. 이 사연을 파고든 사람이 있다. 법조계의 마당발 서정욱 변호사다. 그는 정형식 재판관의 4대 의혹과 조한창 재판관의 약점 2가지를 제시하며 이 두 재판관이 민주당으로부터 그들의 약점에 대한 협박을 받았으며 이것이 판결의 결과에 결정적으로 작용했을 것으로 추측했다. 그리고 이런 의혹에 대한 본인들의 반론을 촉구하는 동시에 검찰의 수사를 주장했다. 서정욱 변호사가 제기한 의혹이 사실이라면 이는 대한민국의 사법 정의를 무너뜨리는 거대 폭력인 동시에 중대 범죄다.

헌법재판소는 민주당의 폭력에 굴복했는가

서정욱 변호사가 제기하는 정형식 재판관의 의혹 네 가지는 이렇다. 1. 국민의 모든 시선이 헌재에 집중되어 있던 3월 강남 소재 고급호텔에서 열린 장남 결혼식에 미어터질 정도의 인파가 모여든 일은 공직자로서의 부적절한 처신일 뿐만 아니라 직무 관련성이 있는 고액의 축의금은 김영란법 위반의 불법성이 의심되어 권익위의 수사대상이며 / 2. 차남에게 2.7억 원을 증여하고 이 중 1.7억 원에 대해 월 10~20만원 이자 지급을 조건으로 하는 차용증을 쓴 것은 최고 법원의 재판관이 증여세 포탈을 목적으로 실행한 치졸한 수법이며 / 3. 로스쿨에 합격한 장남의 대기업, 법원, 대형 로펌 등 화려한 인턴경력은 아빠 조국과 딸 조민의 사례처럼 아빠찬스 없이는 어려운 것으로 위법 불법이 있었을 것으로 보이며 / 4. 2020년 갓 변호사가 된 장남이 입사한 로펌이 대형 사건을 대량으로 수임한 일에도 정형식의 영향력이 작용했을 것이며 탄핵정국에서 장남이 로펌에 사실상 출근하지 않은 사실도 이러한 비리 의혹에 대한 압박감과 관련이 있을 것이다. 서 변호사는 민주당은 정형식의 이러한 개인적 비리의혹을 제보받고 이를 이용하여 정형식을 협박했을 가능성을 제기했다. 그는 또한 조한창에 대해서도 두 가지 의혹을 제기한다. 1. 조한창의 두 아들은 서울 금호동 자택 근처에 있는 공군부대에서 꿀보직의 병역 특혜를 받았다는 것은 2024년 12월 조한창 임명 당시 좌익 유투버들이 집중 제기한 의혹이며 / 2. 조한창의 장모가 부동산 투기를 위해 제3자의 명의를 빌리고 1억을 약속했으나 이를 이행하지 않고 사망하자 명의 대여자가 조한창에게 1억을 요구하며 불응할 경우 민주당 쪽에 제보하겠다고 협박했다는 것이다.

민주당은 정형식과 조한창의 이상의 비리와 약점을 이용하여 탄핵 인용을 협박했을 것이며 두 사람이 막판에 돌연 탄핵 반대에서 찬성으로 돌아선 이유라는 것이 서정욱 변호사의 추측이다. 문형배가 김형두의 등을 토닥이고 정성호가 정형식 조한창 김복형에게 미안하다는 메시지를 낸 사연은 여기에 있을 것이다. 법사위에서 활동하는 국민의힘 중진 조배숙 의원은 탄핵이 결정된 직후 "정형식 조한창 김복형은 탄핵에 반대하다 4월초가 되어 찬성으로 돌아섰다"고 폭로했다. 서정욱 변호사가 말한 그러한 사연 속에서 결정이 막판에 뒤집혔다는 의미일 것이다. 헌재의 심리가 끝나고 재판 결과를 기다리던 3월 민주당 의원들은 헌재 재판관들을 향해 공개적인 비난과 압박을 퍼붓고 있었다. 이러한 상황에서 이재명은 돌연 '재판관 공격 금지'를 지시했다. 모략의 달인인 그는 헌재 재판관들을 협박하는 막후 공작을 지휘하고 있었고 성공을 확신하자 그때부터 재판관 공격 금지를 지시했을 것이다.

뇌물이나 협박이 판결에 영향을 미쳤다면 그것은 재심의 사유가 되며 그래서 정형식과 조한창이 민주당에 코가 꿰어 판결 결과를 뒤집었다면 이것은 재심의 사유가 분명하다고 서정욱 변호사는 말한다. 그리고 이재명과 민주당이 대통령 윤석열 탄핵의 인용을 위해 두 재판관을 협박하고 회유했다는 의혹은 당사자가 생존하고 자료가 존재하기 때문에 수사대상이 되며 검찰의 조사와 수사가 꼭 필요하다는 말을 덧붙였다. 정형식 조한창 김복형이 그렇게 뒤집어졌다면 그럼 김형두는? 김형두는 문형배가 직접 설득 했을 것이다. 문형배가 김형두의 등을 두드린 사연은 여기에 있을 것이다. 법관은 법과 양심에 따라 재판해야 한다는 말은 개나 줘버려야 한다. 헌법재판소가 특별히 그렇다.

폭력을 치하하고 부추기고 보상하는 집단

2월 6일 민주당 전현희 의원은 이학영 박홍근 윤건영 등 운동권 출신을 비롯한 9명의 이름으로 공수처법개정안을 발의한다. 1월 15일 대통령을 불법적이고 폭력적으로 체포한데 이어 19일에는 서울 서부지법이 발부한 영장으로 구속시키고, 23일에는 대통령을 구속한 상태에서 내란 우두머리 등의 혐의로 사건을 검찰로 이첩하는 혁혁한 공을 세운 공수처에 대한 포상이었다. 공수처가 대통령을 체포하고 구속시킨 과정의 불법성과 폭력성, 그리고 전현희가 발의한 이 법안의 내용을 양손에 들고 번갈아 들여다 보면 그것은 좋은 일을 잘한 데 대한 포상이 아니다. 조폭집단이 상대 조직의 두목을 해치운 행동대원에 대한 포상이다. 포상의 선물상자 속에 든 내용물은 이렇다. 1. 공수처 검사를 기존의 25명에서 50명으로, 수사관을 40명에서 60명으로, 일반 직원은 20명에서 40명으로 대폭 증원하고 / 2. 공수처 검사의 임기를 3연임으로 제한하는 규정을 고쳐 검찰청 검사처럼 공무원 정년까지로 연장하고 / 3. 모든 고위

공직자에 대해 공소를 제기하고 유지할 수 있도록 공수처의 기소대상을 확대하고 / 4. 국가재정법에 의해 독립적인 예산 편성권이 없는 공수처에 예산 편성권을 부여하는 내용 등이다.

전현희가 대표 발의한 공수처법개정안의 내용은 모두 공수처와 종북 좌익 세력이 지속적으로 요구해온 숙원이었다. 민주당이 공수처가 대통령에 대한 체포와 구속이라는 엄청난 공을 세우고 2주가 지나자 공수처의 숙원을 풀어주는 포상을 내린 것이다. 북한과 중국에만 있다는 성격의 공수처는 문재인 정권에 의해 2021년에 설립된 후 24년까지 4년 동안 총 813억의 예산을 쓰며 문재인 세력을 비롯한 좌익진영의 범죄 3000건 이상을 뭉개어 쓰레기장에 묻어버리는 작업을 했다. 그리고 직접 기소한 사건은 단 4건 뿐일 정도로 고위공직자의 범죄를 처벌하는 본연의 임무에는 무용의 조직으로 존재하며 국민의 세금만 축내고 있었다. 그러다 자유진영 대통령 윤석열을 불법적으로 체포하고 구속시키는 단 한 가지 일로 이렇게 엄청난 선물을 받고 날개를 달게 된 것이다. 상대 조직의 두목을 해치운 부하 조폭에게 똘마니들을 더 붙여주고 돈뭉치를 던져주는 조폭의 행태와 무엇이 다른가. 임무가 끝난 2주 후 바로 풀어놓은 전현희의 선물은 공수처가 한 일이 정당성이 없는 불의의 일이자 폭력적인 일이었다는 것을 입증하는 증거다. 현직 대통령에 대한 체포와 구속은 민주당과 공수처와 경찰이 일으킨 반란이다. 윤석열을 체포 구속 탄핵한 목적성과 폭력성에 더해 과정의 허구성과 기만성까지 들여다 보면 대통령이 왜 비상계엄을 선포했는지와 이것이 이재명과 민주당과 좌익 전체가 연합해서 일으킨 반란이라는 사실은 더욱 분명해진다.

2절

반란의 증거,
이미지 조작과 새빨간 거짓말

무사불립無詐不立, 거짓과 기만 위에서만 존재할 수 있는 것이 좌익이다. 좌익 이념이 그렇고 좌익의 사람이 그렇고 '좌익'이 붙는 모든 이름이 다 그렇다. 아름답게 포장되어 있지만 비현실적이고 허구적인 사회주의 공산주의 이념은 이론과 선전과는 정반대의 결과를 낳았다. 첫 번째 결과는 인민의 빈곤이다. 모두가 평등하게 노력하지 않은 사회에서 평등한 빈곤은 필연이다. 이런 실패한 결과를 은폐하기 위해 조작된 통계와 거짓말은 불가피하다. 거짓과 기만과 선전과 억압과 폭력은 그렇게 좌익의 필수 목록이 되었다. 좌익세력이 특정 시대 특정 국가에서 정권을 잡기 위해 일으키는 모든 혁명에는 이런 수단이 모두 동원되었다. 레닌의 볼세비키 혁명에서 시작하여 이후 20세기 한 때 전 세계 인구의 70%를 장악했던 좌익의 반란 쿠데타 혁명이 모두 그러했다. 이재명의 민주당이 좌익이념으로 무장한 공수처 법원 헌재의 법관들과 결탁해서 자유민주주의 정부의 대통령 윤석열을 탄핵시킨 일에는 모든 거짓의 기술이 유감없이 발휘되었다. 그 중에서도 '이미지 똥칠 전술'과 '새빨간 거짓말'을 말하려 한다. 이 탄핵이 좌익의 반란이라는 하나의 증거다.

1. 좌익의 현란한 기술, 거짓 이미지 줄폭탄

서부지법의 좌익 판사가 발부한 체포영장을 받아든 공수처장 오동운은 1차 체포시도에서 공수처 인원 50여 명의 대부분을 동원한다. 이어 2차 체포시도에서는 불법성까지 감수하고 한남동에 모인 많은 국민의 저항을 무시한 채 국내외 언론의 엄청난 주목 속에 대통령 체포에 집착한다. 일부 언론인은 이런 상황을 "이재명에게는 윤석열이 체포되어 강제로 끌려나오는 사진 한 장이 필요하기 때문"이라고 해석했다. 민주당과 공수처의 밀월관계가 이미 드러났기 때문에 국민도 이런 해석을 의심하지 않았다. 대통령이 체포되는 사진 한 장을 갈망한 것은 민주당의 최대 파벌인 주사파 혁명가들의 주요 혁명기술인 '이미지 똥칠' 전술이다. 과거 운동권 전술가들이 이름 붙인 '이미지 먹칠' 전술이 지금은 '똥칠'로 진화한 것은 이 전술로 그들이 큰 재미를 보았다는 뜻이며 그들의 혁명에 결코 포기할 수 없는 중요한 기술이라는 의미다. 일찍 윤석열이 우익의 대선 후보일 때부터 이 전술은 가동되었다.

고주망태와 요괴

대통령 윤석열은 애주가다. 술을 먹고 실수를 하면 주변인의 도덕적 비판을 받고 운전을 하면 음주운전으로 처벌을 받는다. 그러나 술을 좋아한다는 그 자체는 개인적 기호의 영역이다. 대통령 윤석열이 술 때문에 국정 수행에 문제가 생긴 일은 없다. 그러나 민주당 정치인들은 사석도 공석도 아닌 애매한 기회에 윤석열이 매일 술을 마시고, 말술을 마시고, 밤늦게 혼술을 하는 사람이라고 했고 언론은 선정적으로 이를 보도했다. 윤석열이 대통령 후보이던 시절부터 시작된 이런 이미지 먹칠 전술은 비상계엄 선포를 두고서도 어김없이 등장한다. 유시민은 계엄 선포 다음날 "술 먹고 한 건가"라는 말로 재잘거렸고 이때부터 좌익 진영에서는 "술 먹고 질렀냐"라는 말이 널리 퍼졌다. 인간 윤석열의 고주망태 이미지는 그렇게 만들어졌다. 그러나 이것은 그의 부인에 대한 이미지 똥칠 전술에 비교하면 별거 아니다. 이재명의 민주당은 50이 넘어 늦장가를 간 윤석열의 약한 고리인 부인을 집중적으로 공격했다.

'도이치모터스 주가조작 사건'은 윤석열과 결혼도 하기 전에 있었던 일을 문재인 정권에서 윤석열을 주저앉히기 위해 만든 조작 사건이다. 2년 동안 파고 또 파도 아무런 증거가 나오지 않았으니 조작 사건이 맞다. 그러나 이재명의 민주당은 이를 다시 수사하겠다며 특검법만 무려 3번이나 국회 본회의를 통과시킨다. 3번째의 특검법은 윤석열 탄핵소추안 1차 표결 당일인 12월 7일에 같이 표결에 붙여 윤석열 탄핵의 분위기를 배가시켰다. 이어 이 사건을 무혐의로 마무리 한 중앙지검장 이창수 등 검사 3명을 탄핵하고 직무를 정지시킨 것은 '도둑 김건희' 이미지 만들기의 완성이었다. 이것이 죄가 되지 않는다는 사실은 그들도 알고 있었다. 그러나 김 여사와 같은 형태의 투자자 모두가 무혐의 처리된 이 사건에 '주가조작'이라는 명찰을 붙여 거듭 특검 추진에 나서고 이를 수사하고 마무리 지은 검사를 탄핵한 것은 국민에게 '대통령 부인 김건희는 도둑'이라는 이미지를 고정시키고 '그런 도둑 아내와 사는 남편도 도둑'이라는 이미지로 확대하기 위해서다. 경제공동체라는 기발한 용어를 만들어 박근혜와 최서원을 경제적 공범으로 몰아갔던 8년 전 일의 반복이다. 결국 "김건희에게 무언가 죄가 있으니 저렇게 하겠지"라고 말하는 국민이 적지 않게 되었으니 그들의 이 전술은 성공한 것이 분명하다. 늦장가를 든 대통령의 부인에 대한 이미지 똥칠 전술은 이게 다가 아니다.

'술집여자 줄리'는 대권 주자 윤석열과 함께 등장한 미모의 예비 영부인의 이미지에 똥칠을 해놓기 위해 일찍부터 만들어낸 거짓이다. 저자의 아내를 앞세워 주변의 동네 부인 여러명을 모니터링 한 결과 3명 중 2명은 아직도 영부인을 술집여자 출신으로 인식하고 있다. 비열한 이 수법이 대성공을 거두었다는 뜻이다. 독신의 여성 대통령 박근혜에게 써먹었던 인간의 관음증을 자극하는 비열한 수법에 재미를 본 그들이 또다시 꺼내든 이미지 똥칠 기술이다. 인간의 성적 호기심을 건드리는 이런 거짓은 결과가 창대하다. 거짓이라는 사실이 밝혀져도 거짓이 만든 원래 이미지의 8할 이상은 그대로 남는다. 인간의 비이성적인 이런 속성을 십분 악용하는 것이 좌익이다. "이 술집여자 줄리가 사실상의 대한민국 대통령이다" "통일 대통령이 되기 위해 남편을 부추겨 계엄을 선포했다" 좌익의 온라인에 들어가 보시라. 영부인이 된 이 술집여자는 마침내 대통령을 조종하는 '요괴'가 되어 있다. 최순실에게 씌워졌던 마녀 이미지의 뉴버전이다. 개딸들만 이렇게 말하는 것이 아니다. "김건희는 실제 대통령이 되려고 했다. 그게 12.3 내란의 중요한 목표였다" 민주당 의원 김용민의 말이다.(2025.8.13) 이런 젊고 쓸모없는 정치인 김용민이 있으니 늙고 쓸모없는 박지원과 추미애가 은퇴하고 최민희와 서영교가 사라져도 대한민국 정치판은 깨끗해질 것 같지가 않다.

이재명은 내란특검을 임명하면서 동시에 김건희특검도 임명했다. 155억 이상에 이르는 특검의 돈값이라도 해야 한다고 생각한 듯 이 특검의 검사와 수사관들은 김건희의 가족은 물론 지인들과 사돈의 8촌까지 헤집고 보통의 서민이 가지지 못하는 어떤 명품이라도 나오면 여기에다 온갖 상상을 붙여 언론에 흘린다. 전원책 변호사는 이를 두고 김건희를 단두대에 올리기 위한 조리돌림이라고 말했다. 김건희 여사를 마리 앙투와네트로 만들기로 작정한 좌익의 의도가 성공하게 될지 궁금하다. 박근혜와 최서원을 파헤치고 많은 것을 조작했던 박영수특검의 박영수가 엄청난 액수의 뇌물을 받은 혐의로 징역 7년을 선고받고 감옥에 있다는 사실을 민중기 특검이 아는지도 궁금하다. 아, 박영수는 이재명이 정권을 잡은지 40여 일만에 보석으로 풀려났다. 참 지랄맞은 세상이 되었다.

대한민국 5선 국회의원이 하는 이 추악한 짓

민주당의 5선의원 정동영은 계엄 직후 "윤석열은 내란 그림을 그릴 머리가 못된다. V0 김건희, V1 윤석열이다"라며 '계엄 김건희 작품설'을 퍼뜨린다. 이어 죽을 때까지 국회의원 해먹을 사람으로 보이는 박지원은 대통령이 구속된 후 "영부인 걱정일랑 하지 말라. 머잖아 그곳으로 금세 갈 것"이라고 했다. 박지원은 "국민은 김건희 대통령, 윤석열 영부남이라고 한다"는 말을 퍼뜨린 적도 있다. 평소 대한민국을 위해서는 아무일도 하지 않는 이들은 윤석열과 그의 부인을 무너뜨리기 위해 이런 비열한 이미지 전술을 구사하고 있었다. 공천만 받으면 90% 이상의 득표율로 국회의원이 되는 호남 지역구의 5선 의원 정동영 박지원 두 사람이 대한민국 정치판에서 담당하고 있는 임무다. 가끔 얼굴을 내밀고 5선의 무게로 우익의 중요 인사의 얼굴에 똥물을 붓는 그런 막중한 임무다.

국회의원 1명에 드는 돈은 1년에 약 10억이니 20년 동안 국회의원을 하고 있는 박지원과 정동영은 각자 200억, 둘이 합해 400억을 썼다. 수천억 원씩을 들이고도 별 쓸모가 없는 김대중컨벤션센터와 광주아시아문화전당, 전북 부안 세계잼버리대회와 새만금공항, 흑산도공항, 5.18유공자 대거 증원 등에 그들이 영향력을 행사하고 낭비한 예산까지 더한다면 이 금액은 천문학이 된다. 이런 돈을 쓰는 호남 5선 의원 2명이 대한민국 정치판에서 맡은 역할이 한심하다. 그들이 국회에 있는 한 대한민국의 정치발전은 불가능해 보인다. 노쇠하여 하는 일은 아무것도 없지만 8년 전에 써먹은 모략의 기술을 생생하게 기억하고 있는 그들은 박근혜 탄핵에서 사용했던 "최순실은 박근혜의 오장육부" "박근혜는 최순실의 아바타" 프레임을 다시 꺼내들었다. 윤석열 박근혜 두 자유민주주의자 대통령의 얼굴에 똥칠을 하는 것이 목적이다. 지금으로서는 불가능해 보이는 일이긴 하지만 다음에 다시 우익 대통령이 나온다면 일찌감치 각오하고 대비하고 나와야 할 일이다. 박지원과 정동영이 사라진 후에는 괜찮을 거라고 하시는가. 지면의 제약으로 이 두 사람만 거명했을 뿐이다. 이런 기술자는 민주당에 수두룩하다. 이제 막 40이 넘은 장경태나 40 후반의 김용민만 해도 이미 박지원을 능가하는 실력이다. 이런 역할을 맡은 민주당 국회의원도 수두룩 하다. 추미애 박범계 서영교 최민희 전현희 문정복 부승찬 박선원 김병주. 그만 하자. 너무 많다.

수령주의와 이미지 똥칠 전술

좌익은 그들이 정권을 잡으면 우상화에 가까울 정도로 대통령 이미지의 강화부터 시작한다. 김일성을 우상처럼 받드는 그들은 서열 1위의 지도자를 숭배하는 일이 이미 몸에 배어있다. 소위 수령주의다. 김대중 노무현 문재인도 그랬다. 소탈한 성격의 노무현은 스스로 자신의 이미지를 실추시키는 일도 많았으나 좌익진영은 그가 죽고난 후 거의 신격화에 가까운 우상화 작업을 시작했다. 노무현을 위해서가 아니라 진영 전체를 위해서였다. 오랫동안 호남의 태양이었던 김대중은 그를 비판하는 일 자체가 불경스러운 일이었고 그래서 우상의 이미지는 쉽게 지켜졌다. 지금도 호남에서는 김대중은 신에 가장 가까운 사람이다. 문재인의 경우는 부족한 자질과 본인부터 온 가족이 잔돈을 탐하는 구차한 행위가 많았음에도 그가 청와대에 긁어모아 놓은 주사파들이 결사옹위의 자세로 그를 지켜주었기 때문에 그는 독재적 권력을 행사하고 많은 위법과 불법과 국고횡령 혐의가 있음에도 퇴임 3년이 지난 지금까지 검찰의 조사 한 번 받지 않았다. 좌익이 내세운 간판선수에 대한 우상화와 우익의 지도자 얼굴에 똥칠하기, 이 쌍둥이 전술은 그들에게 매우 중요하다.

좌익세력은 윤석열이 퇴근 후 자연인으로서 술을 마시는 것을 '대통령이 술을 마시는 것'으로 반복해서 말했고 이로써 결국 고주망태 대통령의 이미지를 만들어냈다. 술집여자 줄리와 수천만 원짜리 목걸이를 목에 건 여자에서 출발한 영부인의 이미지는 결국 영부인이 아니라 사실상의 대통령이 되고 남편의 판단을 흐리게하고 조종하는 요괴가 된다. 영부인 김건희의 주식 투자와 관련된 일은 대통령과 결혼도 하기 전의 일로서 영부인이라는 자리와는 어떤 관계도 없다. 문재인의 김정숙처럼 국고로 옷과 장신구를 구입한 혐의를 받은 적도 없고 나랏돈으로 개인의 해외여행을 즐긴 적도 없으며 혼자 대통령 전용기를 타고 해외여행을 나가는 엄청난 국고 절도와 엄중한 국기문란 행위를 범한 적은 더욱 없다. 그런 중대한 범죄혐의가 있는 김정숙은 무탈한 반면 온갖 거짓으로 요괴의 이미지를 뒤집어 쓴 김건희는 남편의 체포를 보며 몸을 가누지 못하더니 자신도 영어의 몸이 되었다. "세상에서 가장 극한 직업은 대한민국 대통령"이라는 중국 네티즌의 시선은 우익의 대통령에게만 해당하는 것이다. 이미지 파괴 전술과 뒤이은 탄핵과 감옥살이 때문이다. 범죄자와 나쁜놈을 잡아내고 처벌하여 국가 사회의 질서를 지켜내는 일을 오래 해온 검사 출신의 윤석열은 자신을 향한 거짓으로 만들어낸 온갖 추잡한 공세를 견디기 어려웠을 것이다. 50까지 미혼으로 있던 그의 홀아비 신세를 면하게 해준 부인을 향한 온갖 공세를 보며 이성을 유지하기는 더욱 어려웠을 것이다. 그가 준비도 부족한 상황에서 다소 성급하게 비상계엄을 선포한 데는 자연인 윤석열의 이런 사연이 있었을 것이다. 애석하지만 분명한 사실은 좌익의 이러한 이미지 똥칠 전술이 성공했다는 점이다. 윤석열의 미래와 대한민국의 미래는 같은 시궁창에 빠졌다.

2. 판을 뒤집는 좌익의 기술, 새빨간 거짓말

대한민국은 어쩌다 좌익에게 점령 되었을까. 사회주의자와 공산주의자와 김일성주의자, 그리고 이들에 기생하는 기회주의자, 특정 지역민, 이들로 구성되는 좌익세력이 주류가 된 것은 보통의 국민인 우리가 그들의 말에 쉽게 속아 넘어가는 습성도 중요한 이유 중 하나다. 그들의 상습적인 거짓말을 "좌파들은 원래 다 그래"라며 좌파형 인간들의 습관 정도로 생각하고 그들을 기피하는 사이에 결국 거짓이 승리한 결과다. 윤석열을 탄핵시키는 일에 갖가지 거짓말과 조작과 음모가 어김없이 등장했던 것은 거짓말을 좌익의 나쁜 습관 정도로 생각하고 그냥 넘기고 외면하는 우익 국민의 무심한 습관에도 책임이 있다. 좌익은 박근혜에게 했던 8년 전 그때처럼 이번에도 그들이 생산하고 조작해낸 많은 거짓말을 배설했다. 박근혜 때는 안민석 박범계 손석희 고영태 등이 그러더니 이번엔 박선원 김병주 이성윤 등의 민주당 의원들과 홍장원 곽종근이라는 기회주의자 공무원이 역사에 남을 새빨간 거짓말을 남긴다. 아, 박범계는 두 번의 탄핵에 모두 주연으로 출연했다. 김어준이라는 특별출연도 있다.

저절로 밝혀진 내란의 거짓

'내란'이 민주당이 만들어낸 거짓 프레임이라는 사실은 그들 스스로에 의해 드러났다. 2024년 12월 14일 대통령에 대한 탄핵소추안의 핵심 내용으로 들어있던 '내란죄'를 1월 3일에 열린 헌재의 2차 변론에서 제외하기로 한 것이다. 30일 동안 온 국민의 눈과 귀를 점령했던 '내란, 내란죄, 내란 수괴, 내란 우두머리'를 이제와서 삭제하는 것은 헌재의 탄핵 결정을 빨리 이끌어내려는 의도로 해석되었다. 그러나 근본적인 이유는 대통령의 비상계엄을 내란으로 몰아가는 것 자체가 온통 거짓이었고 곧 그것은 밝혀질 거짓말이었기 때문이다. 김어준 박선원 김병주 박범계 홍장원 곽종근의 말에 의지한 내란 주장이 모두 거짓임이 밝혀지는데는 많은 시간이 필요하지 않았다. 거짓을 참으로 둔갑시키는 그들의 거짓말 행렬에서 앞의 거짓말은 뒤의 거짓말에 의해, 뒤의 거짓말은 앞의 거짓말에 의해 그것이 거짓임은 저절로 밝혀졌다.

"HID육상특수요원들에게 이재명 한동훈과 선관위 직원들을 납치해 벙커에 구금하라는 임무가 내려졌다"(김병주), "국회의원을 끌어내라는 지시를 받았다"(곽종근), "윤 대통령이 국회의원 14명을 체포를 지시했다"(홍장원) 4성장군 출신의 김병주 의원은 계엄 3일 후인 12월 6일 동료 의원 박선원과 함께 과거 자신의 부하였던 특수전사령관 곽종근을 찾아가 "요원 끌어내라"는 그의 말을 "의원 끌어내라"로 비틀었고 이를 대대적으로 선전했다. 김병주는 후에 이재명 한동훈 등의 정치인 구금 내용은 사실이 아니라고 인정한다. 그러나 거짓을 전할 때는 요란했던 언론은 김병주가 자백하는 진실에는 적은 지면과 짧은 화면을 할애했다. 그래서 윤석열의 직무를 정지시키려는 목적으로 김병주 등이 만들어낸 수많은 말들이 거짓임을 알고 이 탄핵 정국을 보는 시각을 수정한 국민은 그리 많지 않았다. 이어 국정원 1차장 선후배 사이인 박선원은 후배 홍장원을 찾아 대통령의 국회의원 14명 체포 지시 언급을 받아낸다. 국정원 예산의 횡령을 비롯한 수많은 개인적 비리혐의가 국정원 내부 직원의 입에서 나왔다며 널리 회자되고 있던 홍장원의 말은 문재인 정권에서 국정원 서열 1, 2위였던 박지원과 박선원이 꾸며낸 일이라는 사실은 약 2개 월 후에야 밝혀졌다. 그러나 60일 동안 진실로 행세한 이 거짓 주장에 의지하여 '윤석열의 내란'은 참으로 받아들여졌고 이는 대통령을 체포 구속하는 일에 국민의 저항이 생각보다 적었던 이유다. 최순실의 태블릿PC에 의한 박근혜의 국정농단 공세와 판박이였다. 이 와중에 많은 우익 정치인들이 입을 다문채 눈치만 보고 있는 모습 역시 8년 전과 판박이였다.

현직 대통령을 탄핵하기 위해 꾸며낸 모략을 실행하는 창작 수준의 많은 거짓말은 민주당 사람들의 입과 입에서 난사되었다. 한 좌익 유튜브는 1월 3일 대통령 관저에서 차량 한 대가 관저 밖으로 나가는 영상을 공개하며 대통령의 도주 가능성을 제기한다. 거짓이라면 환장을 하는 민주당이 이를 그냥 넘길 리가 없다. 1월 7일 국회 법사위에 나온 공수처장을 향해 김용민에 이어 박범계 의원이 "(대통령이) 숨거나 도주했을 가능성도 있다고 보는 것이냐"고 재차 묻자 공수처장 오동운은 "네, 맞다"라고 대답한다. 이어 다음날 경찰은 위치를 파악하는 중이라고 했고 곧 국방장관이 될 안규백 의원은 "이미 용산을 빠져나와 제3의 장소에 도피해 있다고 들었다"고 말했다. 대통령은 줄곧 용산 관저에 머무른 사실은 곧 밝혀진다. 그러나 입만 열면 국민과 진실과 정의를 외치는 김용민 박범계 안규백 누구도 사과하지 않았다. 거짓말의 잔치에 김어준이 빠질 리가 없다. 무성한 안면 털을 휘날리며 그가 국회에 등장한다.

거짓말 대통령이 통치하는 거짓의 나라

'문재인 보유국'은 2021년 서울시장 후보로 출마한 민주당 박영선이 문재인 추종자인 문빠들의 지지를 얻기 위해 창조해낸 아첨의 말씀이다. 정확히 말하자면 '간첩으로 보이는 대통령 보유국'이다. 간첩 대통령을 보유한 나라에는 거짓말 대통령도 있다. 앞은 문재인이고 뒤는 김어준이다. 12월 13일 국회 과방위에 참고인으로 나온 김어준은 낄낄웃음을 웃는 뇌 구조가 이상한 최민희 과방위원장이 깔아준 판 위에서 그의 거짓말 솜씨를 마음껏 펼친다. 탄핵정국의 거대한 거짓의 잔치판에서 가장 치명적인 거짓말을 가장 많이 내놓은 주사파 박선원으로부터 제보 받은 내용이라며 김어준이 풀어놓은 거짓말 보따리는 이렇다. "체포되어 이송되는 한동훈을 사살한다. 조국 양정철 김어준이 체포되어 호송되는 부대를 습격하여 구출하는 시늉을 하다 도주한다. 특정 장소에 군복을 매립하고 일정 시점 후에 군복을 발견하고 북한의 소행으로 발표한다. 출처를 밝히자면 국내 대사관이 있는 우방국이다. 암살조 이야기는 사실이다. 암살조 임무는 미군 몇 명을 사살하여 미국으로 하여금 북한 폭격을 유도한다는 것이었다. 자세한 내용은 김병주 의원과 박선원 의원에게 확인할 수 있다. 내란 피의자 윤석열의 부인 김건희 씨가 계엄 이후 통일 대통령이 될 것이란 망상에 빠져있다"(오마이뉴스, 2024.12.13) 영부인의 망상이 아니다. 김어준의 새빨간 거짓말이다.

김어준이 국회에서 공개적으로 내놓은 이런 거짓말을 음모 또는 모략 정도로 표현해야 하는지, 적당한 단어를 찾을 수가 없다. 그러나 모두 김어준의 의도된 새빨간 거짓말인 것은 분명하다. 6일 후인 12월 19일 박선원은 김어준을 찾아가 사과하는 쇼를 한다. 잘못된 보고서를 줘서 김어준이 거짓말을 한 것처럼 되어서 미안하다고 했다. 이 거짓말쟁이와 모략꾼은 국민인 우리를 농락하고 있었다. 김어준의 말은 모두 거짓으로 결론났다. 그러나 그가 국회에서 풀어놓은 거짓말은 바로 다음날인 14일 국회에서 진행된 대통령 윤석열에 대한 탄핵소추안이 가결되는 일에 훌륭한 분위기 메이커가 되었다. 국민이 탄핵소추안이 가결되는 것을 보며 충격을 받거나 이재명과 우원식과 민주당에 분노하는 국민이 적게 나오도록 미리 분위기를 잡아놓은 것이다. 적어도 결과는 그렇다. 아니다. 그들은 처음부터 이런 목적으로 국회에다 미리 거짓말 보따리를 풀어놓았던 것이다. 좌익이 거짓말과 조작과 모략과 선전을 제1의 혁명 기술로 써먹는 생생한 장면이었다. 하루 전의 그들의 거짓말 예방주사 덕분에 다음날 탄핵소추가 가결되는 것을 보며 충격을 덜 받은 일에 박선원과 김어준에게 고마워해야 하는가. 대한민국은 그렇게 무너지고 있었다.

대통령을 기소하는 검찰의 공소장에는 대통령이 곽종근 사령관에게 "도끼로 문을 부수고라도 들어가서 의원을 빼내라"는 지시를 받았다고 적시되어 있었다. 그러나 곽종근은 "도끼라는 말은 들은 적도 없다"고 말했다. 헌재와 국회에서 진실 공방이 벌어지며 그들이 입을 맞춘 거짓말이 속속 드러나자 위증의 처벌이 두려웠기 때문이다. 공소장에는 또 대통령이 이진우 수방사령관에게 네 번 전화하여 "본회의장에 들어가서 계엄군 4명이 의원 1명을 들고 나오라, 계엄은 두 번, 세 번 발동해도 되니 안심하고 하라"고 말했다는 내용도 있었다. 그러나 이 사령관은 후에 이 사실을 알고 "공소장 내용 대부분은 내가 한 말이 아니다"라고 부인했다. 이에 민주당 측은 "곽종근 이진우 사령관 수행장교가 듣고 검찰에 말했다"고 해명한다. 민주당이 군 내부와 검찰까지 끌어들여 생산한 거짓말이라는 뜻이다. 헌재의 5, 6차 변론기일에서 이 사실은 밝혀졌다. 그렇다면 헌재는 이들을 직접 증인으로 불러 반대신문을 해야 마땅하다. 그러나 문형배의 헌재는 단 1명의 증인만 허용했다. 형사소송법이 보장하는 권리로서 일반 국민에게도 보장되는 피고인의 직접 신문권을 대통령에게는 불허하는 등 재판을 일방적으로 진행하고 있던 헌재는 좌익세력의 거짓을 바로 잡으려 하기는 커녕 이렇게 동조하고 방조했다. 이 거대한 거짓의 난장판에 헌법재판소가 주연으로 가담했다는 뜻이다.

이런 거짓말 기술도

2월 5일 국내의 많은 언론사는 "트럼프는 윤석열의 구명에 관심이 없다. 트럼프에게 더 나은 외교동맹은 윤석열이 아니라 이재명일 수 있다"는 내용의 외국 언론 기사를 싣는다. 민주당은 미국의 영향력 있는 대외정책 간행물 FP(FOREIGN POLICY)에 올라온 이 기사를 제시하며 바로 홍보전을 펼친다. 채현일 의원은 "내란 세력이 성조기를 흔들며 트럼프의 도움을 기대하며 몸부림치고 있지만 정작 트럼프는 관심이 전혀 없다는 것이 외신의 분석"이라 말했고 박지원 의원은 "트럼프 대통령이 JM이재명을 인정하고 있다"고 했으며 MBC는 〈트럼프가 尹 구원? 꿈 깨라, 美 외교지 "그는 관심 없어"〉라는 제목의 2분짜리 리포트를 제작해 보도했다. 그러나 이 글은 FP 편집진이 아닌 '서울에 있는 미국 변호사'라고 자신을 소개한 '미셸 김'이라는 사람의 기고문이었다. 탄핵정국 두 달 동안 세 차례나 이 매체에 기고문을 올린 이재명 지지자인 그의 글을 마치 FP의 자체적 의견이나 평가인 것처럼 왜곡하여 선전한 것이다. 그들의 이런 기술은 처음이 아니다. "미국 대사가 '최태민이 박근혜의 심신을 지배했다'고 말했다." 박근혜를 탄핵시키기 위해 광란의 장을 열었던 2016년 당시 촛불시위 주도세력 측에서 퍼뜨린 내용이다. 미국 신문기사가 근거라고 했다. 2016년 10월 29일자 워싱턴포스트지가 촛불 시위대에서 난무하던 소문과 괴담을 경계와 비판의 논조로 보도한 기사를 그들은 거꾸로 그것을 사실로 확정하는 근거로 악용했다. 최서원의 부친 최태민을 러시아 황제를 조종한 요승 라스푸틴에 비유하며 최서원과 박근혜와 연결짓는 조작질이자 '한국의 라스푸틴에 의한 국정농단'으로 만들어가는 악의적인 전술이다. 문빠를 거느린 문재인이나 개국본을 거느린 조국, 무뇌의 추종자 개딸을 거느린 이재명 정도는 되어야 '한국의 라스푸틴'이라는 이름을 붙일 수 있을 것이다.(문재인에게 속았습니다, 북저암. 2024. 276쪽) 그러나 이런 거짓이 먹혀들어 박근혜의 탄핵 인용에 일정한 영향을 미치는 데 성공한다. 8년 전과 같은 기술을 윤석열 탄핵에 또 써먹은 것이다.

하는 말이 거짓말 아닌 것이 없는 이재명도 이 수법을 써먹었다. 대선 직전이던 2022년 2월 이재명은 윤석열 후보의 대북 선제타격 발언을 비판하며 미국의 의회 전문 매체인 더힐The Hill을 들먹였다. 그는 "제2 총풍을 시도하는 윤 후보가 한반도 전쟁 발발 가능성을 키우는 4대 요인의 하나라는 게 해외 군사전문가의 분석"이라고 했다. 이 기사는 이미 윤석열 후보를 반대하고 이재명 후보를 지지하는 입장을 낸 적이 있었던 한국계 미국인 교수의 기고문이었다. 더힐이 "기고자 개인의 의견이지 더힐의 시각은 아니다"라는 문구를 붙였음에도 이재명은 이 기고문의 내용을 "해외 군사전문가의 분석"이라고 말했다.(조선일보, 2025.2.6) 자신의 지지자가 쓴 글을 '해외 군사전문가의 분석'이라고 한 이재명의 말이 거짓이라는 뜻이다. 그들에게 비판적인 외신 기사를 지지하는 뜻의 기사로 둔갑시키고 지지자의 기고문을 외신의 입장이라고 거짓말하는 속임수 기술을 박근혜 탄핵에 이어 윤석열 탄핵을 위해 또 등장시킨 것이다.

그들의 거짓말 솜씨 그 무궁무진함

대한민국의 좌익 국가화와 북한화를 알리기 위한 글을 쓰는 저자는 하루 평균 30여 건의 뉴스를 채집한다. 6년째가 되니 7만 꼭지 이상의 기사가 모였다. 특정 주제의 인용에 적합한 기사를 찾기 위해 리뷰할 때마다 놀라운 사실을 깨닫는다. 좌익세력과 관련된 기사는 어림잡아 80% 이상이 거짓말, 말바꿈, 사기, 조작, 위장, 은폐, 왜곡, 모략, 선전, 선동 등 '거짓의 범주'에 들어가는 내용이다. 놀라운 일이다. 그래서 거짓은 좌익이 대한민국을 접수하기 위해 상용하는 제1의 전술이라는 사실을 알게 되었다. 좌익 그들은 '거짓' 위에서만 존재한다. 무가불립無假不立이다. 그들의 말이 많고 변명이 긴 이유이기도 하다. 이 원고를 쓰고 있는 지금 신문에 이런 기사가 떠 있다. "민주당, 주 52시간 예외를 퇴짜 놓으며 삼성전자 6개 키우겠다고 해"(조선일보, 2025.2.10) 그들은 따뜻한 아이스커피를 약속하는 사람들이다. 고래등 같은 기왓집에서 이밥에 고깃국 먹고 살게 해주겠다는 북한 김 씨 3대의 거짓말은 거짓말 축에도 끼지 못한다.

지금의 40~70대가 박정희 전두환 노태우 김영삼 김대중 노무현의 시대까지 밤잠을 줄이며 일하고 연구하여 키운 회사가 현재의 삼성전자다.

미국의 테슬라와 실리콘밸리의 스타트업 회사들은 물론 대만의 TSMC와 중국의 화웨이까지 언제든 밤을 새워 일하고 몇 날을 잠자지 않고 연구한다. 그런데 우리는 주52시간제에 묶여 어림도 없다. 경영단체가 이것을 부분적인 예외라도 허용해 달라고 간청해도 국회를 장악한 민주당은 법 개정에 요지부동이다. 남북간의 경제적 격차를 줄여 통일을 용이하도록 만들겠다는 문재인과 주사파 수하들이 대한민국 경제의 성장을 억제하기 위해 만든 여러 법안 중의 하나가 바로 주 52시간제다. 급여가 줄어든 근로자가 퇴근 후 투잡 쓰리잡을 뛰어 부족한 생활비를 메우는 현실에서 잔업비를 기대하는 근로자 스스로도 연장근무를 반대하지 않는다. 그래서 좌익이 내세우는 명분인 노동자 보호는 허울 좋은 핑계다. 이 법의 시행에 더해 삼성의 총수를 감옥에 가두고 해외 출장에 지장이 있을 정도로 검찰과 법정에 수시로 불려다니게 만든 결과 박근혜 시절까지는 반도체 분야에서 세계 1,2위 자리를 두고 각축을 벌이며 함께 성장했던 삼성은 라이벌 TSMC에 이제는 크게 밀리고 있다. 이런 현실에서도 국회 제1당인 민주당은 주52시간제의 완화를 외면한다. 일정한 시간 내에 특정 프로젝트나 연구를 집중해야 하는 반도체 분야의 특성을 외면하는 것이다. 그렇다면 말이나 말지, 이재명은 "삼성전자 6개를 키우겠다"고 뻔뻔하게 말한다. 국민을 속이는 새빨간 거짓말이고 명백한 사기다. 거짓말은 이재명의 생존기술이고 좌익의 혁명기술이다.

세계인을 속인 월담 쇼

비상계엄이 선포된 그날 밤 국회의장 우원식은 국회 담장을 넘었다. 보좌관이 찍은 그의 월담 사진은 국내 언론은 물론 온 세계로 전해졌다.

이 사진 한 장의 힘으로 윤석열은 민주주의 파괴자가 되고 우원식은 평화와 민주주의를 지키는 상징이 된다. 또한 비상계엄을 내란으로 둔갑시키는 큰 힘으로 작용한다. 우원식이 당일 착용했던 연두색 넥타이가 화제가 되고 우원식 관련 테마주는 들썩였으며 그가 담을 넘었던 장소는 좌파들이 방문하는 성지가 되었다. 문재인 정권에서 우원식 자신은 물론 그의 자식에게까지 갖가지 경제적 특권을 세습하는 내용으로 800여 명의 좌익 운동가에게 적용되는 민주유공자법의 통과에나 관심이 있었던 생계형 좌파 정치꾼 우원식은 이 사진 한 장으로 졸지에 차기 대권주자의 반열에 오른다. 당일 밤 이재명도 월담했고 이 장면은 유튜브로 생중계 되어 240만 명이 시청했다. "아무도 없는데 혼자 월담하는 장면을 찍어 널리 유포시키는 것은 쇼가 아니냐"는 비판이 나오자 이재명은 "우연히 아내가 촬영했다. 해괴한 소리다. 구제불능의 거짓말이고 궤변이다"라며 이재명 다운 해괴하고 구제불능의 궤변을 내놓았다. 이재명과 보통의 국민인 우리 중에 한 쪽은 정신병 감정이 필요해 보인다.

2025년 2월 25일 헌재 최종변론에서 대통령 변호인단의 김계리 변호사는 당일 저녁 우원식과 이재명이 월담하는 장면이 담긴 영상을 틀었다. 김 변호사는 영상 속에 주위에 아무도 없는데 두 사람이 국회 담을 넘는 월담쇼를 하고 있는 장면을 가리키며 그날 밤 계엄군은 국회 출입을 봉쇄하지 않았으며 그래서 모든 의원이 아무런 제지 없이 국회에 들어왔다는 사실을 말했다. 이때부터 월담 사진은 자취를 감춘다. 그리고 우원식의 인기는 원래의 바닥으로 돌아갔다. 그러나 이 사진은 12월 당시 계엄을 내란으로 둔갑시키는 일에 결정적인 이미지를 제공했고 그것은 14일 대통령 윤석열에 대한 탄핵안을 가결시키는 일에도 에너지가 된다. 대한민국의 정치적 사정을 단편적으로 접하는 외국인 친구들을 만나면 아직도 우원식이 월담하고 안귀령이 계엄군의 총구를 손으로 잡은 사진 속 장면 만으로 대한민국의 정치상황을 이야기한다. 좌익이 쇼와 이벤트와 사진에 집착하는 이유다. 그렇게 좌익은 승리한다. 좌익의 쇼와 거짓과 모략은 대부분 성공한다. 지금의 대한민국에서는 그렇다.

거짓말, 새빨간 거짓말, 또 거짓말

이재명의 코딱지를 떼어준, 이재명의 민주당에서는 엄청난 공을 세운 일로 단숨에 민주당의 실세가 되고 거물 정치인이 된 원내대표 박찬대는 12월 7일 국회 본회장에서 대통령에 대한 탄핵소추안 발의 사유를 설명하며 "계엄군이 장갑차를 타고 국회의사당을 쳐들어왔다"고 말했다. 새빨간 거짓말이다. 수방사령관은 당일 저녁 "장갑차 출동은 없었다"고 증언했고 당일 저녁부터 다음날 아침까지 현장을 지킨 YTN 등 언론사의 기자들도 장갑차를 본 적이 없다고 말했다. 당시 온라인에 돌아다닌 장갑차가 심야에 주행하는 사진은 가짜로 밝혀졌으니 박찬대의 말은 새빨간 거짓말이다. 박찬대는 또 "계엄군은 야당대표 여당대표 가리지 않고 국회의원 체포작전을 벌였다"고 말했다. 이 말은 1~2월 간에 헌재에서 있었던 변론 과정에서 민주당의 박선원 박범계 김병주가 꾸민 모략이라는 사실이 드러나며 허위로 밝혀졌다. 그러나 박찬대가 국회 본회의장에서 전 국민을 상대로 쏟아놓은 이 새빨간 거짓말들은 14일의 탄핵안 가결에 큰 영향을 미친다.

탄핵소추안 표결 하루 전인 13일 국회 최민희 과방 위원장은 거짓말 대통령 김어준에게 거짓말 잔치의 멍석을 깔아준다. 최민희는 김어준을 참고인으로 불렀다. 국회에서 증인의 거짓말은 처벌 대상인 반면 참고인은 거짓말을 해도 처벌받지 않는다. 최민희가 김어준을 증인이 아닌 참고인으로 부른 일 자체로 그들이 짜고 벌인 일이라는 사실은 바로 알 수 있다. 게다가 최민희는 김어준을 장차관들이 앉는 국무위원석에 앉히는 특별 대우까지 배려했다. 다음날 있을 탄핵소추안 표결에 영향을 미치겠다고 작정한 것이다. 김어준은 이 자리에서 치명적인 거짓말을 마구 배설한다. 계엄 당시 동원된 계엄군은 체포조가 아닌 암살조였으며 한동훈 사살, 생화학 테러, 미군을 사살한 후 이를 북한군 소행으로 꾸미려고 했다는 등의 제보를 받았다고 했다. 그는 암살조 가동의 제보를 받고 자신도 즉시 피신했다며 치떨리는 당시의 상황을 회상하는 모습을 보였다. 그의 연기는 훌륭했다. 김어준이 국회에서 많은 거짓말을 배설한 이날 한 언론사 기자는 이재명을 향해 "한동훈 사살계획 의혹이 나왔는데 어떻게 생각했습니까"라고 질문했다. 멈춰선 이재명은 "충분히 그런 계획을 했을만한 집단입니다"라고 대답했다. 김어준의 거짓말 대잔치에 힘을 싣는 지원사격이었다. 김어준과 이재명의 거짓말 케미는 완벽했다.

한동훈 사살설의 출처를 우방국이라고 한 김어준의 말에 미국 대사관은 즉시 "우리는 아니다"라고 부인했고 우익 언론과 윤석열 정부와 여당에서도 다양한 반박이 나왔다. 결국 김어준의 말은 모두 새빨간 거짓말이며 민주당이 주변과 작당한 모략으로 결론난다. 이에 민주당은 처음에는 김어준과 선을 긋는 시늉을 하더니 김어준이 내란선동으로 고발당하자 그를 또 옹호하고 방어하며 다시 황제 대우에 나선다. 탄핵소추안이 가결되고 5일이 지난 19일 박선원은 김어준의 유튜브 방송을 찾아가 잘못된 내용을 제보했다며 사과했다. 그러나 이 엄청난 거짓말에 대해 사과를 주고받는 그들에게 진지함이나 침통함은 없었다. 즐겁고 유쾌한 분위기였다. 그들이 작당한 새빨간 거짓말이 윤석열의 직무를 정지시키는데 엄청난 영향을 미친데 대한 성취감에 취한 듯 보였다. 민주당의 여러 가지 새빨간 거짓말은 이후에도 계속된다. 그들의 거짓말은 네버엔딩이다.

박선원이 김어준에게 즐겁고 유쾌한 사과 쇼를 벌인 당일 '똥별 4개' 김병주 의원은 국회 운영위에서 "정보사 예하의 공작요원 30여 명을 선관위에 투입할 계획이 있었다. 구체화된 제보로는 요원은 38명이었고 12월 4일날 5시에 출동해서 선관위 직원을 납치 감금하려고 했다. 과장 포함 30여 명을 무력으로 제압하고 케이블타이로 손목과 발목을 묶고 두건을 씌워 이동시켜 감금하려고 했다"는 발언을 내놓는다. 그의 말은 선관위 직원들이 폭력 영화에 나오는 두건을 쓰고 손발이 묶인 강렬한 상상으로 국민과 언론의 큰 주목을 받는다. 그러나 이 역시 김어준식 새빨간 거짓말이라는 여론이 우세했다. 이에 김병주는 김어준의 뉴스공장에 나가 "진짜였다"는 말만 되풀이했다. 민주당 사람들이 증거를 제시하지 않거나 못하면서 '진짜'라고 우기는 경우는 대부분 가짜라는 것은 이제는 공식이 되었다. 윤석열의 직무를 정지시키고 대통령의 지위에서 끌어내리는 일에는 거짓말과 새빨간 거짓말, 그리고 또 거짓말이 줄을 이었다. 대한민국은 이렇게 거짓말과 조작과 모략의 기술자들이 지배하는 나라가 되어버렸다. 이것은 망쪼다.

3절

반란의 증거,
모략

　대통령이 "싹 다 잡아들여라"라고 지시하는 의원 명단을 받아 적었다고 주장하는 홍장원의 메모는 대통령이 "의원 다 끌어내라"고 했다는 곽종근의 증언과 함께 윤석열의 계엄선포는 위헌 위법이며 그래서 내란이라는 민주당의 주장을 뒷받침하는 핵심 근거였다. 이것은 모두 민주당이 기획하고 실행을 주도한 모략이다. 특히 홍장원의 거짓 정보는 윤석열의 옛 부하이자 당시 여당 대표였던 한동훈이 계엄 당일 밤 이재명과 손을 잡고 내란몰이에 가세하여 탄핵안을 가결시키는 일에 결정적으로 작용한다. 대한민국 역사의 물꼬를 완전하게 틀어놓는 일에 치명적인 영향을 미친 이 모략은 헌재 소장대행 문형배가 친구 이재명을 살리기 위해 탄핵 심리를 서둘러 끝내는 와중에서 진상이 완전하게 감추어졌다. 국민인 우리가 결코 잊어서는 안 되는 거대하고 지독하고 사악한 악마의 모략이다. 이재명 박찬대 박지원 박선원 박범계 김병주 등 민주당의 모략꾼들, 이 모략의 조연인 홍장원과 곽종근, 그리고 문형배를 비롯한 8명의 헌재 재판관 그들의 무덤에 부장품으로 묻어주고 저승에서라도 반성하길 바라며 이 추잡한 모략의 내막을 기록한다.

1. 첫 번째 모략, 홍장원의 체포명단

"이재명 한동훈 등 체포 대상을 듣고 미친X라 생각해 더 이상 메모하지 않았다" 2024년 12월 6일 국정원 출신의 민주당 김병기 의원은 기자들에게 국정원 1차장 홍장원이 방첩사령관으로부터 체포자 명단을 전달받았다는 주장을 이렇게 대신 전했다. 김병기는 홍 차장이 기억하는 순서라며 체포 지시를 받은 10여 명의 이름을 나열했다. 우원식 김민석 박찬대 정청래 김어준 권순일 등의 이름도 들어 있었다. 홍장원은 계엄상황 당시 국정원장에게 계엄 사실을 "이재명에게 보고하자"고 건의했고 이것이 알려진 12월 6일 해임되었다. 거짓과 모략으로 얽어진 홍장원의 보복은 여기서 시작된다. 해임된 홍장원은 즉시 민주당의 국정원 라인인 김병기 의원에게 제보했고 그 내용이 공개된 것이다. 내란몰이 초기에 의심할 수 없는 진실과 사실로 받아들여지며 탄핵소추안 가결에 결정적으로 작용한 이 제보의 내용은 허위다. 확정되지 않은 거짓이다. 문형배가 졸속으로 심리하고 묻어버렸기 때문에 허위인지 진실인지는 확정되지 않았다. 그러나 헌재에서 11차례 심리가 진행되는 과정에서 홍장원의 말과 메모는 '사실상' 허위로 확정되었다. 좌익성향의 매체를 제외한 여러 언론은 홍장원의 진술과 주장의 허위성을 파헤쳤고 그래서 이것이 민주당과 홍장원이 결탁한 모략이라는 것은 사실로 굳어졌다. 모략이 현직 대통령의 목을 날린 것이다. 아무리 생각해도 어이없는 일이다.

잡범보다 못 한 정보기관 2인자의 거짓말 솜씨

대통령 윤석열은 2025년 2월 14일 열린 법원의 내란혐의 1심 첫 공판에서 "국정원에 지시할 일이 있으면 기관장인 원장을 통해서 하지 차장과는 통화하는 법이 없습니다"라고 말했다. 국정원장이 해외출장 중인 것으로 오인한 그는 홍 차장에게 한 번 전화해서 "관리를 잘 하고 있어라"는 등의 의례적인 지시만 했을 뿐이라고 했다. 그리고 윤석열은 "제가 또는 방첩사령관을 통해 홍장원에게 누구를 체포하라고 얘기했다는 것은 전부 새빨간 거짓말입니다"라고 말했다. 대통령의 이 말이 사실이라는 것은 헌재의 심리 과정에서도 확인된다. 2월 4일 헌재 변론에 참석한 홍장원은 "메모는 보좌관이 옮겨적은 것이며 자필로 일부 내용을 추가했다"고 증언한다. 그러나 국정원장 조태용은 2월 13일의 변론에서 홍장원 메모의 장소와 시각, 메모를 정서했다는 보좌관 관련 사실, 메모의 갯수 등을 근거로 "홍장원의 증언은 거짓"이라고 말했다.

조태용의 증언 이후 언론과 여당 등에서 확인한 내용을 종합하면 이렇다. 1. 홍장원이 보좌관에게 정서를 시켰다는 메모의 필적이 여러가지인 등 민주당과 결탁한 사람의 개입이 의심되며 / 2. 메모는 홍장원이 말한 두 종류가 아닌 네 종류가 존재하며 여러가지로 오염의 가능성이 커 증거로서의 신빙성이 무너졌으며 / 3. 홍장원이 방첩사령관과 통화하며 체포자 명단을 받아 적었다는 장소가 국정원의 공터가 아닌 사무실로 밝혀지는 등 방첩사령관과 통화했다고 주장하는 3차례 중 두 차례의 장소와 시각이 거짓으로 드러났으며 / 4. 증거로 제출된 메모에는 판독이 불가능한 상형문자 또는 설형문자 같은 그림과 기호들이 그려져 있으며

/ 5. 체포자 명단의 인원수가 12명, 14명, 16명으로 바뀐 사실 등이다. 이러한 이유로 홍장원의 증언과 체포자 명단이 적힌 메모는 조작된 것이고 그래서 거짓이라는 사실은 분명해진다.

2월 4일의 헌재 변론에서 정형식 재판관은 홍장원에게 체포자 메모에 대해 길게 질문했고 신빙성도 설득력도 없는 홍장원의 답변은 겉돌았다. 그들의 질의와 답변은 결국 이렇게 끝난다. "정 : 메모를 왜 작성해 놨어요 / 홍 : 제가 나름대로 그 상황을 기억해놓기 위해 적어놓은거죠 / 정 : 그럼 정확하게 기록해야죠 / 홍 : 네 정확하게 기재를 못해 죄송합니다." 이후 일부 언론과 여당의 추적과 분석에 의해 홍장원의 메모는 갈수록 거짓임이 드러났다. 2월 20일 헌재 변론에서 대통령 변호인단이 공개한 CCTV에 의해 홍장원의 메모와 증언의 시간과 장소 등 동선의 거짓은 분명해진다. 홍장원은 결국 항복한다. "검찰에서는 진술했는데 지금 다시 생각해보니 혼동된 부분이 있다. 당시에는 제가 검찰 조사를 받을 때 병원에 입원한 상태에서 전화를 받았었고 병상에서 투약한 상태에서.. 투약한 상태라 정확히 진술하지 못했다. 정정이 필요하다" 대한민국 최고 정보기관인 국정원 제2인자의 변명이다. 정보는 정확성이 생명이다. 정확도는 정확한 기록에서 시작한다. 천재의 기억보다 바보의 기록이 더 정확하다고 했다. 최고 정보기관의 2인자가 하는 이 말, 잡범이 범죄를 저지르고 취중이라거나 심신미약 상태였다고 발뺌하는 것과 다른가. 상형문자 설형문자 혹은 그것도 못 되는 그림을 그린 쪽지를 증거라며 흔들고 수시로 바뀌는 증언을 내놓으며 현직 대통령을 탄핵시키는데 결정적인 작용을 하고 그것이 거짓으로 드러나자 약물 치료 중이어서 기억이 애매하다고? 홍장원은 대한민국을 우롱하고 있다. 아니다. 농락이다.

엎어지고 자빠지는 홍장원의 증언

대통령의 내란몰이 여론 형성에 엄청난 영향을 미친 홍장원 메모는 처음 공개된 12월 11일 이후 내란의 증거로 다시 등장할 때마다 추가로 수정된 흔적이 발견되며 작성자도 작성경위도 갈수록 불분명해진다. 오염되고 조작되었다는 뜻이다. 대통령은 2월 4일의 변론에서 "저 메모가 탄핵부터 내란몰이 모든 과정이 12월 6일 국회에서 박선원 의원에게 넘어가면서 시작되었다"고 말했다. 홍장원이 국정원 차장직에서 해임된 후 해당 메모가 민주당 손에 넘어가면서 내란과 탄핵정국이 본격화되었다는 뜻이다. 내란몰이에 대한 역풍으로 윤 대통령에 대한 여론이 뒤집히기 시작하고 메모의 신빙성을 반박하는 여론이 높아지던 무렵인 1월 22일 국회 내란국조특위에 나온 홍장원은 "(전화 통화의) 중요한 요지는 방첩사령부를 적극 지원하라는 부분이 요지셨습니다"라고 말하며 체포자 명단의 의미를 축소하려는 의도를 보인다. 홍장원이 이렇게 발을 뺀 이유는 자신과 민주당의 모략이 서서히 그 모습을 드러내고 있었기 때문이다. 헌재의 심리는 2월 25일의 11차 변론으로 종결되었다. 변론 과정에서 홍장원의 거짓 증언과 조작된 체포명단 메모는 민주당과 꾸민 모략이라는 진실이 드러났고 이는 3.1절을 시작으로 우익 국민의 시위대가 좌익을 3~7배 능가하는 등 탄핵 반대의 규모가 급팽창하는 에너지가 된다. 홍장원의 거짓과 조작과 모략을 정리하면 크게 다음 세가지다.

1. 싹 잡아들여 : 홍장원은 계엄선포 3일 뒤인 12월 6일 국회정보위

원들을 만나 "윤 대통령이 '이번 기회에 잡아들여, 싹 다 정리해'라는 지시를 내렸다"고 진술한다. 또한 당일 한겨레와의 인터뷰에서는 "대통령으로부터 (계엄선포 당일) 한동훈 대표를 체포하라는 지시를 받았다"라고 말했다. 그러나 바로 다음날인 7일의 KBS 인터뷰에서는 "대통령이 저에게 직접 한 대표를 체포하라고 지시했다고 (인터뷰 기사에) 나와있는데 그건 아니다"라고 말을 뒤집고 "체포대상 명단은 대통령이 아닌 여인형 방첩사령관과의 전화 통화에서 나왔다"고 번복한다. 대통령의 직접 지시가 방첩사령관 지시로 바뀐 것이다. 4일이 지난 11일에는 체포자 리스트를 적은 메모가 등장하면서 탄핵의 분위기를 지배한다.

2. 홍장원 체포조 메모 : 체포 대상 정치인을 받아적었다는 메모는 12월 11일 등장 즉시 대통령 내란 프레임의 결정적인 증거로 행세한다. 그러나 1월부터 시작된 헌재 변론과정에서 신빙성은 바로 무너진다. 이에 메모 조작의 공범으로 의심받던 박선원이 직접 나서서 "내란죄의 유일한 증거"라며 이 메모의 가치 폭락을 방어한다. 그럼에도 이 메모의 신빙성은 계속 추락했고 미꾸라지 어법의 대가로 불리는 민주당의 박수현 의원은 "다른 증거가 차고 넘쳐서 이제는 굳이 이 메모를 증거로 채택할 필요가 없다"는 기름기 가득한 말을 남긴다. 그의 진지한 표정에서 국민 모두가 자신의 매끄러운 말에 속아 넘어갈 것이라는 자신감이 읽혀졌다. 이 메모는 처음에는 홍장원 본인이 받아적은 것과 보좌관이 이를 정서한 것 두 개라고 했으나 조태용 원장에 의해 네 개라는 사실이 드러난다. 그들이 모략을 위해 또 고치고 또 조작하고 또 다시 제조한 증거라는 뜻이다. 더구나 후에 한 온라인 매체가 필적감정을 의뢰한 결과 메모 중 가

필한 부분이 박선원의 필체로 밝혀지는(미디어워치, 2025.2.24) 등 이 메모가 민주당과 홍장원이 함께 꾸민 모략의 거짓 소품이라는 사실은 속속 드러난다. 홍장원의 메모에 왜 박선원의 필체가 있는가. 이유는 자명하다. 홍장원과 박선원이 함께 만들어낸 거짓 메모라는 뜻이다.

3. 홍장원은 1월 22일 오전에 열린 국회 국정조사특위에서 "(계엄 당일 밤) 국정원 정무직 회의 때 (정치인 체포 지시) 등을 (원장에게) 보고했다"고 진술했다. 그러나 당일 오후에는 동 특위에서 "사실 정무직 회의 때는 너무 민감한 것이라 정무직 회의가 끝나고 (원장에게) 보고했다"고 말을 바꾼다. 이에 당일 동 특위에 나온 조태용 국정원장은 홍장원의 말을 듣고 "홍 전 차장은 대통령이 정치인 체포지시를, 즉 싹 다 잡아들이라는 말을 (했다고 원장인 나에게 보고)한 적이 없다"며 즉시 반박한다. 이것은 홍장원의 국정원장에 대한 보고 시점의 단순한 번복이 아니다. 보고했다는 사실 자체에 대해 거짓말을 한 것이다. 또한 홍장원은 줄곧 자신이 윤석열 대통령의 정치인 체포 지시를 이행하지 않았기 때문에 해임되었다고 주장했다. 그러나 그의 해임을 대통령에게 건의한 조태용 원장은 "(홍 전 차장이) '국정원장이 이재명 대표에게 전화하는 것이 좋겠다'고 (원장인 저에게) 건의해 이를 부적절하다고 판단하고 해임을 건의했다"고 분명히 말했다. 홍장원이 또 거짓말을 한 것이다. 홍장원은 이런 사람이다. 그는 박선원 등 민주당 사람들과 입을 맞추면서 그들이 계획하고 유도하는 상황에 맞는 맞춤형 거짓말을 지어내고 말을 뒤집으며 대통령을 내란 수괴로 만드는 모략질을 하고 있었다. 대한민국의 운명을, 국민의 운명을 바꿀 수 있는 악질적 모략이다. 홍장원의 거짓말은 이게 다가 아니다.

국정원에 민주당 끄나풀을 그냥 둔 대통령의 운명

"지난 12월 국회 정보위에서 제2, 제3의 비상계엄 가능성이 있다고 말한 적이 있습니까" 1월 22일 열린 국회 국정조사특위에서 국민의힘 김성원 의원은 홍장원을 향해 이렇게 물었다. 김 의원이 질의하는 중에 그는 씨익 웃는 여유까지 보이며 "그렇게 말했다. 비공개로 얘기한 것이다" 라고 답변한다. 그는 12월 6일 국회 정보위에 참석해 그런 말을 했다고 인정하면서도 '비공개'라는 말을 덧붙이며 처벌에 대한 방어벽을 쳤다. 그의 씨익 웃음은 계획된 모략질을 다 하면서도 '비공개, 추정' 등의 말로 법적 책임을 피해가는 자신의 총명함에 대한 만족감의 표현으로 보였다. 자신의 교활함으로 상대 진영이 말하는 진실과 사실을 충분히 짓뭉갤 수 있다는 자신감도 읽혀졌다. 그의 웃음이 불쾌했던 이유다.

홍장원은 고위직 공직자의 정치적 중립의무, 정치개입 금지의무 위반으로 고발되어 징역 7년 이상에 처해질 수 있다며 공익제보자로 보호해줄 것을 민주당 의원들에게 호소할 정도로 철저한 기회주의적 모습을 보였다. 제2, 제3의 계엄 가능성 발언의 근거에 대한 질의에는 '자신의 추정이며 주관적 의견'이라고 답변했다. 내란몰이 초기에 민주당의 선동적 마이크와 스피커들은 제2, 제3의 계엄 가능성을 말하며 내란세력을 뿌리 뽑아야 한다고 목소리를 높였고 이것은 대통령에 대한 비우호적 여론 형성에 큰 영향을 미쳤다. 결국 홍장원의 입이 이 모략적 선동의 출발점이었다. 국정원의 최고위직인 그의 이 발언은 저절로 주어지는 무게가 있었고 거짓과 조작과 모략에 늘 혈안이 되어 있는 민주당 사람들은 게거품을 물고 그의 말을 퍼뜨렸다. 대통령 윤석열은 그렇게 무너지고 있었

다. 대한민국도 함께 무너지고 있었다. 홍장원의 입은 그런 것이다. 그의
메모도 그렇다.

　　국정원의 2인자인 제1차장 홍장원은 대북 위장거점 운영 관련 공작
금을 10배 부풀려 수령하고 착복한 돈을 유학 중인 딸에게 보내는 등 이
미 거액의 국정원 공작금을 유용했다는 의혹, 불륜설, 그리고 국정원에
불합격한 민주당 김병기 의원 아들을 그가 나서서 합격시켰다는 의혹
등 국정원 내부에서 제기된 개인적인 비리의혹과 관련된 소문이 파다했
던 사람이다. 김계리 변호사는 법정에 출석한 홍장원의 면전에서 이 문
제를 제기했다. 홍장원이 대북공작금 100억과 홍콩 아파트 2채를 횡령
한 혐의를 적발했으나 국정원 기조실장과 제1차장을 지내는 등 국정원
실세로 있던 박선원이 홍장원과 함께 근무했던 김모 공작특보는 횡령 규
모가 훨씬 적었음에도 고발하면서도 홍장원은 고발하지 않았으며 이를
근거로 김계리 변호사는 홍과 박의 유착관계를 설명했다.

　　대통령 윤석열은 대체 왜 이런 인간을 국정원 2인자의 자리에 두어
스스로를 위험하게 하고 결국 파국을 맞았을까. 윤석열의 사람 보는 눈
을 탄식한다. 홍장원은 헌재에 나와 자신에 대한 시중의 여러 의혹을 부
인하고 변명하는 데 시간을 할애했고 문형배는 탄핵 변론과는 무관한
그의 이런 발언을 제지하지 않았다. 그러나 민주당과 콜라보 한 사실들
이 속속 드러나며 그의 추잡한 사생활 의혹은 갈수록 설득력이 높아졌
다. 홍장원은 민주당의 국정원 라인인 박지원 박선원 김병기 의원과 연결
되어 있었다. 박선원은 내란몰이의 핵심 공작을 담당한 사람이고 박지원

은 문재인 정권의 마지막 원장으로서 국정원의 간첩 수사권을 박탈하고 국정원의 고위직을 종북세력과 호남인들로 대거 교체했다. 박선원 박지원 김병기 등과 긴밀하게 연결되어 있었다는 사실만으로도 홍장원의 정치적 인간적 정체성은 바로 드러난다.

홍장원은 계엄선포 이전에 이미 민주당 측에 7차례나 인사청탁을 했을 정도로 민주당 라인과 긴밀하게 연결되어 있었다. 그가 계엄선포 소식을 알게되자 이 사실을 이재명에게 보고하자고 국정원장에게 건의한 것은 홍장원과 민주당 커넥션의 중요한 증거다. 계엄을 선포한 후 국가의 사법질서 회복과 정부기능의 마비 상태를 해결하기 위해서는 제1의 통제대상이며 더구나 대통령이 비상계엄을 선포하게 된 첫 번째 이유인 이재명에게 이 사실을 보고하자고 건의한 것은 그가 윤석열 정부와 국정원의 공직자가 아닌 민주당과 이재명의 끄나풀이었다는 뜻이다. 또한 계엄 그날의 밤에 여당 대표 한동훈이 이재명을 만나 악수하며 한편으로 뭉친 것은 홍장원 메모를 받아적고 정서했다는 보좌관이 한동훈의 고등학교 친구였다는 점에서 홍장원-민주당-한동훈 커넥션을 읽을 수 있다. 한동훈은 이 국정원 라인을 통해 자신도 체포대상이라는 거짓 정보를 전달받고 이를 사실로 믿었을 것이다. 모략꾼만 모인 민주당 사람들의 생리를 모르는 책똑똑이 한동훈이 이 모략에 폭싹 속아 넘어간 것이다.

하늘을 찌르는 홍장원의 죄악

국정원 1차장은 해외업무를 담당한다. 더구나 국정원은 수사권도 체포권도 없고 병력이나 체포를 집행할 수 있는 인력도 없다. 대통령이 혹은 방첩사령관이 이런 국정원의 1차장 홍장원에게 국회의원 등을 싹 잡아들이라고 지시했다는 말은 그래서 어불성설이다. '국정원 1차장 선후배 사이인 박선원과 홍장원이 체포리스트라는 공작을 짰다'는 주장이 참인 이유다. 윤 대통령은 헌재 변론에서 "홍장원 메모는 탄핵 공작이다. 나의 격려 전화를 체포지시로 엮었다"고 말했다. 홍장원의 말과 윤석열의 말 사이에서 거짓과 진실을 분간할 의사도 능력도 없다면 우리는 이재명의 백성으로 살아야 한다. 국정원 2인자 홍장원의 정치인 체포 진술과 이를 입증하겠다며 증거로 내놓은 메모는 대통령 윤석열의 비상계엄권 발동을 내란으로 둔갑시키는 일에 결정적으로 작용했다. 이후 홍장원의 진술은 민주당의 '윤석열 내란' 공세에 맞춰 계속 바뀌고 또 뒤집어졌다. 결국 그의 주장과 메모는 신빙성을 잃었다. 그러나 좌익 이념에 오염된 문형배는 이미 마음 먹은 윤석열에 대한 탄핵을 인용하기 위해 홍장원의 메모와 진술에 대한 확인을 거부하고 방해했다. 문형배는 이를 위해 초시계까지 등장시켰다. 문형배의 죄가 엄중하다.

2025년 4월 23일자 경향신문에 홍장원의 얼굴이 등장한다. 그는 여당의 김성원 의원이 국회 정보위에서 그의 허위적 발언을 추궁할 때 보였던 그 미소를 띠고 있었다. "일그러진 권력이 세상을 좌지우지 하려는 오만함에 분노한다"고 그는 말했다. 윤석열의 권력이 일그러진 권력이라면 종합 잡범, 거대 절도범죄 혐의자 이재명의 권력은 대체 어떻게 말하려는가. 그가 몸 담았던 국정원은 적국으로부터 대한민국을 지키기 위해 군대가 움직이기 전 단계에서 상대의 동향에 대한 정확한 고급정보부터 확보해야 하는 임무를 수행한다. 그래서 국가의 존망을 결정할 수도 있는 국가 기관이다. 그는 자신 한 몸 살기 위해 그 스스로의 손으로 국정원을 궤멸의 지경으로 빠트려 놓았다. 그 자신의 반역적 행동으로 적의 위협에 형편없이 허술하게 된 대한민국 안보는 어쩔텐가. 국정원 2인자였던 그는 자신의 임무를 알기나 했을까.

홍장원은 동 신문과의 인터뷰에서 "이젠 진보와 보수로 나누는 것은 무의미하다"고 말했다. 좌익과 우익, 종북과 친미, 자유민주주의와 인민민주주의로 나누는 것이 무의미하다는 뜻이다. 대한민국은 이제 좌익세력이 완전한 점령에 성공한 좌익의 나라가 되었다는 뜻인가. 세계 모든 좌익 국가는 정치적 독재와 자유의 박탈과 경제적 궁핍에 시달리고 있다는 사실을 그는 모르는 것일까. 그의 반역적 행위로 독재와 억압과 빈곤한 세상이 열릴 것이라는 사실을 그는 알고 있을까. 소수의 지배층은 특권계급이 되고 그것을 대물림까지 할 수 있는 좌익의 나라를 그는 희망하고 있는 것인가. 윤석열은 우익의 국민들이 홍장원을 그 자리에서 미리 쫓아내지 않았던 대통령을 원망한다는 사실을 알고 있을까. 지금 이땅에서 이재명의 세상을 만든 일보다 더 큰 죄악이 무엇인가. 그래서 홍장원의 죄악은 하늘을 찌른다. 홍장원을 심판하고 단죄하지 않는다면 대한민국은 정상 국가가 아닐 것이다.

2. 두 번째 모략, 곽종근의 증언

"사나이 태어나서 한 번 죽지 두 번 죽나, 장군씩이나 돼서 부하 뒤에 숨나"(2025.2.24, 국회 국방위) 사나이가 한 말이 아니다. 사나이는 멸종되고 기회주의자와 배신자만 남은, 수컷 대신 내시만으로 채워진 한국 정치판에 별 2개를 달고 전역한 여성 국회의원 강선영은 부하와 다른 말을 하고 자신의 말을 바꾸고 또 바꾸는 똥별 세 개 곽종근을 향해 이렇게 질타했다. 곽종근이 강선영의 말을 듣고 반박을 했다거나 부끄러워 했다는 소식은 없다. 그가 기회주의자이고 배신자이며 내시가 맞다는 의미일 것이다. "대통령이 의원을 끄집어 내라고 했다"는 그의 말은 민주당이 장악한 국회측이 제시한 탄핵의 핵심 사유로서 대통령의 계엄이 국회의 정치 활동을 막은 위헌적 행위라고 주장하는 사람들이 만들어낸 국헌문란 혐의의 결정적 증거였다. 그러나 시간이 지날수록 그의 말은 거짓과 조작으로 엮어진 모략임이 밝혀졌고 그래서 곽종근은 자신이 했던 말을 바꾸고 부하 뒤에 숨었다. 그래서 사나이보다 더 사나이 같은 강선영이 그를 질타했을 것이다. 진짜 군인 김관진과 이재수를 제거하기 위해 온갖 수단을 다 동원했던 문재인 정권이 참군인이라면 몽땅 옷을 벗겨 집으로 보내고 생계형 또는 복지형 군인만 남겨둔 이 시대에 별 4개 출신의 전 상관과 공모한 별 3개, 모두 7개의 똥별이 꾸민 이 모략은 대한민국의 운명을 결정짓는 일이 되었다. 자유민주적 법치 질서를 무너뜨리고 좌익의 이념에 의해 통치되는 절망의 시대를 맞이하는 운명이다.

기억력 나쁜 멍청이이거나 거짓말쟁이 어린아이이거나

곽종근은 계엄 당일 밤 대통령의 전화를 받았다. 그는 전화한 내용과 횟수와 시간 모두에 대해 진술을 계속 바꿨다. 거짓말을 했다는 뜻이다. 곽종근은 12월 6일 김병주 박선원과 함께한 유튜브 방송에서 "전임 장관(국방장관 김용현)으로부터 국회의사당 안에 있는 인원, 요원을 빼내라는 지시를 받았다"고 말했다. 여기서 옆에 있던 김병주와 박선원은 '의원'으로 다시 물었고 그는 "예"라고 답했다. 빼내라고 한 대상인 인원 혹은 요원이 의원으로 둔갑하는 순간이다. 그가 12월 7~8일에 작성하여 9일의 1차 검찰 조사에 제출했다는 자술서에도 '의원'으로 되어있다. 그러나 당일 작성된 검찰 조서에는 '사람들'로 적혀있다. 그는 다음날 국회 국방위에서는 다시 이를 '인원'으로 변경한다. 이때부터 빼내라고 한 대상이 인원, 요원, 의원 어느 것이냐에 대한 논란은 계속된다. 곽종근은 2월 6일의 6차 변론에서 대통령과 민주당측과 헌재재판관이 모두 있는 자리에서 "대통령이 의원이라고 한 적은 없다. 인원으로 기억한다"고 말했다. 이에 정형식 재판관은 "처음에는 사람이라고 했다가 나중에는 의원이라고 하고, 데리고 나오라고 했다가 끄집어내라고 했다가 증언이 혼재돼 있다. 생각과 해석을 빼고 들은 얘기만 정확히 하라"고 말했다. 동네 어른이 습관적 거짓말쟁이 어린아이에게 하는 훈계였다.

곽종근은 대통령이 전화를 했다는 횟수도 계속 말을 바꿨다. 12월 6일 김병주의 유튜브에서는 1회라고 했다가 10일 국회 국방위에 출석해서는 오전에는 1회, 오후에는 2회로 바뀐다. 그리고 다음해 1월 14일에 열린 국회 국조특위에서는 3회 전화가 왔지만 2회만 받았다며 또 달라진다. 그리고 전화를 받았다는 시간도 12월 9일의 검찰 조사에서부터 2월 6일의 헌재 6차변론까지 3차례나 바뀌었으며 이마저 김현태 707단장이 증언하는 시간과도 모두 달랐다. 곽종근이 대통령과 통화한 내용 횟수 시간 모두 거짓이라는 뜻이다. 그가 김병주 박선원 등 민주당측 모략가들이 써준대로 읽었다는 추측이 난무한 이유다. 또한 민주당 측이 곽종근을 이용해먹고 버렸으며 배신감을 느낀 그가 민주당이 시킨대로 했던 허위 발언을 뒤집었다는 의견도 많았다. 곽종근의 진술 대부분이 거짓이라는 것은 시간이 지날수록 여러 사실관계에 의해 속속 밝혀졌다. 그는 계속 말을 바꾸며 자신을 방어했다. 곽종근은 거짓말쟁이였다.

3성 장군 곽종근의 말 뒤집기는 2월 6일의 헌재 법정에서도 계속된다. 국회 측 변호인단이 곽종근에게 "검찰에 제출한 자술서 대로 '대통령이 국회의사당 문을 부수고 들어가 국회의원들을 끌고 나오라'라고 한 게 사실이냐"고 묻자 곽종근은 "그게 정확하게 맞다"고 답변한다. 그러나 대통령 측 변호인단이 이에 대해 다시 심문하자 자신이 "그렇게 생각하고 자술서에 쓴 거"라고 답변한다. 이를 듣고 있던 정형식 재판관이 "오롯이 당시 기억에만 의존한 답변을 해달라"고 다그쳤고 곽종근은 "대통령은 국회의원이라고 하지 않았고 요원이라고 했다"고 답변한다. 이로써 12월 14일 국회의 탄핵소추안 표결에 진실로 행세하며 가결에 결정적으로 작용한 "특전사령관 곽종근이 대통령이 국회의사당 문을 부수고 들어가 국회의원들을 끌고 나와라고 증언했다"는 근거는 거짓임이 확정된다. 결론은 이렇다. 곽종근은 12월 6일 김병주의 유튜브에서 "김용현 전 장관이 문을 부수고 들어가 국회의원들을 데리고 나와라"고 말했고 이 말을 김병주 박선원 등 민주당 측이 '김용현을 윤석열로 바꿔치기' 해서 이를 윤석열을 탄핵하는 사유로 써먹은 것이다. 민주당의 회유와 협박을 받으며 이 모략의 소모품으로 이용된 곽종근은 진실과 거짓 사이에서 자신의 안위를 보장받기 위해 말을 바꾸고 또 바꿔야 했을 것이다. 대한민국 국군 최초의 여군 전투부대 사령관 출신으로 국민의힘 비례 초선인 강선영 의원이 그에게 '사나이' 모욕을 퍼부었다는 사실에 조금은 위로를 받는다. 강선영으로부터 그런 말을 들은 곽종근의 마음이 어떠했는지 궁금하다. 강선영은 국민을 대변하는 정치인이 확실하다.

말을 바꾸고 또 바꾸는 대한민국 3성장군

곽종근의 말바꾸기, 즉 거짓말은 "대통령이 국회 문을 부수고 국회의원을 끌어내라고 지시했다"는 것이 핵심이다. 그의 거짓말은 더 있다. 박세현 고검장을 비롯한 검찰 내의 한동훈 패거리들이 곽종근을 조사하고 작성한 모략에 가까운 공소장에는 "국회의원들 밖으로 끄집어 내라.. 대통령이 지시.."가 적시되어 있었다. 또한 12월 10일 국회에서 박범계가 처음 발언한 "문짝을 도끼로 부수고서라도 들어가서 끄집어내라"고 한 말과 "국회의원 150명 안 되도록 막아라고 지시했다"는 말도 검찰의 공소장에 버젓이 적시되어 있었다. 곽종근은 헌재 변론에서 "도끼는 기억에 없다. 지시한 게 아니다"라며 도끼 사용 지시에 대해서는 일관되게 부인했다. 그러나 그가 검찰에 제출한 자술서와 국회측 변호인단에는 "150인 정족수도 대통령이 말했다"고 진술했고 헌재의 정형식 재판관이 재차 이를 묻자 "김용현 전 장관의 말이었다"로 또 말바꿈을 했다. 곽종근의 말에 바뀌지 않는 것은 없었다. 믿을 만한 그의 말은 아무것도 없었다.

곽종근의 부하였던 김현태 707단장은 "곽종근 사령관이 150명 넘으면 안 되는데"라고 말했다고 증언했으며 곽종근도 "대통령으로부터 150명이라는 숫자를 듣지 못했다"고 진술했다. 이외에도 국회의사당 단전 지시, 특정 언론사에 대한 단전 단수 지시, 테이저 건과 공포탄 사용 지시, 국회의원을 체포하기 위한 케이블 타이 휴대 등에 대해서도 민주당과 방송에 나온 좌익 패널들은 그것이 마치 대통령 윤석열의 지시인 양 떠들었다. 특히 직업 모략꾼에 가까운 박범계가 처음 지어낸 "도끼로 문을 부수고"는 모든 좌익 마이크와 스피커들이 반복하며 국민의 반감과 공포심을 불러일으켰고 이는 국민이 윤석열에게 등을 돌리는데 큰 영향을 미친다. 그러나 시간이 지나면서 도끼, 단전 단수, 테이저 건, 케이블 타이 모두 곽종근 자신의 생각이거나 그의 지시였다는 사실이 밝혀진다. 변호사를 붙여주겠다는 등의 당근을 제시하는 민주당의 회유에 넘어간 곽종근의 생존책이었을 것이다. 그러나 민주당은 그런 일을 모두 대통령이 지시한 것처럼 선전했고 곽종근은 처음에는 부인하지 않다 헌재 재판정에서야 진실을 밝혔다. 좌익 그들의 거짓말이 대한민국 역사를 바꾼 또 하나의 사례다. 곽종근은 민주당의 모략에 부역했고 철저히 이용당했다. 그는 기회주의적 군인의 표본으로 오래도록 기억될 것이다.

민주당 편에 섰다 패가망신한 군인

"누구는 내가 살려면 양심선언 하라는데.. 얘들이 다 사정은 아는데 그래도 뭐 내란죄로 엮겠단다.. 속 사정이 많은데 지금은 아무도 내 말을 안 듣는다" 3월 5일 TV조선을 통해 공개된 곽종근의 하소연이다. 지인과 이렇게 대화한 시점은 계엄 해제 다음날인 12월 5일이다. 이것이 공개되자 많은 요설을 배설하던 민주당은 침묵했다. 그러나 B급 좌익 언론에서는 양심선언을 종용한 주체가 민주당 측이 아닌 곽종근의 고교 동창들이라고 했다. 근거로 든 것은 "얘들"이다. 좌파들 다운 저급한 논리다. 고교 동창들이 그를 내란으로 엮어 죽이겠다고 말했다고? 개구리 방구소리다. 곽종근이 마음을 바꾼 것이다. 그는 대통령의 계엄이 실패하자 민주당에 붙었던 것처럼 3.1절 전후로 탄핵반대 시위대의 규모가 찬성 시위대를 크게 넘어서자 이제는 자유우파 진영에 붙으려는 듯 보였다. 거기다 초기에는 민주당이 그를 회유하며 공익신고자로 보호해주고 변호사를 붙여주겠다고 약속했으나 군인인 그에게 제주간첩단을 변호했던 변호사를 소개해 주었고 그가 구속되기 전에 선임된 변호사 3명 모두가 도중에 사임하면서 변호사 없이 검찰에 출석하거나 국선변호사가 사건을 맡는 등 민주당이 이용가치가 없어진 그를 손절한데 대한 변심이었다. 홍장원의 메모가 거짓으로 밝혀지고 여론의 비난을 받는 것을 보면서 자신의 무수한 말바꿈과 거짓 진술에 대해 두려움을 느꼈을 것이다.

"우리는 이재명의 민주당에 완전히 이용당했다" 국민의힘 성일종 의원은 2월 12일 곽종근의 부하인 김현태 707특수임무단장을 면담하고 김 단장의 여러가지 발언을 전했다. 김병주 박선원 등 민주당 의원들이 계엄에 동원된 계엄군 지휘관인 곽종근과 김현태 자신을 회유했으며 대통령의 계엄을 내란으로 몰아가는 일에 유리하도록 진술을 유도했다고 고백했다. 김현태는 "곽종근의 군 상관이었던 김병주가 곽에게 '항의 방문 형식으로 갈 테니 자연스럽게 위병소로 나오라'로 전화한 후 (부대로) 와서 질문을 불러주며 답변을 준비시키고, 다음날 김병주가 유튜브 방송을 하

자며 찾아왔다"고 말했다. 곽종근은 김병주가 한미연합사 부사령관으로
재직할 당시 작전처장을 지낸 상관과 부하 사이였다. 모략의 결정적 증거
인 12월 6일의 유튜브를 보면 곽종근이 "(김용현 장관이) 요원들을 좀 빼
내라고 지시했다"고 말하자 김병주가 "의원들을 빼내라?"로 되물었고 곽
이 "예"라고 했다. 이어 김이 "의원들을 끌어내라는 얘기냐"며 재차 물으
니 곽은 "그렇다"고 대답한다. 곽이 "전임 장관으로부터 국회의사당 안에
있는 인원들을, 요원들을 밖으로 빼내라는 지시를 받았다"고 말하자 옆
에 있던 박선원이 "의원들을 끌어내라고 해야지요"라며 작은 목소리로
코치하는 장면도 나온다. '인원, 요원 빼내라'는 이렇게 '의원 끌어내라'로
조작되었고 이때부터 "(윤석열이) 의원들을 끌어내라고 지시했다"는 표현
은 민주당의 노래 가사가 되어 모든 언론을 도배한다. 그들의 모략극은
이것이 끝이 아니다. 시작이다.

윤석열 정부를 무너뜨리는 모략의 현장

김현태는 12월 10일 국회 국방위 정회시간에 박범계 의원이 자신과
곽종근에게 박범계가 미리 준비한 시나리오를 알려주고 이를 진술하는
연습까지 시켰으며 변호사 지원, 공익제보자 추천 등을 민주당이 챙겨
주겠다는 미끼를 약속했다고 폭로했다. 이 장면은 박범계가 당일 자신의
페이스북에 올린 사진으로 남아있다. 곽종근과 김현태 맞은 편에 박범계
가 앉아있는 장면이다. 10일 오후에 열린 국회 국방위에서 박범계는 곽
종근을 향해 대통령 윤석열과 통화한 횟수가 2회가 아니냐고 집요하게
물었다. 그러나 곽종근은 대답을 하지 않고 주저하는 모습이었다. 박범계
는 대통령과의 통화 횟수를 '2회'로 몰아가는 질문을 반복해서 했고 곽

종근은 내용에 대해서는 말하지 않으면서도 결국 "예"라고 대답한다. 이 때부터 "계엄 당일 밤 계엄군을 지휘하던 특전사령관 곽종근이 대통령과 2차례 통화했다"는 내용이 방송과 신문을 도배한다.

당초 곽종근 스스로 1회 대통령과 통화했다고 말했던 것을 박범계가 2회로 변경한 이유는 쉽게 알 수 있다. "국회에서 의원 꺼내라"고 지시한 사람을 국방장관 김용현에서 대통령으로 둔갑시키기 위해서다. 결국 "김용현 국방장관으로부터 인원, 요원들을 국회의사당 밖으로 빼내라는 지시를 받았다"는 곽종근의 12월 6일의 발언은 나흘 후인 10일의 국회 국방위에서 그 자신의 입으로 "대통령이 문 부수고 의원들 끄집어내라고 지시했다"(JTBC, 2024.12.10)로 둔갑한다. 이는 곧 "대통령이 빨리 도끼로 문을 부수고 들어가서 국회의사당 안에 있는 의원들을 끄집어내라고 했다"는 합성된 거짓 문장으로 완성된다. 민주당 반란세력의 특급 모략의 솜씨로 교묘하게 조작된 이 말은 사흘 후 국회에서 탄핵소추안을 가결시키는 결정적 근거로 작용한다.

헌재 재판정에서 대통령 측 변호인단에 의해 확인된 진실은 간단하다. 당일 저녁 대통령은 곽종근에게 계엄군의 이동 경로와 상황을 묻는 전화를 단 1회 했을 뿐이다. 이 엄연한 진실이 사전에 거짓 답변을 준비하여 곽종근에게 리허설까지 시킨 김병주와 박선원, 그리고 국회 안에서 버젓이 군인 곽종근을 회유하고 거짓 진술을 유도한 박범계 등 이재명의 민주당이 꾸민 모략에 의해 완전히 뒤틀린 후 "대통령 윤석열이 의회 민주주의를 붕괴시키는 위헌 위법의 행위를 범했다"는 어마어마한 죄목의 근거로 이용된 것이다. 이재명의 민주당에 의해 대한민국은 거짓과 조작과 모략의 나라가 되었다. 대한민국은 이렇게 무너지고 있었다.

곽종근은 헌재의 6차 변론에서 대통령이 있는 자리에서 "비상계엄때 병력 투입은 잘못"이라고 말했다. "코끼리가 넘어지면 개구리도 발길질을 한다"는 인도 속담이 생각났다. 계엄군을 동원하지 않는 계엄은 없다. 그의 말은 일개 군인이 군 통수권자인 대통령에게, 그것도 면전에서할 수 있는 말이 아니다. 그는 계엄 당일 밤 "의원 끌어내라는 대통령의지시를 받고 부당하다고 생각해서 묵살하고 예하부대에 지시를 내리지않았다"고 진술하기도 했다. 군인이 대통령의 직접 지시를 묵살했다고? 상상할 수 없는 일이다. 명령불복종의 죄명으로 처벌 받을 일이다. 그는'의원 끌어내라'는 대통령의 지시를 부하들에게 내리지 않았다고 발뺌했으나 김현태 등 부하 지휘관이 이를 반박하자 "지시한 사실은 없으나 마이크를 통해서 나갔다"고 말을 바꿨다. 참으로 비루한 3성장군이다.

계엄 초기부터 대통령에 대한 탄핵이 인용된 123일 동안 모든 언론의 주목을 받은 곽종근은 말바꾸기, 동문서답, 우물쭈물, 뻔한 거짓말 등으로 비난을 받았다. 그는 민주당이 상황을 장악했을 때는 민주당에 붙었고 상황이 뒤집힌 듯 보일 때는 민주당에 등을 돌리는 등 여론과 형세에 따라 말과 처신을 바꾸었다. 울먹이는 모습을 보이다 "쫄보 장군, 울보장군, 관심병사, 중장이 이등병으로 보인다"는 등 군인에게는 치욕적인비난도 들어야 했다. 우익 정부가 붕괴되고 거대 범죄자가 대통령이 되는일에 큰 영향을 미친 그에게 이 정도의 치욕은 별거 아니다.

곽종근을 동정함 그러나 통탄함

곽종근을 향해 "거짓말을 하고 싶어 하는 건 아닌 것 같다. 불쌍하다. 민주당에 끌려다니는 것 같다" 이렇게 말하는 네티즌도 있었다. 문재인 정권이 모든 참군인을 멸종시킨 후 지금의 대한민국 군대는 생계형 해바라기형 군인만 남았고 진짜 군인은 희귀한 존재가 되었다. 문재인과 민주당이 사병의 복지만 올려주고 장교의 복지는 외면한 결과 젊은 엘리트들은 이제 사관학교에 지원하지 않는다. 생활고를 겪는 장교들이 두둑한 월급을 받는 사병들에게 밥을 얻어먹는 일도 있다고 한다. 그래서 가족의 생계를 걱정하는 가장 곽종근이 대통령에게 등을 돌리고 민주당에 붙어 그들의 반란에 부역한 일을 동정한다.

헌재의 심리가 끝나고 홍장원의 메모와 함께 곽종근의 증언이 거짓이라는 것이 드러나면서 여론이 악화되자 민주당의 비명계에서조차 "곽종근은 이재명에 충성하다 헛발질을 한 것"이라는 평가가 나왔다.(뉴데일리, 2025.3.6) 틀린 말이다. 곽종근은 이재명에게 충성한 것이 아니다. 이재명의 민주당은 곽에게 그들의 모략에 부역하지 않으면 내란범으로 몰아 처벌하겠다고 협박했으며 곽은 자신과 가족의 생존을 위해 끌려갔을 것이다. 비겁한 군인 곽종근을 옹호하려는 의도가 아니다. 한 가정의 가장을 협박하여 자신들의 모략에 소모품으로 써먹은 이재명과 민주당을 먼저 비판해야 한다는 말이다. 참군인의 기세를 가진 김현태 707단장은 "민주당은 곽종근 사령관에게 '대세는 기울었다. 지켜주겠다'고 말했다"는 사실을 증언했다. 참군인과는 거리가 멀어보이는 곽은 이 갈림길에서 어쩔 수 없었을 것이다. 그래서 대통령과 국가를 배신하고 민주당의 반란에 가담했을 것이다. 불쌍한 생계형 군인 곽종근을 동정한다.

곽종근의 부하 김현태 단장은 "계엄 당일 민주당이 저희를 이용해 폭동을 일으키려 한다는 느낌을 받았다"고 증언했다. 김병주 박선원 박범계가 꾸민 이 모략이 반란 모의가 아니고 무언가. 곽종근의 123일 동안의 행보는 군대 상관이었던 똥별 4개 김병주가 다리를 놓고, 문재인보다 로동당 서열이 더 높다는 골수 종북이 박선원이 공작을 꾸미고, 최순실TF로 박근혜를 탄핵했던 주역인 공작정치 전문가 박범계가 실행에 옮긴 모략이다. 우익 대통령 윤석열을 대통령직에서 끌어내리고 대한민국을 좌익의 나라로 만들기 위해 꾸민 모략이다. 그들의 모략은 성공했다. 4월 4일 대통령 윤석열은 탄핵되었고 그날 곽종근은 석방되었다. 풀려나는 곽종근은 이렇게 말했다. "책임은 윗사람이 져야한다" 대한민국과 대한민국 군대는 이제 하극상의 나라, 기회주의자의 나라, 배신자의 나라가 되었다. 홍장원의 메모와 곽종근의 증언은 거짓과 조작으로 엮어진 모략극의 일부로 종결지어졌다. 그럼에도 문형배의 헌재는 이를 제대로 심리하지 않음으로써 모략의 사실을 묵살했으며 윤석열을 내란범으로 몰아간 이재명과 민주당의 거짓 논리의 취지가 그대로 반영된 판결문을 읽으며 탄핵을 확정했다. 대한민국은 이제 거짓과 조작의 나라가 되고 모략의 나라가 되었다. 악당들이 지배하는 나라가 되었다. 통탄한다.

3. 세 번째 모략, 노상원의 수첩

감정 불능. 2025년 2월 3일 국립과학수사연구원은 70쪽의 노상원의 수첩은 작성자 불명의 수첩이며 그래서 감정이 불가능하다는 결론을 내린다. "노상원이 작성했다는 증거가 없다. 동일 필적이라 보기 어렵다"는 국과수의 부연 설명은 이 수첩이 등장에서부터 "증거 채택이 어렵다"고 했던 법조계의 지배적 의견을 과학으로 확인하는 것이었다. 홍장원의 메모처럼 또 조작된 것이라는 뜻이다. 민주당의 모략극에 동원된 또 하나의 소품이라는 뜻이기도 하다. '윤석열 내란'의 거짓 프레임에 무려 45일 동안 솔솔한 약효를 발휘한 소위 노상원 수첩의 어이없는 결론이다. 80년 동안 좌익세력이 우익 국가 대한민국을 장악하는데 동원한 수많은 거짓과 조작과 모략 중에 작지만 큰 효력을 발휘한 하나의 소품이다.

즐거운 점쟁이와 우울한 대한민국 장군들

민주당과 공수처에 붙어 상관인 경찰 서열 1, 2위를 모두 제압하고 경찰 조직을 장악한 우종수의 국수본은 12월 20일 안산시의 한 점집을 압수수색한다. 그리고 노상원의 수첩을 확보했다고 발표한다. 며칠 후 언론은 압수한 수첩에 대해 많은 내용을 보도한다. "이 수첩에는 계엄 사전모의 정황이 담겨있다. 계엄 발령 후 계엄군을 배치할 목표지와 출동 부대가 적혀있다. '북한 공격 유도' '수거대상과 사살' 메모도 있다"(SBS, 2024.2.23) "전북 군산에서 점집을 운영하는 무당 '비단아씨'(본명 이선진)는 정보사령관 노상원이 수십 차례 자신을 찾아와 운세를 물었으며 '(국방장관) 김용현이 잘 돼야 자신이 서울로 올라가 일할 수 있다고 말했다'는 제보를 했다."(JTBC, 2024.12.23) "비단아씨는 노상원이 자신을 찾아와 했던 말들이 내란 관련 뉴스에 나오는 내용과 흡사해 놀랐다고 주장했다"(오마이뉴스, 2024.2.24) 민주당과 언론은 곧 노상원에게 '계엄설계자'의 이름을 붙인다. 어떤 언론은 경찰이 압수한 노상원의 노트북에 '계엄 지옥도 수첩'이라는 이름까지 붙이며(한겨레신문, 2024.2.26) '대통령이 선포한 계엄이 내란이라는 증거'라는 여론을 유도했다. 민주당은 경찰이 압수한 자료를 '데스노트, 계엄군 학살 계획'이라고 불렀으며 이재명은 자신의 SNS에 "노상원의 데스노트에 적힌대로 반국가세력으로 낙인 찍힌 국민들이 무인도와 바다 위에서 학살 당했을 것"이라는 글을 올렸다. 데스노트, 낙인, 무인도, 학살 모두 무서운 말이다. 노상원의 말이 아니다. 이재명의 말이다. 이것은 오히려 '권력은 잔인하게 쓰는 것'이라 말하고 인간에 대해서도 개체수 조절을 말하는 이재명이 대권을 잡았을 때의 플랜일 것이다. 그의 상상이 무서운 이유다.

2월 4일 국회 국조특위에 비단아씨가 증인으로 등장한다. 그러나 당사자인 노상원은 부르지 않았다. 민주당의 단골 선동 레퍼토리인 '무속팔이' 의도일 것이다. 당사자가 없는 자리에서 한병도 민병덕 부승찬 등은 비상계엄과 무속을 엮어내기 위해 무던히 애를 썼다. 그들은 이 무속인에게 노상원과 계엄 이야기가 있었는지를 집요하게 물었다. 그러나 그들이 바라는 대답인 '점괘에 맞춰 계엄을 선포했다'는 말은 받아내지 못한다. 있었던 것만 말하는 평범한 무속인과 자신들이 생산한 조작과 모략에 진실의 외피를 입히기 위해 거짓 증언을 유도하는 정치인들이 질

418

문하고 대답하는 이 장면은 한편의 참담한 코미디였다. 민주당 의원들은 가열차고 집요한 질문을 퍼부었다. 그러나 이 젊은 여성 무속인은 시종 생글웃음을 짓고 있었다. 그는 자신의 점집에 대한 영업홍보 대박을 즐거워 하는 듯 보였다. 그러나 같은 자리에 증인과 참고인으로 불려나온 장성들의 표정은 하나같이 굳어 있었다. 그들의 어깨에 옹기종기 붙은 별이 한없이 초라하게 보였다. 그 무렵 고등학생들의 육군사관학교 지원률이 계속 떨어지고 있다는 뉴스가 나왔다. 이런 나라, 지켜질 수 있을까.

거짓과 조작 그리고 성공한 모략

민주당과 좌익 언론은 노상원 수첩을 근거로 대며 노상원이 비단아씨에게 2023년부터 '나랏일' 점괘를 물었다고 주장했다. 그래서 12.3 내란은 이미 2년 전부터 모의되었을 것이라고 했다. 그들의 주장이 늘 그러하듯 이 주장도 민주당과 좌익 패널들의 입과 입을 거치며 곧 사실로 굳어지고 있었다. 무려 한 달 반 동안 사실로 행세하며 '계엄은 내란'이라는 프레임에 이용된 노상원 수첩은 결국 국과수에 의해 '작성자 불명'과 '감정 불능' 판정을 받는다. 그래서 이 수첩은 민주당과 경찰의 조작이라고 규정해야 마땅하다.

국과수의 발표가 나왔을 때 국민과 언론은 이 어이없는 결론에 대해 그다지 분노하는 분위기가 아니었다. 경찰과 민주당과 좌익 패널들을 향해 질책하는 소리도 들리지 않았다. 이런 거짓말과 모략에 우리 국민 모두가 익숙하게 된 탓일까. 윤석열에게는 날카로운 칼로 잔인하게 난도질하던 언론이 이 어이없는 결과에는 간단하게 전하고 끝낸 탓이 더 클 것이다. 이런 결과가 나왔음에도 불구하고 '윤석열의 내란'은 여전히 다수의 국민에게 의심의 여지 없는 사실로 받아들여졌다. 민주당과 언론이 연합한 거짓과 조작과 모략이 또 성공한 것이다. 대한민국이 붕괴되고 있는 단편이다. 통탄할 일이다.

자유민주주의자인 대통령 윤석열을 무너뜨린 것은 거짓과 조작으로 엮어진 모략의 힘이었다. 모두 이재명과 민주당이 한 짓이다. 박지원 박선원 김병기의 국정원 라인이 홍장원을 앞세우고 꾸민 위조된 메모와 거짓 증언, 김병주 박선원 부승찬이 곽종근을 협박하고 회유하여 받아낸 거짓 증언, 이상식이 후배 경찰 우종수와 이호영과 모략을 꾸미고 경찰 서열 1, 2위를 구금하는 하극상을 범한 후 7000명 이상의 경찰을 동원한 불법적 폭력이 어우러져 결국 윤석열 정부를 무너뜨렸다. 대한민국은 이제 모략의 나라가 되었다. 우리가 아는 자유민주주의 국가 대한민국은 더 이상 존재하지 않는다. 우리는 베네수엘라와 같은 독재 정치와 붕괴된 경제와 범죄가 넘치는 혼란한 사회에서 살게 될 것이다. 북한과 같은 수령님을 모시는 극단적인 통제와 극단적인 국가 폭력과 극단적인 궁핍의 나라에서 살게될 지도 모른다. 과장된 상상이라고 말하시는가. 이재명의 세상, 두고 보시라.

4절

반란의 증거,
재판의 편파성과 위법성

이재명의 친구인 민주당의 정성호 의원은 2025년 1일 7일 한 라디오에 출연하여 "피고인의 방어권을 보장하지 않고 3개 월 내에 끝내는 재판은 없다"면서도 이재명의 고의적 재판지연에 대해서는 "사실무근"이라고 잘라 말했다. 선거법 위반에 대한 재판은 12개 월 내에 대법원 재판까지 모두 끝내야 하도록 법률로 명시되어 있다. 강행법규다. 2022년 9월에 재판에 넘겨진 후 이재명의 갖가지 치졸한 지연 기술로 무려 28개 월을 끌고 있는 이 재판에 대해 정성호는 방어권 운운하며 고의적 재판지연의 사실은 뻔뻔하게 부인했다. 좌익형 인간에게 흔한 막무가내 주장이다. 그러나 야당대표의 재판에 비하면 중요성에서 압도적인 대통령의 재판에 대한 민주당의 태도는 완전히 달랐다. 국회의 민주당 측과 오동운의 공수처로부터 사건을 넘겨받은 문형배의 헌재는 당시 좌익진영에서 즐겨쓰던 구호인 '빛의 혁명'을 하는 듯 속도전을 펼치고 있었다. 대통령 윤석열에 대한 재판은 빛의 속도였다.

1. 문형배 헌재의 이 지독한 편파성

헌법재판소의 모든 심판은 단심이다. 탄핵 심판도 그렇다. 그래서 잘못된 판결을 사후에 바로잡을 기회는 없다. 좌익진영이 헌재를 자신들의 편으로 채우려고 기를 쓰는 이유다. 헌재에서 내린 판결은 정권이 바뀌고 재판관들의 성향이 바뀌거나 사회적 흐름이 바뀌어야 다른 판결을 내릴 수 있다. 그래서 아주 오랜 시간이 걸린다. 네 번이나 합헌 판결을 받고 다섯 번째에야 위헌 판결을 받은 간통죄가 대표적이다. 간통죄는 제정된 이후 62년만에, 첫 합헌 판결 후 25년만에 위헌 판결이 났다.

헌재 재판관들을 좌익 성향의 인물들로 물갈이 하는 것은 문재인이 지독히도 집착했던 일이다. 지방 법원에서 이혼 등의 민사사건이나 다루고 있던 문형배와 업무시간에도 주식투자에 몰두하는 등 법관 중에서 B급도 못되고 C급에도 미달한다는 평가를 받은 이미선을 많은 비판을 무릅쓰고 헌재 재판관에 앉힌 이유다. 대통령에 대한 탄핵은 국민이 행사한 주권의 결정을 뒤집는 중차대한 일이다. 그래서 빠른 결정보다는 공정하고 정확하며 특히 정치적 중립성의 견지가 매우 중요하다. 그러나 문형배의 헌재는 이런 모든 당위성을 깡그리 무시했다. 홍장원과 곽종근을 앞세운 모략이 먹혀들어 대부분의 언론이 민주당이 만든 '내란'의 프레임을 그대로 따라가며 국민의 분노 게이지를 높여가고 있는 분위기 속에서 헌재의 문형배가 재판을 진행하는 과정은 속전속결이었다. 빛의 속도였다. 이재명의 반란에 부역하는 문형배의 반란이었다.

문형배의 속도전

문형배가 속도전을 펼치는 목표는 분명했다. 이재명과 민주당이 갈망하는 '대통령 윤석열 탄핵'이었다. 문형배는 이 속도전을 위해 앞서 살핀 바와 같은 많은 거짓과 모략으로 엮어진 사실관계와 거짓 범죄혐의에 대해 매우 불공정하고 편파적으로 재판을 진행했다. 그가 이재명과 손발을 맞추며 반란을 하고 있었다는 증거다. 국회에서 탄핵소추를 가결할 때의 사유인 내란죄를 헌재 재판에서는 제외하겠다고 한 민주당이 이를 합리화하기 위해 '내란죄를 제외하고 위헌적인 계엄만 다퉈도 충분히 탄핵시킬 수 있다'고 열심히 여론전을 펼친 덕분에 국민적 비판에 대한 부담을 덜 수 있었던 이미선 재판관은 1월 3일 대통령 측과는 협의도 없이 1월 14일의 1차부터 2월 4일 5차까지의 변론기일을 미리 정하고 일방적으로 대통령 측에 통지한다. 피소추인 측과 협의 없이 일괄적으로 기일을 정하는 것은 매우 이례적이고 위법적이라는 법조계의 의견이 압도적이었다. 그러나 문재인이 좌익의 혁명을 위해 미리 꼽아둔 C급 작대기인 이미선은 아랑곳하지 않았다. 이재명의 민주당과 문형배의 헌재는 한 몸이 되어 빛의 속도로 재판을 진행하고 있었다.

처음부터 속도전의 의지를 분명하게 보인 헌재는 홍장원의 메모와 곽종근의 증언이 시간이 지날수록 거짓이고 모략임이 드러나자 재판 속도를 배가했다. 1~6차 변론까지는 하루에 1~3명씩 하던 증인 신문을 7차부터는 하루 4명씩 몰아치기로 진행했다. 김용현 한덕수 홍장원 곽종근 등의 중요 증인은 며칠씩 해도 모자랄 정도로 심리를 통해 확인해야 하는 내용이 매우 많았음에도 이러한 상대적 중요성과 엄중성에 대한 고려는 무시하고 모든 증인에 대해 90분으로 통일적으로 제한했다. 그리고 재판정에 걸려있는 빨간색 초시계를 보며 시간을 엄격하게 통제했다. 초시계로 시간을 제한하는 재판은 세계사에 없는 것이라는 비판이 쏟아졌으나 왼쪽 눈만 뜨고 세상을 보는 기형적 인간 문형배는 아무런 대꾸가 없었다. 2월 4일의 5차변론에서는 홍장원에 대한 변론이 끝나기 전에 대통령 측에서 "3분만 시간을 더 달라"고 했으나 문형배는 이 요청마저 거절했다. 급기야 2월 6일의 6차변론부터는 아침 10시부터 밤까지 심리를 진행하고 변론 전날에는 증인의 반대신문 내용을 전달받아 상대편에 알려주는 등 형사재판에서는 결코 있을 수 없는 노골적인 편파성을 불사했다. 문형배는 언제까지 이 재판을 끝내야 한다는 날짜를 미리 못박아둔 듯 보였다. 문형배의 탄핵재판 시간표는 이재명에 대한 선거법 위반과 대북송금 등의 주요 재판의 결과가 나오기 전에 윤석열을 탄핵시켜 끌어내려야 한다는 이재명의 시간표를 맞추어져 있었을 것이다.

완벽하게 일치하는 다섯 개의 시간표

1월 14일의 1차부터 2월 25일까지 11차에 걸친 변론이 진행되던 중간 무렵에는 대통령 내란죄 프레임의 핵심 증거로 쓰인 증거와 증언 대부분이 거짓이고 조작된 것이라는 점이 밝혀졌다. 그것은 동 안건에 대한 국회의 국정조사에서도 마찬가지였다. 그러자 언론은 물론 민주당 내부에서도 "민주당이 판을 깔았는데 수확은 윤석열이 거두고 있다"는 평가가 나오기 시작했다. 비상계엄을 내란으로 몰아간 모략의 진상이 하나씩 드러나고 진실이 밝혀지고 있었다는 뜻이다. 이와 함께 헌재 심리의 졸속성과 편파성과 불공정성에 대한 비판도 현저하게 많아졌다. 문형배는 증거와 증인 모두 대통령에게는 불리하고 민주당에는 유리한 방향으로 채택했다. 그리고 초시계를 동원하는 등의 방법으로 증인 심문도 그렇게 진행한다. 그가 재판을 진행하는 방향성과 목적성은 간단하고 분명했다. 윤석열을 죽이고 이재명을 살리는 것이었다. 문형배가 그렇게 하고 있는 사이 이재명의 민주당은 탄핵 찬성 재판관 6명을 확실하게 채우기 위해 마은혁을 헌재 재판관에 임명하도록 대통령권한 대대행 최상목에 대한 압박과 협박에 올인하고 있었다. 이재명과 문형배, 완벽하게 손발이 맞는 그들의 반란은 가끔은 아름답게 느껴졌다. 이 감정은 결국 공포였다.

그들의 손발이 아름답도록 잘 맞아 들어간 비결은 각자의 시간표의 일치에 있었다. 감옥 가면 죽어서야 나올 수 있는 사람이 이것을 피하기 위해서는 대통령이 되는 길 외에는 없는 중대 종합 거대 확정적 범죄자의 절박한 시간표, 80년째 하고 있는 종북좌익 혁명을 아직도 완성하지 못하고 있는 사람들의 오래된 과업을 해결할 수 있는 절호의 기회, 자신은 물론 자식에까지 대물림하는 특권 보장의 법안을 국회의장 임기가 다하기 전에 기어코 통과시켜야 하는 운동권 늙다리, 서울법대 선배를 밀어내고 대한민국에서 최고로 존귀한 사람이 되고 싶은 정치 삐약이의 철없는 조급함, 친구가 대통령이 되어 자신의 부귀영화를 죽을 때까지 보장받는 동시에 법관 중에서도 가장 왼쪽에 있다고 자인하는 자신의 좌익혁명을 완성하겠다는 사람의 시간표, 이 다섯 개의 시간표가 완벽하게 들어맞았기 때문이다. 그 중에서도 지방 판사, 즉 향판으로 있으면서 사소한 사건이나 다루던 문형배의 활약은 '함량 미달의 인간이 높은 자리에 앉아 권력을 휘두르면'이라는 가정의 가장 위험한 샘플이다.

진실을 뭉개는 판사

홍색 판사 문형배가 이끄는 헌법재판소는 민주당의 모략가들이 꾸민 거짓과 조작이 탄로나기 전에, 국민 사이에 탄핵 반대여론이 더 확산되기 전에 재판을 종결하기 위해 서두르고 또 서둘렀다. 특히 탄핵의 진실이 서서히 드러나며 여론이 바뀌기 시작한 2월이 되자 탄핵 인용에 불리한 증인은 빼고 유리한 증인은 끼워넣으며 초시계를 동원하는 등 편파성을 노골적으로 드러낸다. 편파성은 심리의 횟수에서 분명하게 확인된다. 처음에는 변론을 5차까지 잡았으나 비판 여론을 못이겨 11차까지 늘렸다. 이는 박근혜의 탄핵 심리 17차에 비하면 3분의 2에 불과하다. 그 결과 핵심 쟁점인 홍장원의 메모와 증언, 곽종근의 증언, 선관위 부정선거는 제대로 검증되지 않았다. 홍장원과 곽종근 관련 내용들이 거듭 뒤집어지고 있어도 문형배는 이를 제대로 파고들지 않았다. 그의 재판은 실체검증이 아니라 빨리 끝내는 것이 목표였다. 그는 실체검증은 생략하면서 국민은 믿지도 않는 검찰조서를 근거로 재판을 진행했다. 검찰이 공수처의 수사결과를 믿지 못하겠다며 채용 거부를 선언했듯이 국민은 대통령에 대한 적대감을 감추지 않는 한동훈 패거리 박세현이 이끄는 검찰 특수본의 수사 결과를 믿지 않았다. 문형배만 그것을 믿었다.

대통령 측이 제기했던 문제가 헌재의 재판을 통해 검증되고 규명되고 확정된 것은 단 하나도 없다. 특히 선관위의 부정선거 이슈는 관련 증인을 채택하여 1주일만 심리하면 선관위 내부의 비리와 부정 조사를 위한 후속 방향이 모두 잡힐 것이라는 법조계의 주장이 다수였음에도 헌재는 이에 대한 점검과 심리를 거부했다. 부정선거가 참이라는 사실이 밝혀졌다면 탄핵 기각의 결정적 근거가 되었을 것이다. 그러나 헌재는 부정선거에 대한 판단을 회피한 채 탄핵을 인용했다. 그렇게 해서 결국 부정선거는 부정되고 내란 프레임은 참이 되었다. "여기는 가족회사다. 친인척 채용은 전통이다"라며 간부의 자녀를 특혜적으로 채용하는 등 1000건 이상의 인사비리가 적발된 선관위는 김정은이 말한 "정치적으로 각성된 헌법재판소"에 의해 비리와 함께 부정선거 의혹까지 면죄부를 받고 묻혀진다. 이런 판결을 내린 헌재 재판관 8인 중 6인은 선관위원장 출신이다. 그들이 친정에 면죄부를 준 것이다. 헌법재판소와 선거관리위원회는 종북세력이 구축한 좌익혁명의 진지가 틀림없다.

2월 25일 열린 11차 최종 변론에서 정청래는 울먹이며 애국가 1절을 읊었다. 애국가 1절을 못 외워 가사를 보고 읽는 그가 나라 걱정을 말하는 것이 한심하고 어이없었다. 그는 아마 '님을 향한 행진곡'이나 '적기가'는 가사를 보지 않고도 부를 것이다. 막말과 뻔뻔함에서 대한민국 극강인 그는 왜 애국가에 기대어 울먹였을까. 밑천이 다 떨어졌다는 뜻이다. 거짓과 모략과 선전 선동으로 만든 '대통령 내란'이라는 탄핵 사유의 진실이 드러나고 여론이 악화되고 있는 상황에서 그가 더 이상 기댈 수 있는 것은 없었다. 그래서 애국가에 기대어 울먹이는 쇼를 했을 것이다. 그의 쇼는 결국 먹혀들었다. 탄핵 반대를 외치는 국민은 거리를 가득 메웠지만 40일을 더 끌다 '정치적으로 각성된' 헌법재판소, 그 중에서도 최고로 각성된 문형배에 의해 탄핵이 인용된 것이다. 통탄한다.

한덕수 탄핵과 마은혁 임명, 뭣이 중헌디

대통령권한 대대행 최상목은 12월 31일 조한창과 정계선을 헌법재판관에 임명한다. 그러나 마은혁에 대해서는 임명을 보류한다. 여야가 합의하지 않았다는 것이 이유다. 이에 국회의장 우원식은 새해연휴가 막 끝난 1월 3일 마은혁 임명보류에 대한 권한쟁의심판과 가처분신청을 헌재에 제기한다. 최상목이 마은혁을 임명하지 않아 국회의 선출권을 침해했다는 것이다. 우원식은 행정수반의 임명권을 침해의 정도가 아니라 묵살, 개무시하고 있었다. 국회의장으로서는 턱없는 함량 미달이로 보이는 그는 대한민국의 질서를 붕괴시키고 있었다. 1월 하순이 되자 헌재는 2월 3일에 이 안건을 먼저 처리한다고 예고한다. 우원식이 이 안건을 제출하기 전에 이미 감사원장, 3인의 검사, 경찰청장, 법무장관, 대통령, 국무총리 겸 대통령권한대행 등 9건의 사건이 먼저 접수되어 있었으나 이런 안건은 모두 제쳐두고 마은혁부터 먼저 처리하겠다고 예고한 것이다.

목적은 분명했다. 대통령 탄핵에 필요한 찬성 6명을 확보하기 위해서다. 사건의 중요성을 보나 안건 처리의 선입선출의 원칙을 적용하면 불공정성과 편파성이 명백한 결정이었다. 특히 새로 출범하는 트럼프 행정부와의 협상 등 시급한 국정에 대응하기 위해 한덕수 권한대행의 탄핵 안건을 우선적으로 처리해야한다는 국민 여론이 높았으나 헌재는 들은 척도 하지 않았다. 대신 우원식이 제기한 마은혁 건을 먼저 처리하겠다고 발표한 것이다. 문형배를 위시한 헌재 재판관들의 안중에는 이재명을 살리기 위한 윤석열 죽이기만 있었고 국민과 나라는 없었다. 마은혁의 안건을 결정하겠다고 한 2월 3일, 헌재는 선고를 2시간 앞두고 돌연 무기한 연기를 발표한다. 일반 재판에서도 이런 경우는 드물다. 하물며 중차대한 국가적 사건을 두고 헌재는 이렇게 했다. 이재명의 민주당에게 유리한, 대통령 윤석열에게는 불리한 결론에 이르기 위한 숫자를 확보하는데 실패했다는 뜻이다. 이재명의 민주당을 편드는 재판관들이 마은혁의 임명을 위해 결정을 밀어붙였으나 찬성 6명의 확보가 어렵게 되자 급작스레 무기한 연기를 발표한 것이다. 국민의힘 신동욱 의원의 말대로 대한민국 헌법재판소는 이미 엿장수의 가위가 되어 있었다. 이제는 볼 수 없는 풍경이지만 엿장수가 가위 소리를 내는 횟수는 엿장수 마음대로다.

민주당과 헌재가 합작하는 농단

헌재의 이러한 편파성은 이재명의 민주당이 숨긴 책략의 연장선이다. 4개 월 전인 2024년 10월 헌재 재판관 3명이 퇴임한다. 헌재 재판관 공석 상황은 12월까지 두 달 동안 계속된다. 공석인 3명의 재판관은 여야가 각 1명씩 추천하고 나머지 1명은 여야 합의로 하는 것이 관례임에도 민주당은 자신들이 2명을 임명하겠다고 고집하며 임명을 고의로 지연시킨다. 방통위 이진숙 위원장을 비롯해서 그들이 무차별적으로 탄핵한 국무위원들에 대한 헌재의 심리와 결정을 방해하기 위해서다. 김형두 재판관이 국회측 대표인 정청래를 향해 "국회는 헌재가 일하지 말라는 것이냐"고 물었을 정도였다. 민주당이 재판관 임명을 방해한 것은 그들이 탄핵한 모든 안건이 탄핵 요건에 맞지 않아 기각될 것이 예상되었기 때문이다. 실제 9건의 탄핵사건 가운데 대통령의 건을 제외한 8건은 모조리 기각 또는 각하되거나 부결되었다. 김형두 재판관의 점잖은 항변조차 무시한채 재판관 임명을 방해하고 있던 민주당이 갑자기 임명을 서둘렀다.

돌변이었다. 윤석열을 탄핵하기 위해서는 재판관 6명 이상의 찬성이 필요했기 때문이다. 그래서 조한창 정계선 마은혁을 임명하지 않는 한덕수를 탄핵하고 이어 조, 정 두명만 임명하고 마는 임명하지 않는 최상목에 대한 탄핵까지 겁박했다. 게다가 권한쟁의 심판은 국가기관 사이의 분쟁이 대상이므로 청구인은 국회의장이 아닌 국회가 되어야 한다. 이 요건을 충족하기 위해 국회의 의결을 거쳐야 했으나 국회는 그런 의결을 한 적이 없다. 이런 여러 법적 절차와 요건을 민주당은 물론 헌재조차 무시하고 있었다. 민주당의 헌재 농단이고 헌재의 국정농단이다.

2024년 연말 179명이 사망한 무주공항 참사 당시 재난수습을 지휘해야 할 경찰청장 행안부장관 국무총리 대통령의 자리는 모두 공석이었다. 그래서 경제전문가인 최상목이 이를 지휘했다. 평소 같으면 이태원 사건에서 그랬던 것처럼 또 트집을 잡아 '장관 물러나라, 대통령이 책임지고 사퇴하라'며 정치공세에 열을 올렸을 민주당과 좌익 진영은 조용했다. 줄탄핵으로 자신들이 그런 자리를 모두 비워버렸기 때문이다. 경제전문가로서 재난관리는 처음인 최상목의 허술한 수습에 대해서도 비판을 자제하며 관대함을 보인 이유다. 게다가 곧 출범하게 될 미국의 트럼프 정부는 관세 체계를 비롯한 세계적 무역질서의 대변혁을 예고하고 있어 이에 대한 정부 차원의 대응은 시급한 현안이었다. 그래서 국무총리 한덕수에 대한 탄핵안이라도 시급히 결정하라는 것이 국민의 압도적 여론이었다. 한덕수에 대한 탄핵 안건도 대통령의 내란죄가 제외되면서 그 사유가 대부분 소멸되어 판결은 쉽고 간단한 것이었다. 그러나 문형배의 헌재는 꿈쩍도 하지 않았다. 그들은 이재명 살리기 이외의 것은 아무것도 고려하지 않았다. 매국노가 따로 없다. 헌재가 마은혁 안건을 먼저 결정하겠다고 나섰을 당시까지 한덕수의 탄핵안과 대통령 권한대행에 대한 탄핵 가결 정족수가 151명이냐 200명이냐에 대해 판결을 내리는 일은 국정혼란을 최소화하기 위해 가장 시급한 문제였다. 그러나 헌재는 이에 대한 재판은 시작조차 하지 않은 상태였다. 반면 마은혁의 건에 대해서는 단 한 번의 재판으로 종결을 시도한다. 헌재가 이렇게 노골적으로 민주당 편을 드는 편파성의 이유는 뻔하다. 윤석열은 죽이고 이재명은 살리며 그들의 좌익 혁명을 성공하기 위해서다. 이재명과 인민민주주의에 대한 충성이었고 대한민국에 대한 배신이었다.

이것이 탄핵소추권 남용이 아니라고?

문형배는 윤석열의 파면을 선고하며 이재명의 민주당이 대통령의 지위를 탈취하기 위해 국회가 탄핵소추권을 남용했다는 대통령측의 탄핵 기각 사유 주장에 대해 "남용됐다고 볼 수 없다"고 판결했다. 대한민국 헌정사에서 윤석열 정부 이전의 75년 동안 국회의 표결에까지 이른 탄핵안은 발의된 11건 중 단 4건이다. 그러나 윤석열 정부 2년 반 동안에는 발의 27건에 국회를 통과한 것은 13건이다. 헌재의 재판에까지 이른 역대 탄핵안 16건 중에 13건이 이재명의 민주당이 국회를 장악한 시간에 있었다. 후에 대통령과 국무총리까지 탄핵되어 29건 발의에 총 15건이 통과되었다. 그나마 파면에까지 이른 탄핵은 윤석열 탄핵 이전에는 박근혜를 파면한 단 1건이다. 탄핵의 사유가 충족되지 않는데도 탄핵안을 무분별하게 가결시켰다는 말이다. 이래도 탄핵권 남용이 아니라고? 사유가 충족되지 않는 탄핵안을 남발하여 국정을 마비시킨 일은 이재명과 민주

당의 반란이다. 이를 남용이 아니라며 대통령을 파면시킨 일은 문형배가
지배한 헌재의 반란이었다

　　윤석열 대통령 탄핵 이전까지 민주당이 장악한 국회를 통과한 13건
의 탄핵 가운데 행안부장관(2회), 방통위원장, 감사원장, 국방장관의 탄핵
은 국가의 정상적 운영을 마비시키려는 의도에서 시작되었고 실제적으
로 그런 결과를 낳았다. 사회적 재난을 윤석열 정부의 책임으로 공격하
는 정치공세를 위한 행안부 장관의 탄핵과 이로 인해 더욱 약화된 정부
의 재난 대응능력, MBC를 계속 좌익의 지배 아래 두고 선전 선동의 도
구로 이용하기 위한 의도의 4차례의 방통위원장 탄핵 시도와 1차례의
국회 통과, 여러가지 반국가적이고 이적성이 분명한 문재인 정권의 비리
와 불법을 감사하는 감사원의 업무를 방해하기 위한 감사원장 탄핵, 이
재명의 범죄혐의를 수사하고 기소하는 검찰에 영향력을 미치기 위한 법
무장관 탄핵 등은 명백히 정부의 업무수행을 방해하고 국정을 마비시키
고 국가의 정상적 유지를 불가능하게 만들기 위한 의도였다. 이 정도면
야당의 정부 견제가 아니다. 이재명과 민주당의 반란이다.

　　안동완 손준성 이정섭 이희동 임홍석 김영철 강백신 박상용 엄희준
이창수 조상원 최재훈, 모두 윤석열 정부에서 민주당이 탄핵안을 발의한
검사들이다. 중간에 철회된 경우도 있으나 강백신 이창수 조상원을 비
롯 탄핵안이 가결되어 직무정지에까지 이른 대부분의 검사는 범죄혐의
자 이재명의 범죄를 수사하고 있었거나 이미 했던 검사들이다. 이재명의
범죄에 대한 수사와 기소를 막기 위한 탄핵이었다는 뜻이다. 이것은 이

재명 한 사람의 처벌을 피하기 위해 정부의 범죄 대응력을 약화시킴으로써 대한민국을 범죄자들의 천국으로 만드는 행위였다. 실제 이 기간 동안 많은 형사사건의 수사와 기소가 정체되어 범죄에 대한 처리의 시간이 현저히 증가했다. 이재명 단 한 사람을 위해 국가의 형사사법 기능 전체를 마비시킨 결과다. 이재명 하나 감옥 보내지 않기 위해 검찰의 기능을 약화시키고 파괴한 것은 민주당이 주도한 여러 내란행위 가운데 하나다. 검사 출신의 대통령 윤석열은 이것을 매우 심각하게 인식했고 이를 해소하기 위해 계엄을 선포한 것이다. 검사에 대한 무분별한 탄핵은 이재명과 민주당의 반란이다. 그리고 이것을 탄핵소추권의 남용이 아니라고 판결한 것은 문형배가 이끄는 헌재의 반란이다.

미리 정해진 결론 탄핵

4월 4일 대통령 윤석열에 대한 파면 선고문을 읽고난 이후 언론의 아부성 찬양 기사에 취해 있던 문형배는 4월 25일 블로그에 "대통령과 국회의 갈등을 해결할 방도가 없다"는 내용의 글을 올린다. 좌익과 범죄자들이 연합하여 철옹성 같은 진지를 구축한 입법부와 대한민국의 좌익 국가화를 막으려 했던 대통령 사이의 대립이 그가 말한 '해결할 방도가 없는 갈등'의 본질이라는 사실을 그는 알고 있었을 것이다. 그럼에도 윤석열을 탄핵시키는 일을 주도하고 핵심적 역할을 했던 문형배는 마치 자신과는 관련이 없는 국회와 대통령의 일인 양 말하고 있다. 정당하지 못한 일, 불리한 일, 위법 불법의 일을 대하는 좌익형 인간들의 전형적인 태도다. 그가 오리발을 내밀고 있었다는 뜻이다. 문형배는 대한민국의 운명을 바꾸는 이 판결의 제3자가 아니었다. 그는 좌익의 동지들과 범죄자

친구가 있는 민주당이 장악한 국회와 한편이었던 갈등의 핵심 당사자였다. 그가 해결할 수 없다는 국회와 대통령의 갈등에서 그는 불법 위법 편파 불공정 등 수많은 변칙을 저지르며 국회의 편에 섰다. 그는 이재명과 민주당이 일으킨 반란에 가담한 핵심 당사자였다. 해결 방도가 없어서 그렇게 위법적이고 불공정한 방법으로 우익의 대통령을 제거하고 좌익과 범죄자 손을 들어 주었는가. 재판 진행의 위법성과 이재명의 민주당으로 기운 철저한 편파성은 문형배가 이재명의 반란에 동참했다는 증거다.

2월 1일 대통령 측 변호인단은 헌법재판소에 문형배 이미선 정계선 3인의 재판관에 대한 회피촉구의견서를 제출한다. 문형배는 이재명과 SNS에서 교류하는 등 정치적으로 편향되었다는 사유로, 이미선과 정계선은 동생과 남편이 대통령 윤석열 탄핵운동의 선봉에 서는 등 가족의 정치적 성향의 사유로 그들이 참여하는 재판은 재판관의 공정성과 중립성에서 위배된다고 했다. 특히 문형배의 경우 이재명과 부부동반 모임을 가질 정도로 사적으로 친근한 사이로 알려졌으며 정계선은 골수 운동권 출신으로 좌익의 사상성이 투철한 사람이다. 서정욱 변호사는 국회 측 대리인 중 한 명을 사이에 두고 이재명과 문형배가 계속 교감하고 있었을 것으로 추정했다. 그러나 김정은의 지령에 따라 이미 '정치적으로 각성된' 헌재가 대통령 측이 제기한 회피 촉구를 수용할 리는 만무했다. 남한을 좌익의 체제로 변경하는 혁명과업에 써먹기 위해 헌재에 심어둔 우리법연구회 출신의 문형배와 이미선 그리고 운동권의 정계선이 아닌가. 그리고 이들 3인보다 좌익의 사상성과 혁명성이 더욱 투철하고 그래서 압도적으로 더 편파적인, 막스-레닌주의 지하혁명조직 활동 경력을 가진 마은혁을 그들 무리에 끌어넣기 위해 임명을 밀어붙이던 문형배의 헌재였다. 11차에 걸친 변론에서 정형식 김형두 재판관은 증인 등에게 많은 질문을 하며 실체규명의 의지를 보였다. 그러나 이미선과 정정미 정계선은 질문조차 별로 하지 않았고 문형배는 속도전에만 열중했다. 윤석열은 죽이고 이재명을 살리겠다는 결론을 그들은 이미 정하고 있었을 것이다. 하나마나한 재판이었다.

특정 재판에 대한 '법관의 회피'는 법관 본인이 기피사유가 있다고 생각하는 경우 스스로 그 재판을 맡지 않는 경우를 말한다. 법관 자신의 이해충돌을 스스로 방지함으로써 재판의 공정성과 중립성을 확보하기 위한 사법 윤리적 행위다. 대법원의 경우 법관 스스로 재판을 회피한 사례가 적지 않다. 2020년 이재명의 경기지사 시절의 사건에서 대법관 김선수는 과거 이재명의 다른 사건의 법률대리인에 참여했다며 스스로 재판을 회피했고 2009년에는 이용훈 대법원장과 안대희 대법관도 유사한 이유로 스스로 회피하고 재판에 관여하지 않았다. 최근인 2025년 4월 이재명의 공직선거법 사건이 대법원 전원합의체에 회부되자 노태악 대법관도 중앙선관위원장을 겸하고 있다는 사유로 스스로 회피를 신청하여 재판에서 빠졌다. 그렇다면 문형배 이미선 정계선 3인은 어떤가. 헌재를 좌익혁명의 진지로 구축하기 위해 문재인과 민주당이 심어둔 이 3인이 우익 대통령을 끌어내리는 재판에 스스로 빠질 리가 있나. 이들은 스스로 회피하기는 커녕 대통령 측의 회피 촉구를 거부했다. 자유민주주의 체제를 선택한 우익의 나라 대한민국에서 막스-레닌주의와 사회주의 공산주의 북한주의를 신봉하는 좌익의 재판관이 그들의 잣대로 우익의 대통령을 재판하는 것이 정당하냐고 묻는 국민의 목소리는 그들의 귀에 닿지 않는 듯했다. 절대적으로 존귀한 좌익이념에 비하면 미물의 존재에 지나지 않는 우익 국민의 목소리는 그들에게 아무것도 아니었을 것이다. 좌익의 반란세력에 의해 대한민국은 그렇게 뒤집히고 있었다.

문형배, 역적이거나 간첩이거나

김정은의 지령에 따라 정치적으로 각성된 남조선의 헌재는 윤석열에 대한 재판을 위법 불법에 더해 부당하고 편향적으로 진행했다. 재판이 시작되기 전 대통령 측은 미처 변호인단 선임도 제대로 되지 않은 상태였다. 대통령 측은 좌익진영의 선동 구호인 '빛의 혁명'에 걸맞는 빛의 속도의 재판을 막고 최소한의 준비와 방어의 시간을 확보하기 위해 안건의 접수를 거부하고 있었다. 헌재는 국회 측이 제출한 대통령에 대한 탄핵소추안의 접수 통지, 헌재 출석요구서, 심리와 재판의 준비명령 등에 관한 서류를 대통령 측에 발송하고 발송한 순간 송달이 실행된 것이라고 우겼다. 법조인들이 이구동성으로 "처음 본다"고 한 이 '발송 송달 처리' 조치는 공정성을 위반한 것은 물론 피청구인의 방어권을 보장해야 한다고 명시한 헌법과 법률을 위반하는 것이다. 측근들은 의문의 죽음을 하거나 구속되었는데도 국회를 개인 로펌처럼 악용하며 자신의 방탄벽으로 삼고, 여러 개의 재판을 지연시키기 위해 법원이 발송한 서류의 접수를 갖가지 방법으로 회피하고 있던 이재명에게 보여준 사법부의 관대함과는 극명하게 비교되는 편파적인 조치였다. 윤석열은 죽이고 이재명은 살리기 위한 문형배 속도전의 일부다. 이재명에게는 엿가락처럼 늘어지는 재판이 윤석열에게는 그렇게 속전속결로 진행되었다.

헌재 변론과정에서 대통령 측이 신청한 증인은 모두 34명이다. 많다고 하시는가. 윤석열의 재판지연술이라고 하시는가. 지방의 중소규모 일개 도시 축구팀의 165억 원의 뇌물을 다루는 성남FC사건에서 이재명 측이 신청한 증인은 250명이다. 검찰측이 신청한 증인까지 합하면 410명이다. 대장동 증인은 148명이다. 이 정도 숫자는 되어야 재판 지연술이라 말할 수 있다. 하물며 국가원수를 재판하는 일에 34명은 최소한이다. 헌재는 이중에서도 단 8명만 증인으로 채택했다. 그리고 하루 4명씩, 각각 90분으로 초시계로 심리시간을 제한하며 재판을 진행했다. 여기다 핵심 증인이라 불리던 한덕수 총리에 대한 증인채택 신청까지 기각했다. 방송에 나와 거짓을 우기는 좌파 패널들의 주장처럼 업무수행에 바쁜 총리를 배려했다고 말하시는가. 한덕수 총리는 대통령 탄핵재판 변론기간 내내 그 자신도 탄핵되어 집에서 쉬고 있었다. 한덕수 총리는 국정의 2인자로서 계엄선포 당시의 국무회의 상황과 민주당의 줄탄핵으로 인한 국정의 마비, 국정을 발목잡기 위한 민주당의 거듭된 위헌 입법 등 대통령이 계엄을 선포한 이유에 대해 누구보다 잘 아는 사람이었다. 그래서 대통령 측이 중요 증인으로 신청한 것이다. 그러나 헌재는 기각 이유에 대해 구체적인 설명도 없이 기각을 결정했다고 윤갑근 변호사는 말했다.

반면 문형배는 국회측에 대해서는 180도 달랐다. 그는 정청래가 이끄는 국회측에 유리한 증인에는 직권으로 출석을 결정하고 중간에 끼워넣기까지 불사하며 심리를 진행했다. 수방사 사령관의 증언과는 달리 "국회의원 끌어내라는 지시를 받았다"고 증언한 경비단장을 끼워넣은 사례가 대표적이다. 대통령 측에서 "선관위의 서버를 단 한 곳이라도 검증해 보자”며 1월 30일과 2월 4일의 변론에서 두 차례나 요청했음에도 헌재는 “필요성이 부족하다” “법령 위반이 없다”며 신청을 기각했다. 대통령 측이 신청한 인천 연수구와 경기 파주시 선관위 등에 대한 사실 조회 및 문제제출 명령, 선관위 서버에 대한 감정에 대해서도 헌재는 모두 기각했다. 선관위가 그동안의 총선과 대선과 지선에서 자행한 것으로 의심받는 부정선거의 진상이 밝혀지는 것을 막는 동시에 이재명의 재판 결과가 나오기 전에 탄핵을 속전속결로 인용하기 위한 두가지 목적을 위해서다. 이재명의 반란을 성공시키기 위한 문형배의 재판 농단이었다.

헌재와 민주당의 짬짜미가 대통령 탄핵 재판에만 있었던 것은 아니다. 최상목 대통령권한 대대행이 마은혁을 임명하지 않은 일에 대해 우원식이 국회의 표결을 거치지 않은 채 단독으로 헌재에 청구한 권한쟁의 심판은 명백한 하자로서 당연한 기각 사유였다. 그러나 문형배는 달랐다. 2월 10일에 열린 이 안건에 대한 변론에서 국회측은 “흠결을 보완할 수 있는 기회를 달라”고 요청했다. 이에 문형배는 “본회의 의결에 어느 정도 시간이 걸리나”라고 물었다. 그리고 4일 후인 14일 국회본회의는 이에 대한 결의안을 통과시킨다. 이를 두고 주진우 의원은 “헌재가 민주당에 ‘지금이라도 본회의를 열어 절차적 하자를 빨리 보완하라’는 힌트를 준 것”이라며 “헌재와 민주당의 약속대련”이라고 말했다. 문형배는 민주당측에 기각의 사유가 되는 하자를 보완하라는 힌트를 주고 그렇게 할 수 있는 시간까지 주었다. 민주당의 국회측과 손발을 맞추며 재판을 철저히 편파적으로 진행한 문형배는 이재명의 민주당이 이끄는 반란 세력과 같은 패거리였다. 그는 이 반란의 주역이다. 아니다. 어쩌면 간첩인지도 모른다.

2. 위법과 불법으로 엮어진 이 탄핵

2025년 3월 7일 서울중앙지법 지귀연 판사는 구속 중인 대통령의 석방을 결정한다. 그러나 검찰 특수본의 박세현 본부장 등 한동훈 세력의 저항으로 28시간이나 불법으로 계속 구금되어 있다 8일 오후에야 풀려난다. 이틀 후인 10일 국민의힘은 공수처장을 검찰에 고발했고 민주당은 검찰총장을 공수처에 고발한다. 대통령이 풀려나자 여야가 공수처장과 검찰총장을 맞고발한 것은 대통령의 체포와 구속에 무수한 불법과 위법이 있었기 때문이다. 공수처장과 검찰총장이 고발된 이유를 보면 이 사태가 윤석열의 내란인지 이재명과 민주당의 반란인지는 바로 가려진다. 여기다 법원과 헌재가 범한 위법과 불법, 그리고 민주당이 장악한 국회의 불법까지 들여다보면 이재명과 민주당과 좌익 법률가들이 반란을 일으켰다는 사실은 분명해진다. 이제는 대한민국 대통령이 아닌 윤석열에 대한 검찰의 기소내용과 진행중인 재판을 봐도 마찬가지다. 대통령 윤석열을 탄핵한 것이 범죄자 이재명과 좌익 정당 민주당과 좌익 법률가들의 반란이라는 것은 그 과정의 위법성과 불법성에 의해 증명된다.

1) 공수처의 이 반란범

3월 10일 국민의힘이 공수처장 오동운을 대검에 고발한 혐의는 다음과 같다. 1. 대통령 불법체포 및 직권남용 / 2. 허위공문서 작성과 행사 /

3. 국회에서의 증언 감정 등에 관한 법률위반 혐의 등이다. 고발의 사유로는 A. 법원이 대통령 구속을 취소하는 과정에서 공수처가 내란죄 수사권이 없음을 명확히 확인했다는 점 / B. 수천 명의 경찰을 동원하여 대통령을 구금한 것이 불법이었다는 점 / C. 공수처가 대통령에 대한 압수수색 영장과 통신영장을 중앙지법에 청구한 적이 없다는 거짓 내용의 공문을 국회에 보낸 점 / D. 오동운이 국회 청문회에서 '관할권이 없어 대통령 체포영장을 서부지법에 청구했다'는 취지로 위증한 사실을 들며 대통령에 대한 체포, 구금, 구속이 오동운과 서부지법 좌익 판사들의 위법행위라는 사실을 나열했다. 무엇보다 대통령에 대한 체포와 구금이 오동운의 계획적 범죄라는 점이 가장 엄중한 위법과 불법이다.

오동운의 범죄

이재명의 민주당이 군소 야 4당과 함께 심우정 검찰총장을 고발한 혐의는 다음과 같다. 1. "대통령에 대한 구속취소 결정에 손쉽게 투항해 내란수괴를 풀어주고 내란공범을 자임했다"는 직권남용 혐의 / 2. 지난 1월에 있었던 검찰의 대통령 기소 당시 전국 검사장 회의를 여는 등으로 시간을 지체해 법원의 구속취소 결정에 빌미를 제공했으며 / 3. 검찰 특별수사팀의 즉시 항고 주장을 묵살한 채 항고를 포기하고 석방을 지휘한 일이 직권남용이라는 것이 고발의 사유였다. 1과 2의 혐의는 대통령을 내란범으로 몰아간 것과 동일한 논리다. 이것은 검찰총장으로서의 적법한 직무를 수행한 것으로 위법성이나 불법성은 전혀 없다. 3의 혐의에 대해 민주당은 "검찰총장은 특별수사 본부장이 법률을 위반한 경우를 제외하고는 직무를 중단시킬 수 없다"고 주장하며 이를 특수본의

440

운영지침이라고 했다. 그래서 검찰총장이 대통령의 석방을 반대하는 박세현에게 석방을 지휘한 것이 직권남용이라는 것이다. 그러나 검찰은 이 운영지침이 적용되는 특수본은 검찰 내부 인사가 연루된 경우에 출범시키는 것으로 비상계엄 특수본은 이와는 무관하다고 반박한다.(연합뉴스, 2025.3.10) 민주당이 상습적으로 법을 짜깁기하고 마음대로 해석하는 범죄적 행위를 또다시 범했다는 뜻이다. 그러나 오동운의 공수처가 범한 불법과 위법은 짜깁기도 아니고 자의적 해석은 더욱 아니다. 명백한 범죄다.

2월 21일 대통령측 변호인단은 오동운의 공수처가 서부지법에 영장을 청구하기 전에 중앙지법 남천규 영장판사 등에게 4차례 청구하여 모두 기각된 사실을 공개한다. 그러나 당일 오동운은 "내란혐의 사건에 대한 체포영장과 구속영장을 (서부지법에 청구하기 전에) 중앙지법에 청구한 사실이 없다. 통신영장만 청구했다"고 반박한다. 대통령 측은 후에 중앙지법에서 12월 6일 2건, 8일 1건, 20일 1건의 영장이 기각된 사실을 확인했다. 공수처에 내란 수사권이 없다는 이유로 법원이 모두 기각한 것이다. 다음날 언론은 공수처가 대통령에 대한 영장을 중앙지법에 총 16차례 청구하여 모두 기각되고 동부지법에도 김용현 장관의 건으로 1건 청구하여 기각되었으며 그 후 서부지법으로 간 사실을 보도한다.(시사매거진, 2025.2.22) 2월 25일 국회에 출석하여 이 사실을 추궁받은 오동운은 "(서울중앙지법에서 영장이) 기각되자 서부지법으로 간 것이 아니다"며 다시 부인한다.(KBS, 2025.2.25) 이는 2월 28일 검찰의 공수청에 대한 전격적 압수수색으로 입증된다. 이어 법원까지 인정했다. 이로써 영장에 대한 오동운의 거짓말 즉 위증은 확정된다. 오동운이 거짓말을 했다는 사실은 놀라운 일이 아니다. 그는 좌익이 아닌가. 거짓말에 서툰 좌파는 없다.

오동운은 반란범이다

형소법 제200조의 2(영장에 의한 체포)는 '검사가 영장을 청구할 때 동일한 범죄사실에 대해 전에 체포영장을 청구했거나 발부받은 사실이 있는 경우에는 다시 영장을 청구하는 취지와 이유를 기재하여야 한다'고 명시하고 있다. 그러나 오동운의 공수처는 서부지법에 영장을 청구할 때 중앙지법에 청구했다 기각당한 사실을 기재하지 않음으로써 이 형소법 조항을 위반하는 명백한 범죄를 범했다. 그리고 국회에서는 이에 대한 질의에 위증죄를 범했다. 공수처, 경찰, 헌재, 민주당의 국회측이 범한 이러한 유형의 절차상 위법은 무수하다. 그 중에서 공수처와 오동운의 위법과 불법의 범죄를 정리하면 다음과 같다.

1. 헌법이 명문으로 보장하고 있는 현직 대통령의 비상대권인 계엄 선포를 내란으로 규정한 것은 반란세력의 해석이자 주장으로서 위헌이다. 따라서 이에 동조한 공수처의 모든 행위도 위헌이다. / 2. 헌법 제84조에 따라 내란 또는 외환의 죄가 아닌 직권남용죄로 현직 대통령을 수사하고 기소한 공수처의 행위는 위헌이다. / 3. 대통령의 직권남용죄에 대한 소추권이 없는 공수처가 직권남용 관련 사건으로 내란죄를 수사한 것은 위법이다. / 4. 문재인 정권의 검경수사권조정에 의해 내란 수사권은 경찰이 가지는 권한이다. 따라서 공수처가 내란죄를 수사한 것은 위법이다. / 5. 수사권이 없는 공수처가 대통령을 불법으로 체포하고 구금한 것은 형법 제278조 특수체포와 특수감금죄가 성립한다. / 6. 헌법상 완전한 독

립기관인 공수처가 어떠한 법적 근거도 없이 경찰과 공조수사본부를 설치한 것은 불법이다. / 7. 독립기관인 공수처가 대통령을 체포하기 위해 7700여 명의 경찰력을 동원한 것은 어떠한 법적 근거도 없는 불법이다.

8. 위법한 영장을 청구하고 위법한 영장에 근거해 대통령을 체포 감금한 것은 허위공문서작성죄, 위계에 의한 공무집행방해죄, 직권남용죄가 성립한다. / 9. 1급군사시설로 보호받는 대통령 관저를 무단으로 침범한 것은 군사시설보호법 위반이다. (서부지법 이순형 판사의 1차 영장에는 이에 대해 규정하는 형소법 110, 111조 적용을 배제함으로써 위헌으로 지탄받았으나 신한미의 2차 영장에는 이마저 삭제된다) / 10. 공수처가 대통령 관저를 침범할 때 출입승인권자인 대통령경호처의 승인을 받지 못하자 승인권이 없는 국방부 소속의 55경비단장의 관인을 탈취해 만든 셀프 공문을 작성하고 이를 출입승인 공문으로 제시한 것은 허위공문서작성죄를 범한 것이다. / 11. 공수처가 서울서부지법에 대통령에 대한 영장을 청구할 때 중앙지법에 영장을 청구하여 기각당한 사실을 기재하지 않고 은폐한 것은 형소법 위반이다. / 12. 중앙지법에 영장을 청구한 사실을 감추기 위해 특정 체포영장을 뺀 혐의가 확인되는 등 많은 수량의 수사자료는 물론 수사자료의 목록까지 누락시키고 검찰과 법원에 제출한 것은 공용서류은닉죄에 해당한다. / 13. 공수처장 오동운이 국회 국정조사에서 중앙지법에 영장을 청구한 사실을 부인한 것은 위증죄다.

자유민주주의를 신봉하는 국민이 선택한 대통령 윤석열을 끌어내린 일이 이재명의 민주당과 좌익 법률가들이 합작한 반란이며 좌익의 정권

찬탈이라는 사실은 좌익 법률가 오동운이 지휘하는 공수처의 이상 13가지의 명백한 위헌, 위법, 불법행위만으로도 충분히 증명된다. 대통령의 정당한 권한행사를 내란으로 몰아간 이재명 민주당의 반란이 없었다면, 그리고 공수처의 명백하고 수많은 위헌 위법 불법행위가 없었다면 대통령 윤석열은 결코 탄핵되지 않았다. 공수처의 위헌적 수사, 관할인 중앙지법이 아닌 좌익 법률가들이 장악한 서부지법에 영장을 청구하는 변칙적인 영장쇼핑, 경찰과 불법적 공조기구를 설치하고 경찰력을 동원한 명백한 불법행위, 무효의 가짜 관저출입승인 공문을 제시하는 위법 등 공수처의 수많은 위법과 불법이 없었다면 현직 대통령이 체포되고 구금되는 일은 없었을 것이며 헌재에서 재판을 받는 일은 더욱 없었을 것이다. 범죄로 점철된 인생을 살아온 종합 거대 범죄자가 대통령이 되는 일은 더더욱 없었을 것이다. 대한민국이 다시 한번 뒤집혀 바로선다면 공수처는 해체되고 오동운은 단죄되어야 한다. 위에 나열한 13가지의 죄목이 그 이유다. 오동운은 이재명이 대통령의 자리에 오르는 길에서 국민을 반역하고 대한민국을 배신한 반역자다. 그는 반란범이다.

2) 이 반란에 가담한 서울서부지법 판사들

국민인 우리가 가족과 함께 한 해의 마무리를 하고 있던 12월 31일 서울서부지법 이순형 판사는 대통령과 관저에 대한 체포와 압수수색 영장을 발부했다. 공수처가 이미 관할인 중앙지법에 이 영장을 청구하여 두 번이나 기각되었다는 사실은 50일이 더 지나서야 밝혀진 사실이다.

근원적으로 요건이 충족되지 않은 이 불법적인 영장의 신청을 중앙지법이 기각하자 공수처가 좌익 판사들이 혁명의 진지 구축에 성공한 서부지법에 다시 청구한 것이다. 우리법연구회 출신의 오동운이 신청한 영장을 같은 우리법연구회 출신의 이순형 판사는 바로 발부해 주었다. '형사소송법 제110, 111조의 적용을 배제한다'는 단서를 붙인 이 영장은 위헌이다. 동 형소법 조항은 '공무상 군사상 비밀을 요하는 장소에 대한 압수 수색을 승낙없이 할 수는 없다'는 내용이다. 이 조항의 적용을 배제한 것은 국가 형사사법 시스템의 파괴이자 법치주의를 무너뜨리는 짓이라는 국민의 비난이 폭포수처럼 쏟아진다.

사법사에 길이 남을 이름 이순형과 신한미

판사에게는 형소법의 적용을 배제할 수 있는 어떠한 법적 근거도 권한도 없다. 법률의 효력 정지에 대한 판단과 결정은 헌재와 입법부만 할 수 있는 영역이다. 우익진영에서는 이순형이야말로 탄핵 감이라는 비판이 나왔다. 그러나 좌익진영은 그를 두고 대법관이나 헌법재판관 감이라는 찬사를 보낸다. 이순형에 대한 비판과 찬양의 양쪽은 대통령에 대한 탄핵의 찬성과 반대의 양쪽과 완전하게 겹쳤다. 1차 체포에 실패한 공수처는 새해 들어 또 다시 서부지법에 영장을 청구했고 이번에도 영장은 발부되었다. 1월 7일 신한미 판사가 발부한 것이다. 그 역시 우리법연구회 출신으로 알려진 판사다. 중앙지법이 계엄관련 4차례 포함 모두 16차례에 걸쳐 기각한 영장이 서부지법에서는 모두 발부되었다. 중앙지법과 서부지법은 완전하게 다른 나라의 완전하게 다른 법원이었다. 이미 헌법재판관에 임명되거나 임명을 기다리고 있던 정계선과 마은혁이 성취한 혁혁한 혁명적 공로다. 신한미가 발부한 영장에는 110, 111조 배제조항이 없었다. 그는 국민의 비난과 법조계의 회초리가 무서웠을 것이다.

1월 17일 공수처는 또 다시 서부지법에 영장을 청구한다. 이번에는 구속영장이다. 현직 대통령을 48시간 시한의 체포영장으로 구금하고 있는 상태에서 구금을 계속하기 위한 불법적인 영장청구다. 현직 대통령의 직권남용죄는 물론 내란죄에 대해서도 수사권과 기소권이 없는 공수처가 영장을 청구한 것은 원천적으로 불법이다. 이는 중앙지법 남천규 판사가 앞서 이 영장청구를 기각한 이유다. 게다가 중앙지법에서 기각당하고 서부지법에 청구한 것은 관할을 위반한 것으로 이 역시 위법이다. 만약 대통령이 내란 혹은 외환죄를 범했다 하더라도 경찰이 수사하고 수사 결과를 관할인 중앙지검에 넘겨야 한다. 그리고 검찰이 이를 검토한 후 법원에 영장을 청구하는 것이 적법이고 합법적인 절차다. 따라서 수사권이 없는 공수처가 수사하고 관할도 아닌 서부지법에 바로 구속영장을 청구한 것은 명백한 위법이고 불법이다. 온통 불법이고 위법이었다. 공수처장 오동운과 서부지법의 좌익 판사 그들이 반란범이라는 뜻이다.

그리고 차은경

공수처의 구속영장 신청을 접수한 서부지법의 차은경 판사는 19일 새벽 3시에 영장을 발부한다. 헌정사상 최초의 현직 대통령에 대한 구속영장은 좌익 법률가들이 점령한 혁명기지인 서부지법의 우리법연구회 출신의 판사에 의해 그렇게 발부되었다. 차은경 판사가 발부한 이 구속영장은 다음 4가지 이유로 불법이고 위법이다. 1. 수사권이 없는 공수처가 수사한 후 영장을 청구했기 때문에 이는 원천적으로 불법이다. 그래서 중앙지법처럼 서부지법도 발부를 거부했어야 했다. 그럼에도 이를 발부한 것은 위법이고 불법이다. / 2. 관할인 중앙지법이 아닌 서부지법에 청구한 것은 관할 위반으로서 위법이다. / 3. 형소법이 명시하고 있는 인신구속의 요건인 '중대한 범죄혐의가 소명'되지 않고 청구한 구속영장을 발부한 것은 위법이다. 공수처도 검찰도 아직 거의 수사를 한 것이 없어 대통령에 대한 '중대한 범죄의 소명'은 커녕 소명자료 조차 거의 없었다. 이런 상태에서 구속영장을 발부한 것은 위법이고 불법이다. / 4. 공수처가 청구한 대통령에 대한 구속영장은 형소법의 '증거인멸 또는 도주의 우려가 있을 때'라는 또 하나의 명시적 구속요건도 갖추지 못한 것이었다. 공수처의 2차체포 시도를 앞두고 한때 대통령이 관저에서 외부로 도주했다는 도피설이 떠돌았으나 이것은 거짓과 조작이 전문인 민주당이 만든 모략이었다는 사실이 바로 드러났다. 증거인멸과 도주의 어떠한 근거와 증거도 없이 발부한 구속영장은 위법이다. 이런 4가지 이유로 차은경 판사가 발부한 구속영장은 위법이고 불법적인 것이었다. 우리법연구회 출신의 차은경 판사가 반란세력과 같은 패거리였다는 뜻이다.

3) 철없는 검찰 엘리트 박세현의 가세

1월 26일 검찰 특수본은 대통령을 내란우두머리 혐의로 구속 기소한다. 대한민국 헌정사상 현직 대통령에 대한 최초의 구속 기소다. 이로써 윤석열은 최장 6개 월 동안 구속상태에서 1심재판을 받을 수 있게 된다.

공수처와 경찰로부터 사건을 송치 받은 검찰은 23일, 25일 2차에 걸쳐 구속기간의 연장을 신청했다. 그러나 법원은 불허한다. 그러자 검찰 특수본이 대통령을 장기 구금하기 위해 1차 구속기간의 만료 전에 대통령을 구속 기소한 것이다. 검찰 내에서 한동훈 라인으로 알려진 박세현이 주도한 일이다. 한동훈의 무리라면 서울법대 출신으로 '내가 최고' 의식에 쩔어있는 인간형일 것이다. 좌우가 80년 동안 치열하게 싸우다 이제는 거의 완전한 좌익의 세상이 된 지금의 대한민국을 만든 것은 김대중 노무현 정권에 이어 하나의 거대 간첩단을 방불케 했던 문재인 정권과 배후의 종북좌익 세력이다. 이와 함께 좌익이 대한민국을 나락으로 떨어뜨리고 있는 상황은 안중에도 없는 한동훈 박세현 같은 부류의 출세 제일주의 엘리트 무리일 것이다. 대한민국을 좌익의 나라로 만들기 위해 투쟁하는 종북세력, 대한민국의 높은 관직은 모두 차지하고서도 대한민국이 좌익의 나라가 되는 것을 방치한 채 자신의 출세만 추구하는 엘리트 무리, 이 두 집단이 대한민국을 이 지경으로 만든 주범이다. 두 세력 모두 대한민국을 반역하고 국민인 우리를 배신했다.

권력을 잡고 있는 대통령의 내란은 원천적으로 성립될 수 없는 것이라는 헌법학자 허영 교수의 강론, 공수처와 서부지법과 헌재를 장악한 우리법연구회 법률가들의 포기되지 않은 좌익혁명, 박선원 우원식 이학영 정청래를 비롯한 수십 명의 주사파 정치인들과 좌익판사들이 공모하여 범하고 있는 수많은 위법과 불법행위의 엄중함, 등등의 따위는 박세현의 안중에 없는 듯 보였다. 철없는 법률 엘리트 패거리의 우두머리인 한동훈이 국민의힘의 당권을 잡고, 이어 대권을 잡고, 그 이후의 자신의 출

448

세와 지위만 생각하는 기회주의자 박세현까지 합세하여 대통령 윤석열을 탄핵하는 길에는 불법과 위법이 겹겹이 쌓여졌다.

3월 7일 중앙지법 지귀연 판사는 대통령의 구속을 취소한다. 그러나 윤석열은 28시간이 지난 8일 오후에야 풀려났다. "나중에 위헌 결정을 받더라도 즉시 항고해 다퉈야 한다"며 대통령의 석방을 반대한 박세현의 고집으로 법원이 구속 취소를 결정하고 나서도 윤석열은 28시간 동안이나 불법 구금되어 있었던 것이다. 나경원 의원은 이에 대해 "28시간을 지연시킨 후 검찰이 석방을 지휘한 것은 법치에 대한 중대한 도전이자 위헌이다. 법을 무시하고 대통령을 불법구금한 박세현 특수본부장은 반드시 고발되어 수사를 받아야 한다"고 말했다.

구속에 관한 결정권은 법원의 전속적 권한이다. 법원이 구속을 취소한 경우 즉시 집행해야 한다. 따라서 현직 대통령을 28시간 동안 구금한 것은 명백한 불법이다. 거대 범죄자와 반국가 세력이 뭉친 이재명의 민주당이 공수처와 서부지법과 헌법재판소를 장악한 좌익 법률가들과 힘을 합쳐 무수한 불법과 위법을 범하며 우익 대통령을 내란으로 몰아 끌어내리는 이 반란에 기회주의자 한동훈과 같은 패거리인 박세현도 가세한 것이다. '나중에 위헌 결정을 받더라도'라고 한 박세현의 말은 대통령을 불법 구금한 자신의 행위가 범죄를 구성한다는 사실을 인지하고 있었다는 증거다. 대한민국의 법치 회복에 나서는 새 지도자가 나타난다면 박세현의 위법과 불법은 반드시 소환되고 단죄되어야 한다. 물론 이재명의 세상에서는 요원한 일이라는 사실을 잘 안다. 그래서 답답하다.

4) 헌법을 짓밟고 법률을 위반하는 문형배

대한민국은 자유민주주의 체제를 선택한 국가다. 건국할 때부터 그랬다. 자유민주주의 체제를 유지하는 기본은 법치주의다. 법률 체계가 아닌 이념과 권력자의 의지와 당의 결정이 우선하는 사회주의 공산주의 국가와 구분되는 자유민주주의 국가의 제1의 원칙은 법치주의다. 이 법치주의를 수호하는 직접적인 기관은 경찰과 검찰과 사법부다. 대통령 윤석열을 탄핵하는 과정에서 경찰과 검찰과 법원이 자유민주적 법치주의 원칙을 준수했다면 이 탄핵을 반란이라 부르지 않는다. 윤석열을 체포하고 구금하고 재판정에 세우는 과정에는 하극상을 범한 경찰 우종수와 우리법 출신의 공수처장 오동운과, 같은 우리법 출신의 서부지법 이순형 신한미 차은경의 위법과 불법의 혁명적 행위들로 채워져 있었다. 여기다 윤석열이 자신의 정부 법무부 장관으로 발탁했으나 차기 대권욕에 눈멀어 있던 한동훈과 그의 검찰 내 패거리들이 합세했다. 무수한 불법과 위법으로 엮어진 이러한 과정을 거친 후 대통령 윤석열의 운명은 마침내 스스로 자신이 가장 왼쪽이라고 말하는 우리법 출신의 헌재소장 대행 문형배의 손아귀에 넘겨진다. 윤석열은 이제 김일성장학생의 계보라 불리는 좌익 법률가들의 손에 올려진 한 마리의 생선이었다. 헌재의 불공정하고 편파적인 재판 진행과 위법 위헌적 판결을 생각하면 대통령은 그들의 손바닥에 올려진 생선 한 마리가 맞다. 문형배 앞에 놓여진 윤석열을 다시 보자. 아니다. 윤석열보다 높은 자리에 앉은 문형배를 보자.

헌법재판소의 위법과 불법

헌재가 대통령 윤석열에 대한 탄핵 안건을 심리하는 과정에서 대통령측 변호인단은 "헌재가 법률을 어기며 재판을 진행하고 있다"(8차 변론 후)거나 "헌재는 법률의 명문규정을 위반하며 재판을 진행하고 있다"(9차 변론 후)고 항변했다. 변론 초기에는 문형배 이미선의 편파적이고 불공정한 진행이 문제되었으나 중반을 넘기면서 헌재는 위법에 불법을 감행한다. 내란 프레임의 허구성과 모략성이 하나씩 드러나며 '윤석열의 내란'에서 '이재명과 민주당의 반란'이 아닌가 하는 여론이 형성되자 문형배는 조급해 보였다. 그래서 법률의 명문규정 위반 행위까지 불사했을 것이다. 좌익혁명을 위해 설계된 최고 사법기관인 헌재의 수장 대행 자리에 있는 좌익 혁명가 문형배에게 위헌 위법 불법은 대수롭지 않은 일로 보였을 것이다. 기존의 법 체계를 붕괴시키지 않는 반란은 없다. 문형배가 이끄는 헌재의 불법과 위법은 이 재판을 면밀히 지켜보던 헌법학자 허영 교수가 말해주었다. 허영 교수의 5가지(아래 1~5)에다 이후의 변론과정에서 추가된 4가지(아래 6~9)를 더해 헌재의 9가지 위법과 불법을 정리한다.

1. 헌재는 변론이 시작되기전 아직 변호인단도 구성하지 못하고 있던 피소추인 윤석열에게 법률이 정하고 있는 답변서 제출 기일 7일을 보장하지 않았다. 헌재법 29조 위반이다. 당시 좌익 진영이 유행어처럼 말하던 '빛의 혁명'의 속도전이었다. / 2. 변론기일은 피소추인 변호인단과 협의해야 함에도 헌재는 변호인단의 요청을 무시하고 일방적으로 주 2회씩의 변론 지정을 강행했다. 헌재법 40조 위반이다. / 3. 민주당이 장악한 국회가 탄핵소추 표결 당시의 핵심 죄목이던 내란죄를 빼고 헌재에 탄핵

심판을 청구한 것은 소추서 내용의 동일성에 위배되는 위법행위다. 따라서 헌재가 이를 문제삼지 않고 용인한 것은 곧 민주당의 사기탄핵을 용인한 것이다. 내란죄가 빠진 소추안을 헌재가 국회로 되돌려보내 재의결을 요구하지 않은 것은 형사소송법 298조 위반이다. / 4. 헌재의 문형배는 대통령측 변호인단이 요청하는 증인의 채택을 거부했다. 피소추인에게 보장된 증인 신문 참여권을 박탈하는 방어권 침해로서 형사소송법 163조를 위반한 것이다. / 5. 이진우 수방사령관, 여인형 방첩사령관, 김현태 707특임단장 등 주요 증인은 민주당의 거짓과 조작과 모략으로 형성된 내란 프레임의 서슬이 시퍼렇던 초기에 수사기관에서 진술한 많은 내용을 이후 재판 과정에서 부인하거나 번복했다. 증인이 수사기관에서 진술한 내용을 재판에서 부인하면 증거로 채택할 수 없다. 그럼에도 헌재는 번복되거나 부인된 증언을 그대로 채택했다. 또한 진술이 계속 번복되거나 조작의 흔적이 확인되어 이미 신뢰성이 부정된 홍장원의 메모와 증언, 곽종근의 증언에 대해 필적감정을 통한 진위확인과 충분한 심리를 통한 사실확인도 없이 증거로 채택했다. 모두 형소법 312조 위반이다.

6. 경찰청장 조지호는 검찰에서 진술했던 국회의원 체포 관련 내용에 대해 헌재에서는 "양해를 부탁한다"며 답변을 거부했다. 검찰이 혈액암 투병 중이던 조지호를 회유하여 오염된 진술을 받아낸 것으로 의심받고 있던 때였다. 그럼에도 헌재는 정청래의 국회측이 공개한 조지호의 검찰 피의자 신문조서를 대통령 측의 항의를 무시하고 증거로 채택했다. 이는 '피청구인(대통령)이 동의하지 않으면 증인들의 검찰 신문조서는 탄핵심판 증거로 사용할 수 없다'고 규정한 형소법 312조 위반이다. / 7. 헌

재가 대통령측에 대한 탄핵소추 접수 통지와 출석요구서, 준비명령 등의 서류를 우편으로 발송한 순간 송달된 것으로 간주한 것은 민사소송법을 준용한 것이다. 이는 탄핵심판에서 헌재법에 규정이 없는 것은 형사소송법을 준용하도록 한 헌재법 위반인 동시에 사법권 행사의 적법절차 준수 원칙을 위반한 위법이다. / 8. 대통령이 이미 형사재판을 받고 있는 중임에도 헌재는 무리하게 탄핵심리를 강행했다. 형사재판에도 임해야 하는 대통령에게 헌재가 일주일에 두 번씩 하루 종일 심리를 받도록 하는 것은 변호인단이 "대통령에게도 인권이 있다"고 하소연 할 정도로 무리한 일정이었다. 이는 대통령 측의 심리 대비 시간을 박탈한 것으로 피고인의 방어권 보장을 명시하고 있는 헌법과 형소법을 위반한 것이다.

9. 국회측은 수사기관으로부터 김용현 전 장관의 수사기록을 받을 수 있도록 헌재에 신청했고 문형배는 이를 받아들였다. 헌재 심판의 중립성 확보를 위해 수사 또는 재판 중인 사건의 관련 자료나 기록에 대한 송부 촉탁은 금지되어 있으며 이를 어기는 것은 불법이다. 문형배가 이 송부 촉탁을 수용한 것은 헌재법 제32조 위반이다. 또한 국회측이 이를 송부받아 증거로 제출한 것 역시 위법이다. 게다가 이 기록은 MBC에 유출되어 민주당의 여론 플레이에 악용되었다. 국회측이 오염 가능성이 크게 의심되는 수사기록을 불법적으로 입수하여 유죄의 증거로 제출하고 이를 언론에까지 유출했다는 비난의 여론이 높아지자 문형배는 "원본이 아닌 사본은 괜찮다"고 해명했다. 법률에 '원본'이라는 명문이 없기 때문에 '사본'은 괜찮다는 것이다. 좌익 법률가의 혁명적 궤변이다. 아니다. 혁명적 불법이다. 김용현 측은 문형배와 정청래를 피의자의 방어권 침해, 피의사

실공포죄, 업무상기밀누설, 직권남용, 등사기록 남용금지를 규정한 형소법 위반 등의 혐의로 서울지검에 고발했다. 이재명의 세상에서 검찰 캐비닛에서 먼지만 쌓이고 있을 문형배의 위법과 불법의 범죄다.

탄핵 인용이 문형배의 반란인 이유

2월 25일 윤석열에 대한 탄핵의 건에 대해 11차 변론을 끝낸 후 이재명과 민주당과 문형배는 탄핵 반대 재판관에 대한 회유와 협박, 탄핵 여론을 만들어가는 좌익 언론의 선전 선동 등 온갖 공작을 획책한다. 헌재는 그렇게 무려 37일 동안 시간을 끌다 4월 4일이 되어서야 판결을 내린다. 인용이었다. 헌재의 이 판결은 대한민국 법 체계의 명문규정은 물론 법리를 위반한 수많은 위법 불법으로 버무려진 것이다. 헌재의 문형배가 이 탄핵안을 각하 또는 기각하지 않고 인용한 것은 다음의 이유로 위헌 위법 불법이다. 문형배의 반란을 증명하는 증거다.

1. 대통령의 계엄령 선포권은 헌법이 명문으로 보장하는 대통령의 비상대권이다. 따라서 대통령의 계엄선포는 사법심사의 대상이 될 수 없다. 더구나 통치권력을 가지고 있는 대통령의 내란죄는 법리적으로 성립되지 않으며 언어학적으로나 상식적으로도 어불성설이다. 또한 법률학자들의 절대적 다수 의견이다. 따라서 문형배의 헌재가 이 안건을 각하하지 않고 이를 심리한 것은 위헌이다. / 2. 국회의 탄핵소추안에 기재된 소추의 사유는 배우자의 주가조작 의혹, 국회 입법안에 대한 거부권의 남용, 북중 러를 적대시함(이상은 1차 탄핵안의 소추 사유로 2차 탄핵안에서는 제외됨), 직권남용 권리행사 방해, 선관위에 대한 계엄군 진입과 김어준의 여론조사

회사 봉쇄지시, 국회 내 의원 체포 시도, 동부구치소에 정치인 언론인 수감장소 마련 시도 등이다. 모두 대통령에 대한 형사소추의 사유도 아니고 탄핵의 사유는 더욱 아니다. 그나마 확인되지도 않았고 대부분 헌재의 판결 전에 이미 거짓으로 드러난 민주당의 선동적 주장을 모은 것이다. 이러한 탄핵 사유의 부적합성과 불충족성은 명백한 각하의 사유다. 그럼에도 헌재는 탄핵을 인용했다. 그래서 이것은 헌재의 반란이다.

3. 윤석열의 내란죄는 탄핵소추안에 기재된 내용의 80%를 차지했다. 그러나 정청래의 국회측은 1차변론이 시작되기도 전인 변론준비기일에서 "소추사유 중 내란혐의 등 형법적 사유를 제외하겠다"는 입장을 재판부에 표명했다. 탄핵소추안의 단 한 글자, 토씨 하나를 변경해도 이는 국회 재적의원 3분의 2 이상의 동의를 얻어야 하는 재의결 대상이라고 하는 것이 법조계와 법률학자들의 절대적 다수 의견이다. 그럼에도 민주당과 우원식과 정청래의 국회는 재의결을 거치지 않았다. 그래서 이는 명백한 각하 사유다. 그러나 헌재는 '사실관계를 유지하면서 적용 법조문을 변경하는 것은 소추 사유의 철회와 변경에 해당하지 않는다'고 주장한 민주당의 그럴듯한 궤변을 그대로 받아들여 각하 결정을 내리지 않았다. 민주당과 헌재가 작당한 반란이라는 중요한 증거다.

4. 국민의 지지를 받고 선출된 현직 대통령의 탄핵사건을 심리하고 재판하는 일은 어느 국가든 가장 중요하고 엄중한 사법행위다. 이 중차대한 일을 심판하는 과정에서 경찰과 검찰의 수사는 턱없이 미진했다. 헌재의 심리과정에서도 문형배는 홍장원 곽종근 등 거짓이 속속 드러

나는 증거와 진술을 제대로 심리하지 않았다. 오히려 문형배가 고의적으로 심리를 회피하고 있다는 사실은 재판 과정의 많은 장면에서 목격되었다. 허위로 드러난 증거와 증언, 턱없이 부족한 수사내용은 각하 또는 기각의 사유다. 그럼에도 헌재는 홍장원과 곽종근을 앞세운 민주당의 모략적 주장을 대부분 받아들이고 탄핵 인용을 결정했다. 문형배의 헌재가 이재명의 반란에 가담했다는 뜻이다. / 5. "윤석열 탄핵은 정치적 판결이었다" 4월 17일 문형배는 자신의 헌재 재판관 퇴임을 앞두고 인하대에서 가진 특강에서 이렇게 말했다. "반드시 만장일치가 필요했다" 8월 27일 MBC 손석희의 프로그램에서 문형배는 이렇게 말했다. 그는 탄핵 인용을 반대하는 재판관을 설득하고 회유한 자신의 행위를 이렇게 변명하고 있다. 헌법 103조는 "법관은 헌법과 법률에 의하여 양심에 따라 독립하여 심판한다"고 명시되어 있다. 따라서 그가 탄핵에 반대하는 재판관을 설득하여 8인 만장일치를 유도한 것은 자신의 위헌 행위를 자인한 것이다. 문형배는 헌법을 위반한 반란범이다. 대한민국을 이재명의 손아귀에 넘긴 문형배는 이재명과 함께 반란범으로 처벌되어야 한다.

감옥에서 여생을 보내는 이재명과 문형배 그리고 회복된 대한민국의 자유민주주의 정체성과 바로 선 법치주의, 가능한 일인가. 국민인 우리는 희망을 버리고 이재명의 세상에 적응하는 것이 현명한 일인가. 그럴 수는 없다. 우리의 자식을 그의 세상에서 살게 할 수는 없다. 장동혁이 깃발을 잡은 보수정당이 전열을 가다듬고 있다. 국민은 이재명과 민주당의 본색을 점차 눈치채고 있다. 이것이 윤석열의 내란이 아니라 이재명의 반란이 아닌가 하고 의심하는 국민도 늘어나고 있다. 희망은 있다.

5) 국회를 장악한 민주당의 위법과 불법

대통령의 합법적 계엄령 선포를 내란으로 규정하고 여러 국가 기관에 심어진 자당 세력과 공모하여 현직 대통령 윤석열을 체포 구금 재판 탄핵하는 전체 과정을 주도하고 이를 지휘한 것은 이재명이 이끄는 민주당이었다. 그리고 이 모든 일의 전위대는 민주당이 장악한 국회였다. 이재명의 지시를 수령님의 교시처럼 받드는 이재명의 코딱지 박찬대, 국회에 진지를 구축한 우원식 정청래 등의 종북 운동권 라인, 홍장원을 조종한 박선원 김병기 박지원의 국정원 라인, 곽종근을 협박하고 조종한 김병주 부승찬의 군부 라인, 우종수와 이호영을 사주하여 경찰 서열 1,2위를 동시에 체포 구금한 이상식은 모두 민주당의 국회의원들이다. 임기 중의 현직 대통령의 합법적 통치행위를 내란으로 규정하고 조작된 메모와 허위의 증언을 근거로 좌익 세력 전체가 동원되어 전개한 선전전과 이에 무비판적으로 동조하는 언론이 조성한 선동적 분위기 속에서 수사와 재판도 거치지 않은 채 윤석열을 체포 구금 탄핵한 일은 이재명의 민주당이 일으킨 반란이다. 반란죄는 전제군주시대의 언어로는 대역죄다. 대한민국 헌법이 '내란죄'로 표현하는 중대 범죄다. 내란이라는 죄목으로 윤석열을 탄핵한 것은 이재명과 민주당의 반란이다.

민주당의 지휘를 받으며 대통령을 체포 구금 재판하고 탄핵한 과정에는 수많은 위헌 위법 불법이 있었다. 이 모든 위법성과 불법성은 민주당의 반란을 입증하는 증거다. 예를 들어 대통령의 계엄을 내란으로 규정하는 중요한 근거 중의 하나였던 군대 동원은 계엄령 실행에 필수적인 요소다. 군대를 움직이지 않는 계엄선포는 없다. 그래서 군대 동원을 내란의 근거로 주장하는 것 자체가 반란이다. 반면 민주당이 장악한 국회가 위헌 위법 독재 거짓 조작 모략 선전 선동으로 엮은 이 탄핵은 군대를 동원하지 않은 무혈의 반란이다. 현직 대통령을 탄핵한 이 일은 국회를 장악한 이재명과 민주당의 반란이다. 반란은 그 자체로 기존의 법 체계에 반하는 위법적이고 불법적인 행위다. 이재명의 지휘를 받으며 우원식과 정청래가 이끈 민주당의 국회는 이와같은 근본적 위법 불법에 더해 다음과 같은 헌법과 법률의 명문조항을 위반했다. 그들은 법률학자들의 다수설과 법조인들이 말하는 보편적 법리에 반하면서 동시에 자유민주적 사유를 하는 국민의 상식에 어긋나는 다음의 범죄를 범했다.

부결이 아닌 투표 불성립의 위법

12월 7일의 탄핵소추안 1차 표결은 국회 재적의원 197명이 투표에 참가함으로써 가결 정족수인 200명에 미달했다. 이에 국회의장 우원식은 개표를 하지 않은 채 즉시 '투표 불성립'을 선언한다. 이는 국회법에도 없는 해괴하면서도 변칙적인 결정이다. 개표하지 않거나 못한 투표는 '부결'처리 되어야 한다는 것이 학계와 법조계의 다수 의견이며 과거 선례도 있다. 2011년 당시의 서울시장 오세훈의 발의로 무상급식의 지원범위에 관한 서울시 주민투표가 실시되었다. 영원한 모략꾼 박지원이 민주주의의 꽃인 투표제도의 의미와 가치를 훼손하는 비민주적 행위라는 비판 속에 고의적으로 투표불참 선동을 하는 등 좌익세력의 방해가 성공하여 개표요건인 득표율 33.3%에 미달하는 25.7%의 투표율로 투표함을 개봉조차 하지 않았다. 그래서 이 안건은 부결처리 된다. 그리고 오세훈은 자신의 약속대로 시장직에서 사퇴한다.

　그러나 우원식의 국회는 달랐다. '부결'이 아닌 '투표 불성립'을 선언한 것이다. 이유는 곧 밝혀진다. 부결로 처리한다면 재투표가 불가하기 때문이다. 투표가 불성립했다는 명분으로 민주당은 14일 재투표에 들어갔고 김상욱 등 한동훈 계파와 안철수 조경태 등의 배신으로 투표자 수 200명을 넘기고 가결된다. 대한민국이 지옥으로 들어가는 첫 관문은 그렇게 열렸다. 1차 표결에서 1주일이 지난 14일에 일사부재의 원칙까지 위반하며 재표결에 붙여 가결시킨 것은 헌재의 대통령 탄핵 재판에 대한 각하 혹은 기각의 사유라는 것이 헌법학자와 법조계의 다수설이다. 또한 절반의 국민의 상식이다. 이것은 후에 헌재에서도 대통령 변호인단에 의해 제기된 문제다. 그러나 헌재는 '일사부재의 원칙을 위반하지 않았다'는 민주당의 주장을 그대로 복창했다. 헌재가 이렇게 판단했다고 해서 민주당과 국회의 위법 불법의 행위가 정당화되고 합법화 되는 것은 아니다. 헌재의 이 판단은 법조인과 헌법학자와 우익 국민의 견해와는 배치되는 것이다. 양쪽 가운데 하나의 판단은 틀렸다는 뜻이다. 어느쪽이 틀리고 어느쪽이 맞는가. 이에 대한 사회적 합의는 불가능하다. 이재명의 세상에서는 그렇다. 대한민국이 분열되어 무법의 지경에 있다는 증거다.

내란죄를 제외한 탄핵소추안을 재의결 하지 않은 불법

　1월 3일 헌재의 탄핵심판 제2차변론 준비기일에서 국회측은 탄핵소추사유에서 내란죄를 제외하겠다는 의사를 헌재측에 전달했다. 한 달 동안 어떠한 법적 근거도 확인되지 않은 상태에서 오직 거짓과 조작과 모략에 기초한 선전과 선동으로 내란죄 몰이를 했으나 이에 법의 잣대를 들이대면 내란죄가 성립되지 않는다는 것을 그들도 알았기 때문일 것이다. 국회측은 "형법을 위반한 사실관계와 헌법을 위반한 사실관계가 사실상 동일하다"는 억지를 내란죄를 제외하는 이유로 댔다. 대통령 윤석열 하나만 일방적으로 두들겨 패고 있던 언론은 내란죄가 삭제되었으니 탄핵소추안을 다시 의결해야 한다고 말하지 않았다. 모든 언론은 민주당이 탄핵 결정의 속도를 높여 국가적 혼란 상황을 빨리 종식시키려는 의도라는 편향적 견해만 쏟아내고 있었다. 모략과 선전과 선동만 있고 법적 근거가 없는 대통령의 내란죄는 그렇게 해서 모든 국민이 마땅히 분노해야 하는 확실한 범죄가 되어가고 있었다.

"탄핵 사유의 80%인 내란죄를 제외한다면 국회는 내란죄가 삭제된 탄핵소추안을 재의결해야 한다"는 여당과 우익 국민의 목소리는 이런 분위기 속에 쉽게 묻혀졌다. 언론의 편파적이고 선동성 짙은 보도에 의해 유도된 국민의 집단 비이성은 재표결의 법적 요건 정도는 여론의 부담 없이 가볍게 무시될 수 있는 상황이었다. 탄핵소추안의 단 한 글자만 고쳐도 재의결 요건이라는 법조계와 학계의 다수 의견은 그렇게 묵살 되었다. 탄핵소추안의 절대적 비중을 점하는 내란죄를 제외한 것은 소추사유의 변경 정도가 아닌 완전히 새로운 소추사유로서 이는 명백한 재의결 요건이다. 헌재의 헌법주석서에 명시된 '기본사실 동일성의 원칙'에도 반한다. 그러나 우원식과 정청래의 국회는 이를 무시했다. 그들은 내란죄를 뺀 탄핵소추안을 재의결하지 않았다. 국회의 위법이다. 그리고 헌재는 민주당의 창의적 주장을 그대로 받아들여 '사실관계가 유지되면 적용 법조문의 변경은 소추사유의 철회나 변경에 해당되지 않아 허용된다'는 대한민국 법체계에 반하는 혁명적 해석으로 이를 문제삼지 않았다. 헌재의 위법이다. 국회의 위법을 그대로 수용하고 진행하는 헌재의 탄핵 심리를 보며 서정욱 변호사는 살인 혐의로 구속하고 절도 혐의로 재판하는, 짜장면을 사유로 기소하고 단무지를 사유로 재판하는 전형적인 후진국형 사법행위라고 비판했다. 대통령 윤석열을 탄핵한 것이 민주당이 장악한 국회와 문형배의 헌재가 공모한 반란이라고 말하는 근거다.

대통령권한대행의 탄핵 의결 정족수 위반

민주당의 국회는 12월 27일 한덕수 국무총리 겸 대통령권한대행에 대한 탄핵안을 재석의원 192명 만장일치로 가결시킨다. 만장일치는 공산당의 투표와 결정의 방식이다. 이와는 별도로 192명 찬성은 가결 정족수에서 8명이 부족한 것으로 부결되어야 마땅하다. 그래서 가결 결정은 위법이다. 탄핵의 사유는 국무총리와 대통령권한대행 각각의 사유로 나뉘어져 있었다. 총리로서의 사유는 내란 공모 등 3가지였고 권한대행으로서의 사유는 내란 상설특검 임명 거부와 헌재 재판관 임명 보류 2가지였다. 총리의 탄핵안 가결 정족수는 국회 재적의원 과반인 151명, 대통령권한대행의 탄핵안 가결 정족수는 200명이라는 것이 지배적인 견해였다. 그러나 국회의장 우원식의 해석과 결정은 달랐다. 대통령권한대행의 탄핵 정족수도 국무총리와 동일하게 151명이라고 했다. 이번에도 학계와 법조계의 다수설과 우익 국민의 상식과는 반대였다. 우원식은 명문규정이나 법리를 제시하지 않은채 자신에게 "국회의 의사를 정리할 권한이 있다"고만 말했다. 좌익혁명 투쟁을 오래 한 사람 우원식이다. 아니다. 대한민국 전복을 오래 기도한 사람 우원식이다.

헌재 산하의 헌법재판연구원이 2015년에 헌법학자 16명이 참여하여 자체적으로 발간한 헌법주석서에는 대통령권한대행의 탄핵소추 의결 정족수는 대통령을 기준으로 해야 한다고 명시되어 있다. 그러나 우원식은 이와 배치되는 결정을 했다. 우원식과 민주당이 장악한 국회의 반란이라는 또 하나의 증거다. 한덕수에 대한 탄핵이 부결되고 대통령권한대행의 지위가 유지된다면 최상목 대통령권한 대대행 지위의 무효와 그가 임명한 조한창 정계선 두 명의 헌재 재판관 임명의 무효 등 연쇄적인 법적 논란을 낳게 된다. 대한민국은 이미 쿠데타적이고 혁명적인 무정부 상태였다. 정확히는 반란 상태였다. 2015년 헌법주석서가 발간된 이후 이에 어긋나는 판결은 단 1건도 없었다. 그러나 윤석열을 탄핵하는 이 과정에서는 소추사유 변경의 재의결 요건과 대통령권한 대행의 탄핵정족수 200명 요건까지 모두 2건의 위반이 있었다. 대한민국의 기존의 법체계를 파괴하는 반란이었다는 의미다. 대한민국이 무법천지에 빠진 것이다. 이재명이 반란을 하고 있었다.

5절

반란의 증거,
자유민주적 기본질서에 위배되는 입법

이재명의 대장동사건을 변호한 경력으로 22대 총선에서 의혹 투성이의 공천을 받고 거뜬히 국회의원이 된 김동아는 말했다. "사법부에 대한 민주적 통제가 필요하다" 이게 무슨 귀신 씨나락 까먹는 소리인가. 민주적 통제를 하는 그 '민'은 누구인가. 5200만 국민인가. 그게 불가능해서 생겨난 것이 '대의 민주제'다. 김동아가 말하는 '민주'는 개딸들의 민주다. 개딸들이 통제하는 사법부, 끔찍하다. 이재명이 김동아를 국회의원으로 만든 것은 그에게 이재명 자신을 지키는 사법부 통제의 임무를 부여했을 것이라고 짐작하는 것이 이치에 맞을 것이다. 그래서 그는 당선되자마자 사법부에 대한 통제를 말했을 것이다. 실제 22대 국회의 민주당은 사법부에 대해 통제의 수준이 아니라 사법부 파괴 수준의 많은 짓을 하고 있다. 지금도 하고 있으며 앞으로는 더욱 그럴 것이다. 개헌도 기다리고 있다. 대법원이 이재명의 선거법 위반 사건을 파기환송하자 정청래는 "합법의 100%를 써서 막겠다. 법원 각오해라"고 했다. 그의 말은 이재명의 몸에 얼룩진 범죄의 흔적을 입법권 행사를 통해 깨끗이 지워내겠다는 뜻이다. 무서운 일이다. 국회를 점령하고 정권까지 잡은 그들은 대한민국의 자유민주적 질서에 반하는 법률을 마구 입법하고 있다.

1. 단 한 사람을 위한 입법, 이것은 반란이다

"이재명은 대통령에 당선되어도 넉 달을 못 넘깁니다" 대선을 앞두고 이 시대의 대표 논객 전원책 변호사는 이렇게 예측했다. 전원책의 이 견해에 대해 한 평론가는 권순일 유창훈 김동현 같은 구세주가 나타난다면, 혹은 이재명의 대장동 저수지 물을 넉넉하게 마시거나 높은 자리를 약속 받은 판사가 나온다면 넉 달 정도는 거뜬히 넘길 것이라고 말했다. 그런데 이재명이 당선되고 일주일도 되지 않아 또 구세주가 나타났다. 서울고법의 선거법 파기환송심 재판장 이재권이다. 그가 헌법 제84조를 선제적으로 무력화 시켰으니 전원책의 예측은 틀렸다. 전원책의 예측은 곧 이재명이 이 예측을 피하기 위해 무슨 짓도 다 해야하는 이유다. 그것이 어떤 짓인지는 국회의장 우원식이 바로 알려준다.

우원식은 대선 하루 전인 6월 2일 대선 이틀 후인 6월 5일에 소집하는 임시국회 공고를 낸다. 이재명 정권의 제1의 국정과제는 경제도 안보도 사회통합도 아니라는 사실은 이 임시국회에서 바로 드러났다. 우원식은 6월 5일 본회의를 열고 검사징계법과 3대특검법을 통과시킨다. 3대특검법은 윤석열을 탄핵시키고 대통령의 자리에서 끌어내린 일이 이재명과 민주당의 반란이라는 진실이 발각되는 것을 선제적으로 꽁꽁 틀어막기 위한 법안이다. 동시에 윤석열과 우익 정치 세력을 재기불능의 상태로 궤멸시키기 위한 법안이다. 그리고 검사징계법은 이재명에 대한 기존의 수사와 기소를 뒤집는 한편 이미 진행중인 수사를 중지시키고 예정된 수사를 막기 위한 법안이다. 검사징계법 3대특검 모두 이재명을 위한 법이다. 이재명의 범죄에 대한 수사와 기소와 재판을 틀어막고 이재명을 공격하는 야당을 주저앉히는 것이 목적이다. 이재명 단 하나를 살리기 위한 입법이다. 세상에 이런 입법이 어디 있는가. 그것도 정권을 잡은 다음날 바로, 정권을 잡고 처음 한 일이다. 이것은 반란이다.

이재명 정권 출범 바로 다음날 국회 본회의를 통과한 이 두 개의 입법을 통해 이재명 정권의 제1의 국정과제는 이재명과 민주당의 반란의 진실을 틀어막기 위해 향후 6개 월 동안 특검정국을 만들어 국민의 눈과 귀를 속이며 윤석열 세력을 궤멸시키는 일과 이재명의 범죄에 대한 수사와 재판을 중지시키는 일 두 가지라는 사실은 확인되었다. "이재명은 감옥가지 않기 위해 대통령이라는 자리가 필요하다"거나 "이재명은 대통령이 되는 길 외에는 감옥행을 면할 수 없다"는 국민 열 명 중 네 명의 생각이 참이라는 사실이 대선 하루 전과 정권 출범 다음날 바로 증명된 것이다. 이로써 법률가이자 이 시대의 대표 지성인 전원책의 넉 달 예측은 이재명의 취임과 동시에 여지없이 빗나간다. 그래도 이 점은 꼭 짚고 넘어가야 한다. 검사징계법은 범죄자 이재명 단 한 사람을 구하기 위한 법안이다. 이 법안은 이재명과 민주당이 정적 윤석열을 완전하게 매장시키기 위한 목적의 3대 특검법과 함께 이재명이 윤석열의 정권을 빼앗고 대통령이 된 이 난리가 이재명의 반란이라는 명백한 증거다.

2. 나쁜놈을 처벌하는 법을 폐지하겠다는 반란

21대에 이어 22대까지 국회를 장악한 민주당은 압도적인 의석수를 앞세우고 이재명을 수사하고 기소하는 검사들을 탄핵하며 검찰의 정상적 기능 수행을 방해하더니 급기야 범죄로 범벅이된 이재명의 더러운 몸을 씻어내기 위해 입법권을 행사할 태세를 보였다. '더러운 아버지 이재명 목욕 시키는 법'의 시작은 허위사실공표죄다. 판사 출신의 민주당 박희승 의원은 2024년 11월 14~15일 공직선거법에서 허위사실공표죄를 삭제하고 허위사실공표 판결에 의한 피선거권 박탈 기준을 벌금 100만원 이상에서 1000만원 이상으로 대폭 올리는 내용의 개정안을 이틀에 걸쳐 잇따라 발의한다. 거짓말을 습관적으로 생산하는 이재명은 경기도지사 후보 토론과 대통령 후보 토론회 등에서 마구 배설한 여러 허위사실 발언에 의해 연이어 검찰의 수사를 받고 법정에 서게 되자 아예 이 법을 없애고 피선거권 박탈의 형량 상향을 시도한 것이다. 민주당의 무수한 거짓말쟁이들이 곁불을 쬐는 것은 덤이다. 살다살다 이제 이런 일도 보게 된다. 대한민국은 국가로서의 형체를 유지할 수 있을까.

거짓말쟁이들의 세상을 만들겠다는 뜻

헌재가 이미 2021년 2월에 만장일치로 합헌 판결을 내린 이 법의 개정을 민주당이 시도하는 동안 이재명은 "전 세계에서 대한민국만 (허위사실 유포를) 처벌한다"(2025.1.23 신년 기자회견)라는 명백한 허위사실을 또 다시 유포한다. 그의 이 말은 해외 여러 국가의 사례를 제시하는 언론 보도에 의해 바로 반박된다. 미국 영국 등의 선진 국가의 경우 공직자 혹은 공직 후보자의 허위사실 유포는 법으로 엄한 처벌을 받는 것은 물론 법정으로 가기도 전에 여론의 심판을 먼저 받는다. 그래서 이재명의 말은 또 하나의 허위사실 유포다. 5월 18일의 대선후보 토론회에서 이재명은 다시 한번 "(허위사실 유포를 처벌하는 것은) 다른 나라에서는 찾아보기 어렵다"고 말한다. 이 발언도 명백한 허위사실 공표다. 부산 유세에서 "HMM(옛 현대상선)을 부산으로 옮겨오겠다. (HMM)직원들이 동의했다"고 한 발언에서 '직원들 동의' 발언 부분 역시 곧 허위사실로 밝혀졌다. 어차피 민주당이 이 법을 삭제할 것이므로 그는 이제 허위사실 유포에 대한 처벌을 겁내지 않는 듯 이런 유형의 거짓말을 멈추지 않았다. 이재명은 거짓말을 하지 않고는 존재할 수 없는 정치인이다. 정신병적 치료가 필요해 보이는 이런 사람이 대통령이 되었다. 이것은 초현실이다.

허위사실공표죄를 폐지하는 법안이 확정된다면 앞으로 각종 선거에서의 후보 토론회는 거짓말 경연대회가 될 것이며 거짓말 잘 하는 후보가 선출직을 모두 차지할 것이다. 국민들은 거짓말 대회가 된 후보 토론회를 보지 않을 것이며 그래서 투표장에 가지 않을 것이다. 그래서 민주주의의 꽃이라는 선거제도는 무용지물이 될 것이다. 이러한 우려가 제기되자 민주당은 새로운 아이디어를 낸다. 5월 14일 민주당의 국회 법사위는 허위사실공표죄의 구성요건 중에서 '행위'를 삭제하는 내용의 개정안을 통과시킨다. 행위라는 개념이 추상적이고 포괄적이라는 것이 그들이 들이대는 이유였다. 개가 풀 뜯어먹는 소리다. 변호사 검사 판사들이 무형의 생각, 관념, 상상, 추상과 유형의 행위를 구분하지 못한다고 생각하는가. 대법원이 유죄 판결을 확정한 이재명의 김문기 씨와의 골프 발언과 백현동 국토부 협박 발언은 공직선거법 250조 1항에 명시된 후보자의 '행위'에 관한 허위사실의 공표로서 이는 유죄판결의 핵심적 근거였다. 이재명과 민주당이 동 법조항에서 행위를 삭제하면 유죄 판결의 근거가 사라지고 그래서 처벌할 수 없게 된다. 목적은 이것이다. 이 법안을 더러운 이재명의 몸을 세신洗身하는 법이라고 말하는 이유다. 민주당의 아이들이 아버지로 모시는 이재명 하나 목욕시키겠다고 법을 바꾸려 하는 발상은 입법농단이라는 말로는 부족하다. 민주주의의 근본을 붕괴시키는 일이다. 이 법이 확정되면 대한민국은 나쁜놈들의 세상이 될 것이다.

배임죄가 사라진 지옥도

배임죄의 사전적 정의는 이렇다. "타인의 혹은 공공의 사무를 처리하는 자가 임무에 위배되는 행위를 하여 본인이 재산상의 이익을 취하거나 혹은 본인이 지정하는 제3자가 재산상 이득을 취하도록 하여 사무 처리를 맡긴 타인 혹은 공공에 손해를 끼친 행위의 죄." 배임죄는 이재명이 자신의 무한 탐욕을 채우기 위해 공직을 이용하는 과정에서 무수하게 범했던 그의 대표적 죄명이다. 그가 성남시장으로 재직하며 범한 배임 혐의는 엄청나다. 가히 탐욕의 끝판왕이다. 대장동 개발사업에서 자신과 가까운 민간업자들에게 유리하도록 개발 구조를 승인함으로써 성남시에 4895억 원의 손해를 끼친 혐의(2023년 3월 배임혐의로 기소), 백현동 개발사업에서 민간 업체에 51.3m의 수직 옹벽을 승인하는 등의 특혜를 주고 성남시에 200억 원의 손해를 끼친 혐의(2023년 10월 배임혐의로 기소), 경기도지사 재직 당시 그의 가족이 관용차를 사용하고 법안카드로 자가의

468

생활용품을 구입하는 등으로 경기도에 1억653만원의 손해를 끼친 혐의(2024년 11월 기소), 성남FC 구단주로 겸임하면서 두산건설 등 4개 기업으로부터 133억5000만 원을 받는 대가로 건축 인허가와 토지용도 변경 등의 편의를 제공한 혐의(2022년 9월 검찰에 송치) 등이다. 이상의 4가지 배임 사건은 검찰이 손을 댄 것이며 이 중 법원의 재판에 넘겨진 것은 3가지다.

이재명이 성남시장과 경기도 지사로 재직하며 범한 배임혐의의 총액은 대체 어느 규모일까. 검찰이 수사를 통해 밝혀낸 대장동 일당의 배임액은 7886억 원이었고 이 가운데 증거가 확실한 4895억 원에 대해 기소했다. 그러나 검찰이 수사에 착수하지 않거나 수사 도중에 뭉개진 혐의까지 더할 경우 배임 액수는 조 단위를 넘을 것으로 추정하는 법률가들이 많다. 흔히 말하는 이재명이 감춘 저수지의 깊이와 넓이는 아직 미궁이다. 최소 수천억에서 최고 수조 원으로 추정되고 있을 뿐이다. 대한민국은 14만 명의 경찰과 1만 명의 검찰 공무원이 있는 나라가 맞는가. 이재명의 저수지를 생각하는 국민은 답답하다. 이재명 하나를 어떻게 하지 못하는 대한민국 지식인과 엘리트 공무원과 잘난체하는 정치인들이 답답하다. 이런 범죄자 하나에 끌려다니는 대한민국이 답답하다.

이재명이 성남시장과 경기도 지사로 재직하며 범한 배임죄가 국민의 시야에 들어온 것은 20대 대선의 민주당 후보를 선출하는 2021년의 당내 경선에서 이낙연이 이를 제기하면서 부터다. 그리고 경찰과 검찰이 본격적인 수사에 착수한 것은 2022년 대선이 끝난 후다. "없는 죄를 조작해서 뒤집어 씌우고 자신들의 치부를 가리겠다는 정치 검찰의 조작 수사 아니겠습니까” 민주당 대표 신분이던 2023년 8월 이재명이 서울중앙지검 4차 조사를 마치고 나오며 기자들의 질문에 대한 답변이다. 그는 자신의 배임혐의를 모조리 검찰의 조작이라고 했다. 그의 특기인 오리발이다. 늘 이렇게 말하는 그는 모든 사기꾼들이 그렇듯 자신의 거짓말에 자신이 먼저 속고 있는 듯 보였다. 그의 정신건강을 의심하는 국민이 많아진 것은 이 무렵부터다.

2024년 11월 개인투자자들을 만난 민주당 대표 이재명은 “기업인을 배임죄로 수사하고 처벌하는 문제를 공론화할 때가 됐다”고 말한다. 기업에서의 도둑질을 처벌하지 말자는 이 말은 자신의 배임죄에 대한 처벌을 막기 위한 배임죄 폐지의 풍선 띄우기다. 이것은 그가 대통령이 되고나서 본격적으로 추진된다. “한국에서 기업하다 감옥 간다”(MBC, 2025.7.30) 배임죄의 폐지 혹은 완화를 시사하는 이재명의 이 말은 기업인을 걱정하는 것이 아니다. 이재명 자신의 배임죄를 삭제할 궁리를 하고 있다. 기업인이 감옥 가는 것은 기업을 해서가 아니라 기업에서 배임 등의 범죄를 범했기 때문이다. 9월이 되자 민주당은 배임제의 폐지를 공식적으로 논의하기 시작한다. 72년 동안 고급 절도범, 지능형 절도범 혹은 권력형 절도범을 처벌하는 법적 근거가 되어온 이 형법 조항을 폐지하겠다는 것이다. 이재명이라는 배임 혐의자 단 한 사람을 위해. 이것은 단 한 사람을 감옥 보내지 않기 위해 사회질서를 무너뜨리는 일이다.

2025년 10월 31일 대장동 민간업자와 성남도시개발공사 본부장 등 5명이 중형을 선고받고 법정 구속된다. 성남시의 개발 비리가 배임이라는 사실을 법원이 법적으로 확인해준 것이다. 그렇다면 "대장동은 내가 설계했다"고 자랑했고 실제 최종 결재권자였던 대장동 개발 비리의 시작과 끝인 이재명의 배임죄는 사실상 확정된다. 이틀 후인 11월 2일 민주당 원내 대변인으로부터 "배임죄 폐지는 한국 경제에 활력을 불어넣는 개혁이다. 이를 대통령 구하기로 매도하는 정쟁을 멈추라"는 공식적인 논평이 나온다. 배임죄는 기어이 폐지될 듯하다. 배임제가 폐지되면 이재명의 모든 배임 혐의는 면소될 것이다.

이것은 생각해 보셨는가. 이재명 말고도 대한민국에는 배임죄로 재판받고 있는 사람은 민간부문 공공부문을 가리지 않고 무수하다. 이들의 배임죄도 모두 면소되는가. 이재명 혼자에게만 적용된다고? 이게 나라인가. 도둑질이 대한민국 경제에 활력을 불어넣을 수 있을까. 공무원이 처벌의 위험 없이 법인카드로 공금을 유용하고, 은행 지점장이 처벌의 위험 없이 부정한 대출을 해주고, 계주가 처벌의 위험 없이 계원들의 계돈을 떼먹고, 전세사기가 판을 치고, 대기업에서 계열사간 부당지원이 판을 치고, 공정거래법이 무력화 되고, 이것이 경제 활력인가. 이것은 도둑질 활력이다. 도둑질에 활력을 불어 넣으면 경제에 활력이 생기는가. 이재명은 기어이 대한민국을 도둑놈들의 천국으로 만들고 피해자들의 지옥으로 만들 모양이다. 자신 한 몸 살기 위해. 이 사람 악마 아닌가.

3. 합법적 독재를 위한 장치 대법관증원법

2025년 5월 2일 국회 법사위는 대법관을 30명으로 늘리는 내용을 핵심으로 하는 법원조직법 개정안을 민주당 단독으로 의결한다. 바로 전날인 5월 1일 이재명의 선거법 위반 사건에 대한 대법원의 파기환송심이 다시 대법원에 올라올 때를 대비하여 유죄판결을 뒤집기 위한 목적이다. 여기서 먼저 말해야 할 것이 있다. 민주당의 본색이다. 대법원이 유죄 취지의 판결을 내린 바로 다음날 대법관증원법을 의결하는 민주당의 재빠른 동작과 철저한 준비성이 놀랍지 않은가. 나라와 국민의 현재적 문제의 해결과 미래에 대한 준비에는 아무것도 하지 않는 그들은 이재명 하나를 살리기 위해 모든 시나리오를 사전에 준비하고 그것을 상황에 맞춰 실시간으로 실행하고 있다. 그들은 반대한민국 세력이다. 동시에 한심하면서도 공포스러운 집단이다. 이것이 민주당의 본색이다.

대법관 증원 이것은 공포다

대법관증원법이 의결되자 법조계와 학계는 거세게 비판하고 반발한다. 이에 민주당 선대위는 이 법안의 의결에 앞장선 김용민과 장경태에게 철회를 지시한다. 눈앞의 선거를 의식한 일시 후퇴였다. 이재명은 이것이 크게 논란되고 자신의 대선 가도에 위협을 느끼자 "지시한 적이 없다"거나 "선대위에 자제하라고 지시했다"는 등 오리발을 내밀었다. 당의 국회의원들이 마치 그의 개인 변호사처럼 욕 먹는 것을 감수하며 대법관 증원을 추진하고 있는데 이재명이 이렇게 말하는 것은 오리발이 맞을 것이다. 나라에 중대한 변화를 가져올 이 법안이 선거의 유불리에 따라 자제를 하느냐 아니냐의 문제인가. 대법관증원법을 바둑판 어느 곳에 놓을 하나의 바둑알로 여기는 이재명의 의식세계가 놀랍다. 그는 대한민국을 엉망으로 만들어 놓을 수 있는 일에 아무런 죄의식이 없다. 이재명이 오리발을 내밀었다는 것은 그의 당선이 확정되고 단 10시간만에 확인된다. 자제 브레이크 페달을 푼 것이다.

6월 4일 국회 법사위는 대법관을 기존의 14명에서 30명으로 증원하는 법안을 처리한다. 이재명의 대통령 취임 당일이다. 이날 국회에 상정된 안은 2건이었다. 김용민의 30명 안과 장경태의 100명 안이다. 이 중에서 김용민의 30명 안이 통과된 것이다. 8월에는 민주당 지도부가 대법관의 숫자를 26명으로 결정했다는 소식이 흘러나왔다. 그들은 이 엄중한 국사를 엿장수의 가위로 정하는 듯 보였다. 여기서 민주당이 젊은 의원들을 소모품으로 써먹는 행태를 지적하지 않을 수 없다. 젊어서 아직 생각이 덜 야문, 어쩌면 무뇌로 보이는 이들에게 국회의원이라는 완장을 채워주고 대한민국 파괴에 홍위병처럼 앞세우는 민주당을 성토한다. 민주당의 김용민과 장경태, 꽥꽥 소리 지르는 일 외에는 하는 일이 없는 기본소득당의 용혜인 그들은 좌익과 범죄자들의 대한민국 장악에 스스로가 소모품으로 소비되고 있다는 사실을 아는지 모르겠다.

국회 법사위에서 대법관증원법을 통과시키고 이틀이 지난 6월 6일 당대표 대행 박찬대는 돌연 이 법안을 "숙려키로 했다"고 발표한다. 언론은 이를 속도조절이라고 말했다. 그러나 민주당의 갑작스러운 속도조절의 내막을 짐작할 수 있는 실마리는 3일 후에 드러난다. 파기환송심을 맡은 서울고법 이재권 재판부가 재판을 사실상 무기 연기한다고 발표한 것이다. 눈치 빠른 정치평론가들은 이재명의 민주당과 이재권 사이의 막후 소통이나 내통, 어쩌면 은밀한 거래를 의심했다. 이들의 의심에는 충분한 이유가 있다. 상급 법원인 대법원의 원장과 10명의 대법관이 내린 구국의 판결을 이재권 단 한 명의 판사가 단숨에 쓸모없는 것으로 만들어버렸기 때문이다. 경악할 일이었다.

대법관증원법의 입법이 속도 조절에 들어가자 대법원장 조희대는 국민과 정치권을 향해 이성을 일깨운다. 그는 "대법관 증원은 국가의 백년대계다. 이에 대한 공론의 장이 마련되기를 희망한다"고 말했다. 박지원을 위시한 170명의 민주당 의원에다 유시민 김어준 같은 저질 스피커들이 장악한 대한민국에 허영 교수와 전원책 변호사와 조희대 대법원장 같은 최후의 지성이 있다는 사실은 이미 기울고 있는 대한민국호에서 그나마 조금이라도 의지할 수 있는 언덕이다.

문재인 정권에서 흔히 '명수 위의 선수'라는 말이 유행했을 정도로 정권의 핫바지 대법원장 김명수보다 더 실세로 불린 김선수 대법관은 대법관 증원에 대해 (대법관 14명은 오랜 시간 동안) 적합한 규모를 찾아 정착한 것"이라며 "(재판기간이 늘어지는 것을 해결하기 위해서는) 1심 판사의 증원이 먼저"라고 말했다.(중앙일보, 2025.6.13) 대법원은 사실심이 아닌 법률심이다. 그래서 시간이 많이 걸리는 1, 2급심과는 법 적용의 합법성과 적절성만 보는 3급심은 다르다. 이재명의 선거법 위반에 대해 몇십만 쪽에 이르는 문건을 대법관들이 단 30여 일만에 다 읽고 판결했느냐고 말하는 민주당 의원들과 방송에 나온 패널들의 앵무새 같은 말은 그래서 국민을 기만하는 속임수다. 정작 증원이 시급한 지방법원과 고등법원 법관이 아닌 대법원 법관을 늘리겠다는 것은 이재명 단 하나를 살리기 위한 속임수다. 아니다. 공포다. 이재명의 모든 독재적 통치에 합법의 딱지를 붙여주는 공포다. 망국의 공포다.

베네수엘라로 가는 길

2002년 쿠데타로 집권한 베네수엘라의 차베스는 2년 후인 2004년 20명이던 대법관을 32명으로 늘이고 늘어난 12명을 모두 자신의 사람들로 채웠다. 이후 그의 독재적 통치행위에 대법관들은 판판이 합법의 판결을 내려주었고 차베스는 그렇게 해서 자신이 죽을때까지 합법적인 독재 통치를 계속할 수 있었다. 헝가리와 폴란드에서도 대법관 증원을 통한 사법부 장악과 합법적 독재가 있었다. 이것은 정치 후진국에만 있는 현상이다. 대법관이 26명으로 증원된다면 이재명은 그의 5년 임기 동안 대법관을 무려 26명이나 자신이 임명할 수 있다. 그의 임기 내에 교체되는 대법원장을 포함하여 10명의 대법관에다 새로 증원되는 16명까지 추가로 임명할 수 있는 것이다.(조선일보, 2025.6.5) 그렇게 되면 좌익 성향의 법률가에다 이재명의 사람들, 어쩌면 이재명을 변호해주고 변호사비를 못 받은 사람들까지로 채워질 것이며 이런 판사들로 구성된 대법원이 내리는 판결은 법조인이 아닌 일반 국민조차 쉽게 예측할 수 있는 그런 뻔한 판결이 줄줄이 이어질 것이다. 대한민국의 최고 법원인 대법원은 그렇게 독재정권의 앞잡이가 될 것이다.

이재명의 사람들로 채워진 대법원은 이재명의 임기 동안은 물론 퇴임 후에도 이재명의 싸질러 놓은 똥을 치워주고 뒤를 닦아줄 것이다. 향후 최소 10년은 '이재명과 친명은 무죄, 반명과 우익은 유죄'의 범위를 벗어나는 판결은 보기 어렵게 될 것이다. 여기다 정권 출범 전에 부각된 것처럼 김어준 등의 비법조인이 대법관으로 임명되면 그때부터는 공산당의 인민재판이 될 것이다. MBC는 2025년 6월 15일 저녁 뉴스에서 대법관증원법, 재판중지법 등 이른바 이재명 방탄법에 대해 '개혁법안'이라는 표현을 반복하는 방송을 내보냈다. 법조계와 학계의 반대 의견이 압도적인 상황에서 이렇게 말하는 것은 논평도 아니고 보도도 아니다. 선전과 선동이다. 대법관증원법은 더러운 이재명의 몸을 씻는 법인 동시에 앞으로 펼쳐지게 될 이재명의 독재를 합법화 하는 일에 악용될 것이다. MBC가 선전선동전을 펴는 것을 보면 이재명은 기어이 대법관을 증원할 모양이다. 대한민국이 베네수엘라 꼴이 되는 것은 확실해 보인다.

노무현의 집권기 한때 대한민국에는 여당을 중심으로 베네수엘라 열풍이 불었다. 노무현을 '한국의 차베스'라 부르고, '베네수엘라를 배우자'는 취지의 신문 특집기사가 나오고, KBS 특집 프로그램이 방영되고, 좌익 지식인들에 의해 그런 내용의 책이 쏟아졌다. 운동권 출신의 정치인들은 단체로 베네수엘라를 견학하고 돌아와 남미의 이 나라를 대한민국이 따라가야 할 모델로 제시했다. 문재인과 이재명의 돈질 포퓰리즘은 결국 베네수엘라를 모방한 것이다. 차베스와 마두로의 현금 살포 정책의 쓸모를 보고 그것을 따라 써먹은 것이다.

거짓과 조작과 모략으로 엮은 탄핵을 통해 집권한 문재인 세력, 이재명 세력 그들은 정권의 정당성도 없고 더구나 그들에게는 국가 경영의 능력도 없다. 그래서 베네수엘라식 포퓰리즘적 정책에 의존하는 것이다. 그러더니 이제는 대법관 증원까지도 베끼려 하고 있다. 이재명과 민주당은 포퓰리즘을 베끼고 대법관 수 늘이기를 베끼고 다음에는 경제 붕괴를 베낄 것이다. 앞의 두 가지를 베낀다면 경제 붕괴는 베끼지 않아도 저절로 그렇게 될 것이다. 촛불행동의 대표이자 국무총리의 친형인 김민웅은 2025년 10월 21일 자신의 페이스북에서 "베네수엘라는 사법개혁의 좋은 모델"이라고 말했다. 민노총과 함께 좌익의 모든 대형 집회를 지휘하고 행정부 2인자인 총리를 동생으로 두고 있는 김민웅의 주장이니 대법관 증원은 꼭 실현될 것이다. 대한민국의 붕괴는 필연인가.

4. 21세기에 이런 악법이, 재판중지법

대법원이 이재명의 선거법 위반을 파기환송한 다음날인 5월 2일 민주당은 재판중지법을 발의한다. 김용민이 대표 발의한 이 법안은 형소법 제306조(공판절차의 정지)에 "피고인이 대통령 당선인일 경우 재판부 결정으로 공판절차를 중지해야 한다"는 조항을 신설하는 내용이다. 이 개정법안의 발의를 두고 법사위원장 정청래는 "헌법 84조 정신에 맞게 곧 개정안을 법사위에서 통과시키겠다. 눈에는 눈, 이에는 이다"라고 말했다. 깡패의 언어다. 아니다. 대한민국 대법원의 판결을 그들의 눈을 찌르고 이빨을 뽑는 폭력으로 규정하는 반란의 언어다. 주사파 테러리스트 출신의 법 깡통인 정청래를 법사위원장 자리에 앉힌 결과 이런 어이없는 꼴을 보게 되었다. 정청래의 예고대로 이 개정법안은 5월 7일 사실상 민주당 단독으로 국회 법사위를 통과한다. 이 법안에는 김용민이 발의한 원안에 없었던 기상천외한 문구가 추가된 사실이 밝혀졌다. '무죄, 면소, 형의 면제 또는 공소기각의 재판을 할 것이 명백한 때에는 재판을 정지하지 않아도 된다'는 단서다. 무죄일 때는 재판을 계속하고 유죄일 때는 재판을 정지하라는 이 조항은 곧 거센 논란을 낳는다. "세기의 악법이다, 세계적으로 웃음거리가 될 악법이다, 아프리카 부족국가에서나 있을 악법이다, 이재명이 유죄면 무조건 재판을 정지하라는 악법이다, 이재명은 무조건 무죄라는 교주님 숭배법이다, 아니다 수령님 숭배법이다"라는 비난이 쏟아진다. 대한민국이 어쩌다 이 정도로 망가졌을까. 통탄한다.

대한민국 법관은 모두 죽었는가

아직 윤석열 정부의 장관들로 구성된 국무회의에서 거부권 행사가 예상되어 한 달 동안 멈춰 있던 재판중지법은 이재명의 당선과 함께 바로 추진된다. 민주당은 6월 12일 국회 본회의를 열고 이를 처리하겠다고 예고했다. 그러나 6월 10일 돌연 처리 연기를 발표한다. 그들이 말하지는 않았지만 이유는 뻔하다. 하루 전인 9일 이재권 판사가 이재명의 선거법 위반 파기환송심 연기를 발표했기 때문이다. 대법원의 파기환송 판결을 넘겨받은 이재권 판사는 공판일을 5월 15일로 발표했고 재차 이를 6월 18일로 연기하더니 다시 무기한 연기시킨 것이다. 이재권의 결정을 시발점으로 이재명의 모든 재판은 줄줄이 중지된다. 간이 작은 백면서생 판사, 혹은 비겁한 판사, 혹은 좌익사상에 물든 판사, 혹은 이재명에게 매수된 판사에 의해 이재명의 공직선거법 위반 혐의, 위증교사 혐의, 대장동 백현동 위례 성남FC 배임 혐의, 쌍방울 대북송금 사건, 경기도 법인카드 유용, 이 5개에 대한 재판은 모두 중지되었다. 이 중 단 1개라도 재판이 재개되어 유죄가 확정되면 이재명의 생명은 끝난다. 국민은 묻는다. 대한민국 법관은 모두 죽었는가.

이재명에 대한 재판을 정지시키는 것은 법의 평등정신을 위배하고 국민의 평등권을 침해한다는 취지의 헌법소원이 여러 건 제기되었다. 현직 대통령 윤석열을 8대 0으로 결정할 정도로 빨간물이 들거나 매수되거나 비겁한 헌재 재판관들이 내릴 판결은 뻔하다. 자신의 죄를 모두 없애기 위해서는 어떤 짓도 다 하는 이재명은 기존의 대한민국 법을 유린하여 누더기로 만드는 정도에서 그치지는 않을 것이다. 법조인의 법률 지식과 법리 해석은 물론 국민 눈 높이의 법 상식까지 완전히 뒤집는 법률 해석과 법원의 그러한 판결은 김대중 정권에서 시작되고 문재인 정권에서부터 대세가 되었다. 이재명의 시대에는 기존 법률의 해석과 적용에 대한 사법농단에서 나아가 여러가지 악법과 해괴한 법의 제정과 개정이 횡행할 것이다. 재판중지법처럼 이미 예고된 것도 있다. 재판중지법 정도가 모두일까. 아닐 것이다. 그는 자신의 대통령 임기가 끝난 후에도 재판 받지 않고 감옥가지 않도록 철저히 준비할 것이다. 그는 어쩌면 자신이 죽을 때까지 대통령의 자리에서 내려오지 않기로 마음 먹었는지도 모른다. "이재명은 합니다"라는 그의 말을 잊어서는 안된다. 확정적 거대 범죄자인 이재명은 국민인 우리가 상상조차 할 수 없는 무슨 짓도 다 할 것이다. 대한민국 법관들은 이래도 그냥 있을텐가. 재판을 재개하시라.

대한민국의 법이 사망하고 있다 단 한 사람을 위해

대한민국의 형사사법 질서는 80년 동안 많은 우여곡절을 겪으며 어렵게 자리를 잡아왔다. 이재명은 이것을 무너뜨리기로 마음 먹은 것이 분명하다. 이유는 간단하다. 그것이 무너져야 자신이 감옥가지 않은 채 감옥 밖에서 여생을 보낼 수 있기 때문이다. 논객 진중권은 이재명이 집권한 후의 사법장악 시나리오를 4단계로 예상했다. 이 예상은 진중권의 뇌피셜이 아니다. 이재명과 그의 민주당 수하들이 이미 말하거나 실행하고 있는 것을 그가 정리한 것이다. 1단계는 '검사징계법'이다. 이 법으로 아직 수사를 마치지 않은 사건은 수사를 중단시키고 이미 기소한 사건은 담당 검사를 징계하여 판사 앞에 서는 검사는 교체될 것이다. 2단계는 '법 왜곡죄'다. 깡통 법률가에다 얼치기 국회의원으로 보이는 김용민이 이미 발의해 둔 이 법에 의해 이제 검사는 물론 판사들도 위축될 것이다. 목적은 분명하다. 이재명과 민주당 권력자들에게는 유죄를 내리지 말라는 것이다. 우익 성향이거나 중도 성향의 검사가 기소하고 같은 성향의 판사가 내린 판결을 좌익 성향의 판사가 있는 상급심으로 보내 법을 왜곡했다는 이유로 유무죄의 결과를 뒤집을 것이다. 그래서 법 왜곡죄의 궁극적 목적은 좌익 이념을 기준으로 법을 해석하고 적용하여 좌익무죄 우익유죄의 원칙을 지키라는 뜻이다.

3단계는 대법관 증원이다. 증원되는 대법관은 모조리 이재명에게 무죄를 선고할 법률가만 뽑아서 임명될 것이고 그래서 1, 2심에서 유죄로 올라온 이재명의 범죄는 대법원에서 모조리 뒤집힐 것이다. 김명수와 권순일의 대법원에서는 이재명 자신의 공직선거법 위반에 대한 유죄 판결을 뒤집는 일에 50억원 이상의 돈이 들었다지만 이것은 그가 경기도 지사로 있을 때의 일이다. 대통령이 된 이재명은 이제 그런 돈을 들이지 않고도 자신의 권력으로 자신의 입맛에 맞는 대법관을 임명하여 1, 2심의 유죄를 모두 무죄로 바꿀 것이다. 여러 독재국가에서 이미 쓰고 있는 수법이다. 이재명은 이 수법을 그대로 베껴 쓸 것이다. 4단계도 있다. 대법원이 내린 판결에 대해 헌법재판소에 헌법소원을 낼 수 있는 4심제다. 이재명과 민주당 권력자에 대해 대법원이 내린 유죄 판결을 헌재에서 뒤집겠다는 것이다. 대법원에서의 단 1%의 유죄 판결의 가능성까지도 대비하는 철벽이다. 여기다 공직선거법에서 '행위'를 삭제하는 사실상의 면소법까지도 이미 국회 법사위를 통과했으며 대장동 등 3개의 사건을 삭제할 수 있는 배임죄의 폐지와 대통령에 대한 재판중지법도 추진될 것이다. 철벽 위의 겹철벽이다. 그렇게 해서 이재명은 금강불괴金剛不壞의 존재가 될 것이다. 그러나 대한민국과 대한민국 국민인 우리는 철저히 그리고 무참하게 파괴될 것이다. 우리의 자식들도 그럴 것이다.

한비자는 "늘 강한 나라도 없고 늘 약한 나라도 없다. 법을 잘 지키면 강한 나라가 되고 법을 지키지 않는 나라는 약한 나라가 된다"고 했다. 그렇다면 법이 죽은 나라는 어떻게 될까. 검사징계법, 법 왜곡죄, 대법관 증원, 헌재의 4심제, 면소법, 배임죄 폐지, 재판중지법까지 모두 출발점과 종착점이 동일하다. 이재명을 살리겠다는 단 하나의 지점이다. 이런 법안이 모두 법제화된다면 이재명은 처벌을 면하고 대통령의 자리에서, 어쩌면 평생 그 자리에서, 최소한 감옥 밖에서 자유롭고 평화로운 생을 보낼 것이다. 그러나 정의와 평등이라는 법의 근본 정신은 무너질 것이며 대한민국의 자유민주적 법률 시스템은 완전하게 붕괴될 것이다. 시장이나 도지사가 되겠다고 지방선거에 나오는 후보들, 국회의원이 되겠다고 총선에 나오는 후보들, 대통령이 되겠다는 사람들까지 모두 거짓말을 해도 처벌할 수 없을 것이다. 유권자인 우리는 후보들의 말이 거짓말인지 참말인지도 모르고 투표장에 갈 것이며 결국 거짓말을 더 많이 하고 더 뻔뻔하게 한 후보가 당선될 것이다. 나쁜놈들은 모두 이재명을 교본삼아 거짓말과 속임수 실력을 갈고 닦을 것이다. 이재명 하나를 살리기 위해 대한민국의 법은 그렇게 죽을 것이다. 법이 죽은 다음은 나라가 죽을 것이다. 국민인 우리의 운명도 그럴 것이다. 또 통탄한다. 참으로 통탄한다.

제5장

이재명의
세상이 되었습니다

"계엄은 내란이 아니다." 미국 대통령 트럼프는 이렇게 말했다.(2025.9.15) 혼돈의 미국 여러 도시를 계엄으로 질서를 회복하고 있는 자신의 통치를 말하는 듯도 보였고 계엄을 내란으로 몰아 윤석열 정부를 붕괴시키고 대통령이 되어 관세협상에서 자신에게 속임수를 쓰고 있는 이재명을 겨냥한 듯도 보였다. 당대 최고의 헌법학자 허영 교수도 계엄은 내란이 될 수 없다고 했다. 국민인 우리는 선택해야 한다. 허영 교수와 트럼프의 말을 따르느냐 아니면 이재명과 민주당의 말을 믿느냐를. 트럼프가 싫다면 그의 말은 빼도 된다. 허영 교수의 말을 따르느냐 이재명의 말을 따르느냐. 이 선택은 이 나라 이 땅과 우리 자식들의 미래를 결정할 것이다.

1절

범죄자의 반란

이재명이 대한민국 제21대 대통령이 되었다. 확정적 거대 범죄자가 온갖 거짓말과 갖가지 술수를 쓰며 자신의 재판을 미루고 처벌을 지연시켰다는 점에서 어쩌면 그는 탈옥수다. 국민에게 거짓을 선전하고 조작된 이야기와 갖가지 음모로 선동했으며 그 힘으로 20대 대통령 윤석열의 합법적 권한 행사를 내란으로 몰아가는 반란을 성공시켰다는 점에서 그는 이 반란의 수괴다. 탈옥범인 동시에 반란의 주범인 사람이 대통령이 된 것은 초현실이다. 이 초현실의 세상을 어떻게 살아갈 것인가의 문제는 개개 국민 각자의 몫이다. 해외로 기반을 옮기겠다는 자본가도 있고 노조가 갑질을 하는 기업 환경이 두려워 공장을 해외로 옮기는 기업가도 있다. 선거 때면 민주당을 찍어주고 그 대가로 이재명이 뿌리는 몇 푼의 현금으로 소고기나 사먹으며 살겠다는 국민도 있다. 이재명 하나 때문에 무너지는 대한민국을 그냥 지켜볼 수 없다며 국민저항권을 말하는 사람도 있다. 대통령을 선택하는 시간은 지나갔다. 이제는 이재명의 세상에서 어떻게 살아갈 것이가에 대한 국민 각자의 선택만 남았다. 그의 세상을 거부하는 방법도 있다. 대한민국이 위험하다. 급하다.

1. 감옥 가지 않는 빼어난 기술을 가진 범죄자

남미 어느 국가에서 갱들이 집단으로 탈옥했다는 뉴스는 지금도 가끔 접한다. 마약 거래로 엄청난 돈을 소유하면서 교도소 밖에 있는 갱단 조직원들이 교도소에 있는 조직원을 빼내기 위해 간수들을 매수하여 벌이는 짜고 치는 고스톱 탈옥이다. 이런 일이 선진국으로 자처하는 21세기 경제대국 대한민국에도 있다. 이미 감옥에 들어가 있어야 할 범죄자가 온갖 수단과 방법으로 재판을 미루고, 거짓과 조작과 모략으로 국민을 속이고, 선전과 선동의 공산당 수법으로 유권자의 지지를 얻어 합법의 포장을 씌우고 정권을 탈취한 일은 남미 갱단의 탈옥 정도와는 비교 불가의 일이다. 이 우두머리와 그가 이끄는 정당의 대부분이 범죄 전과를 가진 수하들은 보스의 처벌을 면하기 위해 거짓말을 하고 재판을 방해하고 법관에게 겁을 주고 심지어 법을 고쳐 처벌을 원천적으로 막으려고 했다. 이 범죄자 집단은 지금도 그렇게 하고 있다.

나는 죄가 없다는 범죄자들의 합창

휴가가 끝난 군인이 부대로 복귀하지 않으면 탈영이다. 추미애의 아들처럼 엄마가 법무장관이 아닌 군인은 모두 그렇다. 감옥에 있는 어떤 범죄자가 있다. 그의 뒷배인 정치인이 높은 자리에 오른 후 이 뒷배의 힘으로 그 범죄자가 감옥을 나온다면 탈옥과 다른가. 합법의 형식을 갖추었기 때문에 탈옥이 아니라고 하시는가. 사실상의 탈옥이 권력의 힘으로 합법의 외피를 입은 후 탈옥이 아니라고 우기는 세상이 되었다. 이미 문재인에서부터 시작되었고 윤석열이 대통령이 된 후에도 윤석열보다 더 큰 힘으로 대한민국을 지배했던 이재명에 의해 그런 세상이 되었다. 징집 통지서를 받고도 아무런 절차 없이 입영하지 않는 경우는 탈영이다. 대법원에서 유죄 취지로 파기환송하는 것은 형량의 문제만 남았을 뿐 이미 유죄를 확정한 것이다. 그렇다면 이 확정된 범죄자가 높은 자리에 올랐다는 이유로 감옥에 가지 않는 것은 탈옥과 다른가. 이것이 만인에 평등하다는 법인가. 탈영병을 다스리는 군대의 법과 죄수를 다스리는 사회의 법, 이 두 가지의 법 정신은 다른 것인가. 이 국민은 궁금하다.

800만 불, 우리 돈 100억 원이 넘는 대북송금 사건으로 징역 7년 8개월이 확정된 이화영은 이재명이 대통령에 당선되고 딱 1주일이 지나자 자신의 SNS를 통해 이화영 자신, 조국, 송영길의 사면과 복권을 요청하는 서명에 동참해 줄 것을 지지자들에게 호소했다. 이때부터 민주당 언저리에서는 "억울한 옥살이를 하고 있는 이화영을 사면해 달라"는 분위기를 잡기 시작했다. 사면권을 행사하게 될 이재명의 부담을 덜어주자는 속셈이었다. 조국의 부인 정경심은 선거 전부터 SNS에 '더 1찍, 다시 만날 조국'이 그려진 사진을 올리며 이재명이 당선되면 조국이 풀려날 것이라는 것을 암시했고 민주당의 주변에서는 "조국을 빨리 보고싶다"는 말로 화답했다. 이재명은 물론 부인 김혜경에 대한 재판도 이미 중지되었거나 중지를 요구했고 이재명의 최측근인 정진상은 재판에서 막무가내로 증언을 거부했다. 자신의 통치 5년 동안 범한 수많은 범죄의 혐의가 있는 문재인은 이재명의 승리를 예상한 듯 선거 한 달 전에 이미 자신의 뇌물수수 혐의를 수사하고 기소한 검사들을 공수처에 고발해 두고 있었고 국무총리에 지명된 김민석은 청문회를 앞두고 자신의 범죄적 혐의가 드러나자 해당 검사를 증인으로 불러달라고 요구하기도 했다. 이 모든 확정된 범죄인과 잠재적 죄수들은 이재명이 대통령이 되었으니 혹은 이재명의 범죄에 비교하면 자신의 것은 별거 아니니 본인을 풀어주거나 재판을 중지하거나 나아가 수사하던 검사를 벌 주라는 말을 하고 있었다. 그들은 합창을 하고 있었다. 이재명의 대통령 당선과 주변 죄인들의 탈옥과 면죄, 대체 이 둘은 합당한 인과관계가 있기는 한가.

음주운전에다 위증과 위증 교사 등 잡범 수준의 혐의에서부터 권력형 범죄 혐의와 수천억 원에 이르는 거대 비리까지 백화점식 혐의로 단군 이래 최악의 범죄 혐의자로 불리는 이재명이 자신의 처벌을 면하고 감옥행을 면하기 위해서는, 그리고 남은 생애 동안 결코 감옥에서 나올 수 없을 정도로 많은 중범죄 혐의가 있는 그가 이를 해결하는 유일한 방법은 대통령 자리에 앉는 것이라는 말은 이미 국민 사이에 널리 퍼져 있었다. 그가 대통령이 되고자 하는 이유이자 목적이며 이는 동시에 현직 대통령 윤석열에게 내란의 죄목을 씌워 탄핵한 이유라고 했다. 이 주장들이 참이라면 대한민국의 법치주의는 이미 결딴이 난 것이다. 국가를 지탱하고 사회를 유지하는 법 질서가 무너진다면 대한민국도 무너질 것이다. 그럼에도 이 사람은 대한민국 대통령이 되었다. 본인과 주변인들의 재판 정지와 사면도 현실이 되었다. "우리는 죄가 없다"는 죄인들의 합창은 영원히 참의 노래가 될까. 대한민국의 법치주의 붕괴도 현실이 될까.

무죄 가능성이 제로인 범죄자

"이재명이 무죄 받을 가능성은 1경 분의 1이다" 과거의 범죄로 이미 확정된 전과 4개에다 12개 혐의로 5개의 재판을 받고 있는 이재명의 8건의 범죄사건 모두가 무죄를 받을 확률은 제로라고 했다. 서정욱 변호사의 말이다. 그는 검찰이 기소한 사건의 무죄율 0.91%를 근거로 들었다. 대북송금 대장동 백현동 성남FC 사건은 각각이 무기징역을 받을 사건이라고 말했다. 이러한 사건과 관련 있는 이재명의 주변인 6명이 자살하거나 의문의 죽음을 하고 최측근인 이화영 김용 정진상을 구속시킨 8가지 사건은 1. 대장동 비리 추정액 7886억 / 2. 백현동 뇌물 확실한 30억+추정액 수천억 / 3. 위례신도시 개발비리 추정액 211억 / 4. 성남FC 뇌물 133억 / 5. 쌍방울 대북송금 800만 불 / 6. 대선에서 허위사실을 공표한 선거법 위반 / 7. 검사 사칭과 위증교사죄 / 8. 경기도 법인카드를 가족의 생활비에 사용하고 공무원을 가사 도우미로 쓴 공금횡령 등이다.

경기도 지사 이재명 바로 밑의 부지사는 대북송금 혐의로 7년8개 월의 중형이 확정되었는데 도지사인 자신은 송금을 실행한 기업의 내의 사입은 일 밖에는 없다고 발뺌하는 일 등 그의 범죄혐의 리스트에 더 추가될 사건은 많다. 이러한 사건에서 배임죄, 뇌물죄, 범죄수익은닉죄, 위증교사죄, 선거법 위반, 외환거래법 위반, 남북교류법 위반 등 온갖 경제범죄에다 정치적 범죄까지 저지른 사람이 바로 이재명이다. 우선 그의 부지런함과 무한 탐욕과 위법과 불법에 대한 범죄의식 제로의 사실이 놀랍다. 이 사람만 놀라운 것은 아니다. 이런 종합 잡범이자 거대 범죄자를 대한민국 정치의 중심에 세운 전통의 좌익정당 민주당의 정치인들과 당원들이 놀랍다. 그가 지금의 위치에 오르는 일에 동조하거나 이를 방치한 대한민국의 엘리트 법조인들이 놀랍다. 이런 거대 범죄자를 차기 대선후보 지지율 1위에 올려놓고 마침내 대통령으로 선택한 유권자들의 무지성과 비이성과 무책임이 놀랍다. 대한민국의 자유민주주의 기반이 이렇게도 허약하다는 사실은 더욱 놀랍다. 이런 환경을 극복하고 세계적 기업을 여럿 만든 기업인들의 활약은 더더욱 놀랍다.

원인 없는 결과는 없다. 이유 없는 변화도 없다. 목적 없는 행동도 없다. 인간 세상의 이치다. 이재명의 민주당이 대통령을 탄핵한 이유와 목적을 알면 이 사태가 어느 쪽의 내란인지 어느 쪽의 반란인지는 분명해진다. 대통령의 비상계엄 선포를 실무적으로 주도한 국방부 장관 김용현은 2024년 12월 10일 구속 수감된다. 13일 그의 변호인단은 "계엄은 헌법이 부여한 대통령의 고유권한이다. 따라서 대통령의 통치행위인 계엄 선포를 내란이라 주장하며 수사를 벌이고 사법적 심사대상으로 삼는 것은 불법이고 매우 위험한 국헌문란 행위다. 대통령의 비상계엄 선포 자체를 내란이라고 주장하고 수사하고 재판하려는 시도 자체가 바로 국헌을 문란하게 하는 내란이다"라는 입장을 밝혔다. 허영 교수 등 법학자의 견해와도 완전하게 일치하는 입장이다. 미국 대통령 트럼프도 계엄은 내란이 아니라고 했다. 김용현 변호인단 주장과 허영 교수의 학문적 견해에 따르면 대통령 윤석열의 비상계엄 선포를 내란으로 규정하고 그를 탄핵 심판정에 세운 것은 이재명 민주당의 내란이다. 합법적인 정권을 소유하지 않는 세력이 일으킨 내란이므로 '반란'이라고 말하는 것이다. 이재명이 윤석열을 탄핵한 개인적 이유와 목적을 알면 이해가 더 쉽다.

492

그가 감옥 가지 않는 특별한 기술 재판지연

"신의 사제요 신의 종이다"(민주당 이해식 의원) "민주당의 아버지는 이재명"(민주당 강민구 최고위원) "시대정신이자 손흥민"(정청래 의원) "비명계가 움직이면 내가 죽이겠다"(최민희 의원) 이재명은 절대존엄이며 그래서 결사 옹위하겠다는 서슬이 시퍼런 말과 다짐들이다. 170여 명의 민주당 의원 가운데 적어도 절반은 이런 태세다. 목적은 이재명의 대통령 등극이다. 정청래와 최민희 등 좌익 혁명가 부류들이 이재명을 대통령의 자리에 올리려 하는 것은 대한민국을 좌익 국가로 만드는 그들의 혁명을 위해서다. 수십 년에 걸친 그들의 정치투쟁 이력서에 그렇게 써있다. 운동권 경력을 찾을 수 없는 이해식과 강민구 부류가 이재명을 보스로 옹위하는 이유는 본인의 영달일 것이다. 자신의 출세와 부귀영화를 위해 이재명의 똘마니가 되기로 했다는 뜻이다. 170명의 민주당 의원 중에 이런 부류가 또 절반이다. 절반은 좌익 혁명가들이고 절반은 기회주의자들이다. 안희정 박용진 김부겸 등 그나마 나라 걱정을 조금이라도 하는 부류는 문재인 세력과 이재명의 손에 의해 일찌감치 제거되었고 그래서 민주당에서 나라를 걱정하는 사람은 이제 없다. 좌익혁명가와 기회주의자 170명은 종합 잡범이자 거대 국고 절도혐의자로 감옥행이 예정되어 있어 어떤 극단적인 짓도 다 하는 이재명을 결사옹위하며 각자의 목적을 달성하기 위해 똘똘 뭉쳤다. 윤석열을 탄핵시켜 대통령 직에서 끌어내리는 일은 이러한 그들 각자의 이유와 동기와 목적에서 시작되었다.

"8개 사건, 12개 혐의로 이 대표가 받는 재판 5개 가운데 공직선거법 위반 사건은 2심 선고가 나오기까지 909일이 소요됐다. 위증교사 사건은 현재 506일째 진행중이고, 대장동 백현동 비리사건은 735일째 1심이 이어지고 있다. 마찬가지로 쌍방울 대북송금 사건은 287일째, 경기도 법인카드 유용 사건도 125일째 1심선고가 나오지 않고 있다." 국민의힘 구자근 의원은 "이 대표는 대통령 탄핵심판이 조속히 이뤄져야 한다면서 자신의 재판은 온갖 지연 수법을 남발하고 있다"고 말했다.(조선일보, 2025.3.26) 헌재의 탄핵 심리가 끝난 후 선고를 기다리며 국론이 극단적으로 분열되고 있던 3월 10일 서울시장 오세훈은 "이 사태의 모든 시발점은 민주당과 피고인 이재명 대표의 형사재판 일정이다. 이재명 대표에게 불리하면 내란인가"라는 의견을 내놓았다. 그렇다. 비상계엄도, 내란몰이도, 탄핵도 모두 뿌리는 하나다. 이재명의 감옥 안 가기를 위한 재판지연이다. 이재명은 자신의 범죄에 대한 처벌을 피하기 위해 재판을 뭉개야 했고 이를 위해 국회를 비정상적으로 장악한 후 자신의 개인 로펌 혹은 사병조직처럼 부리며 탄핵을 남발하고 수많은 특검법을 발의했다. 경찰과 검찰을 길들이기 위해 특활비 예산을 제로로 만들고 반대로 공수처를 사냥개로 부리기 위해 특활비를 듬뿍 올려주고 법원에는 뇌물을 주듯 뭉터기 예산을 배정했다. 종합 범죄혐의자 이재명은 이렇게 대통령 윤석열이 비상계엄을 선포하지 않을 수 없는 상황을 만들고 있었다.

이재명이 감옥행을 피하기 위해 재판을 뭉갠 일은 숫자로 확인된다. 공직선거법 재판 하나에서만 법원송달 미수령 7차례, 재판 불출석 6차례, 기일변경신청 5차례, 위헌법률심판제청 신청 2차례다. 이를 그의 재판 5개 전체로 확대하면 이러한 재판지연 행위들은 법원송달 미수령 26차례 (민주당은 내부 직원에게 서류물품 일체에 대한 수령금지 지침을 내린 적도 있다), 재판 불출석 27차례, 기일변경신청 9차례, 위헌심판 제청 2차례로 모두 64차례다.(조선일보, 2025.3.26) 이재명은 이러한 방법으로 선거범죄 재판의 6·3·3 규정에 따라 270일만에 끝내야하는 선거법 2심을 무려 909일을 끌었다. 재판을 미루는 이재명의 계획적 행위로 인한 재판지연 일수는 지금도 하루하루 늘어나고 있다. 이재명이 대장동 재판의 증인으로 3연속 불출석하자 법원은 모두 800만 원의 과태료를 부과했고 5번째도 불출석하자 법원은 강제 구인까지 고민하다 결국 그의 소환을 포기했다. 이재명은 법원도 포기한 악질 범죄 피의자다. 대선을 한 달 앞둔 5월이 시작되자 "피습모의 제보가 잇따르고 있다"며 유세 중에 손을 잡을 수 없으니 이해를 구한다고 했다. 경찰에 신고조차 하지 않는 피습제보는 재판 지연을 위한 자작극임을 단박에 알 수 있는 일이다. 우익 진영에서는 이 피습 쇼를 파기환송심 재판을 지연시키려는 수작으로 보았고 그래서 "법원 집행관은 이 후보를 해치지 않으니 안심하고 파기환송심 통지서를 받아라"고 말했다. 그는 자신의 감옥행을 피하기 위해 국가의 사법 시스템을 농락하고 있었다. 이런 범죄인이 대통령이 되려고 발악을 하는 것은 초현실이었다. 이런 사람을 대통령으로 선택한 10명 중 5명의 국민도 초현실이다. 이 범죄자는 결국 대통령이 되었다. 재판 지연의 힘으로.

검찰의 조작이라는 오리발

대선 후보자 토론대 앞에 선 이재명은 자신의 사법리스크를 거론하며 "5개의 재판을 받고 있는데 유죄가 나오면 대통령을 하는 것이 맞나"라는 김문수의 질문에 "검찰의 증거 없는 조작 기소다. 증거가 없지 않

나. 있었으면 제가 이렇게 멀쩡 했겠나"라며 가볍고 간단하게 대답했다.(5월 27일 3차 토론) 뻔뻔한 표정이 참 인상적이었던 그의 이 답변은 바로 반박된다. 공직선거법 위반 범죄에 대해 10대 2로 유죄를 확정한 대법원 전원합의부의 판결은 무언가. 5개 모든 재판에 대해 엄청난 수의 증인을 신청하고, 법원의 통지문 수령을 회피하고, 53회에 걸친 법원문서송달 미수령과 재판 불출석 등의 다양한 수법으로 3년 동안이나 재판을 지연시킨 이유는 무언가. 자신이 대통령이 되면 그에 대한 모든 재판을 중지시키는 내용의 법안은 왜 추진하나. 3~4년에 걸쳐 경찰 검찰 등의 수사기관과 여러 언론이 파헤친 결과 산더미처럼 쌓여있는 이재명의 범죄혐의는 모두 거짓인가. 이재명과 민주당은 이런 물음에는 대답하지 않았다.

12개의 범죄혐의를 수사하고 그 중 5개를 이미 기소한 검사들이 5월 27일의 이 3차토론 장면을 봤다면 분통이 터졌을 것이다. 수십 명의 대한민국 검사들이 몇 년에 걸쳐 작성한 방 한 칸을 채울 정도의 수사기록과 공소장에는 그가 범한 범죄의 증거가 빽빽하게 적혀 있다. 그런데도 증거가 없다고? 이재명은 새빨간 거짓말을 하고 있었다. 그는 대한민국의 형사사법 시스템을 깡그리 부정하고 있었다. 검찰의 기소가 증거가 없는 것이고 조작한 것이라면 그 스스로 재판을 서둘러야 마땅하다. 대법관 권순일을 돈으로 매수했다고 의심될 정도로 엄청난 물적 능력과 인적 네트워크을 가진 그가 판사를 매수하여 재판 순서를 새치기 해서 먼저 판사 앞으로 간다면 범죄 혐의를 털어내고 자신의 결백을 증명할 수 있을 텐데, 그는 거꾸로 온갖 수법으로 재판을 미루고 또 미루었다. 왜일까.

이재명이 자신의 백화점식 범죄혐의를 검찰의 조작이라며 오리발을 내민 역사는 길다. 그가 정치권에 얼굴을 내민 이후 국민이 줄곧 들어온 말이다. 그 자신은 물론 그의 측근들도 모두 그렇게 말했다. 22대 총선이 끝나고 그가 당을 자신의 로펌처럼 부리게 된 이후부터는 방송에 나온 좌파 패널들은 똑 같은 메모를 똑 같이 암기한 것처럼 똑 같은 말을 했다. "이재명 대표의 범죄혐의는 검찰이 조작한 것이다" 똑 같은 거짓말을 반복하여 인민을 속이고 세뇌시키는 것은 공산주의자들이 그들의 세상을 만드는 제1의 전술이다. 좌파 패널들은 그런 전술을 쓰고 있었다. 이재명 민주당의 이 전술은 절반의 국민을 속이는 일에는 성공이었다. 어느 순간부터 "이재명에게 죄가 있다면 왜 아직 감옥에 가지 않았겠느냐"는 국민이 하나씩 늘어났고 그렇게해서 그는 대통령이 되었다. 거짓말로 국민을 속이고 또 속이는 이재명의 속임수가 대성공을 거둔 것이다.

검찰을 테러하다

이재명은 검찰이 자신의 죄를 조작했다고 주장하는 정도에서 그치지 않았다. 국회 의석수를 무기로 사실상의 폭력을 마구 휘두른다. 우선 이재명을 수사하고 기소한 검사들부터 무차별적으로 탄핵했다. 22대 국회가 출범하고 한 두 달이 지난 2024년 여름부터 이창수 조상원 강백신 김영철 엄희준 박상용 검사 등에 대해 탄핵소추안을 발의했다. 모두 뛰어난 수사 능력으로 검찰 내에서 엘리트 검사로 인정받는 검사들이다. 대선 이틀 전인 6월 1일 승리를 확신하고 있던 그들은 대장동 수사 검사를 고발한다. 조작수사로 범죄를 만들어 냈다는 것이 이유였다. 역대 어느 정권에서도 없었던 야만적인 폭력이다. 검찰에 대한 테러는 이게 다가 아니다. 이재명이 대통령에 당선된 직후부터 민주당 내외에서는 200여 명에 이르는 이재명 수사 검사들을 향해 "은퇴 후에 변호사 하기 싫어?"라는 등의 협박성 발언이 쏟아졌다. 이들에 대한 피의 보복이 시작되었다고 보는 국민이 많았다. 이때부터 사표 쓰는 검사들이 줄을 잇는다.

24년 11월에는 다음해 예산안에서 검찰의 특활비를 '0'으로 만들었고 결과는 바로 나왔다. 마약 범죄자의 숫자가 줄어들었다. 마약범죄가 줄어든 것이 아니다. 범죄 성격상 특활비 사용의 비중이 높은 마약 수사를 못 하게 되자 검거된 마약사범의 수가 대폭 줄어든 것이다. 검사들은 자신의 월급을 쪼개 특활비로 썼고 아이의 학원비를 줄이자 딸이 "아빠 회사 월급이 줄었어?"라고 물었다는 보도가 나왔고 검찰 내부 게시판에는 "범죄자를 잡은 잘못"이라는 글이 올라왔다. 검찰 특활비를 제로로 만든 것은 자신을 수사한 검사들에 대한 이재명의 복수였고 수사에서 손을 떼라는 협박이었다. 이재명은 자신이 살기 위해 나라에 마약 중독자가 늘어나는 일 쯤은 개의치 않았다. 검찰에 대한 테러인 동시에 사회에 대한 테러다. 검찰에 대한 이재명의 테러는 집권 후 본격화 된다.

이제부터는 합법적 테러다. 시작은 검사징계법 개정이다. 어이없는 이 법은 이재명의 당선 확정 다음날인 6월 5일 국회 본회의를 통과하고 10일 국무회의 의결을 거쳐 입법화되었다. 검찰에 대한 벼락치기 테러였다. 이재명과 민주당은 범죄자 이재명 단 하나를 구하기 위한 이 테러를 오래전부터 준비했을 것이다. 원로 정치인 박찬종 변호사가 "정신 나간 짓"이라고 비판했던 이 법안의 골자는 기존에 검찰총장에게 있던 검사 징계청구권을 법무부 장관이 직접 징계를 회부하고 파면할 수 있도록 하는 것이다. 이 법으로 검사들은 바람이 불기 전에 미리 방향을 눈치채고 그쪽으로 드러누울 것이다. 검찰을 민주당의 사냥개로, 이재명의 똥개로 만드는 악법이다. 이것은 공포적 독재의 시작이다.

선거 승리가 예상되던 2025년 봄부터는 급기야 당 차원에서 검찰개혁 정도가 아니라 검찰 해체의 계획까지 나왔다. 검찰이 이재명의 범죄만 수사하는가. 문재인은 집권 초기에는 검찰을 박근혜 정부 인사를 마구잡이로 수사하고 기소하는 일에 사냥개처럼 써먹더니 집권 중반이 지나면서 자신의 정권의 비리와 불법이 봇물처럼 터져나오자 검찰개혁이라는 이름으로 검찰을 반신불수로 만들었다. 그것으로도 퇴임 후의 자신에 대한 수사와 처벌을 피할 수 없다고 생각한 문재인은 퇴임을 단 1주일 남기고 자신과 정권의 범죄에 대한 수사 자체를 봉쇄하기 위해 검찰의 수사권을 박탈하는 검수완박법을 재가한다. 결과는 엄중하다. 사드기밀 누설 등 수많은 문재인의 중대범죄에 대한 수사는 불가능하게 되었고 이와 함께 일반범죄에 대한 검찰의 통제력도 급격히 떨어진다. 모든 범죄사건의 처리기간은 엿가락처럼 늘어졌다. 대한민국은 그렇게 죄를 짓고도 처벌이 미루어지는 범죄자들의 천국이 되어가고 있었다. 이재명 한 사람의 범죄를 뭉개기 위해 검찰을 해체한다니 이 역시 초현실이다.

법은 사회적 강자의 약자에 대한 횡포와 폭력에 대항하여 약자를 보호하는 것이 첫 번째 기능이다. 강자들의 이익에 악용되는 부작용에 비하여 약자를 보호하는 역할이 압도적이다. 검찰을 해체하고 중수청과 기소청으로 나눈다면 수사와 기소는 엿가락처럼 늘어질 것이다. 정권이 개입할 수 있는 여지가 크게 늘어나 사건 자체가 묻히거나 권력자의 필요에 따라 범죄혐의가 조작되고 과장되는 일이 비일비재할 것이다. 이것이 검찰을 해체하고 새로운 이름으로 개편하려는 목적이다. 검사들을 새로운 조직으로 재배치하는 과정에서 이재명과 민주당 권력자들의 범죄를 담당했던 검사들을 좌천시키거나 옷을 벗기는 것이 당장의 목적이다. 이런 망국적 목적의 검찰 해체는 법의 제정이나 개정 없이도 이미 시작되었다. 대통령 당선 하루만인 6월 5일 국회를 통과한 3대 특검법에 의해서다. 3대 특검에는 120 명의 검사가 투입되었고 이로 인해 이재명과 민주당 인사들에 대한 수사가 모두 중단된 것은 물론 정치권 밖의 일반 국민의 형사사건도 처리기간이 늘어나고 미제사건이 급증하고 있다.

검찰 해체는 힘 있는 악인들에게는 천국이 될 것이다. 그러나 보통의 국민에게는 지옥이 될 것이다. 문재인 정권의 검경수사권 조정과 검찰의 수사권 박탈로 검찰과 경찰의 고소장에 접수에서 기소까지 걸리는 시간은 2019년 313.5일에서 2023년 484.2일로 약 1.5배 늘어났다.(조선일보, 2025.5.14) 서민이 피해를 당하고도 구제를 받는 시간이 훨씬 길어진 것이다. 이 시간은 향후 검찰 해체로 인해 더욱 길어질 것이다. 가해자의 천국이고 피해자의 지옥이다. 이 지옥의 시작은 확정범 이재명과 그 주변의 범죄자들의 윤석열 정부에 대해 일으킨 반란이 성공한 그때부터다. 이재명 정권에 의해 임명된 내란특검 조은석은 6월 16일 '서울고검의 3개 층을 비워라'고 요구했다. 반란세력의 검찰 점령의 상징이다.

2. 아, 관군대장 조희대

임진왜란이 끝난 후 일본은 유성룡의 징비록을 읽으며 조선 침략 실패의 원인을 분석했다. 유성룡이 후세들은 자신의 세대가 겪은 그런 전란을 다시 겪지 않도록 미리 대비하라고 일깨워주기 위한 의도에서 병든 노구를 이끌고 쓴 이 반성문을 조선의 조정은 금서로 지정하고 유통을 금지했다. 그러나 일본은 이를 구해 사본을 만들어 널리 배포하며 전쟁 실패의 원인을 분석했다. 징비록을 금서로 만든 조선은 불과 30여 년이 지나 정묘년과 병자년에 연이어 두 번의 호란을 더 겪어야 했다. 그리고 300여 년 후에는 결국 일본에 국권을 빼앗긴다. 이 역사적 사실은 종북좌익 세력이 주도권을 잡은 지금의 우리에게도 시사하는 바가 크다. 윤석열과 이재명의, 그리고 우익과 좌익의 이 전쟁에도 관군대장은 있었다.

일본에서 귀화한 호사카 유지 세종대 교수는 밀정이 대거 활약하는 점에서 지금의 한국은 구한말과 비슷하다고 했다.(JTBC, 2024.9.6) 그는 친일파도 거론했지만 종북좌파 심지어 간첩에게 점령당한 한국이 그의 눈에는 망국을 앞둔 구한말로 보였을 것이다. 그가 이 말을 하고 딱 석 달 후 윤석열은 계엄을 선포했고 이재명이 이끄는 반란세력의 반격으로 그의 직무는 정지된다. 임진왜란이 끝나고 일본은 조선 침략에서 오판의 제1의 원인으로 사실상 조선군 대장 역할을 했던 이순신에 대한 정보 부족과 의병의 존재에 대한 무지를 꼽았다. 윤석열이 내란범으로 몰려 탄핵되는 이 난리에서도 의병의 존재는 무서웠다. 윤석열을 지키겠다며 몇날며칠을 한남동 관저 앞 도로를 지키고 광화문과 부산역과 동대구역과 광주금남로를 매운 반탄 국민의 기세는 임진왜란 때의 의병을 연상하게 했다. 그렇다면 관군 대장은 있었을까. 있다. 대법원장 조희대다.

국방부 장관 김용현은 내란의 주범급으로 몰려 일찌감치 감옥에 갇혀 아무것도 할 수 없었다. 알량한 당권에만 관심이 있던 여당의 수뇌 권영세 권성동은 전쟁터 근처에는 코빼기도 비추지 않았다. 합참의장 등 군 지휘부는 모조리 꼬리를 내리며 존재 자체를 감추었고 국회에 불려 나와서는 자라목을 하고 눈치만 살피거나 눈물을 흘렸다. 목숨만 살려달라는 포로병의 모습들이었다. 이런 자식들에게 국방을 맡기고 열심히 세금을 냈다고 생각하니 욕이 절로 나온다는 국민이 많았다. 관군대장이 있었다면 딱 하나다. 조희대. 이재명의 대통령 취임식에 참석하여 웃으며 악수하는 모습을 보고 조희대를 비난하는 사람도 있었다. 이 조희대는 대한민국 대법원장일 뿐이다. 인간 조희대 혹은 관군대장 조희대는 아니다. 그렇게 믿고 싶다. 한 명의 관군대장도 없었고 그래서 반란세력에게 순순히 나라를 넘겨주었다고 한다면 그런 대한민국은 존재의 가치가 단 1도 없는 나라가 되어버릴까 싶어서다.

대법원 판결이 아무것도 아니라는 반란의 수괴

5월 1일 대법원은 1심에서는 유죄, 2심에서는 무죄 판결이 나온 이재명의 선거법위반 사건을 유죄의 취지로 2심 법원으로 돌려 보낸다. 12개월 내에 끝내야 하는 선거재판 원칙을 어기며 30개 월을 끌다 3월 26일에야 내린 2심의 무죄 판결을 35일만에 대법원이 뒤집은 것이다. 대통령 선거가 시작되기 전에 후보의 범죄혐의에 대한 유무죄 심판을 내리겠다고 한 것은 국민의 선택권 행사에 핵심적으로 중요한 일이며 국가의 법질서 유지를 위해 당연한 일이다. 그러나 당연한 이 일은 조희대의 구국의 결심이 없었다면 불가능했다. 이재명과 그의 사병처럼 움직이는 민주당이 현직 대통령의 합법적 권한 행사를 내란으로 몰아 감옥에 가두기까지 했으며, 반란군과 한 패인 문형배 이미선 정계선의 헌재에서도 국민이 관군으로 믿고 있었던 정형두 김복형 조한창마저 이미 반란군에게 투항한 상태에서 최후의 관군대장은 조희대 뿐이었다. 관군대장 조희대와 10인의 장교들은 그렇게 힘을 내어 반란군을 진압하려 했다. 조희대는 잘못 18회, 오해 8회, 왜곡 2회를 말하며 2심 판결의 잘못을 꾸짖는 판결문을 낭독했다. 그리고 유죄 취지의 파기환송을 선고했다. 그러나 이를 환송받은 고등법원의 이재권 송미경 판사는 형량을 정해 선고하는 대신 재판중단을 선언했다. 이로써 조희대의 반란군 진압은 무위로 끝이 나고 이재명은 대통령이 되었다. 이제 이재명의 세상이 되었다. 그래서 조희대의 이 판결은 대한민국의 자유민주주의 체제를 수호하는 마지막 판결로 기록될 것이다. 조희대를 이순신에 비유하고 싶은 이유다.

"아무것도 아닌 해프닝이다" 이재명은 대한민국 최고 법원인 대법원이 내린 그의 선거법 유죄판결을 웃으며 아무것도 아니라고 했다. 최고법원의 10인의 재판관이 내린 유죄판결을 하나의 해프닝으로 폄훼하며 대한민국의 법치 시스템을 부정하는 그의 이 발언을 근거로 그를 반란의 수괴로 규정하는 것이 무리인가. 반란의 우두머리인 동시에 이 판결의 당사자인 이재명이 이렇게 대법원의 권위를 뭉개자 민주당의 반란 졸개들은 막말을 쏟아내기 시작한다. 김병기 의원은 "이것들 봐라, 한 달만 기다려라"며 벼뤘고 "대법원이 미쳤다"고 말하는 의원도 있었다. 5월 2일 막말의 대가 정청래는 국회에 나온 법원행정처장 천대엽에게 시비를 건다. "대법관들이 법률에 따라 처리했다"고 답변하자 "공부 뭐하러 했습니까. 가증스럽다"고 말했다. 공부는 안 하고 데모만 해서 아는 것이라고는 깡통인 정청래가 갑의 자리에 앉아 대법관을 향해 호통치는 이런 나라, 존속이 가능한가. 정청래는 며칠 후 "대통령도 2번 탄핵한 국민인데 대법원장이 뭐라고"라며 조희대 탄핵의 불씨를 지핀다. 분명히 말하지만 대통령에 대한 두 번의 탄핵은 국민이 한 것이 아니다. 주사파인 정청래 자신과 그의 동지들이 모인 민주당이 법원 주사파들과 담합하여 벌인 일이다. 국민인 우리는 주사파 정치인과 법관들과 정신 나간 언론이 함께 한 거짓과 조작과 모략과 선전과 선동에 홀딱 속아 넘어갔을 뿐이다.

재판 기적이 끝없이 이어지는 이재명은 신이거나 악마거나

이재명은 윤석열과 경쟁한 20대 대선 과정에서 여러가지 거짓말을 했다. 그는 백현동 부지 용도변경은 국토부의 협박 때문이었다는 허위발언과 김문기 처장과는 해외에서 골프를 치지 않았다는 취지의 허위발언을 했다. 공직선거법 위반이다. 이 혐의로 그는 1심에서 유죄판결을 받는다. 그러나 2심에서는 무죄로 뒤집힌다. 최은정 이예슬 정재오 판사는 국토부 협박 발언은 '의견 표명'이라는 이유로, 김문기 처장 관련 증거에서 사진 일부를 클로즈업한 것은 '조작'이라는 기상천외한 논리로 이재명에게 무죄를 선고한다. 이 이상한 판결에 우리법연구회 출신이 빠질 리는 없다. 최연장자인 정재오다. 이 판결이 나오자 좌익진영은 환호성을 질렀다.

그러나 조희대의 대법원은 35일 후 이 판결을 다시 유죄로 바로잡는다. 조선일보 박정훈 기자는 이를 두고 "1.7%의 사법기적이 마지막에 멈추었다"는 내용의 논설을 냈다. 형사 재판에서 1심의 징역형이 2심에서 무죄로 뒤집히는 사례는 최근 3년간 전체 사건의 1.7%에 불과한데 이 희박한 판결을 이재명이 뚫었다는 것이다.(조선일보, 2025.5.7)

　　박정훈 기자는 이것을 사법기적이라 부르며 이 기적이 조희대의 대법원에 의해 멈추어졌다고 했다. 이재명이 수많은 범죄혐의를 생산하면서도 성남시장이 되고 경기도 지사가 되고 대통령까지 되는 과정에서 이 1.7%의 기적은 아무것도 아니다. 일반 국민은 물론 법조인까지 누가 봐도 명백한 유죄를 무죄로 만든 기적은 다 헤아릴 수 없다. 큰 것만 말해도 적지 않다. 2018년 경기도지사 후보토론회에서의 거짓말로 고발된 선거법 위반혐의가 2020년 김명수의 대법원에서 무죄판결이 나고, 2023년 9월 유창훈 판사가 범죄혐의가 소명된다면서도 어이없게도 기각한 이재명의 구속영장 재판, 2024년 11월 김동현 판사가 내린 이재명의 위증교사 혐의 무죄 선고, 2025년 3월의 선거법 위반 2심 무죄까지 모두 확률이 극히 낮은 기적이다. 이 모두가 과연 행운이거나 기적일까. 이재명이 무죄판결을 받은 모든 재판이 행운이라면 대체 이 행운의 확률은 얼마나 될까. 단언하건데 0%다. 이미 어느 정도는 확인된 소위 50억 클럽의 권순일과의 재판거래처럼 다른 무죄 판결도 법관을 매수한 결과가 아닐까. 단언컨데 이 가능성은 100%다. 이 모든 무죄 판결이 재판거래에 의한 것이 아니라면 이재명은 신이다. 아니면 악마거나.

이젠 조희대의 내란이라고?

보통의 국민은 물론 대통령에게조차 불가능한, 오직 이재명에게만 반복되는 이 기적을 깬 사람이 있다. 조희대다. 선거법 파기환송이다. 이때부터 이재명의 졸개들은 조희대를 향해 폭풍 같은 비난을 퍼붓는다. 대법원이 이 사건을 전원합의체 회부를 결정한 직후부터 민주당 주변에서는 조희대를 공격하고 탄핵하자는 목소리가 나왔다. 그리고 파기환송이 결정되자 마침내 전쟁을 선포한다. "개싸움 시작, 사법부와의 전쟁, 탄핵" 등의 구호가 난무하는 가운데 법원에 포진한 좌익 판사들까지 나서서 "조희대는 사과하고 나가라"는 주장이 터져나왔고 좌익 방송사들은 이를 크게 보도했다. 이 정도의 말 폭탄에 그치지 않고 행동으로까지 나선 것은 역시 민주당이다. 민주당은 이 판결을 '조희대의 내란'이라 이름 붙였다. 3차 내란이라고도 했다. 윤석열의 1차 내란, 한덕수 최상목 대행의 2차 내란에 이은 조희대의 3차 내란이라는 것이다. 이 반란군은 아무 곳에나 내란의 딱지를 붙였다. 민주당은 "조희대 단죄"와 함께 대법원을 내란세력으로 규정하고 찬성표를 던진 대법관 10명 모두에 대한 탄핵까지 거론한다. 반대표를 던진 2인의 재판관을 제외한 데서 이것이 인민재판의 논리라는 것은 바로 확인된다. 찬성과 반대 결정을 '다른 의견'으로 보며 양측 의견 모두를 존중하는 자유민주주의의 논리가 아니다. 옳은 의견과 틀린 의견, 선의 생각과 악의 생각으로 나눈 후 한 쪽을 전면 부정하는 인민민주주의의 논리다. 공산당 인민재판의 논리다.

파기환송 판결이 나온 후 민주당은 조희대에 대한 사퇴 요구와 탄핵 주장은 물론 국정조사와 특검과 청문회를 들먹이며 비상의총에서 이를 논의한다. 이를 주도한 것은 김민석이다. 이재명이 자신의 대통령 당선 즉시 국무총리에 지명한 그 김민석이다. 그러나 조희대 탄핵 논의는 국내는 물론 국외에서까지 비판이 쏟아졌고 그래서 일단 보류된다. 대신 대법원장과 찬성표를 던진 대법관까지 모두 11명에 대해 청문회를 결정한다. 대한민국 77년의 역사상 초유다. 11명 모두의 불참으로 청문회가 무산되자 조희대 특검과 국정조사 카드까지 들먹였다. 특검으로 60일 동안 조희대를 수사하겠다고도 했다. 이 와중에 민주당의 2중대를 자처하는 조국당은 '조희대 탄핵안'을 공개했고 민주당은 조국 사면설을 띄우며 이에 화답한다. 당사자인 이재명은 이 유죄판결을 '사법살인'에 빗대며 결사항전 하겠다는 취지의 발언을 내놓았고 11명의 대법관이 청문회에 불출석하자 "법정에 세울 것"이라며 엄포를 놓았다. 그는 대선후보 토론회에서 "깨끗한 손"을 언급하며 "사법부는 깨끗해야 한다"고 말했다. 자신에게 유죄를 내린 법관들은 더러운 손이며 그래서 자신의 어떤 범죄에 대해서도 모두 무죄를 내려줄 그런 깨끗한 손을 가진 법관들로 물갈이 하겠다는 말이었다. 대선을 하루 앞두고 그는 "산전수전 다 겪었지만 파기환송이 가장 황당하다"고 말했다. 대법원의 판결을 전면 부정하는 말이다. 나아가 대한민국의 사법 시스템 자체를 부정하는 말이다. 기존의 법질서를 부정하는 것은 내란과 반란과 쿠데타와 혁명의 공통점이다.

관군의 첫 승리

동아일보 이진영 논설위원은 필리핀의 두테르테 정부와 베네수엘라 차베스 정부 등 정치 후진국의 사법개혁을 예로 들며 이재명 민주당의 사법부에 대한 행태를 연성 내란으로 의심했다. 폭력을 앞세운 경성 내란은 경각심을 가지고 막아낼 수 있어도 합법의 형식을 갖추고 다수결을 통한 연성 내란은 일어난 줄도 모르고 당한다고 했다.(동아일보, 2025.5.14) 그의 의견에 동의한다면 민주당의 탄핵 폭주와 입법 폭탄과 뒤이은 현직 대통령 탄핵과 사법부 겁박은 연성 내란이 분명하다. '연성 내란'이라는 용어는 '반란'을 말하고 싶은 제도권 언론인의 대체 용어일 것이다. 현직 대통령 윤석열을 끌어내리는 일에 써먹은 거짓 선동 언어인 '내란'을 대법원장에게까지 끌어다 대며 대법원이 내린 판결을 부정하는 이재명과 민주당 이 집단, 반란세력이 분명하다. 자유민주 진영은 사법부가 내린 판결이 대한민국의 정체성에 반하는 경우에도 승복했다. 바보같이 보이기까지 하는 이 승복, 이것이 민주주의다. 그러나 좌익진영과 그 정당은 대한민국의 정체성에 부합하고 법치주의 정신에 부합하는 대법원의 판결까지 부정하고 불복했다. 이게 반란이 아니고 무언가. 현직 대통령을 끌어내리고 자신의 범죄를 심판하는 대한민국 사법체계의 파괴까지 시도하는 일 이것이 이재명과 민주당의 반란이 아니고 무언가.

이재명 정권 100여 일이 지난 9월 중순 또 하나의 전투가 벌어진다. 세개의 특검은 3개 월 동안 소란을 피우고도 아무런 성과를 내지 못했다. 처음부터 허깨비를 찾기 위해 만들어진 특검은 유의미한 범죄 증거를 찾을 수 없었다. 무죄가 뻔히 예상되자 이재명과 민주당은 '내란특별재판부'를 만들겠다고 했다. 전현희 의원은 김건희와 채해병 사건을 유죄로 만들기 위해 '국정농단재판부'를 만들어야 한다고도 했다. 숭어가 뛰니 이제는 망둥어도 뛰고 싶은 듯 보였다. 대법원장 조희대는 이 특별재판부의 위헌 가능성을 경고한다. 이에 민주당 대표 정청래를 필두로 추미애 등은 일제히 조희대의 사퇴를 요구하고 탄핵을 겁박했다. 대통령실 대변인 강유정은 이에 대한 기자의 질문에 "공감한다"고 답했다. 이재명도 조희대의 사퇴를 요구한다는 뜻이다. 대통령실 대변인의 말은 대통령의 말과 같다. 실제 이재명은 내란특별재판부의 위헌성을 묻는 기자의 질문에 "그게 무슨 위헌인가"라며 반박했다. 그리고 국민이 국가 권력서열 1위라고 했다. 국민의 이름으로 특별재판부를 만들겠다는 수작이다.

이재명은 국민- 직접선출 권력- 간접선출 권력의 순서로 권력서열을 설명했다. 엉터리고 궤변이다. 자유민주 국가에 권력서열은 없다. 의전서열이 있을 뿐이다. 자유민주주의 국가에는 헌법이 부여한 각각의 대등한 권력이 있을 뿐이다. 권력서열은 공산국가에나 있다. 전국의 법관들이 일어났고 재판 재개의 의견도 나왔다. 내란특별재판부를 공산당의 인민재판부에 빗대는 언론도 있었다. 이렇게 조희대 쫓아내기가 거센 저항에 직면하자 대통령실은 이를 전면 부인하는 취지로 말을 뒤집는다. 이재명도 특유의 '난 모르는 일'이라는 식의 태도로 돌변한다. 자신이 모든 일을 지휘하고 지시한 후 욕 먹고 불리하면 자신은 쏙 빠지는 이재명식 처신술이다. 이 전투는 관군대장 조희대의 승리다. 독재자 이재명에 대한 관군의 첫 승리일 것이다. 그러나 한 번의 전투에서 승리했을 뿐 전쟁은 아직 끝나지 않았다. 이재명과 민주당이 포기할 전쟁이 아니다. 우익 진영의 국민은 더욱 포기할 수 없는 전쟁이다.

저주 받으라 대한민국 법관들이여

대법원의 파기환송 판결은 즉시 서울고등법원 형사7부에 배당된다.

재판장 이재권은 첫 재판기일을 5월 15일로 공지한다. 그리고 5월 7일 이재명은 기일변경 신청서를 제출한다. 이 신청서를 받은 이재권은 단 40분 만에 재판의 연기를 결정한다. 6월 18일에 재판을 열겠다고 했다. 이 날짜는 대선 보름 후다. 이재명의 주위 특히 개딸들은 이 사건이 고법으로 돌아가 아직 재판이 시작되기도 전인데 법관 3인의 실명을 공개하며 좌표를 찍고 탄핵을 말했다. 개딸들은 3인의 법관이 이 사건을 맡은 것 자체가 탄핵감이라고 했다. 이재권 외 3인의 재판관들은 법전에 따라, 법관의 양심에 따라 재판을 진행하는 대신 민주당과 개딸들의 협박에 무릎을 꿇었다. 그들의 사법부 농락과 협박에 무릎을 꿇은 판사들은 이게 다가 아니다. 서울고법의 선거법 위반 파기환송심 연기가 발표되자 기다렸다는 듯 대장동 재판도 연기된다. 대북송금 재판, 위증교사 재판, 경기도 법인카드 유용 재판 등 연기 되지 않은 것이 없다. 이재명에 대한 재판은 그렇게 모두 연기되고 정지된다. 많은 법관들이 무릎을 꿇었고 결국 이재명은 대통령이 되었다. 통탄한다.

대선 6일 후인 6월 9일 이재권 판사는 선거법 위반 파기환송심의 무기한 연기를 결정한다. 6월 18일로 연기된 재판도 하지 않겠다는 것이다. 완전한 투항이다. 이 결정의 의미는 엄청나다. 이재명이 대통령에 당선되기 전에 범한 범죄에 대한 재판이 헌법 제84조의 대통령 불소추 특권에 해당하는가에 대한 국가적 논란에 이 결정이 선례가 된 것이다. 대장동 저수지 물을 먹은 모든 법률가들과 비겁한 판사들은 이 선례에 기대어 이재명의 백화점식 범죄혐의에 대한 재판을 줄줄이 중단했다. 대선 당일의 출구조사에서 재판의 계속에 동의하는 국민은 64%였고 재판 중단은

26%였다. 헌법학자 허영 교수도 대통령이 되기 전의 재판은 계속되어야 한다고 말했다. 필요할 때만 국민의 이름을 팔아먹는 이재명과 민주당이 국민 64%의 뜻을 거스르는 것은 그들이 무도한 사기집단이고 폭력적 반란집단이기 때문이라고 해도 법관들은 왜 국민의 뜻을 받들지 않는가. 당대 최고 헌법학 교수의 강론은 왜 귓등으로 듣는가. 이재명으로부터 무엇을 받아먹었는가. 권력에 꼬리를 내렸는가. 개딸들에게 겁을 먹었는가. 이유가 무엇이든 국민과 최고 법학자의 뜻을 배신하고 범죄자 이재명에게 안녕을 준 이재권 박주영 송미경 판사, 그대들에게 저주 있으라.

이재명이 대권으로 가는 길에 장애물이 되는 사법 리스크를 이런 방법으로 제거해 준 법관은 이재권 외에도 많다. 선거법 위반 사건의 1심재판을 무려 1년4개 월이나 끌다 선고도 하지 않고 사표를 내고 법원 문을 나감으로써 새로운 판사가 다시 8개 월 더 걸려 모두 2년2개 월이 지나서야 1심이 나오도록 만든 판사, 2년 동안이나 재판을 맡고도 선고를 하지 않은 채 자리를 옮긴 대장동 판사 등 모두 열거하자면 끝이 없다. 이재명은 판사 겁박에다 우리가 볼 수 없는 곳에서 있었을 것으로 짐작되는 판사 매수 정도에 그치지 않았다. 정계선과 마은혁을 헌재에 심기 위해 온갖 방법을 쓴 일처럼 자신이 원하는 판결을 내려줄 판사로 교체하는 일에도 전력을 다했다. 이를 두고 중앙일보 안혜리 기자는 "입맛에 맞는 재판관 넣고 빼기로 재판결과를 내 편 유리하게 만들겠다는 떼쓰기, 아예 재판결과를 바꿔버리겠다는 힘겨루기, 판사에 따라 죄의 유무가 갈린다면 대체 법은 무슨 소용이 있는가"(중앙일보, 2025.4.1)라고 개탄했다. 잡스러운 범죄부터 권력형 거대 범죄까지 온갖 범죄혐의를 가진 이재명이 대통령이 될 수 있었던 것은 이해할 수도 없고 법리에도 어긋나는 무죄 판결을 내려주고 재판을 연기에 연기를 거듭하며 시간을 끌어준 법관들이 없었다면 불가능한 일이었다. 이재명과 민주당이 이 반란의 주범이라면 그들의 범죄를 눈감아준 법률가들은 이 반란의 부역자인 동시에 공범이다. 우리가 낸 세금으로 월급을 받는 이들을 그냥 둘 것인가. 욕이라도 해야하지 않을까. 그들 모두에게 저주 있으라.

미국 예일대 프레드 로델Fred Rodell 교수는 32세의 젊은 나이에 저술한 '저주 받으라 너희 법률가들이여'(1939년 출간)라는 제목의 책에서 법률가를 "특수한 법 지식에다 난해한 말장난을 첨가해 대중에 군림하는 고급 사기꾼"으로 규정했다. 토머스 무어는 법률가를 "사실을 위장하는 일로 먹고 사는 사람들"로 규정했으며 셰익스피어는 "우리가 첫 번째로 해야하는 일은 법률가를 모조리 죽여버리는 일이다"라고 했다. 경찰이 발로 뛰고 검사들이 주야로 수사하여 증거를 찾아내고, 신문사 기자들이 기사 마감시간에 쫓기며 알아낸 의심되지 않는 이재명의 확정적 범죄혐의에 무죄를 선고하고 재판을 연기한 모든 판사들에게 해주고 싶은 말이다. "판사들이여 저주 받으라" 단 조희대는 빼고.

아, 지귀연 판사도 있다. "지귀연 판사 죽을 때까지 징계" 운운한 인간은 노무현재단 이사장을 지낸 유시민이다. 유시민이 좌표를 찍은 법관이라면 그는 애국자가 분명하다. 그래서 더 알아볼 것도 없이 지귀연 판사에게도 조희대와 함께 축복을 빌어주는 것은 옳은 일이다.

축복을 빌어야 할 판사가 또 나타났다. 서울중앙지법 조형우 판사다. 2025년 10월 31일 그는 대장동 사건의 민간업자와 성남도시개발공사 간부였던 5명의 피고인에게 징역 최고 8년까지의 중형을 선고하고 법정구속 했다. 조형우 판사는 이 재판에서 '성남시 수뇌부'와 '성남시장'을 수십 번 언급함으로써 이재명이 이 사건의 몸통이자 주범임을 사실상 확정했다. 이재명 사건을 맡은 모든 판사가 재판을 중단한 가운데 그는 법과 양심에 따르고 자유민주 국민의 상식에 맞는 판결을 내린 것이다. 조형우 판사가 축복을 받아야 하는 이유다. 국민으로부터 축복받는 법관이 더 나타나야 한다. 그래야 대한민국이 산다.

3. 이 더러운 반란

제21대 대통령에 지원한 후보들의 선거운동은 2025년 5월 12일부터 시작되었다. 윤석열을 끌어내린 반란의 우두머리 이재명은 대부분의 여론조사에서 처음부터 끝까지 선두를 유지했다. 이재명의 대통령직은 따놓은 당상으로 보였다. 그럼에도 그는 지금까지 살아온 자신의 인생여정 그 모습대로 여전히 더럽게 행동했다. 상대의 이미지를 깎아내리는 그의 저질 선거 전술의 수많은 사례를 언급하는 것은 피곤하면서도 쓸데없는 일이다. 그러나 메이저 방송이 중계하여 모든 국민이 시청할 수 있었던 3차에 걸친 후보자 토론은 그냥 지나칠 수 없다.

그의 반란은 끝까지 더러웠다

"과거에 있었던 어떤 행위에 대한 발언이 잘못되면 그걸 처벌하는 것, 이건 전 세계에서 찾기 어려운 제도다" 이재명은 또 다시 이렇게 새빨간 거짓말을 했다. 2월의 신년기자회견에서 "허위사실을 공표하면 처벌한다는 조항이 전 세계에서 대한민국이 유일하다"고 했던 새빨간 거짓말을 대선 후보 토론회에서 다시 꺼내든 것이다. 이재명의 이 발언 후 SBS 등의 여러 언론은 민주주의의 발원지인 영국의 사례를 상세히 보도하며 이재명의 말이 허위사실이라는 것을 입증하고 미국 프랑스 일본 뉴질랜드에도 관련 조항이 있다는 보도(중앙일보, 2025.3.3)가 이어졌다. 일반 국민의 영역이 아닌 공직에 나가는 사람의 허위사실 공표는 대부분의 나라에서 엄격한 기준으로 법적 처벌을 명시하고 있다. 공직자의 도덕성을 중요하게 보는 선진국에서는 이 문제가 법정으로 가기도 전에 여론의 힘으로 사전에 낙마시킨다. 그래서 이재명의 이 말은 새로운 허위사실 공표로서 후보 사퇴의 사유인 동시에 처벌 대상이 될 정도로 엄중하다.

또한 이재명은 부산 유세에서 HMM(옛 현대상선)의 부산 이전을 약속하며 "HMM 직원들이 동의했다"는 명백한 허위와 "과거 투·개표조작을 주장한 적 없다" "일산대교 무료화는 정부의 반대로 무산되었다"는 그의 발언 역시 언론의 즉각적인 반론 제기로 허위사실의 공표임이 바로 밝혀졌다. 그는 자신이 집권하면 허위사실공표죄 자체를 없애거나 적어도 '행위'를 삭제할 계획을 가지고 있었고 그래서 마음껏 거짓말을 하고 있었다. 대한민국은 이제 거짓말 잘하는 후보들이 모든 공직을 차지할 것이며 그래서 무고죄와 사기죄가 범람하는 나라가 될 것이다. 대한민국의 법 질서는 그렇게 붕괴될 것이다. 이재명 하나 살리려다 대한민국은 무너질 것이다. 이게 대체 무슨 변고인가. 이것은 재앙이다.

이재명은 선거운동 기간 내내 김문수와 이준석의 후보 단일화를 집요하게 물고 늘어졌다. 그가 대한민국을 어떻게 경영하고 어떤 방향으로 이끌어가고 어떤 나라를 만들겠다는 비전을 제시한 장면은 기억에 없다. 대신 그는 윤석열과 주변의 내란세력을 처벌하겠다는 정치보복의 의사를 반복해서 말하고 김문수와 이준석의 단일화를 묻고 또 물었다. 그가 정치 철학과 선거 전략의 개념을 갖춘 정치인이 아닌 속임수의 잔기술로 똘똘 뭉친 사기꾼이거나 모략꾼에 가까운 사람이기 때문일 것이다. 이재명은 전 국민을 대상으로 하는 TV토론에서도 이준석을 향해 그것을 재차 물었다. 그는 두 후보의 단일화로 자신이 패배하는 경우 중지된 재판이 다시 진행되어 감옥에서 죽음을 맞이해야 하는 자신의 비극적 결말 딱 한 가지만 생각하는 사람이었다.

이재명은 총수가 갖가지 가족형 범죄로 감방에 있는 조국당은 물론 내란선동 혐의로 감옥을 산 이석기의 통진당 잔당들이 모인 진보당이 자신의 지지를 선언하고 후보를 내지 않을 정도로 잡범은 물론 반 대한민국 세력과도 연대했다. 이재명 자신은 잡범의 정당은 물론 반국가 세력의 정당과도 연대하면서 잡범도 아니고 반국가 행위를 한 적도 없는 김문수와 이준석의 연대를 막기 위해 이준석의 운신의 폭을 좁히는 술수를 쓰고 있었다. 더러운 짓이었다.

비겁한 언론

후보 TV 토론 마지막 날 이준석은 이재명 아들의 소위 젓가락 발언을 제기했다. 내용을 들여다보면 여성의 성기를 소재로 한 아들의 발언은 이재명이 자신의 형수에게 "찢어버리겠다"고 한 발언보다 수위가 높다. 그 아버지에 그 아들이라는 국민도 있었고 청출어람靑出於藍의 악당 버전이라고 말하는 사람도 있었다. 이준석이 이 발언을 꺼낸 것은 대통령 후보로 나온 이재명의 도덕성 문제를 제기하기 위해서였다. 그러나 여론은 이상하게 흘러간다. 아들을 그렇게 키운 아버지 이재명의 도덕성에 대한 고민을 하는 대신 그런 문제를 제기한 이준석의 무례함이 여론의 도마위에 올랐다. 20여 년 전 김대중과 노무현 측이 선거 직전 이회창 아들의 허위 병역문제를 연거푸 제기했을 때 모든 언론은 그 주장이 마치 사실인 양 보도했다. 그러나 모든 신문과 방송은 이번에는 그때와 완전히 다른 보도 태도를 보인다. 이중적이면서 비겁한 언론이다.

　김대중 이후 세 번의 좌익 정권을 거치며 민노총이 주요 언론의 노조를 장악하고 각 언론노조가 해당 방송국과 신문사를 장악했다는 것을 실감할 수 있는 대목이다. 모든 언론은 후보 이재명과 그의 아들의 도덕성에 대한 문제에서 그 문제를 제기한 사람으로 초점을 옮기는 민주당의 전술을 무비판적으로 따라가고 있었다. 이런 일방적 분위기에 의해 이재명과 그의 아들보다 결국 이준석이 더 나쁜놈이 되어버린다. 이회창 아들의 병역 의혹은 노무현 정권의 법원에 의해 허위로 판결났고 이 허위 사실을 유포한 김대업은 유죄판결을 받았다. 대통령이 된 노무현은 자신의 권력으로 김대업을 사면해주었다. 노무현 측과 김대업이 짜고친 고스톱이라는 뜻이다. 이재명 아들의 젓가락 발언은 SNS에 고스란히 남아있는 증거에 의해 부인할 수 없는 사실로 확인되었다. 이재명 측이 사실관계를 부인하지 못했던 것은 이준석의 발언이 증거가 뒷받침 되는 명백한 사실이기 때문이다. 김대중과 노무현 측이 말하는 거짓은 대서특필함으로써 둘 모두를 당선시켰던 언론이 이준석이 말하는 진실에 대해서는 오히려 그것을 말하는 이준석을 비판했다. 이준석의 발언으로 국민이 이재명의 도덕성을 제대로 파악하는 일에 어떤 작용도 하지 못하도록 방해한 편향된 대한민국 언론인, 좌익 법관들과 함께 저주 받으라. 본분의 자리로 돌아와서 이 사악한 독재자와 무도한 독재 정권을 매의 눈으로 감시하고 알아낸 사실과 진실을 국민에게 제대로 알리는 본연의 사명을 다할 때까지.

추악한 선거관리위원회

　대통령을 선택하는 선거에서 이재명과 민주당과 언론만 더러운 짓을 한 것은 아니다. 더러운 짓이라면 민주당 뺨치는 선관위가 빠질리가 없다. 사전투표 회송용 봉투에서 이미 이재명에게 기표된 용지가 나오자 선관위는 어떤 조사도 없이 투표자의 자작극이 의심된다는 반응을 보인다. 그러나 경찰은 며칠 후 수사를 거쳐 투표사무원의 실수라고 발표했다. 신촌 투표소에서는 투표용지가 밖으로 반출되었고 어떤 투표자는 투표용지를 들고 점심을 먹으러 가기도 했다. 대치동에서는 사전 투표를 두 번 한 사람도 있었다. 이런 유형의 부정선거가 의심되거나 비정상적인 사례는 다양한 형태로 전국 곳곳에서 무수하게 나왔다.

　미국의 국제 선거 및 안보 분야의 전문가들로 구성된 NEIA국제공정선거연합은 중앙선관위의 협조 없이 독립적으로 대선을 관찰하고 감시한 후 이번 대선에서 "사전투표 시스템과 개표와 통계처리 절차에 기술적 결함과 비정상적 요소가 개입된 가능성을 강하게 시사한다"는 성명을 발표했다. 이 선거연합은 투표 현장에서 다수의 시민제보와 감시자료와 영상증거를 접수하고 중복 투표, 위조 신분증, 봉인지 훼손, CCTV 차단 등이 전국에서 반복적으로 나타났으며 이것에 대해 행정적 착오나 국지적 실수가 아닌 특정 존재의 조직적 개입 가능성을 밝혔다. 그리고 선관위를 향해 음모론으로 일축하지 말고 즉각적이며 독립적인 조사절차의 수용을 촉구했다. 특히 사전투표와 당일투표 사이의 극단적인 득표율 격차를 지적하며 선거제도의 개혁과 국제적 감시 강화를 촉구했다.(파이낸셜투데이, 2025.6.5) 그렇다면 선관위가 이 목소리를 수용했을까. 그럴리가.

선거가 없는 대부분의 시간에는 꿀을 빠는 선관위 직원들이 선거철이 되면 대거 휴직을 신청하는 일은 이번에도 어김없이 반복되었다. 광범위한 세습 채용에다 위법과 불법을 저질러도 구두경고로 끝이 나고 선거철이 되면 직원들이 대규모로 휴가를 갈 수 있는 것은 민주당의 부정선거에 부역하고 받는 대가일 것이다. 김대중 정권이 설립한 후 이제는 세계 각국에 부정선거를 수출한다고 의심받는 인천에 본부를 둔 A-WEB이 이번 선거에는 또 어떤 역할을 했을까도 궁금하다. 트럼프는 2025년 12월 2일 자신의 SNS에 "한국은 부정선거가 있는 나라"라는 글을 공유했다. 한국의 부정선거는 이렇게 국제적으로 주목 받고 있는 사안이다. 그럼에도 2025년 2월 헌재는 선관위를 감사하는 일이 위헌이라고 결정했다. 선관위의 무수한 의혹과 비리에 문제를 제기하지도 말고 손을 대지도 말라는 것이다. 친구 이재명의 대통령 등극을 위한 가장 왼쪽에 앉은 친구 문형배의 사전포석일 것이다.

선관위의 직원은 3000명 이상이다. 매년 최소 4000억 원, 선거가 있는 해에는 7000억 원 이상의 예산을 쓴다. 이렇게 수천 명의 직원을 유지하며 막대한 국가예산이 들어가는 이 기관이 헌재의 결정으로 검찰도 경찰도 이제는 감사원까지 어떤 기관도 내부를 조사 수사 감찰할 수 없게 되었다. 배타적이고 방만한 운영에다 온갖 부정과 비리가 발견되는 등 부정선거의 총본부로 의심되는 수많은 증거가 드러난 국가기관 선관위는 정부의 여러 기관 중에서도 가장 더러운 조직이다. 이 더러움은 이재명을 대통령으로 만드는 선거에서도 적지 않게 드러났다. 경제 선진국 대한민국에서 선관위의 비정상적이고 후진국형 투표 관리가 반복되는 이 일을 어떻게 해야 할지 국민은 막막하다. 이재명의 세상에서 선관위는 더욱 은밀해지고 더욱 더러워질 것이다. 선관위가 깨끗해지면 이재명의 장수는 불가능하기 때문일 것이다. 더러운 선관위, 저주 있으라. 가장 가혹한 저주 있으라. 완전한 새로운 조직으로 다시 태어날 때까지.

2절

반란 정권이 탄생한 의미

대런 애쓰모글루Daron Acemoglu MIT 교수는 저서 '국가는 왜 실패하는가'에서 '체제'가 국가의 흥망을 결정한다고 말했다. 역사적으로 경제적 자유를 보장하는 체제는 발전했고 부자 등의 특정 집단을 배척하고 착취하는 체제는 쇠퇴했다고 그는 설명한다. 전자는 인재를 끌어모으고 후자는 인재를 밖으로 내치며 이에 의해 한 국가의 흥망은 결정된다고 했다. 대한민국의 지금은 전자일까 후자일까. 자유가 보장되는 민주주의인가 아니면 최고 통치자의 독재적 통치를 허락하는 인민민주주의 체제인가. 문재인은 박근혜 정부를 중단시키고 권력을 잡은 후 대한민국을 사회주의 나아가 북한주의 체제로 변경하는 정책을 펼쳤다. 그렇다면 반란으로 자유민주 정부를 전복시키고 정권을 잡은 이재명이 쫓는 체제는 어느 쪽일까. 자유민주주의? 인민민주주의? 결론부터 말하자면 인민민주주의 체제다. 이재명은 대한민국을 좌익의 체제로 변경하기 위해 역사의 왜곡과 해석 변경, 인적 주류 교체, 제도 변경을 위한 법률의 제정과 개정과 개헌에 이미 착수했다. 그리고 이를 완성하기 위해 일찍 점령에 성공한 국회를 발판으로 행정 각부를 장악한 데 이어 형사사법기관과 언론에 대해서도 완전한 장악에 나섰다. 대한민국의 좌익국가 체제는 이재명에 의해 완성될 것이다. 자유민주 국가 대한민국은 그렇게 사라질 것이다.

1. 좌익혁명 80년 그 여정의 승리

2025년 4월 4일 현직 대통령 윤석열에 대한 탄핵 결정문에서 헌법재판소장 대행 문형배 판사는 "대한민국은 민주공화국"이라고 말했다. 민주공화국에는 두 가지가 있다. 자유민주공화국과 인민민주공화국이다. 문형배의 민주공화국은 후자다. 두 공화국의 본질적 다름은 권력의 획득 방식이다. 자유민주공화국은 법률이 정한 절차에 따라 권력을 획득해야 정당성이 인정된다. 반면 왕조체제를 무너뜨리고 집권한 레닌의 소비에트가 기원인 인민민주공화국은 혈연을 기준으로 권력이 승계되는 왕조체제만 아니면 붙일 수 있는 이름이다. 기존의 질서를 무너뜨리는 혁명에 의해 정권을 잡고 독재적으로 권력을 행사하는 나라들이 인민민주공화국으로 이름 짓는 이유다. 중국이 그렇고 북한이 그렇다.

이미 사실상의 대한민국의 최고 권력자로 행세하며 불법적 폭력적 혁명적 방법으로 윤석열 정부를 붕괴시킨 수괴 이재명이 대통령이 되는 일이 이미 눈앞에 놓인 상황에서 문형배가 새삼스레 민주공화국을 들먹이는 이유는 자유민주공화국 대한민국이 이제 인민민주공화국이 되었다는 선언일 것이다. 모조리 좌익 판사들인 우리법연구회에서도 "내가 가장 왼쪽에 있다"고 말한 문형배는 퇴임후 스스로 "윤석열 탄핵은 정치적 판결이었다"고 말했다. 그의 말은 이재명과 민주당이 정통성을 갖춘 현직 대통령의 합법적 권한 행사를 내란으로 몰아가는 폭력적이고 혁명적 방법으로 헌재의 재판정에 올려놓은 사건에 대한 자신의 판결이 기존의 대한민국 법률체계를 따르는 합법적 판결이 아니라 다른 재판관 7명을 정치적으로 달래고 약점을 잡고 협박하고 무엇을 약속하며 회유한 비합법적이고 불법적인 판결이었다는 실토일 것이다. 그가 말한 '정치적 판결'은 그런 뜻이다. 그래서 문형배가 말한 민주공화국은 인민민주공화국이다.

대한민국은 자유민주주의 나라가 맞는가

우리 헌법은 대한민국의 국가 정체성을 자유민주주의라고 명시하고 있다. 그러나 김대중 노무현 정권의 공문서와 교과서에는 자유가 빠진 민주주의 표기가 등장했다. 이명박은 이를 자유민주주의로 재변경했고 박근혜는 공문서는 물론 학생들의 교과서에도 자유가 들어간 자유민주주의 표기를 고집했다. 박근혜는 이 일로 교과서 파동이라는 거센 저항을 겪었으며 이는 그가 탄핵되는 도화선이 된다. 박근혜를 끌어내린 문재인은 검정교과서 집필기준에서 다시 자유가 빠진 민주주의로 재변경했고 윤석열은 이를 다시 자유민주주의로 재변경한다. 김대중 노무현 문재인의 좌익 정권이 헌법에 명시된 우리의 국가 정체성인 자유민주주의에서 자유를 뺀 것은 대한민국을 인민민주주의 국가로 변경하려는 그들의 오랜 혁명의 핵심이다. 문형배가 윤석열 탄핵을 선고하며 '대한민국은 민주공화국'이라며 자유를 빼고 말한 것은 이러한 좌익의 오랜 혁명의 맥락에서 나온 것이다. 정권을 잡은 이재명과 함께 김민석 정청래 조국 김경수 진성준 박선원 윤건영 박주민 등의 주사파 동지들은 대한민국을 인민민주공화국으로 변경하는 그들의 혁명을 완성할 것이다.

중국의 현대화를 이끈 등소평을 비롯한 세계의 수많은 정치 지도자들과 앨빈 토플러 등 수많은 석학들은 한국의 박정희를 "20세기 최고의 위대한 지도자" "지도자들의 지도자"로 불렀다. 그러나 정작 그의 조국에서는 그의 동상 하나 세우는 것조차 큰 논란이 된다. 세계가 모두 추앙하는 박정희가 형편없는 대우를 받는 것은 북한과 남한 이곳 한반도가 유일하다. 반면 정통 공산주의 국가조차 되지 못하는 왕조적 독재국가 북한에 핵무기를 개발할 수 있도록 돈을 보내주고 공단을 지어주는 등 인민민주주의 체제를 지원하고 추종했던 김대중과 노무현을 기념하는 동상과 기념관 등의 건축물과 그들의 이름을 붙인 교량과 거리는 전국에 넘쳐난다. 그들을 미화하는 영화도 끊이지 않는다. 이 단편적 사실 하나만으로도 대한민국은 이미 자유민주주의 국가가 아니다.

미국 대통령 아이젠하워는 "박정희가 없었다면 공산주의 마지노선이 무너졌을 것"이라고 말했다. 투철한 반공주의자 박정희가 사라진 후 이 마지노선은 무너지기 시작했다. 민주화운동 세력으로 가장한 종북좌익 세력의 주장이 크게 반영된 헌법을 채택한 1987년 체제는 자유민주주의 체제 붕괴의 첫 단추였다. 이 개헌에서 삭제된 대통령의 국회해산권은 국회를 장악한 좌익세력이 박근혜 윤석열 두 우익 정부의 기능을 마비시켜도 대통령은 어쩔 수 없었고 식물이 된 두 대통령은 결국 탄핵되어야 했다. 윤석열은 비상계엄을 선포하고 정부의 기능 회복을 시도했으나 국회를 완전하게 장악한 지독한 범죄자 하나를 이기지 못했다.

김대중 노무현의 10년 동안 일관되게 진행된 대한민국의 좌익국가화를 좌익세력은 이명박과 박근혜 집권기에도 계속했다. 통진당을 해산하

고, 전교조를 불법화하고, 개성공단을 폐쇄하는 등 비정상의 정상화라는
이름으로 부친의 반공주의를 계승하여 대한민국의 좌경화를 막으려했던
박근혜는 결국 온갖 거짓과 조작과 선전 선동의 좌익혁명의 기술을 동
원한 문재인 세력에 의해 자신의 권력을 찬탈당한다. 그리고 문재인이 통
치한 5년에 걸쳐 대한민국은 좌익의 체제로 급격하게 변경된다. 지식인들
중에는 문재인의 시대에 남한의 체제 변경은 거의 80%가 완성되었다고
보는 사람이 많다. 문재인 정권의 일원으로 참여하여 박근혜 정부를 붕
괴시키는 검사의 역할을 수행했던 윤석열은 뒤늦게 좌익의 실체와 대한
민국의 좌익국가화의 실상을 깨닫고 사상적으로 전향한다. 이후 우익진
영의 기수로 나서 국민의 선택을 받고 대통령이 되었다.

대통령이 된 윤석열은 자유민주주의의 무너짐을 막으려 애썼다. 그러
나 그도 박근혜처럼 중도에 끌어내려지고 감옥으로 보내진다. 그가 끌
어내려진 이유는 내란이다. 어이없는 죄목이다. 현직 대통령 윤석열에게
내란이라는 죄목이 붙여졌다는 것은 그가 통치하는 기간에도 대한민국
의 권력을 소유한 것은 윤석열이 아니라 사실상 이재명의 민주당과 주변
의 민노총 등 좌익세력이었다는 증거다. 정권을 잡고 있는 최고 통치자의
내란이란 학문적으로 성립하지 않을 뿐더러 세계사에 유례도 없다. 이제
윤석열을 쫓아내고 이재명의 세상이 되었다. 그의 손에 의해 대한민국
의 좌익국가화는 완성될 것이다. 한 개의 정당이 독주하는 독재적 정치
체제, 정부와 노동자가 주도하는 사회주의 경제체제, 개인의 자유가 제한
되는 전체주의 사회, 자유진영에서 공산진영으로 이동하는 외교와 안보,
이것이 사악한 독재자 이재명이 쫓는 세상이다. 그가 통치하는 동안 대

한민국은 완전한 좌익의 국가로 변경될 것이다. 틀림없다.

윤석열의 탄핵과 이재명 집권의 의미

"역대 감옥간 대통령은 모두 국민의힘 출신이다. 이제 윤석열 차례다" 탄핵 선고를 이틀 앞두고 윤탄연윤석열탄핵국회의원연대은 이렇게 말했다. 선고 다음날 국민의힘 소속의 김문수는 "대통령을 뽑으면 몇 명이 짜고 탄핵해 버린다"고 말했다. 감옥가고 탄핵되는 대통령은 왜 모두 우익정당의 대통령일까. 이유는 분명하다. 해방 이후 80년 동안 계속된 우익과 좌익의 체제전쟁에서 좌익이 승리했기 때문이다. 우익의 대통령을 탄핵하고 감옥으로 보낸 결과 좌익이 승리했다는 뜻이기도 하다. 두 명의 우익 대통령이 연거푸 임기의 절반 정도만 채운 시점에 그 자리에서 끌어내려지고 감방으로 보내진 일은 우연이 아니다. 이땅을 좌익의 나라로 변경하기 위한 종북좌익 세력의 오랜 투쟁과 혁명이 완성단계에 이르렀다는 의미다. 두 번의 탄핵 모두 거짓과 조작과 선전 선동 등의 좌익의 혁명기술을 전방위적으로 구사함으로써 성공했다는 점은 이를 증명하는 근거다.

두 우익 대통령에 대한 탄핵은 그 후 어떠한 구체적 변화를 초래했을까. 이것을 알면 탄핵의 성격과 목적과 본질을 알 수 있다. 첫째, 탄핵 후 우익정부가 무너지고 기존의 우익 정치세력이 궤멸에 이른 사실은 앞선 탄핵은 과거형, 뒤의 탄핵은 현재진행형이다. 둘째, 자유민주주의적 법질서를 붕괴시키고 우리법 국제법의 좌익 판사들이 주도하는 좌익체제로 변경하기 위한 새로운 사법질서의 대체는 앞의 탄핵에 이어 뒤의 탄핵에서 더욱 진전되었다. 셋째, 입법 사법 행정 3권은 물론 교육 노동 문화예술 등의 사회의 영역까지 모두 좌익세력이 주류가 되고 주인이 되는 통치세력의 변경이다. 우익세력의 붕괴와 좌익세력으로의 대체, 우익체제에서 좌익체제로의 제도적 변경, 정부와 사회의 모든 영역에 대한 좌익의 지배, 이것이 연이은 두 번의 자유민주주의자 대통령에 대한 탄핵의 목적이자 결과다. 대한민국은 이렇게 좌익의 나라가 완성되고 있다.

"한국은 공산주의 국가도 아닌데.." 대통령이 탄핵되고, 대통령 대행인 국무총리가 탄핵되고, 다시 대대행인 부총리까지 탄핵에 부쳐지고, 결국 교육부 장관이 대통령 대대대행이 되자 외신은 이렇게 말했다.(YTN, 2025.5.4) 의문의 의미일까. 혹은 비아냥일까. 아니다. 이 외신은 대한민국이 공산주의 국가로 체제를 변경하고 있는 중이라는 사실을 알고 있는 것이다. 윤석열에 대한 탄핵이 이 체제변경의 하나의 과정이라는 뜻이다. 대선 출정식을 하루 앞둔 이재명은 "반역사 반민주공화국 세력을 반드시 제압하자"(2025.5.11)고 말했다. 그의 역사는 대한민국의 좌익국가화 역사다. 그래서 그가 말하는 '반역사'는 대한민국의 좌익화를 저지하는 일이다. 그의 민주공화국은 인민민주공화국이다. 그래서 그가 말하는 '반민주공화국 세력'은 인민민주주의를 거부하고 자유민주주의를 지키려하는 세력이다. 이재명은 자신이 대통령이 되어 대한민국을 좌익의 체제로 바꾸겠다는 결심을 말하고 있다.

트럼프의 측근인 스티브 배넌Steve Bannon은 이재명이 당선된 한국의 대선 결과를 보고 "공산주의자들이 한국을 점령해 대선에 승리했다. 끔찍하다. 한국은 무너졌다"고 말했다. 그의 말은 한국의 자유민주주의가 무너졌다는 말이다. 또한 한국이 공산주의 체제로 변경될 것이라는 말이다. 대한민국을 좌익의 체제로 변경하고 있는 민주당의 혁명을 꿰뚫어본 연예인 이혁재 씨는 "종북좌파를 때려부술 대한민국 대통령"을 외치며 김문수를 지지한다고 했다.(2025.5.23) 연예인 고 최진실의 딸 최준희 씨는 "좌파 없는 나라에서 살고 싶다. 돈을 벌어 미국으로 이주하는 것이 꿈이다"(매일경제, 2025.5.25)라고 말했다. 서울법대를 나온 법조인이 수두룩한 보수정당 정치인 8할은 아가리(입은 말도 하는 것이고 아가리는 밥만 먹는 것이다)를 닫고 있는 이 엄중한 정국에서도 국민들은 이렇게 이재명의 권력장악이 곧 대한민국을 좌익의 체제로 변경하는 일이라는 사실을 알고 있었다. 적어도 이재명을 선택하지 않은 절반의 국민은 그것을 알고 있을 것이다. "나는 계몽되었습니다"라고 말하는 변호사 김계리가 바로 그런 국민이다. 이런 국민은 많다. 여론조사에 나오는 수치보다 훨씬 많다.

"백성의 고통이 커지면 체제는 엎어진다" 2025년 5월 전북을 찾은 이재명이 한 말이다. 그의 이 말이 한 번 더 실현되어 그가 엎어놓은 대한민국의 우익체제가 다시 한 번 더 엎어져 바로 서기를 바란다. 이혁재 최준희 김계리, 그리고 절반의 국민이 있다. 아직 희망은 있다.

2. 체제 변경의 시작

"해방 이후의 한반도 역사에서 정통성은 북한에 있다. 대한민국은 태어나서는 안 될 나라였다" 이것이 일제강점기 이후의 우리 역사를 보는 종북좌익 세력의 기본적 역사인식이다. 민주당 대표 정청래가 이재명 정권의 첫 광복절 직후 "1919년 건국을 부정하면 역사 내란이다"라고 말한 것도 이런 역사인식에 기초한 것이다. 1948년 8월 15일의 자유민주주의 국가 대한민국 건국을 부정하고 1919년에 건국되었다고 주장하는 문재인 정권 시절의 건국절 논쟁의 목적은 북한이 남한을 흡수하는 통일 혹은 남한이 스스로 좌익체제로 변경한 후 연방제를 통해 남북이 같은 좌익의 체제로 통일되는 것을 준비하기 위한 것이다. 좌익의 체제로 통일된 후 북한이 1919년 건국의 정통성을 승계하는 국가라는 역사로 잇는 것이 주사파들의 역사 투쟁의 목적지다.

1919년의 상해임시정부 수립– 1925년의 조선공산당 창당– 1948년 조선인민공화국 건국, 이렇게 맥을 잇는 것이 좌익세력의 한반도 역사다. 이런 인식을 가진 좌익에게 1948년 8월 15일의 대한민국 건국은 삭제해야 하는 역사다. 1948년 건국을 부정하고 1919년 건국을 고집하는 이유다. 좌익세력은 윤석열 탄핵 결정 2주 후인 4월 17일 서울 서대문형무소 역사관에서 조선공산당 100주년 기념식을 가졌다. 여기에는 황석영 등의 좌익 인사와 조선공산당 간부의 후손들이 참석했고 기념식 외에도 학술대회, 연극, 역사탐방 등의 다양한 행사가 있었다. 한겨레신문은 이를 널리 알렸다. 민주당과 좌익 그들의 역사 투쟁은 공산당과 북한의 역사를 한반도 현대사에서 정통의 자리에 올려놓기 위해 역사적 사실을 조작하고 역사적 사실에 대한 해석을 왜곡한다. 대표적인 역사 조작과 왜곡은 친일파 공세이며 건국절을 1919년으로 고집하는 것도 그 중 하나다. 윤석열의 내란이 이재명의 반란이듯 정청래가 말하는 "역사 내란"은 좌익세력의 역사 반란이다.

역사 반란

좌익은 '남한은 친일파가 건국한 나라, 북한은 독립운동가들이 건국한 나라'라는 프레임을 끊임없이 선전한다. 좌익의 혁명기술인 거짓 선전이다. 사실은 정반대다. 남한은 독립운동가들이 건국한 나라이고 북한은 친일파가 세운 정권이다. 대한민국 건국 정부의 대통령 이승만은 그의 삶이 대한민국 독립운동의 시작이자 끝이며 우리의 독립운동 역사 그 자체다. '여자를 밝히는 호색한, 친일파 이승만'은 대한민국 건국을 부정하기 위해 좌익이 만들어내고 반복적으로 퍼뜨리는 거짓 프레임이며 그들의 중요한 혁명 기술인 이미지 조작전술이다. 부통령 이시영은 모든 재산을 정리하고 만주로 이주하여 그곳에 신흥무관학교를 세워 독립에 필요한 군인을 양성하고 독립군에게 자금을 공급했다. 6형제를 비롯한 그의 집안이 모두 독립운동가였다. 국무총리 이범석, 법무장관 이인, 외무장관 장택상, 농림부 장관 조봉암, 무임소 장관 지청천, 국회의장 신익희, 대법원장 김병로, 독립운동가 아닌 사람이 없다.

북한은 아니다. 소련군에 소속되어 비적질을 하며 10대에서 30대 초반의 젊은 시절을 보낸 김일성은 독립운동을 한 적이 없다. 북한의 역사책과 남한 종북 세력이 항일전투로 내세우는 보천보 사건은 일본 순사 몇 명이 있는 일본 경찰 주재소를 습격하여 무기와 재물을 약탈한 절도 행위에 불과했다. 일제 강점기가 끝나는 그때 겨우 20대 후반이었던 김일성을 거물 독립운동가로 둔갑시키기 위해 작은 주재소 습격을 전투로 뻥튀기 한 것이 김일성의 독립운동의 실체다. 진짜 항일운동가 김일성 장군은 당시 50대였다. 가짜 김일성이 진짜 김일성 장군의 이름을 도용한 사실은 가짜 김일성의 이웃이었던 연세대 교수를 지낸 105세의 철학자 김형석 교수도 생생하게 증언했다. 김일성의 동생인 부주석 김영주는 흔히 악질 친일파 혹은 적극적 친일분자의 대표로 꼽히는 일제 헌병보조원 출신이며, 부수상 홍명희는 일제 임전대책위원으로서 우리 젊은이들에게 일본군 지원을 독려했다. 우리의 법무장관 격인 인민위원회 사법부장 장헌근은 일제에서 권력서열 10위 내에 드는 중추원 참의를 지냈으며, 제주4.3사건 폭동을 지휘하고 북한으로 돌아가 최고위원을 지낸 김달삼은 일본군 소위 출신이다.(출처: 유튜브, 서정욱TV) 그럼에도 종북세력은 이런 역사적 사실을 거꾸로 말한다. 대한민국은 친일세력이, 북한은 독립운동가들이 세웠다는 것이다. 조작과 왜곡은 좌익의 역사투쟁의 본질이다. 대한민국 건국의 정당성과 정통성을 부정하고 북한의 그것을 모두 긍정하는 것이 목적이다. 이게 역사 반란이 아니고 무언가.

"독립 투쟁의 역사를 부정하고 독립운동가를 모욕하는 것은 용납되지 않는다" 이재명은 그의 첫 광복절 기념사에서 이렇게 말했다. 누가 독립투쟁의 역사를 부정하고 누가 독립운동가를 모욕했다는 말인가. 그의 말은 한반도의 정통성은 북한정권과 남한의 좌익세력에게 있으니 일제강점기의 공산주의자들을 모두 복권함으로써 대한민국 건국의 정통세력의 반열에 올려놓겠다는 뜻이다. 동시에 공산주의자가 아닌 독립운동가들은 모두 친일세력으로 격하시키겠다는 뜻이기도 하다. 이미 문재인 정권에서 목도한 것처럼 좌익의 광복절은 그것을 점진적으로 확정하는 날이다. 독립운동가 중에서 이승만 김성수 등의 자유민주 인사는 모두 친일파로 몰아붙이는 반면 김원봉 홍범도 정율성 등의 골수 공산주의자와 김일성에게 이용당하고 돌아온 김구까지만 독립운동가로 인정하는 것은 좌익이 오래전부터 설정한 프레임이다. 좌익세력은 독립운동가 중에서도 공산주의자가 아니면 처다보지도 않는다.

좌익세력은 이상설 안창호 유관순 안중근 등 이념성향이 좌익인지 우익인지 확인되지 않거나 안창호처럼 미국에서 활동하여 우익으로 추정되는 독립운동가에게는 눈길조차 주지 않는다. 김구는 우익 인사로 분류되지만 김일성을 만나 통일을 의논했다는 이유만으로 독립 운동의 처음과 끝인 이승만을 밀어내고 "우리 국부는 김구가 됐어야 했다"(이인영, 2022.7.23)고 말한다. 김구는 김일성의 계략에 말려 이용만 당하고 돌아온 사실이 있지만 그는 우익이었다. 그럼에도 국부로 주장하는 이유는 이승만이 국부라는 사실을 부정하기 위한 대체적 인물이다. 이승만도 김구도 모두 대표적 독립운동가였다. 그럼에도 김구는 국부로 승격을 시도하고 이승만은 친일파로 왜곡하는 이유는 이것이 대한민국을 좌익의 체제로 변경하기 위한 역사 투쟁에서 중요한 프레임이기 때문이다. 북한 정통성, 그들의 역사 혁명의 최종 목적지다.

좌익세력은 우익의 독립운동가는 모두 친일파로 매도하는 한편 독립운동가 중에서 공산주의자만 추앙한다. 수십억을 들여 정율성 생가를 복원하고 공원 조성을 추진하고, 육군사관학교에 홍범도 흉상을 세우고, 심지어 문재인은 독립운동 경력조차 변변치 않는 김원봉을 '국군의 뿌리'라고 치켜세웠다. 그리고 우익 독립운동가는 물론 정치적 성향이 좌우 어디에도 포함되지 않았던 독립운동가들에게는 생가가 폐허가 되어도 복원 예산을 주지 않았다. 독립운동가를 받들고 추앙하는 것은 그들의 목적이 아니다. 독립운동 경력이 조금이라도 있는 공산주의자를 받들며 대한민국을 좌익의 나라로 변경하는 것이 목적이다. 좌익이 일제 강점기의 유명 인사들을 독립운동가와 친일파로 선명하게 나누는 이유다.

위안부 할머니들은 일제강점기에 당한 우리 민족의 인권침해 사례 중에서도 극단적이었고 그래서 식민시대 민중이 겪은 참상의 국제적 상징이 되었다. 이런 할머니들을 마치 앵벌이처럼 앞세우고 여기저기서 거둔 돈을 착복한 혐의로 유죄를 선고받은 윤미향을 광복절날 이재명이 자신의 대통령 권한으로 사면시켜준 일이야말로 독립운동가를 모욕하는 역사 반란이다. 게다가 이재명은 대한민국은 미 점령군과 친일파에 의해 건국된 나라라고 말했다. 대한민국의 건국과 존재를 부정하는 이재명이야말로 독립 투쟁의 역사를 부정하는 사람이다. 대한민국 건국을 폄훼하고 자유민주 체제의 정통성을 부정하며 대한민국을 좌익의 나라로 변경하려는 사람이 최고 권력을 장악한 나라, 독립운동가들의 희생으로 탄생한 자유민주주의 대한민국은 그의 손에 의해 사라질 것이다.

애국청년을 키우는 죄

"6070 보수우파가 2030자유우파를.. 리박스쿨, 애국 정치인 육성 계획" 2025년 6월 19일자 한겨레21 기사 제목이다. 전직 공무원 출신 손효숙 대표가 이끄는 리박스쿨은 우리 청년들에게 이승만의 건국정신과 박정희의 산업화 업적을 알리는 순수 민간단체다. 기사 전문을 보면 리박스쿨의 애국청년 정치인 육성활동이 잘못되고 지탄받아야 할 일인양 읽혀진다. 자유민주주의 나라에서 자유민주주의 국가를 건국하고 발전시킨 이승만과 박정희의 업적을 젊은이들에게 홍보하고 애국 정치인을 육성하는 것이 잘못된 일인가. "리박스쿨 협력 대한교조 위원장, 청소년 1만 명에 건국 대통령 이승만 역사교육" 6월 6일자 경향신문 기사 제목이다. 건국 대통령의 업적을 가르치는 것이라면 1만 명이 아니라 모든 청소년에게 해야 할 일이다. 이미 우리 중고교 학교 현장에서는 전교조 교사들이 이승만과 박정희의 업적보다 김일성의 업적을 더 가르치고 있다. 손효숙 대표는 이의 심각성을 인식하고 사재를 털어 김일성이 아닌 우리 대통령들의 업적을 교육하는 일을 시작했다. 경향신문은 이에 대해 "왜곡된 역사관을 학생들에게 주입하려 했다는 지적이 나온다"고 했다. 이 기사를 쓴 젊은 기자는 전교조 교사로부터 이승만 박정희의 업적이 아닌 김일성의 조작된 업적을 교육받은 사람일 것이다.

"좌파들의 기생충 습성을 배워야, 리박스쿨의 내부 문건 확보" 6월 19일자 MBN 기사 타이틀이다. 리박스쿨은 최고 권력자부터 말단에 이르기까지 진영 전체가 똘똘 뭉쳐 국가예산 훔쳐먹기에 골몰하는 좌익 정권의 행태를 늘 비판해 왔다. 이 기사를 읽어보면 리박스쿨은 좌파들을 배위 우파도 세금을 훔쳐먹자고 권장하는 것이 아니다. 세금을 마구 훔쳐먹는 좌파를 비판하는 내용이다. 정론을 지향하는 언론사라면 좌파들의 기생충 습성을 먼저 들여다 보고 이를 비판하는 것이 옳을 것이다. 그러나 그것을 비판하는 리박스쿨을 비판하고 있다. 이 젊은 기자도 전교조 교사로부터 역사를 배운 것인가.

　김민석 정청래 송영길 김경수 이석기 등이 활동한 1980년대의 주사파는 사범대에 재학하는 운동원을 뽑아 주체사상을 교육하고 학교 현장에 내려보냈다. 이것이 전교조의 기원이다. 미래세대의 머리를 선점함으로써 대한민국을 좌익의 나라로 만드는 주사파의 장기 플랜의 일환이었다. 리박스쿨을 논란의 장으로 끌어들인 것은 주사파가 주류인 민주당이다. 정권 장악과 거의 동시에 리박스쿨 논란을 점화한 것은 그들의 오랜 역사 투쟁을 재개하겠다는 선언이다. 리박스쿨은 여기에 끌어들여진 소품이자 사냥감이다. 민주당이 처음 공론화한 것은 리박스쿨의 댓글운동이었다. 리박스쿨은 좌익이 온라인에서 압도적 규모로 벌이는 댓글조작에 대항하여 잘못된 역사적 사실을 바로잡는 댓글운동을 전개해 왔다. 이것을 '댓글조작'이라며 좌익의 조리돌림의 여론광장에 올린 것이다. 대한민국 최대 최악의 댓글조작범 김경수를 장관급에 임명한 그들이 리박스쿨의 댓글운동을 조작으로 몰아붙이는 것은 좌익 특유의 이중잣대 정도로만 볼 일이 아니다. 조작된 좌익의 역사에 대항하는 우익의 민간단체를 짓밟는 그들의 역사투쟁이다. 그들의 역사투쟁은 이재명의 세상에서 완전한 승리를 거둘 것이다. 이재명은 전교조 출신의 종북주의자 최교진을 교육부 장관의 자리에 앉혔다. 그들의 승리는 확실해 보인다.

6월 6일 현충일 기념식에 참석한 이재명은 옷깃에 진관사 태극기 뱃지를 달고 있었다. 진관사 태극기는 1919년 3.1만세운동 무렵 제작되고 사용된 것으로 추정된다. 지금의 대한민국 태극기와는 모양이 다른 초기 태극기의 모습으로 한쪽 귀퉁이가 떨어져 있다. 국회의장 우원식이 선물한 것이란다. 이재명이 지금의 태극기가 아닌 이 오래된 태극기를 달고 나온 의도는 분명하다. 1948년 대한민국 건국을 부정하는 메시지다. 북한정권에 1919년의 건국을 계승하는 정통성을 부여하기 위한 사전 준비다. 같은 현충일 날 충북 청주에는 다량의 태극기가 담긴 쓰레기 봉투가 발견되었다.(연합뉴스, 2025.6.6) 이건 또 무슨 의미인가. 대한민국의 망국을 예견한 어떤 국민이 버린 것일까. 태극기가 쓰레기로 버려지고 1919년의 태극기가 그 자리를 대체하고 그 다음은 인공기인가. 청주는 김정은이 가장 두려워하는 F-35A 스텔스기 전용 공군기지가 있는 곳으로 윤석열 정부에서 적발된 간첩단인 충북동지회가 거점을 구축한 도시다. 이 간첩단은 이곳에서 북한의 지령을 받으며 스텔스기 기지를 촬영하고 스텔스기 추가 도입 반대 서명운동과 릴레이 집회를 벌였다. 태극기의 자리를 인공기가 차지한다는 걱정은 근거 없는 공연한 것이 아니다.

판사 이재권이 준비하는 역사 내란

제주도 출신의 이재권은 대표적 좌익 판사로 꼽힌다. 운동권 출신인 그는 우리법연구회에서도 핵심 멤버였다고 법조인들은 말한다. 김일성장학생으로 의심되는 여느 법관들처럼 그의 판결에서도 좌익무죄 우익유죄의 원칙은 거의 지켜진다. 그가 일반 국민의 시야에 들어온 것은 이재명의 대통령 당선 전후인 2025년 5월과 6월 이재명의 공직선거법 파기환

536

송심을 거듭 연기하고 중지한 일이다. 헌법 제84조에 대한 그의 독창적 해석으로 이재명이 당선될 수 있었다는 점에서 그의 재판 연기와 중지 결정은 가히 혁명적인 것이었다. 판사 이재권의 혁명은 2월에 이미 예고되었다. 그는 박정희를 시해한 김재규의 유족이 청구한 10·26 사건의 재심을 결정했다. 대한민국 역사상 유일한 국가원수 시해인 이 사건의 사형 판결을 다시 꺼내어 뒤집겠다는 것이다. 문재인 정권은 김재규의 현역 시절 그가 지휘했던 군 부대에 그의 사진을 다시 걸게 하는 등 조직적으로 신원회복을 시도한 바 있다. 윤석열의 직무가 정지되고 이재명의 세상이 눈 앞에 보이자 이를 법적 심판대에 다시 올린 것이다.

사회관계학자인 하버드대 에즈라 보겔Ezra Vogel교수는 "박정희가 없었다면 오늘의 한국도 없었을 것이다"라고 말했다. 박정희를 시해한 범인을 신원회복 시킨다는 것은 이 시해행위가 법적으로 정치적으로 역사적으로 정당하다는 것을 확인해 주는 것이다. 그것은 박정희가 시해되고 죽어 마땅했다는 것을 의미한다. 판사 이재권이 준비하고 있는 이 일은 엄청난 의미를 지닌 것이다. 보겔 교수의 의견에 따르면 박정희를 부정하는 일은 "오늘의 한국"을 부정하는 일이다. 무엇보다 대통령을 시해하는 일이야말로 진짜 내란이다. 그래서 이것을 뒤집겠다는 것도 내란이다. 판사 이재권은 내란을 준비하고 있는 것이다. 역사 내란이다. 그가 이재명의 파기환송심을 중지한 것은 좌익 혁명의 일부분이며 김재규의 신원회복을 준비하는 것은 역사 내란이다. 좌익은 한 명의 판사까지 대한민국의 체제를 변경하기 위해 이렇게 혁명을 하고 내란을 꾀하고 있다. 우익 정치인들은 정신을 차리고 국민인 우리는 눈을 더 크게 떠야 한다.

3. 대통령이 된 범죄자 하나를 위한 국가 파괴

이재명 정권은 감옥행이 예정된 거대 종합 범죄자와 그의 추종자들로 구성된 한 묶음, 그리고 민주당과 국회를 완전하게 장악한 종북 주사파들의 한 묶음, 이 두 묶음의 세력으로 구성되었다. 80년 동안 이어진 좌익혁명의 승리와 대한민국의 체제 변경은 후자 묶음, 즉 종북 주사파들의 궁극적 지향이다. 그렇다면 범죄자 이재명이 지향하는 것은 무엇일까. 그가 대통령이 되려고 했던 목적, 그가 꼭 대통령이 되어야 했던 이유는 간단하고 분명하다. 그 자신 '감옥 가지 않기' 단 하나다. 그의 범죄 혐의의 수량과 엄중함을 상기한다면 그것이 모두 수사 받고 재판 받고 처벌을 받는다면 그는 살아서는 결코 감옥에서 나올 수 없는 사람이다. 또한 그가 그렇게 많은 거대 범죄를 범한 이유와 동기는 그 자신의 무한 탐욕이다. 이재명은 자신이 이미 범한 범죄에 대해 처벌 받지 않는 동시에 끝을 모르는 그의 탐욕을 충족시키기 위해 성남시장보다 경기도지사보다 더 높은 자리의 더 큰 권력이 필요했던 사람이다. 그래서 대통령이 된 이재명은 조국 정청래 박선원 문재인 진성준 박주민 정동영 이종석 등 종북 주사파 세력의 북한 추종과 체제 변경 등 총체적 좌익혁명을 동조하거나 방치하면서 자신의 감옥행 가능성을 제로로 만들고 그의 무한 탐욕을 채우는 일에 몰두할 것이다. 이 과정에서 대한민국이라는 한 국가와 국민의 안전과 이익과 미래는 철저하게 외면 받을 것이다. 한 묶음은 좌익혁명에, 다른 한 묶음은 감옥행을 면하고 더 큰 탐욕을 채우는 일에 몰두하는 동안 국가와 국민은 안중에 없을 것이다. 이것은 이재명과 민주당이 대선을 앞두고 내놓은 집권 공약의 허황함을 보면 알 수 있다. 또한 국민의 관심사와 국민인 우리가 묻는 물음에 대답을 회피하는 데서도 알 수 있는 일이다.

기억나는 이재명의 공약이 있나요

내란 타령 말고 국민인 우리 각자가 아직도 기억하는 이재명의 공약이 있는지 생각해보자. 대선 유세 기간 중에 윤석열 부부의 구속과 국민의힘의 내분과 이준석과의 단일화에만 관심을 보였던 이재명과 민주당이 집권 후의 청사진이나 국가 비전을 말한 것은 기억나는 것이 없다. 거짓말 잘하는 정치인들이 모두 모인 민주당과 거짓말에서 그 당의 지존인 사람이 대통령 후보가 되었으니 그들이 하는 약속에는 처음부터 관심을 두지 않아서였는지도 모르겠다. 혹은 이재명의 가구당 100만 원의 지원금 공약에나 귀를 기울였기 때문인지도 모르겠다. 그렇다 하더라도 선거가 끝난 지금 기억조차 하지 못하는 이재명의 대선 10대 공약을 살펴나 보자. 그래도 국민인 우리의 삶에 직접적 영향을 미칠 수 있는 공약이 아닌가. 그가 자신의 공약을 지키기나 하는지, 그가 국민인 우리를 또 얼마나 속였는지 알고 싶어서다. 그가 국가와 국민을 위해 대통령이 되었는지, 단지 죄 많은 자신 한 몸 살기위해 그렇게도 대통령이 되려고 했던 것인지, 지금이라도 알고 싶어서다.

1. 세계를 선도하는 경제강국 : 집권 한 달도 되지 않아 20조 원에 이르는 당선사례금을 뿌리기 위한 추경을 밀어붙인 일에서 확인되었듯 국가부채를 급속하게 늘리고 그의 집권에 최대 지분을 가진 민노총이 요구

하는 노란봉투법을 밀어붙여 기업은 대거 해외로 탈출할 것이다. 통화기축국이 아닌 나라에서 국가부채가 막대하게 불어나고 기업이 빠져나가는 그런 경제강국은 상상조차 할 수 없는 일이다. / 2. 내란 극복을 통한 민주주의 강국 : 이재명은 내란 프레임으로 집권과 동시에 3개의 특검부터 임명했다. 이것은 전임 대통령과 그의 주변에 대해 정치보복을 예고한 것이며 또한 자유민주 진영을 궤멸시키겠다는 것이다. 상대 당인 국민의힘을 해산시키겠다는 의도는 여러 민주당 의원에 더해 조국의 입으로도 이미 확인된 일이다. 그들은 이미 독재정치를 예고하고 있다. 이 공약은 인민민주주의 대한민국을 약속하는 말이다. / 3. 가계와 소상공인의 활력증진과 공정경제 : 애당초 양립 불가능한 조합이다. 공정경제는 경제주체 간의 선의의 경쟁을 방해하고 소득 격차를 부정하며 자산의 평등을 추구하는 사회주의 개념이다. 경제의 영역에서 자본주의를 도입한 중국을 제외하고 사회주의 체제에서 가계와 소상공인의 경제가 활력을 보인 것은 역사상 단 하나의 사례도 없다. 게다가 경제의 활력 증진에 중추역할을 하는 기업은 이 공약에서 빠져있다. 반기업과 사회주의적 정책으로 경제의 활력을 말하는 것은 사기다.

4. 세계질서 변화에 실용적으로 대처하는 외교안보 강국 : 중국 러시아 북한 등의 인민민주주의 국가에 접근하고 미국 일본 EU 등의 서방국가를 멀리했던 문재인의 외교와 안보를 이재명은 그대로 답습할 것이다. 그의 외교 안보 참모들은 모두 골수 좌익이다. 정동영 안규백 이종석 모두 그렇다. 이재명은 G7 정상회담에 참가하여 세계의 정상들로부터 외교참사 수준의 외면을 받았고 국내 언론은 이런 사실을 국민에게 그대

로 전하지 않은채 부인 김혜경의 한복 이야기로 이재명이 저지른 민망함을 감추는 일에만 열심이었다. 이재명의 외교는 국제 왕따를 자초하고 안보 위기를 자초했던 문재인의 그때와 판박이일 것이다. / 5. 국민의 생명과 안전을 지키는 나라 : 사회적 재난이나 사고는 정권을 가리지 않는다. 김대중: 159명이 사망한 대구지하철 참사, 노무현: 남대문 전소, 문재인: 3만 명 이상의 사망자를 낸 코로나, 그러나 국민은 박근혜의 세월호 참사와 윤석열의 이태원 참사만 기억한다. 6 ·25 이후 가장 많은 사망자를 낸 재난인 코로나는 우리 모두가 문재인의 성공으로 기억한다. 문재인은 "방역 터널의 마지막이 보인다"는 말과 "방역 성공, K-방역"이 적힌 A4를 읽는 일 외에는 아무것도 하지 않았다. 성공을 말하고 또 말했던 선전의 효과다. 이재명은 국민의 안전과 생명을 지킨다는 선전을 더욱 열심히 하겠다는 말을 하고있다. 이재명은 자신만 지킬 뿐 국민은 지키지 않을 것이다.

6. 세종 행정수도와 5극3특 추진으로 국토 균형 발전 : 김대중 노무현 문재인 윤석열 이재명 모두 청와대 이전을 대선 공약으로 내세웠고 이 가운데 약속을 지킨 것은 윤석열 단 한 번이다. 이재명은 세종 행정수도를 공약했다. 그러나 취임 단 6일만에 청와대 복귀 비용 259억 원을 배정했고 상승하던 세종시의 집값은 바로 떨어졌다. 청와대로 복귀한 이재명은 다시 세종으로 행정수도를 옮길까. 9월 들어 이재명은 "세종시에 제2집무실을 지어 옮겨야겠다"고 말했다. 행정수도가 제2집무실로 쪼그라든 것이다. 세종 시민도 국민도 그의 말에 또 깜박 속은 것이다. / 7. 노동이 존중받고 모든 사람의 권리가 보장되는 사회 : 사회주의 혁명가들

의 몽상인 동시에 기만이다. 노동자가 존중받고 노동에 합당한 대가를 지불하는 체제는 자본주의다. 노동자의 나라를 표방하는 사회주의는 노동자에게 양질의 일자리를 제공하지 못하고 그래서 노동자가 누려야 할 인간다운 삶도 보장하지 못한다는 사실은 이미 증명되었다. 이재명의 민주당은 노동자가 아닌 노조, 구체적으로는 민노총 간부들을 위한 정당이다. 대한민국은 이미 기업가와 자본가의 권리는 보장되지 않는 나라다. 세부 실천공약인 노란봉투법 등에 의해 기업은 대거 사라질 것이다. 그의 나라는 일자리가 없는 노동자의 지옥이 될 것이다.

8. 아동 청년 어르신 모두가 잘 사는 나라 : 북한의 남한 흡수가 용이하도록 남한의 인구를 북한 수준으로 줄이는 공작은 주사파의 혁명 바이블에 실려있는 내용이다. 민주당이 대한민국의 인구감소 현상에 그다지 신경을 쓰지 않는 이유다. 그들의 정체를 잘 알고 그래서 그들의 거짓 공약에 속지 않는 7080세대에 그들은 신경쓰지 않는다. 18세까지 아동수당을 지급하겠다는 공약은 청년들의 표를 얻기 위한 술수다. 아동을 키우는 3040의 표와 투표권을 18세까지로 확대된 후의 청년들의 표를 노린 남미 독재정권들의 공약이다. 이것은 다음의 / 9. 공약인 '저출생 고령화 위기 극복, 아이부터 어르신까지 함께 돌보는 국가'도 마찬가지다. 이재명의 민주당은 표를 위해 공약을 내놓을 뿐 아동과 청년과 어르신을 위해 일하는 정당이 아니다. 포퓰리즘적 매표 공약이다. / 10. 미래 세대를 위해 기후위기 적극 대응 : 문재인의 탈원전 정책을 부활하고 고수하겠다는 뜻이다. 햇빛연금과 바람연금까지 공약한 것은 원전에 비해 생산비용이 3배 이상 비싼 태양과 풍력발전의 비중을 높이고 원전의 비중

을 낮추겠다는 확고한 계획이다. 탈원전으로 인한 높은 전기가격과 전기부족은 반도체, 전기차, AI산업의 발전을 가로막는 장애물이다. 남한 경제를 후퇴시켜 북한과의 격차를 줄이려 하는 종북주사파의 큰 그림 속에서 나온 공약이다. 탄소를 배출하지 않으면서도 가장 저렴하고 또한 안전성에서 세계적으로 인정받는 대한민국 원전을 TV토론에서 '안전한가요'라고 물었던 이재명은 문재인의 망국적 탈원전 정책을 그대로 이어받을 것이다.

물음

거대 종합 확정적 범죄자가 대통령이 되었다. 선거 전에 소리 높았던 "범죄자 대통령은 안 된다"고 했던 국민의 외침이 무색하다. 지키지도 않을 이 범죄자의 공약과 거짓말 솜씨 하나는 대한민국에서 최고인 사람의 약속을 세심히 들여다보는 것은 쓸데없는 일이지만 우리가 알고 싶은 것을 대통령인 그에게 묻는 것은 국민으로서의 권리다. 다음 12가지의 질문을 그에게 물어보고 국민인 우리 각자 스스로도 생각해보자.

1. 이재명은 자신의 감옥행을 면하기 위해 장기집권 혹은 영구집권을 가능하게 하는 내용의 개헌을 감행할까. / 2. 면소법과 대법관 증원 등의 입법에 의해 그에 대한 법의 심판은 모두 묻히고 결국 조희대 대법원의 파기환송심은 이재명의 범죄에 대한 마지막 재판이 될까. / 3. 이재명은 취임과 동시에 3대 특검법을 통과시켜 윤석열과 그의 측근들에 대한 대대적인 정치보복을 실행하고 있다. 그의 정치보복은 적폐청산이라는 이름의 문재인의 정치보복보다 숫자에서 2~3배는 더 많고 10배는 더 지독

할 것이라는 정치평론가들의 예측은 맞는 것일까. / 4. 민주당 당대표 정청래 등의 공언대로 3대특검에 의해 제1 야당 의원 절반을 굴비처럼 엮여 감옥으로 보내고 보수정당을 해체시킨 후 민주당은 유일정당이 되고 대한민국은 1당 독재국가가 될까. / 5. 법이라는 말만 나오면 흥분하고 덤벼드는 이재명의 민주당 수하들은 국민의 우려대로 대한민국의 법치주의를 형해화한 후 법을 완전한 걸레로 만들어 놓을까.

6. 좌익 정권만 들어서면 미친 듯 올랐던 집값과 물가는 이재명의 세상에서도 그렇게 되어 서민의 내집 마련의 꿈은 더 멀어지고 생활고를 겪는 서민의 좀도둑질은 늘어나게 될까. / 7. 빚 내서 현금을 마구 뿌리고 유권자의 지지를 얻어내는 것은 이재명이 대통령의 자리에까지 오른 제1의 수법이다. 그의 계속되는 돈질로 국가부채는 얼마까지 늘어나고 그래서 내 자식들이 짊어져야 할 빚의 크기는 어느 정도로 더 부풀어질까. / 8. 노무현과 문재인의 고의적인 분열 정책으로 대한민국 국민인 우리는 이미 처절하게 갈라지고 찢겨져 치열하게 싸우고 반목하는 사회에서 살고 있다. 이재명은 또 얼마나 더 많은 국민을 얼마나 더 지독한 분열의 전쟁터로 내몰려고 할까. / 9. 선진화되고 문명화 된 서방 진영에서 멀어지고 인권과 경제와 문화 모든 방면에서 낙후된 공산 진영으로 이동하는 문재인의 외교로 대한민국은 국제적 왕따를 경험했다. 윤석열이 회복시킨 국제적 위상도 모두 뒤집어졌다. 이재명의 외교는? / 10. 이재명은 경기도 지사일때 그의 수하 주도로 100억 원 이상을 북한에 송금한 일로 그 자신도 기소되었다. 대통령이 된 그는 또 얼마나 더 많은 돈을 북한으로 보내고 북한은 그 돈으로 또 얼마나 더 많은 핵탄두와 미사일을

만들까. / 11. 이재명 그의 시대에도 문재인의 그때처럼 참군인은 다 옷을 벗기고 청문회에 나와 눈물을 짜는 생계형 군인만 남겨놓음으로써 김정은의 남침 유혹을 더 자극하게 될까. / 12. 그의 탈옥과 반란은 언제까지 성공할까. 그의 범죄는 영원히 묻힐까. 그는 5년 후 대통령 직에서 물러날까. 죽을 때까지 감옥가지 않기 위해 그는 종신 대통령이 될까.

이상의 물음 모두 자신의 처벌을 막고 감옥행을 면하는 일에만 관심이 있는 이재명이 들은 척도 하지 않을 질문인 것을 잘 안다. 그래서 국민인 우리 스스로에게 묻는 물음이다. 이재명이 통치하는 나라에서 살아갈 것인가. 살 만큼 산 기성세대의 인생은 그렇다치고 내 자식을 이재명 그의 세상에서 살아가게 그냥 둘 것인가를 묻고 고민해야 한다. 지금의 우리에게 풍요롭고 자유로운 대한민국을 물려주기 위해 우리 부모는 많은 피와 땀을 흘렸다. 온전하게 물려받은 대한민국을 다음 세대에게 온전하게 물려줘야 한다. 이재명의 나라에서 살아가야 하는 국민인 우리 각자는 이 물음을 고민해야 한다.

이재명은 국가와 국민을 위해 아무것도 하지 않을 것이다

이승만은 자유민주주의 체제를 선택하여 대한민국 정부를 출범시키고 미국과 유엔군의 지원을 이끌어내어 김일성의 남침을 물리치고 나라를 지켜냈다. 박정희는 국가와 국민의 모든 역량을 공업화 한 곳에 집중시키는 놀라운 리더십을 발휘하여 대한민국을 산업강국의 반열에 오를 수 있는 기반을 닦았다. 세계 10대 경제대국이라는 지금의 위상은 단군 이래 처음 있는 일이다. 전두환은 역대 최고의 경제성장률을 기록하고

88올림픽을 유치하여 대한민국의 국제적 지위를 획기적으로 높이는 계기를 만들었다. 노태우는 소련 중국 등 북방외교의 성공으로 우리의 경제영토를 크게 확장시켰으며, 김영삼은 첫 문민정부의 출범과 금융실명제의 실시와 인천공항 KTX 건설의 업적을, 김대중은 IT 강국과 일본문화 개방을, 이명박은 4대강 정비와 한미FTA와 대한민국의 국제화와 선진화를 이끌었다. 박근혜와 윤석열은 대한민국의 좌익 국가화를 지연시키고 자유민주주의를 지키기 위해 종북세력과의 한판 대결을 피하지 않았다. 삼성 현대차 LG SK 포스코 한화 등 미국이 탐내는 세계적 경쟁력을 가진 대기업은 문재인을 제외한 과거 모든 정부가 노력한 결실이다. 다양하고 수준 높은 컨텐츠의 힘으로 세계적인 문화강국이 된 일도 마찬가지다. 그렇다면 이재명은 대한민국에 어떤 업적을 남길 수 있을까. 결론부터 말하자면 NO다. 그는 어떤 업적도 남기지 않을 것이다. 그가 무식하고 무능하다는 이유보다 그는 대한민국과 국민에게 관심이 없기 때문이다. 자신의 사법리스크 방어와 자신의 탐욕 채우는 일에만 관심이 있기 때문이다. 대통령 이재명은 업적은 커녕 대한민국을 파괴하는 일만 할 것이며 그의 파괴는 문재인보다 더 지독할 것이다.

이재명과 민주당은 대통령 윤석열과 그의 정부를 무너뜨리는 일에 홈플러스 사태와 의사 증원 사태를 악용했다. 홈플러스 근로자들의 폭력을 부추기고 의대생들의 집단행동을 옹호했다. 직원과 협력업체 등 홈플러스와 직접적으로 관련된 10만 명의 근로자들이 선택한 이재명은 지금 그들을 책임지고 있는가. 이재명의 민주당과 한편이 되어 윤석열 정부를 마비시켰던 의대생 그대들은 지금 어떤가. 모든 대형병원들의 거대 규모의 적자는 어쩔텐가. 반란으로 정권을 잡은 이재명이 자신의 집권을 인정받기 위해 트럼프에게 약속한 상납금 2000억 불 때문에 이미 외환위기 조짐을 보이고, 우리 기업들이 미국에 투자해야 하는 1500억 불이 실행되면 국내에는 일자리가 대폭 줄어들텐데 민노총 조합원 그대들의 일자리는 안전하다고 생각하시는가. 이재명이 미국에는 약속해주고 국민에게는 감추고 있다는 농축산물 개방으로 쌀 소고기 과일 시장이 활짝 열리게 되면 전농 조합원 그대들이 생산한 작물은 판로와 가격이 지켜질 수 있을까. 민노총 조합원이 아닌 근로자는 또 무슨 날벼락이며 전농 소속이 아닌 농민은 또 무슨 죄인가. 자식과 부모를 동시에 부양해야 하는 40~50대 그대들은 돈 뿌리기 하나만 있는 이재명의 경제정책으로 물가와 집값이 폭등하고 있는데 괜찮으신가. 공장을 짓고 일자리를 만들어주는 대신 바람연금 햇빛연금 등 온갖 이름을 붙여 내려주는 몇 푼의 현금으로 호남인 그대들의 생계는 해결되시는가. 대통령 이재명은 자신을 지지하고 선택한 그대들을 책임지지 않을 것이다. 그는 무식하고 무능하고 거짓말 잘하고 자신이 한 말을 손바닥 뒤집듯 하고 속임수를 잘 쓰는 사람이다. 그는 국민의 생계와 안전을 책임질 능력도 없고 그럴 생각도 없는 사람이다. 그는 자신이 감옥 가지 않는 방법만 궁리하고 자신의 탐욕을 더 채우는 일에만 관심을 두는 것으로 비판 받는 사람이다. 이재명을 선택한 유권자 그대들은 이재명으로부터 속았다는 생각을 해본 적이 없으신가. 이재명은 국가와 국민을 위해 아무것도 하지 않을 것이다. 그는 국가를 파괴하고 국민을 지옥에 빠드리는 그런 일만 할 것이다. 두고 보라.

3절

절대 권력자의
시간

　이재명은 민주당 대표 시절 이미 모든 것을 자신의 마음대로 하는 절대권력을 행사했다. 민주당 내에서 뿐만이 아니다. 윤석열을 식물 대통령으로 만들 정도로 그는 대한민국 정치판을 마음대로 주물렀다. 북한의 김정은에 빗대 그를 '남쪽의 절대 존엄'이라고 말하는 국민도 있었다. 대통령이 된 후에는 더욱 기고만장하다. 그는 대한민국의 경제적 운명을 좌우할 수도 있는 미국과의 관세협상을 뒤로하고 자신의 지지율 유지를 위해 전국을 돌며 하는 타운홀 미팅에서 부산시장과 강원지사 등의 우익 지자체장의 발언에는 중간에 끼어들어 "좀 참으시죠"라며 발언기회를 원천적으로 차단했다. 그리고 "이제 (내가) 대한민국에서 제일 힘 센 사람이 됐다"고 말했다.(강원도민일보, 2025.9.12) 이것은 이재명의 인간적 미성숙이나 저열함으로 개탄하고 넘길 일이 아니다. 이제 자신이 절대 권력자가 되었다는 선언이다. 무식하고 악질적인 절대 권력자가 통치하는 대한민국이 되었다.

1. 박정희를 독재자라고 말하는가 이재명을 보라

세계적 석학들과 여러 나라의 지도자들이 20세기 최고의 지도자로 꼽는 박정희는 독재자다. 그의 조국인 한국에서만 그렇다. 이땅의 모든 좌익이 부르는 그의 이름은 독재자다. 그가 통치한 시간은 군사독재의 시대다. 이 한 마디의 프레임 언어는 그의 모든 업적을 집어삼키는 블랙홀이 되었다. 북한을 핵 보유국으로 만든 김대중을 기념하는 건축물은 전국에 넘쳐나도 대한민국을 경제대국으로 만드는 위대한 업적을 남긴 박정희의 기념물은 찾아보기 힘든 어이 없는 환경이 만들어진 배경이다. 그린벨트는 박정희의 유산이다. 이 제도는 사유재산권을 제한하는 사회주의적 정책으로 그의 독재적 통치의 사례로 비판받는 일이다. 그러나 지금의 남과 북의 산림을 시각적으로 완벽하게 다른 모습으로 나눈 중요한 요인 중의 하나가 바로 이 그린벨트다. UN이 20세기 신생국 가운데 녹화사업에 성공한 1등 국가로 대한민국을 꼽는 반면 북한은 모두가 민둥산이다. 박정희의 독재와 김일성의 독재는 이렇게 다르다.

국가와 사회의 다른 의제는 순서를 뒤로 하고 그 시대에 가장 시급했던 빈곤의 퇴치와 경제적 발전에 모든 국가적 에너지를 집중시킨 것이 박정희 독재의 본질이다. 대한민국의 사회주의화와 좌익으로의 주류 교체에 에너지를 집중시킨 문재인의 독재와 다르다. 모든 국가적 에너지를 자신 한 몸 감옥가지 않는 일에 소모시키고 있는 이재명의 독재와는 더욱 다르다. 군사독재로 비판받는 박정희의 반공정책은 대한민국의 좌익 국가화를 적어도 30년은 지연시켰다. 반공을 국시로 내건 그의 독재가 없었다면 대한민국은 이미 완전한 사회주의 공산주의 국가가 되어 있을 것이다. 어쩌면 김일성의 대남혁명노선 중의 하나인 연방제의 실현으로 우리는 조선인민공화국의 남쪽이 되어 있을 지도 모른다. 박정희의 독재는 그래서 공이 100이다. 해악이 100인 이재명의 독재와 다르다.

진짜 독재자가 왔다

대선을 며칠 앞두고 아들의 젓가락 발언과 도박자금 문제가 온 국민의 시선을 사로잡고 있는 상황에서 한 기자는 이 아들의 아버지 이재명에게 마이크를 대고 이에 대해 물었다. 이재명은 "국가 운명을 고민해야 할 때"라는 대답을 내놓는다. 동문서답이었다. 기자의 질문에는 답하지 않고 자신이 하고 싶은 엉뚱한 말만 늘어놓는 것을 이재명의 여러가지 나쁜 습관 중의 하나쯤으로 생각하시는가. 이것을 그의 습관 정도로 예사로 여기고 그를 대통령으로 선택했다면 치명적 실수다. 국민이 듣고 싶고 궁금한 말이 아닌 자신이 하고 싶은 말만 하는 것은 모든 독재자들의 공통점이다. 그가 대통령이 된 세상에서 국민인 우리는 일방적으로 그의 말만 듣는 일에 적응해야 할 것이다. 그런 대통령을 비판하는 사람은 울화통을 달고 살아야 할 것이다.

윤석열이 대통령 자리에 있었던 약 2년 반 동안 대한민국 제1의 권력자는 누구였을까. 단연코 이재명이다. 국내에서는 사사건건 이재명이 이끄는 야당에 발목이 잡혀 아무것도 하지 못하고 그나마 해외에 나가 수십조의 원전을 수주하고, 수조 원어치의 K-방산 수출계약을 따고 돌아와도 민주당의 손아귀에 있는 언론은 그의 빛나는 업적을 간단히 보도했고 '바이든 날리고' 등의 사소한 일에 국민의 시선을 묶어두자 윤석열의 업적은 연기처럼 사라졌다. 그렇게 윤석열의 존재감은 갈수록 쪼그라들었고 이재명은 슈퍼파워가 되어갔다. 여의도 대통령, 제왕적 야당 대표, 참칭 대통령, 이재명은 대통령이 되기 전에 이미 그렇게 불렸다. 그가 이제는 진짜 대통령이 되었다. 금강불괴金剛不壞, 한 젊은 야당 의원은 이재명의 대통령 등극을 그렇게 불렀다. 독재자가 탄생했다는 뜻이다.

2025년 2월 이재명이 "민주당이 중도보수 정권으로 오른쪽을 맡아야 한다. 우리는 진보가 아니다"라고 말했을 때 국민은 잠시 어리둥절했다. 그의 정신병적 증상을 의심하거나 흔히 하는 그의 아무말 대잔치 정도로 치부하는 사람도 있었다. 진보가 아니라는 그의 말에 좌익의 지지자들이 격앙하자 그는 "원래 우리 자리에 있다"며 바로 꼬리를 내린다. 이때까지는 말을 함부로 하는 그의 작은 설화 정도로 보였다. 진의가 드러난 것은 5월이 되어 그가 대선 유세에 나섰을 때다. 그는 "제가 합리적 보수의 역할까지 하겠습니다" "건전한 보수 역할도 우리 몫입니다" "진짜 보수가 누구입니까"라고 말했다. 그의 진의는 5월 26일의 남양주 유세에서 더욱 확실해진다. 그는 "국민의힘은 대한민국 보수정당이 아닙니다"라며 곧 야당이 될 국민의힘의 정체성과 존재 자체를 부정했다.

절대 권력을 장악한 민주당은 지금 3분의 1 이상의 의석을 가진 야당의 의사를 완벽하게 무시한 채 국정을 일방적으로 운영하고 있다. 윤석열 정부에서도 그러했고 정권을 잡은 지금은 더욱 그렇다. 이재명의 일인독재, 민주당의 일당독재는 이미 현실이다. 진실을 말하지 않는 편파적 언론 보도로 국민인 우리가 모르고 있을 뿐 대한민국은 이미 독재국가다. 이재명은 지금의 상태를 만족할까. 더욱 완전한 일당독재, 더욱 완벽한 일인독재 체제를 꿈꾸고 있는 것은 아닐까. 그는 공산당이 모든 권력을 가지는 공산국가식 일당 체제를 꿈꾸고 있는 것인가. 조선로동당만 존재하는 북한식 유일정당 체제를 구상하고 있는 것은 아닐까.

독재의 장면들

무능하면서도 이상한 말만 하는 사람이라는 평가를 모두 극복하고 이재명의 오랜 친구였다는 딱 하나의 이유로 법무부 장관이 된 정성호는 친구의 정적 윤석열이 감옥에서 체포되어 끌려나가는 사진 한 장을 찍기 위해 폭력을 쓰는 야만적인 일을 배후에서 지휘한 것으로 의심 받았다. 사진 찍기는 실패했고 그는 이 일을 분풀이라도 하겠다는 듯 윤석열 부부에 대한 외부인 단독 접견을 금지시켰다. 중요 정치인에 대한 과거의 사례와는 완전하게 불평등한 그의 조치에 비판이 따갑자 그는 입을 열었다. "모든 국민은 법 앞에 평등하다." 정성호 그가 과거에 했던 수많은 괴상한 말 중에서 가장 개소리다. 재판 시간을 마음대로 늦추고, 마음대로 재판에 나가지 않고, 재판을 마음대로 중단시키면서 시간을 끌어 결국 대통령 자리를 훔친 친구 이재명의 법 앞의 평등은?

숙명여고 쌍둥이 사건의 아버지가 형기 3년을 다 채우고 출소한 사례처럼 대부분의 국민은 형기를 모두 채우고 교도소를 나온다. 사면이 되더라도 최소 형기의 3분의 2 이상을 채워야 사면 자격이 주어진다. 그런

데 형기의 겨우 3분의 1을 채운 조민의 아버지 조국을 사면한 일은 법 앞의 평등인가. 위안부 할머니들을 등쳐먹은 악질 앵벌이 윤미향을 사면시켜 준 일은 법 앞의 평등인가. 대통령과 그의 주변은 모조리 예외인 법 앞의 평등은 개소리다. 개소리를 하는 사람의 친구가 대통령인 정권은 개들의 정권인가. 대한민국이 망하고 그 자리에 개들의 왕국이 들어선 것인가. 독재란 별거 아니다. 이것이 독재다. 이런 집단이 독재정권이다.

윤석열에 대한 탄핵 결정 5일 후 개성공단 남북연락사무소를 폭파한 북한을 상대로 447억 원의 손해배상 소송을 시작한다는 뉴스가 떴다.(TV조선, 2025.4.9) 사건 발생 5년이 다 되어서야 전해진 소송 소식이 놀라웠다. 좌익이념에 오염된 판사들이 뭉개고 있던 이 사건을 다시 넘겨받은 어느 용감한 판사가 재판 개시를 알린 것이리라. 이재명의 세상에서 이 재판은 중단될 것이다. 이재명은 자신의 범죄를 처벌하기 위해 법조문과 양심에 따라 판결을 내리는 판사를 모두 자살시켜 버렸다. 권순일 유창훈 김동현, 모두 이재명을 살리기 위해 자신의 법관으로서의 생명을 스스로 끊은 사람들이다. 여기다 이재명의 선거법 재판 중단 결정으로 대한민국 헌법을 쓸모 없는 것으로 만들어버린 이재권, 계엄을 했다는 이유로 국민에게 10만 원씩 주라는 판결을 내린 이성복도 판사로서는 자살한 사람들이다. 나라를 지켜야 한다는 생각을 가진 보통의 판사가 다 죽임을 당한 이재명의 세상에서 직을 걸고 개성공단 손해배상 재판을 속행하는 판사는 다시 나오지 않을 것이다. 정의를 지키고 나라를 지키는 판사가 모두 죽은 나라, 모든 독재국가가 그렇다. 그래도 찾는다. 조희대와 지귀연 처럼 살아 있는 판사는 더 없는가.

예약된 스케줄 일당독재

2025년 3월 주사파 사관학교인 전대협 출신의 민주당 박홍근 의원은 곧 예상되는 대선에서 국민의힘은 후보를 낼 수 없도록 하는 내용의 정당법 개정안을 발의했다. 내란정당이라는 것이 사유였다. 이재명 단독출마법으로 불린 이 법안은 사실상의 일당독재법이다. 민주당의 일부 기회주의적 의원이 절대 권력자 이재명에게 아부하기 위한 것이라는 언론의 평가도 있었지만 이는 늘 국민의 눈을 어둡게 만드는 언론의 술수다. 내란 정당 프레임으로 경쟁 정당 국민의힘이 대선 후보를 못 내도록 하고 해산까지 추진하겠다는 의도다. 동시에 이재명과 민주당이 일당독재를 계획하고 있다는 증거다. 6월 11일 대선 승리로 들뜬 박홍근은 "국회가 정당법 개정안을 통과시켜 주권자의 요구와 법률적 절차에 따라 해산에 나서야 하지 않겠나. 국민들은 이미 국힘당 해산 청구 천만인 서명에 돌입했다"고 말했다. 박홍근은 상대 정당을 해산한 후 일당독재를 하겠다는 이 계획을 포기하지 않을 것이다. 윤석열과 보수 정치세력 전체를 헤집고 있는 3대 특검에 의해 그의 계획은 이미 실행되고 있다. 주사파인 그는 북한식 일당체재를 꿈꾸고 있는 모양이다. 이재명의 코딱지를 떼어준 일로 벼락 실세가 된 박찬대에 의해서도 이것은 확인된다. 회계사 출신으로 민주주의 정치에 대한 이해는 빈깡통으로 보이는 그는 "국힘은 후보 내지 않겠다고 국민께 천명해야 한다"고 다그쳤다. 그들은 야당이 없고 경쟁 상대가 없는 일당독주 체제를 준비하고 있다.

논객 진중권은 "대선이 끝나면 보수의 자리는 없을 것이며 보수 인사는 다 숙청될 것이다"라고 말했고 안철수는 "젓가락질하는 코끼리보다 이재명의 절대권력이 큰 문제다. 이재명은 조선로동당 일당체제로 가겠다고 하는 것이다"라고 말했다. 서정욱 변호사는 민주당 의원 2명으로부터 직접 들은 이야기라며 민주당은 국민의힘 의원 10명 정도 빼내가서 개헌을 강행할 것이며 돈과 관직으로 회유하고 약점을 협박하여 상대 정당 의원 10명 정도 빼가는 것은 일도 아니라고 장담하더라며 원래 좌파였던 한동훈계가 우선적 타깃이 될 것이라고 했다. 김상욱 의원은 이미 데려갔다. 그러니 서 변호사의 말은 근거 없는 말이 아니다.

오른쪽인지 왼쪽인지 정체성을 도무지 알 수 없어 기회주의자 정도로 보이는 정치 낭인 김종인은 이재명의 대통령 취임 당일 "이재명이 독재? 우리나라 국민 성숙도 봤을때 독재는 불가능하다. 지나친 우려다"라고 말했다. 정규재나 조갑제처럼 그도 돌변한 모습으로 국민을 어리둥절케 하는 판단력이 흐려진 노인이거나 권오을처럼 한 자리 노리는 그냥의 노인일 것이다. 이재명의 관심사는 대한민국의 발전도 민주주의의 진전도 아니다. 자신 감옥 안 가기와 자신의 무한 탐욕 채우기 딱 그뿐이다. 그는 이를 위해 독재적인 무슨 짓도 다 할 것이다. 이재명은 야당이 계속 맥을 못추면 적당히 두고 자신의 정권을 민주 정부로 위장하는 들러리로 써먹을 것이다. 그러나 강력하게 저항하면 해산을 협박하거나 실제로 해산해버릴 것이다. 이재명은 무슨 짓이든 다 하는 그런 사람이 아닌가.

이겨놓고 하는 베네수엘라 선거

정청래는 대선 투표 40일 전 "선거는 이겨놓고 하는 것이다. 이재명의 승리는 이미 결정되어 있다"라고 말했다. 그의 이 말을 승리에 대한 자신감으로 혹은 막말의 대가인 그의 또 하나의 막말 정도로 여기는 것은 위험한 오류다. 이때 무려 국회 법사위원장이었고 곧 당대표가 된 그는 국민의 대통령 선택권을 부정하고 있다. 아니다. 국민의 존재 자체를 부정하고 있다. 아니다. 주사파 중에서도 폭력을 실행하는 행동대원이었던 그는 남미의 여느 독재정권처럼 이재명의 민주당도 포퓰리즘 정책으로 국민을 유혹하고 공산당의 오래된 혁명 전술인 거짓과 조작된 것을 선전하고 선동하는 것으로 민중을 혁명의 도구로 동원할 수 있다는 확신이며 그런 전술로 국민의 표심을 간단히 획득할 수 있다는 자신감일 것이다. 국민의 투표권 행사를 자신들이 원하는 방향으로 몰아가는 일 정도는 식은죽먹기라는 말이다. 선거가 끝난 후 일반 국민들이 모인 '내일로미래로당'이라는 생소한 이름의 정당은 전국에 걸린 현수막에다 이렇게 썼다. "선관위가 만든 대통령" 정청래가 말한 '이겨놓고 하는 선거'라는 말과 같은 맥락이다. 이재명과 정청래와 민주당이 유권자를 속였다는 뜻이다. 국민인 우리가 그들에게 속았다는 뜻이다.

2025년 5월에 치러진 베네수엘라 총선과 지방선거의 투표율은 12.5% 수준이었다. 투표소에는 유권자보다 군인 등 당국 관계자가 더 많았다. 국민이 "투표의 의미가 없다. 선관위가 신뢰를 잃었다. (지난해) 대선에 이은 투표 조작이 우려된다"는 등의 이유로 투표 하지 않았기 때문이다. 차베스에 이어 그의 운전기사였던 마두로까지 무려 26년 동안 독재적 통치를 지속한데다 마두로가 이끄는 좌파정권의 포퓰리즘 정책으로 최악이 된 경제상황과 야권탄압 등에 반발한 국민들이 2024년 7월 대선에서는 새벽부터 투표장에 나와 야당 후보에게 표를 던졌다. 그러나 마두로 정부의 '깜깜이 개표' 결과 마두로가 51%의 득표로 승리한다. 여론조사와 출구조사 모두 야당의 승리를 예측한 것과는 반대의 결과였다. 이 선거를 두고 미국과 EU는 물론 브라질 페루 등 남미의 좌파 정부도 "선거의 투명성을 보장해야 한다"고 비판했다.

차베스와 마두로의 장기 집권이 가능했던 것은 차베스가 2004년 20명이던 대법관 수를 32명으로 늘리고 늘어난 12명 전원을 친정부 인사로 채운 것이 크게 작용했다. 국무총리 김민석의 친형 김민웅 촛불행동 대표가 "베네수엘라 사법개혁이 우리의 좋은 모델"이라고 말한 것은 (2025.10.21) 이재명 정권도 이 방식을 모방하여 사법부를 장악하자는 주장이다. 베네수엘라의 이런 상황은 무분별한 포퓰리즘 정책으로 국회의 다수 의석을 장악하고 법원이 정권의 부정선거와 야당 탄압 등 위법과 불법과 부패를 눈감아주면서 좌파 독재정권이 철옹성처럼 굳건하게 된 결과다. 2025년 5월의 총선과 지선을 앞두고 야권 지도자를 포함한 반정부 인사 수십 명을 테러음모 혐의 등으로 잡아들였다는 로이터의 보도가 있었다.(이상은 조선일보 2025년 5월 26일자 기사를 골격으로 함) 기본소득 등 매표를 위한 포퓰리즘의 기승, 이미 편파적인 사법부의 판결에 더해 대법관 증원으로 더욱 확고하게 될 좌익무죄 우익유죄의 뻔한 재판 결과, 선거란 이겨놓고 하는 것이라는 정청래의 말, 좌익정당에는 유리하고 우익정당에는 불리한 일방적인 선거관리 등 대한민국의 선거는 베네수엘라와 일치율이 상당히 높다. 대한민국은 경제의 영역에서만 베네수엘라를 따라가고 있는 것이 아니다. 선거에서도 그렇다.

이재명 시대의 선거 예상도

국제공정선거감시단은 6.3대선을 참관한 후 미국 워싱턴에 있는 내셔널프레스클럽에서 기자회견을 열고 "한국 대선에는 조직적 부정이 있었다. 한국 대선은 훔친 선거stolen election다. 선거가 자유롭지도 공정하지도 않았고 결과가 정당성을 상실했다"는 내용을 발표하며 선거부정 의혹을 강하게 제기했고 워싱턴타임스를 비롯한 여러 언론은 이를 보도했다. 그러나 국내 메이저 언론은 모두 이를 외면했다. 미주중앙일보가 6월 27일자로 1면에 이 내용을 보도하자 중앙일보 본사는 압력을 가했고 그래서 이 기사는 곧 삭제되었다. 7월 2일에는 미국 의회까지 나서서 외교 안보 전문가가 대거 참여한 가운데 한국의 부정선거 관련 내용을 다루었다. 한국 문제가 미국 의회에서 다루진다면 이는 매우 중요하거나 엄중한 이슈다. 그럼에도 국내 언론은 이를 보도하지 않았고 그래서 대부분의 국민은 이 사실을 알 수 없었다. 국민이 알 수 없으니 65년 전 부정선거 이슈가 이승만 정권을 종식시켰던 그런 일은 애시당초 있을 수 없었다. 이승만 시대와 이재명의 시대 어느쪽이 더 민주적인가. 65년 전 그때의 언론과 지금의 언론 어느 쪽이 더 정론인가. '독재자' 단 하나의 이미지로 고착된 박정희와 지금의 이재명 누가 진짜 독재자인가. 그때의 국민과 지금의 국민 어느쪽이 더 깨어있는가. 한국 정치의 현재는 이승만과 박정희의 그때보다 더 발전되고 더 선진적인가. 국민인 우리의 자각이 필요하다. 정치와 언론이 이 모양이니 국민인 우리라도 깨어나야 한다.

2026년의 지방선거와 2028년의 제23대 총선은 어떤 모습일까. 이를 예측하는 일은 그다지 어려운 일이 아니다. 국회를 장악한 민주당은 우선 꼭 이겨야 할 곳이나 백중세인 전략지역에 예산 폭탄을 퍼부을 것이다. 여당으로서 예산권을 독점적으로 행사하는 민주당이 그렇게 하는 것은 어려운 일이 아니다. 130여 년 전의 동학농민 유족수당까지 거론하고 있는 호남지역 뿐만 아니다. 영남과 강남을 제외한 전국에다 돈질 예산질을 할 것이다. 이재명이 집권하고 바로 당선사례금 성격의 전국민 지원금을 주었듯이 이 돈질은 선거 앞과 뒤를 가리지 않고 상시적으로 있을 것이다. 국고가 바닥나고 더 줄 돈이 없을 때까지 그렇게 할 것이다.

민주당은 야당후보에 대한 거짓 의혹을 무차별적으로 생산할 것이며 경찰은 즉시 이에 대한 수사에 나설 것이다. 사법부가 능장을 부리다 몇 년이 지나고 무죄를 판결한다고 해도 선거 결과를 바꾸지는 못할 것이다. 울산시장 선거에서 문재인의 청와대와 황운하가 김기현에게 그랬던 것처럼. 여기에다 언론은 야당 후보에 대해서만 가혹할 정도로 의혹 캐기에 나설 것이며 김대중과 노무현과 문재인과 이재명의 업적을 과장하고 찬양하는 내용과 이승만과 박정희와 영남인을 교묘하게 혐오하는 내용의 프로그램을 지속적으로 방영할 것이다. 그런 영화도 여럿 나올 것이다. 90%를 한 쪽에 몰아주는 호남에 대해서는 입도 뻥끗하지 않으면서 자유우익 정당에 60~80%의 지지를 보내는 영남 유권자들을 비판할 것이다. 이런 모든 수법이 동원되는 이재명 세상의 선거는 예측 가능한 뻔한 선거 결과가 나올 것이며 북한의 투표처럼 당이 결정한 일에 형식적인 합법의 옷을 입혀주는 그런 요식행위가 될 것이다. 절대권력을 쥔 독재자가 통치하는 세상에서 치뤄지는 선거는 그런 모습이 될 것이다.

2. 절대권력자 이재명

김문수의 처남은 택시기사다. 이재명의 처남은 성남 등의 지역에서 3년 동안 3개 회사의 임원을 지냈다.(TV조선, 2021.10.29) 김문수의 딸과 사위는 사회복지사다. 이재명의 아들은 억대의 불법 도박에 성매매를 일삼고 여성의 요도 젓가락 발언으로 벌금 500만 원을 선고 받았다. 유권자들은 택시기사의 자형이 아닌 3개 회사의 임원이 되는 뒷배로 의심되는 처남의 자형을 대통령으로 선택했다. 그리고 사회복지사의 아버지가 아닌 억대 불법 도박의 물주로 의심되는 아버지를 대통령으로 선택했다. 이런 처남의 자형이자 이런 아들의 아버지인 사람이 깨끗할 것이라고 기대하시는가. 그가 절대 부패자가 아니라면 그게 더 이상하지 않을까. 국민 각자에게 25만원을 줄 때 그는 얼마를 해먹을지 생각해 보셨는가. 그가 대장동 등에서 최소 1조3000억에서 최고 수조 원을 해먹었을 것이라고 추정하고 의심하는 사람이 많다. 이재명의 탐욕은 국민인 우리의 상상을 초월한다. 이런 사람이 제21대 대한민국 대통령이 되었다.

그는 대한민국을 말아먹을 것이다

이재명은 대통령이 되기 전에 이미 입법부와 사법부를 장악했다. 이제는 대통령이 되어 행정부까지 그의 손아귀에 있다. 3권을 모두 틀어쥔 그는 절대 권력자다. 절대 권력을 쥔 통치자가 권력의 행사를 절제한다면 그는 독재자가 아니다. 이재명은 절제와는 아주 거리가 먼 사람이다. 게다가 그는 '권력은 잔인하게 행사하는 것'이라는 잔인한 철학을 가진 사

560

람이다. 절대 권력을 가진 이 사람의 과거 행적을 살피면 그는 우선 무한 탐욕의 소유자다. 그리고 자신의 탐욕을 위해 무슨 짓도 다 하는 사람이다. 4개의 확정된 범죄, 진행 중인 5개의 재판, 8개의 사건, 12개의 범죄 혐의는 그의 탐욕의 크기를 증명하는 증거다. 대장동 백현동 정자동 위례 거북섬 등 그가 손을 댄 것 중에 썩은내가 진동하지 않는 것은 없다. 민간기업 NC에 경기도 부지를 특혜적으로 매각했다는 판교 게이트는 대선 직전에야 일각을 드러낸 새로운 썩은 냄새다. 대장동 10배 규모의 광교 개발을 주도한 경기지사 김문수는 이 일로 측근이 자살한 일도 없었고 재판을 받은 일도 없다. 그러나 경기지사 이재명이 손을 댄 여러 부동산 개발사업으로 자살하거나 재판을 받고 있는 그의 측근은 수두룩하다.

2025년 4월 중순 대선을 준비하고 있던 이재명은 "지금까지 검은 돈의 유혹을 받지 않고 정치했다"고 말했다. 이렇게 말하는 그의 얼굴은 철판때기로 만든 마스크로 보였다. 대선 유세로 뜨겁던 5월 하순에는 간담회에 참석한 기자들 앞에서 "저와 가족은 부정부패를 저지르지 않았다. 차 한 잔 얻어먹어 본 적이 없다"고 말했다. 얻어먹은 적은 없고 훔쳐먹기만 했다는 뜻인가. 이재명은 대장동 백현동 등에서 해먹을 만큼 해먹었고 그래서 그의 저수지는 이미 돈이 넘쳐나기 때문에 이제는 더 해먹지 않을까. 천만에. 이재명이 대통령에서 물러난 후 법의 심판대에 선다는 것은 곧 그가 죽어서야 감옥을 나온다는 뜻이다. 이를 피하기 위해 그는 더 오래, 어쩌면 종신으로 대통령의 자리에 있어야 한다. 이를 위해 그는 더 많은 돈이 필요할 것이다. 게다가 그는 무한 탐욕의 화신이 아닌가. 그를 필리핀의 마르코스 가문이나 베네수엘라의 마두로보다 나은 사람으로 생각하시는가. 그렇게 생각한다면 착각이다. 대선 전에 우익의 시민들이 만든 "같이 나라 말아먹자"는 딥페이크 영상이 등장하여 민주당이 발작증세를 보인 일이 있었다. 많은 국민은 대통령이된 그가 나라를 말아먹을 것이라 생각하고 있다. 이것이 진짜 민심이다.

이재명은 "성남시장 시절이 제일 행복했다"고 말한 적이 있다.(2025. 5.31, 대전 유세) 대장동 백현동 위례 정자동 성남FC사건 등은 모두 그가 성남시장으로 재직할 때의 썩은 냄새다. 성남시는 경기도 내의 28개 도시 중의 일개 도시다. 그래서 전국적인 관심과 주목을 피할 수 있었다. 성남시장 이재명 그는 감시를 덜 받고 안전하게 마음껏 해먹었을 것이다. 그가 성남시장 시절이 제일 행복했던 이유는 여기에 있을 것이다. 그렇다면 이제는 대통령이 되어 보는 눈이 많아졌기 때문에 그런 일이 없을까. 그럴 리가. 그는 입법 사법 행정 삼권을 모조리 틀어쥐었다. 경찰 검찰 법원 헌재 감사원 등 그의 부패를 조사하고 심판할 기관도 모조리 틀어쥐었다. 그는 절대 권력을 손에 넣은 사람이다. 이제 그가 두려워하는 것은 아무것도 없다. 국민이 있다고? 그의 거짓말과 기본소득에 홀딱 넘어간 국민이 열에 다섯이다. 김문수를 지지한 국민 열 중 넷으로는 버겁다.

국민의 이름으로

국민, 모든 독재자들이 자신의 통치를 합리화하는 마법의 언어다. 20세기 최악의 독재자인 히틀러는 부하인 괴벨스가 생산한 거짓과 조작을 선전하고 선동하여 독일 국민을 속인 후 국민의 압도적 지지를 확보했다. 그리고 독재 권력을 휘두르며 유럽 전체를 피로 물들일 때 그가 앞장세운 것은 '국민'이라는 이름이었다. 대법원의 파기환송심이 나오자 이재명은 "제 생각과 전혀 다른 판결"이라면서도 "국민의 뜻이 가장 중요하다"고 말했다. 그는 대법원의 판결을 부정하기 위해 '국민의 뜻'을 들먹였다. 대한민국의 헌법과 법치주의와 정체성을 부정하는 말이다. 이재명의 대장동 사건 변호인으로 수임료를 공천으로 대신 받았다는 의심을 받았던 김동아 의원은 "법원에 대한 민주적 통제"를 말했다. 국민의 대표가 아닌 이재명의 졸개를 자처하는 이 엉터리 국회의원의 말은 국민의 이름으로 법원을 통제하겠다는 점에서 이재명의 말과 같은 뜻이다.

이재명이 국민을 들먹인 것은 사법부의 판결을 부정할 때만 그런 것이 아니다. 2023년 9월 현직 대통령 윤석열에 대한 탄핵을 직접 말할 때도 그는 국민을 핑계댔다. "(윤석열이) 국민의 뜻에 반하면 끌어내려야 한다"며 국민의 뜻을 들먹였고 한덕수 대행을 탄핵할 때도 "국민의 명령에 따라 한덕수를 탄핵한다"고 했다. 적어도 한덕수 탄핵에는 반대하는 국민 여론이 더 높았음에도 그는 국민의 명령이라고 했다. 기만이다. 2025년 2월 후원회를 열고 계좌번호를 공개할 때에도 "국민의 뜻을 대변할 수 있게 지원을 해달라"고 했고 대통령에 취임하고 다음날 통과시킨 3대 특검에 대해서도 "내란 심판을 바라는 국민의 뜻을 반영했다"고 말했다. 자신을 반대하는 세력에 대한 정치 보복에 '국민의 뜻'을 들먹이는 것은 독재자와 폭군들의 전형적인 어법이다. 자신의 감옥행을 회피하겠다는 목적이 뻔히 보이는 대통령 연임제 개헌 구상에 대해서도 그는 "2026년에 국민의 뜻을 물어야 한다"며 구체적 스케줄까지 제시했다. 그가 이렇게도 자주 팔아먹는 이름인 국민이라는 존재는 대체 무엇인가.

2024년 11월 국민의힘은 이재명 재판의 생중계를 촉구했다. 생중계를 바라는 국민이 더 많다며 '국민의 뜻'을 이유로 댔다. 그러나 생중계는 실현되지 않았다. 생중계를 바라는 다수의 국민은 국민이 아니다. 반대하는 소수의 국민만 국민이다. 이재명과 민주당 그들에게는 늘 그렇다. 그들의 독재적 권력행사에 찬성하는 국민만 그들의 국민이다. 선택적 국민이다. 2025년 1월 들어 탄핵의 거짓과 사기성이 드러나 지지율이 가파르게 하락하자 이재명은 "국민 뜻을 겸허히 수용한다"고 말했다. 기만이다. 그가 이렇게 말하기 전날인 22일 민주당은 '여론조사관리 법안'을 발의했다. 여론조사 회사들이 민주당에 유리한 조사결과를 내놓도록 압박하는 법안이다. 여론조사 회사에 대해 결과 조작을 압박하는 이런 법안을 내놓도록 하고 다음날 국민 뜻을 겸허히 수용한다고 말한 것이다. 이재명다운 기만술이다. 사기와 기만과 속임수는 이재명의 본색이다.

이것이 독재다

이재명은 대통령 취임사에서 "모든 국민을 아우르고 섬기는 모두의 대통령이 되겠다"고 말했다. 그가 말하는 '국민'은 대체 누구인가. 투표 당일 출구조사에 응한 유권자의 64%가 이재명이 대통령이 되더라도 진행 중인 재판은 계속되어야 한다고 했다. 그러나 이재명은 재판을 중단시키기 위해 온갖 방법을 동원했고 결국 그렇게 되었다. 그렇다면 이 64%의 국민은 그의 국민이 아닐 것이다. 그를 아버지로 추앙하는 개딸이거나 그에 대한 사법적 심판이 검찰의 조작이라는 그의 거짓말에 깜빡 속아넘어간 바보같은 국민이거나 그가 약속한 기본소득을 기대하는 멍청한 국민이 그가 말하는 국민일 것이다. 개딸이 아니거나 그의 거짓말에 속지 않거나 기본소득으로 받는 금액의 최소 3배를 세금으로 더 내야 한다는 사실을 아는 현명한 국민은 그의 국민이 아닐 것이다. 그는 '국민이 주인인 나라'를 약속했다. 그러나 적어도 64%의 국민은 이 나라의 주인이 아니다. 그는 '모두의 대통령이 되겠다'고 약속했다. 그러나 64%의 국민은 이 '모두'에 포함되지 않는다. 이재명은 국민의 대통령이 아니다. 개딸의 아버지다.

국무총리 지명자 김민석은 총리 후보의 신분으로 이미 총리처럼 행동했다. 그가 총리에 임명되기도 전에 기업인을 접견하고 업무보고를 받는 모습은 민주당이 독재자 혹은 유사 악마로 만든 전두환의 시대에도 없었던 일이다. 민주당은 김민석의 임명을 결사반대하는 야당을 향해 "반대하면 몰락할 것"이라 겁박하며 묵살한 채 표결을 강행했고 이재명은 당일에 김민석을 국무총리로 임명했다. 독재라는게 별거 아니다. 이게 바로 독재다. 이재명의 세상에서 흔히 보게 될 독재의 시작이다.

이재명이 취임 한 달만에 가진 회견에 참석한 기자들은 미국과의 대화 단절, 중국 전승절 참석 여부, 재판 중단, 3특검을 통한 무차별적 정치 보복, 부채 증가와 물가 상승과 집값 폭등, 그리고 미국과의 관세협상 등 정작 국민이 알고 싶은 것은 아예 묻지도 않거나 물어도 알맹이가 없었다. 절대 권력에 겁을 먹은 듯도 했고 이 독재자에게 아부하기로 마음먹은 듯도 했다. 이런 비겁한 기자들과는 달리 '미디어펜'의 김소정 기자는 이재명의 권력 독점을 지적했다. 이에 이재명은 "대통령이 제왕적이라는 것은 어폐가 있다. 지금의 여소야대는 국민이 선택한 것"이라고 대답했다.

그는 자신이 휘두르고 있는 제왕적 독재적 권력을 '국민의 선택'이라 말하고 있었다. 그러나 자신이 국민에게 끝없이 거짓말을 하고 어린애에게 사탕을 주듯 25만 원으로 유혹하여 국민의 선택을 받은 사실은 말하지 않았다. 법관들을 매수하거나 겁박하며 사법부까지 틀어쥔 사실에도 함구했다. 그는 자신의 절대권력을 국민의 선택으로 포장했다. 20세기형 공산국가 독재자들의 어법이다. 스탈린 김일성 등의 모든 독재자들이 그러했다. 이재명은 지독한 독재자다.

2025년 11월 11일 이재명은 정당이 내거는 현수막을 통제하는 내용의 법 개정을 지시했다. 자신이 민주당 대표로 있을 때 윤석열을 무차별적으로 비판하기 위해 민주당 주도하에 만든 법안이다. "애지중지 현지" 등의 문구를 쓴 현수막이 거리에 넘치는 등 이 법이 자신을 쏘는 화살로 돌아오자 다시 틀어막겠다는 것이다. 같은 날 그는 사실 적시에 의한 명예훼손죄의 폐지 검토를 지시했다. 자신의 잘못을 지적하고 비판하는 국민을 처벌하겠다는 뜻이다. 이 법이 폐지되면 대한민국은 이제 이재명처럼 악행을 저지르는 나쁜놈을 비판할 수도 없는 그런 나라가 될 것이다. 같은 날 그의 정권은 '계엄가담자 색출 TF'를 설치하여 중앙행정기관 전체를 대상으로 계엄에 동조한 공무원 뽑아내기에 나섰다. 이 얼마나 지독한 독재정권인가. 이것이 이재명의 정권이다.

이재명은 '국민의 이름으로' 자신의 범죄를 모조리 삭제하는 위헌적 행위를 할 것이다. 자신에 대해 반대하고 자신의 통치에 저항하는 세력에 대해서는 이들을 '내란 공범'으로 몰아 '국민의 이름으로' 처벌할 것이다. '국민의 이름으로' 난도질을 하고 누더기로 만든 대한민국 법은 더 이상 국가와 사회의 질서를 유지하는 역할을 할 수 없을 것이다. 원래 법치국가였던 대한민국은 그렇게해서 인치人治국가가 될 것이다. 인치국가는 독재국가 혹은 공산국가와 같은 이름이다. 충충의 권력자 각각에게 부여된 권력의 크기에 따라 권한이 주어지고 그 권력자의 생각과 의지가 곧 법이 되는 그런 나라가 인치의 나라다. 이 권력 계단의 꼭대기에 이재명의 권력이 있다. 종합 거대 범죄자 이재명, 무한 탐욕을 소유한 이재명이 절대권력을 가지게 되었다. 그는 국민의 이름으로 자신의 절대 권력을 휘두를 것이다. 그의 세상은 무서울 것이다.

이재명은 김일성의 반열에 오를까

"이재명 대통령의 생애와 발자취는 국민들에게 희망과 용기를 주는 메시지를 담고 있으며.. 이재명 대통령의 생가는 대한민국 근현대사에서 민주주의와 국민주권의 가치를 상징적으로 보여줄 수 있는 중요한 역사적 공간임" 2025년 11월 서울 서대문구 구의회는 이재명의 생가를 복원하자는 건의안을 통과시켰다. 인용문은 이 건의안에 든 내용의 일부다.(TV조선, 2025.11.13) 이재명의 생가는 서울 서대문에서 200km 이상 떨어진 곳에 있다. 그런데 안동시가 아닌 서울 서대문에서? 충성경쟁이다. 그것도 과도한 충성경쟁이다. 서대문구의 민주당 구의원들이 추진한 이 일을 중앙당에서는 말리지 않았다. 말린다면 개딸들로부터 수박으로 공격받기 때문일 것이다. 민주당을 이렇게 만든 것은 이재명 그 자신이다.

박지원은 2023년 1월 한 유튜브 방송에서 "이재명 대표는 김대중 대통령보다도 훨씬 대단하다고 생각해요"라고 말했다. 그는 다음해 총선에서 공천을 받고 국회의원이 된다. 박지원이 온갖 막말에다 수많은 사생활 의혹, 대북송금, 무엇보다 80세가 넘은 고령을 무릅쓰고 국회의원이 된 비결은 이재명에 대한 이러한 아첨이다. 약점 투성이에다 많은 범죄혐의를 가진 이재명을 김대중을 능가하는 인물로 찬양한 것이 결정적으로 작용했을 것이다. 김대중 팔이로 평생 부귀영화를 누린 사람이 이제는 김대중을 버리는 그의 모습, 인간 자체를 혐오해야 하는가. 이재명을 아버지 혹은 예수에까지 비유하는 민주당의 아부 경쟁을 유도한 것은 박지원 같은 사람에게 공천을 준 이재명이 시작한 일이다.

서울 서대문구의 이재명 생가 복원 건의안은 충성을 넘고 아부를 넘는 우상화다. 우상화는 스탈린이 했고 북한의 김 씨 일가가 지금도 하고 있는 일이다. 이 생가 복원의 건은 외부의 거센 반발로 결국 철회되었다. 이재명 정권 출범 6개 월 시점의 일이다. 그러나 3권통합이 완성되고 이재명의 독재권력이 더욱 강화된다면 200km 떨어진 곳에서 시도된 생가 복원 같은 이런 유형의 일은 저항을 받지 않을 것이다. 그때는 대한민국이 완전한 독재국가가 되어 있을 것이다. 이재명은 김일성의 반열에 나란히 서게 될까. 끔찍한 일이다.

제6장

새로운 세상의 설계도
신헌법

나의 상상이 곧 너희의 세계다

-히틀러-

이렇게 자유가 죽는군요 우레와 같은 박수소리와 함께

-영화 스타워즈 중에서-

이재명과 민주당의 말 외에는 어떤 말도 통하지 않는 독재의 나라가 되었다

그럼에도 말하려 한다 반란의 진실을

그리고 이재명의 세상을

<u>1절</u>

이재명의 세상을 만드는
헌법 개정

"한 개인에게 가장 중요한 것이 자기가 누구인지 아는 것이듯 한 국가에서 가장 중요한 것은 그 국가의 정체성에 관한 일치된 합의다. 우리에게는 이것이 없다" 교육자 최진석은 이렇게 말했다.(중앙일보, 2025.3.27) 대한민국의 모든 갈등의 뿌리는 자유민주주의 정체성을 지키는데 무관심한 우파 정치세력과 이 정체성을 사회주의로 바꾸려 하는 좌파의 대립으로 합의된 국가 정체성이 없기 때문이라고 그는 말한다. 이재명의 세상에서도 합의된 대한민국 정체성은 존재하지 않을 것이다. 그러나 80년 된 자유민주주의 정체성은 개헌을 통해 사회주의로 바뀌게 될 것이다. 이재명과 민주당이 지금 그것을 준비하고 있다. 곧 보게 될 것이다.

끔찍하고 무서운 일

헌법 제4조에 명시된 "자유민주적 기본질서"를 우익은 적극적으로 지키려 하지 않았고 좌익은 사회주의로 바꾸려 했기 때문에 치열한 갈등이 야기되었으며 그 결과 우리에게는 국가 정체성에 대한 일치된 합의가 없다는 양비론을 설파하는 교육자 최진석의 의견에 이의를 제기한다. 우파는 대한민국을 자유민주주의 국가로 여기고 경제적 선진화와 사회적 문명화에 매진했다. 그래서 우파가 비난받아야 할 점은 국가 정체성의 방어에 소홀히 했다는 점 정도다. 그러나 좌파는 대한민국의 정체성을 20세기에 이미 실패한 체제인 사회주의로 변경하기 위해 자해적 투쟁을 지속했다. 그래서 우파와 좌파를 동일한 크기로 비판하는 것은 잘못이다.

대한민국의 경제적 생산력의 증대와 정치적 발전과 사회적 진보에 좌익이 기여한 것은 아무것도 없다. 대한민국의 민주화와 선진화는 모두 우익이 성취한 것이다. 좌익은 우익이 성취한 열매를 나눠 먹거나 훔쳐 먹었을 뿐이다. 그들이 업적으로 내세우는 민주화는 북한 추종의 기만이다. 그래서 합의된 국가 정체성의 부재에 대한 책임은 좌파 90 vs 우파 10 정도로 보는 것이 맞을 것이다. 이제와서 이에 대한 책임을 논하는 것은 무의미하다. 이재명의 집권으로 좌파들의 대한민국 정체성 변경 투쟁이 완성을 눈앞에 두고 있기 때문이다. 이재명의 개헌안에 자유민주주의 대한민국은 없을 것이다. 사회주의 한국 혹은 조선인민공화국의 남쪽이 있을 것이다. 끔찍하고도 무서운 일이다.

1. 오래 벼뤄온 이 개헌

이재명과 민주당의 권력자들은 이미 수 년 전부터 누누이 개헌을 말했다. 윤석열의 대통령 직무를 정지시킨 후에는 기다렸다는 듯 로드맵까지 내놓는다. 이재명은 6.3 대선을 앞두고 참석한 5.18기념식에서 5.18정신의 헌법 전문 수록과 권력구조 개편 등 개헌의 큰 그림을 공식적으로 발표한다. 이어 대선 승리 두 달이 지나자 민주당은 2026년 6.3지방선거에서 대통령 4년 연임제 등의 내용으로 1차 개헌을, 2028년 총선에서 국민기본권을 담은 2차 개헌을 추진하는 2단계 개헌 로드맵을 내놓는다. 개헌에 대한 그들의 의지는 이 정도로 확고하다. 그들이 내놓는 개헌안에는 대한민국의 정치 경제 사회 체제를 자유민주주의에서 사회주의로 변경하는 여러 가지 내용이 예고되어 있다.

3년 전쟁

호남 출신의 사회운동가 주동식 씨는 노무현 정권을 보며 반노를 선언했고 문재인이 집권하자 아예 보수정당에 입당하여 문재인 저격수를 자처하는 정치인이 되었다. 윤석열이 탄핵되는 것을 지켜본 그는 이재명의 당선이 뻔히 예상되는 21대 대선을 '체제전쟁'으로 규정했다. 그리고 좌익의 '내란 프레임'의 덫을 '체제전쟁 프레임'으로 돌파하라고 조언했다.(자유일보, 2025.4.14) 나경원 의원도 이철우 경북지사도 우익진영이 내세운 대선후보 김문수도 이재명의 당선이 예상되는 이 대선을 체제전쟁이라 불렀다. 이미 대통령 직이 박탈된 윤석열도 그렇게 말했다. 많은 국민이, 특히 대부분의 우익 국민이 그렇게 말했다. 이재명의 민주당이 주도하고 좌익진영 전체가 똘똘 뭉쳐 자신이 선포한 비상계엄을 내란으로 몰아가며 자신을 탄핵시킨 일이 이 체제전쟁의 시작이라는 사실을 윤석열은 알고 있었을 것이다. 아니다. 이 전쟁의 시작은 더 오래 전이다.

민주당이 장악한 국회가 여당인 국민의힘의 의견을 뭉개고 대통령인 자신에게 비준하라며 올린 42건의 법률안을 보면서 윤석열은 과거 박근혜를 탄핵시킬 때 문재인과 민주당 세력의 앞잡이 노릇까지 했던 보통 검사의 정치 의식으로는 몰랐던 일을 알게 되었을 것이다. 윤석열은 국회에서 마구 올라오는 사회주의적 법률안을 보며 이 나라가 지금 체제전쟁의 막바지에 이르렀다는 사실을 알게 되었을 것이다. 자신의 손으로 25번, 한덕수 대행의 손으로 8번, 최상목 대대행의 손으로 9번 거부한 법안들은 우선 횟수에서 압도적이다. 집권 11년 동안 45건을 거부한 이승만, 7건의 노태우, 4건의 노무현, 2건의 박근혜, 1건의 이명박과 비교하면 3년 동안 무려 42건이다. 거부된 후 다시 올린 중복된 법안을 하나로 계산해도 29건이다.(매일신문. 2025.5.20) 이 많은 횟수에는 분명한 이유가 있다. 이유는 거부된 법안의 내용을 보면 알 수 있다. 노란봉투법, 방송3법, 상법 개정안, 농업4법 등은 명백한 사회주의 법안이다. 여기다 김건희 여사 특검법, 채상병특검법 처럼 특검의 깜도 되지 않는 내용을 과장된 해석으로 부풀리고 사실관계까지 조작하여 증거라고 내밀며 우익 정부를 흔드는 일도 결국은 대한민국을 좌익국가로 변경하기 위한 것이었다. 이재명과 민주당은 윤석열 정부를 공격하며 체제전쟁을 벌이고 있었다.

576

이것이 사실상의 전쟁이라는 것은 윤석열 정부가 발의하고 국회에 통과를 요청한 법안의 숫자에서도 확인된다. 윤석열 정부가 발의한 것이라면 당연히 우익 체제의 정체성에 맞는 내용의 법안이다. 이재명의 민주당은 윤 정부 출범후 6개 월간 발의된 77건 중 단 한 건도 처리해주지 않았다.(언론인 김광일, 2022.11.14) 이후에도 처리해준 법안은 채 10%가 되지 않는다. 윤석열 정부가 발의한 우익체제의 법안은 민주당이 처리해주지 않았다. 반면 민주당이 국회를 통과시킨 좌익체제의 법안은 대통령이 모두 거부했다. 이게 바로 체제전쟁이다. 이 전쟁은 결국 내란 프레임을 앞세운 이재명의 민주당과 우익진영에 침투한 좌익의 엑스맨 한동훈 안철수 조경태 김상욱 등의 배신으로 좌익의 승리로 끝이 났다. 윤석열이 탄핵된 후에야 이를 체제전쟁이라고 말하는 것은 뒷북이다. 더 무서운 것은 윤석열에 대한 탄핵은 전쟁이 아니라 하나의 전투일 뿐이라는 사실이다. 윤석열과 이재명 민주당의 3년의 전투는 대한민국의 우익과 좌익의 80년 전쟁에서 하나의 전투일 뿐이다. 윤석열 정부가 거부했던 주요 법안들은 대부분 이재명의 집권 100일 내에 입법이 확정되었다. 대한민국은 좌익국가로 완성되어 가고 있다. 대한민국이 더 이상 자유민주주의 국가가 아니라는 뜻이다. 무서운 일이다.

개헌, 은밀하고도 치밀하게

대한민국은 자유민주주의 국가다. 지금의 헌법과 법률로는 그렇다. 그러나 실제는 아니다. 대한민국은 이미 자유민주주가 아닌 사회주의 공산주의 국가에 더 가깝다. 이재명은 대한민국의 헌법과 법률을 위반하며 정권을 잡았고 또한 그것을 위반하며 자신의 권력을 행사하고 있다. 거듭 쌓여가는 이 위헌의 범죄를 모두 삭제하는 방법은 기존의 헌법과 법률체계를 완전하게 고치는 것이다. 또한 주사파 운동권 정치인들의 오랜 투쟁목표였던 대한민국을 좌익국가로 체제를 변경하는 것을 문서로 확정하기 위해서도 헌법과 법률의 개정은 반드시 필요하다. 개헌을 기다릴 수 없는 그들은 현행 헌법을 적용하면 위헌이라는 사실을 알면서도 이미 적지 않은 사회주의 법률을 확정했다. 노란봉투법이 대표적이다. 그들은 이미 헌법의 개정을 은밀하고도 치밀하게 준비하고 있었다.

윤석열에 대한 탄핵 인용 결정이 나오자 그들은 즉시 개헌의 풍선부터 띄운다. 4월 6일 국회의장 우원식이 말한 '개헌 국민투표' 제안이 발화점이다. 그는 윤석열의 다음을 뽑는 대선 선거일 6월 3일에 개헌 국민투표를 동시에 실시하자는 방안을 꺼낸다. 시민과 전문가로 구성된 위원회를 구성하고, 국민 의견을 수렴하고, 이를 바탕으로 국민투표에 부친다는 것이 골자다. 민주당이 '국민'의 이름으로 내거는 모든 구호와 제안이 다 그렇듯 정당성이 결여된 그들의 혁명적 조치를 포장하는 기술이다. 그러나 다음날 이재명은 이 제안을 사실상 거절한다. '내란종식이 먼저'라는 것이 이유다. 이때부터 개딸들은 우원식에게 '개헌 수괴'라는 이름을 붙이며 일제히 비난했고 개딸들보다 더 쓸모 없는 민주당 정치인들도 이에 동조하는 의견을 잇따라 내놓는다. 그렇게 해서 우원식의 개헌투표 제안은 단 3일만에 백기를 든다. 계엄의 밤에 국회 담장을 넘는 사진 하나로 세계적 유명세를 탄, 그러나 운동권의 특권적 대우에나 관심이 있는 눈치없는 우원식의 3일천하였다.

578

그렇다면 이재명은 대체 왜 우원식의 제안을 단칼에 잘랐을까. 그에게는 우원식도 국민인 우리도 모르는 어떤 계획이 있었던 것인가. 이후 이재명의 입과 민주당의 여러 다른 입에서 나온 개헌 관련 발언과 윤석열이 거듭 거부했던 사회주의 법안 중 개헌까지 기다릴 수 없을 정도로 급했던 법안들의 재발의와 입법 확정으로 이재명이 구상하는 개헌의 내용을 상당 부분 짐작할 수 있다. 우선 대한민국의 국가 정체성이 어떻게 변경될지가 궁금하다.

2. 개헌의 원칙, 권력을 집중함

조희대 대법원으로부터 선거법 파기환송 판결을 받은 이재명의 민주당은 즉시 최상목 대통령 권한대행의 탄핵절차를 시작한다. 윤석열 정부 세력을 궤멸시키기 위해서다. 민주당 내부에서도 여론 악화를 우려하는 목소리가 높았으나 박찬대가 나서서 "이재명 후보와 얘기됐다"는 단 한 마디로 당내의 모든 반대 의견은 단숨에 묵살되고 최상목에 대한 탄핵 표결이 강행된다. 이재명과 민주당은 단 한 가지만 생각하고 단 한 가지만 행동하고 있었다. 이재명 지키기다. 이재명은 대통령이 되기 전부터 절대 존엄이었고 절대 권력이었다. 새 헌법은 우선 이재명의 절대 권력을 구축하고 그것을 지키는 내용으로 가득할 것이다.

국민인 우리는 속았다

이재명은 70년 전통의 민주당을 완벽한 자신의 비서조직으로 만든 사람이다. 민주당의 대선 후보 경선에서 얻은 89.77%의 득표율은 히틀러 수준의 지지율이다. 전통 있는 하나의 정당을 완벽하게 장악한 그가 대통령이 되었으니 이제 대한민국도 완벽하게 장악할까. 대답은 '예스'다. 그는 대한민국을 완벽하게 장악하는 절대 권력자가 될 것이다. 그 첫 번째 방법은 법률의 제정과 개정 그리고 신헌법의 제정이다. 그의 독재적 입법권 행사에 의해 대한민국은 이재명에 의한 이재명을 위한 이재명의 나라가 될 것이다.

이재명이 절대 권력자가 되는 일에는 여러가지 방법이 동원될 것이다. 개혁을 명분으로 한 모든 정부 기구의 장악, 법과 제도의 자의적 해석과 운영, 대대적인 인적 물갈이, 무자비한 야당 탄압, 부정행위 투성이의 선거 관리와 선거제도의 형해화, 그리고 절대 권력을 오래 유지할 수 있는 제도를 확정하는 개헌까지 그의 절대 권력 구축을 위한 이러한 계획은 모두 실행에 옮겨질 것이다. 비민주적이고 퇴행적인 모든 이러한 정치행위는 여느 독재자가 다 그러했듯 '국민의 이름으로' 실행에 옮겨질 것이다. 국민인 우리가 "그것까지 동의하지는 않았는데"라며 볼멘소리를 해도 소용 없다. 이미 늦었다. 그를 대통령으로 선택한 순간부터 국민인 우리는 그에게 속은 것이다. 그는 대한민국의 모든 권력을 자신에게 집중시키는 절대 권력자가 될 것이다. 취임 즉시 3개 특검을 출범시켜 윤석열과 우익 정치세력을 궤멸시키는 작업부터 시작한 일도 자신으로의 권력 집중을 방해할 수 있는 장애물부터 제거하는 것이 목적이다. 히틀러와 스탈린에 버금가는 자신의 정신병적 권력욕을 채우기 위해, 자신과 가족의 무한 물욕을 채우기 위해, 감옥에서 죽음을 맞이해야 할 정도로 많고 엄중한 자신의 범죄 혐의를 모두 뭉개고 삭제하기 위해 그는 차베스와 같은 어쩌면 김일성과 같은 절대 권력자가 될 것이다.

이상한 사람 박진영의 절대권력 옹호

민주당에는 박진영이라는 사람이 있다. 당의 중장기 정책을 연구하고 공약을 만드는 민주연구원의 부원장을 지냈으며 지금은 여러 방송에 얼굴을 내밀고 다양한 궤변을 배설하는 그는 "현대 사회는 개인주의가 진보고 집단주의는 다 보수며, 극단적 전체주의도 극단적 보수며, 국가사회주의도 보수"라고 말한다. 정치학 박사과정을 마쳤다는데 정치학을 대체 어떻게 공부했는지 그는 19세기 중반 이후 약 200년 동안 그리고 지금 현재도 전 세계적으로 통용되고 있는 좌익과 우익의 정의를 거꾸로 뒤집어 말하고 있다. 혁명적 궤변이다. '우익-자유민주주의-보수-자본주의-개인주의' vs '좌익-인민민주주의-진보-사회주의-전체주의'를 박진영은 완벽하게 거꾸로 말하고 있다. 여기서 먼저 짚고 넘어가야 할 것이 있다. 한국에서만 좌익을 진보라고 부른다. 이는 사회주의의 필연인 '퇴보'를 위장하는 한국 좌파들의 용어 기만술이다. 진보Progressive는 미국 보수주의 진영 내에서 상대적으로 빠른 변화를 추구하는 그룹을 지칭했던 것이 기원이다. 정치학을 머리가 아닌 엉덩이로 배운 듯 보이는 박진영은 조희대 대법원의 파기환송심이 나오자 "사법부가 나라를 망쳤다, 왜 필요하냐. 삼권분립이 막을 내릴 때가 되었다"고 말했다. 그의 이상한 이 말은 이상한 사람의 엉터리 주장으로 치부하고 잊어버릴 일이 아니다.

우익과 좌익 즉 자유민주주의와 인민민주주의를 구별하는 핵심 요소 중의 하나는 권력의 분립과 권력의 통합이다. 권력을 입법 사법 행정 삼권으로 나누어 서로 견제하게 함으로써 독재자의 출현을 막고 전체주의의 유혹을 봉쇄하는 장치를 구축하는 정치 시스템이 바로 자유민주주의다. 반면 삼권을 통합하고 인민독재의 이름으로 모든 권력을 하나의 유일 정당이 소유하고, 최고 권력자 한 명이 이 유일 정당을 통솔하며 국가 전체를 독재적으로 지배하는 체제가 인민민주주의다. 앞쪽이 진정한 민주국가民主國家다. 이와 구분하기 위해 뒤쪽은 독재국가 혹은 당주국가党主國家로 부르기도 한다. 인민이 아닌 당이 주권을 소유한다는 뜻이다.

김어준 유시민과 함께 민주당의 방향성을 제시하는 '집단 스피커'의 하나로 혹은 '괴물의 입'의 하나로 지목되는 박진영의 말은 삼권을 통합하여 이재명 1인에게 몰아주는 그런 독재체제를 의미한다. 이것은 박진영 혼자만의 생각이 아닐 것이다. 이재명과 민주당은 사법부를 없애거나 당에 종속시킨 후 모든 법적 판단과 결정을 당과 최고 권력자가 내리는 그런 나라를, 당과 최고 통치가가 모든 법적 해석과 심판과 결정을 내리는 그런 나라를, 이재명과 그가 완벽하게 장악한 민주당이 3권을 통합한 후 모든 권력을 소유하고 절대 권력을 행사하는 그런 국가를 설계하고 있을 것이다. 믿지 못하시겠는가. 거대 범죄자 이재명이 대통령이 된 것은 믿을 수 없는 일이 연속적으로 일어난 결과다.

2025년 9월 11일 취임 100일 기자회견을 가진 이재명은 내란특별재판부 설립의 위헌성을 지적하는 기자의 물음에 "뭐가 위헌이냐"고 반문했다. 그러면서 "삼권분립은 자기 마음대로 하자는 뜻은 아니다. 국가 시스템의 설계는 입법부 권한이고 사법부는 입법부가 설정한 구조 속에서 판단하는 것"이라고 했다. 그리고 "국민주권 의지가 가장 중요하다. 국민의 시각과 국민이 요구하는 제도와 시스템은 존중돼야 하는 것"이라는 말을 덧붙인다. 이재명의 말은 사법부 장악과 삼권분립의 종식을 주장하는 박진영의 말과 맥이 닿아 있다. 사법부를 자신의 손아귀에 넣고 자신의 사법리스크를 모두 삭제하려는 그의 오래된 계획을 공식적으로 말하고 있다. 이것은 또한 그가 준비하고 있는 개헌의 윤곽일 것이다. 그러나 그의 말은 모두 엉터리다. 지금의 우리 헌법을 적용하면 그렇다.

우선 그가 뭐가 위헌이냐며 옹호하고 있는 내란특별재판부는 구성과 운영에서 사실상 민주당이 마음대로 할 수 있는 구조다. 입법부가 직접 사법 재판부를 설립하는 것은 삼권분립 원칙의 위반이며 이는 현대 자유민주주의 원칙에 정면으로 배치된다는 점에서 명백한 위헌이다. 그는 현행의 자유민주주의 헌법을 사회주의 헌법으로 개정하려고 마음 먹은 것이 분명하다. 어쩌면 윤석열을 축출하고 자신이 권력을 장악함으로써 대한민국이 이미 사회주의 국가가 되었다는 것을 확인하고 있는지도 모른다. "입법부가 설정하는 구조 속에서 사법부가 판단한다"는 그의 말 역시 위헌이다. 헌법은 행정권력과 입법권력으로부터 사법권력의 독립성을 규정하고 있다. 바로 삼권분립 정신이다. 국민투표에 의해 헌법의 이 규정을 변경하지 않는 한 이재명의 말은 명백한 위헌이다. "국민주권, 국민의 시각, 국민의 요구"를 들먹이는 것은 그도 내란특별재판부 설립의 위헌성을 알고 있다는 증거다. 그는 내란특별재판부 혹은 내란특별전담재판부가 위헌이라는 사실을 알기 때문에 자꾸 국민을 들먹이는 것이다. 겨우 취임 100일을 맞은 이재명의 이와 같은 절대 권력의 집행 강행은 시간이 지날수록 더 흔하게 보는 일이 될 것이다. 절대 권력자 이재명의 절대 권력 행사에 의해 대한민국의 법치주의가 무너지고 있다.

똥개와 사냥개만 키우는 시간

민주당 진성준 의원은 대선 20여 일을 앞두고 사거리 2km의 러시아제 괴물 소총 밀반입을 제보받았으며 이는 이재명을 저격하기 위한 것이라고 말했다. 이재명이 대선 투표일을 코앞에 두고 법원에 출석함으로써 국민의 뇌리에 그가 범죄자라는 사실이 다시 각인되는 일을 피하기 위해서였다. 저격 제보를 핑계로 이재명이 방탄조끼를 입고 법원 출석을 미룬채 선거유세를 계속하기 위한 잔머리였다. 이 자작극에 관세청과 경찰이 부역한다. 관세청은 전국 34개 세관에 총기와 폭발물 단속 강화를 지시했고 경찰은 저격용 총기 탐지장비를 도입하겠다고 발표했다. 허위사실 유포로 처벌받아야 할 이 일에 관세청은 행정력을 동원했고 경찰은 군의 기존 장비를 이용하는 대신 새로 구입하겠다며 새로운 권력자에게 충성심을 표시했다. 권력 앞에 스스로 눕고 기고 줄서는 이런 정부 기관들에 의해 이재명의 권력은 더욱 절대화 될 것이다. 공공기관들의 이러한 기회주의적 처신은 별것 아니다. 이재명은 개혁이라는 미명 아래 정부 기관의 권력 견제 기능을 약화시키거나 삭제할 준비를 하고 있다.

이재명의 절대권력 행사를 견제할 수 있는 장치는 우선 경찰 검찰 법원 헌재 감사원 등의 국가기관이다. 이재명은 권력의 위법과 불법과 비리와 부패를 감시하고 수사하고 처벌하는 역할을 하는 이러한 형사사법기관과 사정기관을 개혁이라는 이름으로 껍데기만 남기거나 혹은 경쟁 세력과 자신을 반대하는 국민을 탄압하는 일에 앞잡이로 써먹을 것이다. 자신의 과거 범죄는 물론 미래의 범죄에 대한 수사와 기소까지 원천 봉쇄하기 위해 검찰을 해체하고 공소청과 중수청을 신설하여 수사와 기소를 분리하는 내용의 검찰해체 4법은 이미 발의 되어 2026년 하반기가 되면 76년 역사의 검찰은 역사속으로 사라진다. 수사와 기소가 분리되면 업무 효율성의 저하는 물론 권력의 입김 작용과 권력자들의 개입의 기회가 늘어남으로써 정권이 범한 범죄는 법원의 유죄판결에까지 이르는 사례가 급감할 것이다. 그렇게 해서 이재명은 사법부로부터 자유롭게 될 것이며 그의 절대권력 행사는 통제받지 않을 것이다.

　공수처의 조직 확대와 역할의 강화도 이재명과 민주당의 절대권력 구축을 위한 것이다. 정년을 보장하는 검사의 수를 크게 늘리고 예산을 대폭 늘리는 등 공수처를 확대 강화하려는 목적은 검찰을 해체한 후 좌익의 검사들만으로 구성되는 공수처를 앞세우고 우익은 모조리 수사 대상으로 삼고 좌익의 범죄는 손대지 않음으로써 우익진영을 궤멸시키고 좌익 정권의 절대 권력을 구축하는 일에 큰 역할을 할 것이다. 문재인이 처음부터 중국의 인민검찰원 혹은 북한의 감찰원의 역할을 목적으로 설립한 공수처는 이재명에 의해 조직과 권한과 역할이 강화되어 자유민주 진영을 궤멸시키고 이재명 민주당의 절대권력을 구축하는 일에 중추적인 역할을 할 것이다. 이재명과 민주당은 스스로 처벌 대상을 정하고 공수처로 하여금 수사에 착수하도록 할 것이며 좌익 판사들이 장악한 법원을 통해 유무죄와 형량을 결정할 것이다. 그렇게 해서 대한민국의 모든 형사사법 기관은 이재명의 정권에 봉사하는 충견이 될 것이다.

　한 좌익 시민단체는 2025년 3월 대통령 윤석열의 석방을 결정한 지귀연 판사와 석방을 지휘한 심우정 검찰총장을 공수처에 고발했다. 심우정은 이 외에도 여러 건의 공적 사적 사유로 공수처에 고발되어 있다. 공수처의 쓰임은 이런 것이다. 경찰청과 공소청과 중수청이 이재명의 똥개 집단이라면 공수처는 이재명의 사냥개가 될 것이다. 공수청에 의한 우익진영 씨말리기는 이제 시작이다. 우익진영의 씨가 마르면 이재명의 권력은 저절로 절대권력이 될 것이다.

　정권 출범 23일 후인 2025년 6월 27일 민주당은 국회 법사위, 예결위, 문체위, 운영위의 위원장 자리를 독식하는 표결 처리를 강행한다. 이로써 김대중 정권 이후 국가 체제의 변경에 제1의 진지의 역할을 하고 있는 국회 17개 상임위 전체와 본회의 운영은 이제 야당을 배제하고 민주당이 독단적으로 처리할 수 있게 되었다. 이제 대한민국의 정체성 변경을 위한 새로운 법의 제정과 개정, 좌익의 권력을 강화하고 좌익세력의 영향력을 확장하는 일방적인 예산 집행, 좌익 사상의 지배력을 강화하기 위한 교육 언론 문화 예술의 영역에 대한 장악력 확대는 순조롭게 진행될 것이다. 특히 자유민주주의의 적인 일당독재를 방지하고 다수당의 입법권 남용을 방지하기 위한 목적으로 법사위는 야당에 주는 오랜 관례를 깨고 민주당이 차지한 것은 이재명 정권의 절대권력 구축을 위한 것이 틀림없다. 보수 계열의 정당이 200석 이상을 차지하고 있던 때에도 80여 석의 민주당에게 법사위를 준 것은 독재권력의 출현을 방지하기 위한 것이었다. 이재명의 민주당이 이 관례를 깬 것은 그들이 독재권력이 되겠다는 선언이다. 독재적인 입법권 행사를 통한 정부기관의 시녀화는 개정된 헌법에 그 취지가 모두 반영되고 더욱 강화될 것이다. 그렇게 이재명 시대의 모든 형사사법기관은 정권의 사냥개가 되고 모든 행정기관은 정권의 똥개가 될 것이며 군과 경찰은 정권의 흉기가 될 것이다.

3. 개헌의 원칙, 법치주의를 파괴함

"이재명은 자신의 범죄 경력과 증거를 모조리 삭제하고 죽을 때까지 감옥 가지 않기 위해 대통령 자리가 필요한 사람이다" "그가 대통령이 되면 앞으로 모든 범죄자는 국회의원이 되려고 할 것이며 그 중에서도 더 엄중한 범죄를 저지르고 인성이 더 지독한 범죄자는 대통령의 자리까지 노릴 것이다" "모든 선출직 공직의 자리는 범죄자들의 도피처가 될 것이다" 이재명이 대통령에 당선되기 전에 "범죄자 대통령은 안 된다"고 외치던 국민들이 하던 말이다. 이러한 우려와는 달리 거대 종합 범죄자 이재명은 결국 대권을 잡았다. 대한민국은 이제 어떻게 될 것이며 국민인 우리의 삶은 또 어떻게 될까. 5200만 명의 구성원을 가진 대한민국이라는 공동체의 사회적 윤리 도덕률과 법적 질서는 유지될 수가 있을까. 이재명이 대통령에 취임하는 것을 본 논객 진중권은 "이재명은 자신의 임기 내에 자신의 사법리스크를 해소할 시스템을 완성시킬 것"이라고 말했다. 대통령이 된 이재명이 자신의 사법리스크를 해소하는 시스템을 완성한다면 대한민국의 법치주의는 유지될 수 있을까.

이재명이 감옥 가지 않는 세 개의 계단

"아무 증거도 없는 조작 기소다" 대선 후보 3차 토론에서 자신의 사법리스크를 묻는 김문수의 질의에 이재명은 이렇게 대답했다. 이미 확정된 4개의 전과, 진행중인 5개의 재판, 8개의 사건, 검찰이 수사중이던 12개의 범죄혐의 대부분에 대해 이재명은 일관되게 '증거가 없다, 검찰의 조작이다, 잘못되고 억울한 판결이다' 라며 자신은 무죄라고 했다. 대장동 재판의 증인 출석을 거부하며 그는 "아는 것이 없어 증인 참석 못한다"고 했으며 "나 잡으려고 검사 50~60명이 법정에 매달리고 있다"며 검찰을 비난했다. 그는 자신의 범죄혐의는 검찰이 쓴 소설이라면서도 빨리 검찰의 수사를 받고 빨리 법원의 무죄 결정을 받아내어 누명을 벗어나는 길을 피하고 또 피했다. 2025년 3월 말까지 그는 5개 재판에 대한 법원 송달 미수령 26차례, 재판 불출석 27차례, 기일 변경 신청 9차례, 위헌법률 심판제청 2차례 등으로 재판을 미루고 또 미루었다. 앞뒤가 맞지 않는 이런 말과 행동을 반복하는 오리발 전술로 그는 재판 지연에 성공했고 그래서 결국 대통령이 되었다. 그에 대한 재판이 정상적으로 진행되었다면 그는 결코 대통령이 될 수 없었을 것이며 그는 지금 대통령실 대신 감옥에 있을 것이다. 대통령이 된 그는 이제부터 자신이 죽을 때까지 감옥가지 않는 법적 제도적 방법을 연구할 것이다. 어쩌면 그의 사후에도 자신의 모든 범죄기록이 사라지도록 할 것이며 아직 심판받지 않은 범죄혐의에 대해서는 흔적을 남기지 않는 방법을 모색할 것이다. 이재명이 감옥 가지 않는 방법으로 상상할 수 있는 단계는 다음 세 가지다.

첫째는 그가 대권을 잡기 전까지 진행되어온 모든 재판을 중단시키는 것이다. 법을 공부한 우익 정치인과 우익의 논객과 헌법학자들은 이재명이 당선된 후에도 재판은 계속되어야 하며 대선 투표에 참여한 국민 64%도 그렇게 주장했다. 혹시나 하고 기대했던 이 희망은 이재권이라는 일개 판사에 의해 초장에 박살이 났다. 앞으로 최소 5년 동안은 희망조차 없다. 서울법대 등 일류대학에서 법을 공부하고 높은 자리를 모두 차지하고 있는 법률가들은 이재권의 결정을 핑계로 모든 재판을 중단할 것이며 재판의 진행을 시도하는 법관은 잘려나갈 것이다. 이마저 여의치 않게 되면 민주당이 이미 법사위 문턱을 넘겨둔 '이재명 면소법'과 '이재명 재판중지법'의 입법으로 간단히 해결될 것이다.

둘째는 검찰을 해체하고, 검사들을 자신의 사람들로 바꾸고, 법을 고치고, 법관을 물갈이하고, 헌법을 고치는 방법이다. 이에 대한 청사진도 이미 나와 있으니 이재명의 집권 5년 동안 모든 것이 스케줄대로 진행될 것이다. 허위사실공표죄의 폐지나 '행위'를 빼는 개정, 대법관증원법의 입법은 이미 진행 중이며 대법원이 심판한 것을 헌재가 다시 심판하는 세계 최초의 4심제 구상도 이미 준비되어 있다. 이재명은 확실했던 자신의 대선 후보 가능성을 더 확실한 것으로 만들기 위해 무려 23년 동안 유지되어온 민주당의 경선룰을 하루 아침에 고친 사람이다. 그의 민주당은 '무죄가 나올 것은 재판을 진행하고, 유죄가 나올 것은 재판을 중단' 하도록 하는 기절초풍할 입법도 준비하는 정당이다. 이재명을 지키기 위해서라면 정상인이 '설마'하는 새로운 기상천외한 법도 등장할 것이다. 국민의 대표라는 신분은 일찌감치 헌신짝처럼 버리고 이재명의 졸개 역할을 하기로 마음 먹은 사람으로 보이는 박범계 의원은 "한명숙 구하기는 애들 장난수준이 될 것"(2025년 5월)이라고 말했다. 문재인 정권은 한명숙을 구하기 위해 대한민국 역사에서 단 한 번 있었던 법무장관의 수사지휘권을 두 번이나 발동했다. 유죄가 확정되어 2년의 감옥살이까지 마친 주사파의 대모 한명숙을 구하기 위해 모든 권력을 동원했던 일이 애들 장난의 수준이라면 이재명 구하기는 우리의 상상을 초월할 것이다.

셋째, 이재명을 지키기 위한 이상의 철벽이 단 5년 동안 유효하다는 사실을 알고 있는 이재명과 민주당은 이 유효기간을 늘리려 할 것이다. 5년 연임제 개헌으로 10년 집권, 집권 3년 후 5년 연임제 개헌으로 총 13년 집권, 집권 3년 후 4년 연임제로 11년 집권은 이미 정치권에서 제기된 개헌 구상이다. 그렇다면 10년, 11년, 13년 후에는? 13년 후 이재명의 나이는 74세다. 퇴임 후의 그는 감옥가려 할까. 이재명이 그럴 사람인가. 그는 자신의 무한 탐욕을 채우기 위해서라면 무슨 일도 하는 사람이다. 그가 영구 집권을 꾀할 것이라는 주장이 일반 국민의 술자리에 흔히 등장하는 이유다. 설마라고? 차베스 마두로 에르도안 푸틴, 그 각각의 나라 국민들도 상상했던 일이 아니다. 3대가 이어가며 종신 집권 중인 북한의 통치 구조를 무비판적으로 수용하는 주사파 수십 명이 대한민국 국회 안에 있다는 사실을 잊으셨는가. 이재명의 방탄 법안을 두고 "왕조국가를 방불케한다"(조선일보, 2025.5.9)는 사설을 실은 것을 보면 언론에서도 이미 이재명의 종신집권 시도를 예견하고 있다는 뜻이다. 왕조국가는 당연히 종신집권제다. 이재명은 자신의 왕조를 꿈꾸고 있는가.

깨끗한 손과 악마의 손

대선 후보 신분의 이재명은 경남 지역 유세에서 "사법부 최고 책임은 대법원에 있다. (대법원은) 깨끗해야 한다. 깨끗한 손으로 (판결)해야 한다"(2025.5.15)고 말했다. 보름 전 그의 선거법 위반 재판에서 파기환송심을 내린 대법원을 겨냥한 말이다. 자신에게 유죄 판결을 내린 대법원을 깨끗하지 못하다고 말하는 사람 이재명이 이제 대한민국 대통령이다. 그가 말하는 깨끗한 손의 정의는 간단명료하다. 그와 그의 졸개들의 범죄에 무죄를 내리는 손이다. 악마가 천사의 얼굴을 하고 있듯이 깨끗한 손의 정체는 악마의 손이다. 파기환송심이 내려지자 그의 첫 반응은 "제 생각과 전혀 다른 판결"이라는 말이었다. 대통령의 권력을 잡은 그는 자신의 생각과 같은 판결을 내리는 그런 법관들로 모두 교체할 것이다. 그가 말하는 '깨끗한 손'은 그런 뜻이다. 권순일 김명수 강규태 유창훈 김동현 이재권이 그가 말하는 깨끗한 손이다. 조희대와 지귀연은 더러운 손일 것이다. 정청래는 조희대 대법원의 판결이 나오자 "이재명 정부가 탄생하면 법원은 각오하라"고 했고 국회에 나온 대법관에게 "공부 뭐하러 했나. 가증스럽다"고 말했다. 사법부에 대한 대대적인 물갈이 예고다. 이재명에게 유죄를 내릴만한 법관은 모두 옷을 벗을 것이다. 그 자리는 공부 안 하고 말 잘 듣는 깨끗한 법관들로 채워질 것이다.

그들은 공부 안 하고 말 잘 듣는 그런 법관의 숫자가 부족한 경우도 준비해 두었다. 비법조인 법관이다. 100% 예측이 가능한 뻔한 판결을 내려줄 김어준같은 대법관이 나올까 걱정하는 언론인도 있다. 민주당 사람들이 파기환송심을 내린 조희대에게 탄핵 특검 국조 청문회 등 모든 협박을 다 퍼붓는 것 보며 언론은 '대법관 자리는 극한 직업'(중앙일보, 2025.5.9)이라고 했다. 그러나 이재명에 의해 '깨끗한 손'으로 물갈이 된 대법관은 가장 편한 직업이 될 것이다. 26명으로 증원된 대법관 대부분은 이재명과 민주당 권력자들에게 깨끗한 손을 내미는 사람들로 모두 교체될 것이며 그들은 어떤 고민도 없이 붕어빵 판결을 내릴 것이다. 그래서 최고의 명예와 고액의 연봉을 받으며 뻔한 판결을 고민 없이 내리는 대법관은 극한 직업이 아닌 꿀빠는 자리가 될 것이다.

이재명의 대선 공약집에는 '법관평가위원회' 설치에 관한 내용이 있다. 소속 법원장이 내린 평가를 기초로 대법원장이 인사에 반영하는 것이 기존의 법관평가 시스템이다. 법관의 평가 권한와 인사권이 법원장과 대법원장에 있는 것은 사법부의 독립성 유지와 삼권분립을 위한 핵심적 장치다. 이 권한에 대통령이나 국회가 개입하게 되면 이는 사실상의 삼권통합이며 그래서 대통령과 집권당의 범죄에 대해서는 처벌이 불가능하게 될 것이며 결국 절대권력에 대한 사법부의 견제 기능을 박탈하는 결과를 낳을 것이다. 멕시코처럼 판사 직선제를 도입하여 개딸들이 판사를 뽑는 경우도 상상할 수 있을까. 대답은 이렇다. "이재명은 합니다"

대한민국 법은 난자를 당할 것이다

이재명의 조카가 헤어지자는 여친과 여친의 어머니에게 놓은 칼은 도합 37빵이었다. 이재명의 세상에서는 대한민국의 법 체계도 그런 신세가 될 것이다. 이재명 하나 살리기 위해 허위사실공표죄를 개정하고, 대법관을 26명으로 증원하는 법안과 재판중지법 입법을 강행하고, 윤석열과 경쟁 정당과 우익세력을 죽이기 위해 취임 다음날 3대 특검법을 통과시키는 등 이재명의 민주당은 그들이 완전하게 장악한 입법권을 자신들을 살리고 상대를 죽이는 칼로 사용하는 난도질을 이미 시작했다. 그들은 이 난도질을 멈추지 않을 것이며 이로 인해 기존의 대한민국 법률 체계는 뿌리부터 흔들릴 것이다.

정권의 특정 목적을 위한 원 포인트 입법도 기승을 부릴 것이다. 진성준 의원은 국무총리의 인사청문회를 보며 김민석이 받아먹은 것으로 의심되는 백화점식 뇌물을 들여다 보고 김민석을 사퇴시키는 대신 그것을 따지는 청문회를 법적으로 틀어막기 위한 인사청문회법 개정을 말했다. 그들이 야당일 때는 억지까지 부리며 최소 3배는 더 지독하게 따지더니 여당이 되어서는 겨우 팩트만 들고나와 따지는 야당의 입 조차도 법 개정으로 틀어막으려 하는 것이다. 법률의 제정과 개정이라는 입법권 난사는 이재명 정권에서 일상이 될 것이다. 그래서 대한민국의 법은 난자 당하고 누더기가 될 것이다.

이재명의 5개의 재판은 물론 송영길 돈봉투 사건에 연루된 20여 명의 민주당의 전현직 의원, 대출사기 등 여러 지저분한 범죄 혐의를 가진 양문석 의원, 재산 축소 신고 혐의의 이상식 의원 등에 대한 재판은 엿가락처럼 늘어지고 있다. 이들의 범죄혐의는 윤미향과 손혜원의 재판이 그랬던 것처럼 국회의원 임기를 다 채운 후에야 재판이 끝날 것이다. 민주당은 2025년 5월 국민의힘 김용태 비대위원장을 선거법상 허위사실공표 혐의로 고발했다. 이재명의 커피 원가 120원 발언을 비판하며 사소하게 달랐던 김 의원의 발언 내용을 허위사실 공표라는 것이 이유였다. 이재명의 허위사실 공표죄를 삭제하기 위해 이 법안의 개정을 추진하면서도 바로 이 법으로 경쟁 당의 대표를 고발한 것이다.

1년 안에 끝내야 하는 이재명의 선거법 위반을 무려 2년 8개월이나 끌다 3심이 나오자 민주당은 이를 이례적 신속재판이라며 대법원장 탄핵을 위협했다. 그러나 윤석열에 대해서는 재판이 진행중임에도 특검법을 통과시키며 우익진영에 대한 궤멸을 서두르고 있다. 법 운용의 농락이다.

이재명은 자신의 38년 친구 정성호를 자신의 정권 첫 법무장관에 앉혔다. 법무장관이 된 이 친구는 범죄 투성이의 몸으로 대통령이 된 친구를 위해 법의 운용을 더욱 희롱하고 농락할 것이다. 이재명 정권의 이런 식의 법 운용에 의해 대한민국 법은 더욱 너덜너덜해질 것이다.

범죄자가 법을 해석하는 시대

입법 난사와 농락적인 법의 운용에다 법을 마음대로 해석하는 이재명과 민주당 정치인들에 의해 대한민국 법은 '해석'이라는 칼빵을 또 맞을 것이다. 과거 "법률 해석은 범죄자가 아니라 판검사가 하는 겁니다"(2016.10.26) 라고 말했던 이재명은 파기환송심이 나오자 "제 생각과 전혀 다른 방향의 판결"이라며 불복의 뜻을 나타냈다. 이재명 시대의 법은 범죄자가, 범죄자 대통령이, 범죄자 정당의 생각대로 해석될 것이다. 대한민국 법은 그렇게 또 난도질을 당할 것이다. 법이 이렇게 난자 당할 때 이재명이 모두 물갈이 해놓은 '깨끗한 손'을 가진 일류 대학 법대를 나온 법관들은 이를 지켜나보면서 다음 월급날을 기다릴 것이며 난도질에 더 적극적으로 나선 칼잡이와 난도질을 옹호한 스피커들은 다음 인사에서 더 높은 자리로 보답 받을 것이다. 대한민국의 법은 입법과 운용과 해석 모든 영역에서 난도질을 당해 너덜너덜하게 될 것이다. 범죄자가 대통령으로 있고 범죄자 집단이 다수당인 나라의 헌법과 법률의 운명이다.

6월 6일 대통령실은 '사법제도비서관실'을 설치한다고 발표했다. 강훈식 비서실장 내정자는 "검찰과 사법부가 국민 인권의 최후의 보루로 기능할 수 있도록" 운운하며 대통령실 산하에 새로 만들어지게 될 이 부서의 필요성을 설명했다. 아니다. 이 부서의 신설은 이재명이 감옥행을 피하기 위해 대통령 자리가 필요하다고 말했던 국민의 예상대로 그에게 가장 화급한 사법리스크에 대한 대책이었고 그래서 대통령 취임 단 이틀만에 전담 부서의 신설을 발표한 것이다. 그의 정권의 제1의 국정 과제는 경제도 안보도 국민 통합도 아닌 이재명 지키기라는 주장의 근거다. 이 부서는 국민의 인권 보호가 아닌 이재명의 감옥행을 막기 위해 그의 모든 범죄혐의를 뭉개고 삭제하는 일을 지휘하는 지휘본부가 될 것이다. 이재명의 범죄혐의를 모두 소멸시키기 위해 대한민국 법은 이렇게 난도질을 당할 것이다. 이 난도질은 모두 '국민'의 이름으로 자행될 것이다.

그의 세상에는 법이 없다

2025년 5월 트럼프가 하버드 대학의 외국인 학생들의 등록 자격을 박탈하고 유학생 등록을 중단하는 조치를 내리자 미국 법원은 이튿날 이의 효력을 중단시키는 판결을 내렸다. 깨끗한 손을 가진 법관들로 모두 물갈이 된 이재명의 나라에서는 대통령의 이런 정신 나간 독재적 행위에 제동을 거는 법관은 볼 수 없을 것이다. 법 조문과 자신의 양심에 따라 판결을 내리는 법관은 모두 집으로 보내지고 "재판은 정치"라고 말하는 좌익 판사들과 김명수같은 기회주의적 판사만 남을 것이기 때문이다. 이재명의 절대권력은 사법부의 완전한 장악에서 완성될 것이며 그의 절대권력은 법의 해석과 운용과 새로운 법안의 입법에 의해 더욱 강화될 것이다. 그리고 신헌법에는 사법부를 이재명의 손 위에 올려놓는 많은 새로운 장치가 들어있을 것이다.

　　서울중앙지법의 이재권 판사가 이재명의 공직선거법 파기환송심 재판의 무기 연기를 선언하자 국민의힘 의원 83명은 법원에 몰려가 이재명에 굴복한 사법부를 성토했다. 뒷북 치는 짓이다. 이 자리에 같이 있었던 권성동에게 묻는다. 이재명의 세상이 이렇게 될 것이라는 사실을 모르고 윤석열의 체포를 방관했는가. 한동훈에게 묻는다. 이재명과 손을 잡고 윤석열을 탄핵하면 너의 세상이 올 것이라고 생각했는가. 딱한 사람들이다. 대법원장이 된 조희대는 현충원을 참배하고 안민정법安民正法을 방명록에 남겼다. 국민을 편하게 하는 바른 법이라는 뜻이다. 이재명의 세상에서 대한민국 법은 안이왜법安李歪法 즉 이재명 한 사람을 위해 마구 뒤틀리는 법이 될 것이다. '법은 만인의 것'이라는 철칙의 유효기간은 윤석열 정부가 무너지며 같이 끝났다. 이재명의 세상에서 법은 이재명의 것이고 민주당의 것이 될 것이다. 학교에는 학칙이 있고, 군대엔 군률이 있고, 국가엔 헌법과 법률이 있다고? 이재명의 세상에서는 아니다. 법이 있다면 이재명이 감옥 가야 하기 때문이다. 그래서 이재명의 세상에는 대한민국의 법이 없다. 국민의 법도 없다. 진정한 법치주의는 없다. 그것이 이재명의 세상이다.

4. 개헌의 원칙, 사회주의

과거 여러 정부의 이슈였던 검찰개혁의 본질은 검찰이 권력의 간섭과 영향력에서 벗어나는 독립이다. 역대 정권 모두 정도의 차이는 있으나 검찰을 권력의 앞잡이로 부려왔고 이 악습을 이제는 개혁하자는 것이 검찰개혁의 본래의 의미였다. 그러나 문재인의 정권에서부터 검찰개혁의 의미는 바뀐다. 검찰의 칼날을 우익 세력에만 들이대고 좌익의 범죄에는 손대지 않는 것이다. 좌익의 차기 대권주자로 꼽히면서도 자신은 물론 부인과 자녀까지 온갖 잡스러운 범죄로 시달리던 조국이 유난히 검찰개혁을 부르짖은 이유는 그래서다. 종북세력이 모두 권력자가 되어 대한민국의 체제를 변경하는 투쟁의 과정에서 필연적으로 범할 수 밖에 없는 법률 위반의 각종 범죄에 대한 처벌로부터 자유로워지기 위해, 그들 모두가 과거에 범했던 범죄로 인해 처벌받은 전과를 뒤집기 위해 그들은 검찰부터 손을 대야 했다. 좌익이 이구동성으로 검찰개혁을 주장하는 이유다.

윤석열을 탄핵시키고 좌익 그들의 세상이 눈앞에 보이자 새로운 구호가 등장한다. '민주 검찰'이다. 민주당의 검찰이라는 뜻인지 인민민주주의 체제의 검찰이라는 뜻인지 알 수 없다. 그들 마음대로 부려먹을 수 있는 검찰이라는 뜻에서는 같다. 검찰을 해체하고 이를 중수청과 공소청으로 분리한 후 기존의 검사를 빨간색과 파란색으로 분리하고 재배치하는 과정에서 좌익 혹은 기회주의적 성향을 가진 검사들만으로 요직을 채우려 한다는 그들의 의도를 모든 법조인들은 알고 있다. 민주 검찰만 있는 것이 아니다. 민주 법원, 민주 방송도 있다. 좌익에게는 거의 무조건적으로 무죄를 내리고 우익에게는 거의 무조건적으로 유죄를 내리는 판사만 요직에 앉히겠다는 것이 '민주 법원'이다. 좌익의 일은 무조건 정의로운 일로 포장하고 우익의 일은 무조건 물어뜯는 방송과 좌익의 잘못은 모두 감추어주고 우익의 잘못은 침소봉대 하는 방송, 이것이 '민주 방송'이다. 민주 검찰, 민주 법원, 민주 방송, 이재명이 새로운 헌법에 담을 정치체제의 예고다. 자유민주 세력 대신 종북좌익 세력이, 전문가 대신 이념가가, 기업인 대신 노동자가 주류가 되고 주인이 되는 좌익의 세상을 제도적으로 확정하는 그런 내용들이 신헌법의 정치 분야를 채울 것이다. 그래서 신헌법에 표기되는 모든 '민주'는 '인민민주'가 될 것이며 모든 '민주주의'는 '인민민주주의'가 될 것이다. 이재명이 신헌법을 만드는 또 하나의 원칙은 사회주의다.

자유는 죽을 것이다

중고교 교과서에 '자유'가 들어간 민주주의 즉 자유민주주의는 김영삼 정부까지는 당연한 일이었다. 김대중 정권에서부터 조금씩 변화가 생기더니 주사파가 청와대를 거의 장악한 노무현 정권에서는 확연해 진다. 좌익 역사학계의 주도하에 '자유'가 삭제된 교과서와 참고서가 속속 생겨난 것이다. 이명박 정부가 들어서자 자유가 다시 복원되더니 박근혜 정부에서는 이 문제가 '비정상의 정상화'의 주요한 의제가 되었고 그래서 자유가 복원된 교과서 문제는 전쟁이라 불릴 정도로 치열한 이슈가 되었다. 이 교과서 전쟁은 좌익 진영의 거센 저항을 불러와 세월호와 함께 박근혜가 탄핵되는 도화선이 된다. 문재인 정권에서 자유는 대부분의 교과서에서 삭제된다. 그러나 윤석열 정부는 이를 다시 복원하려 했다. 김대중 정권 이래 중고교 교과서에 자유가 들어가느냐 삭제되느냐의 문제는 곧 각 정권의 좌우 정체성을 판단하는 척도가 되었고 이는 이땅의 체제 전쟁을 상징하는 일이기도 하다. 그렇다면 이재명 정권에서는 어떨까. 집권 기간이 짧았고 더구나 국회를 장악한 이재명과 민주당의 국정 방해로 아무것도 할 수 없었던 윤석열 정부에서는 별 진전이 없었다. 그래서 문재인에 이어 이재명 정권이 모든 교과서에서 자유를 삭제하는 일은 어렵지 않을 것이다. 교과서가 이렇다면 신헌법에는 자유가 살아있을까.

2018년 문재인 정권의 민정수석 조국의 주도로 추진되고 문재인의 이름으로 발의되었으나 국민의 저항으로 좌절된 신헌법 개정안을 보면 바로 알 수 있다. 이 개정안에는 대부분의 '자유' 조항이 빠져있었다. 그냥 '민주' 혹은 '민주주의'로 되어 있었다. 이것은 곧 인민민주주의를 의미한다. 영어 People을 한자 문화권에서는 국민 혹은 인민으로 번역한다. 우익의 국가는 국민으로, 좌익의 국가는 인민으로 쓴다. 국민은 최소한의 의무 준수를 전제로 최대한의 자유를 보장받는 존재다. 반면 인민은 전체 사회의 일부분의 존재로 국가 권력에 의해 자유가 제한된다. 이것이 자유민주주의와 인민민주주의의 본질적 다름이다. 문재인이 발의한 신헌법에는 People이 국민도 인민도 아닌 '사람'으로 되어 있었다. 북한 헌법에 쓰인 표현이다. 그래서 이것은 인민과 같은 말이다. 인민에 대한 우리 일반 국민의 거부감을 해결하는 동시에 북한과 같은 용어로 통일한 것이다. 개헌 없이 실현된 사례도 있다. 문재인 정권은 기존의 '근로자의 날'을 노동절로 변경했다. 한자 문화권의 경우 Worker를 자유민주 국가에서는 근로자로, 공산국가에서는 노동자로 쓴다. 근로자의날이 노동절이 된 내막이다. 체제전쟁에서 좌익이 승리한 단편이다. 이재명이 내놓는 신헌법 속의 민주주의에는 자유가 사라질 것이 국민은 사람으로 바뀌어 있을 것이다. 대한민국의 좌익 국가화는 그렇게 확정될 것이다.

6.25는 없고 5.18은 들어가는 전문

대한민국의 국가 정체성에 대한 대의를 천명하는 헌법 전문前文에는 3.1운동으로 건립된 임시정부의 법통과 4.19 민주이념의 계승이 명시되어 있다. 이재명을 비롯한 민주당 정치인 대부분은 여기에 5.18 정신을 수록하겠다는 뜻을 누누이 밝혔다. 여기다 한동훈 등 보수정당에 들어온 X맨들도 동조했다. 그러나 5.18은 진상과 관련하여 논란도 많고 그 의의에 대한 국민적 합의도 미완성이다. 함북 청진에 5.18유공자 추모비와 무덤이 있다는 탈북민의 증언도 있고 1999년 김대중의 대통령 밀사로 방북했던 김경재 전 한국자유총연맹 총재는 북한의 애국열사릉(우리의 국립묘지격으로 평양에 있다)에 광주 5.18 가담 북한 특수공작원 묘역이 조성되어 있다는 사실을 북측으로부터 설명을 들었으며 자신이 이곳을 직접 방문하여 9~11기의 묘비를 목격했다고 밝히기도 했다.(대한뉴스, 2023.5.10) 김일성의 책사였던 황장엽도 우리 언론과의 인터뷰에서 5.18이 끝난 후 조선로동당 대남부서원 상당수가 일제히 훈장을 받았다고 말했으며(월간조선, 1998년 7월호) 북한대표단이 남한을 방문했을 때 국립현충원 대신 광주5.18 묘역을 찾아 참배(2006.6.14)하기도 했다. 5.18은 아직 제대로 밝혀지지 않고 묻혀있는 진상이 많은 사건이다.

좌익 진영은 5.18의 진상 밝히기를 거부하거나 방해하고 있다. 그러면서 거꾸로 우익정부가 진상을 은폐한다고 끝없이 주장한다. 김대중 노무현 문재인 세 좌익정권이 파헤치고 또 파헤쳤음에도 그렇게 말한다. 5.18 광주사태가 북한과 연계된 좌익세력의 국지적 폭동이냐 아니면 민주화 운동이냐 하는 논란을 두고 이렇게 역사적 평가가 종결되지 않은 상태에서 이를 헌법 전문에 수록한다는 것은 위험천만한 일이다. 수천명에 이르는 5.18유공자에 대해 이름조차 공개하지 않으며 액수조차 밝히지 않는 막대한 국가예산으로 그들에게 보상금과 연금을 지급하는 일도 위헌의 소지가 매우 크다. 또한 2020년에 '왜곡 처벌법' 등 5.18과 관련된 3개의 법안을 만들어 진상 규명을 원천봉쇄한 일은 위헌의 정도가 아니라 야만적인 일이다. 진상을 규명하기는 커녕 모든 진실을 꽁꽁 틀어막아 놓은 5.18을 헌법 전문에 수록하는 것은 대한민국이 법치국가라면 절대 있을 수 없는 일이다.

정작 우리 헌법의 전문에 들어가야 하는 것은 우리가 스스로의 힘으로 자유민주주의 체제를 지켜야 한다는 사실을 처음으로 인식하게 된 6.25전쟁이다. 공산주의의 공격으로부터 스스로를 지켜낸 이 전쟁이야말로 대한민국 역사에서 가장 빛나고 자랑스러운 일로 기록되어야 한다. 우리 스스로 지켜낸 6.25 승전은 헌법 전문에 반드시 들어가야 한다. 그래야 남침에 앞장섰던 김일성의 부하 김원봉을 국군의 뿌리라고 말하는 문재인의 입을 틀어막을 수 있고 남침하는 인민군의 사기를 북돋우는 군가를 만든 정율성의 생가를 복원하고 그를 기념하는 공원을 만드는데 혈세를 쏟아넣는 광주시장 강기정을 멈추게 할 수 있다. 1945년 광복 이

후 한반도에서 정통성을 가진 정부로 대한민국이 아닌 북한에게 그 자리를 내어주기 위해 1948년 건국을 부정하고 1919년 건국을 명시하려는 일도 정청래를 비롯한 모든 종북주사파 권력자들이 누누이 공언하고 있다. 그래서 5.18도 1919년 건국도 이재명의 신헌법에는 들어갈 것이다. 대한민국의 정체성은 그렇게 바뀔 것이다. 대한민국은 이 신헌법에 의해 좌익의 국가 또는 조선인민공화국의 남쪽이라는 정체성이 확정될 것이다. 자유민주주의 대한민국은 그렇게 사망할 것이다.

기본사회라는 국가주의의 천명

이재명은 윤석열과 경쟁한 2022년 대선에서부터 기본소득, 기본주택, 기본금융 등 수많은 기본 시리즈를 공약으로 내놓는다. 그는 이를 '기본사회' 한 마디로 압축하며 국민의 기본권이라고 했다. 젊은 유권자들 앞에서는 "국가가 책임지는 보육"을, 학부모 유권자에게는 "국가가 책임지는 교육"을, 코로나로 어려움을 겪는 소상공인에게는 "민생 국가책임제"를 공약하며 윤석열 후보를 향해 이에 화답하라고 압박했다. 윤석열을 끌어내리고 치뤄진 2025년 대선에서도 마찬가지다. 그는 "국민의 기본적 삶을 국가가 책임지는 기본사회"를 천명했다.(2025.5.22) 정치학 원론의 용어를 빌리자면 그의 공약은 전형적인 국가주의다. 복리 안전 생계 교육 문화생활 등에 대한 개인의 삶에 국가의 역할을 확대하는 동시에 개인에 대한 통제 강화를 지향하는 좌익의 정치이념이다. 개인의 자유를 최대한 보장하며 개인의 삶에 국가의 역할과 간섭을 최소화하는 우익의 정치이념과는 구분된다. 이재명의 정치 역정을 살피면 그의 기본 시리즈는 정치철학이라기보다 자신의 유일한 정치적 도구인 포퓰리즘, 즉 현금질을 그럴싸하게 포장하는 용어일 뿐이다. 베네수엘라의 마두로와 판박이다. 이재명의 포퓰리즘적 정책은 개정된 신헌법에 '기본사회'라는 용어로 표기될 것이며 그것은 결국 국가주의로 확대될 것이다.

극단적 탐욕주의자인 동시에 극악의 이기주의자인 이재명 자신, 국가의 세금을 도둑질 해먹기 위해 그의 주위에 모여든 기회주의자들, 그리고 대한민국을 좌익의 국가로 만들기 위해 투쟁하는 종북주사파 세력이 의기투합하는 정치이념은 국가주의다. 이재명은 일찍이 "국가가 경제에 적극 개입해야 한다"(2021.10.10)며 국가 주도 경제를 선언했다. 주사파 운동권 정치인들의 지향과 일치하는 지점이다. 국가주의는 신헌법에는 명시되지 않을 것이다. 그러나 이것은 다양한 형태로 구현될 것이다. 문재인 정권에서 이미 목격한 바와 같이 큰 정부를 지향하고 이를 위한 공무원 증원, 민간과 기업을 간섭하고 통제하기 위한 수많은 규제법의 신설, 큰 정부를 유지하고 국가 역할의 확대에 소요되는 재원 마련을 위한 대규모적 증세, 실물경제 금융경제 모두에 대한 국가주도의 운용, 국가 주도의 고용 확대, 국가가 주도하는 공공주택 공급의 확대, 공공의료 서비스 확대, 공기업을 민영화하는 세계적 추세와는 거꾸로 민영기업을 공기업화하는 등의 형태가 될 것이다. 이러한 사회주의적 국가주의적 정책은 이재명이 과거에 이미 천명했거나 권력을 잡은 후 이미 실행하고 있는 것이다. '기본사회'로 표현되는 이재명의 국가주의는 대한민국을 망쳐놓을 것이다. 대한민국 경제는 그의 '기본질'에 의해 무너질 것이다.

사회주의 공산주의 북한주의로 가는 개헌

헌법 전문에 6.25 대신 5.18이 들어가고, 기존의 '자유'가 많은 조항에서 삭제되고, 기본사회로 표현되는 국가주의가 대거 반영되는 이재명의 신헌법을 한 마디로 하자면 사회주의 헌법이다. 사회주의적 성격은 정치 분야에서 구체적으로 반영될 것이다. 모든 자유민주주의 국가 헌법의 기본정신인 삼권분립은 삼권을 통합하는 내용으로 바뀔 것이며 최고 통치자와 집권당이 통합된 권력을 독재적으로 사용할 수 있는 구조가 될 것이다. 자유민주 체제의 또 하나의 대원칙인 법치주의를 약화시키는 내용이 곳곳에 들어갈 것이며 법 대신 권력자들이 각각의 권력 서열에 따라 각각의 권한을 가지는 그런 공산국가식 인치주의로 대체될 것이다. 국민으로부터 권력을 위임받았다는 명분으로 국민의 이름을 앞세우고 독재적 권력을 행사할 것이다. 이것은 국민이 눈치채지 못하도록 좀더 은밀하고 세련된 방식으로 신헌법에 반영될 것이다. 그들이 입버릇처럼 '선출된 권력'을 말하는 것은 이를 위한 빌드업이다. 그렇게 해서 대한민국은 민주국가에서 당주黨主국가가 될 것이다.

신헌법의 대통령 임기 조항은 모든 국민이 주목하는 핵심 내용이다. 이에 대한 이재명의 관심은 국민 모두의 관심을 합한 부피보다 더 클 것이다. 그는 대통령의 자리에서 내려오면 감옥에서 임종을 맞이하게 될 가능성이 100%인 거대 범죄자가 아닌가. 현행 헌법에 따라 그가 임기 5년을 마치고 물러날 가능성은 거의 없다. 그의 장기집권을 가능케 하는 임기조항의 개정과 함께 이미 시작된 정치보복과 예고된 공포통치가 더해져 대한민국의 정치 체제는 사실상 공산주의에 가깝게 될 것이다. 미국의 우익언론 매체 '더 게이트웨이 펀딧The Gateway Pundit'은 2025년 9월 6일자 기사에서 검찰청 폐지, 방통위 폐지와 개편, 데이터와 지식재산권의 국가 통제 등을 의도한 이재명의 정부조직 개편을 두고 한국은 이미 공산주의 체제로 전환했다고 보도했다. 이재명이 통치하는 한국을 동독 베트남 등에 비유하며 일당독재의 국가가 되고 있다고도 했다. 공산주의 체제로의 전환, 이재명이 주도하는 개헌의 예고다.

신헌법의 경제와 사회 분야에는 이런 내용이 담길 것이다. 정부 밖에서는 물론 이제는 정부 안에까지 대거 침투한 민노총의 요구를 반영하여 기업과 기업주의 경영권과 소유권을 제한하고 노동자의 권익은 절대적으로 보장할 것이다. 이미 입법화 된 노란봉투법에 이어 정년 연장과 주 4.5일제의 취지도 반영될 것이다. 탈원전과 재생에너지 중심의 에너지 정책, 공기업의 민영화 억제, 민간기업의 공영화를 유도하는 무거운 기업 과세, 토지 공개념 취지의 강화, 공영주택의 확대, 선거 승리에 목적을 둔 현금 뿌리기를 정당화하는 보편적 복지정책의 강화, 사회주의 체제에 걸맞게 정부의 규모를 확대하고 역할을 확장하기 위한 국가 기관의 증설과 공무원 증원, 큰 정부의 유지를 위해 불가피한 증세 등이 직접 명문화되거나 적어도 그 취지는 반영될 것이다. 우익의 정치세력과 우익의 국민과 우익 사회단체, 우익 언론, 우익 법관, 우익 문화예술인에게 차별적 대우를 선택적으로 실행할 수 있는 법 조항도 끼어들게 될 것이며 학생들을 대상으로 사회주의 교육을 합법적으로 할 수 있는 문을 활짝 열어두는 조항도 들어갈 것이다. 대한민국을 끔찍한 모습으로 만들어 놓을 이런 내용들은 대부분 신헌법에 반영될 것이다.

이재명은 그의 첫 광복절 기념사에서 "현재의 북한 체제를 존중하고 어떤 형태의 흡수 통일도 추구하지 않겠다. 일체의 적대행위를 할 뜻도 없다"고 말했다. 이 말은 명백한 위헌이다. 헌법 제3조는 "대한민국의 영토는 한반도와 그 부속도서"로 규정하고 제4조는 "대한민국은 통일을 지향하며 자유민주적 기본 질서에 입각한 평화적 통일정책을 수립하고 이를 추진한다"고 명시하고 있다. 그래서 자유민주주의 체제가 아닌 왕조적 인민민주주의인 북한의 체제를 존중하는 것은 위헌이다. 김정은이 표방한 '남북 2개 적대적 국가론'을 추종하여 "어떤 형태의 흡수 통일도 추구하지 않는다"고 하는 그의 선언도 위헌이다. 그의 말에는 북한이 남한을 흡수하는 통일에 동의하거나 수용하겠다는 뜻이 숨어 있다.

우리가 먼저 북한을 향해 적대적 행위를 감행한 적은 단 한 번도 없다. 북한의 도발에 맞대응한 충돌이 있었을 뿐이다. 그래서 일체의 적대행위를 하지 않겠다는 이재명의 말은 김대중 때의 연평해전, 노무현 때의 북한의 첫 핵실험, 문재인 때의 남북연락사무소 폭파처럼 북한이 우리에게 또 다시 무력 도발을 감행해도 얻어맞고 가만히 있겠다는 뜻이다. 이재명의 시간에 우리는 북한에 흡수당할 지도 모른다. 김정은이 2개 국가론을 말하며 남한 흡수를 포기했다고 반박하시는가. 김정은이 자신의 말을 뒤집은 사례와 9.19선언 등 우리와 한 약속을 먼저 파기한 일은 이재명의 거짓말 만큼이나 많다. 통일 포기는 위헌이다. 이재명의 신헌법에 통일은 어떤 모습으로 수록될까. 아주 빠지게 될까. 대통령 임기조항 만큼이나 궁금하다. 매의 눈으로 지켜보자.

<u>2절</u>

대한민국의 정체성은
이렇게 변경될 것이다

광복 80주년 기념식 후의 저녁에 이재명은 국민임명식이라는 처음보는 행사를 열고 국민 80명으로부터 80장의 대통령 임명장을 받는다. 그렇다면 6월 4일 그가 받은 17,287,513표는 무효인가. 그가 72일 동안 대통령 행세를 한 일도 무효인가. 억지라고 말씀하시는가. 이미 취임식을 치렀는데 막대한 예산을 들여 임명식까지 2중으로 치루는 것이야말로 억지 중의 억지다. 그래서 국민이 이렇게 말하는 억지 쯤을 억지라고 말해서는 안된다. 참석자 3000명을 경찰 7000명이 보호한 이 행사야말로 억지다. 집권의 정당성 부족에 대한 강박감을 이기지 못하고 야밤에 판을 벌인 억지다. 이재명은 왜 암흑의 배경에 암흑의 옷을 입고 안경을 낀 공포스러운 자신의 얼굴만 보여주는 이런 억지 쇼를 했을까. 자신의 범죄 혐의에 대한 수사와 재판을 중단시키고 윤석열의 정권을 강탈하여 대통령이 된 자신의 반란을 국민이 기억하지 못하도록 하기 위해서인가. 정당성도 없고 정통성도 없는 자신의 집권을 분칠하기 위해서인가. 이재명의 모든 통치는 억지에 억지를 거듭하게 될 것이다. 억지로 탄생한 정권의 필연이다. 그의 모든 억지는 신헌법에 고스란히 담길 것이다. 그렇게 사회주의 대한민국 체제는 억지로 확정될 것이다. 억장이 무너지는 일이다.

1. 삼권, 분립에서 통합으로

2025년 8월 26일 트럼프는 이재명과의 회담을 몇 시간 앞두고 조은 석특검의 오산 미 공군기지와 교회 지도자들에 대한 압수수색을 거론하며 한국에서 벌어지고 있는 상황을 '숙청과 혁명'으로 말했다. 트럼프가 말한 '미친 잭 스미스'는 내란특검 조은석으로 해석하는 의견이 많았다. 이재명은 이것을 국회에서 하는 일이라며 자신과 무관한 듯 말했다. 오리발이다. 특검 3명은 이재명 자신이 직접 임명한 검사들이다. 이재명은 주사파들이 이미 오래전부터 거의 완전하게 장악하고 있던 국회를 진지 삼아 윤석열 정부를 붕괴시키고 행정권까지 장악했다. 김동현 권순일 유창훈 등의 좌익 판사와 기회주의자 판사가 그에게 무조건적으로 무죄 판결을 내리고, 그가 일찍 친구로 만들어 둔 좌익 판사 문형배가 다른 헌법 재판관을 설득하여 8 대 0으로 탄핵 인용을 내려주었기 때문에 가능한 일이었다. 그러나 아직 조희대 지귀연 같은 법조문과 양심에 따라 판결을 내리는 판사가 남아있는 일은 확정적 범죄자인 그에게는 무서운 일이다. 그가 이제는 법원까지 완전하게 장악하려는 이유다. 사법부까지 그의 손아귀에 들어가면 그는 삼권을 모두 틀어쥐게 된다. 그의 세상에서는 대한민국의 삼권이 통합될 것이다. 이재명 단 한 사람을 위해.

범죄자와 혁명가들의 같은 꿈 삼권 통합

이재명과 민주당은 입법권과 행정권은 이미 완전히 장악했다. 그러나 사법부는 아직은 절반의 장악이다. 그래서 개헌 전에 사법부까지 완전히 장악하기 위해 이미 많은 일을 하고 있다. 2025년 9월 14일 국회 법사위원장 추미애는 조희대 대법원장의 사퇴를 공개적으로 요구했다. 대통령실은 즉시 이에 동조하는 의견을 내놓는다. 삼권분립을 완전하게 무너뜨리는 이런 짓은 과거 어느 정권에서도 없었던 야만적이고 독재적인 행태다. 대법관 증원 등 제도의 변경을 통한 사법부 완전 장악도 이미 준비되어 있다. 이재명이 사법부까지 완전하게 장악하게 된다면 자신과 이화영 정진상 김용 등 그의 측근들과 송영길 등 그의 집권을 도운 수십 명에 이르는 종북 정치인들은 모두 사법리스크에서 벗어날 것이다. 자신들의 범죄에 대한 처벌의 굴레에서 벗어나기 위해 이재명과 민주당은 사법부의 완전한 장악을 시도하고 있다. 여기가 끝이 아니다. 이재명은 입법 사법 행정 삼권의 통합을 시도할 것이다. 삼권통합은 감옥 가지 않기 위해 대통령이 되어야 했던 이재명의 가장 확실한 방어벽이 될 것이기 때문이다. 그것은 또한 대한민국을 좌익의 전체주의 국가로 만들기 위해 오랫동안 투쟁해온 주사파 운동권 그들의 지향점이기도 하다.

이재명 정권이 출범하면 곧 국무총리가 될 김민석은 대선을 약 열흘 앞두고 가진 한 언론과의 인터뷰에서 이재명의 정치개혁에 대한 질문을 받고 이렇게 말했다. "입법 사법 행정 삼권분립보다 더 중요한 것은 삼권이 모두 그 주인인 국민주권을 인정하는 쪽으로 가야 한다는 것이다."(한국경제. 2025.5.23) 아주 위험한 말이다. 자유민주주의 정치체제에서 삼권분립에 우선하는 장치는 없다. 그래서 삼권분립보다 더 중요한 것이 있다는 김민석의 말은 곧 삼권분립을 부정하는 말이다. 게다가 좌익인 그가 말하는 국민주권에서 '국민'은 좌익의 국민 즉 인민을 뜻한다. 주사파인 김민석 자신은 물론 대통령인 이재명도 우익의 국민을 포용한 적은 없다. 이재명은 20대 대선에 앞서 민주당을 완전하게 장악한 후 국민을 1찍과 2찍으로 완전하게 구분하고 1찍만 의식하는 행보로 일관했던 사람이다. 그때 김민석은 이재명의 곁에 바짝 붙어있었고 그 공으로 행정부 2인자의 자리를 하사받은 사람이다. 이재명과 김민석이 말하는 국민은 개딸, 좌익세력, 1찍으로 구성된 인민들이다. 자유민주 국민은 여기에 없다.

김민석은 같은 인터뷰에서 이재명의 정치개혁을 "대통령이나 엘리트 매커니즘에 집중돼 있는 권력을 분산시키는 방향으로 가는 것"이라고 부연했다. 운동권에서 거짓말하는 기술부터 먼저 배운 주사파 김민석의 새빨간 거짓말이다. 이재명은 정치권에 등장한 후 권력을 자신에게 집중시키는 단 한 방향으로만 걸어온 사람이다. 이 방법으로 그는 수많은 범죄혐의가 있음에도 대통령의 자리에까지 오른 사람이다. 그래서 권력 분산을 말하는 김민석은 새빨간 거짓말을 하고 있다. 권력의 집중과 삼권의 통합은 이재명과 김민석이 펼치는 모든 정치행위의 기본이 될 것이다.

사법부 없애거나 껍데기만 남기거나

민주당의 싱크탱크 조직인 민주연구원에서 부원장을 지낸 박진영은 여러 방송에 좌익측 단골 패널로 나오는 사람이다. 이재명의 공직선거법 사건을 유죄의 취지로 파기환송한 대법원 판결이 나오자 그는 "사법부를 없애야 할지 고민해볼 시기가 됐다. (대법원이) 사법부의 존재를 스스로 부정했기 때문에 200년 내려온 삼권분립이라는 것에 대해 다시 생각해봐야 한다"고 말했다. 그는 또 "행정부와 입법부는 선출된 권력이지만 사법부는 선출되지 않았다"며 "사법부가 왜 필요하냐"는 말도 덧붙였다.(동아일보, 2025.5.2) 그의 발언은 가히 혁명적이다. 공산주의 정권에서 사법부는 공산당의 허수아비다. 당에서 처벌의 대상을 정하고 형량을 정해주면 그것을 읽는 것이 사법부의 역할이다. 윤석열 정부를 붕괴시키고 승리감에 도취된 듯 보이는 박진영은 사법부를 없애고 공산당이 혁명에 성공한 후에 설치하는 인민재판소를 생각하고 있는 것이 분명하다. 그가 삼권분립에 대한 재고를 말하는 대목에서는 공산혁명에 성공한 공산당원의 의기양양한 모습이 읽혀진다. 박진영은 공산당원이 맞을 것이다.

삼권분립은 자유민주주의 정치체제의 핵심 장치다. 민주주의 진전의 역사는 삼권분립 정립의 역사와 일치한다. 제왕 1인이 소유한 삼권을 분리하여 서로 견제하게 만드는 것은 민주주의의 출발점이었다. 1인에게 집중된 권력의 위험성 인식과 절대 권력은 절대 부패한다는 사실을 경험한 것에서부터 권력의 분립이 시도되고 권력 상호간의 견제의 장치가 고안 되었다. 이것이 바로 삼권분립이다. 프랑스 대혁명 이래 약 250년 동안 진전되어온 자유민주주의가 정립한 제1의 원칙이다. 박진영의 말은 이것을 왕정의 시대로 되돌려 놓겠다는 발상이다. 그게 아니라면 공산당이 3권을 모두 통합하고 완전하게 장악하는 공산주의 체제로 가자는 발상이다. 박진영 이사람 지독한 공산주의자다. 그는 250년의 시간을 역행하고 있다. 대한민국의 정치 발전을 위해 나선다면 먼저 해야 할 일은 이재명과 그 주변인들의 정신감정이 아닐까 싶다.

입법부와 사법부의 형해화와 권력의 집중은 모든 공산주의 정권의 기본이다. 공산주의 이론에 따르면 공산당은 노동자 계급으로부터 권력을 위임 받는다. 그래서 노동자의 이름으로 정권을 세우고 권력을 독재적으로 행사한다. 바로 프로레타리아 독재다. 모든 공산국가의 제1의 정체성이다. 공산당 정권이 삼권을 독점하고 행정부 입법부 사법부 모두를 통합하여 일사분란하게 움직이는 것이 바로 공산주의다. 좌익 정당 민주당의 싱크탱크의 일원인 박진영이 말하는 사법부 폐지와 삼권분립 재고는 그래서 공산주의 정치체제로 변경하자는 말이다. 이미 입법권과 행정권을 완전하게 장악한 이재명 정권은 정권 초기인 현재 절반의 장악에 그치는 사법권까지 완전하게 장악하려 할 것이다. 이재명이 감옥 가지 않고 주사파가 이 나라를 좌익의 나라로 완성하기 위해 꼭 그렇게 할 것이다. 더욱이 "권력은 잔인하게 행사하는 것이다"라는 이재명의 정치철학을 실현하기 위해 삼권을 통합하여 그 자신의 손에 움켜쥐어야 할 것이다. 새로운 헌법에는 삼권분립 원칙을 깨고 삼권을 통합하는 내용으로 가득할 것이다. 그렇게해서 지금의 대한민국은 독재국가가 되고 사회주의 국가 어쩌면 공산주의 국가가 될 것이다. 이재명이 계획하는 이런 나라, 국민인 우리가 막아서지 않는다면 틀림없이 그렇게 될 것이다.

2. 법치주의를 인치주의로

대통령이 된 이재명은 대한민국의 법치시스템을 무너뜨리는 많은 파괴적 행위를 하고 있다. 국가의 범죄 대응력을 치명적으로 약화시키게 될 검찰청 폐지와 공소청 중수청의 신설은 범죄에 대한 수사 여부의 결정과 수사 결과를 정권이 마음대로 하겠다는 것이 목적이다. 이미 손아귀에 든 경찰과 함께 검찰을 대체하는 새로운 기구들에 의해 모든 형사사법 기관의 수사권은 정권에 의해 통제될 것이다. 여기다 공직자에 대한 수사를 정권이 자의적으로 할 목적으로 만들어진 공수처는 이재명을 지키고 상대 진영을 무너뜨리기 위해 국가의 법치 체계를 벗어나는 수사도 자의적으로 할 것이다. 윤석열을 체포하는 과정에서 이미 목도한 일이다. 대한민국의 법치 시스템은 그렇게 붕괴될 것이다.

수사와 감사의 결정은 권력자가 또는 범죄자가

정부 각 기관의 업무 수행의 적법성과 적합성을 감사하는 감사원 역시 완벽하게 정권의 손아귀에 들어갈 것이다. 이재명은 정권을 잡은 즉시 사드 등 좌익정권의 자해적 통치에 대한 감사원의 감사 결과를 발표하지 못하도록 막았으며 문재인 정권의 모든 위법 불법행위에 대한 감사를 틀어막는 등 감사원의 정상적 기능 작동을 중지시키고 있다. 이재명은 경찰 검찰 공수처 감사원까지 모든 수사기관과 감사기관의 기능수행을 통제하며 좌익의 범죄에 대한 수사는 원천적으로 차단하고 우익진영에 대해서만 날카로운 수사의 칼을 휘두를 것이다. 그렇게 해서 이재명 정권은 심판 없는 경기를 하게 될 것이며 무슨 반칙을 해도 페널티를 받지 않는 경기를 할 것이다. 이재명은 위법과 불법을 범하고도 수사도 처벌도 받지 않는 범죄 정권의 수괴가 될 것이며 대한민국의 법치주의는 그렇게 붕괴될 것이다. 대신 권력자의 의지에 따라 범죄와 처벌이 다스려지는 인치人治주의 국가가 될 것이다. 이재명의 시간은 법에 의한 통치가 아닌 권력자의 마음에 따라 통치되는 그런 세상이 될 것이다.

쓴맛도 단맛도 정권의 입에 맞추는 법원 판결

이재명은 국가의 수사권을 장악하는데 그치지 않고 법원의 판결권까지 장악할 것이다. 그는 검찰에 비해 상대적으로 장악의 난이도가 높은 법원의 판결을 통제하기 위해 민주당을 앞장 세우고 입법권을 마구 행사할 것이다. 그의 어린 시절의 범죄의혹에 대한 관심의 확산을 차단하기 위한 것으로 보이는 '아동사망기밀누설법'과 진행중이던 그의 재판을 중지시키기 위한 '대통령에 대한 재판중지법' '대통령 면소법' 등 이재명 단 하나를 위한 엽기적인 법안의 신설은 이미 예고된 것이며 좌익의 특정 목적을 위한 인민재판소 역할을 수행하도록 설계된 특별재판부 신설 등 공산당 혁명정권에서나 있을 법한 새로운 사법제도까지 준비하고 있다. 대법원을 완전한 좌익 판사 우위로 만들기 위한 대법관증원법은 입법을 눈앞에 두고 있으며 대법원의 판결을 헌법재판소가 다시 재판할 수 있는 4심제 방안까지 풍선을 띄우고 있다. 이재명의 민주당이 완전히 장악한 헌재는 4심제 구상이 논의되자 즉시 찬성 의사를 밝혔다. 선진국에서는 유례를 찾기 힘든 4심제는 이재명과 종북좌익 세력이 어떠한 범죄를 저질러도 처벌받지 않는 그들의 사법 천국을 만들 것이다. 법을 무서워하며 법을 잘 지키고 사는 일반 국민인 우리와는 상관 없는 일일까. 아니다. 특정 세력이 어떤 범죄를 저질러도 처벌을 피할 수 있는 나라의 이 특정 세력은 대한민국을 지옥으로 만들 것이다.

2025년 3월 26일 서울고법은 이재명의 선거법 위반 사건에 대해 1심의 유죄 판결을 뒤집고 무죄판결을 내렸다. 형사재판에서 1심의 유죄판결이 2심에서 뒤집히는 사례는 극히 드물어 최근 3년 동안 전체 사건의 1.7%에 불과했다. 이 희박한 확률을 뚫은 이재명을 조선일보 박정훈 논설실장은 기적이라고 말했다. 이재명에게 일어난 사법 기적은 많다. 50억 클럽 의혹을 받는 권순일 대법관의 선거법 무죄 판결, 강규태 판사의 경이로운 무기한 재판 지연, 모든 국민을 경악케 했던 유창훈 판사의 구속영장 기각, 궤변으로 엮어진 김동현 판사의 위증교사 무죄판결 등 이재명에게는 기적의 연속이었다. 이 모든 재판 기적이 우연히 일어날 가능성은 제로다. 이재명은 이러한 연속된 재판 기적의 힘으로 대통령이 되었다. 이것은 초현실이다. 이미 현실이 된 초현실이다.

100%의 사법 기적이 예사로

민주당 김우영 의원은 국회에 출석한 판사 출신의 김태규 방통위원장 직무대행을 향해 "이 자식아, 법관 출신 주제에"라고 고함쳤다.(2024.10.24) 이재명과 민주당의 범죄를 따지고 그들과 다른 의견을 말하는 전직 판사를 김우영은 주제가 하찮은 판사로 몰아붙였다. 이재명의 사법부에는 이재명과 민주당 정치인들의 범죄는 따지지 않는 그런 고귀한 주제의 판사들로 채워질 것이다. 여기다 대한민국의 법질서 유지에는 전혀 관심이 없는 권력 해바라기형 판사들과 자신들이 몸 담은 사법부의 존재 이유를 스스로 포기한 그런 판사들만 남게될 것이다. 이런 판사들로 채워진 이재명의 사법부는 어떨까. 삼권을 통합하고 이를 모두 틀어쥔 이재명은 1.7% 그 이상의 기적을 위해 이제는 손수 측근들을 움직여 판사들과 접촉하고 50억 클럽을 만들었다는 등의 구설에 시달리지 않아도 될 것이다. 이재명이 대통령이 되려고 했던 이유다.

이재명은 이제 자신의 절대 권력을 동원하여 100%의 기적을 준비할 것이다. 과거의 범죄혐의는 물론 대통령이 된 자신의 통치 과정에서 범하게 될 현재와 미래의 더 많은 범죄행위들에 대한 수사를 원천 봉쇄할 것이다. 그리고 수사중이던 12개의 범죄 혐의에 대한 수사와 진행 중인 5개의 재판도 모두 영구 중단시키려 할 것이다. 그의 100% 사법 기적은 그렇게 현실이 될 것이며 대한민국의 법치주의는 그렇게 완벽하게 무너질 것이다. 그렇다면 이후의 형사사법 질서는 어떻게 되느냐고? 이재명과 그의 아래 권력자들의 권력 서열에 따라 그들의 뜻대로 수사가 개시되거나 혹은 묻혀지고 재판의 유무죄 결과와 형량도 암암리에 권력자 자신들이 정할 것이다. 각각의 사건에 영향력을 행사하는 권력자의 권력 서열을 아는 것은 처벌의 결과를 예측하는데 꼭 필요할 것이다. 법치주의가 붕괴되고 인치주의로 대체된 세상이 되었다는 뜻이다. 인치주의가 형사사법의 원칙이 된 이재명의 세상에서 재판의 결과를 예측하는 것은 쉬울 것이다. 아, 예측조차 필요하지 않다. 이 원칙만 기억하면 되겠다. 이재명 100% 무죄. 좌익무죄 우익유죄. 신헌법의 형사사법 부문에는 이 원칙의 정신과 취지가 대거 반영될 것이다. 이재명의 세상은 끔찍할 것이다.

3. 민주국가에서 당주국가로

2025년 4월 24일 국회의장 우원식은 국회 본회의장에 출석한 대통령 권한 대행 한덕수를 향해 "할 일과 하지 말 일을 잘 구별해라"고 말했다. 우원식은 팩트의 잘잘못을 따지고 있는 것이 아니다. 행정부 수반에 대한 훈계다. 자신보다 여덟 살이 많고 거의 50년을 나라를 위해 일한 노 행정가에 대한 모욕질이다. 대한민국을 공격하는 일만 했던 경력으로 한덕수에 비교하면 식견이나 능력에서 비교가 되지 않는 우원식이 국회에서 발언을 마치고 자리를 떠나는 대통령 권한대행의 뒤통수에 대고 이렇게 말하는 것은 어쩌면 좀 함량미달로 보이는 우원식의 단순한 예절의식 실종의 문제가 아니다. 입법권을 완벽하게 장악한데 이어 사법권은 3분의 2쯤 장악을 끝냈으며, 행정권까지 장악을 눈앞에 둔 세력을 뒷배로 둔 우원식의 오만이다. 모든 권력을 다 가진 민주당을 배후로 둔 그에게 예절을 기대하는 것은 연목구어緣木求魚, 나무에서 생선을 찾는 일이기 때문에 그의 무례는 말할 것이 못된다. 그러나 우원식이 행정부 수반 대행을 욕보였다는 점은 심각한 일이다.

민주당의 새로운 당대표가 된 정청래는 '당원주권정당특위'라는 것을 만들었다. 그리고 예절의식 부재와 함량 결핍에서 우원식도 울고 갈 장경태를 위원장에 임명했다. 정청래가 말하는 '당원 주권'은 또 무언가. 민주당은 동 특위를 '당원 1인1표제 시행 특위'라고도 불렀다. 내용은 이렇다. 원래 대의원 1표=권리당원 60표였던 것을 2023년 이재명은 1=17표로 고쳤는데 정청래는 이것을 이제 1=1로 하겠다는 것이다. 목적은 분명하다. 투표에 적극 참여하는 강성 지지층의 영향력을 확대하고 강화하기 위해서다. 정청래는 극소수의 강성 당원의 권한이 막강해지는 민주당을 구상하고 있다. 프롤레타리아 독재 즉 인민민주 독재의 이름으로 먼저 인민으로부터 권력을 위임받는 형식을 인위적으로 만들고 이를 명분으로 공산당식 절대권력 행사를 합리화하는 그런 그림을 정청래는 그리고 있다. 주사파 행동대 출신인 정청래는 개딸 등의 강성 지지자들로부터 권력을 위임받는 형식을 갖추고 자신이 절대적 권한을 행사하는 그런 민주당을 만들겠다는 계획을 하고 있는 것이다.

정치학자들은 자유민주 체제의 국민주권 국가 즉 '민주국가'에 대비되는 개념으로 공산당 일당독재 체제를 '당주국가黨主國家'로 부른다. 모든 권력은 당으로부터 나오고 당이 절대권력을 행사하는 체제가 바로 당주국가다. 당주국가는 곧 유일唯一정당 체제이며 우리나라에는 야당인 국민의힘이 있기 때문에 당주국가도 유일정당 체제도 아니라고 말씀하시는가. 민주당은 이 유일정당의 요건도 갖추기 위해 이미 부지런히 움직이고 있다. 민주당의 실세 박찬대는 7월 초순 내란특별법안을 대표 발의한다. 민주당 의원 60여 명이 공동 발의자로 이름을 올린 이 법안은 원내 제1 야당인 국민의힘을 내란당이라는 명목으로 국고보조금 지급을 차단하는 내용을 담고 있다. 이 법이 확정되면 민주당 1당 지배체제가 될 것이다. 송평인 기자는 이를 두고 "민주당의 내란몰이의 최종 목적이 국민의힘의 사실상의 해체임을 드러낸 것"(동아일보, 2025.7.9)이라고 말했다. 국민의힘을 해체한다는 말은 우파 정치세력을 붕괴시키고 우파 국민을 모두 침묵하게 만드는 결과를 낳을 것이며 그래서 이땅에는 우파의 목소리가 사라질 것이다. 그렇게 민주당 일당지배 체제는 구축될 것이다.

막연한 주장이라 생각되시는가. 구체적 사례를 들겠다. 민주당이 구상하는 제도 중 하나인 4심제는 거대 조직인 법원의 1 ·2 ·3심 결과에서 민주당의 구미에 맞지 않는 것이 있다면 이를 헌법재판소에 올려 판결을 뒤집는 것이 목적이다. 이는 민주당이 소수의 판사들로 구성된 헌재 하나만 손아귀에 넣으면 모든 재판결과를 그들의 뜻대로 통제할 수 있게 되는 구조다. 재판 결과를 마음대로 통제할 수 있는 정당 이것이 바로 유일정당이다. 유일정당이 삼권을 통합하여 완벽하게 장악하고 절대권력을 행사하는 나라 이것이 바로 당주국가다. 자유민주국가 대한민국은 이재명과 민주당에 의해 당주국가로 변모하게 될 것이며 이는 4심제를 비롯한 다양한 내용으로 신헌법 곳곳에 반영될 것이다.

4. 혹시 7년 어쩌면 13년, 대통령의 임기

　　윤석열 탄핵이 인용되고 이어 후임을 뽑는 21대 대선의 여야 각각의 후보가 결정되자 곧 개헌논의가 불붙는다. 개헌 내용에 관한 설왕설래에서 가장 관심을 끈 것은 대통령 임기다. 5 ·18 기념식에 참석한 이재명은 개헌을 공약하며 대통령 4년 연임제를 제안했다. 그의 말대로 한다면 이재명의 대통령 재임기간은 현행 헌법의 규정대로 5년으로 끝나고 후임 대통령부터 미국처럼 4~8년 재임하게 된다. 과연 그럴까. 그렇게 될 가능성은 제로다. 그가 대통령 직에서 물러나는 순간 중단된 모든 재판과 수사중에 정지된 모든 범죄혐의는 진행이 속개될 것이며 전직 대통령 이재명은 감옥에서 남은 생을 보내야 한다. 그래서 개정된 대통령 임기 규정이 후임 대통령부터 적용될 가능성은 없다. 그가 대통령이 된 목적도 자신이 감옥가지 않기 위한 것이었다는 사실은 그에 대한 재판과 수사가 재개될 가능성이 없다고 말하는 근거다. 이재명과 민주당이 새헌법의 내용에서 대통령 임기규정 조항에 가장 많은 관심을 두는 사실 자체도 하나의 근거다. 현행 헌법 제128조 2항은 "대통령 임기나 중임제한 개정은 현직 대통령에게는 적용되지 않는다" 못박고 있다. 그렇다면 변경된 임기는 현직인 이재명에게는 적용될 수 없다. 그래서 이재명의 대통령 임기는 5년이 전부다. 이렇게 말씀 하시는가. 그럴리 만무하다.

　　이재명과 민주당이 윤석열을 내란범으로 몰아 대통령의 자리에서 끌어내리고 정권을 강탈한 반란의 진실을 국민이 알게되고, 미국과의 관세협상에서 국민도 속이고 트럼프도 속인 이재명의 막나간 속임수를 국민도 세계도 다 알게 되고, 그래서 이재명에 대한 지지율이 30%대로 떨어지고 중도의 국민조차 그에게서 등을 돌리게 되어 그가 위기에 봉착하는 상황이 되면 어떻게 될까. 그들이 궤멸시킨 자유민주 정치세력이 합법의 절차와 방법으로 그를 제거할 가능성은 적다. 남은 가능성은 두 가지다. 하나는 국민의 마지막 권한인 저항권 행사에 의해 그를 대통령의 자리에서 끌어내리고, 그가 대통령이 되기 전의 범죄에 대한 중단된 수사와 재판을 속개하고, 윤석열을 끌어내리는 반란의 과정에서 추가된 범죄를 더하고, 대통령이 된 후의 통치 과정에서 엄청나게 불어난 새로운 범죄 등등 쌓이고 쌓인 그의 범죄에 대한 심판에 의해 그는 윤석열이 갇혔던 그 독방으로 가야할 가능성이다. 그는 그렇게 감옥에서 죽음을 맞이하게 될 것이다. 이 말이 상상되지 않는 극단적인 일이라고 하시는가. "윤석열은 살아도 감옥에서, 죽어도 감옥에서" 이재명의 꼬봉인 민주당 원내대표 김병기가 이미 상상하고 이미 했던 말이다.

그가 감옥에서 죽음을 맞는 길 외에 또 하나의 길이 있다. 최대한 오래 대통령의 자리에 있는 길이다. 개헌 당시의 대통령에게는 적용할 수 없다고 규정된 헌법 조항까지 고쳐 5년 그 이상, 10년 이상, 혹은 더 길게 대통령의 자리를 지키는 길이다. 설마라고 말하는가. 설마설마 하다 단군 이래 최악의 거대 종합 범죄자 이재명이 대통령이 되는 꼴을 보고도 아직도 설마를 말하는가. "이재명은 합니다"는 그의 대표 구호다. "이재명은 무슨 나쁜 짓도 다 합니다" "이재명은 자신 하나 살기 위해 나라가 무너지는 것도 개의치 않을 사람입니다" "이재명은 자신의 탐욕을 위해 나

622

라도 팔아먹을 사람입니다”“이재명은 국민인 우리가 상상도 하지 못하는 일을 합니다” 이재명을 오래 관찰한 사람들이 만든 구호들이다. 감옥에서 죽는 일을 피하기 위해 이재명이 꼭 해야하는 일은 자신의 장기 집권의 문을 여는 개헌이다. 그가 개헌을 하겠다는 핵심적 목적이다.

이재명은 자신의 감옥행 운명에 맞서기 위해 이렇게 할 것이다. 먼저 삼권을 모두 장악한 자신의 절대권력을 이용하여 과거 자신을 수사했거나 앞으로 수사할 가능성이 있는 검사를 모두 좌천시키고 옷을 벗길 것이다. 과거의 수사 내용을 모두 뒤집고 또한 향후 그가 절대 권력을 휘두르며 범하게 될 새로운 범죄에 대한 수사의 가능성은 그렇게 원천적으로 막힐 것이다. 이 일은 이미 시작되었다. 이어 법관들을 권순일 문형배 김동현 유창훈 같은 좌익이거나 기회주이자들로 모두 교체하여 자신의 감옥행 가능성을 사전에 차단할 것이다. 여기다 허위사실공표죄의 개정과 위증교사죄의 개정, 검사처벌법 대통령재판중지법 대법관증원법 아동범죄공표금지법 등을 제정하는 입법권의 행사로 자신의 감옥행 가능성을 완벽하게 틀어막을 것이다. 이 정도의 조치가 완료되고 그래서 감옥행 가능성의 삭제가 확실하게 되면 그의 임기는 3년차 개헌으로 4년 더 그 자리에 있는 3+4=7년, 중임으로 3+8=11년, 5년을 다 채운 후의 개헌으로 5+4=9년, 중임으로 5+8=13년까지의 옵션이 있다. 이것이 여의치 않다면? 그는 무제한 중임 즉 종신 대통령이 되려고 할 것이다. 종신 대통령은 그가 죽을 때까지 감옥 가지 않는 최후의 방법이자 가장 확실한 방법이다. 게다가 무한 탐욕을 소유한 극단적 이기주의자인 그는 종신 대통령의 달콤한 욕망을 떨칠 수 없을 것이다. 아마 그럴 것이다.

5. 종신 대통령 이재명이라는 초현실을 생각함

이재명의 팬카페 '재명이네 마을'을 들어가보면 4년 무제한 중임의 필요성을 역설하며 이를 밀어붙이자는 의견과 주장이 수두룩하다. 이재명은 한때 "개헌해도 현직 대통령은 연임이 불가하다"(2025.5.18)며 자신의 임기 연장 우려를 씻어내려 했다. 그의 말을 믿으시는가. 그는 '연임이 불가하다고 했더니 진짜 불가한 줄 알더라'며 간단히 뒤집을 사람이 아닌가. 자신이 국회의원이 되면 불체포 특권을 포기하겠다고 공언하더니 국회의원이 되고 나서는 해명 한 마디 없이 동료 의원들에게 체포결의안 부결을 부탁한 일을 잊으셨는가. 그가 자신의 말을 뒤집은 사례는 지킨 사례보다 압도적으로 많다. 그래서 현직 대통령인 자신은 연임이 불가하다는 그의 말은 결코 믿을 것이 못된다.

민주당 일각에서는 이미 헌법 조항의 대통령 임기에 관한 현직 대통령 적용 배제를 소급입법으로 가능하다는 의견을 흘리고 있다. 이재명 졸개들의 짓이다. 이재명이 시킨 일인지도 모른다. 그들은 개정된 새로운 임기 조항을 이재명에서부터 적용시키기 위해 그들이 늘 써먹는 마법의 언어인 '국민'부터 들먹일 것이다. "주권은 국민에게 있고 기존 헌법의 임기 관련 조항은 더 이상 국민의 뜻이 아니다"라는 논리를 전개할 것이다. 그리고 모조리 그들의 스피커가 된 어용 언론은 국민에게 이를 홍보할 것이다. 헌법에 대통령의 권한으로 분명히 명시되어 있는 비상계엄을 내란이라는 프레임으로 엮어 현직 대통령 윤석열을 탄핵시킬 때도 그들은 국민의 이름을 들먹이고 또 들먹였다. 그들은 같은 수법으로 현직 대통령 이재명에 대한 변경된 임기조항 적용을 추진할 것이며 삼권에다 언론까지 완벽하게 장악한 그들에게 이 일은 그다지 어려운 일이 아닐 것이다. 이재명은 그의 개딸들이 주장하는 대로 4년 무제한 중임 즉 종신 대통령을 도모할 것이다. 상상이 아니다. 현실이다.

이 초현실이 현실인 이유

이재명의 본질은 범죄자다. 그는 정치인이 아니다. 정치인으로서 가져야하는 최소한의 정치철학도 그에게는 없다. 그의 기본사회 시리즈는 철학도 신념도 아니다. 기본 공세는 국민의 지지를 얻기 위해 마구 퍼뜨리는 마약일 뿐이다. 마약의 퍼짐이 국민 개개인과 국가 전체를 무너뜨리듯 기본이라는 그의 돈질 정치도 국민과 국가를 붕괴시킬 것이다. 그가 정치인이라면 공공의 이익에 대한 최소한의 기여와 봉사 의도가 있어야 한다. 이재명에게는 그런 것이 없다. 그가 거쳐온 공직의 장소인 성남시와 경기도는 그의 재임 기간 온갖 부패하고 추악한 일들로 가득했고 그 일로 성남시 경기도 모두 빚더미에 앉았으며 관련 공무원 여러 명이 죽음으로 내몰렸다. 이재명을 손흥민과 예수에 갖다 붙이며 공천을 받은 아첨배들과 이재명의 추악한 일에는 입을 다무는 편파적 언론 환경 속에 일반 국민들조차 "죄가 있다면 벌써 감옥에 갔겠지"라고 말할 정도로 이제는 모두가 까마득히 잊어버린 듯한 이재명의 범죄자 본색은 엄청나다. 그가 과거에 저지른 범죄를 상기하면 이재명의 임기가 5년일지, 13년일지, 종신일지를 짐작하는 것은 어려운 일이 아니다.

이재명의 본색을 정리면 이렇다. 1. 그는 일정한 정치철학을 갖추지 못한 단순한 무한 탐욕의 소유자로서 자신의 극단적 이기심을 실천하는 행보로 일관한 종합 거대 범죄자다. / 2. 자신의 탐욕을 충족시키는 방법으로 선출직 공직 획득을 선택한 사람이다. / 3. 거침없는 거짓말 구사와 습관적 말 뒤집기와 여기와 저기서 다르고 어제와 오늘이 다른 무한정의 속임수를 쓰는 사람이다. / 4. 시장과 도지사의 권력으로 마련한 천문학적 액수의 불법 자금을 공직 획득의 수단으로 삼는다는 강력한 의심을 받는다. / 5. 국민으로부터 거둔 세금을 소액의 현금으로 다시 돌려주는 포퓰리즘을 선거 승리의 기본 수단으로 이용하여 더욱 높은 관직으로 급상승 해왔다. / 6. 네이버 쌍방울 화천대유 등의 민간기업과, 성남 국제파 같은 조폭 집단과, 한총련과 경기동부연합 등의 주사파 세력을 자신의 정치적 기반으로 삼았다. / 7. 20대와 21대 대권에 도전하는 과정에서 본격적으로 불거진 자신의 과거 범죄혐의에 대한 처벌을 피하기 위해 법정 불출석과 재판지연 등 사법질서를 문란케하는 만행에다 법관 매수의 강력한 의혹까지 제기된 사람이다. / 8. 윤석열 정부를 붕괴시키고 권력을 잡기 위해 민노총 전교조 김일성장학생으로 불리는 좌익판사 등의 종북세력과 연합했다. 이것이 이재명 그의 본색이고 정체성이다.

이상의 여덟 가지만으로도 이재명의 본색은 분명하다. 이런 본색을 가진 사람이 대통령이 되었다. 절대권력을 손에 넣은 이 사람의 최대 관심사는 무엇일까. 문재인을 제외한 과거의 대통령처럼 대한민국의 존속과 발전일까. 그럴리가 없다. 미국과의 관세협상에서 이미 증명되었듯 그는 자신 한 몸 살기 위해 나라도 팔아먹을 수 있는 사람이다. 절대권력을 장악한 그의 최대의 그리고 유일의 관심은 '감옥 가지 않기'와 '감옥에서 죽지 않기'다. 그가 두 번의 연임으로 물러날 수 없는 이유다. 재명이네 마을의 개딸들이 그의 무제한 중임을 열심히 말하는 이유다.

탐욕의 화신이 실현하는 두 번째 초현실

철학자들은 인간 생명 자체의 유한성을 무한 욕망의 근원이라고 말한다. 100년을 넘기지 못하고 사라질 각자의 생명의 유한함과 허무를 극복하기 위해 권력과 재물과 명예를을 탐한다는 것이다. 그리고 철학이 빈곤한 인간형 일수록 더욱 병적으로 그것에 탐닉한다고 말한다. 그러나 대부분의 인간은 이를 절제하는 삶을 영위한다. 욕망에 탐닉하는 인생의 허무함을 깨닫는데서 종교가 시작되었다고도 말한다. 이와는 달리 자신의 탐욕과 이기심에 충실한 인간형도 많다. 그런 인간형이 권력을 잡으면 위험하다. 민주주의가 권력의 분립에서부터 시작된 이유다.

세계 최강국의 대통령 지위를 차지하고도 "교황이 되고 싶다"고 농담처럼 말하고 노벨상에 군침을 흘리는 트럼프도 이런 인간형이다. 탐욕이라면 이재명은 트럼프와 막상막하다. 트럼프가 자신과 같은 인간형임을 쉽게 간파한 이재명은 공개된 좌담회에서 트럼프에게 온갖 아첨을 쏟아내며 면박을 모면했다. "김정은도 만나시고, 북한에 트럼프 월드도 지으셔서 제가 그곳에서 골프도 칠 수 있게 해주십시오" 그는 이런 아첨 실력으로 '숙청과 혁명'의 공개적 거론을 막아내고 비공개 회담에 들어가 대한민국의 외환보유고 이상을 내어주겠다고 약속했다. 이재명을 반대하는 재미교포 시위대가 그가 묵은 숙소 밖에서 "국민들 피 그만 빨아먹어라"고 외친 것은 자신 하나의 탐욕을 위해 나라 팔아먹는 짓을 멈추라는 뜻이었다. 첫째 감옥에서 여생을 보내야 마땅한 거대 범죄자로서의 발악, 둘째 무한탐욕을 소유한 극단적 이기주의자, 이 두 가지는 이재명이 종신 대통령의 꿈을 쫓는 절대적인 동기가 될 것이다.

그렇다면 이재명 그가 종신 대통령이 되는 것은 가능할까. 가능할 것이다. 수많은 거대 범죄혐의에다 다수의 측근들과 친형까지 죽음으로 몰아간 사람 이재명, 인간로서는 상상할 수 없는 욕설을 퍼부어 형수의 특정 신체부위를 전국적으로 유명하게 만든 악질적 인간성을 소유한 그가 대통령이 된 것은 불과 1년 전만 해도 보통의 국민인 우리가 상상할 수 있는 일이 아니었다. 이 초현실의 세상, 지금 현재 우리가 살고 있는 대한민국이다. 이재명이 종신 대통령이 되는 또 하나의 초현실의 가능성이 우리 앞에 놓여있다. 점을 치는 일이 아니다. 이 예측이 맞을 것이라고 장담하는 것도 아니다. 이 초현실을 막아야 한다는 뜻이다.

초현실을 현실로 만드는 이재명의 기술

이재명이 종신 대통령이 되는 일이 상상이 아니라 현실이라는 이유를 좀 더 친절하게 설명하자면 이렇다. 첫째, 그는 속임수 기술의 천재다. 그의 정치적 행위 중에 속임수가 아닌 것은 거의 없다. 트럼프와의 오찬에서 샌드위치를 먹은 후 트럼프에게 백악관의 화려한 음식 메뉴가 적힌 종이에 사인을 해 달라고 요청하고 언론이 이것을 집중 보도 함으로써 샌드위치 하나 얻어먹은 푸대접을 눈속임 한 것은 그의 습관적이고 천재적인 속임수의 작은 사례이다. 무엇보다 윤석열 탄핵은 그와 민주당의 갖가지 거짓말의 집합과 기상천외한 속임수의 동원으로 가능한 것이었다. 이재명이 종신 대통령이 되겠다고 마음을 먹는다면 그는 자신의 천재적 속임수 기술을 전방위적으로 구사할 것이며 그래서 국민의 눈과 귀를 속이는 일은 그다지 어려운 일이 아닐 것이다.

둘째, 그는 투표에서 승리할 수 있는 모든 수단을 손아귀에 쥐고 있다. 매표를 위한 현금 살포와 직장인의 점심값까지 보조하겠다는 선심성 예산집행 등의 포퓰리즘, 일하지 않아도 먹고 살도록 해주겠다는 기본사회의 유혹, 이제는 세계가 주목하고 있는 선관위와 민주당이 협업하는 전방위적인 부정선거 의혹, 이재명에게 해로운 모든 사실과 진실은 덮어주고 그의 사소한 일에 과장된 해석을 입혀 홍보해주는 언론만 남는 선전선동 환경의 구축, 여기다 수도를 충청도로 옮기겠다는 천도설의 유포 등으로 특정 지역민을 유혹하고, 아직 정치의식이 덜 형성된 17~18세까지 선거 연령을 낮추는 등의 특정 연령대의 공략, 농민의 표를 겨냥한 '양곡법' 처럼 특정 직업군 포섭 정책 등 여러가지 다양한 술수가 등장할 것이다. 이 정도면 국민투표에서 그의 종신 대통령 가능성에 문을 열어둔 신헌법의 개헌 투표는 무난히 가결 정족수를 넘길 것이다.

셋째, 삼권을 모두 틀어쥐고 절대권력을 휘두를 수 있게 된 그는 보통의 국민인 우리가 상상할 수 없는 일도 할 수 있다. 21대 대선 전에 이미 민주당 일각에서 제기되었던 '단독 출마법'의 제정으로 이재명 혼자 출마하기, 중국 북한 등의 공산국가처럼 선거제도를 폐지하거나 형해화하기, 조국이 2030년까지 국민의힘을 사멸시키겠다고 공언하고 있는 것처럼 우익정당을 해산하고 좌익정당만 남기는 사실상의 유일정당 체제 만들기, 21대 대선에서 계획을 드러낸 카톡검열과 북한의 5호담당제를 연상시키는 민주경찰 등을 통한 북한식 공포통치, 이미 지방 구석구석을 파고들어 조직화에 성공한 북한식 소위원회(동네 통반 단위)와 인민위원회(구청 및 동회 단위)를 모방한 '주민자치회'의 전면 실시와 역할 강화, 이런 장치들은 이재명의 종신집권에 각각의 역할을 할 것이다. 여기다 "우리 민족 전체가 이재명의 국가가 되어야 한다. 헌법을 바꿔서라도 이 대통령은 20년은 집권해야 한다"고 말하는 인사혁신처장 최동석과 같은 아첨꾼들만 측근으로 둔다면 그의 종신집권은 더욱 수월할 것이다. 대한민국 국민인 우리는 이재명이 대통령의 자리에 오른 첫 번째 초현실 다음으로 그가 종신 대통령이 되는 두 번째 초현실을 경험할 지도 모른다.

누가 이 초현실을 막을 수 있는가

이재명이 5년 그 이상 장기집권하는 초현실을 막을 수는 있을까. 이 초현실을 저지할 수 있는 세력은 존재할까. 존재한다면 그것은 이재명과 민주당이 궤멸의 지경에까지 빠뜨리고 있는 보수정당이 될 것 같지는 않다. 이 존재는 아마 이재명이 권력을 잡기 위해 손을 잡은 대한민국 최대의 정치집단인 종북주사파 세력이 될 것이다. 노무현 생전에 "노무현은 내가 죽인다"고 큰소리 쳤던 국무총리 김민석은 노무현에게 그랬던 것처럼 이재명도 배신하고 버릴 가능성이 있다. 주사파인 김민석은 노무현과 지향점이 달랐다. 김민석은 주체사상이 지도이념이 되는 그런 대한민국을 지향했으나 노무현은 주사파의 옹립을 받고 대통령이 되었을 뿐 그는 주사파가 아니었다. 김민석은 그래서 노무현을 배신했을 것이다.

김민석은 이재명과도 지향점이 다르다. 이재명은 자신 감옥 안가기가 궁극의 목표인 반면 김민석 정청래 진성준 박선원 박주민 김경수 조국 등의 주사파와 사회주의 집단의 지향점은 대한민국을 좌익국가로 만드는 일이다. 그러나 윤석열을 끌어내리기 위해 범죄자 이재명과 연합했던 주사파가 이재명의 종신집권을 용인하고 다시 한번 이재명과 담합할 가능성이 없지는 않다. 이재명은 최소 수천억에서 최고 수조 원으로 추정되는 저수지의 돈으로 주사파를 매수할 수도 있다. 이재명은 또한 종북세력의 오랜 투쟁 목표인 남한의 완전한 좌익국가화를 위한 제도 개혁에도 협조할 것이다. 이 두 가지로 주사파는 이재명의 장기집권을 용인할 가능성이 있다. 그렇게 된다면 이재명은 감방이 아닌 대통령의 자리에 오래 있을 것이며 좌익세력은 남한을 사회주의 종북주의 국가로 만드는 혁명을 완성할 수 있을 것이다. 이재명이 장기 집권하는 독재자가 되고 좌익체제로의 변경이 완성된다면 자유민주주의 대한민국은 사라질 것이다. 이 초현실은 자유민주 국가 대한민국의 소멸이라는 현실로 이어질 것이다. 이 초현실을 저지하는 방법은 있을까. 국민인 우리가 정신을 차린다면 '국민저항권'을 가진 우리의 힘이 이재명의 권력보다 더 크고 더 강하고 더 위대하다는 사실을 알게 될 수도 있을 것이다.

조원철의 천기누설

2025년 10월 24일 법제처장이 국회 국감장에 앉았다. 이재명의 대장동 변호사였던 조원철이다. 그는 "이재명 대통령 혐의는 모두 무죄"라며 5개 재판 12개 혐의를 모조리 부인했다. 얼떨결에 장관급인 법제처장에 임명된 그는 자신의 신분이 대한민국의 법령 정보와 입법지원 행정을 총괄하는 기관의 수장이라는 사실을 아직 모르고 있는 것이 분명하다. 그는 여전히 자신을 이재명의 개인 변호사로 알고 있다. 그는 좀 더 효율적이고 강력한 방법으로 이재명의 범죄를 변호하기 위해 법제처 수장의 자리에 앉은 사람일 것이다. 그의 변호사비는 법제처장의 급여와 특활비로 퉁쳐질 것인가. 이재명과 조원철 둘 사이의 사적 부정부패 혹은 매관매직의 의혹과는 별도로 이것은 법제처장인 그가 대한민국의 형사사법 체계를 부정한다는 점에서 엄중하다. 검찰과 경찰의 수많은 수사관과 검사들이 오랫동안 조사하고 수사한 내용을 모조리 부정하고 있다는 점에서 그렇다. 또한 이것은 많은 언론사의 수많은 기자들이 발로 뛰며 취재한 내용까지 모두 부정하는 것이다. 조원철은 이재명 하나를 살리기 위해 대한민국을 부정하고 있다. 더욱 심각한 일이 있다.

야당의 곽규택 의원이 "이 정부에서 4년제 개헌안을 내더라도 이 대통령은 연임할 수 없는 거 아니겠나. 개헌을 하더라도 이 대통령은 연임할 수 있는 사람이 아니라는 것을 민주당 의원 누구도 말을 못한다"라는 질의에 법제처장 조원철은 "결국 국민이 결단해야 할 문제"라고 대답했다.(한겨레신문, 2025.10.24) 현행 헌법에 위배되는 일이지만 국민의 이름으로 이를 극복하고 연임할 수 있다는 말이다. 2025년 12월 20일 호남을 찾은 총리 김민석도 "이재명의 임기가 너무 짧다"는 말을 입에 올렸다. 이재명이 김민석과 조원철을 각각의 자리에 앉힌 이유다. 이로써 이재명의 속셈은 드러났다. 이것을 막아야 한다. 국민인 우리가 나설 차례다.

3절

이재명은 망국적 신헌법을
이렇게 밀어붙일 것이다

테슬라의 일론 머스크 회장은 깜깜한 북쪽과 환한 남쪽 야경의 한반도 사진을 가리키며 실패한 공산주의와 성공한 자유민주주의를 설명했다. 세계가 모두 20세기의 기적이라 말하고 자본주의가 승리한 상징으로 꼽는 대한민국이다. 그러나 정작 대한민국에서는 이것을 자랑하지 않는다. 말이라도 꺼낼라치면 바로 국뽕 혹은 꼰대라는 언어 테러가 가해진다. 대한민국을 자랑하는 일은 극우가 하는 짓이고 빈부격차, 가지고 배운자의 갑질, 재벌해체를 말해야 의식 있는 사람이 되는 사회적 분위기까지 형성되어 있다. 미국 일류 대학의 교수들이 이데올로기의 성공과 실패의 사례로 꼽는 남과 북, 좌익과 우익의 이 선명한 대조는 얼마나 더 유효할까. 이미 지난 세기에 우익의 완전한 승리로 전세계적으로 공인된 체제대결이 지금까지도 격렬하게 벌어지고 있는 곳이 바로 대한민국이다. 세계가 모두 자유민주주의가 승리한 증거로 꼽는 바로 이땅의 어이 없는 현상이다. 그러나 이제는 아니다. 좌익이 승리했기 때문이다.

1. 개헌을 위한 다섯 가지 전술

대한민국의 역사 80년은 우익과 좌익의 투쟁의 역사다. 좌익의 사람들 모두가 미래의 일 대신 100년 전 일제의 일을 끝없이 되새김질하고, 문재인이 공산주의자 김원봉과 홍범도와 정율성을 대한민국 역사의 주류의 반열에 등장시키고, 서해수호의날에는 불참하면서도 제주4.3사건 행사에는 빠지지 않으며, 이재명이 광복절 80주년을 자신의 황제 대관식의 날로 써먹는 일까지 모두 80년 묵은 좌우익 투쟁의 단편들이다. 이 투쟁은 결국 좌익이 승리했다. 지금까지는 그렇다. 이 승리를 문서화로 완전하게 확정짓기 위해 이재명과 좌익은 개헌을 준비하고 있다. 이 개헌에는 우익 정치인들과 국민들의 저항이 있을 것이다. 이 저항을 어떻게 극복할지 그 전략과 전술을 예상하는 것은 어렵지 않다. 그들이 김대중의 집권 이후부터 대한민국의 주류가 되고 우익 대통령을 두 번이나 중도에 끌어내리고 권력을 빼앗은 기술을 살피면 이재명 세력이 구사할 기술과 솜씨와 전략과 전술을 알 수 있을 것이다. 자유민주주의의 가치를 알고 이를 지키려 하는 정치인들과 국민들이 창과 칼을 더욱 날카롭게 하고 방패를 더욱 튼튼한 것으로 미리 바꾸어 두기를 바라는 마음에서 이재명이 구사하게될 전술을 말하려 한다. 긴 이야기를 짧게 요약한다.

첫 번째 전술 진지전

이태리의 공산주의자 안토니오 그람시는 공고한 적인 우익을 무너뜨기기 위해 전면전은 피하는 대신 우선 한 영역에 진지를 구축하고 점진적으로 다른 영역까지 점령하는 전략을 주창했다. 유명한 진지전이다. 이 전략에 따라 남한의 좌익이 가장 먼저 진지 구축에 성공한 영역은 국회다. 첫 좌익 정권인 김대중 이래 점진적으로 국회 점령을 확대한 좌익은 문재인의 시대부터 국회에서 완전한 우위를 점하게 된다. 좌익혁명의 진지 구축에 성공한 것이다. 간첩을 잡지 못하도록 하는 국정원법 개정, 북한의 국가안전보위부 역할을 본뜬 공수처 신설 등은 국회에 완전한 진지를 구축한 좌익이 입법권을 무기로 실행한 혁명의 단편적 사례다. 이어 이재명이 민주당을 장악한 2022년부터는 감옥행을 면하기 위해 국회의원 자리가 필요했던 여러명의 범죄자들과 이재명에 아첨하여 감투를 쓴 많은 기회주의자들이 합세하여 100여 명의 보수 야당 의원들의 존재가치를 거의 완전하게 지울 정도로 국회를 완벽하게 장악한다.

이렇게 완전하게 장악된 국회는 개헌 담론의 시작에서부터 개헌을 법률적으로 완성하는 일까지 전체 과정을 담당할 것이다. 이재명의 민주당은 야당 측이 국회 법사위 위원장을 맡는 오랜 관행을 깨고 여당인 자신들이 점령하고 있다. 좌익체제로 변경하려는 민주당의 독주를 막기 위해 야당이 "외통, 국방, 정보위원장 자리를 양보할 테니 법사위원장 자리는 관행대로 야당에 줘야 한다"고 말해도 여당인 민주당은 "법사위원장 자리는 우리 몫이다. 야당에서 백번천번 요구해도 줄 수 없는 자리다"(민주당 문진석 의원)라며 단칼에 거절한 이유는 체제변경을 위한 개헌과 법률 개정 등의 제도 변경에 이 자리가 절대적으로 필요하기 때문이다. 국회 법사위원장 자리는 민주당이 국회에 구축한 진지 중에서도 핵심 진지다. 이 자리에 정청래에 이어 추미애 같은 3류 조폭집단의 똘마니 행동대원

보다 더 폭력적이고 더 막무가내인 의원들을 앉힌 이유는 결국 사회주의 법률과 헌법을 통과시키기 위해서다. 민주당이 법사위를 점령하고 있는 한 개헌도 체제변경도 어려운 일이 아니다.

두 번째 전술 공성전

대한민국의 시작은 자유민주주의 즉 우익의 체제였다. 우익의 성을 무너뜨리기 위한 좌익의 공성전 역사는 대한민국의 역사 80년과 길이가 같다. 국제전쟁으로 확산된 1950년의 전면 공성전도 있었다. 좌익은 이승만과 박정희가 구축한 우익 진영의 공고한 성을 무너뜨리기 위해 북한 정권의 지원을 받고, 호남 지역민을 거의 완전한 지지세력으로 확보하고, 포퓰리즘 정책으로 그들을 지지하는 국민의 규모를 더 확대하고, 부정선거로 의심되는 수많은 수상한 일을 도모했다. 여기다 스스로 성문을 열어준 김무성 한동훈 등의 내부 배신자를 키운 우익의 수성 실패도 한몫한 결과 좌익의 공성전은 성공한다. 8년 터울의 2차례에 걸친 우익 정부 탄핵은 좌익이 이 공성전에서 승리한 결과다. 그러나 아직 100여 명의 국회의원을 보유한 보수정당, 6.3 대선에서 이재명을 선택하지 않았던 50.58%의 국민, 대선 출구조사에서 이재명에 대한 재판이 계속되어야 한다는 의견에 찬성한 63.9% 국민의 존재는 이재명과 민주당의 공성전이 아직은 절반의 승리라는 의미다. 망국의 좌익체제로 가는 이재명의 개헌에 적극 반대하는 저항세력의 규모를 가늠할 수 있는 숫자다.

이재명 세력이 3개의 특검을 만들어 윤석열 부부에게 비인간적 수준의 욕을 보이고, 야당에 대한 국고보조금 중단을 위협하고, 야당 의원 절반을 내란범으로 몰아가고, 내로남불의 끝판왕 전현희가 특검을 향해 서울시장 인천시장 강원지사를 콕 찍어 수사하라고 촉구하는 것은 우익의 성을 공격하는 그들의 전쟁을 100% 승리로 마무리 하기 위함이다. 여기다 이재명이 당선된 21대 대선이 자유민주적 선거로는 마지막 선거가 될 것이며 향후의 모든 선거에는 다양한 부정의 수법이 대규모적으로 동원될 것으로 예상하는 지식인이 많다. 좌익의 이러한 여러 형태의 공성전이 완전한 승리를 거둔다면 망국으로 가는 개헌에 저항하는 정치세력은 궤멸될 것이며 구심점을 잃은 50.58% 혹은 63.9%의 국민은 저항을 포기할 지도 모른다. 이재명 세력이 여러 자유민주 국가의 우려와 경고를 무시하고 우익세력을 궤멸시키는 이 공성전을 멈추지 않는 이유다.

세 번째 전술 선전선동전

사회주의와 공산주의는 이미 완전한 실패가 증명되었다. 이 체제를 선택한 모든 곳에서 드러난 빈곤과 인권 탄압과 문명의 퇴보가 증거다. 레닌이 소비에트 공화국을 세우고 마르크스 이론을 적용하자 처음 나타난 실패는 생산성의 저하였다. 이에 대응한 레닌의 대처는 거짓과 조작과 선전과 선동이다. 실패를 성공으로 둔갑시키는 기술이다. 문재인과 이재명 정권의 탄생은 레닌 이래 모든 공산주의 국가에서 써먹은 이러한 기술을 집대성한 결과다. 박근혜 탄핵과 윤석열 탄핵의 과정에서 거짓이 아닌 것은 없다. 무수한 조작이 있었고 끝없는 선전과 선동이 있었다. 문재인은 정권 쟁취의 과정 뿐만 아니라 그의 모든 통치도 그러했다. 이재명의 통치도 그럴 것이다. 이재명과 민주당은 신헌법을 통과시키는 과정에서도 거짓과 조작과 선전 선동의 기술을 상시적으로 구사할 것이다.

말 뒤집기를 예사로 하고 거짓말을 밥 먹듯 하는 이재명은 이 기술의 구사 횟수와 농도에서 문재인을 뺨칠 것이다. 모든 방송은 그들이 이름붙인 '민주 방송' 답게 이재명의 민주당에 유리한 것만 보도할 것이다. '바이든 날리면' 같은 조작은 예사로 할 것이며 합의문 한 장 없이 트럼프가 "모두 다 얻었다"고 자랑하고 반미주의자조차 "완전히 털렸다"고 고백하는 미국과의 관세협상을 '숫자와 언제'를 물어도 말하지 않은 채 "외교천재 이재명의 대성공"이라 선전하는 그런 수법은 신헌법을 통과시키는 일에도 쓰일 것이다. 정치 무당 김어준은 수염을 날리며 이 헌법이 왜 민주 헌법인지 떠들고 다닐 것이다. 그러나 그것이 사회주의 헌법이라는 진실은 말하지 않을 것이다. 진실을 말한다면 김어준이 아니다. 이승환 정우성 김제동 김규리 조진웅 같은 연예인이 무개차에 올라 나팔을 불 것이며, 조정래 한강 같은 좌파들의 태산 같은 죄악에는 필을 대지 않고 우파의 사소한 흠만 파는 문학인들은 왼쪽으로만 필을 갈길 것이며, 정청래 최민희를 비롯한 수많은 좌익의 스피커들은 출력을 높일 것이다. 대한민국을 망국에 이르게 할 헌법은 그렇게 우리의 새 헌법이 될 것이다. 스스로 불구덩이에 뛰어드는 불나방과 무엇이 다른가.

네 번째 전술 현금질

같은 좌익 정권이라도 김대중 노무현 정권은 그렇지 않았다. 그러나 이재명은 현금을 마구 뿌릴 것이다. 탄핵이라는 반란으로 정권의 합법성과 정당성 시비에 시달린 문재인은 국민의 지지를 확보하기 위해 돈질을 통치의 주요 수단 중의 하나로 써먹었다. 문재인보다 반란의 성격이 더 강하고 정당성 시비가 더 큰 이재명은 정권을 잡자마자 돈뿌리기부터 시작했다. 이재명은 성남시의 돈을 마구 뿌려 경기도 지사가 되었고 경기도와 저수지의 돈으로 대통령 후보가 된 사람이다. 조폭과 주사파 외에는 정상적인 정치 세력도 없었고 마땅한 정치철학도 갖추지 못한 이재명이 출세하는 유일의 수단은 현금 뿌리기였다. 물론 자신의 돈이 아니다. 국민인 우리가 낸 세금이다. 국민으로부터 거둬들인 세금을 그들의 손에 낙전을 남길 수 있는 지역화폐 소비쿠폰 등으로 지급함으로써 자신의 주머니도 불리고 국민의 환심까지 살 수 있는 형태로 지급하는 것이 그의 생존법이고 출세법이고 축재법이다. 차베스와 마두로가 베네수엘라 국민에게 뿌린 현금은 국민이 납부한 세금이 아니다. 원유를 수출한 대금이다. 반면 국민이 납부한 세금의 일부분을 자신에게 떡고물로 남긴 후 국민에게 소고기 한 번 사먹을 정도의 돈을 되돌려주고 지지율을 확보하는 이재명의 돈질은 그래서 악질적이다. 지하자원도 아닌 국민의 땀과 피를 판 돈을 뿌리는 이재명의 돈질은 악성 포퓰리즘이다.

1% 이내의 득표율 차이로 선거 승패가 결정나는 대한민국의 정치지형에서 선거 전후로 뿌리는 현금 15~25만원의 위력은 상상 밖이다. 이 소액의 돈을 받고 표를 주는 유권자가 국민 10명 중 1명만 있어도 승리는 확실하다. 문재인도 이 돈질로 2020년 치러진 21대 총선에서 압승을 거두었다. 돈질의 이런 엄청난 효용성을 누구보다 잘 아는 이재명은 돈질로 경기지사와 대통령 권력을 손에 넣는데 성공했다. 돈질의 마왕 이재명은 자신의 장기 집권의 길을 열어두고 어쩌면 종신집권까지도 가능케 하는 내용의 신헌법을 통과시키기 위해 더 많은 돈질을 할 것이다. 국가채무가 늘어나는 것이 수치로 바로 보이는데도 불구하고 13조를 들여

당선사례금 성격의 돈을 뿌리고 두 달후 다시 2차 소비쿠폰을 뿌리는 것은 나라가 거덜나도 나만 살면 된다는 이재명 그의 생존 철학이다.

이재명은 자신의 지지율이 떨어지면 반복해서 돈질을 할 것이다. 개헌을 앞두고는 더 많은 돈을 뿌릴 것이다. 국민의 저항이 클수록 액수는 더 커지고 횟수는 더 잦을 것이다. 아, 더 큰일이 있다. 대북송금 등으로 트럼프에게 약점을 잡혀 미봉책으로 약속한 400조 규모의 상납금은 또 어쩔 것인가. 그의 사후에 우리 후손들이 짊어지게 될 이 막대한 빚은 대체 어쩔 것인가. 끝모를 깊이와 넓이의 저수지를 물려받을 자신의 자식만 괜찮으면 되는가. 이재명의 현금질에 힘입어 망국적 신헌법은 통과될 것이다. 이 신헌법에 의해, 신헌법에 국민의 지지를 얻기 위한 돈질에 의해, 그리고 미국에 대한 국제적 돈질에 의해 대한민국의 망국은 더욱 빨라질 것이다. 가능성을 말하는 것이 아니다. 현실이다.

다섯 번째 전술 속임수

이재명의 정치기술은 돈질을 빼면 속임수가 8할이다. 그는 습관성 거짓말에다 모략의 귀신이다. 그런 일로 비판을 받아도 눈하나 깜짝 않는 철면피까지 갖추었다. 그가 윤석열을 탄핵하는 과정에 속임수가 아닌 것은 없었다. 거짓말, 말 뒤집기, 조작, 은폐, 모략은 그의 갖가지 속임수에 대한 각각의 정의다. 세종시 천도론은 대통령 후보 이재명의 공약이었다. 윤석열 탄핵이 인용된 후 대전을 찾은 이재명은 "국회와 대통령 집무실을 세종시로 사실상 온전히 이전하겠다"고 말했다.(MBC, 2025.4.18) 언론은 처음에는 그의 이 말을 행정수도 이전을 공약했다고 발표했고 세종시와 대전의 부동산 가격은 일제히 들썩였다. 민주당 정치인들은 이를 세종시 '천도'라 불렀고 언론은 이를 그대로 전했다. 대통령이 된 이재명은 9월 16일 정부세종청사에서 열린 국무회의에서 "빨리 제2 집무실을 지어 옮겨야겠다"고 말했다. '행정수도 이전'을 '천도'라 부르며 충청도 표를 더 모아 정권을 잡은 이 일은 '대통령 제2집무실'이 되었다. 더구나 국회 이전에 대해서는 일언반구도 없다.

이런 유형의 이재명식 속임수를 다 모으면 책 몇권 분량은 될 것이다. 이재명식 속임수를 쓰는 정치인은 민주당에 수두룩하다. 물론 속임수의 지존은 이재명이다. 미국과의 관세협상에서도 그는 세계 최강국 대통령과 우리 국민 전체를 대상으로 동시에 속임수를 구사했다. '외교 천재의 성공적 협상'이라 선전하던 이 협상이 이재명의 속임수였다는 사실은 단 한 달만에 들통이 났다. 이재명과 민주당은 대한민국을 완전한 좌익의 체제로 변경하는 개헌에 그의 오랜 경험이 압축되고 핵심 노하우가 반영된 속임수 기술을 모두 동원할 것이다. 이 개헌이 대한민국을 좌익의 나라로 만들고 망국에 이르게 하는 개헌이라는 사실을 국민이 알아차리지 못하도록 그는 속임수를 겹겹이 구사할 것이다. 그렇게해서 그의 신헌법이 탄생할 것이며 그렇게해서 대한민국은 망국의 문으로 들어설 것이다. 국민인 우리는 이것을 지켜보고만 있을 것인가.

2. 국민의 이름으로

대한민국은 자유민주주의 국가다. 헌법 문구로는 그렇다. 아직은 그렇다. 그러나 지금 이땅을 지배하는 것은 자유민주주의자들이 아니다. 종북좌파 세력이다. 여기에 거대 범죄자가 더해졌다. 그래서 대한민국은 이제 자유민주주의 국가가 아니다. 대한민국의 정체성을 자유민주주의로 명시한 헌법은 윤석열을 탄핵하는 과정에서 이재명의 친구 문형배를 비롯한 좌익 법률가들과 민주당을 장악한 주사파들에 의해 살해되었다. 자유민주주의 헌법이 유효하게 작동했다면 여러 헌법학자들의 의견을 거스르며 윤석열이 탄핵되어 끌어내려졌을 리는 없다. 헌법이 살해되면서 검찰과 사법부도 함께 죽었다. 살아있는 것은 범죄자 이재명 뿐이다. 확정적 범죄자 이재명 단 하나만 살아있는 대한민국이다.

이재명은 자신 한 몸 살기 위해 대한민국의 존속 자체를 위협하는 자신의 신헌법을 기어이 관철시킬 것이다. 그러나 여기에는 국민의 저항이 있을 것이다. 물질적 결핍을 초래하는 경제, 독재적 통치에 의한 인권 탄압, 개인의 자유를 제한하는 전체주의 등의 결과를 낳는 사회주의 체제로의 변경을 명문으로 확정하는 이 신헌법에, 또한 그의 장기집권의 문을 열어놓는 이 신헌법에 상당 부분의 국민은 저항할 것이다. 야당인 국민의힘이 전열을 정비하고 이 신헌법의 사회주의적 본질을 국민에게 충분히 알린다면 국민의 저항은 조직화되고 더욱 강력할 것이다. 문재인 정권에서 민정실장 조국의 주도로 시도되었던 개헌이 국민의 저항으로 실패한 전례도 있다. 이재명과 민주당은 이 저항을 이겨내고 신헌법을 통과시킬 수 있을까. 대답은 YES다. 그에게는 마지막 방법이 있다. 국민인 우리의 이름을 팔아먹는 방법이다. 이재명은 국민의 이름으로 국민의 저항을 극복할 것이다. 그의 이 극복은 무자비할 것이다.

이재명이 국민의 이름을 팔아먹는 법

대통령 자리에 앉은 이재명은 장·차관 후보를 포함한 고위급 인사를 추천받는 '국민추천제'를 시행하겠다고 했다. 그리고 국민을 향해 "이제 국민 여러분께서 진짜 대한민국을 이끌어갈 일꾼을 선택해 주십시오"라고 말했다. 접수 기간 7일 동안 추천된 인사는 9만3000여 건이었다. 그러나 이를 주관한 인사혁신처는 결과를 공개해 달라는 정보공개 청구에 응하지 않았다. "정부 인사 관련자료는 공개 불가하다"는 것이 이유였다. 이 새로운 제도를 발표할 때 이재명은 "모든 과정을 공개한다"고 말했고 민주당 측에서도 해당 시스템의 투명성을 여러번 강조했다. 정보공개 청구에 응하지 않는 것은 이를 뒤집은 것이다. 이재명의 특기인 속임수다. 이 것이 속임수라는 사실을 반박하는 방법은 간단하다. 국민추천제 이름으로 추천되고 임명된 인사 등 세부 과정과 내용을 처음 약속한대로 모두 공개하면 된다. 그러나 공개하지 않았다. 그래서 속임수다.

국무총리에 온갖 불법 정치자금 의혹을 가진 김민석을, 교육부장관에 논문표절의 지존 이진숙에 이어 전교조 출신에다 온갖 지저분한 의혹과 물의로 칠갑을 한 최교진을, 여가부장관에 자신의 이부자리를 봐준 엄청난 업적이 있는 갑질의 끝판왕 강선우를, 법무부 장관에 오랜 친구 정성호를 추천하기 위해 그는 '국민'의 이름을 팔아야 했을 것이다. 대통령실은 국민에다 '개방'을 더 붙여 "개방형 국민추천제'라 불렀다. 후에는 공기업 임원도 국민추천제를 통하겠다고 했다. 자신의 변호사 13인에게 높은 자리를 준 것처럼 또다른 채권자들에게 공직으로 채무를 변제하려 한 것인지, 친구나 사돈의 팔촌에게까지 자리를 줘서 자신의 권력을 과시하려 한 것이지, 비리 혐의가 있고 전과가 있는 측근들을 권력의 자리에 앉히려 한 것인지, 이런 추측 속에 이재명은 국민추천제라는 속임수로 자신의 정권을 구성했다. 그는 속임수의 마왕이다. 그의 속임수에는 예외없이 꼭 국민의 이름이 들어있다.

'국민펀드'라는 것도 있다. 150조+α 라는 천문학적 돈을 만들어 인공지능 등의 미래산업에 투입하겠다는 이 이름도 속임수다. 주 52시간제를 유연하게 개정하지 않고, 주 4.5일제를 추진하며, 경영권을 약화시키는 상법개정, 노동자의 생산현장 파괴도 합법이 되는 노란봉투법을 입법화하면서 미래산업 육성을 말하는 것은 사기다. 이 150조를 이재명과 민주당의 영구집권에 필요한 혁명자금으로 추측하는 국민이 많다. 생뚱맞았던 국민임명식은 또 어떤가. 이 자리에 참석한 3000여 명 중에는 좌파 부스러기들, 개딸, 감옥가지 않기 위해 권력이라는 보험이 필요한 범죄혐의자, 한 자리 얻으려는 기회주의자, 혹은 이재명이 가족에게도 극악의 욕을 마구하는 악마적 존재에다 이미 많은 범죄혐의가 확인된 확정적 범죄자라는 사실을 기억하지 못하는 치매를 앓는 사람들이 모여 있었다. 그러나 국민은 없었다. 자유민주주의 국가 대한민국에서는 자유민주주의를 긍정하고 수호하려는 사람만 국민이다. 사회주의자는 국민이 아니다.

인민이다. 국민임명식에 국민이 없었다는 말은 그런 뜻이다. 국민의 이름을 붙인 이 임명식은 사기다. 이재명은 국민의 이름으로 사기를 치는 사람이다. 국민은 이재명에게 그런 존재다. 이재명은 국민 사칭범이다.

히틀러 마두로 그리고 이재명

이재명은 윤석열이 선포한 계엄을 뒤집고 자신이 대통령 자리에 앉은 일을 "총칼에 맞선 '국민'의 힘으로 이겨냈다"고 말했다.(2025.7.13) 이재명은 이렇게 늘 국민의 이름을 팔았다. 자신에게 유죄 판결을 내린 대법원장을 협박할 때도, 대법관 증원 등 국민의 의심을 사고 반발이 예상되는 여러가지의 무리하고 잘못되고 위헌적인 일을 추진할 때면 그는 꼭 국민을 들먹였다. 이재명은 자신의 정권을 '국민주권정부'로 이름 지었고 당대표가 된 정청래는 검찰과 법원과 언론을 자신들이 완벽하게 장악하려는 의도 아래 '3대국민개혁특위'라는 이름으로 특별위원회를 만들었다. 그들의 모든 수상하거나 독재적인 행위에는 국민의 이름이 끼어있었다.

유럽 전체를 전쟁터로 만들어 수천만 명을 희생시킨 히틀러도 합법의 모양을 갖춘 선거를 통해 국민의 이름으로 총통이 되었고 국민의 이름으로 전쟁을 일으키고 온 유럽을 지옥에 빠뜨렸다. 차베스와 마두로, 이 두 포퓰리즘적 독재자도 국민의 이름으로 모든 국민을 경제 지옥에 빠뜨리는 통치를 했다. 하버드대 교수 스티븐 레비츠키Steven Levitsky는 "오늘날 민주주의는 투표함에서 붕괴된다"고 말했다. 히틀러 차베스 마두로 이재명 모두 자신의 국민투표 승리를 '국민'의 이름을 들먹이는 근거로 삼았다는 점에서 공통적이다. 거짓과 조작과 모략으로 버무린 선전과 선동으로 자신들이 이미 결정한 방향으로 국민의 생각을 유도하고 선택의 의사를 왜곡하여 그들에게 투표하게 했으며 그것이 투표 승리의 비결이었다는 점에서도 공통적이다. 아, 또 있다. 부정선거 의혹이 무수하게 제기되었다는 점도 공통적이다. 항상 국민의 이름으로 나쁜 짓을 하는 이재명은 히틀러와 차베스와 마두로와 판박이다.

이재명이 신헙법을 통과시키기 위해 국민을 들먹이고 속임수를 쓰는 것에 비하면 국민추천제 국민임명식 국민펀드 정도는 시작에 불과할 것이다. 이재명 정권은 많은 저항이 예상되는 신헙법의 통과와 확정을 위해 이미 상습적으로 써먹고 있듯이 국민의 이름을 들먹이고 또 들먹일 것이다. 3대 특검이 죽을 쑤고 있는 지금은 물건너 간 일로 보이지만 상황에 따라 '내란의 이름으로' 신헌법 확정에 힘을 더할 것이다. 내란세력을 척결하기 위해, 내란을 종식시키기 위해 헌법을 개정해야 한다고 선전할 것이다. 그래서 개헌 투표를 앞두고 온 나라에 '국민'의 이름과 '내란'의 구호가 가득찰 것이다. 그때 우리는 이렇게 말해야 한다. "나는 좌파들이 말하는 그 국민이 아니다" 그때 우리는 이렇게 외쳐야 한다. "나는 이 헌법 개정을 반대한다" 그리고 더 크게 외쳐야 한다. "대한민국 국민인 나는 인민이 되고 싶지 않다" 대한민국을 좌익국가로 완성하는 이 신헙법을 부결시켜야 진짜 국민이다. 그래야 진정한 국민인 우리가 산다.

이재명의 반란

초판 1쇄 인쇄 2026년 01월 10일
초판 1쇄 발행 2026년 01월 15일

저　자 ｜ 고영주 장영관
발행인 ｜ 장영관

발행처 ｜ 촛대바우
등록번호 ｜ 제399-53-00755호

주소 ｜ 서울특별시 마포구 잔다리로 48, 3층(비즈온)
전화 ｜ 010 8988 3889
이메일 ｜ kalxon888@naver.com

ISBN　979-11-996836-0-0　03340